UTB **3195**

Eine Arbeitsgemeinschaft der Verlage

Böhlau Verlag · Köln · Weimar · Wien
Verlag Barbara Budrich · Opladen · Farmington Hills
facultas.wuv · Wien
Wilhelm Fink · München
A. Francke Verlag · Tübingen und Basel
Haupt Verlag · Bern · Stuttgart · Wien
Julius Klinkhardt Verlagsbuchhandlung · Bad Heilbrunn
Lucius & Lucius Verlagsgesellschaft · Stuttgart
Mohr Siebeck · Tübingen
Orell Füssli Verlag · Zürich
Ernst Reinhardt Verlag · München · Basel
Ferdinand Schöningh · Paderborn · München · Wien · Zürich
Eugen Ulmer Verlag · Stuttgart
UVK Verlagsgesellschaft · Konstanz
Vandenhoeck & Ruprecht · Göttingen
vdf Hochschulverlag AG an der ETH Zürich

Grundzüge der Politikwissenschaft

Begründet von Mir A. Ferdowsi

Lars C. Colschen

Deutsche Außenpolitik

Wilhelm Fink

Der Herausgeber:
Mir A. Ferdowsi, Dr. phil. habil., war apl. Professor für Politikwissenschaft und Akademischer Direktor am Geschwister-Scholl-Institut für Politikwissenschaft der Ludwig-Maximilians-Universität München. Er starb 2009.

Der Autor:
Dr. Lars C. Colschen, Geschäftsführer am Geschwister-Scholl-Institut für Politikwissen-
schaft der Ludwig-Maximilians-Universität München.
    Veröffentlichungen zum Themenfeld „Deutsche Außenpolitik": mit Daniel von Hoyer
und Michael Weigl: Profis hinter den Kulissen. Bürokratische Regime im internationalen
Prozess zur deutschen Einheit, Schriftenreihe der Forschungsgruppe Deutschland, Band 13,
München 2002; mit Michael Weigl: Politik und Geschichte, in: Werner Weidenfeld/Karl-
Rudolf Korte (Hrsg.), Deutschland-Trendbuch, Opladen 2001, S. 59-94; mit Thomas Paul-
sen und Peter M . Wagner: Bürokratische Regime in den internationalen Beziehungen in:
Zeitschrift für Politik (ZfP), Jahrgang 47, Heft 1, März 2000, S. 54-72; Deutschlandpolitik
der Vier Mächte, in: Werner Weidenfeld/Karl-Rudolf Korte (Hrsg.), Handbuch zur deutschen
Einheit. 1949-1989-1999, Frankfurt, Main/New York 1999, S. 267-281.

Bibliografische Information der Deutschen Nationalbibliothek

Die Deutsche Nationalbibliothek verzeichnet diese Publikation in der Deutschen National-
bibliografie; detaillierte bibliografische Daten sind im Internet über
http://dnb.d-nb.de abrufbar.

© 2010 Wilhelm Fink GmbH & Co. Verlags-KG
(Wilhelm Fink GmbH & Co. Verlags-KG, Jühenplatz 1, D-33098 Paderborn)
ISBN 978-3-7705-4709-8

Internet: www.fink.de

Printed in Germany.
Einbandgestaltung: Atelier Reichert, Stuttgart
Herstellung: Ferdinand Schöningh, Paderborn

UTB-Bestellnummer: 978-3-8252-3195-8

Inhaltsverzeichnis

Abbildungsverzeichnis

Kästen

Für Sabine und Marc Lasse

KAPITEL 1

WAS IST AUSSENPOLITIK UND WIE WIRD SIE UNTERSUCHT

Außenpolitik ist eng mit der Entstehung des Staates, der die Nation territorial definiert, verknüpft (Seidelmann 2008). Das entstandene Staatensystem trennt – anders als alternative Weltgesellschaftskonzeptionen – zunächst einmal das Eigene vom Fremden und hat eine auf nationale Nutzenmaximierung orientierte Ausrichtung von Außenpolitik generiert. Die Konkurrenz von Staaten, die sich im Extremfall in Gewaltandrohungen und Kriegen äußert, wurde zu einem zentralen Wesenmerkmal des internationalen Systems.

Die Untersuchung von Außenpolitik ist dabei nicht nur aus politischer, sondern auch aus theoretischer Perspektive von Interesse. Gerade die deutsche Außenpolitik ist nach dem Ende der bipolaren Weltordnung, einhergehend mit einem geo-strategischen Bedeutungsverlust sowie der gleichzeitigen Herstellung von staatlicher Einheit und vollständiger Souveränität, zu einem interessanten Fall geworden. Welche Faktoren würden sich für die Gestaltung der deutschen Außenpolitik nach 1990 als wirkungsmächtig erweisen? Würde die Außenpolitik des vereinten Deutschlands gegenüber der alten Bundesrepublik eher von Kontinuität oder Wandel geprägt sein? Wie können Wandel oder Kontinuität erklärt werden? Falls Wandel festgestellt werden kann, in welchen Bereichen findet er statt und wie macht er sich in der Außenpolitik bemerkbar? Eine Auseinandersetzung mit Theorien ist vor diesem Hintergrund unausweichlich.

Ziel und Aufbau des Kapitels: Dieses erste Kapitel hat zwei Ziele. Erstens soll der Begriff „Außenpolitik" näher bestimmt und gegenüber anderen Begriffen abgegrenzt werden. Zweitens werden – nach einer knappen Beschäftigung mit dem Theoriebegriff und den -funktionen – vier als Großtheorien (Krell 2000: 25) bezeichnete Ansätze vorgestellt, die in der deutschen Außenpolitikanalyse dominieren: Neorealismus, Liberalismus, Neoinstitutionalismus und Sozialkonstruktivismus. Es geht dabei nicht um eine vollständige Darstellung dieser vier Theoriestränge mit allen ihren theorieinternen Ausdifferenzierungen und Weiterentwicklungen. Auch sollen nicht die großen Theoriedebatten in den Internationalen Beziehungen nachgezeichnet werden. Vielmehr werden Kernpunkte dieser Theorien skizziert, Unterschiede zwischen ihnen verdeutlicht und auf ihre Relevanz für die Außenpolitikanalyse hingewiesen.

1.1 Was ist Außenpolitik?

Ein Band über deutsche Außenpolitik muss mehrere Hürden überspringen. Eine davon betrifft den Begriff „Außenpolitik" an sich. Zahllose Wissenschaftler haben sich um definitorische Annäherungen bemüht. So gibt es mehrere, teilweise recht unterschiedliche, Definitionsangebote (von Bredow 2006: 39). Da keine Definition letztlich die Interpretationshoheit für sich beanspruchen konnte, bleibt eine Klärung dessen, was unter dem Begriff der Außenpolitik genau zu verstehen ist, schwierig. Bevor also eine Analyse deutscher Außenpolitik erfolgen kann, ist es zunächst notwendig, sich dieser begrifflichen Unschärfe anzunehmen.

Alltags- und Wissenschaftsverständnis liegen hierbei grundsätzlich nicht weit auseinander (Hellmann 2006: 13f). Wenn Bundesaußenminister Guido Westerwelle nach Israel reist, um Chancen für diplomatische Fortschritte im Nahost-Konflikt auszuloten, dann sprechen Medien und Öffentlichkeit genauso von Außenpolitik, wie bei einer Dienstreise von Kanzlerin Merkel nach China, bei der sie mit Repräsentanten der Volksrepublik die Handelsbeziehungen erörtert und das Thema der Menschenrechte anspricht.

Bei wissenschaftlichen Begriffsbestimmungen werden typischerweise für Zusammenhänge übergreifende Kategorien herausgebildet und miteinander in Beziehung gesetzt. Bei aller Vielfalt sind den meisten Begriffsbestimmungen von Außenpolitik die folgenden definitorischen Bestandteile gemeinsam:

- Die Benennung spezifischer Akteure,
- die Verfolgung bestimmter Interessen und
- grenzüberschreitende Handlungen gegenüber einem aus staatlichen und nicht-staatlichen Akteuren zusammengesetzten Umfeld

Jede Definition, die einen Begriff beschreibt und/oder seinen Inhalt erklärt, ist gleichzeitig immer auch eine Abgrenzung gegenüber anderen Begriffen. So wird „Außenpolitik" gegenüber Begriffen wie „Internationale Politik", „Internationale Beziehungen", „transnationale Politik" und „Innenpolitik" abgegrenzt (Hellmann 2006: 15). Diese Unterscheidungen werden nachfolgend in knapper Form vorgestellt.

Außenpolitik und internationale Politik/internationale Beziehungen

Der Unterschied liegt in der Perspektive des Betrachters. In der Außenpolitik handelt es sich um die Sichtweise des Staates – vertreten durch die Repräsentanten seiner Regierung –, der durch Handlungen seine Grenzen nach außen überschreitet. Die Blickrichtung erfolgt also von innen nach außen. In der internationalen Politik wird demgegenüber eine Vogelperspektive eingenommen. Im Vordergrund stehen die Beziehungsmuster zwischen den Staaten. Der Zusammenhang zwischen beiden Begriffen besteht darin, dass außenpolitische Handlungen eines Staates immer auch ein Bestandteil eines solchen Beziehungsmusters sind. Außenpolitik ist in diesem Sinne ein Teil von internationaler Politik. Internationale Politik wiederum ist als Teilmenge von Internationalen Beziehungen zu begreifen, da letzterer Begriff nicht nur die Beziehungen zwischen Staaten bezeichnet, sondern auch Beziehungen zu und zwischen nicht-staatlichen Akteuren einbezieht. Internationale Beziehungen ist also der umfassendste Begriff.

Außenpolitik und transnationale Beziehungen

Der Begriff der Außenpolitik wird für das grenzüberschreitende Handeln staatlicher Akteure in Anspruch genommen. Transnationale Beziehungen nehmen hingegen Beziehungsgeflechte in den Blick, bei denen mindestens ein gesellschaftlicher Akteur involviert ist. Dazu gehören z.B. Wirtschaftsunternehmen genauso wie Nichtregierungsorganisationen (NGOs), die entweder Beziehungen zu staatlichen Akteuren oder untereinander unterhalten. Hierbei wird davon ausgegangen, dass auch gesellschaftliche Akteure durchaus in der Lage sind, die Außenpolitik einer Regierung maßgeblich zu beeinflussen (Kapitel 2.3).

Außenpolitik und Innenpolitik

Ein primärer Grund für die Abgrenzung von Innen- und Außenpolitik ist die Annahme, dass die Politik in beiden Bereichen unterschiedlichen Regeln folgt. Innenpolitik erfolgt nach diesem Verständnis im Kontext einer legitimen (zumindest in Demokratien) und hierarchisch organisierten Herrschaftsform, in der ein Gewaltmonopol existiert. Außenpolitik bewegt sich hingegen im internationalen Umfeld. Dort existiert keine solche übergeordnete Autorität. Das fehlende Gewaltmonopol – auch die Vereinten Nationen (VN) (Kapitel 3.6.3) besitzen dieses nicht – führt zu der Aussage, dass Außenpolitik in einem von Anarchie geprägten internationalen Umfeld stattfindet, in dem die Machtverhältnisse nicht legitimiert sind. Diese Trennung von Innen- und Außenpolitik wurde in der deutschen Außenpolitikforschung allerdings schon in den 1960er Jahren bezweifelt und wird heute vielfach relativiert (Krippendorff 1963; Messner 2000). So können außenpolitische Entscheidungen auch primär aus innenpolitischen Kalkülen getroffen werden. Zudem nährte der fortschreitende europäische Integrationsprozess (Kapitel 3.1.3) weitere Zweifel an einer klaren Trennung von Innen- und Außenpolitik. Der frühere Streit Primat der Außenpolitik vs. Primat der Innenpolitik ist heute weitgehend versandet. Innen- und Außenpolitik verschmelzen immer mehr. Klar ist, dass die Trennung von Außen- und Innenpolitik heute mehr denn je (nur) analytischer Natur ist. Dennoch bleibt sie gerade aus diesen analytischen Gründen sinnvoll. Gängige Perspektiven auf Außenpolitik richten sich mittlerweile auf den Zusammenhang von Innen- und Außenpolitik.

Vor diesem Hinterrund werden für diesen Band die folgenden beiden Verständnisse von Außenpolitik zugrunde gelegt:

- „Unter Außenpolitik werden jene Handlungen staatlicher Akteure gefasst, die auf die Ermöglichung und Herstellung von kollektiv bindenden Entscheidungen in den internationalen Beziehungen abzielen" (Hellmann 2006: 15f).
- „Außenpolitik wird verstanden als ein Interaktionsprozess, in dem ein politisches System (Staat) seine grundlegenden Ziele und Werte in Konkurrenz zu denen anderer Systeme zu realisieren versucht. Dieser Prozess wird zum einen beeinflusst durch gesellschaftliche Anforderungen aus dem Innern des Systems und zum anderen durch solche aus dem internationalen System. Das Ergebnis ist ein dynamischer Prozess wechselseitiger Einwirkung und Anpassung, der sich sowohl auf innenpolitischer wie auf internationaler Ebene vollzieht" (Haftendorn 1989: 32).

Die Handelnden können individuelle oder kollektive Akteure sein. Die Entscheidungen zugunsten spezifischer Handlungsoptionen können aktiv oder reaktiv erfolgen. Außenpolitik besteht dabei aber nicht lediglich aus vielen separaten Handlungen „sondern konstituiert ein Beziehungsmuster, dem eine mehr oder weniger deutlich gemachte Gesamtstrategie unterliegt" (Seidelmann 2008: 1; Kapitel 4).

1.2 Wie wird Außenpolitik untersucht?

Die Außenpolitik eines Staates wird einerseits von internationalen Strukturen (z.B. dem Ost-West-Konflikt) und Ereignissen außerhalb des eigenen Territoriums (z.B. die Anschläge in den USA vom 11. September 2001) beeinflusst. Andererseits können auch innenpolitische Faktoren (z.B. Normen, Identitäten, Interessenkonflikte, Präferenzordnungen, Machtverhältnisse) wirkungsmächtig für die Gestaltung von Außenpolitik sein. Die Dominanz oder Gewichtung spezifischer Einflussfaktoren gehört zu den zentralen Fragestellungen außenpolitischer Analysen. Ungeachtet dieser doppelten Verankerung von Außenpolitik und der schwierigen Trennung von Innen und Außen wird die Untersuchung von Außenpolitik grundsätzlich der politikwissenschaftlichen Teildisziplin der Internationalen Beziehungen zugeordnet (von Bredow 2006: 53).

Die Untersuchung von Außenpolitik kann auf sehr unterschiedliche Art und Weise erfolgen. Insgesamt lassen sich drei Strömungen identifizieren (Hellmann 2007: 41ff.). Ein Zugang ist historisch-empirischer Natur. Hier geht es in erster Linie um eine empirische Bestandaufnahme und Rekonstruktion von Außenpolitik. Das bedeutet aber keineswegs, dass keine analytischen Schritte möglich sind. Sehr wohl lassen sich z.B. Rahmenbedingungen, Akteure, Normen oder Interessen herausarbeiten. Gerade in der deutschen Außenpolitikforschung hat diese zeitgeschichtliche Perspektive eine große Tradition. In der theoriegeleiteten Außenpolitikanalyse wird der Gegenstand hingegen anhand einer Theorie untersucht (Baumann 1998; Boekle 1999) oder es wird ein empirisches außenpolitisches Phänomen im Rahmen von Fallstudien mit einer oder auch mit mehreren unterschiedlichen Theorieperspektiven beleuchtet. Zwischen diesen beiden Polen existieren drittens Mischformen, die als theorieinformierte Zugänge bezeichnet werden können. Dabei wird einerseits auf einen expliziten theoretischen Rahmen verzichtet, um die Untersuchung deutscher Außenpolitik nicht von Beginn an auf (zu) enge Führungsschienen zu setzen. Der Fokus liegt auch nicht z.B. auf der Überprüfung von Hypothesen in einem kohärenten Theoriegebäude. Dennoch findet bei der Analyse von Außenpolitik ein bewusster und reflektierter Umgang mit theoretischen Überlegungen, die gleichsam als Hintergrundfolie dienen, statt.

Nicht nur die Zugänge, auch die Ziele der wissenschaftlichen Untersuchung von Außenpolitik können sich sehr voneinander unterscheiden: Was will man wissen? Möchte man eher „Beschreiben", „Verstehen", „Erklären" oder „Prognostizieren"? Die Ziele haben wiederum Folgen für den zu wählenden Zugang.

1.3 Theorie und Außenpolitik

Eine in den Internationalen Beziehungen gängige, dabei vergleichsweise immer noch sparsame Definition von Theorie lautet:

> „Theorie ist ein System beschreibender und erklärender Aussagen über Regelmäßigkeiten, Verhaltensmuster und Wandel des internationalen Systems und seiner Handlungseinheiten, Prozesse und Strukturen" (Meyers 2008: 473).

Etwas bildhafter hat es der Wissenschaftstheoretiker Karl Popper ausgedrückt:

> „Theorie ist das Netz, das wir auswerfen, um 'die Welt' einzufangen – sie zu rationalisieren, zu erklären und zu beherrschen. Wir arbeiten daran, die Maschen des Netzes immer enger zu machen" (Popper 1994: 31).

Theorien sind vorgefasste oder systematisch ausgewählte gedankliche Filter. Ihre Reichweite beziehen sie durch Aussagen über Typen von Sachverhalten, Ereignissen und (Kausal-)Beziehungen. Dabei handelt es sich oft um „wenn-dann-Aussagen", bei denen die Veränderung einer Variablen die Veränderung anderer Variablen nach sich zieht. Wird eine Theorie entwickelt, ist ein gewisser Abstraktionsgrad erforderlich.

Eine Theorie, die nur auf ein einzelnes empirisches Phänomen anwendbar ist, würde nicht den Anspruch einer Theorie erfüllen. Vielmehr gilt es, aus mehreren Phänomenen das Einheitliche, Ähnliche und Typische herauszuarbeiten, um daraus eine allgemeine Aussage abzuleiten. Die Begründung dieser Aussage erfolgt in einer methodisch verfahrenden, nachprüfbaren Systematik des empirisches Beleges oder deduktiven Beweises (Meyers 2005: 451f). Theorien sollten möglichst schlank sein und mit möglichst wenig Variablen möglichst viel erklären können. Dabei besteht ein inhärenter Widerspruch zwischen umfassender Allgemeinheit und komplexitätsgerechter Präzision (Waltz 1990: 22).

Theorien erfüllen Funktionen, die für die Untersuchung von Außenpolitik nützlich sind (Frei 1977: 13ff.) Die Reihenfolge der Funktionen stellt dabei keine Bewertung ihrer Relevanz dar.

Selektionsfunktion

Für die Beschäftigung mit einem außenpolitischen Phänomen lassen sich in der Regel Unmengen von Informationen zusammentragen. Der Untersuchungsgegenstand „Deutsche Außenpolitik" ist geprägt durch eine verwirrende Vielfalt an Akteuren, Strukturen und Prozessen. Welche Informationen sind nun aber wichtig und relevant, um das Forschungsziel zu erreichen bzw. eine spezifische Fragestellung zu bearbeiten? Es geht also zunächst darum, die meist kaum überschaubare Komplexität eines Forschungsgegenstandes zu reduzieren. Sind z.B. Informationen zu den Aktivitäten der in Deutschland tätigen Vertriebenverbände relevant, wenn man die deutsch-tschechischen Beziehungen (Kapitel 3.2.6) analysieren möchte? Intuitiv wäre die Antwort sicherlich „ja". Aber welche Informationen aus dem Komplex Vertriebenenverbände zur Bearbeitung einer Fragestellung zum Thema deutsch-tschechische Beziehungen tatsächlich erforderlich sind und welche nicht, ist eine zentrale Funktion von Theorie, nämlich das Wichtige vom Unwichtigen zu trennen. Es liegt also auf der Hand, dass mit der Selektionsfunktion bereits massive Werturteile gefällt werden.

So blenden bestimmte Theorien der Internationalen Beziehungen innenpolitische Strukturen und Prozesse zur Klärung außenpolitischen Verhaltens aus. Innenpolitik und damit auch innenpolitische Interessengruppen werden als „nicht relevant" herausgefiltert. Zu den zentralen Annahmen anderer Theorien gehört es hingegen, staatliches Handeln aus den gesellschaftlichen Strukturen und den dort vertretenen Interessen abzuleiten. Es wird hier deutlich, dass das theoretische Vorverständnis des Forschenden bereits dazu führt, dass er bestimmte Informationen als relevant wahrnimmt und auswählt, während er andere Informationen vernachlässigt.

Ordnungsfunktion

Hier gilt es, die für wichtig erachteten Informationen in sinnvoller Art und Weise systematisch zu ordnen und darzustellen. Das Ziel ist ein gegliedertes und leicht erfassbares System. Allen Aussagen und Informationen wird ein Platz zugeordnet. So könnte eine Entschei-

dung lauten, bei der Untersuchung der Beziehungen Deutschlands zu
den USA (Kapitel 3.1.4) die Bereiche „Sicherheit", „Wirtschaft" und
„Gesellschaft" zu unterscheiden. Entsprechend würden die gesammelten und für wichtig erachteten Informationen systematisch diesen
drei Kategorien, die jeweils in Subkategorien gegliedert werden, zugeordnet.

Erklärungsfunktion

Vielfach wird bei Theorien die Erklärungsfunktion in das Zentrum
gestellt. Die für wichtig erachteten und systematisch geordneten Informationen sprechen in der Regel nicht für sich selbst, sondern ihnen
muss ein Sinn zugrunde gelegt werden. Die Daten müssen interpretiert werden. So werden Zusammenhänge zwischen den Informationen hergestellt und als kausale Zusammenhänge interpretiert. Es geht
darum, Schlüsse zu ziehen und Einsichten zu vermitteln. Dabei wird
oft die Frage nach dem „Warum?" untersucht. Warum hat sich
Deutschland so stark für die Unabhängigkeit Namibias eingesetzt?
(Kapitel 3.7.5) Steht dieses Engagement in einem kausalen Zusammenhang mit der kolonialen Geschichte des deutschen Kaiserreiches?
Falls ja, was genau sind die Wirkungsmechanismen?

Operative Funktion

Hier werden Theorie und politische Praxis verbunden. Theorien bieten Handlungsorientierung und können Handlungen außenpolitischer
Entscheidungsträger anleiten. Dies geschieht häufig in der Form von
interner (z.B. in Ministerien) und externer (z.B. durch think tanks)
Politikberatung (Kapitel 2.2.3). Dabei wird den Entscheidungsträgern nicht die theoriegeleitete Analyse mit all ihren komplexen Zusammenhängen oder gar die Theorie selber näher gebracht. Vielmehr
wird oft ein Kurzpapier in der Länge von ein bis vier Seiten vorgelegt,
bei dem der Entscheidungsträger von einer theoretischen Unterfütterung ausgehen kann, ohne diese im Detail zu kennen. Nicht selten –
das gilt insbesondere für die USA, in geringerem Maße für Deutschland – sind außenpolitische Berater selbst Wissenschaftler. Ein
prominentes Beispiel für wissenschaftlich fundierte Beratung in den
USA ist Condoleezza Rice. Sie war als Politikprofessorin an der
Stanford University tätig und arbeitete für Bush sen. als Expertin für
die Sowjetunion sowie für Osteuropa während der multilateralen

Verhandlungen über die internationalen Aspekte der deutschen Einheit (Kapitel 3.3.4). In der ersten Amtszeit von Bush jun. war sie die Nationale Sicherheitsberaterin des Präsidenten, um dann zur Außenministerin ernannt zu werden. Auch Joseph S. Nye ist nicht nur einer der bekanntesten Theoretiker im Bereich der Internationalen Beziehungen, sondern war von 1994 bis 1995 stellvertretender Verteidigungsminister in der Clinton-Administration.

Prognosefunktion

Eine weitere Funktion von Theorie ist die Prognose zukünftiger Entwicklungen. Theorien können mit ihrem Anspruch der Generalisierbarkeit ihrer Erkenntnisse nicht nur vergangene empirische Phänomene z.B. erklären, sondern auch rational begründete Voraussagen über erwartbare Entwicklungstendenzen herausarbeiten. Prognosen zur Zukunft der deutschen Außenpolitik können also durchaus auch theoriegesättigt erfolgen. So haben Vertreter unterschiedlicher Theorien sich bemüht, theoriegeleitete Prognosen für das außenpolitische Handeln Deutschlands nach der Wiedervereinigung abzugeben (z.B. Neorealismus und Sozialkonstruktivismus; Kapitel 1.3.1 und 1.3.4).

Politikwissenschaftler legen sich dabei selten auf eine konkrete Prognose fest, sondern arbeiten typischerweise mit Szenarien. Ein Szenario ist eine Planungs- und Prognosetechnik, bei der Annahmen über mögliche Abfolgen von Ereignissen bezüglich eines Untersuchungsgegenstands vorgenommen werden, die jeweils unter bestimmten Bedingungen eintreten können. Dabei werden insbesondere kausale Zusammenhänge und Entscheidungspunkte herausgearbeitet. Klassischerweise werden drei Szenarien gebildet, bei denen die Parameter erstens extrem pessimistisch (worst case), zweitens extrem optimistisch bzw. normativ wünschenswert (best case) und drittens irgendwo zwischen beiden Polen liegend – oft als Kontinuitätsszenario – eingestellt sind. Oft werden Szenarien nach der Wahrscheinlichkeit ihres Eintretens gegliedert (ausführlich Algieri 2002).

Nicht alle Theorien sind in der Lage, diese fünf Funktionen gleichermaßen zu erfüllen, sondern besitzen Stärken und Schwächen. Daher kann die Prüfung von Theorien auf diese fünf Funktionen als Maßstab dafür gelten, wie umfassend diese Theorien sind und wo die Schwerpunkte ihrer Wirkungsmächtigkeit liegen.

Die Theorielandschaft im Bereich der Internationalen Beziehungen ist überaus unübersichtlich oder – positiver formuliert – vielfältig. Ab-

hängig vom jeweiligen Theorieverständnis tummeln sich die unterschiedlichsten Theorien, Ansätze, Perspektiven und Konzepte, die sich
aufeinander beziehen oder explizit abgrenzen (Theorienpluralismus).
Zudem nimmt die Binnendifferenzierung in Theorien stetig zu. In einem Überblicksbuch haben sich z.B. Schieder/Spindler auf 18 unter-
scheidbare Theorien in den Internationalen Beziehungen begrenzt
(Schieder/Spindler 2006). Statt also Theorien zu verbinden oder durch
Integration für Reduktion von Komplexität zu sorgen, ist die Tendenz
gegenläufig. Kumulativ werden Theorien, die sich zudem oft von bestehenden Theorien abzugrenzen suchen, draufgesattelt. Folgt man
Waltz, dann ist Abhilfe nicht in Sicht. Denn der Versuch mit der Hilfe
nur einer Theorie die gesamte Realität in den internationalen Beziehungen erklären zu wollen, müsste zu viele Variablen berücksichtigen
und wäre dann nicht mehr in der Lage, Kausalitäten zu formulieren:

> „I don't think that anybody under the sun would deny the statement that
> if you could have a single theory that would comprehend both, interna-
> tional and domestic, both political and economic matters, all in one
> theory [...] that would be a lot better than a simple theory. However,
> nobody's thought of how to do it" (Waltz 1998: 378).

Selbst wenn Integrationsbemühungen großen Erfolg hätten, wäre –
gemäß des kritischen Rationalismus mit seinem Falsifikationsprinzip
– Theoriebildung dennoch nie beendet. Durch die (deduktive) Methode der Falsifikation von Hypothesen wird das Theorienetz gemäß
der zitierten Definition zwar immer enger geknüpft, aber es entsteht
nie endgültiges, gesichertes Wissen. Eine Theorie hat sich daher immer bestenfalls vorerst bewährt. Die Bewährungsproben aber enden
gemäß dieser Vorgehensweise nicht, da die Falsifikation einer Hypothese immer möglich bleibt.

Entsprechend gibt es auch nicht die eine Theorie, mit der sich alle
Ereignisse in der deutschen Außenpolitik gleichermaßen beschreiben, verstehen, erklären oder prognostizieren ließen. Die meisten
Theorien in den Internationalen Beziehungen haben auch gar nicht
den Anspruch, dies leisten zu können und sind bestenfalls Theorien
mittlerer Reichweite. Sie entstehen in einem spezifischen historischen Kontext und sind gesellschaftlich geprägt. Kant als zentraler
Vertreter des Idealismus (Kapitel 1.3.3) war durch die französische
Revolution geprägt, während Waltz seine neorealistische Perspektive
unter dem Eindruck des Ost-West-Konflikts entwickelte (Kapitel
1.3.1). So ist die Außenpolitikforschung darauf angewiesen, unterschiedliche Theorien auf unterschiedliche Forschungsziele sowie

unterschiedliche empirische Phänomene anzuwenden. Kann eine Theorie ein empirisches Phänomen nicht hinreichend erklären oder schlägt eine Prognose hinsichtlich eines erwarteten außenpolitischen Verhaltens fehl, so ist diese Theorie deswegen nicht gleich als falsch zu verwerfen. Denn für andere Phänomene kann dieselbe Theorie ein hohes Erklärungs- bzw. Prognosepotential besitzen. Eine Theorie kann daher in bestimmten Fällen für die Analyse deutscher Außenpolitik nützlich, in anderen Fällen weniger nützlich sein.

Nicht erleichtert wird die Situation dadurch, dass einige Theorien die gleichen Annahmen teilen. So gilt für viele Theorien, dass die internationalen Beziehungen von Anarchie geprägt sind. Allerdings ziehen wiederum nicht alle Theorien dieselben Schlussfolgerungen aus diesem Befund (z.B. Neorealismus vs. Sozialkonstruktivismus). Zudem sind einige Theorien auf einem völlig unterschiedlichen Fundament errichtet, was die Vergleichbarkeit erschwert. So liegt nicht allen Theorien das gleiche Menschenbild zugrunde; d.h. sie unterscheiden sich in der Frage „Wie ist der Mensch beschaffen?" (z.B. Idealismus vs. Realismus). Es ist nicht schwer, sich vorzustellen, dass unterschiedliche Menschenbilder bei ansonsten vergleichbaren Annahmen zu völlig anderen Aussagen führen.

Für eine erste Einordnung von Theorien ist die dichotom angelegte Typologie von „systemischen Theorien" und „subsystemischen Theorien" hilfreich. Erstere nehmen Staaten übergreifende Strukturen und Prozesse des internationalen Systems in den Blick. Trotz dieser Perspektive können auch systemische Theorien für die Außenpolitikforschung nützlich sein. Subsystemtische Theorien hingegen legen primär Strukturen und Prozesse innerhalb des Staates unter das Mikroskop. Auf eine weitere Analyseebene, die das Individuum in der Außenpolitik in den Blick nimmt, wird hier nicht weiter eingegangen (ausführlich George 1969; Holsti 1976; Walker 1999). Ein Urteil über die geeignete Analyseebene für die Untersuchung von Außenpolitik ist nicht pauschal möglich. Wichtig für die Wahl der Analyseebene ist die Frage: „Was will ich untersuchen?"

1.3.1 Neorealismus

Der Neorealismus ist maßgeblich in den 1970er Jahren als Reaktion auf die Kritik am Realismus (Morgenthau 1962) entstanden. Dies geschah vor dem historischen Hintergrund des relativen Niedergangs der USA als westliche Führungsmacht u.a. infolge des Vietnam-

Kriegs und des Watergate-Skandals (American Decline). Die festgestellten Schwächen des Realismus sollten behoben werden, ohne die realistische Perspektive gänzlich aufgeben zu müssen. Dazu gehört insbesondere die Abkehr von der Analyseebene des Individuums. Zieht der Realismus unmittelbare Rückschlüsse vom Menschenbild, das der Hobbesschen Anthropologie entstammt (Schwaabe 2007a), auf das Verhalten von Staaten, so löst sich der Neorealismus davon und stellt die Struktur des internationalen Systems in den Vordergrund. Der Neorealismus will das internationale System als Analyseebene etablieren. Er wird deduktiv entwickelt, während der Realismus zumeist aus der Induktion gewonnene Einsichten vermittelt (Masala 2006: 89f.). Der Referenztheoretiker ist Kenneth Waltz (Waltz 1979; Masala 2005). Weitere Vertreter sind Gottfried-Karl Kindermann (Münchner Schule) (Kindermann 1991), Samuel Huntington (Huntington 1999) und John Mearsheimer (Mearsheimer 2001).

Rolle von Sicherheit und Macht: Macht bleibt auch im Neorealismus ein zentraler Begriff. Anders als im Realismus ist es jedoch nicht mehr das zentrale Ziel der Staaten, Macht zu maximieren. Vielmehr gilt es, die eigene Sicherheit zu gewährleisten. Dazu wird Macht in der Form von Fähigkeiten (capabilities) als Mittel eingesetzt. Allerdings wird auch im Neorealismus nicht scharf bestimmt, wie Macht zu messen ist. Waltz zählt außer militärischer Macht, die eine dominante Rolle spielt, auch wirtschaftliche Faktoren zu den die Sicherheit gewährleistenden Machtmitteln.

Rolle der Anarchie: Wenn der Neorealismus davon ausgeht, dass im internationalen System Anarchie herrscht, meint er, dass keine übergeordnete Autorität bzw. kein übergeordnetes Gewaltmonopol existiert. In diesem Sinne – und nur in diesem Sinne, denn alle anderen mit dem Anarchie-Begriff zusammenhängenden Konnotationen wären hier verfehlt – ist das internationale System ein anarchisches System.

Rolle der Struktur: Das internationale System besteht aus einer Struktur und interagierenden Einheiten. Die Struktur zeigt die Ordnung einer Gesamtheit auf. Sie ergibt sich aus den Beziehungen, in denen die Einheiten zueinander stehen und gibt deren Positionierung im System wieder. Die Struktur hat einen eigenständigen kausalen Einfluss auf das Akteursverhalten. Sie bewirkt, dass sich Staaten in bestimmten Situationen ähnlich verhalten. Ziel ist es, die Struktur abstrahierend von den realen Eigenschaften der Einheiten zu erfassen. Entsprechend dieser Fokussierung auf die Struktur wird der Neorealismus oft als „Struktureller Realismus" bezeichnet.

Rolle der Staaten: Nach Masala (Masala 2006: 89) basiert der Neorealismus auf folgenden Grundannahmen:

– Staaten sind die wichtigsten Akteure in der internationalen Politik;
– Staaten sind insofern rationale Akteure, als sie mit den ihnen zur Verfügung stehenden Ressourcen versuchen, ihre Ziele zu maximieren;
– das Minimalziel aller Staaten ist die Sicherung ihrer Existenz und
– Staaten agieren und interagieren in einem Kontext, der ihnen in ihrem Handeln Begrenzungen auferlegt bzw. ihr Handeln so konditioniert, dass auf der Ebene des internationalen Systems wiederkehrende Muster (Balance of Power, Hegemonie) produziert werden.

Die Staaten sind als „interagierende Einheiten" homogene, kollektive Akteure. Es gibt zwischen ihnen keine funktionale Differenzierung (like units). Die innerstaatliche Herrschaftsform, ob es sich um eine Demokratie, Diktatur oder irgendeine Zwischenform (z.B. eine gelenkte Demokratie á la Russland) handelt, ist belanglos. Der Neorealismus blickt nicht in das Innere der Staaten, die für ihn eine „black box" sind. Das einzig bedeutsame Unterscheidungsmerkmal zwischen den Staaten sind die unterschiedlichen Machtmittel.

Rolle des Mächtegleichgewichts (balance of power): Die Mächteverteilung zwischen den Staaten im internationalen System ist der Fixpunkt dieser Theorie. Nach ihr richten die Staaten ihr Verhalten aus. Im Vordergrund steht die Sicherheitspolitik (high politics). Sicherheit ist ein knappes Gut. Frieden – gemeint ist der „negative Frieden"; d.h. die bloße Abwesenheit von militärischer Gewalt – kann durch ein Mächtegleichgewicht hergestellt werden. Dieses Gleichgewicht ist in einem bipolaren System wie dem Ost-West-Konflikt im Vergleich zu einem unipolaren oder multipolaren System – das sind drei Möglichkeiten der Machtverteilung, die der Neorealismus offeriert – relativ am stabilsten. Das bedeutet aber nicht, dass ein bipolares System per se stabil ist.

Ist ein Gleichgewicht nicht gegeben, erwarten Neorealisten entweder die Aufrüstung von Staaten (internes balancing) oder Allianzbildung (externes balancing) zum Zwecke der Gegenmachtbildung. Im Ost-West-Konflikt – dem empirischen Paradepferd der Neorealisten – konnte kein Lager das andere Lager militärisch angreifen, ohne eine Niederlage zu riskieren, da keine eindeutige Überlegenheit einer Seite vorlag. In den 1970er Jahren sah Kanzler Helmut Schmidt dennoch dieses Mächtegleichgewicht gefährdet. Es kam nachfolgend zum NATO-Doppelbeschluss mit dem Teilbeschluss der „Nachrüstung" als Balancing-Maßnahme für den Fall des Scheiterns einer Verhandlungslösung. Auch die in der zweiten Amtszeit der rot-grünen Bundesregierung aufgetauchte Formulierung von der Achse Paris-Berlin-Moskau hätte – wäre sie politisch als Gegenmachtbildung gegen die USA verfolgt worden – dieser neorealistischen Annahme entsprochen. Dabei muss sich Balancing nicht ausschließlich auf den militärischen Bereich beziehen (Masala 2006: 95).

Rolle von Kooperation: Staaten sind skeptisch gegenüber Formen dauerhafter institutionalisierter Zusammenarbeit. Sie denken in worst-case-Szenarien, weil sie Angst vor Betrug mit gravierenden Folgen für die eigene Sicherheit haben. Es gibt kein Vertrauen zwischen den Staaten. Jeder Staat versucht selbst für die eigene Sicherheit zu sorgen (self-help-system). Der Blick gilt den Fähigkeiten der anderen Staaten, nicht primär ihren politischen Absichten oder Interessen. Regierungswechsel oder revolutionäre Umstürze (wie im Iran 1979) können zu einer raschen Änderung solcher Interessen und Absichten führen. Daher ist der Blick auf die Verteilung der Machtmittel weniger risikobehaftet, als der auf Interessen und Absichten. Diese Sichtweise ist aber durchaus problematisch, denn sie bedeutet, dass für Deutschland die Kernwaffen Nordkoreas zunächst einmal genauso bedenklich stimmen müssten, wie die Kernwaffen Großbritanniens.

Aufgrund dieser Unsicherheiten kooperieren Staaten zur Gewährleistung der eigenen Sicherheit nur im Rahmen von Zweckbündnissen (z.B. zum externen balancing). Die NATO ist ein solches Zweckbündnis, das sich nach Wegfall der Geschäftsgrundlage – des Ost-West-Konflikts – aus neorealistischer Perspektive hätte auflösen müssen. Diese generelle Kooperationsskepsis wird noch dadurch verstärkt, dass ein Staat selbst dann nicht mit anderen Staaten zusammenarbeitet, wenn er dadurch zwar selbst absolute Kooperationsgewinne erzielen könnte, ein Kooperationspartner aber relativ höhere Gewinne einfahren würde. Das individuelle Ergebnis wäre ein relativer Verlust. Diese relative Gewinnorientierung würde daher auch in win-win-Situationen Kooperation verhindern. Mehr noch: Neorealisten betrachten das Gut Sicherheit als ein Nullsummenspiel. Was ein Staat (relativ) an Sicherheit gewinnt, verliert der Kooperationspartner (relativ). In diesem Sinne gleicht Sicherheit einem Kuchen, dessen Umfang nicht größer werden kann, sondern wo es ausschließlich um die Größe und Verteilung der Stücke geht. Daher kann es aus der Sicht der Neorealisten überhaupt nicht zu win-win-Situationen in Zusammenhang mit dem Gut Sicherheit kommen.

Es sei an dieser Stelle darauf hingewiesen, dass es eine große Bandbreite neorealistischer Perspektiven mit zahlreichen Ausdifferenzierungen gibt (Meier-Walser 1994), auf die hier nicht vertieft eingegangen werden kann. Dazu gehört die Auseinandersetzung zwischen offensiven (Streben der Staaten nach Machtmaximierung bis zur globalen Hegemonie) und defensiven Neorealisten (Bewahrung der relativen Position eines Staates im internationalen System), die Unterscheidung zwischen Einfluss- und Autonomiestreben oder auch das Phänomen des „bandwagoning" (d.h. der Anschluss schwächerer Staaten an mächtigere Staaten statt Gegenmachtbildung).

Neorealismus und Außenpolitik

Auch wenn Waltz keine Außenpolitiktheorie entwickeln wollte (Waltz 1996), so wird der Neorealismus doch vielfach für die Beschreibung, Erklärung und Prognose außenpolitischen Handelns herangezogen (Elman 1996). So prognostizierte mit John Mearsheimer einer der prominenteren Neorealisten, dass das vereinte Deutschland nach 1990 eine größere Unabhängigkeit anstreben und sich z.B. nicht länger die Vormundschaft der USA in der NATO gefallen lassen werde. Zudem wurde erwartet, dass sich Deutschland eigene Kernwaffen zulegen und den Weg zu einen autonomen Großmacht einschlagen werde (Mearsheimer 1990: 5f.). Damit erwartete der Neorealismus für Deutschland nach 1990 einen dramatischen außenpolitischen Wandel aufgrund der Veränderung materieller Strukturen (Ende des Ost-West-Konflikts mit seinen geostrategischen Folgen, Vereinigung, vollständige außenpolitische Souveränität) und eine relativ mächtigere Position Deutschlands im internationalen System. Es wurden u.a. eine machtbetontere Außenpolitik und eine Abkehr vom Grundsatz des Multilateralismus bis hin zur Verabschiedung Deutschlands aus internationalen Institutionen vorhergesagt (Baumann 2006: 43ff.).

Für die neorealistische Analyse von Außenpolitik ergeben sich Fragen:

– Kann man innerstaatliche Machtverhältnisse, Merkmale außenpolitischer Entscheidungsprozesse oder das Verhältnis von Staat und gesellschaftlichen Gruppen vernachlässigen wie dies der Neorealismus tut?

– Wie ist die fortgesetzte und teilweise sogar intensivierte multilaterale Selbsteinbindung Deutschlands in internationale Institutionen nach dem Ende des Ost-West-Konflikts zu erklären, wenn
Staaten doch so kooperationsskeptisch sind und dies nur (notge-
drungen) im Rahmen von Zweckbündnissen tun?
– Warum war die deutsche Außenpolitik nach 1990 trotz der veränderten Struktur des internationalen Systems in vielen Bereichen
nicht von Wandel, sondern von Kontinuität geprägt?

Der Neorealismus tut sich mit seiner systemischen, auf die Struktur
des internationalen Systems ausgerichteten Sichtweise schwer, Antworten auf diese Fragen zu finden. Daher werden bei Versuchen, den
Neorealismus für die Außenpolitikanalyse heuristisch fruchtbar zu
machen, Annahmen über die Struktur des internationalen Systems
mit subsystemischen Variablen – die dann doch zu einem Aufbrechen
der black box führen – aus der Außenpolitikanalyse verknüpft. Außenpolitikanalyse findet damit auf einer anderen Analyseebene statt,
als die ursprünglich von Waltz entwickelte Theorie. In diesem Sinne
ist es wichtig, zwischen neorealistischer Theorie und neorealistischer
Außenpolitikanalyse zu unterscheiden (Masala 2006: 92f.).

1.3.2 Neoinstitutionalismus

Der Neoinstitutionalismus entwickelte sich in den 1970er und 1980er
Jahren. Ein maßgeblicher Referenztheoretiker ist Robert Keohane (Keohane 1984; Keohane 1986; Keohane 1989). Die neoinstitutionalistische Strömung beherbergt mehrere Theorien bzw. theoretische Ansätze.
Dazu gehören insbesondere der Interdependenzansatz (Keohane/Nye
1977; Spindler 2006: 93ff.) und die Regimetheorie als dessen Weiterentwicklung (Kohler-Koch 1989; Krasner 1983; Müller 1993, Hasenclever 1997; Zangl 2006). Die Regimetheorie ist ein theoretischer
Bezugspunkt für die heutige Global-Governance-Forschung. Internationale Regime werden zudem oft als Bausteine von Global Governance
betrachtet (Messner/Nuscheler 2003). Grundsätzlich reibt sich der Neoinstitutionalismus am Neorealismus (Neo-Neo-Debatte).

Interdependenzansatz

Nicht zuletzt die 2007 als US-Immobilienkrise begonnene weltweite
Banken- und Finanzkrise, die sich nachfolgend zu einer massiven

Krise der (Real-)Wirtschaft mit staatlichen Eingriffen ausgeweitet hat, macht deutlich, wie sehr wir in einer Welt von engen wechselseitigen Abhängigkeiten leben. Durch diese Interdependenzen verringern sich die Handlungsautonomie und Steuerungsmöglichkeiten der Staaten insofern, als die Handlungsmöglichkeiten eines Staates vom Verhalten anderer Staaten abhängig sind. Der Ansatz wurde in den 1970er Jahren vor dem historischen Hintergrund u.a. des Zusammenbruchs des Währungssystems von Bretton Woods und der Ölkrisen entwickelt, die vor Augen geführt hatten, dass wirtschaftliche Politikfelder höchst relevant für die internationalen Beziehungen sein können.

Von Interdependenz wird dann gesprochen, wenn durch Interaktionen wechselseitige Kosten entstehen. Der Interdependenzansatz ist in erster Linie eine Zustandsbeschreibung, die zwischen unterschiedlichen Formen der Interdependenz unterscheidet. Daher fällt es schwer, ihn als Theorie zu bezeichnen. Die gängige dichotome Typologie differenziert Interdependenz-Verwundbarkeit und Interdependenz-Empfindlichkeit. Im Vordergrund steht die Frage nach den Kosten. So bezieht sich Empfindlichkeit darauf, wie schnell Veränderungen in einem Staat zu Kosten in anderen Staaten führen. Interdependenz-Verwundbarkeit zeigt hingegen eine Situation an, in der ein Staat durch äußere Einflüsse oder Ereignisse selbst dann Kosten tragen muss, wenn er einen Politikwechsel vollzogen hat. Eine daraus resultierende Frage ist, ob und inwieweit sich ein Staat durch einen Politikwechsel solchen Interdependenzkosten entziehen kann. Es geht also um die relative Verfügbarkeit und Kostspieligkeit alternativer politischer Maßnahmen (Keohane/Nye 1977: 13f.).

Der besondere Verdienst des Ansatzes ist die „Entdeckung" der Relevanz internationaler Institutionen, die Relativierung der Bedeutung militärischer Macht sowie die Unterscheidung der internationalen Politik in unterschiedliche Politikfelder, die über den Bereich der Sicherheitspolitik hinausweisen (z.B. Wirtschaft, Umwelt, Menschenrechte). Weil es Staaten nicht mehr vorrangig um die eigene Sicherheit geht, wird auch die hierarchische Unterteilung in high politics und low politics eingeebnet. Grundsätzlich geht der Ansatz davon aus, dass Interdependenz einen erhöhten Kooperationsbedarf generiert, der mit einem Rückgang von militärischer Gewalt als Mittel der Konfliktbearbeitung einhergeht (Efinger 1990: 279f.). Interdependenz wirkt mithin tendenziell friedenförderlich. Kritisch anzumerken ist, dass der Interdependenzansatz zwar das empirische Phänomen beschreibt, aber nicht erklären kann, wie Interdependenz entsteht.

Regimetheorie

Die Regimetheorie ist eine rationalistische Theorie mit einer systemischen Perspektive. Internationale Regime sind kooperative internationale Institutionen. Bei Regimen handelt es sich um eine spezifische Form von Institutionen, die sich auf internationale Politikfelder mit unterschiedlichem Verregelungsgrad sowie mit formalisierten und informellen Kooperationsbestandteilen beziehen (Colschen 1998: 193ff.). Zu den formalisierten Kooperationsbestandteilen in einem Regime können auch internationale Organisationen gehören. Regime besitzen aber – anders als Internationale Organisationen – keine Akteursqualität, da sie die gesamte internationale Kooperation in einem Politikfeld abbilden. Internationale Organisationen wie die VN entfalten politikfeldübergreifende Aktivitäten und sind daher prima facie nicht in das Politikfelddenken der Regimetheorie integrierbar. Die VN selbst sind daher kein Regime. Sie sind aber als internationale Organisation in unterschiedlichen Regimen tätig (z.B. in Menschenrechtsregimen, Umweltregimen, Wirtschaftsregimen, Sicherheitsregimen).

Wenn Politikfelder mit dem Instrumentarium der Regimeanalyse untersucht werden sollen, wird zunächst die Struktur des Politikfelds in den Blick genommen. Dazu bedient sich die Regimetheorie eines Modells mit vier Strukturelementen: Prinzipien, Normen, Regeln und Prozeduren.

Prinzipien bilden das Fundament und die Voraussetzung eines Regimes. Sie liefern die Begründung für dessen Entstehung, sind Zustandsbeschreibung und Zielvorstellung zugleich (z.B. im nuklearen Nichtverbreitungsregime: „Kernwaffen sind eine Gefährdung der internationalen Sicherheit und dürfen nicht verbreitet sein"). Prinzipien finden sich z.B. in Präambeln internationaler Verträge oder Satzungen internationaler Organisationen. Normen legen allgemeine Verhaltensrichtlinien und -standards fest und machen ein Prinzip operationalisierbar. Sie müssen konsistent mit den Prinzipien sein und definieren den Raum, in dem kooperative Regulierungsprozesse stattfinden (z.B. drei Normen im nuklearen Nichtverbreitungsregime „Staaten ohne Kernwaffen sollen davon absehen, sich welche zu beschaffen", „Staaten mit Kernwaffen sollen diese abrüsten" und „Die zivile Nutzung der Kernenergie ist erlaubt"). Prinzipien und Normen bilden gemeinsam den normativen Rahmen eines Regimes.

Regeln und Prozeduren operationalisieren dann den normativen Rahmen. Regeln sind die konkreten Gebote und Verbote (z.B. das

Verbot überirdischer Nukleartests). Verstöße gegen ein Regime lassen sich auf der Ebene der Regeln am deutlichsten erkennen. Die Einigung auf Regeln kann eine zentrale Hürde für die kooperative Regulierung von Konfliktgegenständen darstellen. Hier erweist es sich, ob und inwieweit Staaten jenseits wolkiger Bekenntnisse wirklich bereit sind, konkrete Maßnahmen durchzuführen. Dies ist häufig bei Umweltregimen ein zu beobachtendes Problem. Prozeduren schließlich sind die maßgeblichen Praktiken für die Implementierung der Regeln. Hier werden spezifische administrative Arrangements bestimmt, d.h. wie die vereinbarte Kooperation durchgeführt wird. Wesentliche Typen sind Beitritts-, Revisions-, Konsultations- und insbesondere Verifikations- sowie Sanktionsprozeduren.

Rolle der Staaten: Staaten sind die maßgeblichen Akteure. Sie verfolgen ihre Interessen, handeln gemäß der Annahmen der rational-choice-Theorie und lassen Kosten-Nutzen-Analysen in ihre Entscheidungsprozesse einfließen. Die zur Verfügung stehenden Handlungsoptionen werden von ihnen rational bewertet.

Rolle von Macht: Die Beziehungen unter den Akteuren sind nicht machtfrei. Im Neoinstitutionalismus sind Regime aber als intervenierende Variable konzeptionalisiert, die das Verhältnis zwischen Machtverhältnissen als unabhängige Variable und den Politikergebnissen als abhängige Variable beeinflusst. Das bedeutet, dass sich die erwarteten Politikergebnisse nicht eins-zu-eins aus der Analyse der Machtverhältnisse in einem Politikfeld ableiten lassen. Die Politikergebnisse können durch die Wirkungsmächtigkeit von Regimen durchaus anders ausfallen. In letzter Konsequenz heißt dies, dass sich der

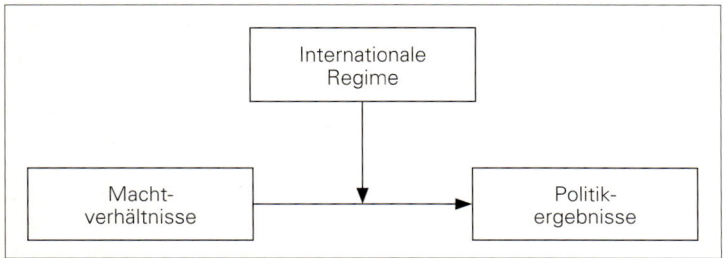

Abbildung 1: Regime als intervenierende Variable

Quelle: Eigene Darstellung.

mächtigste Staat in einem Politikfeld nicht zwingend durchsetzen muss. Die Rolle von Macht wird mithin relativiert: „Regimes do matter!" (Krasner 1982: 185-205).

Zweitens können Regime in Politikfeldern auch dann entstehen, wenn keiner der beteiligten Staaten der Politikfeld-Hegemon ist. Die Regimetheorie hat gezeigt, dass nicht-hegemonial induzierte Kooperation und damit auch die Bildung Internationaler Regime ohne den mächtigsten Staat möglich ist (Brem/Stiles 2008). Sie gestaltet sich aber mitunter mühsamer, wenn der Hegemon nicht mit im Boot ist (z.B. beim Klimaschutzregime), weil er aufgrund seiner Vorrangstellung am Besten dazu in der Lage ist, Kooperationsanreize zu setzen, Zusammenarbeit zu initiieren, zu organisieren, Gemeinschaftsgüter bereitzustellen und die dabei auftretenden Kosten zu tragen.

Rolle von Kooperation: Auch für Neoinstitutionalisten ist das anarchische internationale System eine Hürde für Staaten, miteinander zu kooperieren. Dennoch geht die Regimetheorie aufgrund wachsender Interdependenzen im internationalen System von einer deutlich höheren Kooperationsbereitschaft der Staaten zur Verregelung internationaler Politikfelder aus, als die Neorealisten. Zudem können durch Kooperation win-win-Situationen entstehen, bei denen alle Akteure von einer Kooperation profitieren. Die Einbettung in kooperative Strukturen erfolgt freiwillig und wird nicht als notwendiges Übel empfunden. So gesehen wird die Anarchie im internationalen System trotz des fehlenden Gewaltmonopols eingehegt. Aber Kooperation ist kein Selbstläufer, sondern muss (oft) mühsam errungen werden. Kooperation in Regimen bedeutet zudem nicht, dass die Konflikte damit gelöst sind. Im Gegenteil. Sind die Konflikte in einem Politikfeld gelöst, ist ein Regime dort nicht (mehr) erforderlich. Regime sind hingegen dann erforderlich, wenn es darum geht, bestehende Konflikte unter Beibehaltung unterschiedlicher Akteursinteressen regelgeleitet zu bearbeiten.

Wie entsteht Kooperation? Unter welchen Bedingungen kooperieren Staaten trotz der Annahme von Anarchie? Hierbei bedient sich der Neoinstitutionalismus insbesondere der Spieltheorie (ausführlich Morrow 1994, Kern/Schmidt 2009). Dort werden interdependente Entscheidungssituationen in einem vereinfachten Vier-Felder-Schema formalisiert dargestellt (Reduktion von Komplexität). In „Spielen" werden Situationsstrukturen abgebildet, in denen die Interessenrealisierung eines Akteurs davon abhängt, wie die anderen Akteure versuchen, ihre Interessen zu verwirklichen. Dies führt das

„Prisoner's Dilemma" aus der Kategorie der Dilemmaspiele vor Augen. In dieser Situationsstruktur ist aus der individuellen Sicht jedes Spielers die einseitige Nicht-Kooperation die beste (4), die beidseitige Kooperation die zweitbeste (3), die beidseitige Nicht-Kooperation die drittbeste (2) und die einseitige Kooperation die schlechteste Lösung (1) darstellt. Aber das kollektiv bestmögliche Ergebnis (6) – und darum geht es bei der internationalen Kooperation – kann nur durch beidseitige Kooperation und damit der Wahl der individuell zweitbesten Lösung (3) erreicht werden. Wird allerdings von beiden Akteuren durch Nicht-Kooperation das individuell bestmögliche Ergebnis (4) als dominante Strategie verfolgt, kommt es zum kollektiv schlechtesten (4) und individuell zweitschlechtesten Ergebnis. Es besteht daher die Gefahr, dass die rationalen Spieler aufgrund der individuellen Anreizstruktur die kollektiven Vorteile wechselseitiger Kooperation nicht wahrnehmen oder nicht berücksichtigen.

Auszahlungs-matrix		Spieler B	
		Kooperation	Keine Kooperation
Spieler A	Kooperation	**3/3 (6)**	**1/4 (5)**
	Keine Kooperation	**4/1 (5)**	**2/2 (4)**

Abbildung 2: Das Prisoner's Dilemma

Quelle: Eigene Darstellung.

Das Dilemma besteht darin, dass ein Anreiz zur Kooperationsverweigerung bzw. zum Betrug besteht, weil die eigenen Kooperationsgewinne dann am höchsten sind – höher als bei beidseitiger Kooperation –, wenn der andere Akteur bei eigener Kooperationsverweigerung kooperiert. Durch wiederholte Kooperation kann das Dilemma aufgelöst und das bestmögliche kollektive – nicht das bestmögliche individuelle – Ergebnis erreicht werden, denn der „shadow of the future" (Axelrod 1984: 12) führt dazu, dass die Staaten aufgrund der möglichen Folgen eigener Kooperationsverweigerung sich nicht aus der Zusammenarbeit verabschieden. Durch Kooperationstreue entstehen Erwartungsverlässlichkeit und Vertrauen. In diesem Sinne wirken Regime – wenn auch Betrug nie gänzlich auszuschließen ist – vertrauensbildend. Von Bedeutung ist dabei die absolute Gewinnorientierung, nicht wie im Neorealismus die relative Gewinnorientierung. Es ist für einen Staat nicht von zentraler Bedeutung, ob andere Staaten aus einer Zusammenarbeit höhere Kooperationsgewinne erzielen. Für Neorealisten ist diese Annahme nicht haltbar. Dabei übersieht der Neorealismus allerdings, dass auch bei ungleichgewichtiger Verteilung der Kooperationsgewinne, alle Kooperationspartner gegenüber den nichtkooperierenden Akteuren relativ einen Vorteil erlangen.

Insgesamt zeigt die Spieltheorie, was empirisch bereits festgestellt wurde. Staaten sind viel kooperationsfreudiger als dies der Neorealismus annimmt. Sie streben durchaus auf Dauer angelegte Kooperationsstrukturen an – keine bloßen Zweckbündnisse auf Zeit –, selbst wenn dies kurzfristig nicht mit ihren Interessen korrespondiert, weil sie sich langfristig Kooperationsgewinne versprechen. Gewinne sind nicht die einzigen Kooperationsanreize, die Regime setzen. Regime erfüllen Funktionen, die von den Staaten derart geschätzt werden, dass die Kooperation selbst dann nicht aufgelöst wird, wenn der ursprüngliche Kooperationsgrund nicht mehr besteht. So erhöhen Regime die Erwartungsverlässlichkeit, bauen Vertrauen auf, senken die Transaktionskosten (z.B. durch die Etablierung fester Kommunikationskanäle, das Vorhandensein eines Verhandlungsrahmens oder die Strukturierung von Verhandlungen) oder tragen zur Verkürzung der Zeiträume für die Regulierung von Konfliktgegenständen bei (Colschen 1998: 200ff.).

Auch der Neoinstitutionalismus erfuhr zahlreiche Ausdifferenzierungen, auf die an dieser Stelle nicht im Detail eingegangen werden soll (z.B. Regimeverknüpfung, Koordinationsspiele in Ergänzung zu Dilemmaspielen, Problemstrukturelle Ansätze in Ergänzung zu situationsstrukurellen Ansätzen). Hervorgehoben werden sollen aber – auch angesichts der hohen Relevanz der Spieltheorie – die Bemühungen um die Entwicklung eines Zwei-Ebenen-Ansatzes. Grundsätzlich kann spieltheoretisch im Rahmen eines Zwei-Ebenen-Ansatzes auch die innerstaatliche Ebene (mit-)modelliert werden (Putnam 1988). Hier wird davon ausgegangen, dass Regierungen an zwei Tischen gleichzeitig spielen. Einerseits außenpolitisch mit anderen Staaten; andererseits innenpolitisch mit dominanten Interessengruppen. Außerdem sind auch Versuche der Integration sozialkonstruktivistischer Annahmen von Bedeutung (Kapitel 1.3.4). Hierzu gehört die Anerkennung, dass Regime nicht nur die Interessen von Staaten reflektieren, sondern ihrerseits die Interessen von Staaten auch prägen können. Regime dienen damit nicht nur zur Verwirklichung vorgegebener

Interessen, sondern können für die Interessen der Staaten konstitutiv sein (Zangl 2006: 139).

Neoinstitutionalismus und Außenpolitik

Der Interdependenzansatz betrachtet einen hohen Grad an wirtschaftlicher Verflechtung – wie sie Deutschland aufweist – positiv, denn diese Interdependenzen schaffen Vertrauen, stabilisieren die internationalen Beziehungen und wirken friedensförderlich. Dennoch fragt er auch nach den außenpolitischen Handlungs- und Steuerungsmöglichkeiten unter den Bedingungen von Interdependenz, die dem Staat zur Verfügung stehen (Spindler 2006: 97). Der Handelsstaat Deutschland (Kapitel 3.4) will sich der wachsenden internationalen Interdependenz in einer weitgehend marktwirtschaftlich organisierten Welt nicht entziehen und wird dem Erfordernis gerecht, sich noch stärker in institutionalisierte Kooperationskontexte zu begeben (ausführlich Czempiel 1993). Aus neoinstitutionalistischer Perspektive sind sowohl die freiwillige und auf Dauer angelegte Einbettung Deutschlands in zahlreiche internationale Institutionen als auch der permanente deutsche Einsatz für die Stärkung und Weiterentwicklung praktisch aller dieser Institutionen und damit der außenpolitische Grundsatz des Multilateralismus (Kapitel 3.6) erklärbar.

Vertrauen zu anderen Staaten ohne die ständige Angst vor Betrug ist auch bei unterschiedlichen Interessen möglich. Multilaterales Verhalten in internationalen Institutionen ist aus Sicht des Neoinstitutionalismus aber kein Selbstzweck, sondern es findet immer auch eine Kosten-Nutzen-Kalkulation durch die Akteure statt. Kooperation muss sich lohnen. Die (absoluten) Kooperationsgewinne müssen sich aber nicht unmittelbar einstellen. Kurzfristig können die Kosten den Nutzen sogar übersteigen. Dies wäre für die deutsche Außenpolitik noch kein maßgeblicher Grund zur Nicht-Kooperation, denn die Perspektive ist langfristig. Aus dieser Sicht ist es auch erklärbar, warum Deutschland sich so nachdrücklich für die EU-Osterweiterung (Kapitel 3.1.3) eingesetzt hat, obwohl kurzfristig die Kosten der Erweiterung ihren Nutzen überstiegen haben. Dennoch ist festzustellen, dass der Blick auf das Kosten-Nutzen-Verhältnis im vereinten Deutschland gegenüber der Bonner Republik insgesamt geschärft wurde (Anderson 1997: 85). Zudem zielt die deutsche Europapolitik darauf ab, das Milieu in den EU-Institutionen so zu gestalten, dass es deutschen Interessen dient. Auf diese Weise übt Deutschland eine indirekte institutionelle Macht aus, wenn es Institutionen wie die

Europäische Zentralbank nach deutschem Vorbild bilden möchte (Baumann 2006: 40). In diesem Sinne betreibt Deutschland keinen blinden Multilateralismus, bei dem Kooperation ein unreflektierter Selbstzweck ist. Deutsche Regierungen versuchen vielmehr – neben den (langfristig) angestrebten Kooperationsgewinnen – die internationalen Institutionen in ihrem Sinne zu gestalten. Dies ist Einflusspolitik, die aber deutlich subtiler und indirekter ausfällt, als dies die neorealistische Perspektive nahelegt.

1.3.3 (Neo-)Liberalismus und Idealismus

Der (Neo)-Liberalismus bildete sich während der Entspannungspolitik im Ost-West-Konflikt und mit dem Aufkommen der Friedensforschung in den 1970er Jahren heraus. Als Referenztheoretiker ist Andrew Moravcsik zu nennen (Moravcsik 1992; Moravcsik 1997). Ein anderer Vertreter ist Ernst-Otto Czempiel (Czempiel 1981).

Liberale Theorien stehen in der Tradition des Idealismus. Einer der bekanntesten Vorläufer des Liberalismus ist Immanuel Kant (ausführlich Höffe 1995, Schwaabe 2007b). In seiner 1795 verfassten Schrift „Zum Ewigen Frieden" formulierte Kant, unter dem Eindruck der französischen Revolution, im Sinne normativer Theoriebildung, eine Welt, wie sie sein sollte und gab Handlungsanweisungen zur Überbrückung der Differenz vom „Sein" zum „Sollen" (Definitivartikel, Präliminarartikel). Dazu gehörte die Schaffung eines Völkerbundes genauso wie eine auf Gewaltenteilung, freien Wahlen und Rechtsstaatlichkeit basierende republikanische bzw. demokratische Verfassung als innerer Herrschaftsform (Kant 1973). Werden diese Anweisungen – gemäß der operativen Funktion von Theorie und im Sinne normativer Theoriebildung – befolgt, befindet sich die Welt auf dem Weg zum ewigen Frieden im Sinne eines positiven (erweiterten) Friedensbegriffs. Eine Debatte über diese Theorieströmung wird terminologisch dadurch erschwert, dass der Begriff des Idealismus heute nur noch wenig verwendet wird und stattdessen verstärkt Label wie „Liberalismus" oder „Neuer Liberalismus" dominieren (von Bredow 2006: 56). Ein Unterscheidungsmerkmal ist, dass idealistische Denker wie Kant ihre Erkenntnisbausteine nicht zu einem kohärenten Theoriegebäude zusammengefügt haben. Diesen Anspruch vertritt Moravcsik. Ihm gebührt nicht nur der Verdienst, die Systematisierung der liberalen Theorie befördert zu haben. Er hat in einer Weiterentwicklung auch versucht, die Reichweite der Theorie von der subsystemischen auf die systemische Ebene auszudehnen (Moravcsik 1993). Damit hat er sich der Kritik am traditionellen Liberalismus angenommen, dem vorgeworfen wird, seine Außenpolitikpolitiktheorie einfach auf die Ebene der internationalen Politik zu übertragen (Zangl 1999: 52f.). Insgesamt ist aber festzustellen, dass zahlreiche Binnendifferenzierungen sowie Unterscheidungen in republikanischen, soziologischen, pluralistischen, ideellen, kommerziellen, utilitaristischen, klassischen Liberalismus, liberalen Intergouvernementalismus oder Handelsliberalismus zu einer unübersichtlichen Gemengelage geführt haben. Dennoch lassen sich einige Kernpunkte herausarbeiten.

Rolle der Staaten: Im Gegensatz zum Realismus und Neoinstitutionalismus richtet sich der Erklärungsschwerpunkt des Liberalismus auf subsystemische Faktoren. Außenpolitisches Handeln ist aus gesellschaftlichen Strukturen und Interessen erklärbar. Dieser Blickwinkel auf die innerstaatlichen Verhältnisse führt zu anderen Annahmen als bei systemischen Ansätzen. So sind Individuen und gesellschaftliche Gruppen innerhalb eines Staates die entscheidenden Akteure. Diese Individuen und Gruppen verfolgen ihre materiellen und ideellen Interessen und besitzen spezifische Präferenzordnungen. Systemische Faktoren wie Anarchie und Machtverteilung im internationalen Systems (Neorealismus) oder internationale Institutionen (Neoinstitutionalismus) werden nicht negiert, haben aber keinen maßgeblichen Einfluss auf die Außenpolitik. Vielmehr bestimmen die innerstaatlich im Widerstreit zwischen Staat und gesellschaftlichen Gruppen bzw. unter den gesellschaftlichen Gruppen entstandene Präferenzen das außenpolitische Handeln. Je nach den Präferenzen anderer Staaten, handelt es sich um komplementäre, kongruente oder konfligierende Präferenzstrukturen. Der Staat und die von ihm betriebene Außenpolitik sind damit keine fundamentale Variable, sondern immer ein prinzipiell wandelbares Produkt der jeweils aktuellen gesellschaftlichen Verhältnisse (Wolf 2000: 37). Außenpolitisch handelnde Regierungen sind daher als ein Transmissionsriemen dominanter gesellschaftlicher Interessen zu begreifen. Regierungen versuchen nicht primär, Macht oder Sicherheit zu maximieren, sondern setzen gesellschaftliche Forderungen um.

Rolle von Macht: Wichtig sind die Machtverhältnisse unter den gesellschaftlichen Gruppen sowie zwischen Staat und gesellschaftlichen Gruppen. Diese Interaktionen werden von den nationalen Institutionen – nicht von internationalen Institutionen wie im Neoinstitutionalismus – beeinflusst. Die Machtverteilung zwischen den Staaten ist – anders als Neorealismus – ohne Bedeutung. Soll also das außenpolitische Handeln untersucht werden, müssten in erster Linie der Widerstreit gesellschaftlicher Interessen, die Machtverhältnisse zwischen Exekutive und gesellschaftlichen Gruppen sowie die Gründe für die Durchsetzungsfähigkeit der dominanten sozialen Gruppen untersucht werden. Konkret hängt die Macht gesellschaftlicher Gruppen gegenüber der Regierung davon ab, ob und inwieweit sie die politische Agenda kontrollieren, den Entscheidungsfindungsprozess beeinflussen, andere innerstaatliche Gruppen überzeugen können und über hinreichende Informationen bezüglich der Handlungsmöglichkeiten der Exekutive verfügen (Moravcsik 1994: 4f.).

Rolle von Kooperation: Ein Modell mit drei sich gegenseitig ergänzenden Varianten zeigt, dass es unterschiedliche Einflussfaktoren auf innerstaatliche Präferenzbildungsprozesse geben kann. Unterschieden werden ideationaler Liberalismus, kommerzieller Liberalismus und republikanischer Liberalismus (Moravcsik 1997: 524ff.). Der ideationale Liberalismus fragt nach dem Ursprung von Präferenzen. Er geht davon aus, dass außenpolitische Präferenzen durch soziale Identitäten und Werte bestimmt werden. Konvergierende innerstaatliche Präferenzen über Interessen wirken kooperationsförderlich, während divergierende Präferenzen über Interessen einem kooperativen Verhalten abträglich sind. Auch der kommerzielle Liberalismus fokussiert sich auf den Ursprung der Präferenzen. Hier allerdings hängt das außenpolitische Verhalten von Staaten davon ab, ob und inwieweit gesellschaftliche Akteure durch transnationale ökonomische Beziehungen Gewinne oder Verluste erzielen. Bei hohen wirtschaftlichen Anreizen für innerstaatliche gesellschaftliche Gruppen, ist kooperationsorientiertes Verhalten und eine Bevorzugung friedlicher Konfliktbearbeitungsstrategien anzunehmen, während die fehlende Aussicht auf Gewinne eher zu konfrontativen Konfliktbearbeitungsformen führt. Der republikanische Liberalismus beschäftigt sich in erster Linie mit der Frage, wie innerstaatliche Institutionen die gesellschaftlichen Anforderungen in Präferenzen für das außenpolitische Verhalten überführen. Kooperation ist insbesondere dann zu erwarten, wenn der politische Einfluss innerhalb einer Gesellschaft breit und einigermaßen gleichmäßig verteilt ist. Ist der Einfluss hingegen auf wenige gesellschaftliche Gruppen konzentriert, wird eine konfrontativere Außenpolitik erwartet (Schieder 2006: 188).

Zudem versetzt – so eine weitere theorieinterne Ausdifferenzierung – internationale Kooperation eine Regierung in die Lage, sich größere Handlungsspielräume gegenüber ansonsten einflussreichen gesellschaftlichen Gruppen zu verschaffen. In diesem Sinne können Regierungen internationale Kooperationen instrumentalisieren, um den gesellschaftlichen Gruppen Kontrollmöglichkeiten in der Außenpolitik zu entziehen (Moravcsik 1994: 43).

Demokratischer Frieden: Eine zentrale Folgerung des republikanischen Liberalismus ist die These vom „Demokratischen Frieden" (Rauch 2005, Hasenclever 2006). Sie besagt, dass Demokratien gegeneinander keine Kriege führen. Die Argumentation sieht wie folgt aus: In Demokratien ist der Gesellschaft klar, dass ein Krieg überwiegend negative Konsequenzen hätte. Vertreter von Partikularinteressen, die von einer militärischen Konfliktbearbeitung profitieren könnten (z.b. Rüstungslobby, Militär), können in einem demokratisch verfassten Staat nicht gegen andere gesellschaftlichen Interessen obsiegen. Ferner stehen die Demokratien über internationalen Handel in besonders enger, interdependenter Beziehung zueinander. Kriege würden daher den meisten wirtschaftlichen Interessen einer exportorientierten Staates wie Deutschland (Kapitel 3.4) schaden. Außerdem sind auf Wiederwahl angewiesene Entscheidungsträger wie auch die gesellschaftlichen Gruppen in Demokratien an friedliche Konfliktbearbeitung im Innern gewöhnt und übertragen diese Konfliktbearbeitungsformen tendenziell auf die Außenpolitik. Demokratien sind also primär aufgrund ihrer inneren Herrschaftsform so friedfertig. Dennoch führen Demokratien auch Kriege; allerdings nur gegen Nicht-Demokratien. Es sind erstaunlicherweise dieselben Gründe, die einerseits zwischen den Demokratien zu einem friedlichen Konfliktaustrag führen und andererseits Kriege von Demokratien gegen Nicht-Demokratien hervorrufen. Eine Teilantwort liegt in der demokratischen Wertegemeinschaft. Sie fördert die Bildung gemeinsamer Institutionen, Identitäten und Werte, führt aber gleichzeitig zur Abgrenzung und Konfliktbereitschaft gegenüber Nicht-Demokratien (ausführlich Daase 2004). Trotz einiger Grenzfälle könnte der „Demokratische Frieden" bisher empirisch bestätigt werden. Allerdings ließe sich auch jenseits der kniffligen demokratietheoretischen Frage „Welche Staaten können als Demokratien bezeichnet werden?" (Waschkuhn 1998) einwenden, dass ein wirklicher Falsifikationstest noch bevor steht, da die Anzahl der Demokratien weltweit bis vor kurzem noch nicht die kritische Masse erreicht hat. Insbesondere die Demokratisierungswellen in Lateinamerika (1980er Jahre) und Osteuropa (1990er Jahre) haben erst jetzt dazu geführt, dass diese Hypothese sinnvoll getestet werden kann. Die These vom Demokratischen Frieden wird mittlerweile – mit ähnlichen Schlussfolgerungen, aber unterschiedlichen Erklärungsmodellen – auch aus anderen Theorieperspektiven wie z.B. dem Neoinstitutionalismus oder dem Sozialkonstruktivismus beleuchtet (Zimmermann 2009).

Neoliberalismus/Idealismus und Außenpolitik

Der Liberalismus versteht sich als ein Ansatz, der für Außenpolitikanalyse gut geeignet ist. Insbesondere die These vom „Demokratischen Frieden" ist empirisch (vorläufig) gültig und damit auch für die deutsche Außenpolitik bedeutsam. Deutschland wurde weder von einer anderen Demokratie militärisch angegriffen, noch hat es gegen eine Demokratie Krieg geführt bzw. sich an einem Krieg gegen eine Demokratie beteiligt. Neben diesem Oberflächenbefund ist es für die Analyse der deutschen Außenpolitik zudem überaus relevant, dass der Liberalismus den „kausalen Nexus zwischen Gesellschaft und staatlichem Verhalten in der Außenpolitik und internationalen Politik zu explizieren vermochte" (Schieder 2006: 180). Folgt man also (neo-)liberalen Argumentationen, so müssten für die Untersuchung des außenpolitischen Handeln konsequenterweise die Interessen gesellschaftlicher Gruppen, die Gründe für die Durchsetzung dominanter innerstaatlicher Gruppen sowie die Machtverhältnisse zwischen Bundesregierung und diesen Gruppen in das Zentrum gerückt werden.

Je nach Theorievariante wären dann soziale Identitäten und Werte (ideationaler Liberalismus), die Frage nach ökonomischen Anreizstrukturen gesellschaftlicher Akteure durch transnationale Wirtschaftsbeziehungen (kommerzieller Liberalismus) oder die Form der innerstaatlichen Repräsentation (republikanischer Liberalismus) zu betonen.

1.3.4 Sozialkonstruktivismus

Der Sozialkonstruktivismus bezeichnet eine soziologische Metatheorie. Sozialkonstruktivisten haben sich insbesondere der Frage angenommen, wie Wandel in den internationalen Beziehungen erklärt werden kann. Hierbei spielen Faktoren wie Überzeugungen, Werte, Normen und Identitäten eine maßgebliche Rolle. Die Bildung und der Wandel von Identitäten sind zentrale Elemente der konstruktivistischen Forschung (Boekle 1999; Boekle 2001; Zehfuß 2002). Die Beschäftigung mit Identitäten ist für den Sozialkonstruktivismus deshalb so wesentlich, weil sie der Bildung von Interessen zugrunde liegen. Der Sozialkonstruktivismus erklärt das außenpolitische Handeln in diesem Sinne auf der Basis wertegestützter, intersubjektiv geteilter Erwartungen angemessenen Verhaltens (Logik der Angemessenheit). Damit unterscheidet sich die konstruktivistische Perspektive fundamental von rationalistischen Theorien, bei denen Handlungen objektiv rationalen Mustern folgen. Handlungstheoretisch geht der Sozialkonstruktivismus davon aus, dass soziale Handlungen auch soziale Strukturen entstehen lassen, reproduzieren oder verändern können (ausführlich Risse 1999). Der Referenztheoretiker ist Alexander Wendt (Wendt 1992; Wendt 1995).

Die Argumentation verläuft folgendermaßen: Die internationale Politik besteht nicht in erster Linie aus materiellen Realitäten, sondern aus sozialen Konstruktionen. Ein Großteil dessen, was als Realität wahrgenommen wird, basiert auf sozial konstruierten Ideen und Interpretationen. Ideen und Normen, die durch Interaktion reproduziert werden oder sich auch verändern können, führen zur Herausbildung spezifischer Identitäten. Wer die Akteure sind, beeinflusst die Herausbildung ihrer außenpolitischen Interessen. In diesem Sinne können sich Interessen über Identitätswandel verändern bzw. neue Interessen entstehen. Sie sind damit nicht exogen vorgegeben.

Rolle der Akteure: Staaten sind wichtige, aber nicht die einzigen Akteure in den internationalen Beziehungen. Auch internationale Institutionen, NGOs, transatlantische Konzerne und soziale Bewegungen sind als Akteure zu berücksichtigen. Staaten können auch andere Motive als Macht oder wirtschaftlichen Wohlstand zur Grundlage ihres Handelns machen, und sich z.B. für Menschenrechte einsetzen. Sie blicken auch nicht nur auf die materiellen Fähigkeiten anderer Staaten oder lassen sich in erster Linie von Kosten-Nutzen-Analysen beeinflussen (Ba/Hoffmann 2003: 20f.).

Rolle der Struktur: Konstruktivsten haben ein fundamental anderes Verständnis von Struktur als Neorealisten. Strukturen in den internationalen Beziehungen, wie insbesondere die Anarchie, sind keine objektiven Realitäten, sondern soziale Konstruktionen. Strukturen und Akteure konstituieren sich gegenseitig, indem sie soziale Identität vermitteln sowie Handlungsmöglichkeiten erweitern oder einschränken. Strukturen haben damit konstitutive, d.h. wesensbestimmende Wirkungen auf Akteure und nicht nur kausale Wirkungen auf deren außenpolitisches Verhalten (Ulbert 2006: 409ff.). Diese Strukturen wirken zwar auf das Akteursverhalten, sind aber gleichzeitig auch durch Interaktionen zwischen Akteuren veränderbar. Dieser wechselseitige Beziehungszusammenhang ist schwer fassbar und wird als „agent-structure-problem" bezeichnet (Schörnig 2006: 88). Wendt räumt im Endeffekt den Strukturen einen Vorrang ein. Sie ermöglichen außenpolitisches Handeln, determinieren es aber nicht. Dennoch führt das Strukturelement Anarchie nicht zwangsläufig zum (neorealistischen) Selbsthilfesystem, sondern es kann auch andere Verhaltensweisen zeitigen. Dabei wird der Staat als einheitlicher Akteur mit einer korporativen Identität betrachtet. Staaten senden durch ihr außenpolitisches Handeln Signale aus und interpretieren wahrgenommene Signale. Diese können als feindlich, indifferent oder als freundlich bewertet werden. Abhängig von der Wahrnehmung definieren Staaten sich als Feinde, (indifferente) Rivalen oder Freunde. Entsprechend des eigenen außenpolitischen Rollenverständnisses entwickeln Staaten ihre Interessen. Dies kann z.B. in Kooperation oder unkooperativer Selbsthilfe münden (Auth 2008: 124). Selbsthilfe ist aber nicht zwingend die einzige Verhaltensoption. Es kommt darauf an, wie die Staaten mit dem Zustand der Anarchie umgehen: „Anarchy is what states make of it" (Wendt 1992).

Rolle internationaler Institutionen: Internationale Institutionen sind mehr als nur der Rahmen für die Ermöglichung internationaler Zusammenarbeit. Vielmehr tragen sie dazu bei, was Staaten wollen und wer Staaten sind, denn in Institutionen werden Normen sozial konstruiert und sind auf diese Weise veränderbar (ausführlich Haas/Haas 2002). Normen werden dabei verstanden als „shared (social) understandings of standards for behaviour" (Klotz 1995: 451). So können neue internationale Normen wie Anti-Rassismus oder die Ächtung des Einsatzes von Chemiewaffen (Ba/Hoffmann 2003) entstehen und zu einem Teil der (konstruierten) Realität werden. Da Staaten von der Staatengemeinschaft als gleichberechtigte Mitglieder anerkannt werden wollen, haben sie kein Interesse, gegen etablierte internationale Normen zu verstoßen. Somit gilt wie beim Neoinstitutionalismus auch für den Sozialkonstruktivismus, dass internationale Institutionen eine zentrale Rolle spielen, aber sie tun dies auf unterschiedliche andere Weise.

Erklärung von Wandel: Identitäten haben ein großes Beharrungsvermögen und ändern sich nur langsam. Zu deutlichen Veränderungen in kurzer Zeit kommt es nur nach dramatischen Ereignissen und traumatischen Erfahrungen. Nur dann besteht die Möglichkeit, kollektiv weitgehend geteilte Überzeugungen abzulegen und rasch durch neue zu ersetzen (Duffield 1998: 23ff.). Dennoch sind Phänomene des Identitätswandels und der daraus hervorgehende Interessenswandel besonders interessant, weil andere Theorien deutlich geringere Erklärungspotentiale für Wandel aufweisen. Anders als der Sozialkonstruktivismus hat z.b. der Neorealismus erhebliche Mühe, das Ende des Ost-West-Konflikts – ansonsten das empirische Paradepferd der Neorealisten – zu erklären. Auch kann der Sozialkonstruktivismus erklären, warum Chemiewaffen zwar im Ersten Weltkrieg verwendet wurden, sich dann aber eine internationale Norm zur Ächtung der Verwendung dieser Waffen entwickelt hat (Ba/Hoffmann 2003). Allerdings ist genau diese Stärke des Sozialkonstruktivismus als „Theorie des Wandels" gleichzeitig Anlass zu Kritik, denn er kann zwar stattgefundenen Wandel erklären, nicht aber aktuelle Entwicklungen einschätzen oder Wandel gar vorhersehen (ausführlich Jaeger 1996). Diese Beschränkung auf ex-post-Erklärungen weist also zunächst einmal auf eine schwache Prognosefunktion konstruktivistischer Ansätze hin.

Sozialkonstruktivismus und Außenpolitik

Zentral für die Analyse deutscher Außenpolitik ist, dass außenpolitisches Handeln als Ergebnis einer sozialen Situation in einer sozialen Struktur verstanden wird. Für Sozialkonstruktivisten sind durch Interaktionen entstandene gesellschaftliche wie internationale Normen und Identitäten grundlegend für die Analyse außenpolitischen Handelns.

Wie stark hat sich also z.b. in Deutschland eine europäische Identität durch die Politik der Westintegration herausgebildet? Ein Befund ist, dass Deutschland über Jahrzehnte sukzessive eine stabile europäische Identität entwickelt hat, die deutlich stärker ausgeprägt ist, als in Frankreich oder Großbritannien (Katzenstein 1997: 31). Diese Identität, die einem ständigen Rekonstruktionsfluss unterliegt, prägt Deutschlands außenpolitisches Verhalten nachdrücklich. Ein weiterer konstruktivistischer Befund ist, dass sich nach 1990 zwar die materiellen Rahmenbedingungen für die deutsche Außenpolitik verändert haben, aber deutsche Außenpolitik primär durch ideelle Rahmenbedingungen beeinflusst und geprägt wird. Dazu gehören insbesondere der Multilateralismus (Kapitel 3.6), die Kultur der militärischen Zurückhaltung (Kapitel 3.8) und eine sich europäisierende deutsche Identität (Kapitel 3.1). Da sich diese ideellen Rahmenbedingungen über Jahrzehnte herausgebildet haben, erwartet der Sozialkonstruktivismus hier ein hohes Maß an Robustheit und Konstanz (Baumann 2006: 42f.). Entsprechend wurde für die deutsche Außenpolitik nach

1990 weitgehende Kontinuität prognostiziert (Rittberger/Wagner 2001: 311ff.). Vereinzelte Fälle von abweichendem außenpolitischem Verhalten – z.B. die unilaterale frühzeitige Anerkennung von Kroatien und Slowenien durch die Bundesregierung (Kapitel 3.6.2) – wurden nicht gleich als Hinweise auf eine Veränderung der nationalen Identität interpretiert.

Dieser sozialkonstruktivistische Befund führt auf den ersten Blick zu einem interessanten Paradox. Ausgerechnet die Theorie, die für sich beansprucht, Wandel in den internationalen Beziehungen erklären zu können und anderen Theorien vorwirft, hierfür keine oder nur wenig Erklärungskraft zu besitzen, wird in der Analyse deutscher Außenpolitik zur Kontinuitätstheorie (Baumann 2006: 43). Sozialkonstruktivistische Arbeiten über deutsche Außenpolitik neigen dazu, das Beharrungsvermögen sozialer Strukturen überzubetonen und das Potential kleinerer, über längere Zeiträume andauernde schleichende Veränderungsprozesse zu unterschätzen (Baumann 2006: 49). Auch die erst nach 1990 auftretenden Auslandseinsätze der Bundeswehr (Kapitel 3.8.3) – eine der deutlichsten Veränderungen in der deutschen Außenpolitik nach der Vereinigung – bleiben fest innerhalb einer Kontinuitätsrhetorik verankert. Sie werden z.B. als Anpassung bzw. Veränderung auf der Ebene der Mittel bei gleichzeitiger Kontinuität auf der Ebene der außenpolitischen Ziele interpretiert (Risse 2003: 48ff.).

Aus sozialkonstruktivistischer Sicht ist also zu untersuchen, ob die für die deutsche Außenpolitik maßgeblich identitätsstiftenden gesellschaftlichen und internationalen sozialen Strukturen auch nach der Vereinigung primär reproduziert wurden, es zu graduellen oder doch zu signifikanten Veränderungen gekommen ist.

1.4 Abschlussbemerkungen

Dieses Kapitel hat erstens deutlich gemacht, dass es sehr unterschiedliche Begriffsverständnisse und Definitionsangebote von Außenpolitik gibt. Dies macht den Zugang zum Forschungsgegenstand mühsam. Wenn also Bücher und Aufsätze zur deutschen Außenpolitik gelesen werden, ist immer auch nach dem Begriffsverständnis zu fragen, welches den Ausführungen zugrunde liegt.

Zweitens existieren unterschiedliche Methoden für die Untersuchung deutscher Außenpolitik. Es lassen sich historische, theorieinformierte und theoriegeleitete Vorgehensweisen unterscheiden. Grundsätzlich wird in diesem Band davon ausgegangen, dass Theorien aufgrund der Funktionen, die sie erfüllen, überaus hilfreich sein können, um deutsche Außenpolitik beschreiben, verstehen, erklären oder um Prognosen über zukünftiges Handeln abgeben zu können. Es wurde aber gleichzeitig deutlich, dass nicht jede Theorie der Internationalen Beziehungen für die Untersuchung eines spezifischen außenpolitischen Phänomens gleichermaßen nützlich ist.

Einige Theorien sind hinsichtlich ihrer Prämissen übersichtlich und aufgrund ihrer Schlankheit attraktiv. Wenn allerdings auf der einen Seite die Innenpolitik (subsystemische Ebene) oder das internationale System (systemische Ebene) bei der Analyse von Außenpolitik vernachlässigt werden, kann diesen Theorien einerseits eine unzulässige Verkürzung von Komplexität vorgeworfen werden. Andererseits haben bei allen Theorien binnentheoretische Differenzierungen stattgefunden. Diese haben – auch jenseits der Zwei-Ebenen-Problematik – zu einer Erhöhung von Komplexität geführt. Daher lässt sich mittlerweile eher von Theorieströmungen mit teilweise erheblichen Bandbreiten sprechen. So ist der Neorealismus längst nicht mehr nur durch die Waltzsche Perspektive geprägt (Meier-Walser 1994; Masala 2006). Die Schwierigkeiten der Anwendung einer Theorie auf empirische Phänomene nehmen weiter zu, wenn diese Ausdifferenzierungen zu Verwässerungen von Grundprämissen der Theorie führen.

Bei allen diesen Einschränkungen ist es dennoch grundsätzlich von Belang, ob eine Theorie a) die Machtverteilung im internationalen System, b) internationale Institutionen, c) innerstaatliche Präferenzbildungsprozesse gesellschaftlicher Gruppierungen oder d) gesellschaftliche Normen und Identitäten für die Untersuchung von Außenpolitik in den Fokus rückt. Wichtig für die Auswahl einer Theorie ist die Frage: Welches empirische Phänomen in der Außenpolitik will ich mit welcher konkreten Fragestellung oder These untersuchen?

Die Wahl der Perspektive kann zu sehr unterschiedlichen Antworten auf außenpolitische Fragestellungen führen. Die ausschließlich theoriegeleitete Analyse ist daher immer auch eine Gradwanderung. Für die Analyse von Außenpolitik sind alle vorgestellten Theorien zwar relevant, aber in Bezug auf den Forschungsgegenstand nur von begrenzter Reichweite. Daher wäre die Konzentration auf eine dieser Theorien oder eine abgrenzende Gegenüberstellung der Befunde und Argumentationsmuster der unterschiedlichen Theorien – z.B. der

Neorealismus sieht vorrangig Wandel, der Sozialkonstruktivismus primär Kontinuität – auch wenig gewinnbringend und eher irritierend für die Analyse deutscher Außenpolitik.

Aus diesen Gründen wird in diesem Band kein rein theoriegeleiteter Zugang, sondern eine theorieinformierte Position gewählt, bei der die Beschreibung deutscher Außenpolitik nicht vernachlässigt wird. Im weiteren Verlauf wird gemäß dieses Ansatzes zwar nicht systematisch, aber doch immer wieder beispielhaft anhand empirischer Phänomene in der deutschen Außenpolitik auf Möglichkeiten und Beschränkungen theoretischer Zugänge für die Außenpolitikanalyse hingewiesen. Ansonsten dienen die Theorien als Hintergrundwissen. Dabei wird insbesondere auf die vier vorgestellten Großtheorien der Internationalen Beziehungen Bezug genommen. Dieses theoretische Grundgerüst wird aufgrund der oft völlig zu unrecht unterschätzten und vergleichsweise nur mäßig untersuchten Bedeutung von Bürokratien in der Außenpolitik durch bürokratietheoretische Ansätze ergänzt.

Literatur

- Kant, Immanuel 1973: Zum ewigen Frieden. Ein philosophischer Entwurf, in: Kant, Immanuel: Kleinere Schriften zur Geschichtsphilosophie, Ethik und Politik, Felix Meiner Verlag, Hamburg, S. 115-169.
- Keohane, Robert O./Joseph S. Nye 1977: Power and Interdependence. Longman, New York.
- Masala, Carlo 2006: Neorealismus und Internationale Politik im 21. Jahrhundert, in: Zeitschrift für Politikwissenschaft 16 Jg. Heft 1, S. 87-111.
- Schieder, Siegfried/Manuela Spindler (Hrsg.) 2006: Theorien der Internationalen Beziehungen, UTB Verlag Barbara Budrich, 2. Auflage, Opladen.
- Wendt, Alexander 1992: Anarchy is What States Make of It. The Social Construction of Power Politics, in: International Organization 46: 2, S. 391-425.

KAPITEL 2

WER MACHT DEUTSCHE AUSSENPOLITIK?

Zum Kernbereich der Außenpolitikforschung gehört die Frage: Wer macht Außenpolitik? Das „Machen" von Außenpolitik bezieht sich erstens auf den Entscheidungsprozess an sich und zweitens auf die daran beteiligten Akteure. Ein Ziel dieses Kapitels ist es, beide Bereiche näher auszuleuchten. Drittens ist zu bedenken, dass außenpolitische Prozesse und Akteure nicht in einem luftleeren Raum stattfinden, sondern in Strukturen eingebettet sind. Die Analyse von Außenpolitik muss entsprechend drei Bereiche in den Blick nehmen: Prozesse, Akteure und Strukturen. Die ungeheure Komplexität von Außenpolitik wird abschließend am Fallbeispiel „Auswärtige Kulturpolitik" veranschaulicht. Hier wird deutlich, dass die so einfache Frage „Wer macht Außenpolitik?" keine einfachen oder gar pauschalisierbaren Antworten hervorbringen kann.

Akteure

Eine Vielzahl von innerstaatlichen Akteuren mit sehr unterschiedlichen Rollen kann an außenpolitischen Entscheidungsprozessen beteiligt sein. Grundsätzlich ist dabei zwischen staatlichen und gesellschaftlichen Akteuren zu unterscheiden. Auf der staatlichen Ebene ist zwischen den drei Gewalten Exekutive (Kapitel 2.2.1), Legislative und Judikative (Kapitel 2.2.2) zu differenzieren. Hinzu kommt das gesellschaftliche Umfeld (Kapitel 2.2.3), das überaus heterogen zusammengesetzt ist. Neben dieser Differenzierung wird darüber hinaus typischerweise eine Unterscheidung in individuelle und kollektive Akteure vorgenommen. Individuelle Akteure sind Personen wie der Bundeskanzler oder der Außenminister. Kollektive Akteure sind hingegen z.B. das Bundeskanzleramt oder das Auswärtige Amt. Die Judikative wird selbst nicht grenzüberschreitend tätig, beeinflusst aber Außenpolitik durch ihre Rechtsprechung, indem sie Vorgaben für außenpolitische Entscheidungsträger formuliert.Gesellschaftliche Akteure sind selbst keine legitimierten außenpolitischen Entscheidungsträger. Sie sind aber durchaus in der Lage, außenpolitische Entscheidungen substantiell zu beeinflussen. Die Einflusskanäle können sehr unterschiedlich ausgeprägt sein: formalisiert oder informell, direkt oder indirekt. In manchen Fällen sind außenpolitische Entscheidungsträger geradezu auf Akteure des gesellschaftlichen Umfelds angewiesen, z.B. um Expertise zu gewinnen (Politikberatung) oder um ihre Politik darzustellen (Medien). Die Darstellung von Außenpolitik erfolgt dabei nicht selten durch das Phänomen der „Symbolischen Politik".

Prozesse

Gegenstand der Untersuchung von Prozessen sind Verfahren und Prozeduren, die zu außenpolitischen Entscheidungen führen So hängt die Art und Weise des „wie" davon ab, um welchen Entscheidungstyp es sich handelt. Erschwerend für die Analyse außenpolitischer Entscheidungsprozesse ist, dass es sich nicht durchgängig um formalisierte und damit für den Wissenschaftler leicht zugänglichen Verfahren handelt. Vielmehr werden außenpolitische Prozesse oft durch informelle Elemente ergänzt oder gar maßgeblich geprägt, sowohl auf nationaler (z.B. bei der Abstimmung zwischen nationalen Bürokratien) wie auf internationaler Ebene (z.B. in multilateralen Aushandlungsprozessen).

Strukturen

Strukturen können außenpolitische Handlungskorridore definieren. Hier sind innerstaatliche und internationale Strukturmerkmale zu unterscheiden. So ist z.B. der Ost-West-Konflikt über 40 Jahre hinweg ein maßgebliches Strukturelement der internationalen Politik gewesen, das auch deutsche Außenpolitik überaus wirkungsmächtig geprägt hat. Heute sind für die deutsche Außenpolitik die Europäisierung und die Globalisierung wesentliche Strukturmerkmale. Auch internationale Normen – z.B. Völkerrecht oder diplomatische Praktiken – tragen zur Strukturbildung bei. Zu den innerstaatlichen Strukturelementen gehören rechtliche Vorgaben wie die Grundgesetzartikel, die sich auf Außenpolitik beziehen, oder Urteile des Bundesverfassungsgerichts zur Auslegung des Grundgesetzes. Auch Macht- und Einflusspositionen von Akteuren wie z.B. Wirtschaftsverbänden können zu den innerstaatlichen Strukturmerkmalen gezählt werden.

2.1 Der Entscheidungsprozeß: Routine-, Planungs-, Krisenentscheidungen und die Rolle von Bürokratien

Außenpolitischer Entscheidungsprozeß bezeichnet das Zustandekommen außenpolitischer Entscheidungen durch einen innerstaatli-

chen Willensbildungs- bzw. Präferenzbildungsprozess. Der Begriff
deutet auf Prozesscharakter, Generalisierbarkeit und Inhaltsneutrali-
tät hin. Außenpolitische Entscheidungen werden als Abfolge von
Situationsanalysen, Bewertungen und Entscheidungen verstanden,
der reaktiv oder initiativ erfolgen kann. Der Prozess verläuft einerseits nach bürokratisch geordneten Organisationsformen und spezifischen Verlaufsmustern. Andererseits sind außenpolitische Entscheidungsprozesse typischerweise auch – mal stärker, mal weniger stark
– mit informellen Bestandteilen versetzt. In einem Entscheidungsprozess lassen sich fünf Schritte unterscheiden: Problemdefinition, Bestimmung der eigenen Interessen und Ziele, Prüfung von Einflüssen
durch das internationale System, Erarbeitung von Bearbeitungsopti-
onen und Strategien und Entscheidung für bestimmte Maßnahmen
(Seidelmann 2008b: 7f.).

In der Entscheidungspolitik sind idealtypisch drei Typen zu unterscheiden:

- Routine-,
- Planungs- und
- Krisenentscheidungen (Haftendorn 1990; Hellmann 2006: 143ff.).

Die Übergänge zwischen diesen Entscheidungstypen sind mitunter
fließend, aber aus analytischen Gründen ist es eine durchaus sinnvolle Typologie, die im Folgenden knapp vorgestellt wird.

Routineentscheidungen

Die meisten außenpolitischen Entscheidungen eines Staates sind
Routineentscheidungen. Sie sind der diplomatische Alltag. Dabei
handelt es sich z. B. um Länderberichte der Botschaften an das Auswärtige Amt, die protokollarische Vorbereitung von Staatsbesuchen
oder die organisatorische Vorbereitung von Sitzungen und Konferenzen. Routineentscheidungen betreffen in der Regel Probleme von
mäßiger politischer Bedeutung und sind durch Standardverfahren
gekennzeichnet, die nur noch selten hinterfragt werden. Daher sucht
man innovative Elemente oft vergeblich. Routineentscheidungen sind
zudem durch geringen Zeitdruck und inkrementale Bearbeitungspro-
zesse charakterisiert. Die Entscheidungen werden durch die bürokratischen Akteure nicht nur vorbereitet und durchgeführt, sondern faktisch auch auf dieser so genannten Arbeitsebene getroffen. Kanzler
oder Außenminister werden an solchen Entscheidungen typischerweise gar nicht erst beteiligt. Dennoch tragen die politischen Spitzen

letztlich auch die Verantwortung für außenpolitische Routineentscheidungen, wenn es z.B. bei einem Staatsbesuch protokollarisch zu
einem Eklat kommt, in einer Botschaft die Ausstellung von Reisevisa leichtfertig gehandhabt wird oder das Auswärtige Amt für eine
Krisenregion keine hinreichenden Reisewarnungen ausgesprochen
hat.

Planungsentscheidungen

Das besondere Merkmal von Planungsentscheidungen ist ihre Zu-
kunftsorientierung. Mit Planungsentscheidungen werden außenpolitische Ideen konzeptionell eingefangen. Sie sind also politisch höher
anzusiedeln als Routineentscheidungen, werden aber dennoch typischerweise ebenfalls auf der Arbeitsebene ausgearbeitet. Planungsentscheidungen sind zumeist dem Bereich strategischer Politik zuzuordnen. Sie sind durch fehlenden Zeitdruck und die Möglichkeit zu
innovativen Lösungen gekennzeichnet. Sie werden in Ministerien
durch besondere, gegebenenfalls extra eingerichtete bürokratische
Arbeitseinheiten – z. B. Planungsstäbe – entwickelt.

Die von Egon Bahr maßgeblich konzeptionell entwickelte Neue
Ostpolitik gilt als Paradebeispiel für eine Planungsentscheidung
(Hellmann 2006: 143ff.). Als die Regierung Brandt/Scheel 1969 die
Nachfolge der Großen Koalition antrat, lagen Konzepte der sozial-
liberalen Ostpolitik, angefertigt im Planungsstab des Auswärtigen
Amtes, bereits in der Schublade (Kapitel 3.2.3). Eine typische Vorgehensweise bei Planungsentscheidungen involviert die Bildung von
Szenarien, in denen die möglichen Entwicklungen eines Gegenstands
der deutschen Außenpolitik skizziert werden. Auf dieser Grundlage
werden dann Strategien entwickelt. Dabei gilt es, z.B. Strategien
gegen unbedingt zu vermeidende Szenarien (worst-case-Szenarien)
zu entwickeln oder Strategien herauszuarbeiten, die die Bedingungen
für das Eintreten gewünschter Entwicklungen verbessern. In diesem
Sinne sind Planungsentscheidungen auch Vorratsentscheidungen, die
aber möglichst flexibel sein sollten, da ein Szenario sich kaum genauso ereignet wie gedacht und Anpassungsleistungen erforderlich
werden. Planungsentscheidungen erleiden aber auch nicht selten das
Schicksal, dass es gar nicht zu ihrer Umsetzung kommt. Sie verbleiben daher oft auf der konzeptionellen Ebene.

An die Öffentlichkeit geraten Planungsentscheidungen vorab nur
selten. Geschieht dies – unbeabsichtigt oder intentional – dennoch,
so kann dies zwar kurzzeitig für politische Unruhe beim politischen

Gegner oder in der Öffentlichkeit sorgen. Auch kann ein bestimmtes Szenario bewußt publik gemacht werden, um die öffentliche Akzeptanz zu testen. Typischerweise treten offene Konflikte aber nicht bei der Planung bzw. bei der Szenarienbildung an sich auf, sondern erst bei konkreten politischen Bemühungen zu deren Umsetzung. Auch hierfür ist die Neue Ostpolitik der Regierung Brandt ein geeignetes Beispiel.

Krisenentscheidungen

Krisenentscheidungen sind Entscheidungen von hoher politischer Bedeutung und großer Tragweite, bei denen nicht selten gesellschaftliche Werte auf dem Spiel stehen. In der Regel sind an ihnen Spitzenpolitiker und deren außenpolitische Topberater und/oder kleinere Stäbe beteiligt. Krisenentscheidungen werden, im Unterschied zu Planungs- und Routineentscheidungen, unter hohem Zeitdruck getroffen. Sie besitzen per se reaktiven Charakter und verlangen zeitnahe Entscheidungen sowie deren sofortige Umsetzung. Der Prozess selbst ist oft zentralisiert („Chefsache") und zeichnet sich nicht selten durch mangelnde Transparenz sowie engmaschige, permanente Kommunikationsstrukturen aus. Die Umsetzung einer Krisenentscheidung kann verdeckt erfolgen, aber auch hochgradig medial inszeniert sein und den Regeln der Darstellungspolitik folgen. Krisenentscheidungen generieren häufiger innovative und unkonventionelle Lösungen als die anderen Entscheidungstypen. Beispiele für Krisenentscheidungen sind der außenpolitische Prozess zur Regelung der internationalen Aspekte der deutschen Einheit (Kapitel 3.3.6) oder die Kuba-Krise in der US-Außenpolitik.

So wie zwischen den drei Entscheidungstypen differenziert wird, können bei den außenpolitischen Entscheidungsträgern die Ebenen der Politik und Bürokratie unterschieden werden. Auch diese Dichotomie suggeriert abgegrenzte Einheiten mit klar zuortbaren Kompetenzen. Sie sind aber in der Realität oft eng miteinander verwoben. Es wurde schon angedeutet, dass Planungs- und Routineentscheidungen primär eine Domäne der Bürokratien sind. Krisenentscheidungen werden eher der Politik zugeordnet. „Die akute Gefahr aktiviert in der Regel die politische Spitze und führt zu einer stärkeren faktischen Zentralisierung von Entscheidungsprozessen auf Kosten des Einflusses institutioneller Subsysteme" (Scharpf 1973: 187). Aber auch Kri-

senentscheidungen sind selten reine Chefsache. Dies gilt auch für
Fälle, die massenmedial als Angelegenheit der Spitzenpolitiker inszeniert werden, wie z.b. das Treffen von Kohl und Gorbatschow
1990 im Kaukasus. Bürokratien scheinen also eine erhebliche Bedeutung in außenpolitischen Entscheidungsprozessen zu besitzen. Daher
ist eine eingehende Beschäftigung mit diesem Akteurstyp unerlässlich. Zu fragen ist: Unter welchen Rahmenbedingungen arbeiten mit
Außenpolitik befasste Bürokratien? Welche Anteile haben Bürokratien an konkreten außenpolitischen Entscheidungsprozessen? Wie
groß sind die Handlungsspielräume? Wie lässt sich die Bedeutung
der Bürokratie in außenpolitischen Entscheidungsprozessen untersuchen?

Bürokratien und Außenpolitik

In der Standardliteratur zur Außenpolitikanalyse wird die Bedeutung
bürokratischer Prozesse, Strukturen und Akteure entweder gänzlich
ausgespart oder nur randständig behandelt. Dennoch existieren einige
wenige Untersuchungen, die sich explizit mit der Arbeit von Bürokratien in außenpolitischen Entscheidungsprozessen befassen. Dabei geht
es primär um die Merkmale und Muster bürokratieinterner Entscheidungsprozesse, die Funktionen von Bürokratien in der Außenpolitik
sowie deren Einfluss auf Politikergebnisse. Aufbauend auf den Studi-
en von Snyder/Bruck/Sapin (1954), Allison (1971), Allison/Halperin
(1972), Halperin (1974), Snyder/Diesig (1977), Haftendorn (1978)
und Allison/Zelikow (1999) wird die Bürokratie überwiegend mit
Blick auf ihre Rolle im außenpolitischen Entscheidungsprozess untersucht. Dort wurde gezeigt, dass die politisch denkende und handelnde
Verwaltung (Jann 1988) von hoher Relevanz für das außenpolitische
Handeln sein können. Ein zentraler Befund ist, dass Bürokratien au-
ßenpolitische Entscheidungen durch ihre internen Verfahren und bin-
nenstrukturellen Verhandlungsprozesse beeinflussen. Einerseits ist die
Herausbildung horizontaler bürokratischer Beziehungsgeflechte hin-
sichtlich ihrer Problembearbeitungskompetenz und demokratischen
Verantwortlichkeit vielfach negativ beurteilt worden (Scharpf 1976).
Andererseits wurde festgestellt, dass derartige Differenzierungs- und
Verflechtungsphänomene die zwischenstaatlichen Kooperations- und
Problembearbeitungskapazitäten verbessern können.

   Bürokratische Prozesse: Zu den organisationsstrukturellen Bedingungen internen bürokratischen Handelns gehören funktional gestaltete und hierarchisch gegliederte formale Ablaufmuster, die eine
vertikale Kommunikation über vorgezeichnete Dienstwege begüns-

tigen. Hierarchisierung wird oft als innerorganisatorischer Restrikti-
onsfaktor für Entscheidungsprozesse genannt, da sie zu einer
segmentierten Problembearbeitung führt und offenen Entscheidungs-
systemen mit hierarchieübergreifenden Beteiligungs- und Ausschlie-
ßungsmustern unterlegen ist. Die bürokratischen Akteure selbst betrachten hierarchische Strukturen mehrheitlich nicht als Barriere,
zumal gleichzeitig von der Existenz bürokratieinterner horizontaler
und informeller Kommunikationsmuster ausgegangen wird, die starr
hierarchisierte Ablaufpläne ergänzen bzw. unterlaufen. Bürokratische
Entscheidungsprozesse vollziehen sich demnach sowohl in hierarchi-
sierten und nicht-hierarchisierten wie auch in formalisierten und informellen Strukturen. In der Bureaucratic Politics-Literatur sind zudem Hinweise auf sich verselbständigende Verwaltungseinheiten zu
finden, die Eigeninteressen verfolgen. In diesem Zusammenhang
werden auch demokratische Legitimationsdefizite diskutiert. Außerdem kann ein bürokratieinterner Pluralismus zu ressorteigenen Sicht-
und Denkweisen sowie Wahrheiten führen, die ressortübergreifend
nur noch einen Minimalkonsens ermöglichen und letztlich Immobi-
lität sowie gegenseitige bürokratische (Selbst)Blockade zur Folge
haben können (Scharpf 1977: 104f). Wichtig ist in diesem Kontext
auch die analytische Trennung zwischen positiver und negativer Koordination (ausführlich Scharpf 1972). Im Zentrum bürokratischen
Handelns steht dabei oft nicht die positive Koordinierung, verstanden
als gemeinschaftlich betriebene Problembearbeitung, sondern die
negative Koordination. Letztere beschreibt einen Prozess, in dem die
federführende bürokratische Einheit die anderen Einheiten um Stellungnahmen zu einem Problem ersucht, diese Stellungnahmen aber
so ausfallen, dass sie nur negative Konsequenzen für den eigenen
Bereich verhindern sollen. Formen positiver Koordination werden in
der Regel dort angetroffen, wo geteilte Zuständigkeiten vorliegen
(Haftendorn 1977: 342f). Zu Formen positiver Koordination kommt
es typischerweise nach mehrjähriger Zusammenarbeit (Mayntz/
Scharpf 1972: 306), wenn Vertrauenskapitel zwischen den Akteuren
angesammelt werden konnte.

Eine umfassende Theorie der Außenpolitikanalyse ist bis heute
nicht entwickelt worden (Kapitel 4). Bezeichnend für die konzeptionelle Stagnation theoriegeleiteter Außenpolitikforschung (Schneider
1997: 107f.) ist, dass „Essence of Decision" von 1971 mit einer aus
drei Grundmodellen bestehenden Typologie immer noch als Stan-
dardreferenz herangezogen wird. Dort wird in Abgrenzung zu einem
einfachen Rational-Choice-Modell (Modell I) gezeigt, dass die durch

eingeschränkte Rationalität (Plümper 1995) geprägten Bürokratien mit ihren eingespielten Routineverfahren und ihrem inkrementellen Entscheidungsverhalten Politikergebnisse maßgeblich beeinflussen können. Außenpolitische Entscheidungen sind demnach das Ergebnis innenpolitischer Verhandlungs- und Koordinationsprozesse zwischen Verwaltungseinheiten (Modell II). Alternativ formuliert Allison das Modell der bürokratischen Politik, in dem Außenpolitik als bargaining-Prozess zwischen Bürokraten und Politikern betrachtet wird, die nach dem Grundsatz „Where you stand is where you sit" um Einfluss in Entscheidungsprozessen ringen (Modell III). Von zentraler Bedeutung ist dabei die Position, an der ein Individuum im Entscheidungsprozess sitzt, nicht das Individuum selbst. Diese Position prägt das Verhalten des Individuums. Der Akteur ist in erster Linie Funktionsträger und spielt eine dadurch festgelegte Rolle.

Ausgehend von der Feststellung, dass allgemein die Strukturmerkmale Verflechtung, Komplexitätszuwachs und Entparlamentarisierung als die zentralen Problemkategorien außenpolitischen Handelns angesehen werden (Haftendorn 1978: 279f), sind Bürokratisierungstendenzen in der Außenpolitik festzustellen. Ein maßgeblicher Grund: Die politische Leitung verfügt aufgrund der gestiegenen Komplexität der internationalen Beziehungen nicht über die erforderlichen Problembearbeitungskapazitäten und –kompetenzen. Sie kann vielfach nur Leitlinien für außenpolitisches Handeln verkünden, auf deren (bürokratische) Umsetzung achten und als Krisenmanager fungieren (Krause/Wilker 1978: 42).

2.2 Die Akteure

In der Definition von Außenpolitik war von autorisierten individuellen und kollektiven Akteuren die Rede, die Entscheidungen treffen (Kapitel 1.1). Der Begriff des autorisierten Akteurs impliziert, dass es auch nicht autorisierte Akteure in der Außenpolitik gibt, die zwar keine formalen Entscheidungsträger sind, die aber Außenpolitik gemäß ihrer Interessenlagen zu beeinflussen suchen. Diese Akteure sind durch ihre Einflussnahme indirekt ebenfalls am „Machen" von Außenpolitik beteiligt. Die Akteure der deutschen Außenpolitik lassen sich daher in vier Bereiche untergliedern: Exekutive, Legislative, Judikative und das gesellschaftliche Umfeld.

2.2.1 Exekutive

Die Exekutive setzt sich aus dem Kanzler, seiner Regierung, dem Bundespräsidenten sowie den Institutionen der Bundesverwaltung zusammen. Verantwortlich für die Formulierung und Durchführung außenpolitischer Aktivitäten von Staaten sind deren Regierungen. Schon historisch war Außenpolitik in Deutschland immer ein Reservat der Exekutive. Wenn auch das Bürgertum dem Monarchen sukzessive immer mehr Kompetenzen abrang und den Parlamenten überantwortete, so blieben Außen-, Sicherheits- und Verteidigungspolitik lange in der Verantwortung des Monarchen. Geheimhaltungsmechanismen und außenpolitische Personalentscheidungen – so wurden Außenminister und Botschafter in Preußen und ab 1870 auch im Deutschen Kaiserreich (dort als Außenstaatssekretäre) primär aus der Adelschicht rekrutiert – sorgten dafür, dass Parlamente lange nur geringe Einflussmöglichkeiten in außenpolitischen Entscheidungsprozessen besaßen (Seidelmann 2008a: 2). Seit der Gründung der Bundesrepublik hat es zwar Akzentverschiebungen gegeben, aber grundsätzlich kann nach wie vor eine Dominanz der Exekutive in der Außenpolitik festgestellt werden. Auch das Bundesverfassungsgericht stellte 1984 klar, dass die Außenpolitik in den zentralen Gestaltungsbereich der Exekutive fällt (Oppermann/Höse 2007: 45). Rechtlich obliegt die Formulierung, Durchsetzung und Implementierung von Außenpolitik dem Bund und damit der Bundesregierung. Die Pflege der auswärtigen Beziehungen ist Sache des Bundes (Art. 32,1 GG). In der Außenpolitik und in der Verteidigung hat der Bund die ausschließliche Gesetzgebung (Art. 73 GG). Allerdings sehen die verfahrensrechtlichen Vorgaben auch Zuständigkeiten für die Länder vor. Diese Beteiligungsrechte der Länder sind der föderalen Struktur der Bundesrepublik geschuldet (Kapitel 2.2.2). In der Exekutive nehmen das Auswärtige Amt mit dem Außenminister sowie das Bundeskanzleramt mit dem Bundeskanzler eine vorrangige Stellung in der Außenpolitik ein. Beide werden daher ausführlicher behandelt.

Bundeskanzler und Bundeskanzleramt
Historisch oblag die Gestaltung von Außenpolitik zunächst dem im September 1949 gegründeten Bundeskanzleramt. Da die junge Republik einerseits aufgrund des Besatzungsstatus außenpolitisch nicht souverän war und entsprechend zunächst auch über kein eigenes Außenministerium verfügte, andererseits aber durch Besatzung,

Ruhrstatut und Marshallplan bereits mit dem Ausland verwoben war, beschloss Kanzler Adenauer die Gründung eines Staatssekretariats im Kanzleramt, das sich mit diesen „auswärtigen Angelegenheiten" zu befassen hatte. Da Adenauer das ab 1951 geschaffene Amt des Außenministers bis 1955 zudem in Personalunion mit übernommen hatte, wurde deutsche Außenpolitik in den ersten Jahren inhaltlich wie institutionell aus dem Kanzleramt gesteuert (Korte 2007: 203). Diese historische Dominanz wurde nachfolgend durch die Trennung beider Ämter und durch das Phänomen der Koalitionsregierungen zwar relativiert. Dennoch ist der Kanzler mit dem Kanzleramt bis heute ein maßgeblicher Akteur der deutschen Außenpolitik.

Bundeskanzler

Während das Bundeskanzleramt mit seinen Funktionen und Aufgabenbereichen im Grundgesetz nicht verankert ist, besitzt der Kanzler eine rechtlich herausgehobene Stellung im politischen System der Bundesrepublik. Seine Position wurde im Grundgesetz als eine der „Lehren aus Weimar" erheblich gegenüber der des Bundespräsidenten gestärkt. Sie ist in den folgenden Artikeln verankert:

–   Die Bundesminister werden auf Vorschlag des Bundeskanzlers vom Bundespräsidenten ernannt und entlassen (Art. 64, Abs. 1)
–   Der Bundeskanzler bestimmt die Richtlinien der Politik und trägt dafür Verantwortung (Art. 65 Satz 1)
–   Der Bundeskanzler kann im Bundestag die Vertrauensfrage stellen (Art. 68, Abs. 1)
–   Mit der Verkündung des Verteidigungsfalles geht die Befehls- und Kommandogewalt über die Streitkräfte auf den Bundeskanzler über (Art. 115 b)

Rolle und Bedeutung des Kanzlers werden durch die Organisationsprinzipien der Bundesregierung weiter geschärft:

•   Kanzlerprinzip,
•   Kollegialprinzip,
•   Ressortprinzip und
•   Koalitionsprinzip.

Kanzlerprinzip

Der Begriff Kanzlerprinzip umschreibt die Machtpotentiale des Bundeskanzlers. Die grundgesetzlich verankerte Richtlinienkompetenz ist eine maßgebliche Ressource, die das Kanzlerprinzip unterfüttert und trägt dazu bei, dass die Bundesrepublik gelegentlich als Kanzlerdemokratie bezeichnet wird (ausführlich Baring 1971; Niclauß 2004). Richtlinien sind verbindliche Vorgaben von Zielvorstellungen, die den Handlungskorridor für alle außenpolitischen Akteure definieren.

Kabinettsprinzip (auch Kollegialprinzip)

Das aus dem Kanzler und den Bundesministern bestehende Kabinett tagt in der Regel wöchentlich. Ein Dauertagesordnungspunkt ist die „Internationale Lage". Das Kabinett hat zwar formal ein starke Stellung im außenpolitischen Entscheidungsprozess, da ihm alle außenpolitischen Angelegenheiten zur Beratung und Beschlussfassung vorgelegt werden müssen, aber typischerweise werden im Kabinett außenpolitische Entscheidungen lediglich gebilligt und weniger entschieden, da die zentralen Vorentscheidungen faktisch oft bereits in vorgeschalteten Gremien getroffen und dort kabinettsreif gemacht worden sind. Von diesen Gremien haben die Kabinettsausschüsse formal eine herausgehobene Stellung, insbesondere der Bundessicherheitsrat (früher Bundesverteidigungsrat). Dieser Kabinettsausschuss befasst sich mit allen Fragen der Sicherheits- und Verteidigungspolitik. Ihm gehören der Kanzler, der Außenminister sowie die Minister der Verteidigung, des Innern, der Justiz, der Finanzen, für Wirtschaft und Arbeit, für wirtschaftliche Zusammenarbeit und Entwicklung (seit 1998) sowie der Chef des Kanzleramts an. Wie bei allen Kabinettsausschüssen hat auch der Bundessicherheitsrat zwar keine rechtliche Entscheidungskompetenz, aber sind dort getroffene Beschlüsse faktisch bindend. Dennoch ist ein relativer Bedeutungsverlust des Bundessicherheitsrats wie auch der Kabinettsausschüsse zu konstatieren, da die Außenpolitik in einem kleineren informellen Kreis – bestehend aus Kanzler, Außenminister, Verteidigungsminister, Innenminister sowie Kanzleramtschef –, dem so genannten „Sicherheitskabinett" abgestimmt wird. Darüber hinaus finden zahlreiche Vorklärungen zunehmend in informellen koalitionspolitischen Gremien statt (Oppermann/Höse 2007: 46f.).

Ressortprinzip

Jeder Bundesminister leitet seinen Geschäftsbereich eigenständig. Die Ressorts sind in diesem Sinnen eigenständige Regierungseinhei-

ten. Jedem Minister obliegt die politische Führung, das Weisungs-
und Organisationsrecht in seinem Ministerium (Hübner 2000: 175).
Trotz der Richtlinienkompetenz kann der Kanzler aufgrund dieses
Prinzips nicht direkt in die Ministerien hineinregieren. Aber es besteht eine Pflicht zur Information des Kanzlers durch die Ministerien.

Koalitionsprinzip

Koalitionsregierungen stellen eine potentiell gravierende Restriktion
für die Außenpolitik dar. Dies ist ein deutlicher Unterschied zu Staaten mit einem Mehrheitswahlsystem. In Deutschland sind seit 1966
die Ämter des Kanzlers und des Außenministers parteipolitisch nicht
mehr in einer Hand. Damit wird die deutsche Außenpolitik seit über
40 Jahren durchgängig durch das Phänomen der Koalitionsregierungen maßgeblich beeinflusst. Es besteht faktisch Personalautonomie
der Koalitionspartner. Der kleinere Koalitionspartner stellt – auch in
den beiden bisherigen Großen Koalitionen – den Außenminister. Insofern ist das Recht des Kanzlers, die Minister zur Ernennung vorzu-
schlagen (Art. 64, Abs. 1 GG), hinsichtlich des Außenministers aufgrund koalitionspolitischer Erwägungen in der Realität weitgehend
ausgehebelt. Das informelle Koalitionsprinzip führt zudem zur Etablierung von Entscheidungszentren wie z.B. dem Koalitionsaus-
schuss. Entscheidungen werden dort eher verhandelt, als hierarchisch
oder mehrheitlich gefällt. Paketlösungen und Koppelgeschäfte sind
nicht unüblich. Der Parteienwettbewerb bleibt im Verhältnis von
Kanzler und Außenminister sicht- und spürbar. Dies war beim Empfang des Dalai Lama durch Angela Merkel im Kanzleramt im September 2007 genauso deutlich, wie beim Empfang des syrischen
Außenministers im Auswärtigen Amt bei seinem Amtskollegen Steinmeier. Beide Besuche wurden von der jeweils parteipolitischen Ge-
genseite scharf kritisiert, da ersterer die Volksrepublik China verärgerte und letzterer angesichts der unkooperativen Rolle Syriens im
Nahost-Konflikt von der CDU als kontraproduktiv bezeichnet wurde
(Thiesenhausen 2008: 10). Derartige wechselseitige Abgrenzungsbe-
wegungen zeigen, dass die Bundesregierung in der Außenpolitik –
jenseits der Unterteilung von Politik und Bürokratie – nicht als einheitlicher Akteur dargestellt werden kann. Dies erschwert die
Analyse des außenpolitischen Entscheidungsprozesses.
     Zudem hängt die tatsächliche Rolle des Kanzlers in der Außenpo-
litik von einer Vielzahl weiterer Faktoren ab. So sind die jeweilige
individuelle Führungsleistung und der Regierungsstil des Kanzlers

von Bedeutung (Scharpf 2000). Hier sind zwischen den bisherigen Amtsinhabern deutliche Unterschiede festzustellen. So waren Konrad Adenauer, Willy Brandt, Helmut Schmidt und Helmut Kohl in der Außenpolitik stark engagiert und konnten erheblich mehr Profil entwickeln, als beispielsweise Ludwig Erhard und Kurt Georg Kiesinger, die mit starken und erfahrenen Außenminister konfrontiert waren. Auch ist die Rolle des Kanzlers davon abhängig, inwieweit er seine Möglichkeiten in der Außenpolitik ausschöpft. So hat Gerhard Schröder als erster und bislang einziger Kanzler eine außenpolitische Sachentscheidung – dem Auslandseinsatz der Bundeswehr in Afghanistan 2001 – mit der Vertrauensfrage verknüpft (Kapitel 3.8.3).

Zusammenfassend gilt: Kabinetts-, Ressort- und Koalitionsprinzip können signifikante Gegengewichte zur ansonsten starken Machtstellung des Kanzlers in der Außenpolitik – und damit zum Kanzlerprinzip – bilden (Hellmann 2006: 49).

Bundeskanzleramt

Das personell im Vergleich mit dem Auswärtigen Amt eher sparsam ausgestattete Kanzleramt dient dem Kanzler als zentrale Koordinierungsstelle für die Regierungspolitik, insbesondere zur Vorbereitung und Umsetzung von Entscheidungen. Seine Funktionen und Aufgaben sind mit den Schlagworten „Führen", „Koordinieren" und „Strippen ziehen" trefflich beschrieben. Als Führungs- und Steuerungsinstrument des Kanzlers dient das Kanzleramt auch zur Kontrolle der Richtlinienkompetenz. In diesem Sinne ist es das Drehkreuz von Kanzler-, Ressort-, Kollegial- und Koalitionsprinzip (Korte 2007: 203ff.).

Je nach Kanzler und politikfeldabhängig wird das Kanzleramt mal stärker (z.B. Ostpolitik bei Brandt), mal weniger stark als Instrument zur Machtzentralisierung eingesetzt. Die historischen Wurzeln der Befassung mit Außenpolitik gehen bis 1950 zurück. Dort wurden die Verbindungsstelle zur Hohen Kommission und das Organisationsbüro zur „Dienststelle für Auswärtige Angelegenheiten" im Kanzleramt zusammengefasst und um ein Kultur- und ein Protokollreferat sowie eine Einrichtung zur Ausbildung des diplomatischen Nachwuchses erweitert.

Organisation, Aufgaben und Arbeitsweise (ausführlich Busse 2005; Korte 2007: 206f.): Das Kanzleramt ist als oberste Bundesbehörde so gegliedert, dass es die Bundesregierung in Miniaturform nachbildet. Zu den Aufgaben dieser Spiegelreferate gehört es, die Aufgabenbereiche der Bundesministerien zu begleiten, über alle Vorgänge in den Ministerien informiert zu sein, die Ressorttätigkeiten zu koordinieren, Vorgänge zu bündeln und zur Vorbereitung von Entscheidungen aufzubereiten. Umgekehrt befördern sie die Entscheidungen des Kanzlers bzw. des Kabinetts in die Ressorts.

Der Personalbestand im Kanzleramt ist über die Jahrzehnte immer mehr aufgestockt worden. Besonders in den Regierungszeiten von Brandt, Kohl (nach 1990) und Schröder fanden Ausbauschübe statt. Das Amt ist in eine Leitungs- und eine Arbeitsebene zu unterteilen. Zur Leitungsebene gehören der Kanzler, die Staatsminister und die Leitungsstäbe. Die Leitung obliegt dem Chef des Kanzleramts. Er sitzt an der Schnittstelle zwischen Politik und Verwaltung. Zu seinen Aufgaben gehört die Vorbereitung von Kabinettssitzungen. Er entwirft die Tagesordnungen und organisiert die Beschlussfassung und Durchführung der Regierungsarbeit. Ferner übt der Kanzleramtschef auch eine Frühwarnfunktion für den Kanzler aus, indem er ihn auf brisant werdende Themen und aktuellen Entscheidungsbedarf aufmerksam macht. In der Außenpolitik ist er oft die zentrale Clearing-Stelle in der Zusammenarbeit mit dem Auswärtigen Amt. Häufig ist der Kanzleramtschef auch enger Vertrauter, Berater und damit faktisch Mitgestalter von Außenpolitik (besonders augenfällig bei Bahr/Brandt oder Teltschik/Kohl).

Von den sechs Abteilungen ist Abteilung 2 für die Außenpolitik zuständig und in der Spiegelbildlogik zum Auswärtigen Amt aufgebaut. Viele der Mitarbeiter in Abteilung 2 kommen ursprünglich sogar aus dem Auswärtigen Amt und werden (seit 1970) nach einem Rotationsverfahren auf Zeit in das Kanzleramt versetzt. Aufgrund der knapperen Personaldecke kann das Kanzleramt aber nicht die gleiche Kompetenz aufbauen kann, wie das Auswärtige Amt. Dies wäre im Sinne von Doppelstrukturen und Ressourcenverschwendung auch nicht sinnvoll, macht aber eine enge administrative Interaktion zwischen Abteilung 2 und Auswärtigem Amt erforderlich. Weitere Abteilungen mit maßgeblichem außenpolitischem Bezug sind Abteilung 5 „Europapolitik" und Abteilung 6 „Bundesnachrichtendienst, Koordinierung der Nachrichtendienste des Bundes". Besonders in der Europapolitik tritt das Kanzleramt als zentraler Akteur auf. Es bereitet die Treffen der Staats- und Regierungschefs im Europäischen Rat vor und unterstützt europapolitische Initiativen, die der Kanzler unabhängig von Ressortzuständigkeiten aufgreift (Korte 2007: 207).

Die Abteilung 2 nimmt Beratungsfunktionen für den Kanzler wahr, der typischerweise ein eigenes außenpolitisches Profil aufbauen will. Dabei gilt es nicht selten, das Kanzlerprinzip gegen das Ressortprinzip durchzusetzen. Daher ist das Verhältnis von Kanzleramt und

Auswärtigem Amt – auch jenseits parteipolitischer Querelen – hin und wieder gespannt. Die Versuche des Kanzlers, die Außenpolitik nicht völlig dem Koalitionspartner zu überlassen, führen tendenziell dazu, dass sich Kanzleramt und Auswärtiges Amt misstrauisch beäugen. Dieses Misstrauen erreichte 1982 einen Höhepunkt, als Kanzler Kohl nicht wie üblich einen Diplomaten des Auswärtigen Amtes zum Leiter der Abteilung 2 machte, sondern mit Horst Teltschik den ehemaligen Leiter seines Bundestagsbüros (Teltschik 1991). Teltschik spielte dann bei der Regelung der außenpolitischen Aspekte der deutschen Einheit eine maßgebliche Rolle (Kapitel 3.3).

Bundesnachrichtendienst (BND)

Der BND ist der Auslandsnachrichtendienst. Dem Kanzleramt obliegt die Kontrolle des BND. Neben dem Verfassungsschutz (BfV) und Militärischen Abschirmdienst (MAD), ist er eine Einrichtung zur Gewinnung von Informationen, die in außenpolitische Entscheidungsprozesse einfließen können (ausführlich Daun 2007, Daun 2009). Der Kanzleramtschef ist der Beauftragte für die Nachrichtendienste. Durch ihn erhält der BND von der Bundesregierung seine Ziele und Arbeitsschwerpunkte. Gesetzlich verankert ist der BND erst seit 1990 im „Gesetz über den Bundesnachrichtendienst" (BND-Gesetz). Die Abstimmung von Aufklärungsaufträgen erfolgt unter dem Vorsitz des Kanzleramtes und unter Hinzuziehung aller relevanten Ressorts. Eine zusätzliche Feinabstimmung findet auf Arbeitsebene zwischen den Ministerien und dem BND statt (Wieck 2007: 265).

Der BND ist aus der Vorläuferorganisation „Organisation Gehlen" des früheren Wehrmachtgenerals Reinhard Gehlen hervorgegangen, der die Aufklärungsabteilung "Fremde Heere Ost" leitete. Die „Organisation Gehlen" wurde 1946 zur Aufklärung in den Ostblockstaaten auf Betreiben der USA gegründet und durch die CIA finanziert. Sie wurde zum 1. April 1956 von der Bundesregierung übernommen und im Kanzleramt institutionell verankert. Trotz dieser historischen Entwicklung bleibt es erstaunlich, dass das Auswärtige Amt, anders als Außenministerien anderer Staaten, bis heute über keine eigenen Aufklärungsfähigkeiten verfügt. Diplomaten sind lediglich in den Steuerungsprozess des BND eingebunden ist. Über die Botschaften wird dem BND eine Infrastruktur für die operative Aufklärung geboten (Daun 2007: 142f).

Zu den Kernaufgaben des BND gehören das Sammeln und Auswerten von Informationen, die zur Gewinnung von außen- und sicherheitspolitischen Erkenntnissen notwendig sind (§ 1 BND-Gesetz). Zu den Politikfeldern gehören Menschenhandel, internationaler Terrorismus, organisierte Kriminalität, Geldwäsche, Rauschgiftschmuggel und die Proliferation von Massenvernichtungswaffen (ausführlich Borchert 2005). Der BND wird von einem Präsidenten geleitet, ist in acht Abteilungen untergliedert, unterhält zahlreiche Dienststellen im In- und Ausland und beschäftigt rund 6.000 Mitarbeiter.

Bei der Wahrnehmung seiner Aufgaben unterliegt der BND neben der exekutiven, auch einer parlamentarischen Kontrolle durch das geheim tagende Parlamentarische Kontrollgremium (PKG). Das PKG besteht aus neun vom Bundestag gewählten Bundestagsabgeordneten. Es berichtet mindestens zweimal pro Legislaturperiode dem Bundestag. Allerdings sind die Kontrollfähigkeiten der PKG begrenzt, da sie auf Informationen durch den BND angewiesen ist. Auch die Kontrollmöglichkeiten der Öffentlichkeit sind begrenzt, da diese nur dann informiert wird, wenn das PKG mit 2/3-Mehrheit dies beschließt. Trotz aller Reformverstöße, die zu höherer Transparenz führen sollen, hält der BND das Prinzip der institutionellen Abschottung aufrecht. Die Exekutive fördert dies durch den Grundsatz der „deniability", wonach die Verantwortung für kritikwürdige geheimdienstliche Aktivitäten oder Fehlschläge grundsätzlich von der Regierung abgewendet und dem BND zugeschoben wird, der sich dazu nicht äußern darf (Daun 2007: 169f.).

Der BND ist eine von mehreren Informationsquellen im außenpolitischen Entscheidungsprozess. Die spezifische Relevanz ist aber aufgrund der teilweisen Geheimhaltung schwer zu bewerten. Die Rolle des BND wurde in Politik und Öffentlichkeit immer ambivalent gesehen (Bittner 2006). Insbesondere vor 1990 pflegten politische Entscheidungsträger häufig eine „innere Distanz zu den geheimen Nachrichtendiensten der Bundesrepublik Deutschland. […] Die politische Elite genoss Fehlleistungen der geheimen Nachrichtendienste als Bestätigung ihrer Distanz zu diesen Einrichtungen" (Wieck 2007: 260). Nach dem Ende des Ost-West-Konflikts hat die verstärkte Teilnahme Deutschlands am internationalen Krisenmanagement den öffentlichen Stellenwert des BND angehoben. So unterhält der BND ein breites Geflecht an Intelligence-Partnerschaften, insbesondere zu den traditionellen Partnern USA, Großbritannien, Frankreich sowie Israel, aber nach 1990 auch verstärkt mit osteuropäischen Nachrichtendiensten (ausführlich Jäger/Daun 2009).

Außenminister und Auswärtiges Amt

Die Geschäftsordnung der Bundesregierung weist dem Auswärtigen Amt die zentrale Kompetenz in der Außenpolitik zu. Eine Monopolstellung oder Generalkompetenz des Auswärtigen Amts in der deutschen Außenpolitik ist nicht vorhanden (Bertram/Däuble 2002).

Die Anfänge des Auswärtigen Amts reichen bis in das 19. Jahrhundert zurück und sind für das heutige Verständnis der Behörde bedeutsam. Historisch geht der Begriff Auswärtiges Amt auf die gleichnamige Institution des Norddeutschen Bundes von 1870 und des Deutschen Reiches von 1871 zurück (ausführlich Biewer 2009). Otto von Bismarck, damals Kanzler des Norddeutschen Bundes und 1871-1890 Reichskanzler, wollte mit dem Namen „Amt" verdeutlichen, dass es sich nicht um eine weitgehend eigenständig handelnde Einrichtung, sondern um eine dem Kanzler nachgeordnete Behörde handelte. 1874 gab es lediglich 4 Botschaften (London, Paris, St. Petersburg, Wien) und 14 Gesandtschaften. Bis zum Ersten Weltkrieg kam es zu einigen organisatorischen Veränderungen (z.B. „Vortragende Räte" für bestimmte Regionen), aber in seiner Grundstruktur blieb das Amt erhalten. 1890 wurde eine Kolonialabteilung geschaffen, die sich 1907 als Reichskolonialamt verselbständigte. Die Diplomatenlaufbahn war eine Domäne des Adels. Nach dem Ersten Weltkrieg wurde die Trennung der Laufbahnen aufgehoben und ein einheitlicher auswärtiger Dienst gebildet. In der Weimarer Republik wurde aus dem Auswärtigen Amt ein Reichsministerium. Der Auswärtige Dienst erhielt eine differenzierte Struktur mit über 2000 Mitarbeitern und 112 Auslandsvertretungen. Eine Vielzahl von Abteilungen und Sonderreferaten – z.B. ein Sonderreferat für den Völkerbund (Kapitel 3.6.2) – wurde geschaffen. Während der nationalsozialistischen Diktatur war das Auswärtige Amt Teil der Nazi-Diktatur. Schnell nahm die SS Einfluss und konnte über das Reichssicherheitshauptamt eigene Leute an Botschaften entsenden. Den bisherigen Diplomaten erwuchs in der „Auslandsorganisation der NSDAP" eine Konkurrenzeinrichtung (ausführlich Döscher 1995).

In der Bundesrepublik hatten sich die drei westlichen Siegermächte im Besatzungsstatut die Zuständigkeit für auswärtige Angelegenheiten vorbehalten. Im Kanzleramt wurde eine Verbindungsstelle zu der obersten Vertretung der drei Mächte eingerichtet, der Alliierten Hohen Kommission. Das Petersberger Abkommen vom 22. November 1949 räumte der Bundesregierung das Recht ein, konsularische Beziehungen und Handelsbeziehungen mit anderen Staaten aufzunehmen. Schon kurz zuvor war zum 1. November 1949 eine Vertretung bei der Organisation für wirtschaftliche Zusammenarbeit und Entwicklung (OECD) in Paris eingerichtet worden. Ende 1949 wurde im Kanzleramt ein „Organisationsbüro für die konsularisch-wirtschaftlichen Vertretungen im Ausland" eingerichtet. Mit der ersten Revision des Besatzungsstatuts vom 6. März 1951 folgte am 15. März 1951 die Wiedererrichtung des Auswärtige Amts als Bundesministerium. Die im Kanzleramt bestehende Dienststelle für Auswärtige Angelegenheiten wurde in das neue Ministerium überführt. Erster Außenminister wurde Kanzler Adenauer (bis 1955). Zum Staatssekretär wurde Walter Hallstein ernannt, der dieses Amt bis 1958 innehatte und mit dem Kanzler den Wiederaufbau des Auswärtigen Dienstes maßgeblich bestimmte. Die Fortführung der Bezeichnung „Auswärtiges Amt" weist auf den nachgeordneten Charakter hin, den auch Adenauer – wie zuvor Bismarck – der neuen Behörde verleihen wollte. Nach dem Inkrafttreten des Deutschlandvertrages 1955 erhielt die Bundesrepublik mehr außenpolitische Souveränität. Vorherige Dienststellen wurden in Botschaften umgewandelt. Nachfolger von Adenauer als Außenminister wurde Heinrich von Brentano. Strukturell wurden nur wenige Änderungen vorgenommen. So wurde 1963 ein Planungsstab eingerichtet. Er erarbeitet unabhängig von den Abteilungen und dem Leitungsstab um Minister und Staatssekretäre mittel- und langfristige außenpolitische Konzeptionen. Hier werden Planungsentscheidungen vorbereitet (Kapitel 2.1). Zu diesem Zweck arbeitet der Planungsstab eng mit wissenschaftlichen Instituten, Stiftungen, politikberatenden Institutionen und anderen Planungsstäben zusammen. Auch begleitet der Planungsstab die Arbeit der vom Auswärtigen Amt geförderten Forschungseinrichtungen. Das Netz der Auslandsvertretungen und die Anzahl der Mitarbeiter wurden kontinuierlich fortentwickelt (ausführlich Eberwein 1975). 1990 waren es 7827 Mitarbeiter und 214 Auslandsvertretungen. Im Zuge der Wiedervereinigung wurden keine Diplomaten der DDR übernommen. Die personellen Aufstockungen wurden bis 1994 fortgeführt, als 11.310 Menschen beschäftigt waren. Bis heute wurde die Anzahl der Auslandsvertretungen und Personalstellen abgesenkt. Besonders 1998 kam es aufgrund von Sparmaßnahmen zu einem erheblichen Stellenabbau.

1993 wurde mit dem Vertrag von Maastricht eine Europaabteilung gebildet, was die damaligen Erfolge im europäischen Integrationsprozess widerspiegelte. Der gestiegenen Bedeutung der VN wurde 1995 Rechnung getragen, als eine Abteilung „Vereinte Nationen, Menschenrechte und humanitäre Hilfe" eingerichtet wurde (ausführlich Ploetz 1993). Nach dem Umzug von Bonn nach Berlin 2001 wurden u.a. Unterabteilungen abgeschafft und damit Hierarchien verflacht. Heute verfügt das auswertige Amt über einen Stamm von 6900 Stellen (Stand: Januar 2010)

Arbeitsweise (ausführlich Brandt/Buck 2002)*:* Das Auswärtige Amt wird vom Außenminister geleitet. Ranghöchste Mitarbeiter sind zwei Staatsminister und drei Staatssekretäre. Sie bilden die Leitungsebene unter dem Außenminister. Die beiden Staatsminister nehmen als Mitglieder des Deutschen Bundestages überwiegend politische Funktionen wahr. Die Staatssekretäre vertreten als ranghöchste Beamte den Minister bei der Leitung der Behörde. Sie führen die ihnen unterstellten Geschäftsbereiche und haben die Aufsicht über die Auslandsvertretungen. Täglich findet unter Vorsitz der Staatssekretäre die „Direktoren-Runde" mit den Abteilungsleitern statt. Hier werden aktuelle internationale Entwicklungen und operative Konsequenzen erörtert. Der aus drei Referaten bestehende Leitungsstab ist dem Außenminister unterstellt. Das Parlaments- und Kabinettsreferat pflegt die Kontakte zum Parlament und bereitet die Kabinettssitzungen vor. Zur Parlamentsarbeit gehören die Kontaktpflege zu den Bundestagsfraktionen, die Vorbereitung von Plenarsitzungen zu außenpolitischen Themen, die Vorbereitung und Wahrnehmung von Sitzungen des Auswärtigen Ausschusses, des EU-Ausschusses sowie des Ausschusses für Auswärtige Angelegenheiten und des Ausschusses für Europäische Angelegenheiten des Bundesrates.

Koordinatoren und Beauftragte: Diese Ämter sollen herausgehobene bilaterale Beziehungen zu ausgewählten Staaten verdeutlichen. So gibt es einen Koordinator für die deutsch-amerikanische Zusammenarbeit, einen Beauftragten für die deutsch-französische Zusammenarbeit, und einen Koordinator für die zwischengesellschaftliche und grenznahe Zusammenarbeit mit Polen. Hinzu kommt ein Koordinator für die deutsch-russische zwischengesellschaftliche Zusammenarbeit (seit 2003). Beschlossen ist seit Februar 2008 die Einrichtung eines Koordinators für die deutsch-israelischen Beziehungen (Kapitel 3.5). Ein weiterer Beauftragter kümmert sich um die Querschnittsaufgabe „Menschenrechtspolitik und Humanitäre Hilfe" (Kapitel 3.7).

Auslandsvertretungen: Zur Struktur des Auswärtigen Amtes gehören insgesamt 229 Auslandsvertretungen. Auslandsvertretungen ist der Sammelbegriff für 148 Botschaften, 66 Generalkonsulate und Konsulate, 12 Ständige Vertretungen sowie 3 sonstige Einrichtungen (5 Außenstellen, 1 Vertretungsbüro und 1 Verbindungsbüro). Hinzu kommen 355 ehrenamtlich tätige Honorarkonsule (Stand September

2009), die nicht zwingend deutsche Staatsbürger sein müssen. Zu den Kernaufgaben der Auslandsvertretungen gehören die Wahrung der Interessen der Bundesrepublik, der Schutz seiner Bürger im Ausland, die Förderung der politischen Beziehungen sowie die wirtschaftliche, kulturelle und wissenschaftliche Zusammenarbeit. Sie verhandeln mit den Regierungen der Gastländer, beschaffen Informationen, verfassen Berichte, helfen in Not geratenen deutschen Staatsbürgern, übernehmen behördliche und notarielle Funktionen, erteilen Reisevisa, unterstützen deutsche Unternehmen bei ihren Aktivitäten im Ausland, fördern den Kulturaustausch und bereiten Besuche aus Deutschland vor.

Botschaften: Ein Botschafter repräsentiert als Vertreter des Bundespräsidenten die Bundesrepublik. Botschafter werden vom Bundespräsidenten ernannt und beim Präsidenten des Empfängerlandes mit einem Beglaubigungsschreiben des Bundespräsidenten akkreditiert. Die Zahl der Beschäftigten an einer Botschaft richtet sich nach Bedeutung und Größe des jeweiligen Staates und kann zwischen über hundert und zehn Mitarbeitern betragen. Um die breite Palette an Aufgaben erfüllen zu können, werden nicht selten Fachreferenten anderer Ministerien abgeordnet. In Ländern, mit denen Deutschland in verteidigungspolitischen Fragen zusammenarbeitet, ist der Botschaft ein Militärattaché zugeordnet. Botschaftsmitarbeiter verbleiben typischerweise drei Jahren auf einem Auslandsposten. Botschafter können in mehreren Staaten akkreditiert werden. So unterhält Deutschland zwar diplomatische Beziehungen zu 194 Staaten (Stand September 2009). Einige Staaten werden aber von einer Botschaft gemeinsam betreut (z.B. Swasiland und Lesotho durch die Botschaft in Pretoria/Südafrika). Mit der völkerrechtlichen Anerkennung des Kosovo im Februar 2008 war das vorherige Verbindungsbüro zur 149. Botschaft aufgewertet worden.

Generalkonsulate und Konsulate: Ihr Aufgabenspektrum umfasst primär das Rechts- und Konsularwesen, die Außenwirtschaftsförderung, die kulturelle Zusammenarbeit und die Öffentlichkeitsarbeit, nicht aber die politischen Beziehungen zum Gastland. Diese sind den Botschaften vorbehalten. Generalkonsulate und Konsulate gewähren deutschen Bürgern Beistand in Notsituationen und erfüllen Aufgaben deutscher Gerichte, Notare und Kommunalbehörden.

Ständige Vertretungen: Sie repräsentieren Deutschland bei internationalen und supranationalen Organisationen. Dazu gehören die ständige Vertretung bei den VN in New York, deren europäische Büros und Unterorganisationen in Genf und Wien, bei der EU und der NATO in Brüssel, bei der OECD und der UNESCO in Paris, beim

Europarat in Straßburg sowie bei der FAO in Rom. Der Leiter einer ständigen Vertretung trägt den Titel eines Botschafters. Im Unterschied zu Botschaften und Konsulaten können deutsche Staatsbürger in ständigen Vertretungen nicht die klassischen konsularischen Dienstleistungen in Anspruch nehmen.

Schlussendlich nimmt jeder Außenminister Schwerpunktsetzungen vor, die sich dann in der Struktur und Arbeit des Auswärtigen Amts – z.B. bei der Zuweisung von Mitteln und Personalstellen an Abteilungen – niederschlagen. So war das Interesse von Außenminister Fischer an der auswärtigen Kulturpolitik begrenzt, während sein Amtsnachfolger Steinmeier großen Wert auf dieses Politikfeld legte. Dies führte nicht nur zu einer Konsolidierung des in der rot-grünen Regierungszeit nach jahrelangen Mittelkürzungen notleidenden Goethe-Instituts, sondern auch zu einer Aufwertung der Abteilung 6 „Kultur und Kommunikation" (Kapitel 2.4).

Grundsätzlich stärkt das Koalitionsprinzip die Stellung des Außenministers gegenüber dem Kanzler. Ein Außenminister, der der Regierungspartei angehört, hat eine wesentlich geringere Machtstellung, als ein Außenminister, der einer anderen Partei angehört, die dem Kanzler die Mehrheit beschafft hat. Dies gilt allerdings nur unter der Bedingung, dass der Außenminister das volle Vertrauen seiner Partei besitzt. Das Verhältnis von Außenminister und Kanzler, der Außenpolitik auch gerne einmal öffentlich zur Chefsache erklärt, treffend charakterisiert hat – abseits der Debatte um die Koch-Kellner-Methaper – der ehemalige Außenminister Fischer: „Das Verhältnis Bundeskanzler zu Bundesaußenminister ist natürlich ein sehr spezifisches, weil in beiden Institutionen Außenpolitik gemacht wird und gemacht werden muss. Es ist ja keineswegs so, dass der Außenminister auf die letzte Entscheidungskompetenz, die unsere Verfassung beim Kanzler ansiedelt, verzichten kann. Sie erreichen einen Punkt, da brauchen sie den Kanzler. Umgekehrt – bei allem Respekt vor dem Kanzleramt – sind die Möglichkeiten des Kanzleramts in der Außenpolitik begrenzt. Da ist natürlich ein Spannungsverhältnis drin, das vielleicht 20% ausmacht, aber 80% ist es eine Zusammenarbeit, die unverzichtbar ist. Der Rest sind Eitelkeiten. Mal funktioniert es besser, mal funktioniert es weniger gut" (Fischer, ARD 2009).

Bundespräsident und Bundespräsidialamt
Als Staatsoberhaupt steht der Bundespräsident protokollarisch an der Spitze des Staates. Er ist das Verfassungsorgan, das Deutschland nicht

nur nach innen, sondern auch nach außen repräsentiert. Als völkerrechtlicher Vertreter Deutschlands schließt er gemäß Artikel 59,1 GG
formal die internationalen Verträge und unterzeichnet alle Gesetze.
Zudem beglaubigt und empfängt er die Gesandten. Die Bundesminister werden auf Vorschlag des Kanzlers vom Bundespräsidenten
ernannt und entlassen (Art. 64, Abs. 1 GG). Aufgrund der internationalen Bezüge des Amtes ist es wenig verwunderlich, dass in der
Organisationsstruktur des Bundespräsidialamtes eine eigene Abteilung „Ausland" existiert, die mit drei Referaten zwar die kleinste der
drei Abteilungen im Bundespräsidialamt ist, aber ihre Arbeit eng mit
dem Auswärtigen Amt koordiniert (Hübner 2000: 151ff.). Aus den
formalen Befugnissen und organisatorischen Strukturen eine starke
Stellung des Bundespräsidenten in der außenpolitischen Praxis abzuleiten, wäre allerdings irreführend. In der Außenpolitik ist seine Rolle vielmehr durch machtpolitische Marginalisierung treffend charakterisiert. Diese Machtarmut geht „noch deutlich über das bereits vom
Grundgesetz vorgegebene Maß hinaus" (Jochum 2007: 169). Eine
Erklärung für diese Differenz zwischen Buchstabe und Praxis ist zum
Teil das Ergebnis der historischen Entwicklung des Amts. So ließ sich
der erste Bundespräsident Theodor Heuss von Kanzler und Außenminister Adenauer auch in Bereichen mit außenpolitischem Bezug
entmachten. Dies betraf den Oberbefehl über die Bundeswehr, die
Mitsprache in Fragen der Kabinettsbildung und die Teilnahme an
Kabinettssitzungen, die Heuss für sich beanspruchte hatte, die ihm
aber von Adenauer verweigert wurden (Jochum 2007: 179). Dies
wurde nachfolgend von keinem Bundespräsidenten wieder rückgän-
gig gemacht. Außenpolitische Entscheidungsprozesse werden daher
nicht maßgeblich vom Bundespräsidenten beeinflusst, sondern lediglich formal und zeremoniell besiegelt. Insofern stellt der Bundespräsident keine nennenswerte Restriktion deutscher Außenpolitik dar
(Oppermann/Höse 2007: 44).

Soft Power
Trotz der außenpolitischen Randständigkeit im Sinne herkömmlicher
machtpolitischer Kategorien verfügt der Bundespräsident als außenpolitischer Akteur dennoch über ein beträchtliches Maß an „soft power". Dazu gehören insbesondere die Staatsbesuche, mit denen der
Bundespräsident politische Beziehungen vertieft und jenseits der diplomatischen Dauerpräsenz durch Botschaften und Konsulate die
persönliche Komponente fördert. So nutzt der Bundespräsident die
Möglichkeit informeller Gespräche am Rande, um z.B. Interessen zu

verdeutlichen oder verständigungsorientierte Kommunikation zu betreiben. Einerseits hatte Heuss zwar den machtpolitischen Kampf verloren, andererseits erreichte das Amt gerade unter Heuss aufgrund seiner Überparteilichkeit, persönlichen Integrität und seiner integrierenden Wirkung hohes Ansehen. Während die Regierung parlamentarische Mehrheiten widerspiegelt und parteipolitische Konflikte austrägt, repräsentiert der Bundespräsident die demokratische Gesamtheit. In der außenpolitischen Praxis weicht er typischerweise auf Politikfelder aus, die ihm Kanzler und Außenminister intendiert oder unbeabsichtigt überlassen. Nach diesem Marktlücken-Prinzip kann der Bundespräsident durchaus bedeutsame außenpolitische Funktionen erfüllen.

Ein herausragendes Beispiel ist die Rede von Bundespräsident von Weizsäcker am 8. Mai 1985 vor dem deutschen Bundestag anlässlich des 40. Jahrestages des europäischen Kriegsendes. Dies geschah kurz nachdem Kanzler Kohl gemeinsam mit US-Präsident Reagan den Bitburger Soldatenfriedhof besucht hatte, auf dem auch Angehörige der Waffen-SS beerdigt sind. Dieser Besuch führte zu heftiger internationaler Kritik und drohte insbesondere die deutsch-israelischen und deutsch-jüdischen Beziehungen zu belasten. In dieser Situation stellte sich von Weizsäcker in beeindruckender Weise als die autoritative Stimme der Deutschen vor der Weltöffentlichkeit und machte die Einstellung der Deutschen zu sich und ihrer Geschichte klar, so dass sich die diplomatischen Verwerfungen bald wieder glätteten (Jochum 2007: 171ff.). Umgekehrt kann das Staatsoberhaupt auch außenpolitischen Schaden anrichten oder zumindest Peinlichkeiten auslösen, wie dies z.B. hin und wieder durch Bundespräsident Heinrich Lübke – auch jenseits des allseits bekannten, aber nicht belegten Zitats bei einem Staatsbesuch in Liberia – geschah. In Liberia soll er 1962 seine Rede mit den Worten begonnen haben: „Sehr geehrte Damen und Herren, liebe Neger!" (Drösser 2002).

Insgesamt ist es auch auffällig, dass der Bundespräsident in denjenigen außenpolitischen Politikfeldern eine größere Rolle jenseits der Repräsentation einnimmt, die durch die deutsche Geschichte Belastungen erfahren haben, wie in den Beziehungen zu Afrika (Kapitel 3.7.5) und zu Israel (Kapitel 3.5). Dabei bedient sich der Bundespräsident nicht selten der potentiell überaus wirkungsmächtigen symbolischen Politik (Kapitel 2.2.3). Als Soft-Power-Akteure konzentrieren sich Bundespräsidenten typischerweise „auf große Linien und Ziele, auf prinzipielle Orientierungsmarken, auf Gemeinsamkeiten jenseits des Trennenden. Sie integrieren, indem sich nach innen und außen repräsentieren, wofür deutsche Demokraten insgesamt stehen oder stehen sollten" (Jochum 2007: 173). Dennoch ist festzuhalten, dass der Bundespräsident kein maßgeblicher Einflussfaktor für außenpolitische Entscheidungen ist. Seine Bedeutung für die außenpolitische Praxis ist allerdings aufgrund seiner natürlichen Autorität, seiner Integrationsfunktion sowie durch das historisch gewachsene „soft power"-Verständnis des Amtes und das Marktlücken-Prinzip in keiner Weise belanglos.

Weitere Fachministerien

Alle Fachministerien nehmen heute in erheblichem Maße außenpolitische Aufgaben der Bundesregierung wahr und sind damit mehr denn je an Außenpolitik beteiligt. Ein Grund dafür liegt darin, dass viele früher klassisch innenpolitische Politikfelder nicht mehr ohne eine internationale Kooperation adäquat bearbeitbar sind (z.B. Umweltschutz, Verkehrspolitik, Kriminalitätsbekämpfung). Auch hier zeigt sich, wie eng Innen- und Außenpolitik mittlerweile miteinander verwoben sind. Auch innerhalb der Regierung hat somit eine Erweiterung des administrativen Akteursspektrums stattgefunden. Nahezu jedes Bundesministerium hat internationale Bezüge aufzuweisen und nimmt auf der Leitungsebene wie auch auf den Arbeitsebenen außenpolitische Aufgaben wahr. In den Fachministerien sind zusammen genommen weitaus mehr Referate mit Außenpolitik beschäftigt, als im Auswärtigen Amt. Dabei übernehmen die Fachministerien verstärkt selbst operative Aufgaben, wie z.B. die Teilnahme an internationalen Gremien, Konferenzen oder in internationalen Organisationen (Weller 2007: 210ff). Einige außenpolitische Politikfelder werden sogar „entscheidend von Fachressorts und nur begleitend oder unterstützend von den klassischen außenorientierten Ministerien Auswärtiges Amt und Bundesministerium für wirtschaftliche Zusammenarbeit gestaltet" (Messner 2001: 3).

Getreu dem Ressortprinzip leitet jeder Minister seinen Geschäftsbereich eigenständig. Es gibt aber Beschränkungen: So dient die Richtlinienkompetenz des Bundeskanzlers als eine verbindliche Vorgabe von Zielvorstellungen, die den Handlungskorridor für alle außenpolitischen Akteure mitdefiniert. Sie wurde insbesondere von Adenauer gegenüber seinen Ministern auch explizit eingesetzt. Gemäß der Geschäftsordnung der Bundesregierung (§ 11) kann zudem jedes Ministerium Mitglieder oder Vertreter ausländischer Regierungen formal nur nach vorherigem Benehmen mit dem Auswärtigen Amt empfangen. Grenzüberschreitende Verhandlungen dürfen auch nur mit Zustimmung des Auswärtigen Amtes oder – auf sein Verlangen – nur unter Mitwirkung des Auswärtige Amtes geführt werden. Zudem gilt im Prinzip noch eine Verwaltungsanordnung des Kanzleramts von 1953, nach der die Delegationsleitung bei internationalen Verhandlungen beim Auswärtigen Amt liegt, soweit dies nicht die Delegationsleitung einem anderen Ministerium überträgt. Letzteres ist heute zur üblichen Praxis geworden. Diese formalen Beschränkungen, die die Gefahr einer Nebenaußenpolitik durch Fachministerien abfedern sollten, entfalten in der heutigen außenpolitischen Praxis keine große Wirksamkeit. Zwischen den Fachministerien wurden institutionell-formalisierte und informelle horizontale Koordinationsmechanismen auf allen Arbeitsebenen der Bürokratien etabliert, die neben die vertikale Koordination durch das Auswärtige Amt oder durch das Kanzleramt treten (Weller 2007: 217). Sie erhöhen die Komplexität der innenpolitischen Verfahren in außenpolitischen Entscheidungsprozessen und erschweren die politikwissenschaftliche Analyse.

Unter den Ministerien mit besonders starken außenpolitischen Bezügen sind an dieser Stelle die Bundesministerium für wirtschaftliche Zusammenarbeit und Entwicklung (Kapitel 3.7.3), das Bundesministeriums für Wirtschaft und Technologie (Kapitel 3.4), das Bundesministerium der Finanzen und das Bundesministerium der Verteidigung hervorzuheben. Letzteres hat insbesondere durch die nach der Herstellung der Deutschen Einheit beginnenden Auslandseinsätze der Bundeswehr enorm an außenpolitischen Stellenwert gewonnen (Kapitel 3.8). Diese Auslandseinsätze üben einen enormen Transformationsdruck auf die Bundeswehr aus, der noch nicht abgeschlossen ist (Varwick 2007; Clement 2007).

2.2.2 Legislative und Judikative

Auch wenn die Exekutive die Gestaltung der deutschen Außenpolitik dominiert, so befinden sich Legislative und Judikative keineswegs nur in einer Beobachterrolle, sondern besitzen eigene Mitwirkungsrechte, die seit den 1990er Jahren ausgebaut worden sind.

Bundestag
Der Bundestag ist das einzige zentralstaatliche Organ, welches direkt vom Volk gewählt wird und damit über ein überaus hohes Maß an demokratischer Legitimation verfügt (ausführlich Hübner 2000, Rud-

zio 2006). Die Stellung des Bundestages im politischen System der Bundesrepublik bestimmt maßgeblich die Rolle des Parlamentes in der Außenpolitik. Der Bundestag bemüht sich in der Außenpolitik um Mitsprache, Kontrolle und Information (Deutscher Bundestag 2008a: 2). Die Konflikte zwischen Bundestag und Regierung verlaufen faktisch primär zwischen den Oppositionsparteien im Bundestag und der Regierung. In der außenpolitischen Praxis kommen dabei insbesondere drei traditionelle Kompetenzfelder des Bundestages zum Tragen: Die Ratifikation völkerrechtlicher Verträge, die Übertragung von Hoheitsrechten und Kontrollrechte. Seit 1994 ist die Zustimmungspflichtigkeit zu Auslandseinsätzen der Bundeswehr hinzugekommen. Ferner sind für den Verteidigungsfall (Art. 115a GG) und den Friedensschluss (Art. 115l GG) Mitwirkungsrechte des Bundestags verfassungsrechtlich vorgesehen (ausführlich Krause 1998).

Ratifikation völkerrechtlicher Verträge: Gemäß Art. 59 Abs. 2 liegt die Initiative bei Vertragsgesetzen allein bei der Regierung. Aber bei Verträgen mit anderen Staaten, die die politischen Beziehungen des Bundes regeln oder sich auf Gegenstände der Bundesgesetzgebung beziehen, muss der Bundestag zustimmen. Diese Ratifizierungskompetenz betrifft nicht alle internationalen Verträge, sondern nur diejenigen durch die die Existenz des Staates, seine territoriale Integrität, seine Unabhängigkeit und sein maßgebliches Gewicht in der Staatengemeinschaft berührt werden. Allerdings bestimmt die Regierung, wann sie einen international ausgehandelten Vertrag dem Bundestag zur Zustimmung unterbreitet. Dann werden Verträge laut Geschäftsordnung des Bundestages in zwei Beratungen oder – auf Beschluss des Bundestages – in drei Beratungen behandelt (§78, Abs. 1 GOBT). Dabei sind Änderungsanträge nicht möglich, so das der Bundestag immer nur im Ganzen abstimmen kann (§81, Abs. 4 GOBT). Die binäre Entscheidungsmöglichkeit der Zustimmung oder Ablehnung räumt dem Bundestag daher keine echten Gestaltungsspielräume ein. Der Prozess im Bundestag ist in solchen Fällen primär durch das Verhältnis von Regierungs- und Oppositionsparteien geprägt (Ismayer 2007: 181f.).

Übertragung von Hoheitsrechten: Hoheitsrechte können gemäß Art 24 Abs. 1 GG auf internationale Organisationen durch ein vom Bundestag verabschiedetes Gesetz übertragen werden. Bis 1992 galt dies auch für die EG. Mit der Einfügung des Europa-Artikels in das GG (Art 23 Abs. 1) 1993 ist die Übertragung von Hoheitsrechten an Einrichtungen der EU entsprechend der Regelung für Verfassungsänderungen nur noch mit Zustimmung einer Zweidrittelmehrheit des Bundestages sowie der Stimmen des Bundesrates möglich. Zudem muss die Regierung den Bundestag über EU-Vorhaben, die für Deutschland von Interesse sein können, umfassend und zum früherstmöglichen Zeitpunkt unterrichten. Die Stellungnahmen des Bundestages zu EU-Vorlagen sind zu berücksichtigen. Das Verfahren wurde 1993 in einem „Gesetz über die Zusammenarbeit von Bundesregierung und Deutschen Bundestag in Angelegenheiten der Europäischen Union" in Detail festgelegt. Damit wurde die Stellung des Bundestages gegenüber der Exekutive in der Europapolitik gestärkt (Ismayer 2007: 186ff.)

Kontrollrechte: Der Bundestag besitzt das Letztentscheidungsrecht für den von der Bundesregierung eingebrachten Haushalt. Dies betrifft auch Entscheidungen über Mittel für die Außenpolitik und die Kontrolle ihrer Verwendung. Weitere Kontrollinstrumente sind Plenardebatten zu außenpolitischen Politikfeldern. Diese Instrumente (Große Anfrage, Aktuelle Stunde) werden primär von Oppositionsparteien genutzt und sind nicht selten von Sachanträgen oder Entschließungsanträgen begleitet. Zudem werden Berichte der Bundesregierung von der Opposition oft zu Plenardebatten genutzt (Ismayer 2007: 182ff.). Internationale Politikfelder machen sogar einen beträchtlichen Anteil der Plenardebatten des Bundestages aus (Krause 1998: 140). Diese Kontrollinstrumente dienen in erster Linie dazu, Regierung und Ministerialverwaltung zu veranlassen, Informationen bereit zu stellen, Absichten, Prioritäten und Defizite offen zu legen, außenpolitisches Handeln von Regierung und Bürokratie zu überprüfen oder zu kritisieren sowie Alternativvorschläge zu unterbreiten. Eine Wirkungsanalyse dieser Kontrollinstrumente ist allerdings nur bedingt möglich (Ismayer 2007: 184).

Die eigentliche Arbeit des Bundestages findet in seinen Ausschüssen statt (Ismayer 2007: 185ff.). Formal geben die Ausschüsse nur Beschlussempfehlungen an den Bundestag zur Beschlussfassung weiter, faktisch fallen aber die Entscheidungen bereits in den Ausschüssen. Die meisten der 22 Ausschüsse des Bundestages befassen sich mit außenpolitischen Themen. Zu nennen sind insbesondere der Auswärtige Ausschuss, der Verteidigungsausschuss, der EU-Ausschuss (erhält alle EU-Vorlagen zur Beratung), der Ausschuss für wirtschaftliche Zusammenarbeit und Entwicklung. Für die Arbeit in einem Ausschuss positionieren sich die Fraktionen vorab in Fraktions- oder Koalitionsgremien. Die Mitglieder eines Ausschusses befassen sich nicht nur mit Gesetzesvorlagen, sondern haben darüber hinaus ein Selbstbefassungsrecht, um z.B. einen internationalen Konflikt zu erörtern.

Besonders die Arbeit des Auswärtigen Ausschusses, der zu den Ausschüssen gehört, die das Grundgesetz gemäß Artikel 45a vorschreibt, ist durch solche kontinuierlichen Debatten und den Dialog mit ausländischen Gästen geprägt. Die 36 Abgeordneten lassen sich regelmäßig zudem durch die Staatssekretäre oder Staatsminister im Auswärtigen Amt, oft auch direkt durch den Außenminister über außenpolitische Themen unterrichten (Münzing/Pilz 2004: 20ff.). Intensiviert wird die Beratung durch die Einrichtung von Unterausschüssen. Auf diese Weise wird die besondere Bedeutung eines Politikfeldes signalisiert. So verfügt der Auswärtige Ausschuss beispielsweise über die vier Unterausschüsse „Abrüstung und Rüstungskontrolle", „Vereinte Nationen", „Globalisierung und Außenwirtschaft" und „Auswärtige Kultur- und Bildungspolitik" (seit 2006). Der vorherige Unterausschuss „Menschenrechte und Humanitäre Hilfe" wurde 1998 zu einem eigenständigen Ausschuss aufgewertet (Voß 2000). Aber Ausschüsse können die Bundesregierung nicht zu außenpolitischen Handlungen zwingen (Schmidt 2002: 17).

Ergänzt wird die Arbeit der ständigen Ausschüsse durch Untersuchungsausschüsse, in denen mutmaßliche Missstände aufgeklärt werden sollen, wie z.B. zum Bundeswehr-Luftangriff in Kunden/Afghanistan vom 4. September 2009, bei dem auch zahlreiche Zivilisten ums Leben gekommen sind. Untersuchungsausschüsse sind ein beliebtes Instrument der Opposition, um Regierungshandeln anzuprangern. Sie können mit Zustimmung eines Viertels der Bundestagsmitglieder eingesetzt werden. Zudem beraten Bundestagsabgeordnete gemeinsam mit Wissenschaftlern und anderen Sachverständigen in eingerichteten Enquete-Kommissionen auch außenpolitische bzw. internationale Politikfelder. Die Arbeit dieser Kommissionen mündet in Berichten, die an den Bundestag geleitet werden.

Bundestagsabgeordnete ohne Grenzen: Der deutsche Bundestag ist nicht nur zunehmend formal an außenpolitischen Entscheidungsprozessen beteiligt. Das Bild von Staaten, die nur über Regierungen miteinander in Beziehung treten, stimmt schon seit dem späten 19. Jahrhundert nicht mehr. Aber grenzüberschreitende Aktivitäten von Bundestagsabgeordneten sind heute in wachsendem Maße institutionalisiert (Deutscher Bundestag 2008a).

Diese multilateralen Aktivitäten werden ergänzt durch Parlamentariergruppen. Hier engagieren sich Abgeordnete aus Interesse für ein bestimmtes Land. Sie pflegen bilaterale Kontakte zu dessen nationalem Parlament. Es gibt auch Parlamentariergruppen für bestimmte Regionen (z.B. baltische Staaten) oder internationale Organisationen (z.B. ASEAN). Insgesamt widmen sich 53 Parlamentariergruppen dem stetigen Austausch und der auf Dauer angelegten Kooperation mit Abgeordneten anderer Staaten (Martensen 2008: 4). Abgeordnete erschließen sich so eigene Informationsquellen. Parlamentarier können zudem dort, wo zwischen Regierungen Funkstille herrscht, Beziehungen unterhalten oder neu knüpfen. Auch besteht für Parlamentarier die Möglichkeit, Kontakte zu Gebieten zu unterhalten, zu denen es keine offiziellen diplomatischen Beziehungen gibt wie z.b. zu Taiwan (Deutscher Bundestag 2008a: 35). Ferner ist auf diese Weise die Kontaktaufnahme zu Oppositionsgruppen oder Dissidenten besser möglich (Schmidt 2002: 20). Auf den Arbeitsebenen der Bürokratien werden mit Industrienationen sogar regelmäßig Mitarbeiter ausgetauscht; mit Transformationsstaaten z. B. zur Unterstützung junger Demokratien. Darüber hinaus sind Abgeordnete an zahlreichen interparlamentarischen Organisationen beteiligt. Auch diese Aktivitäten machen die wachsende Verflechtung von Innen- und Außenpolitik deutlich.

Tabelle 1: Interparlamentarischen Organisationen mit Bundestagsbeteiligung

Einrichtung	Aufgaben	Deutsche Beteiligung
Interparlamentarische Union (seit 1889)	Forum für den Erfahrungs- und Meinungsaustausch zwischen Parlamentariern aller Länder zu politischen, wirtschaftlichen und sozialen Fragen	8 Mitglieder
Parlamentarische Versammlung der OSZE (seit 1992)	Entwicklung von Mechanismen zur Konfliktverhütung und -bewältigung	13 Mitglieder
Parlamentarische Versammlung des Europarates (seit 1949)	Schutz und Stärkung pluralistischer Demokratien und Menschenrechte	18 Mitglieder
Europäische Versammlung für Sicherheit und Verteidigung/Westeuropäische Union (seit 1954)	Fragen der europäischen Sicherheits- und Verteidigungspolitik sowie der Rüstungskooperation	18 Mitglieder
Parlamentarische Versammlung der NATO (seit 1955)	Bindeglied zwischen den Parlamenten der Mitgliedsstaaten und dem Nordatlantikrat	12 Mitglieder

Euromediterrane Parlamentarische Versammlung (seit 2004)	Parlamentarische Begleitung der Kooperation im Mittelmeerraum zwischen der EU und anderen Mittelmeer-Anrainern (initiiert mit der Barcelona-Erklärung 1995)	3 Mitglieder
Ostseeparlamentarier-konferenz (seit 1991)	Kooperation den nationalen und regionalen Parlamenten zu umweltpolitischen Themen, Fragen der maritimen Sicherheit, Klimawandel, wirtschafts-, energie- und sozialpolitische Fragen.	4-5 Mitglieder
Parlamentarische Versammlung der Organisation der Schwarzmeerkooperation (seit 1993)	Förderung der wirtschaftlichen, politischen und kulturellen Zusammenarbeit	Beobachterstatus

Eigene Darstellung (Quellen: Martensen 2008 und Deutscher Bundestag 2008a)

Die internatonalen Aktivitäten des Bundestags werden alle zwei Jahre in einem Transparenzbericht offen gelegt. Der Transparenzbericht 2008 stellt fest: „In einer globalisierten Welt ist die internationale Politik von den innenpolitischen Entwicklungen nicht mehr zu trennen. […] Der gestiegenen Verantwortung Deutschlands gegenüber ihren Partnern in der Welt entspricht eine angemessene internationale Tätigkeit des Parlaments (Deutscher Bundestag 2008b: 3).

Zusammenfassend lässt sich aus den zunehmenden internationalen Aktivitäten und Kompetenzen des Bundestags eine leichte Tendenz der Parlamentarisierung der auswärtigen Beziehungen ableiten. Die Exekutive muss bei der Gestaltung von Außenpolitik immer mehr auch Parlament und Parlamentarier im Blick behalten (Schmidt 2002 17ff.)

Bundesrat und Bundesländer

Die Regierungen der deutschen Bundesländer beschränken den außenpolitischen Handlungsspielraum der Regierung in erster Linie durch ihre Beteiligung an der Ratifikation internationaler Verträge und durch ihre Mitwirkungsrechte in EU-Angelegenheiten. Der Bundesrat dient hierbei als Transmissionsriemen für die Wahrung der Interessen der Länderregierungen (ausführlich Knodt 1998). Gerade vor dem Hintergrund des europäischen Integrationsprozesses wird daher auch von einer Föderalisierung auswärtiger Angelegenheiten

gesprochen (Fischer 2007: 193), die die Gefahr einer Neben-Außen-
politik durch die Länder in sich berge (Nass 1986).

Bund-Länder-Kompetenzverteilung: Das Grundgesetz macht konkrete Vorgaben in der Außenpolitik. So sind die Länder dann beim
Abschluss internationaler Verträge anzuhören, wenn deren besondere Verhältnisse berührt werden (Art. 32,2 GG). Länder können dann
grenzüberschreitende Verträge abschließen, wenn es sich um Politikbereiche handelt, in denen die Länder nach innerstaatlichem Recht
für die Gesetzgebung zuständig sind und wenn die Bundesregierung
zustimmt (Art. 32,3 GG). Das bedeutet, dass die Länder nur nach
einer ausdrücklichen gesetzlichen Ermächtigung durch den Bund
solche Zuständigkeiten erlangen (Art. 71 GG).

Die Länder und Europa: Die Herstellung der deutschen Einheit 1990
und der die europäische Integration vertiefende Vertrag von Maastricht
1993 haben dazu geführt, dass die Länder im Bereich der europäischen
Integration auf eine Anpassung der Kompetenzverteilung zwischen
Bund und Ländern drängten. Die Länder sind durch den Europäisie-
rungsprozess in dreierlei Hinsicht betroffen (Hrbek 2001: 271f.):

—   Immer mehr EU-Regelungen betreffen Politikfelder, in denen die
    Länder Zuständigkeiten besitzen (z.B. Fischerei, Landwirtschaft,
    regionale Wirtschaftsförderung),
—   die fortschreitende Abgabe von Bundeskompetenzen an die EU
    bedeutet einen Verlust an Mitwirkungsmöglichkeiten des Bun-
    desrates,
—   zusätzliche Belastungen der Verwaltungen der Länder, die weit-
    gehend für die Umsetzung von EU-Recht zuständig sind.

Umgesetzt wurde dieses Anliegen der Länder durch die Neufassung
von Art. 23 GG zum Europaartikel den Ländern das Recht eingeräumt, über den Bundesrat in allen Angelegenheiten der EU mitzuwirken. Konkret bedeutet dies (Fischer 2007: 197):

—   Eine Zustimmung zu Änderungen des europäisches Vertrags-
    rechts bedarf einer Zwei-Drittel-Mehrheit im Bundesrat (Art. 23
    Abs. 1 GG).
—   Die Länder wirken über den Bundesrat in EU-Angelegenheiten mit
    (Art. 23 Abs. 2 GG) und sind an der Willenbildung des Bundes zu
    beteiligen, sofern sie innerstaatlich zuständig sind (Art. 23 Abs. 4
    GG). Sind von EU-Rechtsakten im Schwerpunkt Gesetzgebungs-
    befugnisse der Länder betroffen, ist die Auffassung des Bundes-
    rates „maßgeblich zu berücksichtigen". Dies kommt einem Letzt-
    entscheidungsrecht des Bundesrates hinsichtlich der deutschen

Position im Ministerrat gleich. Ansonsten ist die Auffassung des
Bundesrates zumindest „zu berücksichtigen" (Art. 23 Abs. 5 GG).
– Ist die ausschließliche Gesetzgebung der Länder betroffen, erfolgt
die Verhandlungsführung für Deutschland im Ministerrat sogar
durch einen vom Bundesrat benannten Landesminister (Art. 23
Abs. 6 GG).

Begriffe wie „Schwerpunkt" sorgen – bei ansonsten pragmatischer
Kooperation – gelegentlich für Bund-Länder-Konflikte (Wartenberg
1998). Insgesamt aber ist durch Art. 23 eine deutlich stärkere Einbindung des föderalen Systems Deutschlands in das politische Mehre-
benensystem der EU erfolgt. Die Länder konnten Machtverschiebun-
gen zugunsten des Bundes in der Europapolitik entgegensteuern
(Börzel 2000). Neben dem Bundesrat gibt es weitere Koordinations-
gremien, in denen die Länder ihre Positionen abstimmen. Dazu gehören die Ministerpräsidentenkonferenzen, Fachministerkonferen-
zen und die Ständige Konferenz der Europaminister der Länder
(Fischer 2007: 198).

Die Länder und internationale Verträge: Nach Artikel 32 Absatz
2 Grundgesetz ist ein Bundesland vor dem Abschluss eines Vertrages
zu hören, wenn seine besonderen Verhältnisse berührt werden. Bund
und Länder haben sich darauf geeinigt, dass die Bundesländer ihr
Einverständnis erklären müssen (Lindauer Bund-Länder-Abkommen
von 1957). Unterhalb der Schwelle von Verträgen sind Bundesländer
speziell in Bereichen der Wirtschaftsförderung, Kulturpolitik, Bildungspolitik sowie Asyl- und Migrationspolitik außenpolitisch aktiv
(Oppermann/Höse 2007: 45).

Die Repräsentanten der Länder auf internationalem Parkett: Neben einer aktiven Reisediplomatie von Landespolitikern (Schönfelder
2000: 79f.) unterhalten die Bundesländer weltweit etwa 130 Büro.
Diese dienen primär der Informationsbeschaffung und der Vertretung
wirtschaftlicher Interessen (Lobbying). Letzteres geschieht als Stand-
ortpolitik durchaus auch in Konkurrenz zueinander. Neben den EU-
Vertretungen in Brüssel, über die alle Bundesländer verfügen, liegt
mit weiteren 20 Büros ein zweiter Schwerpunkt in den USA. Aber
auch in Asien, Russland und Osteuropa sind die Länder vertreten
(Kaiser 2000:9). Eine besondere Facette der internationalen Aktivitäten der Länder ist die nachbarschaftlich-grenzüberschreitende Kooperation, denn benachbarte Regionen (z.B. Schleswig-Holstein und
die Region Syddanmark) haben oft mehr gemeinsame Interessen als
entfernt gelegene Regionen eines Staates (Jann 1993: 188). Oft leiden

die auswärtigen Kontakte der Länder unter der mangelnden Abstimmung mit dem Auswärtigen Amt. Grundsätzlich hat das Auswärtige Amt eine Servicefunktion gegenüber den Ländern (Bereitstellung von Informationen, Auslandsvertretungen als Promotoren der interregionalen Partnerschaften der Länder), während die Länder eigentlich eine Informationspflicht gegenüber dem Auswärtigen Amt über ihre außenpolitischen Aktivitäten besitzen Aber hier werden potentielle Synergieeffekte leichtfertig verschenkt (Walter/Kindsmüller 2002: 54).

Bundesverfassungsgericht

Das Grundgesetz ist ein maßgebliches Strukturelement für deutsche Außenpolitik, weil hier ein verbindlicher (verfassungs-)rechtlicher Rahmen für außenpolitische Entscheidungen vorgegeben wird. Dabei ist zwischen materiellrechtlichen und verfahrensrechtlichen Vorgaben zu differenzieren. Bei Letzteren geht es um Zuständigkeiten in der Außenpolitik, während erstere den Handlungsspielraum außenpolitischer Entscheidungträger berühren (Wolfrum 2007: 157).

Bei unterschiedlichen Auffassungen über die Interpretation von Grundgesetzartikeln – typischerweise zwischen Regierung und Opposition – kommt es auch bei außenpolitischen Konfliktgegenständen hin und wieder zu Urteilen des Bundesverfassungsgerichts (ausführlich Limbach 2001; Ooyen, Möllers 2006), denn das Grundgesetz nimmt das außenpolitische Handeln nicht von einer richterlichen Kontrolle aus. So hat das Bundesverfassungsgericht es unter Berufung auf Artikel 19,4 GG abgelehnt, die Ausübung der auswärtigen Gewalt als justizfreie Hoheitsakte zu qualifizieren (Wolfrum 2007: 167). Es wacht damit auch über die Einhaltung der Grundgesetzartikel mit außenpolitischen Bezügen. Prüfungsgegenstand ist das jeweilige Zustimmungsgesetz oder die betreffende außenpolitische Handlung bzw. ein Unterlassen der Regierung. Es stellt sich daher oft die Frage: Ist eine spezifische außenpolitische Entscheidung grundgesetzkonform?

Das Bundesverfassungsgericht, dessen Urteile unmittelbare Gesetzeskraft haben, steht damit an der Schnittstelle von Politik und Recht (Leibholz 1974: 396). Grundsätzlich sollte der durch die außenpolitisch relevanten grundgesetzlichen Bestimmungen vorgegebene Handlungskorridor von den außenpolitischen Entscheidungsträgern nicht verlassen werden. Da die normativen Vorgaben zum Teil in konkreten Entscheidungssituationen durchaus auch interpretationsbedürftig sind, können die exakten Abmessungen dieses Handlungskorridors umstritten sein.

Durch eine (nicht selten parteipolitisch motivierte) Anrufung des Verfassungsgerichts wird die Interpretationshoheit von Politikern auf Juristen verlagert. Darüber hinaus sorgt das Bundesverfassungsgericht mit seinen Urteilen für die Stärkung oder Schwächung der Stellung von Exekutive und Legislative. Oft kam es zu exekutivfreundlichen Entscheidungen (Ismayer 2007: 179). Ein maßgebliches Gegenbeispiel der Stärkung der Legislative ist der Parlamentsvorbehalt bei Auslandseinsätzen der Bundeswehr (Kapitel 3.8.2). Weitere prominente Außenpolitikurteile des Bundesverfassungsgerichts waren die Verfassungsmäßigkeit der Ostverträge der Regierung von Willy Brandt (Kapitel 3.2.3) oder das Urteil zum EU-Vertrag von Lissabon, in dem das Bundesverfassungsgericht am 30. Juni 2009 entschieden hatte, dass Bundestag und Bundesrat in Europa-Fragen mehr Mitspracherechte eingeräumt werden müssen (ausführlich Weidenfeld 2008). Der Bundesregierung war von den Klägern vorgeworfen worden, dass mit dem Vertrag eine Entstaatlichung und Entdemokratisierung Deutschlands einhergehen würde. Die Konsequenz des Urteils war nun (lediglich) ein verändertes Begleitgesetz zum Vertrag von Lissabon. Wäre der Vertrag aber vor dem Bundesverfassungsgericht vollständig gescheitert, hätte dies Europa in seine größte Krise der Nachkriegszeit gerissen (Weidenfeld 2009).

2.2.3 Gesellschaftliches Umfeld – Öffentliche Meinung, Medien, Politikberatung, parteinahe Stiftungen, Verbände, Gewerkschaften, NGOs

Außenpolitik ist keineswegs nur eine Angelegenheit von Regierungen, Parlamenten und Bürokratien. Außenpolitik findet in einer pluralistischen Demokratie wie der Bundesrepublik immer auch in einem gesellschaftlichen Umfeld statt. Kennzeichnend für dieses Umfeld ist, dass Akteure Entscheidungsprozesse beeinflussen, ohne dafür demokratisch legitimiert zu sein. Zum gesellschaftlichen Umfeld gehören insbesondere die klassischen Interessengruppen (Verbände, Gewerkschaften, Nicht-Regierungsorganisationen) genauso wie die Politikberatungsinstitute und parteinahen Stiftungen. Auch zu berücksichtigen sind die öffentliche Meinung und die Medien. Dem gesellschaftlichen Umfeld wird ein maßgeblicher Einfluss auf politisches Handeln unterstellt (Hellmann 2006: 153f.). Häufig wird in diesem Zusammenhang von einer Vergesellschaftung oder Demokratisierung von Außenpolitik gesprochen (von Bredow 2006: 49).

Öffentliche Meinung

Zum Begriffsverständnis von „öffentlicher Meinung" existieren unterschiedliche Definitionsangebote. Eine vielfach verwendete Definition lautet: „Öffentliche Meinung ist die Verteilung der Meinungen zu einem Thema unter den Bürgern einer politisch verfassten Gemeinschaft, wie sie in Meinungsumfragen gemessen werden" (Rattinger 2007: 313). Im Folgenden sollen aber keine Umfragewerte zu außenpolitischen Themen präsentiert werden. Stattdessen werden die Struktur und Entwicklung der öffentlichen Meinung in zentralen außenpolitischen Politikfeldern thematisiert. Zweitens wird diskutiert, wie sich die Entwicklung der öffentlichen Meinung in der deutschen Außenpolitik interpretieren und erklären lässt (ausführlich Risse-Kappen 1991).

Bis vor einiger Zeit wurde in der Meinungsforschung der Außenpolitik wenig Aufmerksamkeit geschenkt. Grund für diese Vernachlässigung war die Auffassung, dass Umfragen nur zu Themen erhoben und ausgewertet werden sollten, zu denen die Bürger ein gewisses Ausmaß an Informationen besitzen und an denen sie ein Interesse haben. Der in den 1950er Jahren entwickelte so genannte Almond-Lippmann-Konsens (Almond 1950) geht davon aus, dass die meisten Menschen an außenpolitischen Fragen – auch ob ihrer Komplexität – nur wenig persönliches Interesse haben und auch nicht über hinreichende Informationen darüber verfügen. Sie reagieren daher tendenziell indifferent. Öffentliche Meinungen über Außenpolitik sind angesichts spektakulärer Ereignisse wie z.B. Kriegen oder Terroranschlägen eher durch Stimmungen geprägt. Meinungen zu Außenpolitik sind zudem nicht kohärent, sondern oft widersprüchlich. Typischerweise wird die Diskussion über eine 10€-Gebühr beim Arztbesuch informierter und leidenschaftlicher geführt, als über einen Krieg in Afrika.

Für außenpolitische Entscheidungsträger hätte dieser Befund die Konsequenz, dass die öffentliche Meinung bei der Formulierung von Außenpolitik vernachlässigbar wäre. In den 1960er Jahren veränderte sich diese Auffassung. Der „Linkage-Politics"-Ansatz von Rosenau zeigen konnte, dass die öffentliche Meinung doch relevant für die Gestaltung von Außenpolitik ist (ausführlich Rosenau 1969). So ist es notwendig, innenpolitische Unterstützung für außenpolitische Entscheidungen zu mobilisieren und Akzeptanzgrenzen nicht zu überschreiten. Öffentliche Massenproteste wie in den USA gegen den Vietnam-Krieg oder die Friedensbewegung in der Bundesrepublik entsprechen dieser Annahme. Andererseits wird auf die Möglichkeit hingewiesen, dass die öffentliche Meinung instrumentalisiert werden kann, indem man z.B. in zwischenstaatlichen Verhandlungen einen Vorschlag mit Hinweis auf die eigene öffentliche Meinung ablehnt. Zudem ist es denkbar, die Handlungsoptionen eines Verhandlungspartners zu verändern, indem Einfluss auf die öffentliche Meinung in dessen Land genommen wird.

Im Folgenden wird die Entwicklung und Bedeutung der öffentlichen Meinung in den vier Bereichen „Westintegration" (Kapitel 3.1), „Annäherung an den Osten" (Kapitel 3.2), „Wiedervereinigung" (Kapitel 3.3) und „Kultur der Zurückhaltung" (Kapitel 3.8) aufgezeigt.

Öffentliche Meinung und Westintegration: Der Grad der Unterstützung des europäischen Integrationsprozesses wird seit 1973 regelmäßig im Auftrag der Europäischen Kommission durch das Eurobarometer erhoben (ausführlich Niedermayer 2009). In halbjährigen Abständen werden die utilitaristische (Beförderung der konkreten wirtschaftlichen und politischen Ziele) und affektive (ideologisch grundsätzliche) Unterstützung in den Bevölkerungen der Mitgliedsstaaten abgefragt. Ein Befund ist, dass die affektive Unterstützung stets höher ausfällt, als die utilitaristische Befürwortung. Zum europäischen Integrationsprozess wird die deutsche öffentliche Meinung zudem als „permissiver Konsens" bezeichnet. Die Integration wird also nicht von der öffentlichen Meinung mehrheitlich aktiv gefordert, sondern von weiten Bevölkerungsteilen stillschweigend toleriert. Diese Einstellung überdauerte die deutsche Wiedervereinigung bis zum Vertrag von Maastricht 1992.

Mit Ausnahme der zweiten Hälfte der 1990er Jahre, als Befürworter und Gegner sich die Waage hielten und letztere 1997 sogar die Oberhand gewannen, besaß die utilitaristische Unterstützung des europäischen Integrationsprozesses eine Mehrheit. Die Verlaufskurve bei der affektiven Unterstützung verhält sich ähnlich (Hellmann 2006: 178). Eine weitere Tendenz seit Beginn der 1990er Jahre ist, dass die Vertiefung der europäischen Integration weitgehend befürwortet wird, während Erweiterungsschritte mehrheitlich von Skepsis begleitet werden. Die NATO als zweite Säule der Westintegration wurde von der Mehrheit der öffentlichen Meinung als Garant der Sicherheit der Bundesrepublik wahrgenommen. Die deutsche Mitgliedschaft in der NATO und die Präsenz westalliierter Truppen fanden große Unterstützung. Sie betrug zur Zeit des Mauerbaus 1961 über 80% und stieg in den 1980er Jahren sogar auf über 90% an. Die

deutsche Bevölkerung fühlte sich auch aufgrund der Abschreckungs-
funktion der Kernwaffen der Bündnispartner sicher. Diese Einstel-
lungsmuster blieben bis zur Wiedervereinigung weitgehend stabil,
wenn auch die Bedrohungsperzeption – z.B. nach der Afghanistanin-
vasion der Sowjetunion 1979 – immer mal wieder anstieg. Ein Widerspruch bestand darin, dass einerseits die Grundidee der Abschreckungslogik befürwortet wurde, aber andererseits alles, was mit
Kernwaffen und deren Stationierung auf deutschem Boden zu tun
hatte, keine Mehrheiten fand. Eine Erklärung hierfür hält der Almond-Lippmann-Konsens bereit. Wenn auch die öffentliche Zustimmung zur Ausdehnung der Aufgaben und Wirkungsbereiche der
NATO bis Mitte der 1990er Jahre umstritten blieb, so erwies sich die
Zustimmung zur NATO-Mitgliedschaft auch nach 1990 als stabil
(Hellmann 2006: 176ff.).

Öffentliche Meinung und Annäherung an den Osten: Bei der Untersuchung der Einstellungen zur Ostpolitik lässt sich eine Phasen-
einteilung vornehmen (Glaab 1999a): Bis in die frühen 1960er Jahre
herrschten weitgehende Zurückhaltung und Unbeweglichkeit in der
Ostpolitik vor, weil man mit der Westintegration absorbiert war.
Unter den Kanzlern Erhard und Kiesinger kann es zu einer Über-
gangsphase, in der nach neuen Ansätzen zum Umgang mit der DDR
und den osteuropäischen Staaten gesucht wurde. Unter Willy Brandt
kam es durch die Neue Ostpolitik auch zu einer kurzzeitigen Auf-
bruchstimmung. Die 1980er Jahre waren in der öffentlichen Meinung
hingegen von einem pragmatischen Arrangement mit den politischen
Gegebenheiten gekennzeichnet. Die Phase zwischen dem Mauerfall
im November 1989 und der Wiederherstellung der Einheit im Oktober 1990 war dann derart turbulent, dass die Formierung einer stabilen öffentlichen Meinung nicht möglich war. Äußerst stabil war hingegen in den vier Dekaden der Bonner Republik die Einstellung, dass
der Warschauer Pakt als Bedrohung perzipiert wurde. Erst mit den
Reformen unter Gorbatschow nahm die Bedrohungsvorstellung
leicht ab.

Öffentliche Meinung und Wiedervereinigung: Das grundgesetzlich verankerte Wiedervereinigungsgebot wurde von allen Bundesregierungen bis 1990 vertreten und verfolgt, allerdings mit unterschiedlichen Ausprägungen. Für die deutsche Bevölkerung war der
Umgang mit der Teilung des Landes immer von großer Bedeutung.

In der öffentlichen Meinung wurde das Ziel der Wiedervereinigung stets mehrheitlich befürwortet (Glaab 1999b). Die höchsten Zustimmungswerte wurden mit über 80% in der Adenauer-Ära erzielt. Auch als die Wiedervereinigung in den 1980er Jahren längst nicht mehr vorne auf der politischen Tagesordnung stand, sprachen sich zwischen 66% und 75% dafür aus. Diese hohen Zustimmungsraten zeigen, dass die Wiedervereinigung normativ immer im Bewusstsein der Bevölkerung war. Der Stellenwert der Wiedervereinigung hingegen war in den 1980er Jahren nachrangig. Schon seit Mitte der 1960er Jahre hatte sich allmählich die Annahme durchgesetzt, dass die Wiedervereinigung zwar wünschenswert, aber nicht realisierbar war. Hinzu kam ein Gewöhnungseffekt an die Existenz zweier deutscher Staaten, in der ersten Hälfte der 1970er Jahre – zeitlich nicht zufällig zusammenfallend mit den Ostverträgen, der staatlichen Anerkennung der DDR und dem gemeinsamen VN-Beitritt – die Wiedervereinigung auf Prioritätenlisten der öffentlichen Meinung vielfach gar nicht mehr auftauchte. Die Auffassung der Regierung, dass die Deutschen ein Volk sind, welches in zwei Staaten lebt, spiegelte sich mehrheitlich auch in der öffentlichen Meinung wieder. Im November 1989 wurde das abstrakt gewordene Wiedervereinigungsgebot aber urplötzlich aktualisiert und auch in der öffentlichen Meinung zügig abrufbar. Über 80% sprachen sich im Frühjahr 1990 für die Wiedervereinigung aus.

Öffentliche Meinung und Kultur der (militärischen) Zurückhaltung: In der Bonner Republik war die Bundeswehr allein zur Landesverteidigung vorgesehen. Die nach der Wiedervereinigung beginnenden Auslandseinsätze der Bundeswehr wurden rasch zu einem wichtigen Thema der Meinungsforschung. Während sich 1988 noch 44% gegen und nur 36% für eine Beteiligung deutscher Soldaten an VN-mandatierten Einsätzen aussprachen, so waren fünf Jahre später nur noch 31% gegen, aber 54% für Auslandseinsätze. Die Mehrheitsverhältnisse hatten sich dauerhaft gedreht (Hellmann 2006: 178f). Die öffentliche Meinung bei den ersten Einsätzen war mehrheitlich unterstützend, allerdings oft knapp. Die Einsätze bestanden zumeist aus unterstützenden Aktivitäten, waren zumeist humanitär begründet und führten nicht zu hohen Verlusten. Die frühzeitige Festlegung von Kanzler Schröder im Vorfeld des sich abzeichnenden Irak-Krieges gegen eine militärische Teilnahme Deutschlands basierte auf einer Entscheidung des SPD-Präsidiums während einer Strategie-Sitzung, das Thema im Bundestagswahlkampf einzusetzen. Umfragewerte hatten zuvor eine militärische Beteiligung zu 51% abgelehnt, 30% sprachen sich für eine lediglich logistische Unterstützung aus, 9% für eine Kostenbeteiligung (Oldhaver 2000) und nur 7% waren für eine militärische Beteiligung. Die in den Umfragen deutlich hinter der CDU liegende SPD holte den Rückstand auf und gewann die Wahlen (Hellmann 2006: 172). Wenn die unmittelbare Kausalität auch nicht nachweisbar ist und auch andere Faktoren zu diesem Umschwung beigetragen haben mögen, so ist der Zusammenhang doch überzufällig.

Wie lassen sich nun öffentliche Meinungen und deren Wandel zu außenpolitischen Themen erklären? Ein Erklärungsansatz der Meinungsforschung lautet, dass die Bevölkerung die Diskussionen der politischen Eliten weitgehend nachvollzieht. Je geringer eigene Erfahrungen, Informationen und eigenes Interesse vorhanden sind, desto höher ist die Wahrscheinlichkeit, dass sie die medienvermittelten Positionen der parteipolitisch organisierten Eliten wahr- und übernehmen. In diesen Fällen spiegeln unterschiedliche Meinungen in der Öffentlichkeit die Konfliktlinien zwischen den politischen Parteien wider. So wird der Wandel in der öffentlichen Meinung beim NATO-Doppelbeschluss mit einem gewachsenen parteipolitischen Dissens erklärt. Wenn also die öffentliche Meinung nach 1998 mehrheitlich Auslandseinsätze unterstützt hatte, so ist dies mit dem geringen politischen Elitendissens zu erklären, da sich die rot-grüne Bundesregierung mit dem bürgerlichen Lager weitgehend einig war. Diese eliteninduzierte öffentliche Meinung trat auch während des Bundestagswahlkampfes 2002 zutage. Die vorzeitige Festlegung Schröders gegen eine militärische Teilnahme und ein damit einhergehende implizite Appell an den in einigen Bevölkerungsteilen vorhandenen latenten Antiamerikanismus führte auch zu einer Polarisierung der öffentlichen Meinung. Das Kalkül, dass die so hervorgerufene Polarisierung über die Rolle der USA in der Weltpolitik, im Wahlkampf hilfreich sein würde, ging letztlich (knapp) auf.

Entgegen diesem Top-Down-Ansatz betont der Bottom-Up-Ansatz, dass die öffentliche Meinung den außenpolitischen Handlungskorridor einschränken kann und selbst bei einem Elitenkonsens nicht jede Entscheidung gegen die öffentliche Meinung durchsetzbar ist. Ein Kausalnachweis für diese an liberale und sozialkonstruktivistische Theorieperspektiven erinnernde These (Kapitel 1.3.3 und 1.3.4) ist allerdings schwer zu führen, denn der genaue Effekt öffentlicher Meinung auf außenpolitische Entscheidungsträger ist noch schwerer messbar, als die umgekehrte Wirkungsrichtung. Letztlich ist die öffentliche Meinung einer von mehreren innenpolitischen Bedingungsfaktoren für außenpolitische Entscheidungsprozesse.

Die Verfügbarkeit von Umfragedaten zur öffentlichen Meinung wirft für den außenpolitischen Entscheidungsprozess Fragen auf. Darunter: Welche Rolle sollten Umfragedaten, deren Reabilität und Validität möglicherweise umstritten sind, tatsächlich bei außenpolitischen Entscheidungen spielen? Macht eine Betonung der öffentlichen Meinung Außenpolitiker nur noch zu passiven und neutralen Maklern gesellschaftlicher Interessen, die durch Umfragen ermittelt werden? Muss eine Regierung nicht vielmehr ihre Außenpolitik gegen eine mäßig informierte und interessierte sowie instabile Öffentlichkeit durchsetzen?

Medien

Medien werden oft als „Vierte Gewalt" bezeichnet (Habermas 2007). Dies weist auf eine Rolle hin, die weit über die Vermittlung von Politik hinausgeht. Gleichzeitig dienen die Medien Politikern als unverzichtbarer Bestandteil ihrer Darstellungspolitik, in die auch das Phänomen der „Symbolischen Politik" fällt.

„Für die Willenbildung und Entscheidungsfindung demokratischer Staaten ist freie Meinungsbildung konstitutiv. Dabei kommt den Massenmedien die maßgebliche Rolle zu. Sie stellen Öffentlichkeit her, definieren Themen, strukturieren Entscheidungen [...] und vermitteln diese an das Publikum" (Sarcinelli/Menzel 2007: 326). Diese grundsätzliche Feststellung gilt auch für die Außenpolitik, auch wenn die systematische wissenschaftliche Untersuchung zur Bedeutung der heutzutage allgegenwärtigen Medien für die deutsche Außenpolitik äußerst defizitär ist (ausführlich Sarcinelli/Menzel 2007). Rechtsgrundlage für die Arbeit der Medien ist Art. 5 Abs.1 GG: „Die Pressefreiheit und die Freiheit der Berichterstattung durch Rundfunk und Film werden gewährleistet. Eine Zensur findet nicht statt." Diese verfassungsrechtlichen Garantien finden ihren Niederschlag im Bundesrundfunkgesetz, der Gesetzgebung und Staatsverträge der Länder und in der Rechtsprechung des Bundesverfassungsgerichts. Aber auch die EU nimmt für sich medienrechtliche Kompetenzen in Anspruch (Glaab 1999c: 559).

Auswärtiges Amt und Medien: Neben der herkömmlichen stillen Diplomatie in der Außenpolitik setzt das Auswärtige Amt verstärkt auf „public diplomacy". Zu dieser Form der öffentlichen Diplomatie

werden auch die Medien gebraucht. Dieses Zusammenspiel ist u.a.
zwischen Diplomaten und Auslandskorrespondenten – z.B. durch
Hintergrundgespräche – zu beobachten. Dieses Verhältnis ist nicht
spannungsfrei. So wacht z.B. die Presseabteilung des Auswärtigen
Amtes sehr genau darüber, welche Medienvertreter welche Auskünf-
te erhalten. Augenfällig ist, dass viele Diplomaten nach wie vor de-
fensiv auf Medienanfragen reagieren. Der Hang zur Geheimhaltung
scheint im Auswärtigen Amt noch recht ausgeprägt zu sein (ausführlich Adam 2002).

Medienwirkung: Die Beschäftigung mit den Wirkungen von
Medien hat Konjunktur. Dabei sind mehrere Entwicklungen in der
Medienlandschaft zu berücksichtigen, die heute banal klingen,
aber sich doch erst in den letzten 20 Jahren vollends entwickelt
haben:

— Durch die elektronischen Medien und das Internet werden reale
    Entfernungen aufgehoben und die Welt wächst gleichsam zusam-
    men (global village),
— Medienunternehmen wie CNN agieren transnational und führen
    zu einem Verlust nationalstaatlicher Kommunikationskontrolle
    (Robinson 1999),
— die Vermischung von Information und Unterhaltung führt dazu,
    dass Fakten mit Fiktion vermischt werden (Infotainment) und
— die Kommerzialisierung des Medienbetriebs verstärkt den Wett-
    bewerbsdruck und führt dazu, dass politische Entscheidungsträ-
    ger um das knappe Gut öffentlicher Aufmerksamkeit konkurrie-
    ren. Um daher in den Medien zu bestehen und gegebenenfalls die
    Medien für eigene Zwecke zu nutzen, ist Medienkompetenz zu
    einer wichtigen Qualität geworden.

Was nicht medial transportiert wird, hat es schwer, überhaupt wahr-
genommen zu werden. Die Medien wählen aus, was, an welcher
Stelle und wie dem Bürger übermittelt wird. Sie unterscheiden zwischen – nach ihrer Ansicht – wichtigen und unwichtigen Ereignissen.
Medien bestimmen zwar nicht, was die Bürger denken, haben aber
Einfluss darauf, worüber sie sich Gedanken machen (agenda-setting).
Wenn Medien häufig und an prominenten Sendeplätzen über ein
Thema berichten, wird es als besonders wichtig eingestuft. Auch
können Medien Einfluss darauf nehmen, wie in der Bevölkerung über
außenpolitische Ereignisse gedacht wird, denn die Medien binden
solche Ereignisse an gesellschaftlich anerkannte Interpretationssche-
mata an (framing). Kritik der Medien an außenpolitischen Entschei-

dungen findet insbesondere dann statt, wenn ein hohes Maß an Dissens (z.B. zwischen Regierung und Opposition oder innerhalb der Exekutive) vorliegt. Bei weitgehendem außenpolitischem Konsens wird die Legitimität einer Entscheidung hingegen medial kaum in Frage gestellt.

Aufgrund fehlender unmittelbarer politischer Erfahrung und in Ermangelung von eigenem Wissen zu außenpolitischen Themen in der Bevölkerung schaffen Medien vielfach ein exklusives Politikbild. Daher betrachten Politiker oft die massenmedial veröffentlichte Meinung als Indikator für die öffentliche Meinung. Sie nutzen die Medien, um zu erfahren, was der Bürger über ein Thema wissen kann. So gesehen besitzen Medien eine Orientierungsfunktion sowohl für die Bevölkerung wie für die außenpolitischen Entscheidungsträger. Umgekehrt schreibt der Bürger politische Verantwortung entsprechend der medialen Themensetzung und -gewichtung zu. Steht das Bundeswehrengagement in Afghanistan (Kapitel 3.8.3) im Mittelpunkt der Berichterstattung, so werden politische Entscheidungsträger aufgrund ihres Handelns zu diesem Thema bewertet. Leistungen in anderen Politikfeldern rücken in den Hintergrund (priming).

Befunde zur Medienwirkungsforschung rangieren zwischen den extremen Polen „Medienmacht" und „Medienohnmacht". Die Medienmacht-These räumt den Medien gleichsam Akteursqualität bei der Gestaltung von Außenpolitik ein. Die Medien, insbesondere Fernsehbilder, können „öffentliche Meinung mobilisieren und außenpolitisches Handeln erzwingen" (Sarcinelli 2007: 326). Dieser Befund wird von Einschätzungen wie der des ehemaligen UN-Generalsekretärs Kofi Annan unterfüttert, „die Medien seien das 16. Mitglied im Sicherheitsrat" (zitiert in Sarcinelli 2007: 331). Auf der anderen Seite argumentiert die Medienohnmachts-These, dass Entscheidungsträger die Medien für ihre Zwecke instrumentalisieren. Besonders in Krisensituationen verfügt die Exekutive über ein Informationsmonopol. Kritische Berichterstattung wird erschwert, wenn Journalisten zu Hotel-Kriegern werden, die von der Wirklichkeitskonstruktion der Kriegsparteien abhängig sind. Einen weiteren Hinweis in diese Richtung gibt im Zeitalter medial inszenierter Kriege das Phänomen des „embedded journalism" (Dietrich 2007), bei dem Medienvertreter einzelnen Truppenteilen zugeordnet und so in ihrer Berichterstattung eingeengt, kontrolliert und gelenkt werden, häufig sogar vorgegebenes Vokabular übernehmen. Wollen die Medien überhaupt die Möglichkeit zur Berichterstattung erhalten, müssen sie sich den gesetzten Bedingungen beugen. Medienautonomie geht damit verloren.

Eine dritte Perspektive spricht von mediatisierter Außenpolitik. Sie positioniert sich außerhalb dieses Streits und nimmt die stärkere Anpassung der Entscheidungsträger an die mediale Handlungslogik in den Blick. Dazu gehören Versuche, durch offensive Public Diplomacy-Strategien (Public Relations, Lobbying, Nation Branding) politische Defizite und Schwächen – teilweise unter Rückgriff auf Kommunikationsagenturen – zu kompensieren (ausführlich Busch-Janser/Florian 2007). Umgekehrt orientieren sich die Medien primär an der eigenen Logik und nicht an der Entscheidungslogik der Politiker.

Auch wenn sich Beispiele sowohl für die Medienohnmachts- wie für die Medienmachtsthese finden lassen, so ist ein pauschaler kausaler Zusammenhang zwischen außenpolitischer Berichterstattung und außenpolitischer Entscheidung mittlerweile von der Medienwirkungsforschung widerlegt worden. Die Medien sind kein eigenständiger außenpolitischer Akteur, aber sie sind auch nicht nur Forum für die Kommunikation zwischen Bürgern und Entscheidungsträgern. Medien können öffentliches Problembewusstsein herstellen bzw. verstärken und auf diese Weise Handlungsdruck erzeugen. Der mediale Einfluss auf die Außenpolitik ist kontingent, d.h. die jeweils konkrete Wirkung ist situationsabhängig. Der Medieneinfluss auf Entscheidungen hat dann gute Chancen, hoch auszufallen, wenn Regierungen noch keinen klaren außenpolitischen Kurs gefunden haben oder nur randständige Interessen gefährdet sind. Dann kann z.B. auch die Agenda-Setting-Funktion der Medien als Hindernis für die Zielverfolgung oder nicht gewünschter Beschleuniger für Entscheidungen eine starke Wirkungsmächtigkeit entfalten. Der Einfluss geht tendenziell dann zurück, wenn Entscheidungsträger in den Regierungsparteien oder gar parteiübergreifend einen Konsens herstellen können. Generalisierbare Aussagen zur genauen Wirkung der Medien auf außenpolitische Entscheidungen sind also nicht möglich. So bleiben die Medien im konkreten Fall ein schwer berechenbarer Einflussfaktor.

Symbolische Politik

Regierungen setzen als Teil ihrer außenpolitischen Kommunikation (ausführlich Tenscher/Viehrig 2007) in der Außenpolitik verstärkt auf Darstellungspolitik und damit auch auf symbolische Politik. Darstellungspolitik ist insofern von Entscheidungspolitik zu trennen, wird aber oft ergänzend bzw. komplementär verwendet (Korte/Hirscher 2000). Symbolische Politik ist als Darstellungspolitik eine Politik der

Zeichen, Worte, Gesten und Bilder. Sie ist dann von besonderem Wert, wenn sie medial transportiert wird. Symbolische Politik bezieht sich auf und entfaltet sich in einem semantischen Raum. Außenpolitische Entscheidungspolitik hingegen ist eine Politik der Taten, die sich in einem materiellen Raum entfaltet und sich z.B. durch bi- und multilaterale Verträge, Vereinbarungen oder Doktrinen äußert. Hier mag man streiten, ob und inwieweit manche Gipfeltreffen, Staatsbesuche oder Abschlusserklärungen von internationalen Konferenzen eher der symbolischen oder materiellen Politik zuzuordnen sind.

Auch der Kniefall von Kanzler Willy Brandt in Warschau (Kapitel 3.2.3) – das bekannteste Beispiel symbolischer Politik in der deutschen Außenpolitik – ist keine bloße Symbolik gewesen, weil er mit den Ostverträgen durch materielle Politik unterfüttert wurde. Er war mit einer Politik verwoben, die polnischen Kriegsleiden anzuerkennen, zu zeigen, dass in der Bundesrepublik eine neue Generation die Versöhnung wollte und auf jede Form von Revanchismus zu verzichten bereit war. Die politische Entscheidungspolitik wurde somit symbolisch überhöht (Jessen 2006: 3). In diesem Sinne dient symbolische Politik der medienvermittelten Darstellung von Politik. Sie kann die „Visibility" einer Politik dramatisch erhöhen und zielt auf die Unterstützung der Bevölkerung. Grundsätzlich liegt der symbolischer Politik die Beobachtung zugrunde, dass politisches Handeln zunehmend kommunikationsabhängiger geworden. Während Entscheidungspolitik auf Verfahrensmerkmale der Politik abzielt, ist symbolische Politik ein Phänomen der medialen Inszenierung, auf die kein auf Wiederwahl angewiesener Spitzenpolitiker verzichten kann. Die Geste Willy Brandts in Warschau war insbesondere deswegen so aufsehen erregend, weil sie spontan wirkte. Viel ist darüber spekuliert worden, ob Brandt tatsächlich spontan gehandelt hatte oder ob es sich um einen inszenierten Akt gehandelt hatte. Brandt selbst hatte stets betont, dass der Kniefall nicht geplant war (ausführlich Wolffsohn 2005).

Die Erfordernisse erfolgreicher Darstellungspolitik führen tendenziell zu einer Angleichung der Politikstile. Regierungshandeln ist aus dieser Perspektive beides: Entscheidungs- und Darstellungspolitik. Allerdings kann symbolische Politik auch dazu instrumentalisiert werden, von der politischen Realität abzulenken. So können materielle Interessen durch symbolische Politik camoufliert werden. Diese symboli-

sche Verschlüsselung materieller Interessen wird von den außenpolitischen Entscheidungsträgern schwerlich zugegeben (Jessen 2006:
3). Dies kann damit zu Konflikten führen, wenn in der Bevölkerung die
Diskrepanzen zwischen symbolischer Politik und den tatsächlichen
Konsequenzen außenpolitischer Entscheidungen auffallen und so die
Glaubwürdigkeit der Entscheidungsträger untergraben wird (Sarcinelli 2007: 332). Inwieweit symbolische Politik als reine Darstellungspolitik interpretiert werden kann, hängt davon ab, ob z.B. eine Geste von
Entscheidungshandeln begleitet wird. Der rituelle Antiamerikanismus
der kubanischen Regierung unter Fidel Castro oder des venezuelani-
schen Staatschefs Hugo Chávez bleiben in diesem Sinne nach außen
wirkungsarme Symbolik. Bei unsicherer Wahrscheinlichkeit aber kann
symbolische Politik nach außen ein hohes Maß an Wirkung erzielen,
wie bei der aggressiven anti-israelischen Rhetorik des iranischen Präsidenten Ahmadinedschad. Unwillkommene symbolische Außenpolitik wird letztlich aber typischerweise mit symbolischer Politik erwi-
dert (z.B. Verschiebung von Staatsbesuchen oder Einbestellung von
Botschaftern). Auf diese Weise wird geringer materieller politischer
Schaden angerichtet und die beteiligten Seiten können sich nach einer
Schamfrist wieder dem Alltagsgeschäft widmen. Symbolisches Kräf-
temessen ist in demokratisch verfassten Staaten zudem auch oft innenpolitisch mit Blick auf Wählerstimmen oder Interessengruppen
motiviert.

Externe Politikberatung

Gerade in der Außenpolitik ist der wissenschaftlich fundierte Bera-
tungsbedarf aufgrund der besonders nach dem Ende des Ost-West-
Konflikts gestiegenen Komplexität der internationalen Beziehungen
gestiegen. Nachfrager ist nicht nur die Bundesregierung, sondern
auch die Legislative, die erst in den 1960er Jahren begonnen hatte,
interne Beratungskapazitäten aufzubauen, um den beträchtlichen In-
formationsvorsprung der Exekutive zu reduzieren. Dazu gehören u.a.
die Wissenschaftlichen Dienste des Deutschen Bundestages (Winter
2006), Fraktionsdienste (Beck 2006) oder Enquete-Kommissionen,
Heute sind die internen Beratungsressourcen (Diplomatischer Dienst,
Militär, Geheimdienste, die Ministerialbürokratie mit ihren Planungsstäben, Arbeitskreisen, Beiräten, interministeriellen Arbeitsgruppen
oder Beauftragte), über die sowohl Exekutive wie auch Legislative

verfügen, beträchtlich. Außenpolitische Entscheidungsträger nehmen externe Politikberatung insbesondere deswegen zusätzlich in Anspruch, weil diese im Kern eine wissenschaftlich fundierte, aktuelle, aber nicht Tagespolitik betreibende Expertise ist.

Externe Politikberatung wird definiert als das institutionalisierte oder punktuelle Liefern wissenschaftlich erhobener und aufbereiteter Informationen an außenpolitisch Handelnde (Thunert 2007: 336ff). Sie kann in den unterschiedlichsten Formen auftreten. Dazu zählt die schriftliche Beratung in Form von Gutachten, Kurzanalysen, Strategie- und Positionspapiere, aber auch durch öffentlich zugängliche Publikationen. Die mündliche Beratung außenpolitischer Entscheidungsträger kann in formalisierten Kontexten wie Sachverständigenanhörungen, Expertengesprächen oder Kolloquien bei Planungsstäben stattfinden. Sie kann aber auch in informellen Gesprächen zwischen Berater und Entscheidungsträger erfolgen. In diesem Sinne ist Politikberatung eine wissenschaftliche Informationsdienstleistung zur Rationalisierung von Entscheidungsprozessen.

Die Akteurspalette der externen Politikberater ist bunt gemischt. Darunter befinden sich Einzelpersonen (Beratungssolisten) genauso wie Fachjournalisten (Leif 2006), Intellektuelle, ehemalige Diplomaten und Militärs und die so genannten Think Tanks (Braml 2006). Letztere bezeichnen wissenschaftliche und zugleich politiknahe Forschungseinrichtungen, die nicht selten als Rechtform eine Stiftung sind (Weidenfeld/Janning 2003; Welzel 2006). In Deutschland existieren – je nach Zählweise – 50-60 Einrichtungen, die im Kern oder am Rande in der Außenpolitikberatung aktiv sind. Diese Einrichtungen unterscheiden sich durch ihre inhaltliche Ausrichtung, Finanzierungsquellen, Beratungsformen und ihre maßgeblichen Adressaten. Dazu zählen:

– *Centrum für angewandte Politikforschung (C.A.P), München:* Das C.A.P wurde 1995 in München etabliert, nachdem es schon zuvor unter seinem Gründer und Direktor Prof. Dr. Dr. h.c. Werner Weidenfeld an der Universität Mainz seine Tätigkeit aufgenommen hatte. Das Centrum ist vollständig Drittmittelfinanziert. Zu den Arbeitsschwerpunkten gehören die Europaforschung, die deutsche Außen- und Innenpolitik, Transformationsforschung, Jugend- und Zukunftsforschung sowie die transatlantischen Beziehungen. Das CAP ist neben dem starken Fokus auf praxisorientierter Politikberatung auch in der politischen Bildung tätig.

– *Stiftung Wissenschaft und Politik (SWP), Berlin:* Die 1962 gegründete SWP – seit 2000 mit Sitz in Berlin – wird weitgehend vom Kanzleramt finanziert. Dennoch untersteht die SWP als Stiftung nicht der direkten Weisungsbefugnis des Kanzleramts. Schwerpunktthemen sind deutsche Außenpolitik, internationale Sicherheits- und Wirtschaftspolitik, aber auch Regionen wie der Nahe Osten.

– *Deutsche Gesellschaft für Auswärtige Politik (DGAP), Berlin:* Die DGAP wurde schon 1955 nach angelsächsischen Vorbildern gegründet. Sie wurde in den 1970er Jahren von Prof. Dr. Karl Kaiser aufgebaut. Die Arbeitsschwerpunkte sind die USA, Russland und die mittelosteuropäischen Staaten, deutsche und europäische Außenpolitik und Globalisierung. Die DGAP erhält weniger als ein Drittel ihrer Einnahmen aus staatlichen Quellen und finanziert sich ansonsten durch Drittmittel.

– *Hessische Stiftung für Friedens- und Konfliktforschung (HSFK), Frankfurt:* Die 1970 gegründete Stiftung finanziert sich vorwiegend aus Landesmitteln. Die Mitarbeiter sind in allen Fragen der Konfliktforschung tätig und untersuchen dabei die Rollen von internationalen Organisationen wie NATO, OSZE und EU. Hinzu kommen insbesondere Fragen der Abrüstung, Rüstungskontrolle und Non-Proliferation von Massenvernichtungswaffen.

– *Zentrum für Europäische Integrationsforschung (ZEI), Bonn:* Das ZEI wurde 1995 als selbstständige Forschungseinrichtung an der Universität Bonn gegründet. Gemeinsam mit dem Schwesterinstitut, dem Zentrum für Entwicklungsforschung (ZEF), bildet es das Internationale Wissenschaftszentrum Bonn. Die Arbeitsschwerpunkte liegen in der Europapolitik.

– *Bertelmann-Stiftung, Gütersloh:* Die 1977 von Reinhard Mohn gegründete Stiftung führt ihre Projekte mit Eigenmitteln aus den Erträgen des Mutterkonzerns durch. Die Themenpalette enthält – neben der deutschen Außenpolitik – Bereiche wie transatlantische Beziehungen, Europapolitik und internationale Verständigung.

Das Feld ist breit und übersichtlich, wenn man auch noch die Institute mit Regional- und Länderexpertise sowie Einrichtungen, die sich nur randständig mit deutscher Außenpolitik befassen, hinzunimmt.

Der wissenschaftlichen externen Politikberatung wurde in den 1970er und 1980er Jahren Praxisferne unterstellt. Tatsächlich rückten viele Einrichtungen zunächst ihre politische Unabhängigkeit in den Vordergrund und pflegten auch eine mentale Distanz. Erst ein in den 1990er Jahren einsetzender Praxisorientierungs- und Professionalisierungsschub hat dazu beigetragen, eine größere kommunikative Nähe von Wissenschaft und außenpolitischer Praxis herzustellen. Externe Politikberatung muss mit dem Grundwiderspruch leben, dass die Tagesaktualitäten nachjagenden Politiker oft kurzfristige Lösungsvorschläge suchen, die Wissenschaft aber längerfristigere Untersuchungen anstellt und umfassende wie auf Dauer angelegte Problembearbeitungsansätze anstrebt. Ein externer Politikberater kann daher nach einer Aufforderung der Politik nicht erst ein mehrjähriges Forschungsprojekt auf den Weg bringen und die Ergebnisse dem Entscheidungsträger dann mit einem hochwissenschaftlichen, theoriegesättigten und mehrere hundert Seiten umfassenden Projektbericht zur Kenntnis bringen. Wenn auch dieser Widerspruch wohl nie gänzlich auflösbar ist, so kann Politikberatung dann erfolgreich sein, wenn bestimmte Spielregeln eingehalten werden (Janning 1996: 65f.):

–   Anwendungs- und ergebnisorientierte Analysen mit konkreten Handlungsempfehlungen statt Praxisferne,
–   wissenschaftliche Distanz bei gleichzeitiger kommunikativer Nähe,
–   Aufzeigen von Möglichkeiten und Wege politischer Gestaltung statt bloßer Faktenvermittlung,
–   Berücksichtigung der den politischen Entscheidungsträgern zur Verfügung stehenden Zeitfenster durch Antizipation bevorstehender Entscheidungslagen,
–   strategische Planung der Ergebnisvermittlung an die Politik als integraler Bestandteil des Arbeitsprozesses,
–   Präsentation der Analysen und Empfehlungen in knapper, für die politischen Entscheidungsträger verständlicher und weiterverwendbarer bei zugleich wissenschaftlich nachprüfbarer Form und
–   Nutzung des Dreiecks von Wissenschaft, Politik und Medien.

Im internationalen Vergleich steht die deutsche externe Politikberatung nicht schlecht dar. In Europa liegt sie mit ihren Ressourcen und Mitarbeitern in der Spitzengruppe. Im Vergleich zu den USA – dem Mutterland der Politikberatung, in dem z.B. die RAND Corporation über mehr als 1000 Mitarbeiter verfügt – nehmen sich die deutschen Zahlen eher bescheiden aus. Perspektivisch könnten wissenschaftliche Politikberater und politische Entscheidungsträger die Geschäftsbeziehungen weiter verbessern, wenn es zu einem strukturellen, zeitlich begrenzten gegenseitigen Austausch von Mitarbeitern aus Think Tanks und Ministerien käme (Jannig 1996: 66).

Parteinahe Stiftungen

Die sechs parteinnahen Stiftungen sind eine besondere Spezies. Sie sind gleichzeitig Instrument als auch Akteur der Außenpolitik (Pogorelskaja 2002). Zudem werden sie oft als „Grenzgänger zwischen Gesellschafts- und Staatenwelt" (Bartsch 1998: 186) bezeichnet. Dabei handelt es sich um:

– Konrad-Adenauer-Stiftung (KAS)
– Friedrich-Ebert-Stiftung (FES)
– Hanns-Seidl-Stiftung (HSS)
– Friedrich-Naumann-Stiftung (FNS)
– Heinrich-Böll-Stiftung (HBS)
– Rosa-Luxemburg-Stiftung (RLS)

Merkmale: Politische Stiftungen sind dadurch gekennzeichnet, dass sie einerseits zentrale Merkmale von Zivilgesellschaften (bei allerdings fast vollständiger staatlicher Finanzierung) aufweisen und gleichzeitig strukturell, ideell und auch personell mit den politischen Parteien verwoben sind (Bartsch 2007: 280). Die Nähe zu den Parteien mit jeweils klarer Zuordnung macht jede dieser politischen Stiftungen einzigartig und unverwechselbar. Stiftung und Partei teilen dabei politische Grundwerte und Zielvorstellungen, die mit einem konkreten weltanschaulichen Wertbezug verknüpft sind. Auf diese Weise ist eine bedingte Interessentransparenz gegeben, die ein hohes Vertrauenspotential gegenüber den Kooperationspartnern in sich birgt. Bei der Wahl der Kooperationspartner in In- und Ausland sind diese ideellen und programmatischen Affinitäten von erheblicher Bedeutung. Dennoch werden die politischen Stiftungen eher als Tendenzbetriebe, denn als Regiebetriebe der Parteien betrachtet (Wewer 1987: 216). Sie können durchaus eine eigene politische Agenda pflegen, so dass hin und wider Meinungsverschiedenheiten zwischen Partei und Stiftung auftreten. Andererseits sind parteinahe Stiftungen weder auf den Machterwerb im klassischen Sinne, noch auf privatwirtschaftliche Gewinnerwartung ausgerichtet. Der Wettbewerb, in dem sie untereinander stehen, ist geprägt durch Ideen, Konzepte und Politiken. Ihre Arbeit ist gekennzeichnet durch die „gesellschaftspolitische Dimension der Interessenvertretung und politischen Einflussnahme zugunsten emanzipatorischer Ziele wie Frieden, Gerechtigkeit, Menschenrechte und Demokratie" (Bartsch 2007: 281). Das Tätigkeitsspektrum erstreckt sich im Kern auf die folgenden Bereiche (Optenhögel 2002: 129ff.)

- Demokratieförderung (z.B. durch Projektarbeit in den Partner-
  staaten),
- Dialogagentur (z.B. durch Konferenzen, Seminare, Workshops),
- Vermittlung in zwischenstaatlichen Interessenkonflikten,
- Schaffung zivilgesellschaftlicher transnationaler Netzwerke so-
  wie
- Wissensproduktion und Politikberatung.

Die Auslandsarbeit wird primär über die vielen Auslandsbüros der
Stiftungen gesteuert (FES 90, KAS 65, FNS 40, HSS 40, HBS 16
RLS 4) (Stand 2008). Zusätzlich werden in einigen Ländern auch
Projekte und Programme ohne eigene Büros unterhalten. Durch Projektarbeit gestalten die politischen Stiftungen die Entwicklung in den
Partnerländern durch ihre Arbeit aktiv mit. Mit der Förderung von
politischen, wirtschaftlichen und kulturellen Dialogen tragen sie zur
Entwicklung der Beziehungen zwischen Deutschland und dem Partnerland bei. Dabei haben die Stiftungen in ihrer Arbeit Schwerpunkte gesetzt. Bei der FES ist dies die Gewerkschaftsförderung, während
die HBS sich insbesondere der Frauenförderung verschrieben hat und
bei der HSS die politische Bildung, Managementtraining und Verwal-
tungsentwicklung stärker im Vordergrund stehen. Seit dem 11. September 2001 haben die politischen Stiftungen ihre Arbeit – teilweise
finanziert aus dem Anti-Terror-Paket der Bundesregierung – auf sicherheitspolitische Politikfelder ausgedehnt. Dazu gehören auch Di-
alogaktivitäten in islamisch geprägten Ländern (Bartsch 2007: 289).

Finanzierung: Die staatliche Finanzierung der Stiftungen erfolgt
nach einem Verteilungsschlüssel, der sich an der Wahlergebnissen der
Parteien orientiert. Der Haushaltsausschuss des Bundestages legt die
Summen im Einvernehmen mit den Stiftungen fest. Die Förderung
der RLS erfolgt außerhalb dieses Verteilungsschlüssels. Die internationale Arbeit wird etwa zu 10% aus dem Haushalt des Auswärtigen
Amtes und zu 90% aus dem Haushalt des Bundesministeriums für
wirtschaftliche Zusammenarbeit (BMZ) gefördert (Optenhögel 2002:
134). Diese Form der Finanzierung macht aus den parteinahen Stiftungen nicht automatisch den verlängerten Arm der Bundesregierung.
Die Bundesförderung wird deswegen geleistet, weil die parteinahen
Stiftungen Leistungen erbringen, die im öffentlichen Interesse liegen,
aber staatlicherseits nicht erbracht werden können. Dennoch haben
die Stiftungen keine grenzenlose Handlungsfreiheit. Der Handlungskorridor wird durch die Genehmigungspflichtigkeit ihrer Programme
und Projekte abgesteckt, die vom Auswärtigen Amt und dem BMZ
einer Vorprüfung unterworfen werden.

Da sie den zwischenstaatlichen Beziehungen formal nicht zurechenbar sind, können sie dort tätig sein, wo Regierungshandeln politisch zu brisant oder kontraproduktiv wäre. Auch besitzen die parteinahen Stiftungen einen Rollenvorteil gegenüber regierungsferneren NGOs, da ihnen bei ihrer Auslandsarbeit im Gastland oft mehr Gewicht beigemessen wird (Bartsch 2007: 282). Schließlich speisen die Stiftungen ihre bei der Arbeit vor Ort gewonnene Expertise in die außenpolitische Arbeit der betreffenden Ministerien wie auch der eigenen politischen Parteien ein. Auch die deutsche Öffentlichkeit wird durch Veranstaltungen über aktuelle Themen in einem Partnerland informiert, was wiederum den Dialog zwischen Politik und Gesellschaft in Deutschland über Außenpolitik befördert. So betreiben die politischen Stiftungen Politikberatung nach außen und nach innen. Die Unterschiedlichkeit der Stiftungen durch ihre ideelle Ausrichtung und die Schwerpunktsetzung sorgt für einen externen Pluralismus bezüglich der Aktivitäten im Gastland. Die Arbeit der Stiftungen ist dann besonders effizient, wenn sie eine sinnvolle Ergänzung zu Programmen und Projekten der Bundesregierung darstellt sowie Reibungsverluste durch parallele Aktivitäten von Stiftungen und Regierungseinrichtungen vermieden werden.

Gesellschaftliche Interessengruppen

Aktive Einflussbemühungen gesellschaftlicher Interessengruppen werden häufig mit dem Begriff des Lobbyismus zusammengebracht. Gerade in Deutschland hat dieser Begriff etwas Anrüchiges, weil Intransparenz und Korruption mitschwingen. Dabei ist Lobbyismus keineswegs illegitim, sondern eine spezifische Form der Politikberatung, in der organisierte gesellschaftliche Gruppen versuchen, politische Entscheidungsträger gemäß ihrer Interessen zu beeinflussen. Es handelt sich also um ein elementares, legitimes Mittel in einer Demokratie, das zunehmend professionalisiert ausgeübt wird (Lösche 2006: 334ff.).

Gewerkschaften

Gewerkschaften sind Resultate gesellschaftlicher Differenzierungsprozesse und gleichzeitig Ausdruck von Moderne und Demokratie. Sie bündeln und artikulieren spezifische Interessen und entwickeln Problembearbeitungskapazitäten in Verhandlungssystemen (Mai 2006: 268). Die deutschen Gewerkschaften, zusammengeschlossen im Dachverband Deutscher Gewerkschaftsbund (DGB) bearbeiten nicht nur aufgrund ihrer tarif-, betriebs- und sozialpolitischen Interessen außenpolitische Politikfelder, sondern sie besitzen als politische Verbände einen eigenen öffentlichen Einflussanspruch (Schroeder 2007: 296). Allerdings spielt dabei die Außenpolitik aufgrund der primär innenpolitischen Ausrichtung eine untergeordnete Rolle. In den Gewerkschaften gibt es nur wenige hauptamtlich Verantwortliche für die Außenpolitik. Internationale Abteilungen bestehen nicht selten aus nur einem oder wenigen Mitarbeitern. Im Vordergrund der außenpolitischen Tätigkeiten stehen wirtschaftliche Politikfelder, z.B. Abwanderung von Arbeitsplätzen ins Ausland, steigende Macht internationaler Konzerne bei gleichzeitigem Einflussverlust nationaler Regierungen.

Einen herauszuhebenden Einfluss haben die Gewerkschaften in der Europa- und der Außenhandelspolitik (Kapitel 3.4). Sie unterstützen einerseits den europäischen Integrationsprozess, setzen sich aber andererseits dafür ein, die wirtschaftliche Integration durch eine eigene Sozialdimension zu ergänzen (Köpper 1982). Zudem nehmen Gewerkschaften direkten personalpolitischen Einfluss in der EU. So gelang es, dass oft einer der deutschen Kommissare aus den Gewerkschaftsreihen kam. In der Außenhandelspolitik unterstützen Gewerkschaften deutsche Unternehmen in ihren Bemühungen, sich gegen internationale Konkurrenz durchzusetzen, um heimische Arbeitsplätze zu schaffen bzw. zu sichern. Bei Rüstungsexporten in Spannungsgebiete vertreten die Gewerkschaften eine restriktive Position. Arbeitsmarkt- und friedenspolitische Interessen – z.B. bei der IG Metall (ausführlich Strutz 1997) – geraten daher gelegentlich in einen Konflikt. Ein weiterer Tätigkeitsbereich der Gewerkschaften, ist die Einflussnahme auf transnationale Konzerne hinsichtlich der Etablierung globaler Verhaltennormen (Codes of Conduct) zwischen Arbeitnehmern und -gebern sowie zur Schaffung sozialer Mindeststandards wie sie u.a. in den Konventionen der International Labour Organization (ILO) festgelegt sind (ausführlich Brupbacher 2002). Ein Ziel ist es, dass die Arbeitnehmer im globalen Wettbewerb der transnationalen Konzerne nicht gegeneinander ausgespielt werden.

Besonders aktiv und einflussreich sind deutsche Gewerkschaften auch in internationalen Gewerkschaftsorganisationen wie dem 1949 gegründeten Internationalen Bund freier Gewerkschaften (IBFG). Der IBFG repräsentiert als weltweit rund 145 Millionen Arbeitnehmer in über 230 Verbänden und 150 Staaten. Themen sind hier „Gerechte Weltwirtschaftsordnung", „Entwicklungspolitik", „Geschlechtergerechtigkeit", „Menschenrechte", „Gewerkschaftsrechte", „Sicherheit am Arbeitsplatz". Die Einflusspotentiale des IBFG sind allerdings begrenzt, da es sich in erster Linie um einen locker verbundenen Dachverband handelt. Einige Branchen sind gleichzeitig in internationalen Branchenverbänden organisiert (z.B. Internationaler Metallarbeiterbund). Auf europäischer Ebene existiert seit 1973 der Europäische Gewerkschaftsbund. Neben der klassischen Lobbyarbeit ist er auch Ansprechpartner für die EU-Kommission und das europäische Parlament im Rahmen des institutionalisierten sozialen Dialogs. Europäische Branchenverbände und interregionale Gewerkschaftsräte, die sich u.a. mit grenzregionalen Problemen befassen, ergänzen das Bild.

Neben der formalen Beteiligung an Arbeitskreisen oder die Teilnahme an Auslandsreisen von Politikern nehmen Gewerkschaften auch über informelle Kontakte in die Ministerien Einfluss. Einen besonderen Zugang besitzen die Gewerkschaften zum Auswärtigen Amt durch die Sozialreferenten an den Botschaften. Besetzungsvorschläge für Sozialreferenten werden vom Auswärtigen Amt im Einvernehmen mit dem DGB vorgenommen. „In der Position der Sozialreferenten drückt sich auch die gesellschaftliche und soziale Dimension der Außenpolitik aus" (Schroeder 2007: 301). Ein Aufgabenschwerpunkt ist es, für die Verbindung zwischen Regierungen, Sozialverwaltungen und Verbänden zu sorgen. Ferner organisieren gewerkschaftliche Gruppen im Ausland Solidaritätsprojekte, fördern Ausbildungsprojekte oder unterstützen den Bau von Gewerkschaftsschulen. Nach innen wirken Sozialreferenten insofern politikberatend, als sie ihre Expertise über ausländische Sozialsysteme einbringen. Zwischen den deutschen Gewerkschaften und der FES besteht eine spezifische Beziehung, als die FES ein internationales Mandat der Gewerkschaften besitzt und der stellvertretende Vorsitzende der FES immer Gewerkschafter ist.

Verbände

An der Schnittstelle zwischen Außenpolitik und Wirtschaft – Außenwirtschaftspolitik (Kapitel 3.4.1) – sind insbesondere die Dachverbände aktiv (ausführlich Bührer 2007). Ebenfalls von Bedeutung sind in den letzten Jahren stärker internationalisierte Politikfelder wie die Umwelt-, Energie-, Verkehrs-, Sozial- oder Technologiepolitik. Die Verbände wirken in doppelter Weise auf Außenpolitik ein. Einmal indirekt über die Beeinflussung nationaler außenpolitischer Entscheidungsträger in Politik und Ministerialbürokratie. Zweitens direkt auf der internationalen Ebene durch ihre Arbeit in internationalen Organisationen oder transnationalen Dachverbänden (ausführlich Teuber 2009). Verbände sind auf vielfältige

Art und Weise mit politischen Entscheidungsträgern verwoben. Neben institutionalisierten formalen Austauschstrukturen (u.a. Beiräte, Kommissionen), besitzen auch die informellen Beziehungen zur Politik eine maßgebliche Bedeutung (Mai 2006: 268)

An vorderster Stelle der Akteure ist der Bundesverband der Deutschen Industrie (BDI) zu nennen. Im BDI sind über dreißig Branchenorganisationen organisiert. Schon zu Beginn der 1950er Jahre hatte der BDI einen Ausschuss für Internationale Beziehungen sowie eine Abteilung für internationale Beziehungen in der Hauptgeschäftsführung eingerichtet. Der BDI bekannte sich stets den außenpolitischen Grundsätzen, die in der Adenauer-Ära entwickelt wurden, insbesondere der Westintegration (Kapitel 3.1). Bis heute wurde die außenpolitische Organisationsstruktur des BDI mit den Abteilungen „Europapolitik" und „Außenwirtschaftspolitik" sowie dem Ausschuss „Außenwirtschaft" weiter ausdifferenziert (Brehm 2008).

Weitere außenpolitisch aktive Verbände sind der stärker die Interessen mittelständischer Unternehmen vertretende Deutsche Industrie- und Handelkammertag (DIHK) und die Bundesvereinigung der Deutschen Arbeitgeberverbände (BDA), die sich auf Sozialpolitik konzentriert. Weitere Dachverbände sind der Bundesverband des Deutschen Groß- und Außenhandels sowie der Bundesverband deutscher Banken. In der Außenpolitik aktiv sind zudem Branchenverbände. Der Deutsche Bauernverband (DBV) fokussiert seine Aktivitäten naturgemäß auf die vergemeinschaftete EU-Agrarpolitik. Er verfolgt einen auf den Schutz der einheimischen Bauern bedachten Kurs. Andere Branchenverbände mit nennenswerten außenpolitischen Tätigkeiten sind der Verband der Chemischen Industrie, der Verband der Automobilindustrie, die Wirtschaftsvereinigung Stahl und der Verband Deutscher Maschinen- und Anlagenbau.

Situationsabhängig können Verbände eine erhebliche außenpolitische Bedeutung erhalten. Dies ist besonders dann der Fall, wenn die (regierungs)politischen Beziehungen zeitweise gestört sind oder formal gar nicht bestehen. Ein herausgehobenes Beispiel für eine solche von Verbänden getragene Ersatzdiplomatie (Bührer 2007: 293) war der Osthandel in den 1950er und 1960er Jahren, bei dem der „Ost-Ausschuss der Deutschen Wirtschaft", dem mehrere Verbände angehörten, eine zentrale Rolle eingenommen hatte.

Nichtregierungsorganisationen (NGOs)

Wenn auch bereits die Charta der VN von 1945 Konsultationen mit nicht-staatlichen Akteuren vorsieht (Artikel 71), so sind NGOs erst seit den 1980er Jahren verstärkt auf der außenpolitischen Bildfläche präsent. NGOs sind definitorisch zunächst einmal von staatlichen Organisationen abzugrenzen, denn sie besitzen keine staatlichen Machtmittel. Ein zweites Merkmal ist die Gemeinnützigkeit. NGOs konkurrieren weder mit dem Staat um seine Machtmittel, noch mit Unternehmen um Profit auf dem Markt. Es handelt sich um zivilgesellschaftliche Akteure. Ihre Arbeit ist ein Versuch der Erweiterung der Demokratie von der Sphäre des Staates in die Sphäre der Gesellschaft. Dabei sind NGOs etwas unabhängiger von realen internationalen Machtstrukturen als Regierungen. In NGOs und durch NGOs vollziehen sich Formen entstaatlichter politischer Willensbildung. Sie werden daher wahlweise als „fünfte Säule" (nach Exekutive, Legislative, Judikative und Medien) oder „dritter Sektor" (nach Staat und Markt) bezeichnet. NGOs besitzen oft ein hohes Maß an Akzeptanz in der Bevölkerung und verstehen es, im Verbund mit Medien eine enorme Öffentlichkeit für Ihre Anliegen herzustellen. Hierbei besteht die Gefahr, mediengerechte Inszenierungen überzubetonen und soziale Lernprozesse in den Hintergrund rücken zu lassen (Deile 2002: 109f.).

Mittlerweile ist das Spektrum der NGOs extrem ausdifferenziert. Die typische NGO gibt es nicht. Inhaltlich vertreten NGOs oft bestimmte Politikfelder (single issue areas) wie Umwelt (z.B. Greenpeace, Bund Naturschutz), Menschenrechte (z.B. amnesty international), Entwicklungszusammenarbeit (z.B. Kirchen) oder humanitäre Hilfe (z.B. Ärzte ohne Grenzen). NGOs versuchen sowohl außenpolitische Entscheidungsträger zu beeinflussen, treten aber im Zeitalter der Globalisierung verstärkt selbst auf internationalem Parkett auf (ausführlich Brunnengräber 2009). Sie verfügen in der Regel über ein hohes Maß an Sachkompetenz und Professionalität. Weiter an Gewicht gewonnen haben NGOs in den 1990er Jahren durch Zusammenschlüsse in dachverbandsähnlichen Strukturen wie das Forum Umwelt & Entwicklung, der Verband Entwicklungspolitik deutscher Nicht-Regierungsorganisationen (VENRO) oder das Forum Menschenrechte. Außenpolitisch engagierte NGOs fokussieren ihre Interessen verstärkt auf weiche Themen. Ein Nachteil dieser Form der Interessenvertretung ist, dass sie bei ihrer Arbeit nicht die Gesamtheit des Politischen im Blick haben (können). Daraus resultieren Spannungsverhältnisse zwischen Politikfeldern z.B. Ökologie und Ökonomie.

Das Verhältnis von NGOs und Exekutive ist durchaus kooperativ, aber auch spannungsreich. Außenminister Kinkel hat NGOs 1998 als

„gelegentlich unbequeme Begleiter der Politik" (zitiert in Deile 2002: 114) bezeichnet. NGOs üben typischerweise die Funktionen der Früherkennung und Frühwarnung vor Missständen aus. Sie stellen Regierungen z.b. aufgrund ihrer verfehlten Menschenrechtspolitik öffentlichkeitswirksam an den Pranger (ausführlich Liese 2006). Trotz dieser regierungskritischen Funktionen sowie ihrer monothematischen Ausrichtung und oft idealistischen Zielsetzungen, sind NGOs nicht als reine Antagonisten der Regierung zu sehen. So hat sich das Auswärtige Amt seit 1992 gegenüber den NGOs geöffnet, als das Diskussions- und Koordinationsgremium „Gesprächskreis Humanitäre Hilfe" geschaffen wurde. Neben Vertretern mehrerer Ministerien wurden NGOs und kirchliche Hilfsorganisationen beteiligt. Dieses Gremium wurde 1994 als „Koordinierungsausschuss Humanitäre Hilfe" stärker institutionalisiert (Erdmann 2007: 309).

Nach 1998 hat die rot-grüne Bundesregierung diese Arbeit weiter intensiviert und weitere Expertenforen zu verschiedenen Politikfeldern gebildet. NGOs erhielten einen Konsultativstatus. Dadurch sind insbesondere die Kontakte zwischen NGOs und den Arbeitsebenen der Bürokratien in den Ministerien zur Routine geworden. Diese gestiegene Durchlässigkeit der Regierungsapparate für NGOs und der kontinuierliche gegenseitige Austausch, haben den Status der NGOs in der Außenpolitik deutlich aufgewertet. Auch die Ministerien profitieren von diesem Arrangement. Sie erhalten externe Sachkompetenz, verbessern dadurch ihre eigene Problembearbeitungskompetenz, können sich die sensiblen Antennen der NGOs zu nutze machen und verbessern die gesellschaftliche Verankerung ihrer außenpolitischen Entscheidungen (Erdmann 2007: 310ff). Die fehlende formale demokratische Legitimation von NGOs, die oft ins Feld geführt wird (Deile 2002: 118), bedeutet unter den Kooperationspartnern deutscher Regierungsakteure kein Alleinstellungsmerkmal, da zahlreiche ausländische Regierungen ebenfalls über keinerlei demokratische Legitimation verfügen. Fehlende demokratische Legitimation kann auch kein Argument gegen die Legitimität der Arbeit und Ziele von NGOs sein.

Die beschriebene Entwicklung macht die Analyse der Rolle der NGOs in außenpolitischen Entscheidungsprozessen und die Messbarkeit ihres spezifischen Einflusses nicht einfacher (Schrader 2000). Einerseits äußern sie öffentlichkeitswirksamen Protest gegen eine bestehende Politik und artikulieren zumeist unterrepräsentierte Interessen. Gleichzeitig sind sie Partner der Ministerien (Altvater/Brunnengräber 2002). Für NGOs ist dies ein Spagat zwischen Konflikt und Kooperation, die sich als zwei Seiten derselben Medaille erweisen. Ein Schlüssel für eine erfolgreiche Gradwanderung liegt aus der Sicht vieler NGOs darin, sich nicht von der Regierung vereinnahmen oder instrumentalisieren zu lassen. Neben kurzfristigen Erfolgen wird Erfolg in der Selbstwahrnehmung der NGOs eher durch das erfolgreiche „Bohren dicker Bretter" sichtbar. So ist die Arbeit der NGOs für einen fundamentalen Einstellungswandel in der Umweltpolitik seit den 1970er Jahren ein solches dickes Brett.

Zusammenfassend ist festzustellen, dass die genaue Wirkungsmächtigkeit des gesellschaftlichen Umfelds auf Außenpolitik aufgrund der Heterogenität der Akteure, ihrer Interessenlagen und Einflusschancen sowie ihrer oft parallelen Tätigkeit auf verschiedenen Analyseebenen nicht exakt messbar ist. Soviel lässt sich aber sagen: Die Bedeutung zivilgesellschaftlicher Akteure ist tendenziell gestiegen, denn sie beeinflussen verstärkt die Gestaltung von Außenpolitik. Die zunehmende Ausdifferenzierung des Akteursspektrums im gesellschaftlichen Umfeld, die gestiegene Professionalisierung der gesellschaftlichen Akteure sowie institutionalisierte Kooperationsstrukturen zwischen NGOs und Ministerialbürokratie verstärken die Tendenz der Vergesellschaftung von Außenpolitik.

Am Beispiel des Politikfeldes der Auswärtigen Kulturpolitik soll zum Abschluss des Kapitels gezeigt werden, wie komplex die Antwort auf die Frage „Wer macht Außenpolitik?" ausfallen kann.

2.3 Fallbeispiel Auswärtige Kulturpolitik

Die Auswärtige Kulturpolitik (offiziell: Auswärtige Kultur- und Bildungspolitik) wird oft als „Dritte Säule der Außenpolitik" bezeichnet. (Maaß 2005; Paulmann 2005) Diese Formulierung wurde 1967 von Willy Brandt und Walter Scheel geprägt, die von der staatlichen Förderung internationaler Kulturbeziehungen zudem als tragfähiger Pfeiler der Außenpolitik gesprochen haben. Die Auswärtige Kulturpolitik steht damit auf Augenhöhe mit Politikfeldern wie der der Außenwirtschafts- oder der Sicherheitspolitik. Aber sie ist zugleich ein klassisches „soft-power"-Instrument deutscher Außenpolitik (von Bredow 2006: 240ff.).

Grundsätzlich versuchen Staaten mit Mitteln der Kultur Einfluss auf andere Staaten zu nehmen oder ihren Einfluss über kulturelle

Beziehungen zu erhöhen. Durch die Präsentation kultureller Errungenschaften soll das Ansehen eines Staates erhöht werden. Auswärtige Kulturpolitik erhält dann einen besonderen Stellenwert, wenn ein Staat neben der Beförderung seiner Interessen zugleich eine kulturelle, geistige oder politische Mission verfolgt. Daher ist Auswärtige Kulturpolitik nicht nur Mittel zum Zweck, sondern zugleich auch Selbstzweck (Harnischfeger 2007: 713). So hat Deutschland ein Interesse daran, dass die Werte, auf denen sein gesellschaftlicher Grundkonsens und sein internationales Engagement beruhen, in anderen Staaten wahrgenommen und verstanden werden. Die Verbreitung außenpolitischer Ziele wie Frieden, Demokratie, Rechtstaatlichkeit und Menschenrechte setzt einen Dialog mit den Partnerstaaten voraus. Die Auswärtige Kulturpolitik unterliegt daher nicht einem Einbahnstraßenkonzept (Grolig/Schlageter 2007: 547f).

Geschichtlicher Überblick

Die Auswärtige Kulturpolitik befand sich 1949 vor einem fundamentalen Dilemma. Sie war auf übelste Art und Weise zu ideologischen und propagandistischen Zwecken instrumentalisiert worden (ausführlich Abelein 1968; für die Zeit von 1919-1932 Düwell 1976). Im Nationalsozialismus war sie dem Reichspropagandaministerium unterstellt und diente als Instrument zur Unterdrückung der jüdischen Kultur. Wie sollte man unmittelbar nach dem Zweiten Weltkrieg die Welt daran erinnern, dass Deutschland mehr zu bieten hat als den Nationalsozialismus. Entsprechend unternahm die Bundesrepublik mit der Bildung einer Kulturabteilung im Auswärtigen Amt 1951 einen vorsichtigen Neuanfang. Aus dieser Zeit stammt auch das Zitat des ersten Bundespräsidenten Theodor Heuß: „Mit Politik kann man keine Kultur machen, aber vielleicht mit Kultur Politik" (zitiert in Grolig/Schlageter 2007: 548). Einer erneuten politischen Instrumentalisierung sollte eine deutliche Absage erteilt werden. Vielmehr galt es, die Wiedereingliederung des deutschen Volkes in die internationale Gemeinschaft zu fördern (Grolig/Schlageter 2007: 549). Daher standen zunächst auch die Pflege der deutschen Sprache, Wissenschaftsbeziehungen und Kulturprogramme im Vordergrund. Ab Mitte der 1950er Jahre wurde die Auswärtige Kulturpolitik ausgebaut. Sie sollte der Zusammenarbeit und dem Austausch zwischen den Kulturen sowie der Völkerverständigung dienen. Zu den konkreteren Zielen gehörten die Verbesserung des Ansehens der Bundesrepublik, die Repräsentation als Kulturstaat, die Förderung des außenpolitischen Gewichts und der internationalen Wirtschaftsbeziehungen sowie der Einsatz für Demokratie und Menschenrechte. Kultur wurde in einem engeren Sinne definiert (Literatur, Musik, bildende und darstellende Künste). Mit der sozial-liberalen Regierung unter Willy Brandt kam es zu einer Weitung des Kulturbegriffs. Im Dezember 1970 beschloss das Auswärtige Amt unter der Federführung von Ralf Dahrendorf „Leitsätze für die Auswärtige Kulturpolitik" (Auswärtiges Amt 1970). Dort wurde festgelegt, dass die Auswärtige Kulturpolitik sich intensiver mit den kulturellen und zivilisatorischen Gegenwartsproblemen befassen sollte. Eine Enquete-Kommission des Deutschen Bundestages zur Auswärtigen Kulturpolitik, die 1975 ihren Abschlussbericht vorlegte, basierte im Wesentlichen auf diesen Grundsätzen. Spätestens zu diesem Zeitpunkt wurde die Auswärtige Kulturpolitik zu einem integralen Bestandteil der Außenpolitik. Die Grundsätze bilden bis heute das Fundament, bei dem sich fünf Bereiche unterscheiden lassen:

– Die Förderung der deutschen Sprache durch Sprachkurse und Unterstützung von ausländischen Einrichtungen, die Deutsch als Fremdsprache lehren (pädagogische Verbindungsarbeit),
– die Förderung der Wissenschaftsbeziehungen einschließlich des Studentenaustauschs,
– die Ausbildung von Multiplikatoren vor allem aus Entwicklungsländern,
– Information und Zusammenarbeit auf kulturellem Gebiet einschließlich des (gesellschafts-)politischen Dialogs und der Zusammenarbeit auf archäologischem und historischem Gebiet sowie
– deutsche und internationale Schulen im Ausland (Deutscher Bundestag 1975).

In den 1970er und 1980er Jahren kam es zu unterschiedlichen Schwerpunktsetzungen und Ausdifferenzierungen. Während in den 1970er Jahren der Kulturaustausch mit Entwicklungsstaaten stärker gepflegt wurde (auch um den Nord-Süd-Konflikt abzufedern), wurde in den 1980er Jahren die Förderung der deutschen Sprache stärker betont (Harnischfeger 2007: 717). Nach 1990 wurden die Ziele, Methoden, Strukturen und Institutionen der Auswärtigen Kulturpolitik weiter geführt (ausführlich Schulte 2000). Aber es kam zu einer geographischen Umorientierung, da aufgrund des Ost-West-Konflikts das kulturpolitische Engagement in Osteuropa zuvor nur schwach ausgeprägt war. Nachdem die Beschränkungen für den Kulturaustausch weggefallen waren, entstand u.a. die Hoffnung, dass die deutsche Sprache nach dem Wegfall das Russischen als Pflichtsprache wieder – wie bereits im 19. Jahrhundert – stärker Fuß fassen könnte. Auch hatte Deutschland ein Interesse daran, in den osteuropäischen Transformationsstaaten demokratische, rechtsstaatliche und marktwirtschaftliche Entwicklungen zu fördern. Entsprechend wurden Institute gegründet und Kulturprogramme aufgelegt. 1999 floss ein Viertel aller Mittel in Aktivitäten in Mittel- und Osteuropa. Da zugleich die Mittel aber gekürzt wurden, ging diese neue Schwerpunktsetzung zu Lasten des Kulturaustausches mit der westlichen Welt und den Entwicklungsstaaten des Südens. Parallel erhielt die Auswärtige Kulturpolitik durch die Kriege im ehemaligen Jugoslawien mit der Krisenprävention einen neuen Akzent. Diese Aufgabe sollte primär durch die Förderung von Demokratie, Rechtsstaatlichkeit und Menschenrechten erreicht werden. Die Auseinandersetzung mit dem transnationalen Terrorismus verstärkte diese Tendenz weiter. Dialog und Austausch mit den islamischen Staaten wurden nun ebenfalls unter der Überschrift „Krisenprävention" wahrgenommen (Harnischfeger 2007: 714ff).

Struktur der auswärtigen Kulturpolitik

Die Auswärtige Kulturpolitik ist dezentral organisiert. Mit dieser bewussten Entscheidung sollte eine Praxis begründet werden, die Gedanken an staatliche Kulturpropaganda und politischer Instrumentalisierung vorbeugt. Die Auswärtige Kulturpolitik ist konzeptionell als zwischengesellschaftlicher, zum Teil explizit regierungsferner Austausch angelegt; nicht als rein hoheitliche Aufgabe des Staates (Schulte 2000). Die Federführung liegt beim Auswärtigen Amt. Aber dessen Rolle ist eher die eines Koordinators, nicht die eines Monopolisten. Dennoch griff das Auswärtige Amt teilweise auf Strukturen zurück, die bereits in der Weimarer Republik – z.B. Deutscher Akademischer Austauschdienst oder Alexander von Humboldt-Stiftung – etabliert worden waren (Düwell 1976).

Neben dem Auswärtigen Amt sind noch vier weitere Bundesministerien mit der auswärtigen Kulturpolitik befasst:

- Das BMZ, z.B. durch die Förderung der Menschenrechte;
- das Bundesministerium des Innern, z.B. durch die Finanzierung des Auslandssenders Deutsche Welle und den internationalen Sportaustausch;

- das Bundesministerium für Bildung, Wissenschaft, Forschung und Technologie (BMFT), z.B. für den akademischen Austausch und die Deutschen Historischen Institute im Ausland und
- das Bundesministerium für Familie, Senioren, Frauen und Jugend (BMFJ); z.B. für die das Deutsch-Französische und das Deutsch-Polnische Jugendwerk (Harnischfeger 2007: 718).

Dieser Zuständigkeitspluralismus ist keine Ausnahmeerscheinung in der deutschen Außenpolitik. Er ist auch z.B. bei der Menschenrechtspolitik zu finden (Kapitel 3.7). Eine echte Koordinationsstelle fehlt in der Auswärtigen Kulturpolitik allerdings. Versuche aus den 1970er Jahren, einen interministeriellen Ausschuss mit dieser Koordinationsfunktion zu betrauen, scheiterten. Aufgabendopplung und Ressourcenverschwendung sind nur einige Folgen dieser fehlenden Abstimmung (Harnischfeger 2007: 718).

Rolle der Bundesländer

Die Komplexität auswärtiger kulturpolitischer Entscheidungsprozesse wird durch die Mitwirkung der Bundesländer, die die Kulturhoheit besitzen und daher für wesentliche Aspekte der Kulturpolitik zuständig sind, weiter angereichert. Dies macht sich u.a. bei der Vereinbarung von Kulturabkommen bemerkbar. Deutschland hat mit 97 Ländern der Welt Kulturabkommen geschlossen (Stand Februar 2009). In diesen bilateralen Vereinbarungen verpflichten sich Deutschland und der Partnerstaat der gegenseitigen Wahrung der bildungs- und kulturpolitischen Interessen. Darüber hinaus versichern sie sich, dass sie bemüht sind, durch gegenseitiges Kulturverständnis Konflikte zu vermeiden. Nach dem Lindauer Abkommen ist ein Bundesland auch vor dem Abschluss eines Kulturvertrages zu hören, wenn seine besonderen Verhältnisse berührt werden. Dies geschieht typischerweise im Rahmen der Kultusministerkonferenz. Ein Kulturabkommen kann erst in Kraft treten, wenn die Zustimmungserklärungen aller 16 Länder beim Auswärtigen Amt eingegangen sind. Auch bei den deutschen Schulen im Ausland ist eine Abstimmung zwischen Bund und Ländern erforderlich. Der Bund finanziert die Auslandsschulen, während die Länder für die Inhalte verantwortlich zeichnen. Das Auswärtige Amt fördert 117 deutsche Auslandsschulen in 61 Ländern mit rund 70.000 Schülern; davon 53.000 nichtdeutscher Staatsangehörigkeit (Auswärtiges Amt 2008).

Rolle der Mittlerorganisationen – Goethe und Co.

Neben dem Bund und den Ländern sind hunderte von Mittlerorganisationen in diesem Politikfeld tätig (ausführlich Bode 2002). Mittlerorganisationen haben u.a. die Aufgabe, die Ziele der Auswärtigen Kulturpolitik umzusetzen. Die politische Verantwortung bleibt beim Auswärtigen Amt. Die meisten Mittlerorganisationen werden aus dem Bundeshaushalt unterstützt. Einige Organisationen finanzieren sich zusätzlich durch Wirtschafts-Sponsoring.

Das Goethe-Institut ist die bekannteste und personell größte Mittlerorganisation. Es wurde 1951 als Nachfolgeinstitution der Deutschen Akademie in München als Verein gegründet. Seine erste Aufgabe bestand in der Fortbildung ausländischer Deutschlehrer. Ende der 1950er Jahre wurden an das Goethe-Institut auf Initiative des Leiters der Kulturabteilung des Auswärtigen Amtes, Dieter Sattler, sukzessive alle bisher im Ausland tätigen deutschen Kulturinstitutionen angegliedert. Dies führte zu einem dichten weltweiten Institutsnetz. 1976 unterzeichneten das Auswärtige Amt und das Goethe-Institut einen Rahmenvertrag. Dort wurde dem Goethe-Institut der Status als unabhängige Kulturinstitution zuerkannt. Dieser Vertrag wurde zum Muster für die Regelung der Beziehung zwischen Mittlerorganisationen und Staat.

In den 1990er Jahren und zu Beginn dieses Jahrhunderts kam es zu einer regelrechten Schließungswelle von Goethe-Instituten; besonders in Westeuropa. Bis 2002 wurden weltweit 25 Goethe-Institute geschlossen (Bode 2002: 151f.). Dies löste heftige Kritik aus, denn die Schließungen waren oft ad-hoc-Maßnahmen aufgrund von Etatkürzungen. Die betroffenen Standorte waren teils unklug ausgewählt und wurden der Öffentlichkeit gegenüber unzureichend begründet. So erklärte Jutta Limbach, Präsidentin des Goethe-Instituts, im April 2006 anlässlich der Debatte um die Schließung des Goethe-Instituts in Kopenhagen, dass es eine zentrale Funktion des Goethe-Instituts sei, in Regionen und Staaten kulturell zu wirken, wo überhaupt erst ein gemeinsamer Verständigungshorizont erarbeitet werden muss, um Konflikte gewaltfrei zu lösen (Bahners 2006). Insgesamt drohte dem Goethe-Institut – seit 2001 fusioniert mit der Mittlerorganisation Inter Nationes – in dieser Zeit der Kollaps. Erst Außenminister Steinmeier leitete eine politische Wende zugunsten des Goethe-Instituts ein. Heute verfügt das Goethe-Institut wieder über 147 Auslandsinstituten in 83 Ländern (Stand Februar 2009).

Weitere bekannte Mittlerorganisationen sind der Deutsche Akademische Austauschdienst, das Haus der Kulturen der Welt, das Institut für Auslandsbeziehungen, die Gesellschaft für Entwicklung InWEnt, Carl-Duisberg-Gesellschaft, die politischen Stiftungen, die Alexander-von-Humboldt-Stiftung, die Zentralstelle für das Auslandswesen und die Gesellschaft für technische Zusammenarbeit. Auch die Bundesländer betreiben mit dem Pädagogischen Austauschdienst eine eigene Mittlerorganisation. Der Pädagogische Austauschdienst der Kultusministerkonferenz ist als einzige staatliche Einrichtung im Auftrag der Länder für die internationale Zusammenarbeit im Schulbereich tätig (Sekretariat der Kultusministerkonferenz – Pädagogischer Austauschdienst 2008).

Eine übergeordnete politische Steuerung der Aktivitäten der Mittlerorganisationen findet nicht statt. Eine Selbstkoordination existiert – mit der 1972 gegründeten Vereinigung für Internationale Zusammenarbeit (VIZ) – nur ansatzweise. So sind nicht alle Mittlerorganisationen Mitglied in der VIZ. Es fehlen u.a. die GTZ und die politischen Stiftungen. Hier tritt ein Selbstverständnis der VIZ zutage, die Auswärtige Kulturpolitik staats- und politikfern gestalten zu wollen. Forderungen nach Institutionen, die alle wichtigen Mittlerorganisationen umfassen, blieben – u.a. aufgrund von Organisationsegoismen – bislang erfolglos. Das Feld der Mittlerorganisationen bleibt daher zersplittert und mäßig koordiniert (Bode 2002: 154ff.).

Die Auswärtige Kulturpolitik wird auch von internationalen Organisationen beeinflusst. In erster Linie sind die EU, die UNESCO, die KSZE/OSZE und der Europarat zu nennen. Die EU hat mit dem Vertrag von Amsterdam (1997) Funktionen im Bereich der Kultur erhalten (u.a. Erhalt der Vielfalt der Kulturen, kulturelle Zusammenarbeit). Zur Festlegung der Programme wirkt Deutschland im EU-Ministerrat mit. An der Durchführung sind wiederum die Mittlerorganisationen beteiligt. Besonders hervorzuheben ist hier das EU-Programm ERASMUS für den innereuropäischen Studentenaustausch (ausführlich Demmelhuber 2003). Allerdings ist EU-Europa weit von einer europäischen Kulturpolitik, anders als in der Bildungs- und Wissenschaftspolitik (z. B. Bologna-Prozess), entfernt.

Abschließend ist erstens festzustellen, dass anhand des Beispiels der Auswärtigen Kulturpolitik besonders deutlich wird, wie komplex das „Machen von Außenpolitik" ist. Zweitens ist Deutschland auch aufgrund seiner Auswärtigen Kulturpolitik wieder zu einem angesehenen Mitglied der internationalen Staaten- und Völkergemeinschaft geworden. Heute aber wird von der Auswärtigen Kulturpolitik mehr verlangt: Dazu gehören Beiträge zur Integration der neuen EU-Mitglieds-

länder, zur Krisenprävention oder zum Wertedialog mit der islamischen
Welt. Ob Auswärtige Kulturpolitik hier tatsächlich nach dem Motto
„Der Goethe-Vorposten im Land erspart das Bundeswehrkontingent"
(Bahners 2006) einen derart signifikanten Beitrag leisten kann, bleibt
ohne die Möglichkeit einer klaren Wirkungsanalyse fraglich. Auch
aufgrund dieser fehlenden Wirkungsnachweise steht die Auswärtige
Kulturpolitik vor dem Dilemma, dass in Zeiten knapper Kassen die
Gefahr wächst, in diesem Politikfeld bevorzugt den Rotstift anzuset-
zen. Erhält z.B. ein ausländischer Student ein Stipendium für ein
Studium an einer deutschen Universität und wird dann in seinem
Heimatland zu einem außenpolitischen Entscheidungsträger, dann
lässt sich in der Tat nur schwer feststellen, ob und inwieweit er bei
bestimmten Entscheidungen durch seinen damaligen Deutschland-
Aufenthalt beeinflusst worden ist (von Bredow 2006: 241).

Zudem droht der Auswärtigen Kulturpolitik durch die schnellen
weltweiten Kommunikationsmöglichkeiten sowie die stetig zunehmende Mobilität der globalen Informations-, Beziehungs- und Dia-
lognetzwerke die Marginalisierung. Kritisiert werden zudem fehlende Evaluationsmechanismen (Harnischfeger 2007: 722).

Außenminister Steinmeier zumindest zog vor dem für die Auswärtige Kulturpolitik zuständigen Bundestagsausschuss für Kultur und
Medien im Februar 2008 hingegen eine durchweg positive Bilanz. Er
argumentierte, dass Auswärtige Kulturpolitik eine besonders nachhaltige Form der Außenpolitik sei, weil sie die Menschen in den
Partnerländern direkt erreiche. Sie lege ein breites Fundament für
stabile internationale Beziehungen (Auswärtiges Amt 2008). Auch
stellte er fest, dass es der schwarz-roten Bundesregierung gelungen
sei, das Goethe-Institut vor einem Kollaps zu bewahren.

In der Koalitionsvereinbarung der schwarz-gelben Bundesregierung wird der Auswärtigen Kulturpolitik „als tragende Säule der
deutsche Außenpolitik", der im Zeitalter der Globalisierung eine immer größere Bedeutung zukommt, zumindest rhetorisch eine wichtige Rolle eingeräumt (Koalitionsvertrag 2009: 118).

2.4 Abschlussbemerkungen

Wenn sich die übergeordnete Frage dieses Kapitels „Wer macht Außenpolitik?" auch nicht in einige knappe Worte fassen lässt und die

Komplexität der Strukturen, Akteure wie auch der Entscheidungsprozesse stetig zuzunehmen scheint, so lassen sich doch folgende Punkte zusammenfassend festhalten:

- *Komplexes Akteursspektrum:* Die Gestaltung von Außenpolitik
  ist eine Domäne der Regierung. Sie ist Initiator und Motor der
  Außenpolitik, unterliegt aber zahlreichen Einschränkungen. Zu
  diesen Restriktionen gehören die Mitwirkungsrechte von Bundestag, Bundesrat (besonders in der Europapolitik), Bundesverfassungsgericht und (deutlich geringer) Bundespräsident genauso,
  wie die informellen Einflussmöglichkeiten von Akteuren aus dem
  gesellschaftlichen Umfeld. Hinzu kommt, dass bürokratische Akteure mit ihrem Spezialwissen weniger denn je als bloße „nationale Zuarbeiter" für die außenpolitischen Entscheidungsträger zu
  begreifen sind, sondern mehr und mehr selbst grenzüberschreitend tätig sind und eigene Netzwerke unterhalten.

- *Machtzentrum I:* Das Auswärtige Amt nimmt unter den mit Außenpolitik befassten Behörden nach wie vor eine vorrangige Stellung ein. Dennoch ist durch den Ausbau außenpolitischer Kompetenzen in vielen Fachministerien, die Entwicklung in der
  Kommunikationstechnologie (u.a. einhergehend mit einem Bedeutungsverlust der Botschaften), weltweit agierende Massenmedien und die nach dem Ende des Ost-West-Konflikts verstärkt
  auftretenden Europäisierungs- und Globalisierungstendenzen die
  Bedeutung des Auswärtigen Amtes zu relativieren. Außenpolitische Kommunikation lässt sich immer weniger kanalisieren, ge-
  schweige denn zentral steuern. Formale Zuständigkeiten werden
  vielfach durchbrochen. Daher wird die dem Auswärtigen Amt
  durch das Gesetz über den Auswärtigen Dienst ohnehin zugewie-
  sene Koordinierungskompetenz in außenpolitischen Fragen mehr
  und mehr zum Kerngeschäft.

- *Machtzentrum II:* Das Bundeskanzleramt ist der zweite bedeutsame außenpolitische Player in der Exekutive. In welchem Maße
  das Kanzleramt tatsächlich Außenpolitik gestaltet, hängt nicht
  zuletzt von der Neigung eines Kanzlers ab, ein starkes eigenes
  außenpolitisches Profil zu entwickeln. Einige Kanzler haben sich
  hierbei stärker hervorgetan – oft einhergehend mit einer Aufstockung des außenpolitischen Personals und dem Ausbau des Kanzleramts – als andere. Typischerweise starten Kanzler als Innenpo-
  litiker und enden als Außenpolitiker (Ausnahme Brandt).
  Internationale Kontakte müssen meist erst erarbeitet werden. Au-

ßenpolitik bietet Formen der öffentlichkeitswirksamen Darstellung, um bei Bedarf vom schwierigen täglichen innenpolitischen Geschäft abzulenken. Oft entdecken Kanzler die Außenpolitik daher insbesondere dann, wenn innenpolitische Probleme manifest werden.

Die Analyse der Rolle und Bedeutung von Bundeskanzler und Bundeskanzleramt in der Außenpolitik muss immer ein doppeltes Spannungsverhältnis zwischen Kanzler und Ressortminister (Ressortprinzip) einerseits sowie zwischen den Koalitionsparteien andererseits (Koalitionsprinzip) berücksichtigen (Korte 2007: 209). Insofern sind insbesondere Spannungen zwischen Kanzler/Kanzleramt und Außenminister/Auswärtiges Amt – bei mehrheitlich gutem Kooperationsverhältnis – zu einem Strukturelement deutscher Außenpolitik geworden. Beispielhaft sei hier der Streit um die Kompetenz in der Europapolitik während der rot-grünen Bundesregierung genannt.

– *Parlamentarisierung:* Beschränkt wird die Vorrangstellung der Exekutive durch mehrere parallele Prozesse auf der staatlichen Ebene. Dazu hört erstens der Kompetenzzuwachs der Legislative wie insbesondere das Recht des Bundestages, über Auslandseinsätze der Bundeswehr zu entscheiden. Zweitens sind die gewachsenen Kompetenzen der Länder in der Europapolitik hervorzuheben. Hier sei beispielhaft auf die im September 2009 nachgebesserten Begleitgesetze zum EU-Vertrag von Lissabon hingewiesen, die Bundestag und Bundesrat mehr Mitspracherechte in der EU-Politik einräumen. Beide Tendenzen wirken in die Richtung einer zunehmenden Parlamentarisierung der deutschen Außenpolitik. Zudem tritt das Bundesverfassungsgericht mit seinen richtungweisenden Urteilen immer stärker in der Außenpolitik auf.

– *Vergesellschaftung:* Die staatlichen Akteure sind ferner umgeben von einem äußerst heterogenen Konglomerat weiterer Akteurstypen, die unter das gemeinsame Dach des gesellschaftlichen Umfelds subsumiert werden können und Außenpolitik beeinflussen. Neben der öffentlichen und der veröffentlichten Meinung (Medien) – deren Einfluss auf Außenpolitik in der Wissenschaft kontrovers diskutiert wird – gehören dazu Akteure, die von staatlichen Akteuren explizit zur Einflussnahme aufgefordert werden (externe Politikberatung; parteinahe Stiftungen). Auch das Feld organisierter Interessengruppen wird immer ausdifferenzierter. Zusätzlich zu den traditionellen Gruppen wie Verbänden und

Gewerkschaften gilt dies insbesondere für den quantitativ und qualitativ stark gewachsenen Bereich der Nichtregierungsorganisationen, die immer sachkundiger und professioneller auftreten und sich zunehmend in nationalen wie internationalen Netzwerken organisieren. Insofern ist eine Tendenz der Vergesellschaftung und Demokratisierung von Außenpolitik beobachtbar, die eine hierarchische Steuerung von Außenpolitik kaum mehr möglich macht.

–   *Informalisierung:* Trotz hochgradig bürokratischer Verfahren in den Ministerien handelt es sich bei außenpolitischen Entscheidungsprozessen keineswegs ausschließlich um formalisierte Vorgänge. Tatsächlich ist der Anteil an informeller Kommunikation und damit an informellen Koordinations- und Kooperationsbestandteilen in der Außenpolitik beträchtlich. Die Analyse auch der informellen Koordinations- und Kooperationsbestandteile – wie von der Regimetheorie gefordert – ist daher aufgrund ihrer Relevanz zwar unerlässlich, wenn die Gesamtheit außenpolitischen Handelns erfasst werden soll, aber forschungspraktisch nur schwer zu realisieren.

–   *Innen und Außen:* Eine Unterscheidung von Innen- und Außenpolitik erweist sich zunehmend als schwierig. Dies ist keine neue Erkenntnis (Krippendorf 1963). Während die Regierung versucht, auf internationaler Ebene in den bi- und multilateralen Kontexten ihre Interessen gegenüber anderen Staaten zur Geltung zu bringen, muss sie für jedes Politikergebnis auch innerstaatlich hinreichend Unterstützung innerhalb der eigenen Exekutive sowie in der Legislative und im gesellschaftlichen Umfeld generieren. Außenpolitische Entscheidungen können gelegentlich auch ohne breite gesellschaftliche Unterstützung und gegen starke Widerstände getroffen und umgesetzt werden. Aber in der Regel ist der Machterhaltstrieb der auf Wiederwahl angewiesenen Regierungen in Deutschland stärker und die Vermeidung solcher Risiken daher die dominante Strategie. Gleichwohl ist die Trennung von Innen- und Außenpolitik aus analytischen Gründen nach wie vor sinnvoll. Deutsche Außenpolitik ist daher als ein komplexer und interdependenter Zwei-Ebenen-Prozess zu konzeptionalisieren.

Insgesamt ist daher für die Analyse von Außenpolitik zunächst einmal die Feststellung zu treffen, dass Deutschland außenpolitisch kein einheitlicher Akteur ist. Innerstaatliche Willens- und Präferenzbildungsprozesse – die vom Liberalismus betont werden – sind zu berücksichtigen. Schon das Strukturelement Koalitionsregierung weist auf die Relevanz innenpolitischer Vorgänge und Konstellationen hin. Die Annahme des Staates als einheitlichen rationalen Akteur und das neorealistische black box-Denken würden die Außenpolitikanalyse zwar vereinfachen und entbehren daher nicht einer gewissen Attraktivität. Allerdings blieben auf diese Weise maßgebliche Aspekte für die Beschreibung, Erklärung und Prognose deutscher Außenpolitik im Nebel. Die subsystemische Ebene kann daher nicht einfach ausgeblendet werden, wie dies im Neorealismus vorgesehen ist. Allerdings ist eine Regierung, selbst wenn sie es wollte, aufgrund der Anforderungen aus dem internationalen System oft gar nicht in der Situation, als passiver und neutraler Makler gesellschaftlicher Interessen aufzutreten, wie es liberale bottom-up-Ansätze nahe legen.

Auch die Berücksichtigung systemischer Einflüsse zur Analyse der Außenpolitik Deutschlands ist unerlässlich. So wäre – kontrafaktisch argumentiert – die Neue Ostpolitik Willy Brandts ohne das Tauwetter in den Ost-West-Beziehungen nicht denkbar gewesen. Auch hat erst das Ende des Ost-West-Konflikts die außenpolitische Entscheidung, einen ständigen Sitz im Sicherheitsrat der VN anzustreben, überhaupt denkbar werden lassen. Internationale Rahmenbedingungen und Einflüsse sind daher ebenfalls nicht auszublenden.

Begreift man Außenpolitik also im Sinne der Spieltheorie als Zwei-Ebenen-Spiel, dann ist es darüber hinaus nicht hinreichend, die außenpolitischen Handlungsspielräume einmalig zu vermessen. Vielmehr sind die inneren und äußeren Bedingungen nicht selten derart fluide, das sie für eine Analyse immer wieder neu herausgearbeitet werden müssen. Handlungskorridore in einem außenpolitischen Entscheidungsprozess können sich situativ verengen oder erweitern, wenn an einer innenpolitischen oder internationalen Stellschraube gedreht wird. Nicht jede dieser Stellschrauben ist von den außenpolitischen Entscheidungsträgern justierbar bzw. beeinflussbar. Oft sind veränderte Bedingungen reaktiv in die eigenen außenpolitischen Entscheidungsprozesse oder Umsetzungsstrategien zu integrieren. Eine Analyse der außenpolitischen Steuerungsmöglichkeiten der Exekutive hat entsprechend diese Faktoren auf beiden Ebenen zu erkennen und zu berücksichtigen.

Außenpolitikforschung will nicht nur autorisierte und nicht-autorisierte Akteure identifizieren oder Entscheidungen protokollieren und internationale Vertragstexte analysieren. Sie hat vielmehr den Anspruch, zu erklären, wie außenpolitische Entscheidungen zustande kommen (Erklärungsfunktion), will Szenarien für die Zukunft der

Außenpolitik entwickeln (Prognosefunktion) oder Anleitungen für außenpolitisches Handeln entwickeln (operative Funktion).

Dazu gehören Fragen wie: Warum wurde die Entscheidung gerade zu einem bestimmten Zeitpunkt und nicht zu einem anderen Zeitpunkt getroffen (z.B. der deutsch-französische Freundschaftsvertrag von 1963)? Warum waren nur bestimmte Akteure an einem Entscheidungsprozess Akteure beteiligt (z.B. an den 2+4-Verhandlungen)? Wieso nahm ein außenpolitischer Prozess einen bestimmten Verlauf (z.B. das vorläufige Scheitern der Bemühungen um einen ständigen Sitz im VN-Sicherheitsrat)? Welche inneren oder äußeren Faktoren haben eine außenpolitische Entscheidung in welchem Maße beeinflusst (z.B. die Rolle des Ost-West-Konflikts oder innenpolitisch-wahltaktische Motive)? Diesen und weiteren Fragen soll im folgenden Kapitel nachgegangen werden.

Literatur

Allison, Graham T., Zelikow, Philip 1999: Essence of decision: explaining the Cuban Missile Crisis. Longman, New York.

Bertram, Christoph/Friedrich Däuble (Hrsg.) 2002: Wem dient der Auswärtige Dienst? Erfahrungen von Politik, Wirtschaft, Gesellschaft, leske+budrich, Opladen.

Haftendorn, Helga 1990: Zur Theorie außenpolitischer Entscheidungsprozesse, in: Rittberger, Volker (Hrsg.): Theorien der Internationalen Beziehungen. Bestandsaufnahme und Forschungsperspektiven, PVS-Sonderheft 21, Opladen, 401-423.

Oppermann, Kai/Alexander Höse 2007: Die innenpolitischen Restriktionen deutscher Außenpolitik, in: Jäger, Thomas, Alexander Höse, Kai Oppermann (Hrsg.), Deutsche Außenpolitik. Sicherheit, Wohlfahrt, Institutionen und Normen. Wiesbaden, S. 40-68.

Wolfrum, Rüdiger 2007: Grundgesetz und Außenpolitik, in: Siegmar Schmidt, Gunther Hellmann, Reinhard Wolf (Hrsg.): Handbuch zur deutschen Außenpolitik. VS Verlag für Sozialwissenschaften, Wiesbaden, S. 157-168.

KAPITEL 3

GRUNDSÄTZE DER DEUTSCHEN AUSSENPOLITIK – ENTSTEHUNG, ENTWICKLUNG, PERSPEKTIVEN

Dieses Kapitel hat die Grundsätze der deutschen Außenpolitik zum Gegenstand. Es soll erstens beschrieben und erklärt werden, wie und warum sich diese Grundsätze herausgebildet sowie etabliert haben und so zum Bestandteil der außenpolitischen Kultur der Bundesrepublik Deutschland geworden sind. Zweitens soll aufgezeigt werden, wie sich außenpolitische Entscheidungsträger an ihnen orientiert haben und welche Konflikte dabei auftraten. Drittens soll der Frage nachgegangen werden, inwieweit sich diese Grundsätze durch Stabilität auszeichnen oder ob und falls ja, warum es im Verlaufe der Dekaden zu Neuinterpretationen, Akzentverschiebungen oder deutlichen Veränderungen gekommen ist. Das Ende des Ost-West-Konflikts und die deutsche Einheit sind dabei zentrale Markierungen für die deutsche Außenpolitik, aber sie sind nicht der alleinige der Fixpunkt für ihre Bewertung. Ein bloßer Abgleich der Außenpolitik der alten Bundesrepublik vs. Außenpolitik des vereinten Deutschlands („Kontinuität oder Wandel") würde der wechselhaften deutschen Außenpolitik der letzten 60 Jahre auch nicht gerecht werden.

Die Gliederung des Kapitels orientiert sich an diesen acht Grundsätzen. Ihre Darstellung erfolgt also aus analytischen Gründen separat, auch wenn dadurch eine Trennschärfe suggeriert wird, die nur bedingt vorhanden ist. Tatsächlich sind diese Grundsätze zum Teil sehr eng miteinander verwoben:

- Westintegration
- Annäherung an den Osten und Deutsche Ostpolitik
- Sonderverhältnis zu Israel
- Handelsstaat
- Wiedervereinigung
- Multilateralismus
- Menschenrechte
- Kultur der Zurückhaltung

3.1 Westintegration

Am 5. Juni 1945 übernahmen die vier Siegerstaaten des Zweiten Weltkrieges die Macht in Deutschland. Das ehemalige Deutsche Reich wurde in vier Besatzungszonen und die Hauptstadt Berlin in vier Sektoren aufgeteilt. Nach dem Konsensprinzip übten die militärischen

Oberbefehlshaber der USA, Großbritanniens, Frankreichs und der Sowjetunion im Alliierten Kontrollrat bzw. in der Alliierten Kommandantur in Berlin zunächst gemeinsam die Regierungsgewalt aus. Aufgrund der konträren Interessen der beteiligten Staaten war frühzeitig klar, dass es sich um ein problematisches Konstrukt handelte (Colschen 1999). Obwohl die drei westdeutschen Zonen zunächst keine nennenswerten außenpolitischen Kompetenzen besaßen, „setzte die innenpolitische Debatte über den Kurs der zukünftigen Außenpolitik schon Anfang 1946 mit aller Vehemenz ein" (Bierling 2005: 74).

In diesem Kapitel wird gezeigt, wie die umstrittene Richtungsentscheidung für die Westintegration zustande kam, die die bundesdeutsche Entwicklung so nachhaltig prägen sollte. Der Prozess der Westintegration ist facettenreich. Seine gesamte Empirie kann in diesem Kapitel nicht vollständig dargestellt werden. Vielmehr werden Schwerpunkte gesetzt. Es erfolgt die Konzentration auf die beiden maßgeblichen Säulen der Westintegration. Jede Säule verknüpft die bilateralen Beziehungen zu einem Staat mit der Mitgliedschaft in einer internationalen Organisation. Die transatlantische Komponente besteht aus den USA und der NATO, während der europäische Pfeiler die Beziehungen zu Frankreich sowie den europäischen Integrationsprozess in den Blick nimmt. Für die deutsche Außenpolitik sind nicht nur diese beiden Pfeiler sondern insbesondere das überaus schwierige Verhältnis zwischen beiden Bereichen von Bedeutung. Ein weiterer Schwerpunkt liegt auf der Frage, inwieweit sich beide Pfeiler der Westintegration auch für die Zukunft als tragfähig erweisen können.

3.1.1 Richtungsentscheidung: Außenpolitische Konzeptionen im Widerstreit

Der außenpolitische Kurs, der die 1949 aus den drei Westzonen gegründete Bundesrepublik Deutschland in die Westintegration führte, war keineswegs ein Selbstläufer, der einem unausweichlichen Automatismus folgte. Es war vielmehr eine innenpolitisch höchst umstrittene Richtungsentscheidung. Zur Diskussion standen Alternativkonzepte von Kurt Schumacher, Jakob Kaiser und Konrad Adenauer.

Konrad Adenauer – Bedingungslose Westintegration

Adenauer – ehemaliges Mitglied der deutschen Zentrumspartei und bis zu seiner Absetzung 1933 durch die Nationalsozialisten langjähriger Oberbürgermeister von Köln – wurde 1946 zum Vorsitzenden der neu gegründeten CDU in der britischen Besatzungszone gewählt. Seine außenpolitische Konzeption stützte sich auf zwei Pfeilern. Erstens wollte er eine Einigung der Alliierten zu Lasten Deutschlands verhindern. Zweitens war Adenauer daran gelegen, jegliche „Schaukelpolitik" á la Bismarck oder Stresemann zwischen Ost und West zu vermeiden. Beides ließ sich nach seiner Meinung durch eine strikte Westintegration erreichen. Die wirtschaftliche Integration der europäischen Länder sollte den Anfang machen. Das hierdurch die deutsche Einheit in die Ferne rückte, war aus Adenauers Sicht zwar bedauerlich, aber zunächst nicht zu ändern (Bierling 2005: 75f). Als Antikommunist galt es für ihn vor allem eine Expansion der Sowjetunion nach Westen verhindern. Die Sowjetunion war ihm unheimlich. Er unterstellte den Russen eine andere Art zu denken und nicht rational zu handeln. Adenauer erschien die Gefahr, von der Sowjetunion überrannt zu werden, äußerst real (Schwarz 1999: 464ff). Westintegration und Antikommunismus waren für ihn daher zwei Seiten ein und derselben Sache (Besson 1970: 61).

Vor dem Hintergrund des sich manifestierenden Ost-West-Konflikts (ausführlich Westad 2000; Vanden Berghe 2002; Loth 2002), lag die Bindung der Bundesrepublik an den Westen auch im Interesse der westlichen Alliierten. Durch die europäische Integration wollte Adenauer auch dem Sicherheitsbedürfnis der Nachbarstaaten – insbesondere Frankreich – entgegenkommen und Gebietsabtrennungen vorbeugen. So sollte allem voran die deutsche Industrie europäisch verflochten werden, um eine militärische Nutzung der Ressourcen auszuschließen. Daher betonte Adenauer 1948: „Ich fühle mich heute in erster Linie als Europäer, und erst in zweiter Linie als Deutscher" (Schwarz 1999: 446).

Die Aussöhnung mit Frankreich sollte dabei zu einem zentralen Aspekt werden. Von Großbritannien versprach sich Adenauer Schutz gegenüber einer aggressiven Sowjetunion, hegte aber ein gewisses Misstrauen im Hinblick auf die britische (Labour-) Regierung, die er als Förderer der SPD betrachtete (Schwarz 1999: 458ff). Die USA zählte er zwar kulturell zu Europa, nahm aber an, dass das transatlantische Engagement nur vorübergehend wäre und sich die Weltmacht bald wieder aus Europa zurückziehen würde. Betrachtet man Adenauers Einschätzung der politischen Situation rückblickend, so wird seine zu diesem Zeitpunkt mangelnde außenpolitische Erfahrung ebenso deutlich, wie sein mit Vorurteilen gepaartes, fehlendes Wissen über das Ausland (Schwarz 1999: 462).

Kurt Schumacher – Dritter Weg und Magnettheorie

Der SPD-Parteivorsitzende Kurt Schumacher war die dominante Führungsfigur der Sozialdemokratie in den westlichen Besatzungs-zonen (ausführlich Edinger 1967; Dowe 1996). Er war ein strikter Anti-Kommunist, der eine Zusammenarbeit mit der KPD in West-deutschland sowie der Ost-SPD unter Otto Grotewohl und später der SED, die im April 1946 aus der Zwangsvereinigung von KPD und SPD hervorging, in der sowjetischen Besatzungszone kategorisch ablehnte. Schumacher setzte darauf, dass die Westzonen durch ihre freiheitliche Ordnung und wirtschaftliche Stärke bald eine hohe An-ziehungskraft auf den Osten ausüben würden, so dass es durch den daraus entstehenden Druck gleichsam automatisch zu einer Vereini-gung der Besatzungszonen kommen müsste. In seiner so genannten „Magnettheorie" hatte der Grundsatz der Wiedervereinigung (Kapitel 3.3) in der Präferenzordnung Vorrang vor der Westintegration. Auch unterschied sich Schumacher gegenüber Adenauer dadurch, dass er eine Politik des nationalen Sozialismus anstrebte. Die Westintegrati-on, die auch er grundsätzlich befürwortete, wollte er daher nicht im Rahmen einer kapitalistischen Wirtschafts- und bürgerlichen Gesell-schaftsordnung realisiert sehen. Ein dritter gravierender Unterschied zur Konzeption Adenauers bestand in der Haltung gegenüber den Besatzungsmächten. Schumacher war der Auffassung, in den Ver-handlungen mit den Alliierten gleichberechtigt auftreten zu können. Die weitgehend rechtlose Stellung Deutschlands aufgrund der bedin-gungslose Kapitulation wollte er nicht akzeptieren, stieß damit aber auf wenig Entgegenkommen. Im Gegenteil: Sein Ton wurde von allen Besatzungsmächten als aggressiv und anmaßend empfunden und ließ ihn im Vergleich zum kompromissbereiteren Adenauer als unange-nehmeren Verhandlungspartner erscheinen.

Die Bundesrepublik sollte nach Schumachers Ansicht möglichst schnell ihre Souveränität erlangen. Als die rasche Wiedervereinigung allerdings außer Reichweite geriet, forderte der SPD-Politiker, der einen autoritären Führungsstil pflegte und praktisch keinen innerpar-teilichen Widerspruch duldete, in der Auseinandersetzung um die künftige Struktur der westlichen Besatzungszonen so viel Zentralis-mus wie nötig und so viel Föderalismus wie möglich. Nach der knap-pen Niederlage seiner Partei bei den ersten Wahlen zum Deutschen Bundestag im August 1949 übernahm Schumacher als Fraktionsvor-sitzender der SPD die Rolle des Oppositionsführers. Kurze Zeit spä-ter, im Herbst 1949, kandidierte er für das Amt des Bundespräsidenten, unterlag aber Theodor Heuss (FDP). So blieb er im Bundestag einer der profiliertesten Gegner Adenauers, insbesondere im Hinblick auf dessen Politik gegenüber den Westmächten („Kanzler der Alliierten"). Zudem sprach sich Schumacher gegen einige Schritte der europäischen Einigung aus, wie etwa die Konstituierung des Europarates, die Montanunion und die Europäische Verteidigungsgemeinschaft (EVG) (Bierling 2005: 78f).

Jakob Kaiser – Brückenkonzept

Kaiser war einer der Mitbegründer der CDU in der sowjetischen Besatzungszone und fungierte bis 1947 als deren Vorsitzender. In der Weimarer Republik war Kaiser katholisch-sozialer Gewerkschafter, Reichstagsabgeordneter und Mitglied der Zentrumspartei gewesen. Seine außenpolitische Konzeption war vom „Brückenkonzept" und der Idee von „Deutschland als Einheit" geprägt, mit dem er das Land nach dem Zusammenbruch wieder in die internationale Staatengemeinschaft einzugliedern suchte (Hacke 1999: 53). Ihm war klar, dass ein gesamtdeutscher Staat nur mit der Zustimmung aller vier Siegermächte zu erreichen war. Anders als beim Rheinländer Adenauer sollte deutsche Außenpolitik von Berlin aus gestaltet werden. Ein souveränes Deutschland sollte eine Rolle als Mittler zwischen Ost und West spielen, also eine Brückenfunktion übernehmen und so zur Friedenssicherung beitragen: „Mir scheint für Deutschland eine große Aufgabe gegeben, im Ringen der europäischen Nationen die Synthese zwischen östlichen und westlichen Ideen zu finden. Wir haben Brücke zu sein zwischen Ost und West. Die europäische Welt muß wieder zur Ruhe kommen" (zitiert in Hacke 1999: 53).

Eine reine Westbindung war aus Kaisers Sicht schon deshalb zu verhindern, weil dies zwangsläufig die Ostbindung der Sowjetzone bedeutete und die Teilung Deutschlands damit Realität würde (Schwarz 1999: 321). Auch war infolgedessen eine Verschärfung des Ost-West-Konflikts zu befürchten. Daher setzte er sich für Blockfreiheit und die Vereinigung von kapitalistischem Individualismus und materialistischem Sozialismus mit einer Vergesellschaftung von Schlüsselindustrien ein. In der Synthese ergab sich ein „christlicher Sozialismus", in dem eine freiheitliche politische Grundordnung mit einer sozialistischen Gesellschaftsstruktur verwoben werden sollte. Kaiser setzte dabei, ähnlich wie Schumacher, auf eine Vorbildfunktion des Westens, die im Osten ein Umdenken auslösen sollte (Hacke 1999: 53). Durch den Gedanken, dass in einem europäischen Einigungsprozess auch die Sowjetunion einbezogen werden müsse, wich er von den meisten europapolitischen Modellen ab. Kaiser war ein dezidierter Gegner der Westbindungspolitik Adenauers. Nach der Berlin-Blockade 1948/1949 räumte er ein, dass eine vorübergehende Teilung Deutschlands nicht zu verhindern sei, wenn wenigstens ein Teil des Landes seine Freiheit bewahren sollte. Kaiser befürwortete den Marschall-Plan (European Recovery Program), den die USA auch den osteuropäischen Staaten angeboten hatten, denen Stalin aber eine Teilnahme untersagte. Die Ostzone blieb damit vom wirtschaftlichen Aufschwung ausgeschlossen, während sich die Bindung der übrigen Zonen an den Westen verstärkte.

Kaiser trat – als Widerstandskämpfer und Verfolgter im Nationalsozialismus – bei allen Abhängigkeiten gegenüber den Siegermächten selbstbewusst auf, konnte sich aber letztlich nicht gegen seinen parteiinternen Gegenspieler Adenauer durchsetzen. Nachdem Kaiser sich zudem gegenüber den sowjetischen Besatzern geweigert hatte, die CDU in der Ostzone auf eine Ablehnung des Marschall-Plans festzulegen, wurde er von Moskau im Dezember 1947 zum Rücktritt gezwungen. Durch den Verlust seines Amtes schwand auch seine Machtbasis in der Partei (Bierling 2005: 77).

Letztlich handelte es sich nicht allein um ein Ringen um das bessere außenpolitische Konzept oder die überzeugenderen Argumente. Vielmehr waren es die Rahmenbedingungen, die dazu beitrugen, dass die Konzepte von Kaiser und Schumacher chancenlos blieben. So kam es mit dem Scheitern der Londoner Konferenz der Außenminister der vier Siegermächte vom 25. November bis zum 15. Dezember 1947 über die Frage der Schaffung einer deutschen Zentralinstanz zum endgültigen Bruch zwischen den USA und der Sowjetunion. Die daraus resultierende Verschärfung des Ost-West-Konflikts ließ keine wirkliche Alternative zur Teilung des Landes zu. Auch die Absetzung Kaisers durch die sowjetische Besatzungsmacht führte dazu, dass der sozialistische Block in der CDU lahm gelegt war. Eine Neuformierung in den Westzonen gelang nicht. Zudem verstand es Adenauer mit Geschick, sich innerhalb des vorgegebenen Handlungskorridors zu bewegen und Spielräume zu nutzen. Wie umstritten der außenpolitische Kurs dennoch war, zeigt sich im Ergebnis der ersten Bundestagswahl, in der sich CDU und CSU nur knapp durchsetzen konnten. Mit Adenauer als Kanzler war eine Richtungsentscheidung für die bedingungslose Westintegration gefallen.

3.1.2 Die zwei Pfeiler der Westintegration und die Äquidistanzpolitik

Auch nach den Wahlen zum ersten Deutschen Bundestag war die Bundesrepublik in außenpolitischen Fragen nicht souverän. Für den Tag nach der Regierungsbildung war die Vorstellung des Kabinetts bei den Alliierten Hohen Kommissaren geplant. In einer feierlichen Zeremonie sollte auf dem Bonner Petersberg anlässlich dieser Gelegenheit auch das Besatzungsstatut an den neuen Kanzler ausgehändigt werden. Adenauer sah in dem Statut allerdings weniger Grund zur Freude und im vorgesehenen Protokoll eine zusätzliche Demütigung. Der Ablaufplan sah vor, dass die Hohen Kommissare Adenauer auf einem Teppich empfingen, vor dem der Kanzler stehen bleiben sollte, um der Ansprache des Vorsitzenden der Hohen Alliierten Kommission zu folgen. Erst dann sollte auch Adenauer den Teppich betreten dürfen. Als dann Adenauer in den Raum kam, machte er zunächst vor dem Teppich halt. Zur Begrüßung kam ihm der französische Kommissionsvorsitzende einen Schritt entgegen. Diese Gelegenheit nutzte Adenauer, um gleichfalls einen Schritt nach vorne zu tun. Auf diese Weise stand er plötzlich doch auf dem Teppich, von wo aus er der Ansprache zuhörte (Haftendorn 2001: 23f). Auch dieser aus deutscher Sicht gelungene Akt symbolischer Politik machte die deutsche Außenpolitik keineswegs selbstständig oder gar souverän. Vielmehr liefen alle Außenbeziehungen der jungen Bundesrepublik zunächst weiterhin über die Alliierte Hohe Kommission. Bezeichnenderweise waren auch die ausländischen Regierungen nicht bei der Bundesregierung, sondern bei der Alliierten Hohen Kommission akkreditiert.

In seiner ersten Regierungserklärung am 20. September 1949 unterfütterte Konrad Adenauer seinen außenpolitischen Grundsatz der Westintegration mit kulturellen Argumenten: „Es besteht für uns kein Zweifel, daß wir nach unserer Herkunft und nach unserer Gesinnung zur westeuropäischen Welt gehören" (Maier/Thoss 1994: 20). Rasch baute sich der Kanzler ein Informationsmonopol für auswärtige Angelegenheiten auf. Er führte die Verhandlungen mit den Hohen Kommissaren weitgehend alleine und gab sein Wissen nach dem Prinzip „teile und herrsche" nur dosiert weiter. Dadurch wollte Adenauer vermeiden, dass hinter seinem Rücken außenpolitisch agiert wurde. Alle Informationen sollten bei ihm zusammenlaufen (Baring 1970: 14ff). Verstärkend hinzu kam, dass auf Grund des Besatzungsstatuts noch kein Außenministerium existierte. Alle außenpolitischen Aufgaben wurden deshalb im neu gegründeten Kanzleramt (Kapitel 2.2.1) konzentriert und unterstanden damit direkt dem Regierungschef, der in Personalunion als Außenminister fungierte.

Ein unmittelbares Ziel Adenauers war es, die Beziehung mit den Westalliierten so schnell wie möglich zu einer Kooperationsgemeinschaft umzugestalten. Am 22. November 1949 konnte das Petersberger Abkommen mit der Alliierten Hohen Kommission unterzeichnet werden. Dort wurden der Beitritt der Bundesrepublik zum Ruhrstatut, eine Abmilderung der Demontagen, die Beendigung von Einschränkungen beim Schiffsbau, die Möglichkeit zur Aufnahme in internationale Organisationen und weitere Aspekte vereinbart, die die Rechte des Bundesregierung über das Besatzungsstatut hinaus erweiterten. Die Vereinbarungen von Petersberg legten auch die Grundlage für die Durchführung des Marshall-Plans. Adenauers Strategie zeigte die ersten Erfolge.

Auf dieser Grundlage entfalteten sich zwei Pfeiler der Westintegration, auf denen der Grundsatz der Westintegration bis heute beruht. Der erste Pfeiler besteht aus dem europäischen Integrationsprozess und den Beziehungen zu Frankreich. Der zweite Pfeiler rückt das transatlantische Element in den Vordergrund: Die USA und die NATO. Es gehört dabei zum außenpolitischen Grundsatz der Westintegration, sich nie dauerhaft für die eine oder andere Seite zu entscheiden, sondern immer bemüht zu sein, gute Beziehungen zu beiden Pfeilern zu unterhalten.

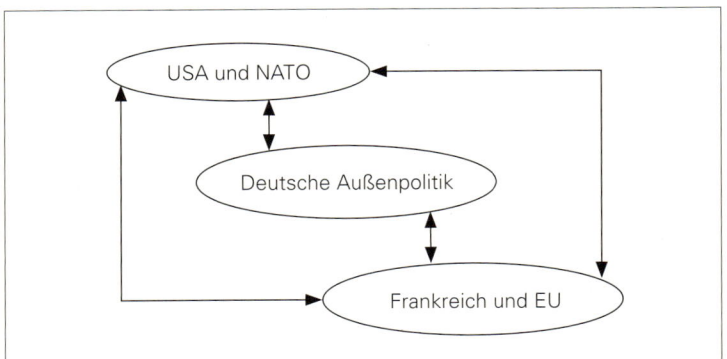

Abbildung 3: Deutsche Äquidistanzpolitik zwischen den USA und Frankreich

Quelle: Eigene Darstellung.

Diese Äquidistanzpolitik der engen Kooperation mit den USA und Frankreich sowie das Engagement für den Europäischen Einigungsprozess und in der NATO enthält auch das Element einer deutschen Mittlerrolle zwischen beiden Polen. Die Notwendigkeit einer derartigen Strategie wäre kaum gegeben, würden die Politiken der beiden engsten Partner weitgehend miteinander korrespondieren. Das war allerdings weder zu Zeiten des Ost-West-Konflikts, noch nach dem Ende der Bipolarität der Fall. Der Austritt Frankreichs aus den militärischen Strukturen der NATO 1966 wie auch die französischen Versuche zur Gestaltung einer gemeinsamen Außen- und Sicherheitspolitik in Europa als Gegengewicht – nicht als Ergänzung – zur NATO sind dafür genauso ein beredtes Beispiel wie die divergierenden Positionen im Irak-Konflikt 2002 (Kapitel 3.6.2). Diese Gradwanderung zwischen diesen beiden Polen hat die deutsche Außenpolitik von Anfang an maßgeblich geprägt. Auch innenpolitisch ergeben sich aus dieser Konstellation immer wieder Spannungen. Nicht jeder Außenpolitiker hat diese Mittlermentalität internalisiert. Vielmehr tobte insbesondere in der alten Bundesrepublik ein teilweise offen geführter Disput zwischen den Frankreichbefürwortern – den so genannten Gaullisten – und den USA-Anhängern, die als Atlantiker bezeichnet werden. Im Ergebnis führte diese Auseinandersetzung oft zu einem Patt, mit dem beide Gruppen leben konnten.

Der Begriff Äquidistanzpolitik suggeriert Volatilitätsarmut im außenpolitischen Verhalten. Tatsächlich ist aber ein Korridor feststellbar, der oszillierende Bewegungen in die eine oder andere Richtung nicht ausschließt. Kurzfristige Ausreißer, wie sie etwa während des Irak-Kriegs sichtbar wurden, bestätigen letztlich aber nur die Gültigkeit des Grundsatzes, denn nachfolgend fand immer wieder eine Rückbesinnung auf die bewährte Äquidistanzpolitik statt.

Im Folgenden soll anhand ihrer entscheidenden Wegmarken die Westintegration der Bundesrepublik nachvollzogen werden, um zu verdeutlichen, wie sich dieser Grundsatz in der deutschen Außenpolitik etabliert und fortentwickelt hat. Aus analytischen Gründen werden beide Pfeiler getrennt betrachtet, gleichwohl bleiben Wechselwirkungen nicht unberücksichtigt.

3.1.3 Frankreich und der Europäische Integrationsprozess

Frankreich ist für Deutschland der wichtigste Partner in Europa (ausführlich Picht 1978; Manfrass 1984; Leblond 1999; Weske 2006). Die

Erfolgsgeschichte der Aussöhnung nach drei Kriegen, die zwischen den beiden Staaten geführt wurden (1870/71, 1914-18, 1939-45), ist beispielhaft. Vor diesem Hintergrund mag es fast wie ein politisches Wunder erscheinen, dass nur 18 Jahre nach dem Ende des Zweiten Weltkrieges der Elysée-Vertrag gelang. Dieses bilaterale Abkommen war das Ergebnis intensiver außenpolitischer Arbeit auf beiden Seiten. Parallel zu dem gegenseitigen Aussöhnungsprozess wurden Deutschland und Frankreich gemeinsam zum Motor der Europäischen Integration (ausführlich Jachtenfuchs/Kohler-Koch 2003, Holzinger 2005, Weidenfeld 2006; Weidenfeld/Wessels 2007). Hatten sich Deutschland und Frankreich einmal auf einen Integrationsschritt verständigt, bildete diese Einigung meist die Grundlage für das Fortschreiten auf europäischer Ebene.

Dabei glich der Wirkungsmechanismus der deutsch-französischen Beziehungen auf die europäische Integration einer Symbiose von Antipoden. Beide Staaten hatten für die Unterstützung einzelner Teilprojekte der Einigung häufig unterschiedliche Motive. Das Verhältnis zwischen Deutschland und Frankreich war und ist von einigen grundsätzlichen Gegensätzen gekennzeichnet. Neben dem Verhältnis zu den USA sind hier insbesondere zu nennen: Südorientierung Frankreich vs. Ost- und Nordorientierung Deutschlands; französischer Intergouvernementalismus vs. deutscher Föderalismus; wachstumsorientiertes Frankreich vs. stabilitätsorientiertes Deutschland; unterschiedliche Auffassungen zum EG-Beitritt Großbritanniens, zur Agrarpolitik, zur europäischen Währungsunion oder zur EU-Verfassung (Guérot 2007: 375f). Für die deutsch-französischen Beziehungen konnte es daher nur von Vorteil sein, dass die Finalität Europas lange unbestimmt blieb und bis zur Aufsehen erregenden Rede des deutschen Außenministers Joschka Fischer im Jahr 2000 in der Berliner Humboldt-Universität (Auswärtiges Amt 2009a), die eine intensive Diskussion auslöste, nicht explizit thematisiert wurde.

Trotz der gelungenen Aussöhnung gestaltete sich das Verhältnis der beiden Nachbarländer also keineswegs spannungsfrei. Dies zeigte sich auch gegenüber anderen Mitgliedsstaaten, denn die gemeinsame Rolle als Motor des europäischen Projekts erwies sich oft als Bürde. Einerseits war ein deutsch-französischer Konsens für den Einigungsprozess notwendig, andererseits sahen sich Deutschland und Frankreich nicht selten dem Vorwurf ausgesetzt, bilaterale Beschlüsse zu diktieren (Guérot 2007: 376). Dennoch müssen die zwischenstaatliche Aussöhnung von Deutschland und Frankreich zum einen und deren Zusammenarbeit in Europa zum anderen als zwei Seiten derselben Medaille betrachtet werden.

Sowohl die deutsch-französischen Beziehungen, als auch der europäische Integrationsprozess sind eingehend untersucht. Daher soll der Schwerpunkt auf die Frage gelegt werden, wie dieser Pfeiler der Westintegration sich nach der Adenauerschen Richtungsentscheidung entwickelt und etabliert hat, welche Entscheidungen getroffen wurden und welche Konflikte dabei auftraten. Gefragt wird insbesondere: Wie haben Frankreich und Deutschland es trotz teilweise erheblicher Interessenunterschiede geschafft, den europäischen Integrationsprozess voranzutreiben? Inwieweit sind die deutsch-französischen Beziehungen und der europäische Integrationsprozess heute noch miteinander verklammert? Was sind die größten Herausforderungen für die deutsch-französischen Beziehungen?

Der Prozess der europäischen Einigung kann grundsätzlich in eine horizontale und eine vertikale Dimension unterteilt werden. Die Erweiterung dieser Gemeinschaft um neue Mitglieder stellt die horizontale oder geographische Dimension dar. Bei der Vertiefung der Integration, im Sinne der qualitativen Ausdehnung der intergouvernementalen Kooperation (z.B. in der gemeinsamen Außen- und Sicherheitspolitik) oder der supranationalen Vergemeinschaftung von Politikfeldern, handelt es sich um die vertikale Dimension des Prozesses.

Auf dem Weg zum europäischen Deutschland

Adenauers Kurs nach Westen war auch eine Entscheidung für die Wertegemeinschaft der westlichen Demokratien (ausführlich Weidenfeld 1976). Sie fand ihren institutionellen Ausdruck zunächst im Beitritt zu Einrichtungen wie der Organization for European Economic Cooperation 1949 und dem Europarat 1950 (ausführlich Brummer 2008). Für die nachfolgende Gründung der Montanunion war der deutsch-französische Aussöhnungsprozess ein zentrales Motiv. Dem französischen Geschäftsmann und politischen Berater Jean Monnet gelang es, seinen Außenminister Robert Schumann davon zu überzeugen, dass die Feindschaft zwischen Deutschland und Frankreich durch wirtschaftliche Zusammenarbeit überwunden werden könne (Thiel 1996: 15). Infolgedessen schlug Schumann am 9. Mai 1950 vor, die französische und die deutsche Kohle- und Stahlproduktion einer gemeinsamen Behörde zu unterstellen, um diese rüstungsrelevanten Branchen supranational kontrollieren zu können. Der Vorschlag trug damit auch dem kurz nach Kriegsende noch enormen Schutzbedürfnis Frankreichs gegenüber Deutschland Rechnung. Schumann hatte sich das Ziel gesetzt, „daß jeder Krieg zwischen

Frankreich und Deutschland nicht nur undenkbar, sondern materiell
unmöglich wird" (zitiert in Thiel 1996: 15).

Aus französischer Sicht handelte es sich beim Aufbau der Montanunion also auch um eine vertrauensbildende Maßnahme. Trotz der
Aufhebung der alliierten Kontrollrechte bestand so auch weiterhin
die Möglichkeit, die Entwicklung der Bundesrepublik genau zu beobachten und gegebenenfalls eingreifen zu können. Für die Bundesregierung eröffnete sich mit dem Schumann-Plan die Chance, als
gleichberechtigter Partner in einem westeuropäischen multilateralen
Vertrag mitzuwirken, die eigenen außenpolitischen Handlungsspielräume auf diese Weise zu erweitern und die Westintegration wie die
deutsch-französische Aussöhnung voranzutreiben. So wurden zwei
unterschiedliche Interessenlagen zusammengeführt.

Der Vertrag zur Europäischen Gemeinschaft für Kohle und Stahl
(EGKS, Montanunion) wurde am 18. April 1951 von der Bundesrepublik, Frankreich, Italien, Belgien, den Niederlanden und Luxemburg unterzeichnet und trat am 23. Juli 1952 in Kraft. Der Hohen
Behörde wurden supranationale Kompetenzen eingeräumt. Als erster
Präsident fungierte Jean Monnet. Zwar musste Adenauer innerpoli-
tischen Widerstand überwinden – z.B. befürchteten Industrie- und
Gewerkschaftsvertreter den Verlust von Arbeitsplätzen – aber für ihn
besaß die bedingungslose Westintegration klare Priorität (Hellmann
2006: 89).

Ähnliche Motive begründeten die Initiative zur Schaffung einer
EVG. Da Frankreich die bundesdeutsche Wiederbewaffnung multi-
lateral einbetten wollte, schlug der französische Ministerpräsident
René Pleven die Errichtung der EVG vor (Ruggenthaler 2007: 14).
In Frankreich konnte man sich mit der Idee einer Wiederbewaffnung
Deutschlands nicht völlig anfreunden. Die Umsetzung des Pleven-
Plans hatte also Gegner, schien aber dennoch nicht unerreichbar.
Gleichzeitig wurde auch der NATO-Beitritt der Bundesrepublik dis-
kutiert, zumal alle anderen potentiellen EVG-Teilnehmer zu diesem
Zeitpunkt bereits NATO-Mitglieder waren. Es kam zu einer Eini-
gung auf die gemeinsame Durchführung von Konferenzen des
NATO- und des EVG-Ministerrats. Des Weiteren erreichte Adenau-
er eine vorläufige Vereinbarung, nach der die Bundesrepublik in
NATO-Strategien einbezogen wurde. Die Entscheidung für den
NATO-Beitritt wurde zunächst offen gehalten (März 1982: 97ff). Die
EVG scheiterte dann im August 1954 in der französischen National-
versammlung. Der Versuch einer Vergemeinschaftung der Verteidigungspolitik in Europa schien 1954 zu früh zu kommen und konnte

bis heute nicht realisiert werden. Neofunktionalisten kann dies nicht
weiter überraschen (Haas 1964). Sie würden im Rahmen dieses The-
orieansatzes argumentieren, dass im Sinne der spill-over-Logik die
Politikfelder der Außen-, Sicherheits- und Verteidigungspolitik als
high-politics zu den letzten Bereichen gehören müssen, die supranational organisiert werden. 1955 erfolgte entsprechend der Beitritt der
Bundesrepublik zur NATO und der Westeuropäischen Union (WEU).
Letztere war aus dem 1948 von Großbritannien, Frankreich, den
Niederlanden, Belgien und Luxemburg unterzeichneten Brüsseler
Vertrag hervorgegangen, wurde intergouvernemental organisiert und
spielte – anders als die NATO – für die Sicherheit Westeuropas keine maßgebliche Rolle.

Im europäischen Pfeiler der Westintegration konzentrierten sich
die sechs Staaten nach dem Scheitern der EVG daher wieder auf die
wirtschaftliche Zusammenarbeit und damit – ganz im Sinne des Neo-
funktionalismus – erst einmal auf die low politics. So beschlossen sie
auf der Konferenz von Messina 1955 den Integrationsprozess voranzutreiben: „Sie sind der Meinung, dass dies zunächst auf wirtschaftlichem Gebiet geschehen muß. Sie sind der Ansicht, dass auf dem
Wege zur Schaffung eines geeinten Europas weitergegangen werden
muß: durch Entwicklung gemeinsamer Institutionen, durch fortschreitende Verschmelzung der Nationalwirtschaften, durch Errichtung eines gemeinsamen Marktes und durch fortschreitende Harmo-
nisierung ihrer Sozialpolitik" (Thiel 1996: 19). Der Spaak-Bericht,
benannt nach dem belgischen Außenminister Paul-Henri Spaak, leitete Verhandlungen über die Europäische Wirtschaftsgemeinschaft
(EWG) und die Europäische Atomgemeinschaft (Euratom) ein. Während sich die Euratom, wie der EKGS, auf ein bestimmtes wirtschaftliches Politikfeld bezog, war der EWG-Vertrag breiter angelegt. Das
Abkommen sah die Abschaffung von Handelsbeschränkungen und
die Errichtung eines gemeinsamen Außenzolls vor. Diese Entscheidung war in Deutschland umstritten. Wirtschaftsminister Ehrhard
befürchtete durch die neuerlichen Integrationsschritte der EKGS-
Staaten eine protektionistische Abschottung. Adenauer machte von
seiner Richtlinienkompetenz als Kanzler ungewöhnlich deutlich Gebrauch, indem er seine Minister schriftlich auf die Westintegration
einschwor. In einem Brief an die Kabinettsmitglieder verknüpfte er
die drei außenpolitischen Grundsätze Westintegration, Wiedervereinigung (Kapitel 3.3) und die Entwicklung der Bundesrepublik zum
Handelsstaat (Kapitel 3.4), räumte der Westintegration aber die
oberste Priorität ein:

„Wenn die Integration gelingt, können wir bei den Verhandlungen sowohl über die Sicherheit wie über die Wiedervereinigung als wesentliches neues Moment das Gewicht eines einigen Europas in die Waagschale werfen. Umgekehrt sind ernsthafte Konzessionen der Sowjetunion nicht zu erwarten, solange die Uneinigkeit Europas ihr Hoffnung gibt, diesen oder jenen Staat zu sich herüberzuziehen, dadurch den Zusammenhalt des Westens zu sprengen und die schrittweise Angleichung Europas an das Satellitensystem einzuleiten. Hinzu kommt, dass die dauerhafte Ordnung unseres Verhältnisses zu Frankreich nur auf dem Wege der europäischen Integration möglich ist. […] Die Integration zunächst unter den Sechs ist mit allen in Betracht kommenden Methoden zu fördern […] Dabei müssen europäische Organe mit Entscheidungsprozessen geschaffen werden, um das Funktionieren dieses Marktes zu sichern und gleichzeitig die politische Weiterentwicklungen zu fördern […] Ich bitte, das vorstehend Dargelegte als Richtlinien der Politik der Bundesregierung (Art. 65 GG) zu betrachten und danach zu verfahren" (Hellmann 2006: 88).

Für den erfolgreichen Abschluss war ein deutsch-französisches Koppelgeschäft erforderlich. Die Bundesrepublik erhielt den Markt für ihre Industrieprodukte, Frankreich für seine Agrarprodukte (Hellmann 2006: 90). Am 25. März 1957 wurden dann die Römischen Verträge unterzeichnet und damit EWG und Euratom gegründet. Nach der Hinterlegung der letzten Ratifizierungsurkunde trat das Abkommen am 1. Januar 1958 in Kraft. Dies ist ein erneutes Beispiel für unterschiedliche Motive beider Staaten, die schließlich in einem gemeinsamen Integrationsschritt mündeten.

Der Elysée-Vertrag: Gaullisten vs. Atlantiker

Der Deutsch-Französische Vertrag wurde am 22. Januar 1963 zwischen Kanzler Konrad Adenauer und Präsident Charles de Gaulle im Élysée-Palast geschlossen. Der Vertrag war Ausdruck und Höhepunkt der deutsch-französischen Aussöhnung und Verständigung nach dem Zweiten Weltkrieg. Wie aber kam es zur außenpolitischen Entscheidung für diesen bilateralen Elysée-Vertrag? Warum wurde er gerade zu diesem Zeitpunkt geschlossen? Welche Konflikte traten dabei auf?

Die Bundesrepublik hatte ihre Außenpolitik binnen kürzester Zeit multilateral angelegt. Weshalb war dieser institutionalisierte, herausgehobene deutsch-französische Bilateralismus da noch notwendig? Die Motive dafür waren vielfältig und in der Bundesrepublik sowie in Frankreich (erneut) unterschiedlich. Das Scheitern der EVG machte die Grenzen der supranationalen Zusammenarbeit deutlich. Auch französische Pläne für eine Union auf politischem, kulturellem und verteidigungspolitischem Gebiet, die Fouchet-Pläne von 1962, konnten aufgrund unterschiedlicher Ansichten über einen EG-Beitritt Großbritanniens, den Frankreich ausschloss, nicht verwirklicht werden.

Trotz der deutlichen Ablehnung der Stalin-Noten (Kapitel 3.3.2) sorgte sich Frankreich immer noch, dass die Bundesrepublik in den Sog der Sowjetunion geraten könnte. Hingegen fürchtete die Regierung Adenauer eine französische Entspannungspolitik auf deutsche Kosten. Die Pariser Regierung hoffte, mit Deutschland einen Juniorpartner zur Durchsetzung der eigenen Interessen in Europa gefunden zu haben. Um die eigene Rolle in Europa und den besonderen Rang als „grande nation" in der Weltpolitik zu stärken, plante Frankreich, die Bundesrepublik dauerhaft aus der Einflusssphäre der USA herauszulösen. Dies hätte die Abkehr vom Grundsatz der Äquivalenzpolitik bedeutet.

Die Gelegenheit schien günstig, denn nach dem Amtsantritt John F. Kennedys verschlechterten sich die deutsch-amerikanischen Beziehungen. Zuvor hatten die USA als zuverlässiger Partner gegolten, aber die unentschlossene Reaktion des amerikanischen Präsidenten auf Berlin-Krise und Mauerbau ernüchterte – trotz Berlin-Garantien (Kapitel 3.3.3) – nicht nur die deutsche Öffentlichkeit, sondern auch Adenauer. Zudem gestaltete sich auch das persönliche Verhältnis zwischen Kennedy und Adenauer problematisch (ausführlich Mayer 1996): „Nicht nur altersmäßig, sondern auch politisch waren die beiden weit voneinander entfernt. Das konstante Misstrauen Adenauers gegenüber amerikanisch-sowjetischen Verhandlungen war der Überzeugung geschuldet, dass eine Annäherung der beiden Supermächte nur auf Kosten des deutschen Volkes und von dessen politischen Ziel der Wiedervereinigung stattfinden konnte" (Deutsches Historisches Museum 2009). Neue außenpolitische Leitlinien der USA trugen ebenfalls zur Verschlechterung des transatlantischen Verhältnisses bei: „Notfalls lieber Kompromisse auf Kosten der Bundesrepublik, als ein Krieg, und wenn schon ein Krieg, dann lieber noch ein kurzer konventioneller Krieg in Deutschland als ein umfassender Atomkrieg" (Schwarz 2005: 53). Trotz der Enttäuschung über das Verhalten der USA stand die Bundesregierung der antiamerikanischen Politik Frankreichs skeptisch gegenüber. Mit einer verstärkten Kooperation durch einen bilateralen Vertrag sah die französische Regierung dennoch die Chance, diese Enttäuschung zu nutzen.

Die Entscheidung zu dieser ungewöhnlichen vertraglichen Bindung zwischen den beiden Staaten fiel relativ kurzfristig. Adenauer hatte zunächst ein vertrauliches Abkommen im Sinn. Innenpolitisch

gab es 1962 allerdings eine Krise, die zum einen durch die Auseinandersetzungen zwischen Gaullisten und Atlantikern in der CDU/
CSU-Fraktion um die Frage, ob die USA oder Frankreich für die
Bundesrepublik als bedeutenderer Partner anzusehen seien. Adenauer ergriff daher die Möglichkeit, mit diesem dezidierten deutsch-
französischen Bilateralismus eine neue Qualität in die deutsche Europa-Politik zu bringen. Damit kam er dem Konzept des französischen
Präsidenten de Gaulle von einem „Europa der Vaterländer" entgegen.
De Gaulle ergriff schließlich die Initiative, als er Adenauer im Juli
1962 fragte, ob er bereit sei, falls die multilateralen Verhandlungen
über eine politische Union scheitern sollten, bilateral zusammenzuarbeiten. Nach anfänglichem Zögern stimmte Adenauer zu. In einer
Rede während seines Staatsbesuchs in Deutschland Anfang September 1962 unterstrich de Gaulle erneut die Bedeutung einer deutsch-
französischen Kooperation. Es kam zur Vereinbarung einer bilateralen Zusammenarbeit, zu der schon am 18. September 1962 ein
französisches Memorandum vorlag. Die deutsche Antwort vom 8.
November enthielt einige Anmerkungen zu Einzelfragen, stimmte
aber den Grundsätzen zu. Am 16. und 17. Dezember 1962 verständigten sich die Außenminister Gerhard Schröder und Maurice Couve
de Murville in Paris auf die Grundzüge eines Protokolls. Erst am 18.
Januar 1963, ließ Adenauer mitteilen, dass die Bundesregierung an
einen Vertrag denke. Ein ratifizierter Vertrag wäre bindend und würde die Kontinuität in den deutsch-französischen Beziehungen sicher
stellen. Dennoch blieb das Abkommen innenpolitisch höchst umstritten. Eine Verfassungsklage stand im Raum. Die Konfliktlinie verlief
– nicht unerwartet – zwischen Gaullisten und Atlantikern. Letztere
waren der Auffassung, dass die Bundesrepublik dann kein exklusives
Bündnis mit Frankreich eingehen dürfe, wenn dabei die USA das
Nachsehen hätten. Es sollte keinesfalls der Eindruck entstehen, die
Bundesrepublik wäre ein Bündnis gegen die USA eingegangen. Die
USA selbst hatten gefordert, dass dem Vertragswerk eine Bestätigung
des NATO-Vertrages beizufügen sei. Sie befürchteten eine Abwendung der Bundesrepublik von der NATO – ein Schritt, den Frankreich
1966 tatsächlich vollziehen sollte – und wollten ihre Führungsrolle
bestätigt sehen, um deren Akzeptanz sie besonders nach dem Ver-
trauenslust durch die Berlin-Krise fürchten mussten (Konrad-Adenauer-Stiftung 2001).

Die dadurch ausgelöste Debatte mündete schließlich in einer sich
zum atlantischen Pakt bekennenden – von Adenauer nur widerwillig
akzeptierten – Präambel. Darin wurde u.a. festgehalten, dass durch

"diesen Vertrag die Rechte und Pflichten aus den von der Bundesrepublik Deutschland abgeschlossenen multilateralen Verträgen unberührt bleiben" (März 1996: S. 102 ff.). Diese eigentlich harmlose Formulierung war faktisch eine transatlantische Erweiterung des Vertrags. Die „transatlantische Formulierung" in der Präambel ermöglichte am 16. Mai 1963 schließlich auch die Ratifikation des Vertragswerks durch den Bundestag mit klarer Mehrheit. De Gaulle zeigte sich tief enttäuscht über die endgültige Fassung des Vertrages: „Les traités sont comme les roses et les jeunes filles, ils ne durent qu'un matin" – Verträge sind wie Rosen und junge Mädchen: Sie blühen nur einen Morgen." Adenauer griff diese Worte auf und versuchte ihnen eine optimistische Wendung zu geben: „Rosen und junge Mädchen, natürlich haben sie ihre Zeit, aber die Rose – und davon verstehe ich nun wirklich etwas – ist die ausdauerndste Pflanze, die wir überhaupt haben – sie hält jeden Winter durch" (Konrad-Adenauer-Stiftung 2001).

Der Elysée-Vertrag (März 1996: 102ff.) schreibt durch ein engmaschiges Netz von Konsultationspflicht die Zusammenarbeit in den Politikfeldern Außen-, Verteidigungs-, Wirtschafts-, Entwicklungs-, Kultur-, Schul- und Jugendpolitik detailliert fest. Ein zentrales Element ist die Konsultationsverpflichtung in außenpolitischen Fragen. Beide Regierungen verpflichten sich, vor Entscheidungen in allen wichtigen Fragen der Außenpolitik von gemeinsamem Interesse, den Partner zu konsultieren, um soweit wie möglich zu einer gleichgerichteten Haltung zu gelangen. Neben regelmäßigen Treffen der Staats- und Regierungschefs müssen sich auch die Außen- und Verteidigungsminister alle drei Monate treffen. Im Bereich der Verteidigungspolitik sind Fragen der Strategiebildung gemeinsam zu erörtern. Es wurden zudem Personalaustausch zwischen den Streitkräften und enge Rüstungszusammenarbeit festgeschrieben.

Zusammenfassend ist festzustellen, dass dieser bilaterale Vertrag in einem ansonsten multilateral ausgerichteten westeuropäischen Integrationsprozess in mehrfacher Hinsicht außergewöhnlich ist. Zudem sind die getroffenen Festlegungen aufgrund des „Zwangs zum Dialog" einzigartig. Dem Abkommen sind unzweifelhaft große Verdienste zuzuschreiben. Es „hat nicht nur eine einzigartige Zusammenarbeit zwischen beiden Staaten begründet […], der (in der) permanenten Kommunikation zwischen den Staats- und Regierungschefs, Ministern und Beamten sowie in bilateralen Initiativen im europäischen Rahmen ihren sichtbarsten Ausdruck findet. Vielmehr erwuchs aus ihm eine bis heute einzigartige Verbindung zwischen zwei Nationen" (Sauzay 2003: 3). Die wesentlichste Wirkung des Vertrages bestand darin, eine Initialzündung auszulösen, um Vertrauenskapital zwischen den beiden Staaten zu schaffen und den Weg für eine breite Kooperation freizumachen (Scholz/Kraus 1978: 199). Dennoch hatte diese Ersatzlösung für die gescheiterten Fouchet-Pläne nicht dazu geführt, maßgebliche politische Interessenunterschiede zwischen beiden Staaten einzuebnen. Der Streit zwischen Gaullisten und Atlantikern sowie der letztlich gefundene Kompromiss spiegeln die Politik der Bundesrepublik wieder. Der Versuch der Instrumentalisierung des Vertrages als anti-atlantisches Bündnis durch de Gaulle scheiterte. Eine der zentralen Prämissen der deutschen Außenpolitik, sich nicht zwischen den USA und Frankreich zu entscheiden, die sich zunächst durch den Vertrag aufzulösen schien, wurde durch die zusätzliche Formulierung in der Präambel nicht verletzt. Der zu diesem Vertrag führende Prozess machte deutlich, dass der Bundesrepublik als kollektiver Akteur ganz im Sinne der Äquidistanzpolitik gleichermaßen an einer guten Partnerschaft mit Frankreich und den USA gelegen war, ohne dabei zum Spielball der Machtansprüche beider Staaten zu werden. Die außenpolitische Gratwanderung war gelungen.

Eurosklerose

Die Römischen Verträge waren nicht als Endzustand, sondern als Ausgangspunkt der europäischen Integration gedacht. Dennoch verlief dieser Prozess von den 1960er bis Mitte der 1980er Jahre nur schleppend. Hinsichtlich der horizontalen Dimension der Integration sprach sich de Gaulle zunächst vehement gegen den Beitritt Großbritanniens aus, der dann – nach dem Rücktritt de Gaulles 1969 – 1973 gemeinsam mit Irland und Dänemark doch stattfinden konnte. Zuvor hatte Großbritannien zweimal (1961, 1967) erfolglos einen Beitrittsantrag gestellt. Deutschland befürwortete die Mitgliedschaft Großbritanniens. Schon Konrad Adenauer hatte im Rahmen der später gescheiterten EVG-Verhandlungen, in die die Bundesregierung viel politisches Kapital investiert hatte, (CDU-intern) geäußert: „Ich würde einen gewissen britischen Einfluß in der zukünftigen EVG sehr begrüßen, damit wir nicht mit den mehr oder weniger hysterischen Franzosen alleine gelassen werden" (zitiert in Bumler 1998: 54). Vielfach wird diese Zeit als Eurosklerose bezeichnet (trotz einiger Erfolge in der horizontalen Dimension wie der Erweiterungsrunde 1973 und dem Beitritt Griechenlands 1981 sowie vertikale Integrationserfolge wie die Schaffung einer Regional- und Strukturpolitik oder des Europäischen Währungssystems). Insbesondere die Reformunfähigkeit in der Agrarpolitik machte den Akteuren zu schaffen (Thiel 1996: 39). Der Streit um den Beitritt Großbritanniens und die Debatte um die Agrarpolitik machten deutlich, dass der deutsch-französische Motor in dieser Phase erheblich stotterte. Rückschläge und Stagnation – von Neofunktionalisten elegant als vorübergehende spill back-Effekte modelliert, die daher nur mäßigen Anlass zur Sorge geben sollten – prägten das Bild.

Zu den positiven Entwicklungen zählte der Aufbau der Europäischen Politischen Zusammenarbeit (EPZ). Nach dem EVG-Debakel und dem Scheitern der Fouchet-Pläne nahm die Gemeinschaft im Dezember 1969 einen erneuten, diesmal deutlich weniger ambitionierten Anlauf. Dieser mündete am 27. Oktober 1970 im Luxemburger Bericht, auf dessen Grundlage die Mitgliedsstaaten ihre Außenpolitik besser koordinieren wollten. Die EPZ war in den Römischen Verträgen nicht vorgesehen und in diesem Sinne kein formalisierter Kooperationsmodus. Die so entstandenen Flexibilitätsvorteile nutzte die EPZ, um ihre eigenen Verfahren zu gestalten; z.B. regelmäßige Treffen der Außenminister (erstmals November 1970 in München). Die Sitzungen wurden von den Politischen Direktoren in einem Koordinierungsausschuss vorbereitet. Hinzu kamen Treffen der Botschaften in Drittstatten und der ständigen Vertreter bei internationalen Organisationen. Insbesondere in den VN konnte durch die Vorkoordination der EG-Staaten oft ein gemeinsames Abstimmungsverhalten in der Generalversammlung erreicht werden. Freilich wurden nicht alle Themen in der EPZ behandelt. Sicherheitspolitische Themen blieben weitgehend außen vor. Dennoch wurde das Instrument EPZ auch für den Dialog mit anderen Staatengruppen, mit den arabischen Staaten seit der Ölkrise 1974 oder ab 1978 mit den ASEAN-Staaten, genutzt. 1975 wurde der Europäische Rat als oberste Instanz der EPZ eingesetzt.

Neuer Schwung für Europa

Mit der Einheitlichen Europäischen Akte (EEA) kam es im Februar 1986 zur ersten Vertragsreform. Sie basierte auf einem Entwurf des deutschen und italienischen Außenministers, dem so genannten Genscher-Colombo-Vorschlag. Die EEA fasste den erreichten Integrationsstand zusammen und verpflichtete die EG auf das Ziel einer Europäischen Union. Dieser Schritt gelang auch deswegen, weil die französische Regierung unter François Mitterrand ab 1984 wieder stärker pro-europäisch agierte. Der Zustand der Eurosklerose konnte überwunden werden. Zudem wurde die Gemeinschaft zum 1. Januar 1986 um Spanien und Portugal auf zwölf Mitglieder erweitert.

Nach dem Fall der Mauer war die französische Position nicht auf eine vorbehaltlose Unterstützung der Wiedervereinigung ausgelegt. In diesem Zusammenhang wurde oft der Satz des französischen Schriftstellers François Mauriac zitiert: „Ich liebe Deutschland. Ich liebe es so sehr, daß ich zufrieden bin, weil es gleich zwei Deutschlands gibt" (zitiert in Röding-Lange 1997: 190). Der Satz spiegelt die mindestens ambivalente Auffassung Frankreichs wider (ausführlich Neßhöver 1996).

Nach der Vereinigung konnte Deutschland die französischen Bedenken ausräumen. Diese bezogen sich primär auf einen möglichen deutschen Alleingang in der Ostpolitik und eine deutsche Hegemonialrolle in der EG. Die Regierung Kohl konnte diese Bedenken insbesondere dadurch zerstreuen, dass sie Deutschland durch die Wirtschafts- und Währungsunion sowie durch die politische Union noch stärker in Europa integrierte. Diese Entwicklung war also tief in die deutsch-französischen Beziehungen eingebettet. Auch das vereinte Deutschland trat mit Nachdruck für die europäische Integration ein. Dennoch kam es auch zu gegenläufigen Entwicklungen. So stellte die einseitige vorzeitige Anerkennung Sloweniens und Kroatiens durch Deutschland (Kapitel 3.6.2) nur den Ausgangspunkt für völlig unterschiedliche Interessenslagen im Hinblick auf die Balkan-Konflikte, in denen Frankreich zunächst Serbien unterstützte, dar. Auch das frühe deutsche Engagement für den EG-Beitritt osteuropäischer Staaten war nicht in Frankreichs Interesse. Deshalb schlug Mitterrand 1990 eine Europäische Konföderation vor, mit deren Hilfe diese Staaten lediglich in einer „special relationship" mit der EG verbunden werden sollten. Wenn sich auch die deutsche Außenpolitik durchsetzte, so wurde doch klar, dass es Deutschland und Frankreich bisher nicht gelungen war, eine gemeinsame geo-strategische Perspektive für Europa nach dem Ende der Bipolarität zu entwickeln (Guérot 2007: 378). Der nachfolgende Maastrichter Vertrag (unterzeichnet am 7. Februar 1992, in Kraft getreten am 1. November 1993) begründete dann die Europäische Union. In Frankreich entschied sich die Bevölkerung mit 51,05% der Stimmen nur knapp für den Vertrag, während die Ratifikation in Deutschland (wie üblich) durch das Parlament erfolgte. Die EU beruht seitdem auf den folgenden drei Säulen: Die supranational organisierten Europäischen Gemeinschaft, die weiterhin intergouvernementale Gemeinsamen Außen- und Sicherheitspolitik (GASP) als formalisiertem Nachfolger der EPZ sowie die Innen- und Justizpolitik (ausführlich Schmalz 2004).

Der Maastrichter Vertrag ist ein Meilenstein des Integrationsprozesses. Durch ihn schien die EU auf dem Weg zu einem internationalen Akteur. Der Vertrag begründete die Wirtschafts- und Währungsunion und die Einführung einer gemeinsamen Währung, deren Einzelheiten zwischen Deutschland und Frankreich keineswegs unumstritten waren. So bestand die Bundesregierung darauf, der Europäischen Zentralbank – ähnlich wie der Deutschen Bundesbank – eine unabhängige Stellung einzuräumen. Frankreich wollte ein Aufsichtsgremium etablieren. Auch gegen den französischen Vorschlag, die Währung ECU zu nennen, setzte sich die Bundesregierung mit dem EURO durch. Gegen den Sitz der EZB in Frankfurt hatte die Pariser Regierung ebenfalls Einwände (Haftendorn 2001: 320f). Letztlich gelang es Deutschland und Frankreich beim Vertrag von Maastricht aber noch einmal, das sich erweiternde Europa zusammenzuführen und auf den Integrationsprozess zu verpflichten. Beim Europäischen Rat im Juni 1993 in Kopenhagen bekannten sich letztlich alle Staaten zur Osterweiterung. Allerdings wurde ein Katalog aus politischen und wirtschaftlichen Kriterien festgelegt, den es für die beitrittswilligen mittel- und osteuropäischen Staaten zu erfüllen gilt (Kopenhagener Kriterien).

Europa in der Krise: Eurosklerose II?

Insgesamt kann für die nachfolgenden Jahre eine „schleichende Erosion der deutsch-französischen Beziehungen"(Guérot 2007: 379) diagnostiziert werden. Äußerst schleppend verliefen die Bemühungen um eine Vertiefung der EU. Die Vertragsreform von Amsterdam (1997) und der Krisengipfel von Nizza (2000) brachten keinen maßgeblichen Durchbruch auf dem Weg zu einer politischen Union. So betrachtete ein deutsches Mitglied des Verhandlungsteams es schon als großen Erfolg, dass die Deutschen in Nizza mit den Franzosen erstmals auf Augenhöhe diskutiert hätten. Ansonsten gab es aber zahlreiche Unstimmigkeiten zwischen Deutschland und Frankreich, wie etwa in der Diskussion über die Stimmenverteilung im Rat oder zum wiederholten Mal über die Agrarpolitik. Zudem war die „wohlwollende Rhetorik, die die Kohl-Jahre trotz der Spannungen noch gekennzeichnet hatte, […] vorüber" (Guérot 2007: 380). Der neue Kanzler Gerhard Schröder wandte sich 1998 zunächst verstärkt der britischen Regierung unter Tony Blair zu. Die Annäherung kam unter anderem in einem gemeinsamen Papier zur europäischen Wirtschaftspolitik zum Ausdruck („Dritter Weg").

Fortschritte waren immerhin im Bereich der GASP zu beobachten. Die fehlende Abstimmung in der Außen- und Sicherheitspolitik wurde in den 1990er Jahren maßgeblich mit dem Versagen der EU bei der Konfliktregulierung auf dem Balkan in Verbindung gebracht. Erst durch das Eingreifen von USA und NATO konnte ein Bürgerkrieg in Bosnien verhindert werden. Auf Druck der Bundesregierung wurde infolgedessen das Amt des Hohen Repräsentanten für die Außen- und Sicherheitspolitik eingerichtet. Maßgebliche Impulse setzte auch die französisch-britische Erklärung von St. Malo vom 4. Dezember 1998. Dort wurden Übereinstimmungen zwischen Großbritannien und Frankreich in sicherheitspolitischen Schlüsselfragen für Europa festgehalten. Im Juni 1999 konnte dann auf der Sitzung des Europäischen Rates in Köln die Europäische Sicherheits- und Verteidigungspolitik (ESVP) – als Teil der GASP – vereinbart werden, die nachfolgend durch den Vertrag von Nizza einen Institutionalisierungsschub erfuhr. Aber gerade GASP und ESVP haben deutlich werden lassen, dass der deutsch-französische Motor allein nicht mehr ausreichend war, um die europäische Integration in der vertikalen Dimension der Vertiefung voranzutreiben. Auch die Annahme einer europäischen Sicherheitsstrategie (ESS) im Dezember 2003 war zwar eine wichtige Etappe bei der Entwicklung von GASP und ESVP. Die ESS enthält präventive und nachhaltige Maßnahmen und die Erkenntnis, dass der Einsatz militärischer Mittel in bestimmten Situationen erforderlich sein kann (Koopmann/Stark 2004: 9). Sie ist allerdings nur als erster Versuch einer Strategie zu werten, zumal auch dort das wichtige Verhältnis zwischen NATO und ESVP nicht hinreichend definiert ist (ausführlich Kagan 2003; Schmalz 2005; Algieri 2008). Dieses Versäumnis wurde durch eine EU-NATO-Vereinbarung, die der EU den Rückgriff auf Mittel und Fähigkeiten der NATO ermöglicht, um eigene militärische Operationen durchzuführen (Berlin Plus), nur bedingt abgefedert (ausführlich Kupferschmidt 2006). Als Grundlage für dieses Übereinkommen diente das von Deutschland gemeinsam mit Frankreich und Großbritannien entwickelte Papier „Europäische Verteidigung: NATO/EU Konsultationen, Planung und Operationen". Auf dieser Basis wurde z.B. im NATO-Hauptquartier SHAPE ein Verbindungselement (EU-Zelle) eingerichtet, und die NATO hat zum EU-Militärstab ein ständiges Verbindungsteam entsandt.

Das deutsch-französische Unvermögen, das erweiterte EU-Europa zu gestalten, gepaart mit dem Irak-Krieg, der die Gemeinschaft gespalten hatte, führten 2002/2003 zu der eigenartigen Konstellation. Deutschland und Frankreich hatten sich zwar im Widerstand gegen den Irak-Krieg und damit gegen die US-Regierung wieder angenähert, die deutsch-französische Lokomotive zog aber nicht mehr alle europäischen Anhänger (ausführlich Dieterich 2009). Bemerkenswert an der Position der Bundesregierung war, dass sich Deutschland „erstmalig in seiner europäischen Geschichte klar gegen die USA stellte und nicht mehr wie gewöhnlich eine Art Mittlerrolle zwischen Frankreich und den USA einnahm. [...] Nur vordergründig ging es um den Krieg im Irak. Dahinter verbarg sich eine Diskussion über die Vormacht- und Führungsposition der USA in der Weltpolitik, die es laut französischer Auffassung zu kanalisieren galt. [...] Die deutsche Position gegenüber Frankreich war schwach. Deutschland versäumte es, in dieser Diskussion eigene transatlantische Vorstellungen geltend zu machen" (Guérot 2007: 387).

Die Krise schien damit auf den ersten Blick ein Ende der Äquidistanzpolitik zu bedeuten. Sie trug dazu bei, dass Deutschland und Frankreich Pläne für eine engere Kooperation schmiedeten. Dazu gehörte auch der Versuch einer Erneuerung des Elysée-Vertrags (Guérot 2007: 388). Die neue Dynamik des deutsch-französischen Motors reichte jedenfalls aus, um die Bemühungen im Bezug auf eine Europäische Verfassung zu beleben. Im Februar 2002 wurde ein Konvent unter Führung von Giscard d'Estaing eingesetzt, der im Sommer 2003 einen Entwurf für eine europäische Verfassung vorlegte. Die Verfassung scheiterte aber ausgerechnet an den im Mai 2005 stattgefundenen Referenden in Frankreich und in den Niederlanden. Der deutsch-französische Tanker war erneut auf Grund gelaufen. Der anschließende Bergungsversuch nahm dann im Vertrag von Lissabon Gestalt an (ausführlich Weidenfeld 2008). Dabei wurde auf die Tradition der Änderungsverträge (wie bei Maastricht, Amsterdam, Nizza) zurückgegriffen. Das Verfassungskonzept wurde hingegen aufgegeben. Maßgeblich erarbeitet wurde der Reformvertrag während der deutschen Ratspräsidentschaft im ersten Halbjahr 2007. Das am 13. Dezember 2007 in Lissabon unterzeichnete Dokument sollte an die Stelle der gescheiterten EU-Verfassung treten und die EU mit nunmehr 27 Mitgliedern handlungsfähig halten und zukunftsfähig machen. In Teilen übernimmt der Vertrag die Substanz des gescheiterten Verfassungsvertrags. Doch auch dieser Vertrag sah sich im Ratifikationsverfahren erheblichen Problemen ausgesetzt und zwar erneut dort, wo die Bevölkerung via Referendum gefragt wird. So lehnten die Iren das Vertragswerk in ihrem Referendum im Juni 2008 zunächst ab und wurden im Oktober 2009 – diesmal mit einer klaren Zustimmung – erneut an die Urnen gedrängt. Darüber hinaus kam es

in Tschechien zu einem zähen Ringen um die Ratifikation des Vertrages (Bolesch/Winter 2009). Selbst in Deutschland war der Vertrag
von Lissabon mit einer Klage vor dem Bundesverfassungsgericht
unter Druck geraten (Janisch 2009). Daher fand auch die Europawahl
(die 7. Direktwahl zum Europäischen Parlament) am 7. Juni 2009
noch auf der alten rechtlichen Grundlage des Vertrags von Nizza statt
(ausführlich Hrbek 2009). Dass in Deutschland bei den Wahlen nicht
die Inhalte, sondern die Frage nach der Wahlbeteiligung im Vordergrund stand, macht den schwierigen Zustand EU-Europas deutlich.
In diesem Sinne stellten die in Deutschland erreichten 43,3 % (2004:
43,0 %) keine dramatische neuerliche Hiobsbotschaft dar. Selbst
wenn der EU-Reformvertrag von Lissabon letztlich alle Hürden genommen hat, so zeigen die Beispiele aus Irland, Tschechien und
Deutschland, dass mit der größeren Zahl der Mitgliedsstaaten und
angesichts der immer komplexer werdenden Materie auch die Wahrscheinlichkeit zunimmt, dass auch zukünftige Integrationsschritte im
post-Lissabon-Prozess verzögert oder blockiert werden.

Ebenfalls ambivalent fällt die Bewertung bisheriger militärischer
Einsätze der EU aus. Dieser Befund lässt sich am Beispiel der ESVP-
Mission in der Demokratischen Republik Kongo von Juli bis November 2006 veranschaulichen. Die EU führte erstmals eine autonom und
im multinationalen Rahmen geplante militärische Operation zur Unterstützung der VN durch (Auswärtiges Amt 2008a: 26f.). Nach mehr
als vierzig Jahren Diktatur und Krieg im Kongo (ausführlich Kudermann 2006) entsandte die EU auf der Basis eines Mandats des Sicherheitsrats (Resolution 1671 vom 25. April 2006) 2400 Soldaten
zur Überwachung der Parlaments- und Präsidentschaftswahlen.
Deutschland war als Führungsnation mit 780 Soldaten beteiligt.
Schon die Vorbereitung des Einsatzes offenbarte eine Überforderung
der EU, die sich zuvor nur wenig mit Konflikten in Afrika beschäftigt
hatte (ausführlich Grimm 2003). Die Koordination zwischen den
wichtigen Staaten war mangelhaft. Hinzu kamen Auseinandersetzungen über die Zahl der Soldaten, die Art der Mission, die Einsatzorte
und den Sitz des Hauptquartiers, die von der veröffentlichten Meinung als „Paradebeispiel für den pubertären Status der EU-Sicher-
heitspolitik" kommentiert wurden. Auch ein hochrangiger EU-Dip-
lomat bezeichnete die Vorgänge als peinlich (Pinzler 2006). Der
Einsatz verlief für die Soldaten vergleichsweise reibungslos, da viele
Probleme, wie etwa die Verwicklung in Kampfhandlungen oder die
Konfrontation mit Kindersoldaten nicht auftraten. „Unpassende Klei-
dung und undichte Zelte während der Regenzeit beschäftigten die

Soldaten mehr als militärische Risiken im Feld" (Johnson 2008). Der Einsatz war kein überzeugender Beweis dafür, dass die EU tatsächlich dazu in der Lage ist, einen signifikanten militärischen Beitrag zum Frieden in der Welt zu leisten. Konkrete Konzepte dafür, wo und warum die EU militärisch eingreifen soll, sind bisher nicht erkennbar und auch nicht aus der ESS ableitbar.

In diesem Kapitel wurde gezeigt, wie sich der europäische Pfeiler der Westintegration entwickelt und etabliert hat. Die Interessen Deutschlands sind auf grundlegende Weise durch den institutionellen Kontext Europas und die Europäisierung der Identität des deutschen Staates – auch wenn es eine genuin europäische Identität noch nicht zu geben scheint (ausführlich Nida-Rümelin/Weidenfeld 2007) – über Jahrzehnte geprägt worden. Vor dem Hintergrund ihrer Geschichte präferieren deutsche Regierungen seit der Gründung der Bundesrepublik multilaterale Verfahren und unterstützten den europäischen Integrationsprozess auch dann, wenn dadurch staatliche Souveränitätsansprüche beeinträchtigt oder kurzfristige Interessen betroffen waren (Hellmann 2006: 106). Die deutsche Europapolitik und die Beziehungen zu Frankreich – basierend auf unterschiedlichen Motiven und Interessen bei gleichzeitiger konstruktiver Zusammenarbeit – können als zwei Seiten derselben Medaille betrachtet werden. Die bilaterale deutsch-französische Aussöhnung im europäischen Kontext ist gelungen. Darin liegt auch eine der wesentlichen Erklärungen für den letztlich beachtlichen Erfolg der deutschen Europapolitik und die gelungene Umsetzung des Grundsatzes der Westintegration. Auch ursprünglich deutsche Europainitiativen wurden in erster Linie in einem deutsch-französischen Gewande präsentiert. Offenes unilaterales Vorgehen wurde zumeist vermieden. Auf diese Weise stellen die deutsch-französischen Beziehungen für beide Regierungen ein Instrumentarium zur Mobilisierung des gesamten politischen Apparats der EU bereit (Bulmer 2007: 55).

Aber das Koordinatensystem der deutsch-französischen Zusammenarbeit hat sich verschoben. Davon sind sowohl die äußeren Rahmenbedingungen als auch innere Befindlichkeiten des bilateralen Verhältnisses betroffen. Zunächst verlor Frankreich mit dem Zwei-plus-Vier-Vertrag den Status als Siegermacht und die damit verbundenen alliierten Vorbehaltsrechte. Dann hat sich ein Generationenwechsel vollzogen. Mit dem Tandem Kohl-Mitterand wurde die Versöhnungsgeneration, die selbst noch über Kriegserfahrungen verfügte, weitgehend abgelöst. Externe Einflüsse wie das Ende des Ost-West-Konflikts, die veränderte internationale Sicherheitsagenda, nukleare Proliferation, das Aufbrechen regionaler Konflikte in Europa (z.B. auf dem Balkan und dem Kaukasus) sowie die Auswirkungen der Globalisierung auf die nationalen Wirtschafts- und Sozialsysteme kamen hinzu. Die neue Generation der außenpolitischen Entscheidungsträger in beiden Staaten tut sich nun schwer, nach diesen Veränderungen eine neue Raison d'être der deutsch-französischen Beziehungen zu definieren (Koopmann 2007: 234).

Die Verträge von Amsterdam und Nizza sowie das Scheitern des Verfassungsvertrages und das mühevolle Ringen um den Vertrag von Lissabon haben deutlich gemacht, dass in den letzten Jahren weder von einer konstruktiven noch von einer erfolgreichen deutsch-französischen Europapolitik gesprochen werden kann. Effizienz und Legitimität der deutsch-französischen Zusammenarbeit für die europäische Integration haben nachgelassen. Insgesamt ist zu fragen, inwieweit die politischen Eliten die sozial-psychologische Dimension der Integration („den Bürgen mitnehmen") bei den vergangenen Integrationsbemühungen hinreichend berücksichtigt haben. Das Integrationsschritte dort abgelehnt werden, wo Referenden stattgefunden haben, ist zumindest ein überzufälliger Zusammenhang.

Das konsensdemokratische politische System der größer gewordenen EU ist heute durch eine hohe Zahl von Vetospielern, komplexe Verhandlungssysteme und eine polyzentrische Machtstruktur geprägt. Die EU besitzt auch mit dem Vertrag von Lissabon kein ausgeprägtes politisches Steuerungszentrum. In diesem System ist die Motorenrolle Deutschlands und Frankreichs zwar immer noch zwingend notwendig, aber allein nicht mehr ausreichend, um den europäischen Integrationsprozess entscheidend voranzubringen. Die EU ist nach den letzten Erweiterungsrunden endgültig zum schwerfälligen Tanker in stürmischer See geworden, der zwar nicht kentert, aber nur langsam vorankommt. Sie wird in der Zukunft „nicht mehr das Europa der deutsch-französischen Stellvertreterkompromisse und Paketlösungen sein, die den Integrationsprozess über Jahre vorangebracht haben" (Koopmann 2007: 236). Besonders in der gemeinsamen Außen- und Sicherheitspolitik sind substantielle Fortschritte ohne Großbritannien nicht erreichbar. So besteht die dringende Notwendigkeit, dass sich Deutschland und Frankreich zusammen mit Großbritannien über eine Fortentwicklung und Umsetzung der ESS verständigen. Das schwierige Verhältnis zur NATO zwischen den auf Eigenständigkeit bedachten Franzosen und den Deutschen, die die ESVP als europäischen Pfeiler in der NATO etablieren wollen, bleibt erhalten.

Nichtsdestotrotz werden die deutsch-französischen Beziehungen für den europäischen Integrationsprozess existentiell bleiben. Dieser liegt auch weiterhin im Interesse beider Staaten, denn sowohl Deutschland als auch Frankreich profitieren letztlich von der europäischen Integration. Nachdem das deutsch-französische Aussöhnungsprojekt über 60 Jahre nach Ende des Zweiten Weltkrieges aber nicht mehr im Vordergrund steht, muss für die deutsch-französischen Beziehungen eine neue Grundlage geschaffen werden, die die veränderten Rahmenbedingungen im größeren EU-Europa und in der Welt berücksichtigt. Die Erfolgschancen für die Bildung einer neuen identifikatorischen Basis für die Zusammenarbeit der beiden Nachbarländer sind insgesamt positiv zu bewerten, nicht zuletzt deshalb, weil Deutschland und Frankreich über erhebliche gemeinsame Ressourcen verfügen (Koopmann 2007: 239ff.). Dazu gehört das nicht zu unterschätzende Kapital jahrzehntelanger bi- wie multilateraler Kooperationserfahrungen. Dabei haben sich gemeinsame Rechtsnormen herausgebildet. Beide Staaten und Gesellschaften sind politisch, wirtschaftlich, sozial und kulturell eng miteinander verwoben (Falke 2007). Zudem besteht – bei allen unterschiedlichen Interessen und Motiven hinsichtlich vieler Konfliktgegenstände und der Finalität Europas – eine faktische Koalition des politischen Gestaltungswillens. Deutschland und Frankreich besitzen nach wie vor den Schlüssel, um den Gefahren einer lang andauernden zweiten Eurosklerose entgegenzutreten. Wollen Deutschland und Frankreich ihre politische Führungsrolle in der EU der 27 revitalisieren, müssen beide in einen Strategiedialog miteinander treten und dabei besonderen Wert darauf legen, ihre geschwundene Legitimität als bilaterale Initiativkraft in Europa wieder zu stärken. Die Finanzkrise hat dieses Defizit einer fehlenden Strategiegemeinschaft erneut offen gelegt (Weidenfeld 2009). Bemühungen zu einer Rückkehr zum deutsch-französischen Direktorium würden allerdings in die falsche Richtung gehen. Sie hätten aufgrund der mangelnden Akzeptanz in Rest-EU-Europa keinerlei Aussicht auf Erfolg.

3.1.4 USA und die NATO

Für die alte Bundesrepublik waren die Beziehungen zur Sieger- und Besatzungsmacht USA, insbesondere aus sicherheitspolitischen Gründen, essentiell. Kanzler Adenauer erkannte früh, dass nur die Anlehnung an die USA und – nach der gescheiterten EVG – die

Mitgliedschaft in der NATO den Schutz vor der Sowjetunion gewährleisten konnte. Der Ost-West-Konflikt als Strukturmerkmal des internationalen Systems hatte den Rückzug der USA aus Europa nach dem Ende des Zweiten Weltkrieges verhindert. Unter diesen Rahmenbedingungen entwickelte sich die Bundesrepublik durch ihre prekäre und für die USA geostrategisch wichtige Lage sehr schnell vom Besatzungsgebiet zum engen Verbündeten. Die USA hatten ein großes Interesse daran, die Übernahme Westdeutschlands und West-Berlins durch die Sowjetunion, die durch ihre massive Truppenpräsenz in der Ostzone als unmittelbare Bedrohung betrachtet wurde, zu verhindern. Das Verhalten der USA während der zahlreichen Krisen der 1950er und 1960er Jahre – beginnend 1948/1949 mit der Berlin-Blockade – spiegelte dieses außenpolitische Ziel wider. Die USA und die Bundesrepublik verfolgten also weitgehend parallele Interessen, wenn es um die Gestaltung der Nachkriegsordnung in Europa ging. Für die Bundesregierung entwickelte sich die Pflege guter transatlantischer Beziehungen zur Staatsräson (Haftendorn 2001: 94f.; Varwick 2005; Weidenfeld 2005; Bierling 2008). Nachfolgend sollen weder die Entwicklungen der deutsch-amerikanischen Beziehungen (ausführlich Junker 2001; Trommler 2001) noch die Geschichte der NATO (ausführlich Reinicke 2000; Varwick 2008) im Detail nachgezeichnet werden. Im Mittelpunkt soll vielmehr der Weg der Bundesrepublik in die NATO und ihr Verhalten im Bündnis stehen sowie sicherheitspolitische Konfliktlinien aufgezeigt werden.

Der Weg der Bundesrepublik in die NATO

Der von der Sowjetunion unterstützte Überfall des kommunistischen Nordkoreas auf den Süden des Landes im Juni 1950, löste Sorgen in der Bundesrepublik aus, selbst Opfer einer Aggression werden zu können. In dieser Gemengelage aus Besatzung, Teilung und Bedrohung stand die Gewährleistung der eigenen Sicherheit oben auf der Agenda. Adenauers Kalkül war Folgendes: Den USA war an einer aktiven Mitwirkung der Bundesrepublik für die Sicherheit des Westens gelegen. Als Gegenleistung sollten Sicherheitsgarantien für das Bundesgebiet und West-Berlin, der sukzessive Abbau der Besatzungsrechte sowie erweiterte Mitsprache- und Handlungsmöglichkeiten gewährt werden. Um dazu aber auch einen militärischen Beitrag leisten zu können, musste der Bundesrepublik zunächst die Wiederbewaffnung erlaubt werden. Offen war zu diesem Zeitpunkt, ob die sicherheitspolitische Einbindung der Bundesrepublik in die NATO oder die EVG erfolgen würde (Gareis 2006: 52ff).

Die USA sprachen sich für einen NATO-Beitritt aus. Frankreich wollte dies verhindern und forderte die Integration in die EVG. Anfang 1951 fand sich die Bundesregierung in beiden Verhandlungsrunden wieder. In Bonn wurden Gespräche mit der Alliierten Hohen Kommission über den NATO-Beitritt geführt, in Paris fanden Gespräche über die EVG statt. Frankreich setzte sich vorübergehend gegen die USA durch, so dass nachfolgend nur noch in der EVG verhandelt wurde. „Dies fiel dem Bundeskanzler leichter, als seinen militärischen Beratern, da er sich im Gegensatz zu Ihnen nicht auf die NATO-Lösung festgelegt hatte" (Haftendorn 2001: 44). EVG und NATO sollten durch Garantieabkommen miteinander verzahnt werden. Ein zusätzlicher Beitritt der Bundesrepublik zur NATO war nicht vorgesehen. Nach dem Scheitern der EVG am 30. August 1954 standen die „amerikanische und die deutsche Politik [...] damit vor einem Scherbenhaufen ihrer diplomatischen Bemühungen" (Haftendorn 2001: 44). Trotzdem blieb das Junktim zwischen Wiederbewaffnung und Beendigung des Besatzungsstatuts erhalten. Dennoch stellte sich für die Frage der sicherheitspolitischen Integration in den Westen neu. Der britische Außenminister Eden und sein US-Kollege Dulles setzten sich nachfolgend für die NATO-Mitgliedschaft der Bundesrepublik ein. Auf der Londoner Konferenz vom 28. September bis 3. Oktober 1954 wurde der Bundesregierung der NATO-Beitritt (und WEU-Beitritt) in Aussicht gestellt. Zudem erreichte die Bundesregierung eine Revision des Deutschlandvertrages, durch die mehr außenpolitische Souveränität erreicht wurde. Auf dieser Konferenz erklärte Adenauer zudem den Verzicht auf die Herstellung von ABC-Waffen. Auch die Anwesenheit ausländischer Truppen auf Bundesgebiet wurde auf eine neue vertragliche Grundlage gestellt (Haftendorn 2001: 46). Nachfolgend wurden am 23. Oktober 1954 in Paris die entsprechenden Verträge unterzeichnet. Mit der Ratifizierung dieser Pariser Verträge am 5. Mai 1955 war die sicherheitspolitische Westintegration der Bundesrepublik besiegelt. Adenauers Plan, „durch Westbindung und Wehrbeitrag zu Souveränität und Sicherheit zu gelangen, war aufgegangen. Die Bundesrepublik [...] war aus Sicht ihrer neuen Partner hinreichend stark eingebunden und kontrolliert [...] Binnen weniger Jahre war aus einem besetzten Feindstaat ein annähernd gleichberechtigter Partner des freiheitlichen und demokratischen Lagers geworden"(Gareis 2006: 55). Die Pariser Verträge machten aber auch klar, dass die Bundesregierung den Grund-

satz Westintegration über den Grundsatz der Wiedervereinigung
(Kapitel 3.3) gestellt hatte. Durch den unmittelbar folgenden Beitritt
der DDR zum Warschauer Pakt rückte die Wiedervereinigung in
größere Entfernung. Zu diesem Zwecke hatte die DDR ihre militärisch organisierte Kasernierte Volkspolizei in reguläre Streitkräfte als
Nationale Volksarmee umgewandelt (ausführlich Kleßmann 1991).

Die Bundesrepublik als NATO-Mitglied

Die Bundesrepublik wurde rasch zum wichtigsten Verbündeten der
USA auf dem europäischen Festland. Sie profitierte von der NATO
und trug gleichzeitig maßgeblich zum transatlantischen Bündnis bei.
Dennoch erfuhren auch die deutsch-amerikanischen Beziehungen
immer wieder Belastungen. Dazu zählt insbesondere die Berlin-Krise von 1958-1962. Während der Berlin-Krise (Chruschtschow-Ulti-
matum, Mauerbau) wuchsen „die Zweifel an der Entschlossenheit der
USA, nicht nur die Freiheit West-Berlins mit allen Mitteln zu verteidigen, sondern sich auch rückhaltlos für die Interessen der Bundesrepublik einzusetzen" (Haftendorn 2001: 97). So verfolgte die Bundesregierung die Berlin-Politik der USA, nach Kompromisslösungen
zu suchen und es über Berlin nicht zu einem militärischen Konfliktaustrag kommen zu lassen, mit Misstrauen (Haftendorn 2001: 98ff).
Der Bau der Berliner Mauer vom 13. August 1961 ist ein Beispiel für
die neorealistische Denkweise der US-Administration. Es kam insbesondere deswegen nicht zur militärischen Auseinandersetzung,
weil die Mauer den Status Quo zwar zementierte, ihn aber nicht
verändert hatte. Das Mächtegleichgewicht zwischen beiden Blöcken
war nicht bedroht bzw. verändert worden. Deutlich risikobetonter
handelten die USA hingegen bei der Kuba-Krise (ausführlich Beschloss 1991; Allison/Zelikow 1999), ausgelöst durch die Einrichtung sowjetischer Stützpunkte für kernwaffenfähige Mittelstreckenraketen auf der Karibik-Insel, im Oktober 1962. Auch hier ist die
außenpolitische Sichtweise der USA durch den Neorealismus gut
erklärbar. Das ungleich konfrontativere Herangehen an diese Krise
erklärt sich dadurch, dass die sowjetischen Raketen auf Kuba das
bipolare Mächtegleichgewicht verschoben hätten. Trotz des theoretisch erklärbaren US-Verhaltens beim Mauerbau fühlte sich die Bundesregierung in ihren Bedenken bestätigt. So suchte US-Präsident
Kennedy unmittelbar nach dem Mauerbau das Arrangement mit der
Sowjetunion. Adenauer erfuhr hingegen Unterstützung von de Gaulle. Daraus entstand die vielzitierte Freundschaft „zweier alter Män-

ner". In diesem Sinne war der deutsch-französische Freundschafts-vertrag auch ein Ergebnis der Berlin-Krise und der Irritationen zwischen Bundesregierung und Kennedy-Administration (ausführlich Steiniger 2001).

Dennoch blieb die Bundesrepublik auf gute Beziehungen zu den USA und den Schutz der NATO angewiesen. Die Bundeswehr wurde als Bündnisarmee konzipiert und aufgebaut. Die Bundesrepublik erwies sich als treuer Bündnispartner der USA in der NATO. Ganz anders Frankreich. Die Abkehr der NATO von ihrer Strategie der „Massiven Vergeltung" bedeutete für Frankreich die Abschwächung der nuklearen Schutzgarantie durch die USA. Sie wurde auch als Rechtfertigung für die französischen Bemühungen um eigene Kernwaffen benutzt. Die US-Kritik an unabhängigen französischen Nuklearstreitkräften und die Ablehnung einer nuklearen Kooperation mit Paris wurden als Kampfansage an die französische Politik begriffen. Frankreich erklärte im März 1966 seinen Rückzug aus der Integration und zog seine Vertreter aus den militärischen NATO-Gremien ab. In den USA wuchs die Sorge, die Bundesregierung könnte den Franzosen aus gleichen Gründen folgen. So ergab sich für die Bundesrepublik ein doppeltes Problem: „Auf keinen Fall wollte sie die Schutzzusage der Vereinigten Staaten riskieren. Ihre Ablehnung des neuen von Washington entwickelten Konzeptes konnte daher nur so weit gehen, wie dadurch weder die Beziehungen zu den USA nachhaltig belastet noch der Zusammenhalt des Bündnisses gefährdet wurden" (Haftendorn 2001: 116f.).

Insgesamt kam die Äquidistanzpolitik der Bundesregierung in diesen Jahren in unruhigeres Fahrwasser. Atlantiker und Gaullisten lieferten sich heftige Auseinandersetzungen. Letztlich kam es in der NATO für die Bundesregierung zu einem akzeptablen Kompromiss, als im Dezember 1967 die Strategie der „flexible response" auf der NATO-Ratssitzung verabschiedet wurde. Im Schlusskommunique heißt es: „Die Konzeption [...] beruht auf einer flexiblen und ausgewogenen Skala geeigneter konventioneller und nuklearer Reaktionen auf alle Arten von Angriffen oder Angriffsdrohungen. Diese Reaktion, gemäß zuständiger politischer Kontrolle, sollen zunächst einen Angreifer abschrecken und dadurch den Frieden wahren; sollte es aber dennoch bedauerlicherweise zu einem Angriff kommen, sollen sie die Sicherheit des Nordatlantik-Vertragsgebietes im Sinne der Vorwärtsverteidigung gewährleisten" (Ministertagung des Nordatlantikrats 1967: 1256ff.; ausführlich Miller 1984).

Diese Strategie hatte bis zum Ende des Ost-West-Konflikts Bestand. Parallel wurde von der NATO am 13./14. Dezember 1967 der Harmel-

Bericht (Bericht des Rats über die künftigen Aufgaben der Allianz)
verabschiedet. Auf dessen Grundlage sollte die Politik der NATO an
die beginnende Ost-West-Annäherung angepasst werden. Verkürzt lautete die Formel: Sicherheit = Entspannung plus Verteidigung. Das Kern-
ziel war eine friedliche und stabile politische Ordnung in Europa. Dieses Ziel sollte durch eine Kombination von militärischen und politischen
Mitteln erreicht werden. Militärisch wollte die Allianz am Prinzip der
Abschreckung und Stärke festhalten. Parallel dazu sollten mit politisch-
diplomatischen Mitteln Stabilisierung und Entspannung herbeigeführt
werden. Diese Zwei-Säulen-Theorie besagt also, dass militärische Sicherheit und Entspannungspolitik keinen Widerspruch, sondern eine
gegenseitige Ergänzung darstellen. Dies lag genau im Interesse der
Bundesregierung, die durch den damaligen Staatssekretär Schütz aus
dem Auswärtigen Amt an der in Untergruppen organisierten Arbeit am
Harmel-Bericht aktiv beteiligt war. Für die Bundesregierung hatte der
Harmel-Bericht zur Folge, dass ihre NATO-Mitgliedschaft nicht mehr
zur Disposition stand. Auch folgte kein anderer Staat mehr dem französischen Beispiel (Haftendorn 2001: 126ff.). Die nachfolgenden Jahre waren von Entspannungsinitiativen in Ost und West mit Rüstungskontrollverhandlungen gekennzeichnet (Détente).

Der NATO-Doppelbeschluss

Als die Sowjetunion Mitte der 1970er Jahre ein neues Rüstungspro-
gramm initiierte und damit begann, die auf Westeuropa gerichteten ver-
alteten SS-4 und SS-5 Mittelstreckenraketen durch die SS-20 zu moder-
nisieren, herrschte in der NATO zunächst keine Einigkeit über eine
Reaktion (ausführlich Mechtersheimer 1981). Während die neue US-
Administration unter Präsident Carter weitere Rüstungskontrollgespräche vorschlug, machte sich die Bundesregierung unter Kanzler Schmidt
Gedanken um die Aufrechterhaltung des strategischen Gleichgewichts.
Die Stationierung der SS-20 und die Neigung der USA, der Sowjetunion weit reichende Zugeständnisse zu machen, führten zu einer Belastung der bilateralen Beziehungen. Die Bundesregierung sah die Suche
nach einer eigenen Modernisierung veralteter Waffensysteme (insbesondere Backfire-Bomber) dringlicher als die USA. Zudem wurden
angebliche Pläne der USA bekannt, das NATO-Prinzip der Vornever-
teidigung aufzugeben und sich im Falle eines sowjetischen Angriffs auf
eine Linie Mitten in der Bundesrepublik (Weser-Lech-Linie) zurückzuziehen und damit große Teile des Landes zu opfern. Diese aus deutscher
Sicht schwer kalkulierbare US-Politik führte zu der berühmten Rede

von Schmidt am 28. Oktober 1977 vor dem International Institute for Strategic Studies in London. Dort forderte Schmidt das Prinzip der Parität für alle Waffenarten, was an das neorealistische Mächtegleichgewichtsdenken anknüpft. Nach kontroversen NATO-internen und auch innenpolitischen Diskussionen – entlang der Konfliktlinie Auswärtiges Amt (Nachrüstung) vs. Kanzleramt (politische Alternativen) – über die Frage, welche Waffensysteme für eine Modernisierung in Frage kommen würden, fiel letztlich die Entscheidung für die Stationierung von Pershing II-Raketen als Ersatz für die Pershing I-A.

Am 13. Juni 1979 hatte sich die Bundesregierung in einer Sitzung des Bundessicherheitsrats für den Doppelbeschluss ausgesprochen. Am 10. Oktober billigten das Kabinett sowie am 17. Oktober 1979 der Auswärtige Ausschuss und der Verteidigungsausschuss des Bundestages den NATO-Doppelbeschluss. Die Außen- und Verteidigungsminister der NATO einigten sich am 12. Dezember 1979. Die von der Bundesregierung bevorzugte Variante der Nicht-Nachrüstung war nun maßgeblich vom Verhandlungsgeschick und –willen der USA und der Sowjetunion abhängig. Die Koppelung von Stationierung an Verhandlungen gab der Sowjetunion faktisch ein Mitspracherecht über die Nachrüstung. Sie wurde auch in die Lage versetzt, die bündnis- und innenpolitischen Kosten für die Bundesrepublik hochzutreiben (Haftendorn 2001: 269ff). Die Krisen in Afghanistan und Polen (Kapitel 3.2.4) sowie das Scheitern die KSZE-Nachfolgekonferenz in Belgrad führten zu einer drastischen Verschlechterung der Ost-West-Beziehungen und machten einen Verhandlungserfolg unwahrscheinlicher. Es kam zu einer Erosion des sicherheitspolitischen Konsenses in der Bundesrepublik. Aus einer eigentlich ökologisch motivierten Protestbewegung entwickelte sich eine Friedensbewegung, die mit Massenkundgebungen den Verzicht auf die Stationierung der Pershing II-Raketen forderte (ausführlich Heiß/Lutz 1984). In diesem Sinne wurde der Doppelbeschluss zu einer innenpolitischen Zerreisprobe für die Bundesrepublik. Da die Rüstungskontrollgespräche zwischen der USA und der Sowjetunion 1983 abgebrochen wurden, setzte die NATO den Doppelbeschluss trotz weiterer Massendemonstrationen in mehreren Mitgliedsstaaten und damit gegen breite Teile der öffentlichen Meinung (Kapitel 2.2.3) durch.

Strategic Defence Initiative (SDI)

Der Doppelbeschluss war eine Antwort auf die sowjetische Aufrüstung und in diesem Sinne Ausdruck einer reaktiven Grundhaltung. Der neue

US-Präsident Ronald Reagan verfolgte hingegen eine aktivere Politik. In seiner Evil Empire-Rede vom 8. Juni 1982 rief er zu einem „Kreuzzug für die Freiheit" und Kampf für die Demokratie auf. Die Sowjetunion stand für Tyrannei, Totalitarismus und Unterdrückung. Sie war daher zu schwächen. Dazu waren eine schlagkräftige NATO und militärische Entschlossenheit erforderlich. Ein Kernstück dieser Politik der Stärke war SDI (ausführlich Fitzgerald 2001). Am 23. Mai 1983 kündigte Reagan Forschung und Entwicklung eines Verteidigungssystems gegen sowjetische Interkontinentalraketen an. Sowjetische Raketen sollten vor der Anflugphase auf die USA zerstört werden. Auf diese Weise sollte die Bedrohung durch strategische Kernwaffensysteme minimiert werden. Die Vision war ein weltraumgestütztes System als Schild. Die USA wären dann mit Schild und Schwert ausgestattet, während die Sowjetunion nur über ein Schwert (die eigenen Kernwaffen) verfügte. Die technische Realisierbarkeit war umstritten. Aber die bloße Ankündigung der Idee eines Abwehrschildes wurde zu einer Wende im Ost-West-Konflikt, da ihre Umsetzung das Prinzip der Abschreckung – gegenseitige Verwundbarkeit durch gesicherte Zweitschlagfähigkeit als Stabilitätsfaktor – ausgehebelt hätte. Das prekäre Gleichgewicht der „Mutually Assured Destruction" (MAD) wäre aus der Balance gebracht worden. Die USA hätten einen strategischen Vorteil erlangt. Im Grunde war SDI keine militärische, sondern eine ökonomische Strategie, wie Reagans Sicherheitsberater McFarlane im Nachhinein betonte (ARD 2008). Die Sowjetunion sollte durch einen neuerlichen Rüstungswettlauf ökonomisch „todgerüstet" werden.

Die Bundesregierung war gespalten. SDI war ein weiteres Beispiel für die Konfliktlinie zwischen Kanzleramt und Auswärtigem Amt. Der Außenminister lehnte eine Zusammenarbeit mit Washington bei Forschung und Entwicklung von SDI ab. Genscher befürchtete, dass durch SDI die deutsche Ostpolitik gefährdet würde, wenn die Bundesregierung nach dem NATO-Doppelbeschluss auch noch bei SDI mit den USA kooperieren hätte. Kohl hingegen war für eine Unterstützung der USA (Der Spiegel 1985: 17f.). Mit dem Amtsantritt von Gorbatschow verbesserten sich die Ost-West-Beziehungen wieder und es kam zu erfolgreichen Abrüstungs- und Rüstungskontrollverhandlungen. SDI wurde bis heute nicht realisiert.

Zusammenfassend ist festzustellen, dass Berlin-Krise, NATO-Strategie, Doppelbeschluss und SDI Gründe für transatlantische sowie innenpolitische Spannungen waren. Trotzdem blieb der Zusammenhalt der NATO – mit der Ausnahme Frankreichs – gewahrt. Ein Austritt der Bundesrepublik – in den 1980er Jahren von den Grünen gefordert; auch Teile der SPD hatten lange Zeit ein ambivalentes Verhältnis zur NATO – stand letztlich nie ernsthaft zur Debatte. Bei den Zwei-plus-Vier-Verhandlungen (Kapitel 3.3.6) erhielt die Bundesrepublik durch die USA erhebliche Unterstützung. Die Kernforderung der USA für diese Unterstützung war die Mitgliedschaft des vereinten Deutschland in der NATO (formal: Freie Bündniswahl).

Das vereinte Deutschland und der Wandel der NATO

Die transatlantischen Beziehungen wie auch die Rolle der NATO mussten nach dem Ende des Ost-West-Konflikts in vielerlei Hinsicht auf eine neue Grundlage gestellt werden. Die bipolare Weltordnung war zusammengebrochen. Die USA als NATO-Führungsnation waren nach der Implosion der Sowjetunion die einzig verbliebene Supermacht (ausführlich Nye 2002). Die Bundesrepublik hatte für die USA ihre herausragende geostrategische Relevanz eingebüßt. Auch die NATO musste ihre Existenzberechtigung neu begründen, nachdem ihre bisherige Geschäftsgrundlage abhanden gekommen war.

Der Warschauer Pakt (ausführlich Diedrich 2009) wurde aufgelöst, die NATO aber nicht. Neorealisten hatten hingegen die Auflösung der NATO nach dem Ende des Ost-West-Konflikts prognostiziert (Kapitel 1.3.1). Größeres theoretisches Erklärungspotential für den Fortbestand der NATO bietet stattdessen die neoinstitutionalistische Perspektive (Kapitel 1.3.2). Sie weist auf bewährte Funktionen hin, die multilaterale Institutionen erbringen, auf die die Mitgliedsstaaten nicht verzichten wollen: z.B. Reduktion von Transaktionskosten, Schaffung von Vertrauen, Erhöhung des zwischenstaatlichen Informationsflusses (Colschen 1998: 200ff). Die NATO aufzulösen, um dann im Krisenfall transatlantische sicherheitspolitische Kooperationsstrukturen wieder neu zu institutionalisieren, wäre aufwändiger und mit mehr schwer kalkulierbaren Unwägbarkeiten verbunden, als die Aufrechterhaltung und Anpassung vorhandener Strukturen. Um die NATO zukunftsfähig zu machen, musste das Bündnis aber an die veränderte Sicherheits- und Bedrohungslage angepasst werden.

Neue strategische Konzepte, Militäreinsätze und Osterweiterung

Die NATO-Mitgliedsstaaten kooperieren auf dem Prinzip der Intergouvernementalität. Sie haben keine Souveränitätsrechte an die NATO abgegeben. Ein markantes Unterscheidungsmerkmal zwischen der NATO und anderen Militärbündnissen ist die integrierte Militärstruktur. Auf das Ende des Ost-West-Konfliktes hatte die NATO zunächst rasch mit der ersten Veränderung des strategischen Konzeptes seit 1967 reagiert. Erstmals musste sie eine Strategie ohne konkreten Gegner entwickeln. Dabei wurde im November 1991 in Rom der defensive Charakter des Bündnisses unterstrichen (ausführlich Gordon 1997, Varwick/Woyke 2000). Letztlich erwies sich diese Reaktion der NATO aber als überstürzt, denn das Konzept konnte – so kurz nach dem Zerfall der Sowjetunion – noch nicht die dramatischen strategischen Veränderungen in Gänze reflektieren. Es gab z.B. keine Partnerschaftsprogramme, keine ernsthafte Erweiterungsdebatte und auch keine Diskussion über Bedrohungen außerhalb des Vertragsgebiets. Immerhin wurde die Vielfalt möglicher Bedrohungsszenarien berücksichtigt, ein umfassenderer Sicherheitsbegriff sowie – jenseits von reiner kollektiver Verteidigung – Maßnahmen zum Krisenmanagement und zur Konfliktprävention benannt (u.a. Bildung von Krisenreaktionskräften). So bot die NATO im Juni 1992 den VN und der KSZE die Bereitstellung militärischer Kapazitäten zur Unterstützung von Friedensmissionen an. Dies war eine signifikante Erweiterung der Aufgaben. Schon ab Herbst 1992 begannen derartige Einsätze, als die NATO ein vom VN-Sicherheitsrat verhängtes Handels- und Waffenembargo sowie ein Flugverbot gegen das ehemalige Jugoslawien überwachte.

1996 trat die NATO im Rahmen der Stabilization Force (SFOR) in Bosnien-Herzegowina erstmals als Mandatsträger der VN auf, um die Umsetzung des Friedensabkommens von Dayton zu überwachen. SFOR bestimmte modellhaft die Entwicklung nachfolgender NATO-Missionen (z. B. Einsatzverbände mit Kontingenten aus unterschiedlichen Staaten). Beide Missionen fanden mit deutscher Beteiligung statt. Umfang und Fähigkeiten der Streitkräfte wurden auf die Situation vor Ort zugeschnitten. Die Bundesregierung unterstützte diesen Wandel und versuchte, eigene Akzente zu setzen. Zudem beteiligte sich Deutschland trotz teilweise vehementer innenpolitischer Debatten sowie anhängiger Bundesverfassungsgerichtklagen an Militärmissionen der NATO (Kapitel 3.8). Die Transformation der NATO führte auch zu einem – wenn auch überaus zähen – Modernisierungsprozess der Bundeswehr, der bis heute anhält (Clement 2007, Varwick 2007). Weiterhin versuchte die Bundesregierung, die GASP und NATO in eine gute Balance zueinander zu setzen.

Es dauerte aber bis 1999, als die NATO auf ihrem Gipfeltreffen am 24. April – während des Kosovo-Konflikts – in Washington ein bis heute gültiges Strategisches Konzept beschloss (NATO 1999). Dort wurde das strategische Umfeld in einer erweiterten Beschreibung von Sicherheitsgefährdungen – z. B. Massenvernichtungswaffen – erfasst. Hinzu kamen Komponenten wie Partnerschaft, Kooperation und Erweiterung. Die Bundesregierung unter Kanzler Kohl setzte sich insbesondere für die Mitgliedschaft osteuropäischer Staaten ein. Daher lag „die weitere Stabilisierung Ostmitteleuropas durch wachsenden Wohlstand und Sicherheit sowie durch die Unumkehrbarkeit der Entwicklung in den Nachbarstaaten zu Freiheit und Demokratie im besonderen Interesse Deutschlands" (Gareis 2006: 133). Nach eigenem historischem Vorbild (Westintegration) waren NATO und EU für diese Ziele die geeigneten Organisationen. So setzte sich Verteidigungsminister Rühe als einer der ersten Politiker des Westens nicht nur für eine Assoziierung, sondern den Beitritt der osteuropäischen Staaten zur NATO ein. Zu diesem Zeitpunkt waren die USA, Frankreich und Großbritannien noch zögerlich. Sie waren für eine lockerere Anbindung entlang des Nordatlantischen Kooperationsrates oder des Programms Partnership-for-Peace; d.h. ohne Sicherheitsgarantien oder klare Beitrittsperspektiven. Deutschland wurde schnell zum Anwalt der in die NATO drängenden osteuropäischen Staaten. Diese nachdrückliche deutsche Befürwortungspolitik war 1997 erfolgreich, als Polen, Tschechien und Ungarn auf dem NATO-Gipfel in Madrid Beitrittsgespräche angeboten wurden (Afanasjev 2005). Deutschland bemühte sich auch, die NATO-Kompatibilität der Beitrittsstaaten zu verbessern (z.B. Vorbereitungskurse an der Führungsakademie der Bundeswehr). Parallel wurden die guten deutsch-russischen Beziehungen in der Kohl-Jelzin-Ära (Kapitel 3.2.6) genutzt, um notwendige Abstimmungen mit Russland herbeizuführen. So wurde Russland zugesichert, dass auf dem Territorium der neuen Mitgliedsstaaten weder Kernwaffen noch NATO-Truppen stationiert werden würden (Gareis 2006: 133 ff). Darüber hinaus wurde die wachsende Bedeutung der EU in der Sicherheitspolitik betont. Es wurde noch vermieden – auch auf Drängen Deutschlands – einen explizit globalen Handlungsrahmen für die NATO zu schaffen. Diesen hatten die USA gefordert. Ob NATO-Einsätze zwingend durch einen Beschluss des Sicherheitsrats legitimiert sein müssen, ließ das strategische Konzept von 1999 offen (Gareis 2006: 139).

Bemerkenswert war das 1994 vorgelegte Verteidigungsweißbuch. Das Weißbuch war der erste maßgebliche Referenzrahmen für die Sicherheitspolitik des vereinten Deutschlands. Die Verteidigungspolitischen Richtlinien vom Mai 2003 sind gleichsam als Fortentwicklung des Weißbuchs zu verstehen. Diese Richtlinien haben nicht nur die Zugehörigkeit zur NATO als Grundlage seiner nationalen Sicherheit bezeichnet, sondern darüber hinaus unterstrichen, dass Deutschland eine herausragende Rolle und Verantwortung für den künftigen Kurs der NATO zukommt (Szabo 2007: 356). Wenn auch Deutschland bei militärischen Missionen schnell zu einem der größten Truppensteller wurde und deutsche Generäle multinationale Einsatzverbände befehligten, so war das Verhalten Deutschlands „eher reaktiv und der Bündnisräson geschuldet. [...] Wesentliche eigene, seinem Engagement entsprechende strategische und operative Impulse, wie die Strukturen und Fähigkeiten des Bündnisses weiterentwickelt werden [...] brachte Deutschland indes nicht ein. [...] Die Initiativen [...] gingen vorrangig von den USA aus, während Deutschland und Frankreich die Dynamik tendenziell zu bremsen versuchten und sich ab 1999 zunehmend als Gegenlage zu den USA zu verstehen begannen" (Kaim 2007: 90f).

Der Krieg im Kosovo war für die NATO – auch wegen des fehlenden VN-Mandats – eine erste schwere Belastungsprobe für ihre innere Kohärenz. Die USA dominierten den Einsatz und flogen 80% der Luftangriffe. Viele europäische Staaten, darunter Deutschland mit der neuen rot-grünen Bundesregierung, hätten stärker auf diplomatische Konfliktbearbeitungsstrategien gesetzt. Zudem lehnte es die Regierung Schröder ab, den Einsatz von Bodentruppen überhaupt in Erwägung zu ziehen (Szabo 2007: 356). Die Terroranschläge vom 11. September 2001 schafften dann etwas, was im Ost-West-Konflikt nie zum Tragen gekommen war. Die NATO rief gemäß Artikel 5 des NATO-Vertrages erstmals und bisher zum einzigen Mal den Bündnisfall aus. Die USA nahmen das Angebot der NATO formal an, verzichteten dann aber beim Afghanistan-Einsatz auf die Ressourcen des Bündnisses.

Für den Transformationsprozess der NATO bedeutete das Prager Gipfeltreffen vom 21./22. November 2002 eine Zäsur. Hier wurde einerseits die zweite Runde der Osterweiterung beschlossen. Nach teilweise vorheriger Einbindung in Programme wie Partnerschaft für den Frieden, Euro-Atlantischer Partnerschaftsrat Mittelmeerdialog oder der Istanbul-Kooperationsinitiative sollten auch Bulgarien, Estland, Lettland, Litauen, Rumänien, die Slowakei und Slowenien in die NATO aufgenommen werden. Das gelang 2004. Ferner kam es zu Kooperationsarrangements mit Russland (NATO-Russland-Rat seit 2002) und der Ukraine (NATO-Ukraine-Charta seit 1997, NATO-Ukraine-Aktionsplan seit 2002). Hinzu kamen interne Strukturreformen. Die NATO befasste sich mit neuen Herausforderungen und abstrakteren Risiken (z.B. Terrorismus, Bürgerkriege). Auch konnten sich die USA hinsichtlich des weltweiten Aktionsradius der NATO durchsetzen. Das Bündnis sollte gemäß Ziffer 4 der Gipfelerklärung in die Lage versetzt werden „Streitkräfte einzusetzen, die dorthin verlegt werden können, wo sie nach der Entscheidung durch des Nordatlantikrates benötigt werden und die Fähigkeit besitzen, Operationen über Zeit und Raum zu führen [...] und ihre Ziele zu erreichen" (zitiert nach Gareis 2006: 145). Es kam also insgesamt zu einem Funktionswandel. Das Bündnis kollektiver Verteidigung – gerichtet gegen einen spezifischen Feind – wandelte sich zusehends in die Richtung eines Bündnisses kollektiver Sicherheit. Ein Kernstück war die Einrichtung der NATO-Reaktionskräfte. Rund 20.000 Soldaten sollten weltweit (Out-of-Area) binnen weniger Tage einsetzbar sein. Die Mitgliedsstaaten verpflichten sich, dafür Streitkräfte bereit zu halten. Deutschland widersetzte sich den Plänen der USA nicht und sagte 5.000 Soldaten zu, obwohl die Bundesregierung darin einen Versuch der USA sah, die gleichfalls geplanten Krisenreaktionskräfte der ESVP zu torpedieren. Auch die interne Kommandostruktur wurde in Prag durch die Reduzierung der integrierten Stäbe und die Bildung kleinerer, schnell verlegbarer Hauptquartiere dem Anspruch einer flexibel und global tätigen Organisation angepasst. Politisch-konzeptionell war die rot-grüne Bundesregierung auf dem Prager Gipfel allerdings eher passiv geblieben, hatte sich den Entwicklungen angeschlossen und ihre sicherheitspolitische Konzeption nachfolgend in den Verteidigungspolitischen Richtlinien vom Mai 2003 daran ausgerichtet (Kaim 2007: 91f.).

Der Irak-Konflikt und „poisoned relations"

Nach dem Kosovo-Krieg wurde auch der Irak-Krieg (Kapitel 3.6.2) zur schweren Belastung für die NATO. In der rot-grünen Bundesregierung kam es auf der Ebene der Spitzenpolitiker zu signifikanten Verwerfungen, die zu einer Belastung der bilateralen Beziehungen zu den USA führten und auch die Rolle Deutschlands in der NATO beeinflussten (ausführlich Andrews 2005). Im Vorfeld war die NATO die Bühne für eine Auseinandersetzung zwischen Befürwortern und Gegnern einer militärischen Konfliktbearbeitung. Die Suche nach Unterstützung wurde von den USA in erster Linie bilateral betrieben, nicht im multilateralen NATO-Rahmen. Aber im Januar 2003 forderten die USA den NATO-Rat dann doch zu Hilfsleistungen auf (u.a.

AWACS-Aufklärer, Schutzleistungen für die Türkei, Truppen für den
Nachkriegsirak). Zu diesem Zeitpunkt hatte die Regierung Schröder
schon längst – seit Sommer 2002 – entschieden, sich nicht am Irak-
Krieg zu beteiligen. Der „Brief der Acht" vom 31. Januar 2003 machte indes deutlich, dass die NATO wie auch die EU in der Irak-Frage
gespalten waren. Dort hatten sich Großbritannien, Spanien, Polen,
Portugal, Ungarn, Tschechien, Italien und Dänemark für eine Unterstützung der USA ausgesprochen. Auf der anderen Seite standen
Deutschland und Frankreich. Beide suchten im März 2003 gemeinsam mit Belgien und Luxemburg auf dem so genannten Pralinen-
Gipfel nach europäischen Alternativen zur US-Politik, was die Kluft
zwischen beiden Lagern verbreiterte. Einerseits trug Deutschland alle
Entscheidungen zum Nachkriegsirak im NATO-Rat mit und leistete
nach der formalen Wiederherstellung der Souveränität des Staates am
30. Juli 2004 signifikante Unterstützungsleistungen (humanitäre Hilfe, Wiederaufbau, Ausbildung von Multiplikatoren, Aufbau der irakischen Polizei, Verwaltung und Streitkräfte) (Auswärtiges Amt
2008b). Andererseits beteiligte sich Deutschland z.B. nicht an der
NATO-Ausbildung irakischer Sicherheitskräfte. Die von Deutschland durchgeführten Ausbildungsprogramme beruhten vielmehr auf
bilateralen Vereinbarungen mit dem Irak (Gareis 2006: 142 ff).

Letztlich hatte Deutschland sich in der NATO offen gegen die USA
gestellt. Vorübergehend wurde gar der Anschein einer (neorealistischen) Gegenmachtbildung gemeinsam mit Frankreich erweckt, was
die Handlungsfähigkeit des Bündnisses beeinträchtigte. Wenn auch
auf wirtschaftlicher, gesellschaftlicher und kultureller Ebene die
deutsch-amerikanischen Beziehungen eng geblieben waren und auf
den Arbeitsebnen der Bürokratien ohnehin weitgehend „business as
usual" stattfand, so hatte der Irak-Krieg dennoch eine tiefe Krise der
bilateralen Beziehungen zur Folge. Latent vorhandene Spannungen
– z.B. aufgrund der Ablehnung multilateraler Initiativen wie dem
Kyoto-Protokoll oder dem Internationalen Strafgerichtshof durch die
US-Administration – verschärften sich. Als dann noch die damalige
Justizministerin Bush mit Hitler verglich und Schröder nur ein mildes
Entschuldigungsschreiben an Bush schickte, waren zumindest die
persönlichen Beziehungen irreparabel beschädigt (Szabo 2007: 360).
Die „poisened relations", von denen Condoleezza Rice sprach, mach-
ten sich nachfolgend auch in der deutschen NATO-Politik bemerkbar.
Zu größeren Verwerfungen kam es im Februar 2005. Auf der Münch-
ner Sicherheitskonferenz erklärte Kanzler Schröder – die Rede wurde aufgrund einer Erkrankung Schröders von Verteidigungsminister

Struck verlesen –, dass die NATO nicht mehr der primäre Ort sei, an dem die transatlantischen Partner ihre strategischen Vorstellungen konsultieren und koordinieren. Schröders Rede wurde vielfach als ein Versuch der Schwächung der NATO gewertet (Hyngar 2005).

Die Große Koalition und die Rückkehr zur Äquidistanzpolitik

Die Regierung Merkel/Steinmeier war zunächst maßgeblich damit beschäftigt, die gestörten bilateralen Beziehungen zu heilen. Schon in der Koalitionsvereinbarung wurde die NATO bezeichnet als „der stärkste Anker unserer Sicherheits- und Verteidigungspolitik. Wir setzen uns dafür ein, dass die Atlantische Allianz zum zentralen Ort des transatlantischen sicherheitspolitischen Dialogs wird, an dem die transatlantischen Partner ihre strategischen Vorstellungen gleichberechtigt konsultieren und koordinieren. Auch dadurch wollen wir die Allianz stärken" (Koalitionsvertrag 2005: 152). Im Februar 2006 sorgte Kanzlerin Merkel auf der Münchner Sicherheitskonferenz nicht nur mit ihrem klaren Bekenntnis zur NATO und deren Vorrang in der westlichen Sicherheitspolitik für Aufsehen: „Heute ist die NATO die Klammer der transatlantischen Interessenvertretung und des transatlantischen Werteverbundes. Sie muss auch der Ort sein, an dem politische Gespräche über neue Konfliktherde auf der Welt geführt werden, und sie sollte der Ort sein, an dem politische und militärische Aktionen koordiniert werden" (Merkel 2006). Dies entsprach nicht nur der Formulierung aus dem Koalitionsvertrag, sondern war auch hinsichtlich der Wortwahl eine intendierte Replik auf Schröders Aussage vom Februar 2005. Auf dieser Konferenz forderte Merkel auch ein neues Strategisches Konzept; eine Forderung, die sie anlässlich des NATO-Gipfels 2009 erneuerte. Gute Argumente dafür liegen auf der Hand: Seit der Verabschiedung des letzten Konzepts 1999 haben sich durch die Anschläge vom 11. September und die Kriege in Afghanistan und im Irak die sicherheitspolitischen Verhältnisse verändert.

Tatsächlich ist die NATO in einer schlechten Verfassung. Das strategische Konzept ist überholt. Ob ein Dialog über ein neues Konzept die vorhandenen Uneinigkeiten unter den NATO-Mitgliedsstaaten einebnen kann oder eher weiter befördern würde, ist schwer prognostizierbar. Festzuhalten ist aber, dass der Riss in der NATO („altes Europa vs. „neues Europa"), den der Irak-Krieg offen gelegt hatte, durch Nicht-Handeln nicht gekittet werden kann (ausführlich Schuster 2004). Ein weiterer Konfliktpunkt ist die NATO-Erweiterung. Beim NATO-Gipfel 2008 in Bukarest konnten sich die USA mit ihrer Forderung nach einer Aufnahme Georgiens und der Ukraine nicht durchsetzen. Der Widerstand kam auch aus Deutschland. Der Konflikt um die NATO-Mitgliedschaft Georgiens vom Frühjahr 2008, die mit Rücksichtnahme auf Russland und trotz der Befürwortung durch die USA zurückgestellt worden war, war auch deswegen besonders pikant, weil im Sommer 2008 der russisch-georgische Konflikt über die Grenzregion Südossetien eskaliert war. Am 19. August 2008 war daraufhin auch die Arbeit des NATO-Russland-Rats vorübergehend ausgesetzt worden.

Die Große Koalition konnte die bilateralen Beziehungen sichtbar verbessern. Angela Merkel „gelang das Kunststück, das angespannte deutsch-amerikanische Verhältnis mit der ihr eigenen Kombination von vermittelnder Empathie und nüchtern-sachlicher Offenheit wieder ins Lot zu bringen" (Stelzenmüller 2009: 7). Die diplomatische Eiszeit auf der Ebene der Spitzenpolitiker konnte beendet werden. Dennoch ging auch die schwarz-rote Bundesregierung nicht auf Schmusekurs zu den USA. So hat Merkel nicht nur mehrfach die Schließung des umstrittenen Gefangenenlagers in Guantanamo auf Kuba gefordert, sondern lehnt auch eine weitreichende Ausdehnung der militärischen Beteiligung Deutschlands in Afghanistan ab. Nicht nur die angekündigte Schließung von Guantanamo, sondern auch die Zusammenarbeit zur Bewältigung der globalen Finanz- und Wirtschaftskrise und die Hinwendung der USA zum außenpolitischen Grundsatz des Multilateralismus (Kapitel 3.6) sind Indizien dafür, dass sich die deutsch-amerikanischen Beziehungen weiter auf dem Wege der Besserung zu befinden scheinen.

Zusammenfassend lässt sich feststellen, dass die deutsch-amerikanischen Beziehungen heute nicht mehr primär durch die historischen Erfahrungen aus der Nachkriegszeit geprägt sind. Auch die Rolle der NATO als Sicherheitsgarant hat sich verschoben. Sie hatte beide Staaten eng miteinander verbunden und war „angesichts der strikt defensiven Orientierung bundesrepublikanischer Sicherheits- und Verteidigungspolitik insofern das perfekte Bündnis, weil dessen strategische Rolle ebenfalls auf die gemeinsamen Verteidigungsanstrengungen begrenzt blieb. [...] Der beachtliche militärische Beitrag Deutschlands zum Bündnis konnte so in der Zuversicht geleistet werden, nie zum Einsatz kommen zu müssen" (Gareis 2006: 129). Diese Bindewirkung hat abgenommen. Auch in der alten Bundesrepublik waren die Beziehungen zu den USA, die sich auf US-Seite oft in freundlichem Paternalismus äußerten (Stelzenmüller 2009: 7), keineswegs immer harmonisch. Auch hier wurden Konflikte ausgetragen, die allerdings nie Fundament und Substanz der Beziehungen in Frage stellten. Nach dem Ende des Ost-West-Konflikts behielten beiden Staaten zunächst die NATO im Zentrum ihrer sicherheitspolitischen Überlegungen. Die deutsche NATO-Politik war in der Regierung Kohl von Kontinuität geprägt. Deutschland blieb ein treuer und verlässlicher Bündnispartner, der seine Einstellung zu Auslandseinsätzen der Bundeswehr modifizierte ohne seine Selbstwahrnehmung als Zivilmacht aufzugeben (Kapitel 3.8). Die Phase von 1990 bis 1998 kann insgesamt bezeichnet werden als Phase der „proaktiven, konzeptionellen Mitwirkung an der Politisierung der NATO als europäischer Stabilitätsanker" (Gareis 2006: 130).

Die rot-grüne Regierung hatte diese Politik trotz der inneren Zerrissenheit im Kosovo-Krieg zunächst fortgeführt. Die bilateralen Verwerfungen im Zuge des Irak-Krieges waren allerdings von neuer Qualität und führten zu einer zeitweisen Entfremdung, so dass sogar das gemeinsame Wertefundament in den Hintergrund rückte. Das deutsche Verhalten war dabei teilweise eine Reaktion auf die Außenpolitik der Bush-Administration nach den Anschlägen vom 11. September 2001. Diese war gekennzeichnet durch Paradigmen des hegemonialen Unilateralismus, die Zielvorstellung einer militärisch unipolaren Weltordnung, der Abschied von Konzepten der Abschreckung und Eindämmung, die Kodifizierung des Präventivkrieges gegen terroristische Bedrohungen, die instrumentelle Sichtweise auf das Völkerrecht und internationale Institutionen sowie einer Orientierung an einer nahezu unbeschränkten Handlungsfähigkeit (Kaim 2007: 92). Insbesondere das große Vertrauen der US-Administration in die Nutzung oder die Drohung mit der Nutzung militärischer Mittel erzeugte einen Kulturkonflikt mit dem deutschen Zivilmachtansatz (Szabo 2007: 359). Die innereuropäische Spaltung im Zuge des Irak-Kriegs hatte dazu geführt, dass sich Deutschland vorübergehend von seiner traditionellen Äquidistanzpolitik zwischen Frankreich und den USA verabschiedet hatte. Deutschland schien sich für Frankreich und gegen die USA entschieden zu haben. Dabei wurde viel transatlantisches Porzellan zerschlagen. Die Regierung Merkel konnte die bilateralen Beziehungen wieder verbessern, ohne völlig unkritisch gegenüber der Politik der Bush-Administration geworden zu sein. Der Regierungswechsel in den USA hat sich dann nachfolgend als überaus hilfreich erwiesen.

Aber für die Beziehungen zu den USA wie zur NATO gilt, dass nach dem Ende des Ost-West-Konflikts versäumt wurde, die Partnerschaft positiv, also aus sich selbst heraus, zu definieren. Der Umweg, Partnerschaft über die Abgrenzung zu einem gemeinsamen Gegner zu bestimmen, ist nicht mehr möglich (Weidenfeld 1997: 10). Gelingt der neuen schwarz-gelben Bundesregierung eine positive Definition, dann könnten Deutschland und die USA vor einer neuen Ära transatlantischer Partnerschaft stehen.

Die NATO hat nach dem Ende des Ost-West-Konflikts einen dreidimensionalen Wandel durchgeführt: Aufgaben, Strukturen und Mitgliedschaft haben sich verändert. Ihre Zukunft wird maßgeblich davon abhängen, ob und inwieweit es dem Bündnis gelingt, sich nicht auf einen Werkzeugkasten bzw. Koalition der Willigen für militärische Einsätze reduzieren zu lassen, sondern wieder gemeinsames Engagement auf der Basis gemeinsamer Wertorientierungen in den Vordergrund zu stellen. Dann könnte auch das neorealistische Titanic-Szenario für die NATO ad acta gelegt werden. Das deutsche Verhältnis zur NATO lässt sich kaum besser beschreiben, als dies überraschenderweise Kanzler Schröder im Mai 2005 getan hat, als er von seinen NATO-kritischen Worten vom Februar 2005 zumindest rhetorisch zurück gerudert war: „Die NATO war stets mehr als eine Verteidigungsallianz. Sie ist Ausdruck unserer transatlantischer Zivilisation, gemeinsamer Interessen und gemeinsamer Werte. Die Bundesrepublik Deutschland hat in den fünfzig Jahren ihrer Mitgliedschaft in besonderem Maße von dem atlantischen Bündnis profitiert und sich stets auch in besonderem Maße dafür engagiert. Die NATO ist Teil der deutschen Staatsräson geworden und sie wird es auch bleiben" (zitiert in Kaim 2007: 101). Wenn Deutschland allerdings jenseits wertschätzender Urteile aber die Zukunft der NATO (wieder) mitgestalten will, wird es sich konzeptionell und auch in operationeller Hinsicht wieder stärker in das Bündnis einbringen müssen. Dazu gehört auch die Akzeptanz einer Führungsrolle der USA.

3.1.5 Abschlussbemerkungen

In diesem Kapitel wurde dargelegt, dass die Westintegration auf zwei Pfeilern beruht: Erstens ist dies der Europäische Integrationsprozess, der eng an die bilateralen Beziehungen zu Frankreich geknüpft ist. Der zweite Pfeiler besteht aus der sicherheitspolitischen Integration in die NATO und den Beziehungen zu den USA. Beide Pfeiler stellten die deutsche Außenpolitik insbesondere deswegen immer wieder vor große Herausforderungen, weil zwischen Frankreich und den

USA substantielle Differenzen bestanden und weiterhin bestehen. Die Bundesrepublik bemühte sich – wenn möglich – in diesem Konflikt um eine Mittlerrolle. Wenn auch das Pendel hin und wieder heftig in die eine oder andere Richtung ausschlug, so war es doch immer Ziel deutscher Außenpolitik, sich nie vollständig von der einen oder anderen Seite vereinnahmen zu lassen sowie sich nie dauerhaft für den einen oder anderen Partner zu entscheiden (Äquidistanzpolitik). Die grundsätzliche Belastbarkeit beider Pfeiler wurde nach der Wiedervereinigung mehrfach getestet. Insbesondere der Irak-Konflikt 2002/2003 und der stockende europäische Integrationsprozess sind hier zu nennen.

Zu einer dauerhaften Abkehr vom Grundsatz der Westintegration sowie von der Äquidistanzpolitik kam es bis heute nicht. Deutschland hat deutlich gemacht, dass es nicht bereit ist, die EU zum Gegenspieler gegenüber den USA aufzubauen. Dieses neorealistische Szenario der Gegenmachtbildung lag zwar im Interesse einiger französischer Regierungen, widerspricht aber den deutschen Interessen. In diesem Sinne ist die ESVP aus deutscher Sicht auch als Ergänzung zur NATO, nicht als Alternative zum transatlantischen Bündnis auszugestalten. Dies gilt auch für die Fortentwicklung der ESS. Die konzeptionelle Gestaltung des Verhältnisses von ESVP und NATO bleibt eine zentrale Herausforderung für die deutsche Außenpolitik. Die auf dem Papier bestehende Kooperation entspricht noch nicht dem tatsächlichen Verhältnis zwischen NATO und ESVP, denn dieses oszilliert noch zwischen den Interaktionstypen Kooperation und Wettbewerb. In diesem Zusammenhang ist die Ankündigung von Frankreichs Präsident Nicolas Sarkozy vom März 2009, nach über 40 Jahren wieder Vollmitglied der NATO werden, hinsichtlich der Konsequenzen für das Verhältnis von ESVP und NATO, aber auch für die deutsche NATO-Politik mit großer Spannung zu verfolgen. Ob es allerdings gelingen wird, die traditionelle Mittlerrolle zwischen den USA und Frankreich wiederzubeleben, ist mit einem Fragezeichen zu versehen. Hierzu müsste das Interesse der USA, die stärker als je zuvor über den Pazifik und weniger über den Atlantik schauen, an dem geostrategisch unwichtiger gewordenen Deutschland wieder geweckt werden.

Die Zusammenhänge zwischen beiden Pfeilern der Westintegration sind in diesem Kapitel in vielerlei Hinsicht deutlich geworden. So ist eine erfolgreiche Außen-, Sicherheits- und Verteidigungspolitik in GASP und ESVP nur auf einem breiteren Fundament zu gründen, in dem Deutschland mit den beiden Sicherheitsratsmitgliedern und

Kernwaffenmächten Frankreich und Großbritannien eng kooperiert. Um aber Großbritannien dauerhaft im Boot zu haben, sind konstruktive Beziehungen zu den USA – denen Großbritannien durch eine „special relationship" eng verbunden ist – eine unerlässliche Voraussetzung.

Die Westintegration wird auch in Zukunft ein fester Bestandteil der deutschen Außenpolitik bleiben. Dieser Grundsatz wird zudem weiterhin von den zwei Pfeilern EU und NATO sowie den Beziehungen zu Frankreich und den USA geprägt sein. Aber: Der Grundsatz der Westintegration ist auf eine neue, zukunftsfähige Grundlage zu stellen, denn über Jahrzehnte geltende Selbstverständlichkeiten im Verhältnis zu den USA wie zu Frankreich gelten heute nicht mehr. Es bedarf einer Erneuerung, die begründungspflichtig ist, sonst droht trotz aller institutionalisierten Verflechtungen die Erosion. Das Beschwören einer gemeinsamen Wertebasis allein ist nicht ausreichend. Die gemeinsame Wertebasis ist sowohl mit Frankreich als auch mit den USA zwar weiterhin eine wichtige Ressource. Es gilt aber, ein gemeinsames Verständnis hinsichtlich der Interpretation und operativen Folgen dieser Werte zu finden. Deutschland muss hierzu strategische Dialoge sowohl mit den USA wie auch mit Frankreich führen.

Literatur

Haftendorn, Helga 2001: Deutsche Außenpolitik zwischen Selbstbeschränkung und Selbstbehauptung, Deutsche Verlags-Anstalt, Stuttgart/München.

Kagan, Robert 2003: Of Paradise and Power. America and Europe in the new world order, New York.

Schmalz, Uwe 2004: Deutschlands europäisierte Außenpolitik. Kontinuität und Wandel deutscher Konzepte zur EPZ und GASP, Wiesbaden.

Varwick, Johannes (Hrsg.) 2005: Die Beziehungen zwischen NATO und EU. Partnerschaft, Konkurrenz, Rivalität, Opladen.

Weidenfeld, Werner (Hrsg.) 2008: Die Europäische Union. Politisches System und Politikbereiche, Bundeszentrale für politische Bildung, Bonn.

3.2 Annäherung an den Osten und deutsche Ostpolitik

Durch die Richtungsentscheidung für die Westintegration stellte sich für die deutsche Außenpolitik rasch die Frage, wie denn die Beziehungen zu den so genannten Ostblock-Staaten gestaltet werden sollten. Dies galt im besonderen Maße für die Beziehungen zur Sowjetunion und DDR. Der Ost-West-Konflikt, die nicht vollständige außenpolitische Souveränität und das Wiedervereinigungsgebot des Grundgesetzes stellten einer Politik der Annäherung an die osteuropäischen Staaten auf den ersten Blick kaum überwindbare Hürden in den Weg.

In diesem Kapitel soll gezeigt werden, wie es dazu kam, dass die Osteuropa-Politik einen besonderen Stellenwert in der deutschen Außenpolitik einnehmen konnte. Dann wird erörtert, wie sich dieser Grundsatz etabliert und bis heute fortentwickelt hat. Dabei werden zentrale Wegmarken der alten Bundesrepublik wie die Kontaktaufnahme Adenauers zur Sowjetunion, die Hallstein-Doktrin oder die Neue Ostpolitik der sozial-liberalen Koalition ausführlicher beleuchtet. Eine lückenlose Gesamtdarstellung der Ostpolitik ist jedoch nicht beabsichtigt. Vielmehr wird anhand von Beispielen gezeigt, dass trotz des Wegfalls des Ost-West-Konflikts die generelle Ausrichtung der Ostpolitik beibehalten wurde, sich allerdings Ziele und Mittel aufgrund veränderter Rahmenbedingungen verschoben haben. Die Ostpolitik des vereinten Deutschlands wird beispielhaft anhand der Beziehungen zu Russland, Polen und Tschechien skizziert. Dabei handelt es sich um die drei Staaten, mit denen die Bundesrepublik im Zuge der Neuen Ostpolitik in den 1970er Jahren Verträge abgeschlossen hatte. Russland hat in Osteuropa immer noch eine große Bedeutung. Viele osteuropäische Staaten betreiben Außenpolitik immer noch zu einem Großteil in Bezug bzw. in Abgrenzung zu Moskau. Die deutsch-russischen Beziehungen sind auch wegen der Entwicklung spezieller Tandems auf der Ebene der Spitzenpolitiker (Kohl/Jelzin und Schröder/Putin) und der entstandenen energiepolitischen Abhängigkeiten von Russland (Kapitel 3.4.4) interessant. Polen und Tschechien sind die beiden unmittelbaren östlichen Nachbarstaaten Deutschlands. Mit beiden ist der Aussöhnungsprozess noch durch offene Fragen aus der Geschichte belastet. Polen ist zudem ein Schlüsselstaat für das Gelingen der EU-Osterweiterung und durch spezielle institutionelle Arrangements mit Deutschland verknüpft (z.B. Weimarer Dreieck).

Aus analytischen Gründen werden die außenpolitischen Grundsätze „Wiedervereinigung" und „Annäherung an den Osten" getrennt behandelt. Diese Trennung ist aufgrund zahlreicher Überlappungen und Wechselwirkungen nicht unproblematisch und auch nicht immer strikt einhaltbar. Nicht von ungefähr werden in Publikationen zur deutschen Außenpolitik für den Zeitraum von 1949 bis 1989 daher oft „Deutschland- und Ostpolitik" begrifflich in einem Atemzug genannt (Glaab 1999: 244). Da die DDR zum östlichen Lager gehörte, war die Politik gegenüber diesem Staat jedoch immer auch ein Teil der Ostpolitik. Dennoch soll – unter Hinweis auf die Zusammenhänge – eine getrennte Analyse erfolgen, denn in der alten Bundesrepublik wurde auch Ostpolitik betrieben ohne dabei gleichzeitig unmittelbar die Wiedervereinigung im Blick zu haben. Auch sind mit Begriffen wie „Osteuropa" oder „osteuropäische Staaten" immer auch die oft als mitteleuropäische Staaten bezeichneten Länder (z.B. Ungarn, Polen, Tschechien) gemeint.

3.2.1 Adenauer und der Osten

„Im Anfang waren die Alliierten" (Haftendorn 2001: 17). Durch das am 10. April 1949 von den westlichen Siegermächten in Washington verabschiedete und am 12. Mai 1949 verkündete Besatzungsstatut war die Bundesrepublik nach ihrer Gründung nicht souverän. Die Militärgouverneure wurden bald durch zivile Kommissare einer Alliierten Hohen Kommission (AHK) ersetzt. Es fand eine Abgrenzung der Kompetenzen und Verantwortlichkeiten zwischen deutscher Regierung und AHK statt (Alliierte Kontrollrechte). So wurde der Bundesrepublik im Besatzungsstatut (Artikel 1) die „volle gesetzgebende, vollziehende und richterliche Gewalt gemäß dem Grundgesetz und ihren Verfassungen" (März 1996: 83f.) zugebilligt. Dennoch verfügten die Kommissare über die oberste Gewalt. Unter diesen Bedingungen war an eine eigene deutsche Außenpolitik gegenüber Osteuropa nicht zu denken. Noch 1954 äußerte der ganz nach Westen orientierte Adenauer: „Nur jetzt keine Diskussion über Pläne, mit der östlichen Welt ins Gespräch zu kommen. Das würde unsere Position schwächen. Wir dürfen die Uneinigkeit des Westens in wichtigen Fragen nicht noch mehren" (Bierling 2005: 139).

Dies änderte sich 1955 mit dem Deutschlandvertrag, der 1952 zwischen der Bundesrepublik und den Westmächten vereinbart wurde, und am 5. Mai 1955 in leicht modifizierter Fassung im Rahmen der Pariser Verträge (Beitritt zu NATO, Beitritt zur WEU, Saarstatut, Deutschlandvertrag) in Kraft trat. Er beendete das Besatzungsstatut und gab der Bundesrepublik – abgesehen von Vorbehaltsrechten in Bezug auf Berlin und auf Deutschland als Ganzes – die Rechte eines souveränen, außenpolitisch handlungsfähigen Staates. Auf der Genfer Konferenz der Vier Mächte vom Juli 1955 wurden keine Fortschritte bei der „Deutschen Frage" erzielt (ausführlich Schmidt 1995). Delegationen aus beiden deutschen Staaten waren als Beobachter zugelassen. Die Sowjetunion vertrat nach der erfolglosen Konferenz die Zwei-Staaten-Theorie, die die Bundesrepublik und die DDR als getrennte Staaten darstellte (Weber 2006: 47).

Die Einladung der Sowjetunion zu Gesprächen über die Aufnahme diplomatischer Beziehungen stürzte die Bundesregierung in ein Dilemma. Einerseits war für Adenauer die sowjetische Kooperationsbereitschaft „lediglich ein Baustein im langfristigen Plan des Kreml, einen Keil zwischen die Bundesrepublik und die Westmächte zu treiben. Eine sinnvolle Kooperation konnte es […] erst geben, wenn die UdSSR ihr außenpolitisches Verhalten grundsätzlich änderte. Ein Fortbestehen des Kalten Krieges war für Adenauer deshalb weniger bedrohlich als eine Entspannungspolitik, die zur Aufgabe des wesentlichen Anspruchs in Gesamtdeutschland führen musste" (Bierling 2005: 141). Auf der anderen Seite konnte er die Einladung nicht ablehnen, wenn er sich nicht dem Verdacht aussetzen wollte, die Wiedervereinigung nicht anzustreben (Haftendorn 2001: 53). Adenauer nahm die Einladung an, stimmte sich aber mit den Westalliierten ab. Er hatte zwei Hauptziele: Die Erörterung der Frage der Wiedervereinigung und die Rückkehr der ca. 30.000 deutschen Kriegsgefangenen und Zivilinternierten aus der Sowjetunion. Die Sowjetunion wollte die Aufnahme diplomatischer Beziehungen, ließ aber über die deutsche Frage erwartungsgemäß nicht mit sich reden. So kam es im September 1955 zum Deal „Aufnahme diplomatischer Beziehungen" gegen „Rückführung der Kriegsgefangenen". Kurt Georg Kiesinger – damals Delegationsmitglied – beschrieb die Situation: „Man ging nach Moskau, und da man wusste, die Russen wollen die Aufnahme diplomatischer Beziehungen, konnte man sich ja ausrechnen, zu welcher Situation es kommen würde, das heißt, dass die Russen die Kriegsgefangenen als Druckmittel benutzen würden, um uns dazu zu bringen, mit der Wiederaufnahme diplomatischer Beziehungen einverstanden zu sein" (Konrad-Adenauer-Stiftung 1987). Aber auch dieses Verhandlungsergebnis konnte Adenauer nach zähen Gesprächen und nur unter Vortäuschung eines Abbruchs der Gespräche erreichen.

Die Hallstein-Doktrin

Die Aufnahme diplomatischer Beziehungen stellte die deutsche Außenpolitik vor Probleme. Da die Sowjetunion die DDR als eigenständigen Staat anerkannt hatte, gab es zwangsläufig zwei deutsche Botschaften in Moskau, was den Alleinvertretungsanspruch der Bundesrepublik für alle Welt sichtbar unterminierte. So wurde bereits der Rückflug aus Moskau die Geburtsstunde der so genannten Hallstein-Doktrin (ausführlich Booz 1995, Kilian 2001). Wilhelm Grewe – Leiter der Politischen Abteilung im Auswärtigen Amt – war der Ideengeber. Er erläuterte den Gedankengang, der die deutsche Außenpolitik bis Ende der 1960er Jahre maßgeblich prägen sollte: „Wie sollen wir uns in der übrigen Welt in Zukunft verhalten? Soll dieses Moskauer Modell mit zwei Vertretungen überall gelten, oder wollen wir es auf diesen Sonderfall im Hinblick auf die Besonderheiten des Verhältnisses zur Sowjetunion begrenzen? Und um diese Möglichkeiten darzulegen, habe ich noch im Flugzeug von Moskau auf dem Rückflug ein Papier entworfen, in dem die verschiedenen Möglichkeiten skizziert wurden, und eine der Optionen ist in diesem Papier entwickelt wurden, war das, was man später die Hallstein-Doktrin genannt hatte, das heißt das Prinzip, dass wir in Zukunft diplomatische Beziehungen nur unterhalten würden mit Staaten, die die DDR nicht anerkannten, und dass der Fall Moskau ein Sonderfall für sich bleiben würde" (Konrad-Adenauer-Stiftung 1987). Entsprechend gab Adenauer unmittelbar nach der Rückkehr aus Moskau bekannt, dass „die Aufnahme diplomatischer Beziehungen nicht ein Verzicht auf den bisherigen Rechtsstandpunkt der Bundesregierung bezüglich erstens der Grenzfragen, zweitens des Rechts der Bundesregierung, Sprecher des ganzen deutschen Volkes zu sein, drittens der Nichtanerkennung der sogenannten Deutschen Demokratischen Republik gesehen werden kann" (Deutscher Bundestag 1955: 5646). Im Hinblick auf die Beziehungen zu anderen Staaten betonte er: „Auch dritten Staaten gegenüber behalten wir unseren bisherigen Standpunkt bezüglich der sogenannten Deutschen Demokratischen Republik aufrecht. Ich muß unzweideutig feststellen, daß die Bundesregierung auch künftig die Aufnahme diplomatischer Beziehungen mit der DDR durch dritte Staaten, mit denen sie offizielle Beziehungen unterhält, als einen unfreundlichen Akt ansehen würde" (Deutscher Bundestag 1955: 5647). Das politische Ziel war die internationale Isolierung der DDR. Die Konsequenzen der Anerkennung der DDR waren gestaffelt und reichten bis zu dem Abbruch diplomatischer

Beziehungen. Dies geschah mit Jugoslawien (1957) und Kuba (1963).

Doktrin

Was ist eine Doktrin und welche Rolle spielt sie in den internationalen Beziehungen? Eine Doktrin ist eine politische Leitlinie der Regierung für die Außenpolitik eines Staates, die unter Umständen die Amtszeit der Regierung überdauern kann. Sie hat keinen offiziellen Status wie ein Gesetz oder ein völkerrechtlicher Vertrag und wird daher auch nicht von einem Parlament beschlossen. Sie besitzt vielmehr den Charakter einer einseitigen Erklärung und ist häufig Bestandteil von Regierungserklärungen. In einer solchen Rede werden typischerweise nicht explizit als Doktrin dargestellt und in allen ihren Konsequenzen detailliert ausgeführt („unfreundlicher Akt"). Da eine Doktrin keinen formalen Status besitzt, kann sie auch nicht offiziell als ungültig erklärt werden. Kein Regierungschef wird erklären: „Hiermit ist die Doktrin aufgehoben." Nicht selten erkennt man erst an gegensätzlichen Erklärungen oder am konkreten Verhalten, dass eine Doktrin nicht mehr angewandt wird. So kann eine neue außenpolitische Leitlinie einer vorherigen Doktrin entgegenstehen (z.B. Breschnew-Doktrin vs. Gorbatschov/„Sinatra"-Doktrin) und löst diese dann unausgesprochen ab. Müsste man ein Datum für die Abkehr von der Hallstein-Doktrin angeben, ließe sich der 20. Oktober 1969 nennen, als Kanzler Brandt in seiner Regierungserklärung von „zwei Staaten einer Nation in Deutschland" sprach.

Grundsätzlich ist die deutsche Außenpolitik – anders als in den USA oder Russland – nicht bekannt für Doktrinen. Insofern war die Hallstein-Doktrin herausragend. Sie war nicht nur Bestandteil der Ostpolitik. Sie hatte – auch wenn es schon in der nachfolgenden Regierung Erhard zu Aufweichungstendenzen gekommen war – Folgen für die Außenpolitik bis Ende der 1960er Jahre. So spielte sie genauso eine Rolle für das deutsch-israelische (Kapitel 3.5) wie das deutsch-arabische Verhältnis, als sie auch eine markante Funktion in der Entwicklungszusammenarbeit besaß (Kapitel 3.7.3).

Berlin im Brennpunkt

Die Beziehungen zu Osteuropa waren bis in die Endphase der Adenauer-Ära bis 1963 maßgeblich durch die Beziehungen zur Sowjetunion und inhaltlich durch Berlin-Fragen geprägt. Die Sowjetunion wandte sich gegen den Vier-Mächte-Status der Stadt und argumentierte mit der geographischen Lage Berlins inmitten ihrer Besatzungszone. Die Integration West-Berlins in westliche Strukturen sollte verhindert werden. Eine markante sowjetische Maßnahme war das Berlin-Ultimatum vom 27. November 1958. Chruschtschow forderte die Beendigung des Vier-Mächte-Status für Berlin, den Abzug der westlichen Alliierten binnen sechs Monaten, die Entmilitarisierung der Stadt und ihre Umwandlung in eine selbständige politische Einheit (Colschen 1999: 273). Die Genfer Außenministerkonferenz im Sommer 1959 brachte keine Einigung, aber der Westen ließ sich darauf ein, Fragen der Wiedervereinigung und Berlin-Fragen zu trennen. Diese Entwicklung wurde von der Bundesregierung mit Argwohn verfolgt, zumal die Sowjetunion – trotz bestehender diplomatischer Beziehungen – ihre Deutschlandpolitik weiterhin primär über die Westmächte laufen ließ. So blieb der Regierung Adenauer nur die Möglichkeit zu einer indirekten Ostpolitik. Ein erneutes Berlin-Ultimatum Chruschtschows folgte im Juni 1961, in dem mit einem separaten Friedensvertrag mit der DDR gedroht wurde. Ende Juli 1961 reduzierten die USA unter Kennedy ihre Verantwortung für Berlin auf „three essentials":

—   Freier Zugang nach Berlin,
—   Präsenz der Westmächte in der Stadt und
—   Freiheit der Bevölkerung West-Berlins.

Da der Mauerbau am 13. August 1961 diese Punkte nicht verletzte und zudem das Mächtegleichgewicht in der bipolaren Weltordnung nicht aus der Balance gebracht hatte, wurde er letztlich von den USA – zur Enttäuschung Adenauers – hingenommen (Kapitel 3.1). Eine sichtbare Annäherung an den Osten fand in diesen Jahren nicht statt. Im Gegenteil: Die Bundesrepublik wurde zu einem wichtigen Verbündeten des Westens in der Auseinandersetzung mit der Sowjetunion (Haftendorn 2001: 58). Hingegen trieb der 1952 gegründete Ost-Ausschuss der Deutschen Wirtschaft – ein Organ der Industrieverbände – den Aufbau von Handelsmissionen in osteuropäischen Staaten voran (Kapitel 3.4.1). Dieser Ausschuss wurde bei seiner gleichsam informellen Außenpolitik ab 1961 vom neuen Außenminister Gerhard Schröder unterstützt, der bereits unter Adenauer vorsichtige Suchbewegungen in Richtung Osteuropa unternommen hatte.

3.2.2 Politik der Bewegung und Neue Ostpolitik

Anders als Adenauer, der direkte Verhandlungen mit der Sowjetunion bevorzugte, versuchte die Regierung Ehrhardt (1963-1966), die DDR durch eine Intensivierung der Kontakte mit den anderen osteuropäischen Staaten „zu einem politischen Anachronismus werden zu lassen" (Bierling 2005: 149). Ziel dieser „Politik der Bewegung", zu der die USA die Bundesregierung aufgefordert hatten, war es, die Ostpolitik in den Ost-West-Entspannungsprozess einzubetten. Zu diesem Prozess gehörten Rüstungskontrollverhandlungen, die in Abkommen wie dem Kernwaffen-Teststoppvertrag 1963 oder dem Nuklearen Nichtverbreitungsvertrag 1968 mündeten (ausführlich Colschen 1998). Eine konsequente Anwendung der Hallstein-Doktrin fand in der Ostpolitik – anders als im Nahen Osten – nicht mehr statt. Die Regierung Ehrhardt/Schröder entwickelte insofern eine eigene außenpolitische Initiative, als sie eine Friedensnote formulierte, in der sie das Sicherheitsbedürfnis der osteuropäischen Staaten anerkannte und ihnen – mit Ausnahme der DDR – den Abschluss von Gewaltverzichterklärungen anbot.

Die nachfolgende Große Koalition unter Kanzler Kiesinger und Außenminister Brandt sorgte dann dafür, dass die Grundlagen für eine qualitativ neue Ostpolitik weiter reifen konnten. Kiesinger bot den osteuropäischen Staaten – unter Ausklammerung der DDR – die Aufnahme diplomatischer Beziehungen an. Die Hallstein-Doktrin wurde hierfür mit der „Geburtsfehlertheorie" garniert. Demzufolge hatten die Staaten des Ostblocks aufgrund des Einflusses der Sowjetunion keine andere Wahl gehabt, als die DDR völkerrechtlich anzuerkennen. Sie konnten daher – so die Logik – auch nicht mit der Nichtaufnahme diplomatischer Beziehungen sanktioniert werden. Hier deutete sich die sukzessive Abkehr von der Hallstein-Doktrin an. Am 31. Januar 1967 wurden diplomatische Beziehungen zu Rumänien aufgenommen. Das politische Ziel der internationalen Isolierung der DDR blieb gleichwohl erhalten. Die DDR unternahm mit der so genannten Ulbricht-Doktrin Gegenmaßnahmen. Auf der Warschauer Außenminister-Konferenz im Februar 1967 gelang es der DDR mit Unterstützung der Sowjetunion, die übrigen Mitglieder des Warschauer Paktes zu verpflichten, erst dann diplomatische Beziehungen zur Bundesrepublik aufzunehmen, wenn diese die DDR anerkannt hatten.

Die militärische Niederschlagung des Prager Frühlings mit dem Einmarsch von Warschauer-Pakt-Truppen im Sommer 1968 nach

Reformversuchen der dortigen Kommunistischen Partei wurde mit der Breschnew-Doktrin einer begrenzten Souveränität der Ostblockstaaten begründet. Sie belastete auch die deutsche Ostpolitik. Während sich in der CDU die Stimmen für eine Rückkehr zur Sicherheitspolitik der 1950er Jahre mehrten (Bierling 2005: 179), gab es für Brandt keine Alternative zur Entspannungspolitik und zur Normalisierung der Beziehungen zu den osteuropäischen Staaten.

Neue Ostpolitik

Die Ära Brandt (Baring 1982; Bender 1986; Zündorf 1979) mit den Ostverträgen und dem Kniefall von Warschau (Kapitel 2.2.3) gehört zu den herausragenden Wegmarken der deutschen Außenpolitik. Es wurden neue Pfade betreten und gegen erhebliche innere und äußere Widerstände durchgesetzt. Erstmals ging von einer Bundesregierung eine Initiative mit weltpolitischer Bedeutung aus. Diese Politik besaß einen gewissen emanzipatorischen Charakter gegenüber den Westmächten, ohne gleichzeitig den Grundsatz der Westintegration in Frage zu stellen. Dennoch begann der Kitt, der Ost- und Deutschlandpolitik auf untrennbare Weise miteinander verknüpft hatte, an einigen Stellen brüchig zu werden. Die Wahlentscheidung 1969 für die neue sozial-liberale Regierung war auch eine Entscheidung für die Neue Ostpolitik. Die Voraussetzungen bei Amtsantritt waren günstig. Anders als viele Vorgänger und Nachfolger besaß Brandt durch seine Zeit als Regierender Bürgermeister von Berlin (1957-1966) sowie als Außenminister (1966-1969) außenpolitische Erfahrung. Er konnte also ohne Anlaufzeit deutsche Außenpolitik gestalten.

Ein maßgebliches Ziel war es, einen Ausgleich mit den osteuropäischen Staaten zu suchen. Dennoch war auch für den außenpolitisch erfahrenen Brandt die Antrittsrede nach dem Regierungswechsel eine Bewährungsprobe (Korte 2002), denn die außenpolitischen Teile der Rede wurden weltweit verfolgt und analysiert. So betonte Kanzler Brandt im Oktober 1969, dass er zwar die Entspannungspolitik der großen Koalition fortführen würde, dabei aber von den Realitäten ausgehe und die Integrität der osteuropäischen Staaten berücksichtigen würde, auch die der DDR. Damit ging er einen entscheidenden Schritt über die Politik der Vorgängerregierung hinaus. Er war bereit, die DDR als Staat anzuerkennen und mit ihr vertragliche Regelungen zu treffen. Voraussetzung war die Sicherheit West-Berlins. Wenn auch eine völkerrechtliche Anerkennung der DDR für Brandt nicht in Betracht kam, akzeptierte damit erstmals ein Kanzler ihre staatliche

Existenz. Als ein Akt symbolischer Politik verwendete Brandt im Gegensatz zu seinen Amtsvorgängern die Bezeichnung DDR. Spätestens zu diesem Zeitpunkt war die Hallstein-Doktrin keine Richtlinie der bundesdeutschen Außenpolitik mehr.

Der wichtigste Mitstreiter Willy Brandts für die Konzeption und Umsetzung der Ostpolitik war Egon Bahr (ausführlich Bahr 1996). Bahr war gewesen während der Bürgermeisterzeit Leiter des Presse- und Informationsamtes und Senatssprecher des Bürgermeisters. In der Großen Koalition wurde er Leiter des Planungsstabes im Auswärtigen Amt und enger Vertrauter Brandts. Er gilt als Architekt der Neuen Ostpolitik. Bereits im Planungsstab skizzierte er Überlegungen für die Annäherung an den Osten. In diesem Sinne war die Neue Ostpolitik eine Planungsentscheidung (Kapitel 2.1.1), die Zeit der Großen Koalition gleichsam die Konzeptionsphase. Insgesamt hatte Bahr drei entspannungspolitische Szenarien entwickelt:

– Warschauer Pakt und NATO bleiben erhalten, aber es kommt zu umfassenden Abrüstungsverhandlungen,
– eine Verklammerung beider Sicherheitssysteme unter dem gemeinsamen Dach einer europäischen Sicherheitskonferenz,
– Ablösung beider Bündnissysteme durch eine neue europäische Friedensordnung (Hellmann 2006: 147).

Da letzteres aber als großer Wurf nicht erreichbar war, galt es in einem ersten Schritt, zu einem Arrangement und Interessenausgleich beider Bündnisse zu kommen (Bierling 2005: 175). Bahr prägte die Formel „Wandel durch Annäherung". Allen Szenarien gemeinsam war die Anerkennung des Status Quo, darunter auch der Existenz der DDR, auf einer vertraglichen Grundlage. Über die Annäherung an den Osten sollte die Überwindung des Status Quo mit friedlichen Mitteln angestrebt werden. Schon 1963 hatte Bahr in einer programmatischen Rede vor der Evangelischen Akademie in Tutzing betont, dass es das Ziel bundesdeutscher Ostpolitik sein müsse, der Sowjetunion wie der DDR die Angst vor der Infragestellung ihrer territorialen Integrität zu nehmen (Hellmann 2006: 146f). In der sozial-liberalen Koalition wurde Bahr Staatssekretär im Kanzleramt und Bevollmächtigter der Bundesregierung in Berlin. 1972 wurde er Bundesminister für besondere Aufgaben beim Kanzler. Die Neue Ostpolitik wurde – in Abstimmung mit dem Auswärtigen Amt – federführend aus dem Kanzleramt gesteuert.

Nachdem in der Großen Koalition eine Neuausrichtung der Ostpolitik an der Haltung von CDU und CSU gescheitert war, konnte sich die sozial-liberale Koalition an die Umsetzung der bestehenden Planungen machen. Der Entspannungskurs zwischen USA und Sowjetunion war eine günstige Rahmenbedingung. Eine zweite Erfolgsbedingung war die Verständigung mit den Westmächten. Wenn auch die Westmächte die bundesdeutsche Initiative grundsätzlich begrüßten, so verbanden alle Akteure damit auch Sorgen. Die USA wollten die Kontrolle über die Entwicklung der Ost-West-Beziehungen behalten. Frankreich sorgte sich primär um den Machtzuwachs, den die Bundesrepublik durch gute Beziehungen zur Sowjetunion und anderen Staaten in Osteuropa erhalten würde. Die Notwendigkeit der politischen Unterstützung der Westmächte für die Neue Ostpolitik hatte im Wesentlichen drei Gründe:

– Spannungen in den innerwestlichen Beziehungen hatten die Verhandlungsposition der Bundesrepublik geschwächt,
– die drei Westmächte verfügten noch über Rechte und Verantwortlichkeiten für Deutschland als Ganzes und für Berlin und
– über Berlin-Fragen konnten aufgrund des geltenden Vier-Mächte-Status der Stadt ohnehin nur die vier Mächte verhandeln (Haftendorn 2001: 181f).

So stellten die Gespräche mit den Westmächten einerseits zwar einen signifikanten und bemerkenswerten emanzipatorischen Schritt dar. Andererseits war die Neue Ostpolitik ohne das „grüne Licht" der Bündnispartner nicht denkbar gewesen. Die Westmächte wurden insbesondere im Rahmen der Vierer-Gruppe konsultiert (Kapitel 3.3). Die Neue Ostpolitik führte zu Verträgen mit osteuropäischen Staaten wie auch mit der DDR (März 1986):

– Moskauer Vertrag am 12. August 1970
– Warschauer Vertrag am 7. Dezember 1970
– Viermächteabkommen am 3. September 1971
– Transitabkommen am 17. Dezember 1971
– Vertrag über den Reise- und Besucherverkehr am 20. Dezember 1971
– Grundlagenvertrag am 21. Dezember 1972
– Prager Vertrag am 11. Dezember 1973

Moskauer Vertrag

Ohne eine Einigung mit der Sowjetunion war die Ostpolitik zum Scheitern verurteilt. Der Moskauer Vertrag kann als Mustervertrag für alle Ostverträge angesehen werden.

Nach einem ersten Treffen von 22. September 1969 zwischen Brandt (noch als Außenminister) und Außenminister Gromyko in New York, gerieten die vom deutschen Botschafter in Moskau geführten Vorverhandlungen ins Stocken, da die Sowjetunion ein umfangreiches Verhandlungspaket auf den Tisch gelegt hatte. Brandt machte daher Egon Bahr zum Verhandlungsführer. Die Gespräche Bahrs mit Gromyko ab Januar 1970 fanden teilweise in der Tradition der Geheimdiplomatie statt. Bahr, der praktisch auf der Grundlage seines eigenen Konzeptes verhandeln konnte, hatte das volle Vertrauen Brandts und war mit erheblichen Vollmachten ausgestattet (Baring 1982: 266f.). Die primären Konfliktgegenstände waren die sowjetische Forderung nach der völkerrechtlichen Anerkennung der DDR, was für die Bundesregierung trotz der Aufgabe der Hallstein-Doktrin durch das Festhalten am Grundsatz der Wiedervereinigung inakzeptabel war, sowie Grenzfragen und Berlinfragen. Das Ergebnis der Verhandlungen war eine Vorvereinbarung (Bahr-Papier), in dem die Probleme wie folgt bearbeitet wurden:

– Grenzfragen: Die Bundesrepublik verpflichtet sich, die Grenzen aller Staaten in Europa als unverletzlich zu betrachten, also auch die innerdeutsche Grenze und die Oder-Neiße-Linie als Westgrenze Polens. Außerdem verpflichten sie sich, keine territorialen Forderungen zu erheben. Das Wiedervereinigungsgebot blieb davon allerdings unberührt (Hacke 2004: 160). Der deutsche Verhandlungserfolg lag in der Unterscheidung zwischen „unverletzlich" und "unverrückbar". Eine friedliche Veränderung der Grenzen war damit weiterhin denkbar.

– Anerkennung: Die Bundesregierung sagte zu, dass sie ihre Beziehungen zur DDR auf der Basis der Gleichberechtigung, Nichtdiskriminierung und Nichteinmischung in die inneren Angelegenheiten regeln werde. Dies bedeutete den Verzicht auf den Alleinvertretungsanspruch, aber keine völkerrechtlichen Anerkennung. Die Bundesregierung verpflichtete sich zudem, Verträge mit der DDR (sowie mit Polen und der Tschechoslowakei) abzuschließen.

– Berlin: Die Einbeziehung Berlins war nicht möglich, da Moskau darüber nur mit den Westmächten verhandeln wollte. Indirekt gab es dennoch eine Bezugnahme auf Berlin durch die Formulierung, dass die Normalisierung der Beziehungen von der „in diesem Raum" existierenden Lage ausgehen müsste (Haftendorn 2001: 183).

Anlässlich der Unterzeichnung des „Vertrags über Gewaltverzicht und Unverletzlichkeit der bestehenden Grenzen" (März 1996: 115f.) am 12. August 1970 wurde dem sowjetischen Außenministerium ein von Außenminister Scheel verfasster Begleitbrief, der Brief zur deutschen Einheit, übergegeben.

Brief zur deutschen Einheit

Innenpolitischer Kritik am Moskauer Vertrag versuchte die Regierung Brandt mit dem „Brief zur deutschen Einheit" entgegenzutreten. Dort wurde betont, dass der Vertrag nicht im Widerspruch zum den Einheitsbestrebungen stehe. Dieser „Brief zur deutschen Einheit anlässlich der Unterzeichnung des Moskauer Vertrags wurde der sowjetischen Regierung überreicht. Der knappe Wortlaut war: „Sehr geehrter Herr Minister, im Zusammenhang mit der heutigen Unterzeichnung des Vertrages zwischen der Bundesrepublik Deutschland und der Union der Sozialistischen Sowjetrepubliken beehrt sich die Regierung der Bundesrepublik Deutschland festzustellen, daß dieser Vertrag nicht im Widerspruch zu dem politischen Ziel der Bundesrepublik Deutschland steht, auf einen Zustand des Friedens in Europa hinzuwirken, in dem das deutsche Volk in freier Selbstbestimmung seine Einheit wiedererlangt" (Bender 1986: 301).

Der Brief ist insofern ein diplomatischer Kniff, als eine solche Formulierung im Vertrag gegenüber Moskau nicht durchsetzbar gewesen wäre. Um den Vertrag aber nicht zu gefährden, erklärte die Bundesregierung mit diesem Brief, wie sie die im Vertrag getroffene Regelungen zur Anerkennung der DDR im Hinblick auf den Grundsatz Wiedervereinigung interpretierte. Der Brief gehört zwar zum Vertrag, ist aber dennoch von ihm getrennt. Der Sowjetunion war klar, dass es einen derartigen Brief geben würde. Sie nahm ihn zur Kenntnis und berücksichtigte ihn bei der Ratifizierung des Vertrages. Auch die anderen Ostverträge wurden von einem solchen Brief begleitet.

Mit dem Moskauer Vertrag hatten weder die Sowjetunion, noch die Bundesrepublik alle Ziele erreicht. Der Status Quo wurde bestätigt, die Folgen abgefedert und einige Vergangenheitsprobleme geregelt, damit sie die zukünftigen Beziehungen nicht belasten konnten. Es gelang „ein bedeutendes Stück außenpolitischer Handlungsfreiheit und auch größeres Gewicht in allgemeinen weltpolitischen Fragen zu

gewinnen" (Hacke 2004: 164). Der Vertrag war das zentrale Element
für die Annäherung an den Osten. Er schuf die Voraussetzungen für
Verträge mit Polen, Tschechoslowakei und der DDR. „Nachdem sich
beide auf das Experiment Entspannung eingelassen hatten, mussten
beide dafür sorgen, dass es gelingt [...] Die Westdeutschen erscheinen
nicht mehr als Feind, sondern als Partner" (Bender 1986: 175).

Warschauer Vertrag

Brandt sah den Warschauer Vertrag auch als Instrument der Versöhnung: „Eine Aussöhnung […] ist uns moralische und politische
Pflicht. Zu dieser Aussöhnung gehört nicht nur, daß jeder Gedanke
an Gewalt aus diesen Bemühungen verbannt werden muss, dazu gehört auch, dass kein Keim für künftigen Zwist gelegt werden darf"
(Brandt 1971: 186). Zentraler Konfliktgegenstand war die Grenzfrage. Polen wollte eine Anerkennung seiner Westgrenze. Implizite
Grenzgarantien durch das Bekenntnis zum Gewaltverzicht waren
nicht ausreichend. Hinzu kamen Forderungen nach einer Entschädigung für die Verbrechen während des Nationalsozialismus. Ein Interesse der Bundesregierung bestand in erleichterten Ausreisebedin-
gungen für Deutsche in Polen. Geregelt wurde die Grenzfrage durch
einen Brief von Willy Brandt, in dem er versicherte: „Die Bundesregierung verstehe den Wunsch Polens, innerhalb gesicherter Grenzen
zu leben und stelle die Unversehrtheit des polnischen Territoriums
nicht in Frage" (Haftendorn 2001: 187). Dieser Brief glättete die
Wogen. Es blieb aber bei der „Unverletzlichkeit" der Grenzen. Diese
Einigung stieß beim mit der Neuen Ostpolitik insgesamt einverstan-
denen FDP-geführten Auswärtigen Amt auf den Vorwurf, dass es
vom Prozess abgekoppelt worden war. Um in der Koalition Scha-
densbegrenzung zu betreiben, ließ Brandt Außenminister Scheel formal die Verhandlungen zu Ende führen, obwohl inhaltlich bereits alle
Entscheidungen getroffen waren.

Anlässlich der Vertragsunterzeichnung (März 1996: 119f.) am 7.
Dezember 1970 kam es zu einem Besuch des Kanzlers im ehemaligen
Warschauer Ghetto. Vor dem Ehrenmal für die Gefallenen des Ghet-
to-Aufstandes legte Brandt einen Kranz nieder. Nach dem Richten
der Kranzschleife kniete er vor dem Mahnmal nieder. Diese Geste
kam für die deutsche Delegation und die Öffentlichkeit überraschend.
International trug der Kniefall von Warschau zum Ansehen des Kanzlers bei. In Deutschland kritisierten vor allem Teile der CDU Brandt
zunächst und interpretierten sein Handeln als Kniefall vor dem War-

Foto 1: Der Kniefall von Warschau am Ehrenmal des jüdischen Ghettos

schauer Pakt. Die öffentliche Meinung (Kapitel 2.2.3) war gespalten. Einer Umfrage zufolge fanden damals 48% der Westdeutschen den Kniefall übertrieben und nur 41% für angemessen.

Prager Vertrag

Auch die Vertragsverhandlungen mit der tschechoslowakischen Regierung besaßen eine spezifisch bilaterale Problematik. Prekäre Konfliktgegenstände waren hier die Frage nach der Gültigkeit des Münchner Abkommens und die Beneš-Dekrete. Im Münchner Abkommen war die Tschechoslowakei 1938 zur Abtretung des mehrheitlich von Deutschen bewohnten Sudetenlandes an das Deutsche Reich genötigt worden. Prag bestand auf der Ungültigkeit des Abkommens „von Anfang an", während die Bundesrepublik nur seine Ungültigkeit zum damaligen Zeitpunkt einräumen wollte. Beide Seiten einigten sich dann auf die Sprachregelung, das Münchner Abkommen „als nichtig" zu betrachten, aber keinen konkreten Zeitpunkt zu nennen (Haftendorn 2001: 190). Die Fragen der Legitimität der Vertreibung der Sudetendeutschen, die auf der Grundlagen der Beneš-Dekrete erfolgte und Restitutionsansprüche nach sich zog, wurde ausgeklammert.

Beneš-Dekrete

Diese eigentlich unzulässige Verkürzung bezeichnet Erlasse des tsche-choslowakischen Präsidenten Beneš von 1945 mit Gesetzescharakter. Sie ermöglichten eine entschädigungslose Enteignung der Sudeten- und Karpatendeutschen sowie deren Vertreibung durch staatliche Or-gane und amnestierte die direkt nach Kriegsende stattgefundene spontane und gewalttätige „wilde Vertreibung", die nicht staatlich organisiert war. Die Dekrete wurden vom tschechoslowakischen Par-lament nachträglich gebilligt Tschechische Regierungen haben bis heute eine formelle Nichtigkeitserklärung der Beneš-Dekrete wieder-holt abgelehnt, um mögliche Restitutionsansprüche der 1945/46 ver-triebenen Sudentendeutschen auszuschließen (ausführlich Brandes 2001).

1990 erklärte Präsident Václav Havel die Vertreibung zwar als unge-recht, lehnte aber gleichzeitig Entschädigungsforderungen ab (Dauder-städt 2007: 422ff). Deutschland war nicht dazu bereit, auf mögliche Rechtspositionen zu verzichten. Tschechische Entschädigungsgesetz-te von 1991 und 1992 schlossen die Wiedergutmachung von vor dem 25. Februar 1948 begangenem Unrecht aus.

Die Behandlung der Dekrete wäre ein unüberwindbares Hindernis für einen Vertragsabschluss gewesen. Sie sind bis heute ein sensibles wie ungelöstes Thema in den deutsch-tschechischen Beziehungen (Kapi-tel 3.2.6). So war am 11. Dezember 1973 unterzeichnete Prager Ver-trag (März 1996: 159) primär ein Gewaltverzichts- und Grenzaner-kennungsvertrag sowie den Verzicht auf Gebietsansprüche (erneut „Unverletzlichkeit der Grenzen").

Die Ostpolitik wurde angereichert durch das Transitabkommen (1971) und den Grundlagenvertrag (1972) jeweils mit der DDR sowie dem Vier-Mächte-Abkommen über Berlin (1971) (Kapitel 3.3.3). Ferner kam es 1973 zur Aufnahme diplomatischer Beziehungen mit Ungarn und Bulgarien.

Die Ratifikation der Ostverträge

Um die Ostverträge entbrannte eine heftige innenpolitische Debatte, so dass die Ratifikation aufgrund der äußerst knappen Mehrheitsver-hältnisse im Bundestag kein Selbstläufer war. Die Ratifikation war auch deshalb von Interesse, weil von ihr das In-Kraft-Treten des Vier-Mächte-Abkommen über Berlin abhängig gemacht wurde (Haftendorn 2001: 211).

Ratifikation

Eine Ratifikation ist die verbindliche Erklärung des Abschlusses eines völkerrechtlichen Vertrags durch die Vertragsparteien. Erst durch eine Ratifikation wird ein zuvor paraphierter Vertrag völkerrechtlich gültig.

Formal geschlossen werden Verträge durch den Bundespräsidenten, der den Bund völkerrechtlich vertritt. Die eigentliche Hürde besteht aber darin, dass dem typischerweise ein parlamentarisches Ratifikationsverfahren vorgelagert ist, das sich in Deutschland nach den Vorgaben des Grundgesetzes richtet und in bestimmten Fällen – wie bei den Ostverträgen der Fall – Bundestag und Bundesrat einbezieht. Artikel 59 Absatz 2 Grundgesetz besagt, dass völkerrechtliche Verträge des Bundes eines Zustimmungsgesetzes bedürfen. Kommt es dann noch zu Klagen vor dem Bundesverfassungsgericht – wie bei den Ostverträgen oder auch dem Vertrag von Lissabon – sind alle drei Gewalten bei einem solchen Vertrag involviert.

Beim Bundestag erfolgt diese Zustimmung durch ein in einem Gesetzgebungsverfahren verabschiedetes Ratifikations- oder Zustimmungsgesetz. Dabei steht für das Parlament in zwei Lesungen nur die Möglichkeit offen, das Gesetz als Ganzes mehrheitlich anzunehmen oder abzulehnen. Übertragen die Verträge Hoheitsrechte auf die EU oder betreffen sie Fragen der Verteidigung, so wird eine Zweidrittelmehrheit in Bundestag und Bundesrat benötigt. Anders als bei bilateralen Verträgen wird bei multilateralen Verträgen das In-Kraft-Treten typischerweise von einer Mindestzahl von Ratifikationen abhängig gemacht. Bei EU-Änderungsverträgen müssen sogar alle Mitgliedstaaten den Vertrag ratifizieren. Das kann jeweils unter Umständen mehrere Jahre in Anspruch nehmen. Ist ein Vertrag ratifiziert, wird das Vertragsgesetz im Bundesgesetzblatt veröffentlicht und die Umsetzung der Vertragsinhalte kann erfolgen.

Teile der Opposition warfen der Regierung vor, den Grundsatz der Wiedervereinigung aufs Spiel gesetzt oder gar aufgegeben zu haben. Die Konflikte spitzten sich derart zu, dass die CDU/CSU beschloss,

Brandt durch ein konstruktives Misstrauensvotum abzuwählen und ihn durch einen eigenen Kanzlerkandidaten (Rainer Barzel) zu ersetzen. Dieses Ziel wurde aber bei der Bundestagsabstimmung im April 1972 knapp verfehlt. Als dann aber der Haushalt der Regierung abgelehnt wurde, waren Neuwahlen unvermeidbar. Im Mai 1972 – noch vor den Neuwahlen – passierten der Moskauer und Warschauer Vertrag Bundestag und Bundesrat. Die meisten Unionsabgeordneten enthielten sich auf Empfehlung der Fraktionsführung der Stimme. Nur wenige stimmten dagegen. Nach den Neuwahlen im November 1972, in denen die Ostverträge das zentrale Wahlkampfthema waren, kam es aufgrund der klaren Mehrheit der sozial-liberalen Koalition dann zur unproblematischen Ratifikation des Prager Vertrags.

Konferenz für Sicherheit und Zusammenarbeit in Europa (KSZE)

„Von der Hoffnung über die Ostverträge auch die Blockkonfrontation mildern und eine gesamteuropäische Entspannungspolitik lancieren zu können, war 1973/74 nicht mehr viel übrig geblieben" (Bierling 2005: 197). Der eigentliche Auslöser für den Rücktritt von Willy Brandt war aber die Enttarnung seines Mitarbeiters Guillaume als Agent der DDR. Die sozial-liberale Nachfolgeregierung unter Helmut Schmidt und Hans-Dietrich Genscher sah sich mit Aufrüstungsbemühungen des Warschauer Paktes konfrontiert. Schmidt versuchte die Annäherungspolitik gegenüber dem Osten zunächst durch ökonomische Anreize fortzuschreiben (Potthoff 1997: 50). Dennoch kam es zu einer Phase der Ernüchterung in den Beziehungen zu Osteuropa. Daher wurde das Projekt einer europäischen Sicherheitskonferenz umso wichtiger (ausführlich Jacobsen/Machowski 1988). Ein zentrales Interesse der Bundesrepublik war die multilaterale Absicherung ihrer bis dahin weitgehend bilateralen Ostpolitik. Die Idee war von sowjetischer Seite seit den 1950er Jahre mehrfach vorgeschlagen worden. Ihr Ziel war eine Bestätigung des nach dem Zweiten Weltkrieg in Europa entstandenen Status Quo. Brandt hatte sich schon während der großen Koalition für eine solche Konferenz ausgesprochen. Nachdem die US-Beteiligung akzeptiert wurde, „ließ sich der Westen auf die Konferenz ein, da sie die Möglichkeit zu bieten schien, umfassende Kooperationsstrukturen mit den Ostblockstaaten zu entwickeln" (Bierling 2005: 200). Militärische Sicherheit und europäische Entspannung sollten zusammenhängend beraten werden. Der NATO-Rat hatte sich im Mai 1972 für die Aufnahme von Vorgesprächen ausgesprochen.

Die Verhandlungen der 35 Teilnehmerstaaten fanden ab dem 3. Juli 1973 in zahlreichen Kommission und Unterkommissionen in Helsinki statt und bezogen sich auf drei so genannte Körbe (ausführlich Bredow 1992). In Korb I wurden Fragen der europäischen Sicherheit und vertrauensbildenden Maßnahmen sowie eine Prinzipienerklärung erörtert. Korb II befasste sich primär mit der wirtschaftlichen und wissenschaftlichen Zusammenarbeit. In Korb III wurde humanitäre Fragen verhandelt. Insbesondere setzte sich die Bundesregierung für Verbesserungen in der menschlichen Dimension ein. Sie warb für einen friedlichen Wandel der Grenzen, das Selbstbestimmungsrecht der Völker und die Achtung der Menschrechte und Grundfreiheiten. Letztlich war die 1975 in Helsinki unterzeichnete KSZE-Schlussakte ein Deal zwischen Anerkennung der Grenzen der Nachkriegsordnung und stärkerer wirtschaftlicher Kooperation (Ost-Interesse) gegen Zugeständnisse bei den Menschenrechten (West-Interesse). Mit den Folgetreffen von Belgrad (1977-78), Madrid (1980-1983) und Wien (1986-1989) entwickelte sich die Konferenz zum Prozess (Roloff 2007: 782). Wenn auch in der Schlussakte „in weiten Bereichen nur sehr weiche und unpräzise Formulierungen ausgehandelt werden konnten" (Schlotter 2004: 390) und die institutionalisierte Dauerkommunikation bis Mitte der 1980er Jahre unter den verschlechterten Ost-West-Beziehungen litt, so war der KSZE-Prozess weit mehr als nur eine vertrauensbildende Maßnahme. Vielmehr war er ein früh gesetzter Baustein für das friedliche Ende des Ost-West-Konflikts, da die Schlussakte mit den dort verankerten Bürgerrechten in den osteuropäischen Staaten veröffentlicht werden musste. Viele osteuropäische Dissidenten, Oppositions- und Bürgerrechtsbewegungen beriefen sich nachfolgend auf die Schlussakte. Diesen Wirkungsmechanismus hatte die Sowjetunion unterschätzt. In diesem Sinne war – wie Genscher 2008 rückblickend betonte – das Zustandekommen der KSZE-Schlussakte „ein Wunder" (Genscher 2008). Nach 1990 erfolgten ein erheblicher Institutionalisierungsschub und die Umwandlung zur Organisation für Sicherheit und Zusammenarbeit in Europa OSZE (ausführlich Velickovic 2009).

Insgesamt lässt sich feststellen, dass die Bundesrepublik durch die Neue Ostpolitik vom Bremser (Hallstein-Doktrin) zum Motor der Entspannungspolitik wurde. „25 Jahre nach dem Ende des Zweiten Weltkrieges war in der Bundesrepublik eine Generation herangewachsen, die nicht nur mehr Demokratie wagen wollte, wie Brandt in seiner Regierungserklärung gesagt hatte, sondern sich auch von den Antikommunisten der Elterngeneration zu emanzipieren suchte. Sie strebte daher nach einem unverkrampften Verhältnis zu den Nachbarn im Osten an (Haftendorn 2001: 191). Mit dem Abschluss der Ostverträge änderte sich das Verhältnis zur Sowjetunion. Die Verträge machten die Bundesrepublik in den Augen der Sowjetunion geschäftsfähig. Die Neue Ostpolitik zeigt auch, welche Relevanz Planungsentscheidungen haben können und wie sehr deren Umsetzungschancen von begünstigenden innenpolitischen und außenpolitischen Faktoren abhängen. So war die Bundesregierung gemäß Allisons Modell des rationalen Akteurs (Kapitel 2.1.1) einsichtig, den Status Quo der deutschen Teilung nicht verändern zu können. Sie beugte sich dem Drängen der Bündnispartner, von der starren Haltung des Alleinvertretungsanspruchs und der Nichtanerkennung der Staatlichkeit der DDR abzurücken. (Hellmann 2006: 148f.).

Diese Politik bedeutete aber keine Aufgabe des Grundsatzes der Wiedervereinigung. Endgültig zugeschlagen hatte die Neue Ostpolitik die Tür zur Wiedervereinigung nicht. Es lässt sich dennoch auch heute noch kontrovers darüber diskutieren, ob und inwieweit die Neue Ostpolitik eine vorübergehende Verschiebung zu ungunsten oder zugunsten des Ziels der Wiedervereinigung zur Folge gehabt hatte. Der Befund hier lautet, dass eine essentielle Voraussetzung für die Wiedervereinigung darin bestand, dass die Bundesrepublik sich konsequent in den Westen integriert und zugleich an den Osten angenähert hatte. Denn nur auf diese Weise konnte sich die Bundesregierung das notwendige Vertrauen – eine zentrale Kategorie in den internationalen Beziehungen – bei den Staaten in Ost wie West erarbeiten, die eine faktische Vetoposition hinsichtlich einer Wiedervereinigung besaßen.

3.2.3 Afghanistan, Polen, Doppelbeschluss – Schwierige Ausgangslage für die schwarz-gelbe Ostpolitik

Die Ostverträge hatten einerseits die Handlungsspielkorridore deutscher Außenpolitik verbreitert. Der NATO-Doppelbeschluss, die sowjetische Invasion in Afghanistan sowie die Verhängung des Kriegsrechts in Polen stellten andererseits drei markante Ereignisse dar, die die Ost-West-Beziehungen Ende der 1970er bis weit die 1980er Jahre belasteten. An der Entstehung des NATO-Doppelbeschlusses war die Regierung unter Kanzler Schmidt maßgeblich beteiligt (Kapitel 3.1.4).

Afghanistan: Der Krieg begann 1979 und dauerte bis 1989 (ausführlich Borowik 1992; Botscharow 1991; Gibbs 2006). Der kommunistischen Regierung Afghanistans war es nicht gelungen, in der islamischen Bevölkerung Rückhalt zu finden. Es bildeten sich oppositionelle Mujaheddin-Gruppen, die von der CIA im Kampf gegen das kommunistische Regime unterstützt wurden. Im April 1979 brachen in vielen Provinzen Aufstände aus. Afghanistan rutschte in einen Bürgerkrieg. Aus Furcht, ein Zusammenbruch würde den sowjetischen Einfluss in islamischen Staaten schwächen, schickte die Sowjetunion zunächst Militärberater, um dann – nach einer Anfrage der Regierung in Kabul – im Dezember 1979 in Afghanistan einzumarschieren. Es war die erste direkte Militärintervention der Sowjetunion außerhalb Osteuropas seit 1945.

Polen: Schon Ende der 1970er Jahre war es in Polen zu Streiks und Auseinandersetzungen zwischen Arbeitern – mit breiter Unterstützung der Bevölkerung – und der kommunistischen Regierung gekommen (ausführlich Kühn 1999; Pumberger 1989). Der Auslöser war eine desolate wirtschaftliche und soziale Lage. Im Oktober 1981 wurde Parteichef Kania durch den Hardliner General Jaruzelski abgelöst. Insbesondere den Forderungen der Gewerkschaftsbewegung Solidarność, die sich auch auf die KSZE-Schlussakte berufen hatte, sollte Einhalt geboten werden. Im Dezember 1981 übernahmen Militär und Sicherheitsorgane die Macht. Jaruzelski verkündete auf Weisung Moskaus den Ausnahmezustand. Es galt das Kriegsrecht. Es wurden Ausgangssperren verhängt und in den Großstädten prägten Panzer das Stadtbild. Die Führungsspitze der Gewerkschaft, darunter Lech Walesa, wurde verhaftet. Tausende Oppositionelle wurde in Internierungshaft genommen. Solidarność wurde verboten, arbeitete aber im Untergrund weiter.

Alle drei Entwicklungen stürzten die Ost-West-Beziehungen in eine tiefe Krise (u.a. Verurteilung der Intervention in Afghanistan, Boykott der Olympischen Spiele 1980 in Moskau). Bei einer Abkehr von der Entspannungspolitik hatte die Bundesrepublik viel zu verlieren. Ihre Ostpolitik beruhte ja nicht auf einer Lösung der Nachkriegsprobleme, sondern auf einem fragilen Modus vivendi für die offen gehaltene Frage der Wiedervereinigung. Die Bundesregierung bemühte sich zwar, ihre Politik von diesen Spannungen nicht beeinträchtigen zu lassen. Dies gelang aber nur ansatzweise. Der Versuch von Kanzler Schmidt, als Mittler zwischen den USA und der Sowjetunion aufzutreten, indem er ein Moratorium für die Raketenstationierung gemäß des NATO-Doppelbeschlusses vorschlug, scheiterte (Haftendorn 2001: 291ff.). Die Bundesregierung musste erkennen, dass eine derartige Abkoppelung nicht möglich war. Es wurde deutlich, dass der außenpolitische Handlungsspielraum gegenüber den osteuropäischen Staaten (und der DDR) umso geringer ausfiel, desto vehementer der Konflikt zwischen Ost und West ausgetragen wurde. Entspannung als zentrale Voraussetzung für eine eigenständigere Außenpolitik war nicht mehr gegeben.

Schwarz-gelbe Ostpolitik

Nachdem Helmut Schmidt am 1. Oktober 1982 durch ein konstruktives Misstrauensvotum gestürzt worden war, setze die neue Regierung Kohl/Genscher zunächst keinerlei Akzente in der Ostpolitik, stand aber zu den in den 1970er Jahren aus dem konservativen Lager stark kritisierten Ostverträgen. Dies änderte sich auch durch den Amtsantritt Gorbatschows im März 1985 nicht. Die Sowjetunion bestrafte die Bundesrepublik nach wie vor für ihre Rolle als Initiator und Motor des NATO-Doppelbeschlusses (ausführlich Laqueur 1990). So bezeichnete Gorbatschow das Verhalten Kohls wie das eines Lakaien der USA. Kohl hingegen verglich Gorbatschow in einem spektakulären Interview mit dem amerikanischen Nachrichtenmagazin Newsweek im Oktober 1986 hinsichtlich seiner Propagandafähigkeiten mit Joseph Goebbels. Erst nach dem erneuten Wahlsieg von CDU/CSU/FDP im Januar 1987 näherte sich die Bundesrepublik der Sowjetunion wieder an. Auch Moskau bemühte sich um bessere Beziehungen zur Bundesregierung, nicht zuletzt auch deswegen, weil es dringend ökonomische Unterstützung für die inneren Umstrukturierungsmaßnahmen im Zuge der Perestroika suchte (ausführlich Adomeit 1998). Flankiert wurde diese Annäherung durch Abrüstungsverhandlungen zwischen den USA und der Sowjetunion (ausführlich Goldblat 1994). Den Durchbruch brachte ein Besuch Kohls in Moskau bei Gorbatschow. Die außenpolitischen Berater – Tschernajew und Teltschik – sprachen von einem Neubeginn in den deutsch-sowjetischen Beziehungen. Kurze Zeit später kam es zu der Aufsehen erregenden Rede Gorbatschows vor den VN im Dezember 1988. Er erklärte, dass jeder Staat im sowjetischen Machtbereich unter Inanspruchnahme seiner vollen Souveränität die freie Wahl bezüglich des eigenen politischen Weges habe. Diese Äußerung war gleichbedeutend mit der Ablösung der Breschnew-Doktrin durch die Gorbatschow-Doktrin bzw. Sinatra-Doktrin („My Way"). Bei einem Besuch Gorbatschows in der Bundesrepublik im Juni 1989 kam es am 13.6. zu einer gemeinsamen Erklärung des Prinzips des Selbstbestimmungsrechts der Völker. Dies bedeutete aber (noch) keine indirekte

Zustimmung Gorbatschows zu einer möglichen Wiedervereinigung (Colschen 1999: 275).

Abschließend lässt sich festhalten, dass die Zeichen in den Ost-West-Beziehungen wieder auf Entspannung gestellt wurden. Die Beziehungen der Bundesrepublik zur Sowjetunion waren zur Zeit des Mauerfalls am 9. November 1989 deutlich verbessert. Dennoch war die letztendliche Zustimmung der Sowjetunion zur deutschen Einheit kein Selbstläufer, sondern ein mühsamer Prozess und ein zähes Ringen. Dies ist nur allzu verständlich, denn für die Sowjetunion waren die deutsche Teilung und die Existenz der DDR der sichtbarste Gewinn aus dem Zweiten Weltkrieg. Gorbatschow hatte zunächst angenommen, dass die DDR als reformierter sozialistischer Staat doch noch überleben könnte (Colschen 1999: 275).

3.2.4 Ostpolitik des vereinten Deutschlands: Russland, Polen, Tschechien und die EU-Nachbarschaftspolitik

Nach dem Ende des Ost-West-Konflikts, der Wiedervereinigung Deutschlands, der Auflösung von Warschauer Pakt und Sowjetunion hatten sich zu Beginn der 1990er Jahre maßgebliche Rahmenbedingungen für die Beziehungen zu den osteuropäischen Staaten dramatisch verändert. Eine Konstante war die Zusammensetzung der schwarz-gelben Bundesregierung mit (Dauer-)Außenminister Genscher und Kanzler Kohl. Beide Politiker hatten mit ihren Bürokratien die internationalen Aspekte der deutschen Einheit im Zwei-plus-Vier-Prozess erfolgreich verhandelt und als Belohnung den innenpolitischen Machterhalt gesichert (Kapitel 3.3.6). Eine zentrale Frage des nun vollständig souveränen Deutschlands war, wie sie ihre Ostpolitik angesichts der neuen Handlungsspielräume und veränderten Herausforderungen gestalten sollte. Die Stabilisierung dieser Region war aus politischen und ökonomischen Gründen ein zentrales Ziel. Dazu gehörte die Unterstützung markwirtschaftlicher und demokratischer Reformen; nicht zuletzt auch um den Migrationsdruck nach Deutschland zu mildern und um für den Handelstaat Deutschland (Kapitel 3.4) in Osteuropa Absatzmärkte zu erschließen. Exemplarisch werden im Folgenden die Beziehungen zu Russland, Polen und Tschechien in den Vordergrund gerückt. Die Beziehungen zu anderen osteuropäischen Staaten werden nur kursorisch behandelt.

Deutsch-russische Beziehungen unter neuen Vorzeichen

Da Moskau die deutsche Einheit maßgeblich ermöglicht hatte, fühlte sich die Bundesregierung der noch bestehenden Sowjetunion in besonderer Weise verpflichtet. Zudem hatte Deutschland, das als Frontstaat von einer Randlage im Ost-West-Konflikt urplötzlich in das Zentrum Europas gerückt war, ein Interesse an politischer Stabilität in Osteuropa. Kurz nach der Vollendung der Einheit schloss Deutschland daher Nachbarschaftsverträge mit den Staaten ab, mit denen es schon zur Zeit der Neuen Ostpolitik in den 1970er Jahren vertragliche Vereinbarungen erzielt hatte (zudem mit Ungarn, Bulgarien und Rumänien). Diese Verträge standen in der Tradition der Bemühungen um eine fortgesetzte Annäherung an Osteuropa. Der Vertrag mit der Sowjetunion vom 9. November 1990 enthält Gewaltverzichterklärungen, Aussagen zur Rüstungskontrolle, Vereinbarungen über regelmäßige Treffen der Außen- und Verteidigungsminister sowie wirtschaftliche, wissenschaftliche und kulturelle Kooperation (Bingen 1999: 603f.).

Nach der Auflösung des Warschauer Pakts zum 1. Juli 1991 wurde am 31. Dezember 1991 vom Obersten Sowjet die Auflösung der Sowjetunion beschlossen. Das Erbe bestand aus 15 souveränen Staaten. Rechtnachfolger wurde die Russische Föderation mit Boris Jelzin als ihrem ersten Präsidenten. Er hatte nach dem gescheiterten Links-Putsch vom Sommer 1991 gegen Gorbatschow, der im Dezember 1991 zurücktrat, die Macht übernommen. Die Themenpalette in den deutsch-russischen Beziehungen, die zuvor durch die deutsche Teilung und die militärische Bedrohung dominiert waren, wandelte sich in den 1990er Jahren (ausführlich Zagorski 2005). Dazu gehörte die Stabilisierung Russlands und dessen Transformation zu einem demokratischen, marktwirtschaftlichen Staat, die Intensivierung der Wirtschaftsbeziehungen, der Abzug sowjetischer Truppen aus der ehemaligen DDR, aber auch neue Gefahren aus dem post-sowjetischen Raum wie die Proliferation von Massenvernichtungswaffen, organisiertes Verbrechen, Umweltrisiken, Menschen- und Drogenhandel. Deutschland übernahm eine zentrale Rolle, russische Bedenken gegenüber dem Beitritt osteuropäischen Staaten zu NATO und EU abzufedern. Beide Staaten, Deutschland wie Russland, befanden sich in einem Prozess der Identitätsbestimmung.

Russische Krisenjahre und das Duo Kohl-Jelzin

Den zügigen und vollständigen Abzug der russischen Soldaten unterstützte Deutschland finanziell in Milliardenhöhe. Der Abzug wurde 1994 abgeschlossen. Insgesamt verließen 546.000 sowjetische Truppen deutschen Boden. Die Bundesregierung machte sich zum Anwalt russischer Finanzinteressen und drängte z.B. auf den G-7-Gipfeln (Kapitel 3.4.2) zu Hilfsmaßnahmen für das ökonomisch am Boden liegende Russland. Deutschland hatte zwar versucht, die Finanzhilfen zu multilateralisieren, stieg aber dennoch schnell zum größten Gläubiger Russlands auf. Deutsche Firmen hielten sich hingegen mit Investitionen in Russland zurück, da es unter Jelzin an rechtsstaatlichen Strukturen mangelte und Investitionen zu riskant waren (Stent 2007: 439ff.).

Auch in der ersten Runde der NATO-Osterweiterung war Deutschland der Motor. Verteidigungsminister Rühe übernahm hier eine Vorreiterrolle (Kapitel 3.1.4). Auswärtiges Amt und Kanzleramt mahnten hingegen zur Zurückhaltung, um die guten Beziehungen zu Russland nicht zu gefährden. Diese Uneinigkeit machte das deutsche Dilemma in der Ostpolitik deutlich. Es war eine Frage der Prioritäten. Einerseits machte sich Deutschland zum Anwalt der osteuropäischen Staaten. Aus langfristigen strategischen Motiven war Deutschland aber andererseits auch an guten Beziehungen zu Russland interessiert. Die russische Reaktion auf die Erweiterungsbemühungen war – trotz der vertrauensbildenden Beteiligung Russlands am Programm „Partnerschaft für den Frieden" 1994 und der Einrichtung des Ständigen Gemeinsamen NATO-Russland-Rats 1997 – negativ. Es kam zu Spannungen im deutsch-russischen Verhältnis (ausführlich Stent 2000). Im Dezember 1994 begann der russische Krieg in Tschetschenien (Krech 1997). Die Bundesregierung kritisierte diesen Krieg gegen die Kaukasusrepublik nur verhalten, um die Spannungen nicht noch zu verschärfen.

Helmut Kohl baute während seiner Amtszeit ein gutes persönliches Verhältnis zu Präsident Jelzin auf. Die Bundesregierung unterstützte Jelzin auch deswegen, weil es an demokratischen Alternativen mangelte und die Gefahr einer Rückkehr des Kommunismus nicht gebannt schien. Daher unterstützte Deutschland auch Jelzins erneute Kandidatur 1996. Grundsätzlich waren die bilateralen Beziehungen von einer starken Asymmetrie gekennzeichnet. Russland war für Deutschlands Transitionsprozess nach der Vereinigung weniger wichtig, als Deutschland für Russlands post-kommunistische Transformation (Stent 2007: 443).

Rot-grün und die Männerfreundschaft Schröder-Putin

Bei Amtsantritt von Kanzler Schröder kam es zu einer Neubewertung der deutsch-russischen Beziehungen. Schröder hatte zu Oppositionszeiten das enge persönliche Verhältnis von Kohl und Jelzin abschätzig als „Sauna-Diplomatie" kritisiert. Die Politik gegenüber Russland sollte pragmatischer werden. Die Anfangszeit war allerdings gleich durch eine tiefe wirtschaftliche Krise mit massivem Kapitalabfluss geprägt (Russlandkrise). Der russische Staat wurde zahlungsunfähig, da er mit hohen Fremdwährungskrediten belastet war und der Anleihemarkt in Rubel zusammenbrach. 1998 schuldete Russland Deutschland 75 Milliarden DM und konnte seine Kredite nicht bedienen. Deutschland lehnte daher weitere Kredite ab (Vostrikov 1999; Herr 2000). Eine weitere schwere Belastung für die deutsch-russischen Beziehungen stellte der Kosovo-Krieg dar (Kapitel 3.8.2). Die Luftangriffe auf das mit Russland verbündete Serbien wurden abgelehnt. Russland relativierte dann bald seine strikt pro-serbische Haltung und wurde an der Truppenpräsenz im Kosovo beteiligt. Allerdings lehnte Moskau eine Unterstellung seiner Truppen unter das von der NATO beanspruchte KFOR-Oberkommando ab. Die unilaterale russische Besetzung des Flughafens von Pristina zeigte, wie ambivalent Russlands Haltung trotz bestehender vertrauensbildender Kooperationsstrukturen gegenüber der NATO war und bis heute ist. Dabei hatte die EU am 4. Juni 1999 eine Gemeinsame Strategie für Russland mit dem Ziel verabschiedet, Russland beim politischen und wirtschaftlichen Übergang erfolgreich zu unterstützen (Amtsblatt der Europäischen Gemeinschaften 1999).

Wladimir Putin wurde am 9. August 1999 Ministerpräsident und am 26. März 2000 zum zweiten russischen Präsidenten gewählt. In Deutschland sorgte dieser Machtwechsel zunächst für Unsicherheit. Putin formte Russland zu einer „gelenkten Demokratie", in der zwar demokratische Institutionen als formale Hüllen existieren, diese aber weitgehend undemokratische Füllungen enthalten (ausführlich Buhbe/Gorzka 2007). In der Außenpolitik gab sich Putin zunächst als Pragmatiker, der intensivere Beziehungen zum Westen anstrebte (ausführlich Mangott 2005). Putin, der als KGB-Offizier zwischen 1985 und 1990 in der DDR tätig war und daher deutsch spricht, sah in Deutschland das Schlüsselland der EU und einen zentralen Partner. Allmählich begann Schröder, eine eigene Russlandpolitik zu gestalten und befand sich damit im Widerstreit zum Auswärtigen Amt. Trotz fragwürdiger innenpolitischer Entscheidungen (Tschetschenienkrieg, Medienzensur, kein rechtsstaatlicher Umgang mit Oligarchen) war es Putin in kurzer Zeit gelungen, Wirtschaftsreformen auf den Weg zu bringen und Russland nach den Chaosjahren unter Jelzin zu stabilisieren (ausführlich Rahr 2000). Die Entwicklungen in Russland waren nun kalkulierbarer. 2001 betonte Schröder: „Deutschland versteht sich aufgrund seiner Lage und Geschichte als ein Impulsgeber und Motor der Russlandpolitik der Europäischen Union" (Schröder 2001). Das deutsch-russische Verhältnis charakterisierte er als strategische Partnerschaft mit dem Ziel, Russland in Europa zu integrieren.

Kurz nach den Terroranschlägen vom 11. September besuchte Putin Deutschland und hielt eine viel beachtete Rede im Bundestag. Er stellte sich auf die Seite des Westens im Kampf gegen den Terrorismus (und zog eine Verbindung zwischen Al Kaida und tschetschenischen Rebellen). Zu den Beziehungen zu Deutschland erklärte er: „Russland hegte gegenüber Deutschland immer besondere Gefühle. Wir haben ihr Land immer als ein bedeutendes Zentrum der europäischen und der Weltkultur gesehen. [...] Zwischen Russland und Amerika liegen Ozeane. Zwischen Russland und Deutschland liegt die große Geschichte" (Putin 2001). Der deutsche Botschafter in Moskau konnte sich zu diesem Zeitpunkt sogar eine NATO-Mitgliedschaft Russlands vorstellen. Zu den guten deutsch-russischen Beziehungen trug auch die enge persönliche Beziehung zwischen Schröder und Putin bei: Nun „Männerfreundschaft" statt „Sauna-Diplomatie". Es fanden regelmäßige Regierungskonsultationen auf unterschiedlichen Ebenen und unter Beteiligung zahlreicher Ressorts statt. Zudem wurde eine Task Force eingesetzt, die sich mit der wirtschaftlichen und finanziellen Kooperation beider Staaten befasste (ausführlich Zagorsky 2005). Ferner wurde der Peterburger Dialog eingerichtet, um zivilgesellschaftliche Gruppen miteinander ins Gespräch zu bringen (Meier 2003). Im Zuge des Irak-Krieges erhielten die Beziehungen insofern eine neue Qualität, als Deutschland mit Russland und Frankreich kooperierte, um sich einem US-geführten Angriff auf den Irak zu widersetzen („Achse Paris-Berlin-Moskau"). Deutschland wie Russland kritisierten die Umgehung der VN und die Kriegsentscheidung.

Eine Bilanz der rot-grünen Russlandpolitik fällt ambivalent aus. Einerseits gelang es, punktuell Einfluss auf die russische Politik zu nehmen (z.B. bei der Wiederholung der Präsidenten-Stichwahl in der Ukraine, die Putin zunächst abgelehnt hatte; Leithäuser 2004). Auch leistete Deutschland Unterstützung zur wirtschaftlichen Stabilisierung Russlands. Andererseits führte die deutsche Russlandpolitik zu Verklärungen kritikwürdiger Sachverhalte, insbesondere hinsichtlich Tschetschenien, dem Umgang mit NGOs, Pressefreiheit und Menschenrechten. Schröder hielt sich in seiner öffentlichen Kritik an Putin nicht nur erheblich zurück, sondern antwortete 2004 auf die Frage, ob Putin ein lupenreiner Demokrat sei, mit den Worten: „Ja, ich bin überzeugt, dass er das ist" (Schröder 2004). Bei der Bewertung der deutsch-russischen Beziehungen sollte nicht außer acht gelassen werden, dass seit Beginn dieses Jahrhunderts die Bedeutung Russlands als Energielieferant enorm gestiegen ist. 40% der deutschen Gasversorgung kommen aus Russland. 2005 erfolgte die Unterzeichnung eines Vertrages über den Bau der Ostsee-Pipeline, die die Abhängigkeit von russischem Gas noch erhöhen wird (Kapitel 3.4.4). Der Zusammenhang zwischen wirtschaftlichen Abhängigkeiten und politischen Rücksichtnahmen ist überzufällig.

Die Große Koalition mit Gegenwind aus Russland

Als die Große Koalition im November 2005 ihre Arbeit aufnahm, war die Welt gespannt, wie sich das deutsch-russische Verhältnis nach Sauna- und Männerfreundschaft entwickeln würde. Kanzlerin Merkel bemühte zunächst Kontinuitätsrhetorik. Nachfolgend aber wurden die Beziehungen kühler und sachlicher, aber nicht weniger verlässlich. Während der doppelten deutschen Präsidentschaft (EU und G-8) 2007 gerieten sie aber doch in schwierigeres Fahrwasser. Die EU hatte seit 1997 ein Partnerschaftsabkommen mit Russland, das Ende 2007 ausgelaufen ist. Damals waren die Beziehungen zwischen der EU und Russland (Barysch 2004, Stykow 2008) davon geprägt, dass die EU Russland als fragilem Transformationsstaat unterstützte. 2007 sah die Lage völlig anders aus, da Russland mitterweile zur Energiesupermacht aufgestiegen war. Die EU sah ihre Interessen im bilateralen Verhältnis unzureichend geregelt. Ein Folgeabkommen sollte daher um Themen wie organisierte Kriminalität, illegale Einwanderung und Menschenhandel ergänzt werden. Beim Öl- und Gashandel sollte mehr Lieferzuverlässigkeit angestrebt werden. Beim EU-Russland-Gipfel am 17./18. Mai 2007 unter deutscher EU-Ratspräsidentschaft in Samara war es nicht gelungen, ein neues Partnerschaftsabkommen auf den Weg zu bringen, da Polen wegen eines Handelskonflikts sein Veto eingelegt hatte. Zudem sprach Ratpräsidentin Merkel – ganz im Gegensatz zu Schröder – Themen wie Menschenrechte und Pressefreiheit offen an und verärgerte Putin (Schwinger 2008). Erst der

EU-Russlandgipfel im Juni 2008 in Chanty-Mansijsk, erstmalig mit dem neuen Präsidenten Dimitri Medvedev, gab den verzögerten Startschuss für Verhandlungen eines neuen Partnerschaftsabkommens (Baag 2008). Auch der ebenfalls unter deutscher Präsidentschaft stattfindende G8-Gipfel in Heiligendamm im Sommer 2007 wurde von einem Konflikt über das geplante Raketenabwehrsystem der USA in Tschechien und Polen überschattet. Die Pläne, die im September 2009 von der Obama-Administration auf Eis gelegt worden sind, bezeichnete Putin als Bedrohung. Die Eskalation des Georgien-Konflikts im August 2008 verschärfte die Spannungen zwischen Russland und dem Westen weiter. Kanzlerin Merkel verurteilte das militärische Vorgehen Russlands genauso wie die nachfolgende Anerkennung Südossetiens mit scharfen Worten. Als Reaktion setzte die NATO die Arbeit des Nato-Russland-Rats vorübergehend aus (bis März 2009). Allerdings sollte Russland aus deutscher Sicht nicht isoliert oder in die Selbstisolation getrieben werden (Zekri/Höll 2008). Auch die Verhandlungen über das EU-Russland-Partnerschaftsabkommen waren ausgesetzt worden und wurden erst im November 2008 – trotz Widerstand von Litauen und Polen – wieder aufgenommen. Hier zeigt sich, wie fragil die Beziehungen zwischen der EU und Russland weiterhin sind.

Die Bilanz der deutsch-russischen Beziehungen in der Großen Koalition fällt ambivalent aus. Einerseits wurden problematische Themen offen angesprochen. Andererseits hat der Einfluss Deutschlands auf Russland abgenommen. Die Beziehungen sind pragmatischer und kühler geworden. Sie heben sich damit von den Zeiten des deutsch-russischen Bilateralismus unter Kohl/Jelzin und Schröder/Putin ab. Russland ist zudem nicht mehr in der Position eines sich in einem fragilen Transformationsprozess befindlichen Kreditnehmers, sondern ist eine wirtschaftlich starke Energiesupermacht mit Kernwaffen und mit neuem Selbstvertrauen. Dies mag der russischen Seele gut tun, stellt die Beziehungen aber vor neue Herausforderungen.

Die Zukunft der Beziehungen zwischen Deutschland und Russland und damit eng verknüpft auch zwischen der EU und Russland kann aufgrund dieser Ambivalenz in sehr unterschiedliche Richtungen tendieren. Bestimmende Faktoren sind „die hochgradige Interdependenz und eine Vielzahl gemeinsamer ökonomischer, regional- und geopolitischer Interessen einerseits und strukturelle Unvereinbarkeiten, divergierende gesellschaftliche und geopolitische Ordnungsvorstellungen sowie beträchtliche Interessenkonkurrenz andererseits" (Stykow 2008: 667).

Annäherung mit Hindernissen: Aussöhnung mit Polen

Auch mit Polen kam es rasch zu einem Nachbarschaftsvertrag (Jäger/ Dylla 2008). Diesem vorgeschaltet wurde am 14. November 1990 ein Grenzvertrag (Bingen 1999: 603). Dort wurde das im Zwei-plus-Vier-Vertrag gegebene Versprechen einer endgültigen Grenzregelung, die nach deutscher Rechtsauffassung erst ein vereintes Deutschland vornehmen konnte, erfüllt (Kapitel 3.3.6). Am 17. Juni 1991 folgte dann der Nachbarschaftsvertrag. Er nimmt Bezug auf die europäische Dimension der deutsch-polnischen Beziehungen. Inhaltlich sind besonders die Minderheitenregelung und die deutsche Verpflichtung, Polen an die EU heranzuführen, hervorzuheben. Die Hilfe erfolgte bi- wie multilateral; z.B. durch Hilfsprogramme, Schuldenerlass, Kredite oder Beratungsprogramme (Dauderstädt 2007: 430f). Im Dezember 1994 beschloss der Europäische Rat unter deutschem Vorsitz und nach deutscher Initiative eine Strategie für die Osterweiterung der EU. Die Beitrittsverhandlungen mit Polen und weiteren osteuropäischen Staaten begannen in Luxemburg 1997 und wurden unter Berücksichtigung der Kopenhagener Kriterien (Kapitel 3.1.3) am 12./13. Dezember 2002 erfolgreich beendet. Polen trat zum 1. Mai 2004 der EU bei.

Parallel zu dieser Entwicklung wurde seit Anfang der 1990er Jahre das so genannte Weimarer Dreieck etabliert (ausführlich Kühnhardt 2000). Diese Annäherung an den polnischen Nachbarn wurde am 28. August 1991 in Weimar bei einem Treffen der Außenminister Deutschlands, Frankreichs und Polen ins Leben gerufen. Die Institutionalisierung dieses Mechanismus zeigt die herausragende Bedeutung, die Polen vom deutsch-französischen Motor des europäischen Integrationsprozesses zuerkannt wird. Das Weimarer Dreieck dient in erster Linie als Gesprächs- und Konsultationsforum. Dieses informelle trilaterale Format wurde 1998 insofern ausgebaut, als seitdem zusätzlich zu den Ministertreffen Gipfeltreffen der Staats- und Regierungschefs stattfinden. Hinzu kamen Gespräche zwischen Fachministern, Abgeordneten und Ministerialbeamten. Zudem wurde das Dreieck durch gemeinsame wirtschaftliche, kulturelle und zivilgesellschaftliche Projekte unterfüttert. 1999 waren darüber hinaus die deutschen Bemühungen erfolgreich, Polen (gemeinsam mit Ungarn und Tschechien) in die NATO aufzunehmen. Für Polen waren EU- und NATO-Beitritt gleichsam ein natürlicher Prozess. Das Land fühlte sich dem Westen zugehörig und war nur zwangsweise Teil des Ostblocks. So beschrieb Artur Hajnicz, ehemaliger Direktor am Zentrum für Internationale Studien und verantwortlich für die deutsch-polnischen Beziehungen, diese Zwangsstruktur mit den Worten „Die ganze DDR war unsere Mauer" (Colschen 2002: 65).

Die erste harte Belastungsprobe für das neu gestaltete deutsch-polnische Beziehungsgeflecht begann im Vorfeld des Irak-Kriegs. Dort wurden nicht nur Unterschiede in der Einschätzung der US-Außenpolitik deutlich, sondern es traten auch Differenzen in zentralen sicherheitspolitischen Fragestellungen zu Tage (Kerski 2007: 412ff). Polen beteiligte sich am 30. Januar 2003 am offenen Brief der Acht (Großbritannien, Ungarn, Polen, Tschechien, Italien, Spanien, Portugal und Dänemark) mit dem Titel „Europa und Amerika müssen zusammenstehen", der weder in der NATO noch in der EU abgestimmt worden war. Auch die Bundesregierung wurde nicht informiert. Der Brief dokumentiert die von US-Verteidigungsminister 2003 geprägte Formulierung Old Europe/New Europe, die eine europäische Spaltung suggerieren sollte. Die rot-grüne Bundesregierung ging auf Distanz zu den amerikatreuen Polen (ausführlich Beckmann 2008).

Eine weitere Belastung stellte die Machtübernahme in Polen durch die Kaczyński-Brüder dar. Mit ihren deutschlandkritischen Parolen ging ein gewisses Anspruchsdenken der neuen polnischen Regierung gegenüber Deutschland einher. Die Konflikte waren vielfältig. Bundestags-Vizepräsident Wolfgang Thierse beklagte, dass von polnischer Seite Zwiste geradezu organisiert und aufgebauscht würden. Herauszuheben sind Forderungen der Kaczyńskis nach einem völkerrechtlichen Verzicht Deutschlands auf Rückgabeforderungen von Vertriebenen. Hier bekräftigte Merkel 2006 die Position, dass die Bundesregierung keine Ansprüche von deutschen Vertriebenen auf Entschädigung oder Grundstücksrückgaben in Polen unterstützt. Abgelehnt wurde von Polen auch die 2005 von Schröder vereinbarte deutsch-russische Erdgas-Pipeline durch die Ostsee, durch deren Bau Polen seine Energiesicherheit gefährdet sah (Focus 2006). Präsident Lech Kaczyński zweifelte auch am Sinn des Weimarer Dreiecks. Er untermauerte dies symbolisch, als er das für den 3. Juli 2006 geplante Gipfeltreffen absagte, und es erst am 5. Dezember 2006 nachgeholt werden konnte. Im Juni 2007 nahmen die deutschlandkritischen Töne eine neue Dimension an, als Ministerpräsident Jarosław Kaczyński im Streit um die Europäische Verfassung aufrechnete, dass Polen aufgrund seiner Opfer während des Zweiten Weltkrieges in der EU als Wiedergutmachung eine größere Stimmengewichtung erhalten solle. Hätte es diese Opfer nicht gegeben, besäße Polen heute 66 Millionen Einwohner und hätte ein stärkeres Stimmengewicht. Polen setzte sich in diesem Streit für die berühmte Quadratwurzel-Formel ein. Der Spiegel titelte: „Quadratwurzel oder Tod. Die ungeliebten Nachbarn. Wie die Polen Europa nerven" (Spiegel 25/2007). Er sah hinter der polnischen Ablehnung der doppelten Mehrheit die Angst vor einem deutschen Europa (Buras 2008). Aus deutscher Sicht war die politische Führung in Polen zu einem schwierigen Partner geworden.

Belastet wurden die Beziehungen auch durch den Beschluss der Bundesregierung zur Gründung der Bundesstiftung „Flucht, Vertreibung, Versöhnung" im März 2008. Diese Dokumentationsstätte zum Schicksal der Vertriebenen geriet in polnische Kritik. Es ging um die Einbeziehung Polens in die Planungen sowie die mögliche Beteiligung des Bundes der Vertriebenen mit seiner Reizfigur, der Vorsitzenden Erika Steinbach, im Stiftungsrat. So betonte die Beauftragte der Bundesregierung für die deutsch-polnischen Beziehungen, Gesine Schwan, dass ein solches Zentrum als deutsch-polnisches Projekt ungeeignet sei. Besonderen Zündstoff berge die Frage, „ob der Nationalsozialismus die Ursache der Vertreibung war, oder nur ein Anlass für unsere östlichen Nachbarn, die ohnehin gewünschte Vertreibung durchzuführen" (Schwan 2008). Erika Steinbach hatte mit ihren Bemerkungen u.a. den Eindruck erweckt, die deutsche Schuld relativieren zu wollen. Im März 2009 gab Steinbach nach und verzichtete vorerst auf eine Nominierung für den Stiftungsrat.

Bilanzierend ist festzustellen, dass es in der Amtszeit der Kaczyński-Brüder teilweise gelungen ist, alte Bedrohungsmuster, Reflexe und Neurosen in Polen wiederzubeleben und zu instrumentalisieren. Die deutsche Außenpolitik hat dabei erneut erfahren müssen, wie rasch die gemeinsame Geschichte in das politische Tagesgeschäft eindringen kann. Der Aussöhnungsprozess mit Polen ist zwar vorangekommen, aber alte Sensibilitäten sind noch nicht soweit aufgearbeitet, dass sie nicht jederzeit wieder hervorbrechen könnten. Diese deutsch-polnischen Spannungen daher als eine unglückliche Ansammlung von Missverständnisse abzutun oder allein auf die polnischen Zwillinge zu schieben, hieße, die tiefgehenden und substantiellen Konflikte, die in dieser Zeit offen gelegt worden sind, übertünchen zu wollen. Diese Konflikte haben darüber hinaus deutlich gemacht, dass die deutsch-polnische Interessengemeinschaft der 1990er Jahre nicht mehr besteht. Dabei wären gute deutsch-polnischen Beziehungen wichtig, denn sie sind ein Schlüsselfaktor für den Erfolg der gesamten EU-Ostpolitik (Ochmann 2008: 375).

Vereintes Deutschland – geteilte Tschechoslowakei

Die Tschechoslowakei war im Ost-West-Konflikt der einzige Staat, der Grenzen mit beiden deutschen Staaten geteilt hatte (ausführlich Koschmal 2001). Auch über die Tschechoslowakei flohen Menschen aus der DDR in die Bundesrepublik. Berühmt ist das Drama um die Flüchtlinge in der Deutschen Botschaft in Prag im Sommer 1989, denen nach mühsamen Verhandlungen die Ausreise erlaubt worden war. Nach 1990 war die deutsche Außenpolitik mit dem Problem konfrontiert, dass der Prager Vertrag von 1973 nicht alle Probleme im deutsch-tschechischen Verhältnis erfolgreich bearbeitet hatte. Vor allem die sudetendeutsche Frage und die Beneš-Dekrete belasteten die bilateralen Beziehungen.

Auch mit der Tschechischen und Slowakischen Föderativen Republik – wie die Tschechoslowakei vor ihrer Spaltung vorübergehend hieß – wurde am 27. Februar 1992 ein Nachbarschaftsvertrag abgeschlossen. Dort wurde festgestellt, dass der tschechoslowakische Staat seit 1918 nie aufgehört hat zu existieren. Auch die Nichtigkeit des Münchner Abkommen wurde erneut – wie schon im Vertrag von 1973 – bestätigt. Der Vertrag bestätigt die bestehenden Grenzen und sichert der deutschen Minderheit Rechte zu. Vermögensfragen wurden erneut ausgeklammert. In der Präambel taucht immerhin erstmals offiziell der Begriff Vertreibung auf (März 1996: 323ff.). Dennoch fand hier das übliche diplomatische Verhandlungsverfahren Anwendung. strittige Fragen auszuklammern, um das Erreichbare nicht zu gefährden.

Zum 1.1.1993 trennten sich Tschechen und Slowaken. Beide Staaten erkannten den Vertrag an. Da die Probleme der gemeinsamen Vergangenheit wie die Verbrechen des Nationalsozialismus und die Vertreibung der Sudentendeutschen letztlich aber ungeregelt geblieben waren, wurde diese Thematik 1997 in einer „Deutsch-Tschechischen Erklärung über die gegenseitigen Beziehungen und deren zukünftige Entwicklung" (Deutscher Bundestag 1997) aufgegriffen, in der nach zähen Verhandlungen das erfahrene Leid und Unrecht in beiden Staaten zumindest bedauert und ein deutsch-tschechischer Zukunftsfonds eingerichtet wurde (Bingen 1999: 604). Auftrag des bis heute tätigen Zukunftsfonds – bei dem es ebenfalls Streit über die Vertretung der Sudentendeutschen im Verwaltungsrat gab – ist es, die Verständigung zwischen Deutschen und Tschechen zu fördern, die Zahl der beidseitigen Begegnungen zu erhöhen sowie gemeinsame Projekte zu fördern. Zu den wichtigsten Projekten gehört das Deutsch-Tschechische Gesprächsforum, das auf jährlichen Konferenzen Themen von deutsch-tschechischer Relevanz diskutiert (Deutsch-Tschechischen Zukunftsfonds 2008). Dialogbedarf ist nach wie vor unzweifelhaft vorhanden. Untersuchungen im deutsch-tschechischen Grenzgebiet zeigen, dass beide Seiten eher nebeneinander als miteinander leben und zudem Stereotypen und Vorurteile weiterhin die gegenseitige Fremdwahrnehmung prägen (ausführlich Weigl 2008). Deutschland hatte Tschechien auch bei seinen Bemühungen um eine NATO-Mitgliedschaft, zu der es am 12. März 1999 kam, aktiv unterstützt. Auf der europäischen Ebene hatten sich die Bundesregierungen Kohl wie auch Schröder für die EU-Mitgliedschaft Tschechiens wie der Slowakei eingesetzt. Nach fünfjährigen Beitrittsverhandlungen (1997-2002) traten Tschechen und Slowaken zum 1. Mai 2004 der EU bei. Parallel zu den Beitrittsverhandlungen hatten im Sommer 2002 im tschechischen Wahlkampf einige Parteien antideutsche Ressentiments eingesetzt (Schmidt-Häuer 2002). Im ersten Halbjahr 2009 übernahm Tschechien dann erstmals die EU-Ratspräsidentschaft. Dies geschah gerade in einer Phase, in der der europapolitische Kurs Tschechiens aufgrund der innenpolitischen Situation, in der sich Gegner und Befürworter des Vertrags von Lissabon in einem Machtkampf befunden hatten, unklar war (Busse 2009).

Der Befund lautet: Die „Rückkehr nach Europa" als Hauptziel der tschechischen Außenpolitik (Wallat 2008: 504) ist trotz aller europaskeptischen Stimmen aus Prag – z.B. von Staatspräsident Klaus – erreicht worden. Tschechien wurde bei seiner Westintegration in EU und NATO maßgeblich von Deutschland unterstützt. Die deutsch-tschechischen Beziehungen sind gut. Sie bleiben aber gleichzeitig in historisch bedingten und bis heute ungelösten Problemstellungen gefangen. So stimmt es bedenklich, dass 20 Jahre nach der Beseitigung des eisernen Vorhangs immer noch keine für alle Seiten befriedigende Regelung gefunden werden konnte. Hier auf den Faktor Zeit zu setzen, ist sicherlich kein geeigneter Ansatz und wäre zugleich eine Bankrotterklärung der deutschen wie der tschechischen Außenpolitik. Eine fortgesetzte Ausklammerung der Probleme ist daher keine zukunftsträchtige, weil den Aussöhnungsprozess unterminierende Vorgehensweise. Der deutsch-tschechische Zukunftsfonds weist hier in die richtige Richtung.

EU-Nachbarschaftspolitik im Osten

Da nicht alle osteuropäischen Staaten eine EU-Beitrittsperspektive erhalten hatten, stellte sich für die deutsche Außenpolitik, die traditionell ein Motor der europäischen Ostpolitik war, bald die Frage, inwieweit Deutschland die Ostpolitik bei der Entwicklung einer europäischen Nachbarschaftspolitik fortsetzen sollte und wie dieser Ansatz in Einklang mit den Beziehungen zu Moskau gebracht werden konnte. So wurden schon frühzeitig die Auswirkungen der EU-Osterweiterung in Planungsstäben erörtert. Im Fokus standen die Ukraine, Weißrussland und Moldawien (Kempe 2007: 240ff). Auch Russland wurde nicht zuletzt aufgrund der EU-Enklave Kaliningrad Teil der nachbarschaftspolitischen Überlegungen. So wurden Wahlen wie in der Ukraine und Weißrussland Gegenstand außenpolitischer Debatten und Resolutionen im Bundestag.

Im Mai 2004 wurde – praktisch zeitgleich mit der ersten Osterweiterung – die Europäische Nachbarschaftspolitik (ENP) von der EU-Kommission aus der Taufe gehoben. Das Ziel war es zunächst, in den Staaten an den EU-Außengrenzen in Osteuropa, die keine klare Beitrittsperspektive besaßen, Sicherheit und Stabilität durch wirtschaftliche, politische und kulturelle Zusammenarbeit im Sinne privilegierter Beziehungen zu fördern (ausführlich Kommission der europäischen Gemeinschaften 2004). Scharfe Trennlinien zwischen EU-Mitgliedsstaaten und Nicht-Mitgliedern sollen dadurch zum Teil eingeebnet werden. Das Konzept wurde dann auf die Kaukasus-Region (Armenien, Aserbaidschan, Georgien) und auf die südlichen Mittelmeeranrainerstaaten ausgedehnt. Dazu wurden bilaterale Aktionspläne mit den ENP-Partnerstaaten entwickelt. 2007 kam das Nachbarschafts- und Partnerschaftsinstrument hinzu, um grenzüberschreitende Projekte zu fördern. Die EU-Russland-Beziehungen werden getrennt betreut.

Wenn sich auch bei dieser Form der Annäherung an die EU ein präzises Integrationsziel nicht abzeichnet, so bleibt die Frage eines EU-Beitritts von ENP-Staaten – anders als intendiert – virulent. In diesem Sinne sind auch Äußerungen wie die von Außenminister Steinmeier aus dem März 2007 einzuordnen, der einer Beitrittsdiskussion einen Riegel vorzuschieben versuchte und die Nachbarschaftspolitik als Modernisierungspartnerschaft beschrieb: „Mit der Stärkung der ENP wollen wir keine neue Beitrittsdiskussion entfachen. Eine verstärkte ENP ist weder eine Alternative noch der Weg zum EU-Beitritt. Vielmehr ist sie der Versuch, die Zusammenarbeit mit unseren Nachbarn […] Unseren östlichen Partnern […] bietet die ENP daher eine ausgestreckte Hand für die Teilhabe an einem Europa des Friedens und des Wohlstands" (Steinmeier 2007: 7). Trotzdem sieht sich die Regierung Merkel verstärkt mit Forderungen aus diesen Nachbarstaaten nach einer EU-Beitrittsperspektive konfrontiert. Dabei sind die Probleme vielschichtig. Die Ukraine ist innerlich zwischen einer Europa- und Russland-Orientierung gespalten (ausführlich Simon 2002; Kempe 2008). In Moldawien bleibt eine erfolgreiche Regelung des Transnistrienkonflikts aus (Neukirch 2008). Georgien hat massive Probleme mit seinen Provinzen Abchasien und Südossetiens (Halbach 2008). In Weißrussland gelingt es dem Diktator Lukaschenko, alle demokratischen Alternativen zu ersticken (Forbrig 2008). Hier basiert die EU-Politik „auf einer Mischung aus Sanktionen gegenüber dem Regime einerseits und der Unterstützung der Zivilgesellschaft andererseits" (Kempe 2007: 256). Ganz im Sinne dieser Strategie des sich-nicht-Festlegens betonte Kanzlerin Merkel bei ihrem ersten Ukraine-Besuch im Juli 2008, dass sie einen raschen EU-Beitritt ablehnte, aber ein Assoziierungsabkommen mit der EU in Aussicht stellte: „Es ist eine sehr klare engere Anbindung an die Europäische Union [...] Es gebe jedoch keinen Automatismus für eine EU-Mitgliedschaft" (Süddeutsche Zeitung 2008).

3.2.5 Abschlussbemerkungen

In diesem Kapitel wurde aufgezeigt, warum und wie der Grundsatz der Annäherung an den Osten entstanden ist und nachfolgend etabliert wurde. Die Neue Ostpolitik der sozial-liberalen Koalition war als Planungsentscheidung ein herausragendes Element. Statt Konflikt und Abgrenzung wurden die Beziehungen zu den osteuropäischen Staaten so bereits im Ost-West-Konflikt – unter schwierigen Rahmenbedingungen – auf eine kooperationsorientierte Grundlage gestellt worden.

Auch die für Deutschland wie auch für die osteuropäischen Staaten tiefgreifende Zäsur 1989/1990 hat nicht zu einer Abkehr dieser Politik geführt. Sie wurde vielmehr nach dem Wegfall des Ost-West-Konflikts unter neuen Rahmenbedingungen und mit anderen Zielen und Mitteln fortgesetzt. Deutschland blieb in der Ostpolitik aktiv und war der Motor der europäischen Ostpolitik sowie Fürsprecher der osteuropäischen Staaten. Die Aufnahme vieler osteuropäischer Staaten in EU und NATO ist ein Ergebnis dieser Bemühungen. Die Ostpolitik nach 1990 musste dabei – nicht zuletzt aufgrund der Vervielfachung der staatlichen Einheiten und Interessen – eine noch größere Differenzierung aufweisen, als während des Ost-West-Konflikts. Es stellte sich die strategische Frage, wie auf die sich rasch abzeichnenden Bestrebungen der osteuropäischen Staaten nach einer EU-Beitrittsperspektive reagiert werden sollte. Mit der Entscheidung für die Unterstützung dieser doppelten Westintegration – die die Bundesrepublik bereits in den 1950er Jahren vollzogen hatte – konnten die im deutschen Interesse liegenden Rahmenbedingungen für eine friedliche und relativ stabile Entwicklung in dieser Region geschaffen werden.

Die Ostpolitik ist aber nicht vollständig über EU und NATO multilateralisiert, sondern es gibt aufgrund spezifischer bilateraler Themen auch eine eigene deutsche Außenpolitik gegenüber diesen Staaten. Dies zeigen die Beispiele Polen, Tschechien und Russland. Dabei muss die deutsche Außenpolitik die Gratwanderung vollziehen, einerseits gute Beziehungen zu Russland aufzubauen und andererseits als Anwalt der anderen osteuropäischen Staaten, die vielfach misstrauisch nach Moskau blicken, aufzutreten. Zusätzlich ist die Ostpolitik idealerweise auch noch mit den westeuropäischen und transatlantischen Partnern abzustimmen. Die Entwicklung der Beziehungen zu Russland könnte künftig durch „Marginalisierung", „Pragmatismus" oder „Strategische Partnerschaft" geprägt sein. Die Energieabhängigkeit gekoppelt mit der gestiegenen Bedeutung des Politikfeldes Energie- und Rohstoffsicherheit auch für die deutsche Außenpolitik spricht gegen das erste Szenario. Unter Kanzlerin Merkel herrschte in ihrer ersten Amtszeit Pragmatismus vor. Wenn die strategische Partnerschaft in der schwarz-gelben Koalition (wieder) das Ziel werden sollte, kann die Zusammenarbeit nicht auf die Energiepolitik beschränkt bleiben. Die Qualität der deutsch-russischen Beziehungen wird zudem auch davon abhängen, ob in Russland künftig diejenigen Kräfte obsiegen, die einen russischen Weg befürworten, oder diejenigen, die für eine weitere Annäherung an Europa eintreten (Götz 2006).

Insgesamt wird die deutsche Ostpolitik nicht anhand der Quantität der institutionalisierten Kooperationsformate gemessen werden können, sondern an der Lebendigkeit des Austausches. Nur so können Aussöhnungsprozesse erfolgreich fortgesetzt und noch bestehende Konflikte ausgeräumt werden. Mit oberflächlicher Ritualisierung der Beziehungen sind diese Ziele nicht zu erreichen. In den bilateralen Beziehungen zu Tschechien und Polen wäre z.B. jeweils eine Intensivierung der geschichtspolitischen Zusammenarbeit vordringlich, um sich der gemeinsamen Geschichte, die die politischen Beziehungen immer wieder belastet, stärker als bisher widmen zu können (Weigl/Colschen 2001).

Hinzu kommt der Umgang mit den Staaten jenseits der EU-Außengrenzen im Rahmen der ENP-Nachbarschaftspolitik. Hier wird eine Finalitätsdebatte (Kapitel 3.1.3) im Hinblick auf die geographische Dimension der EU bewusst vermieden, um diejenigen Kräfte nicht zu entmutigen, die Transformationsprozesse in ihren Staaten vorantreiben (wollen). Allerdings fehlt der Nachbarschaftspolitik gleichzeitig eine attraktive positive Konditionalisierung, wie sie mit einer – wie weit auch immer entfernten – EU-Beitrittsperspektive gegeben wäre.

Literatur

Bahr, Egon 1996: Zu meiner Zeit, Blessing, München.
Bender, Peter 1986: Neue Ostpolitik, Vom Mauerbau bis zum Moskauer Vertrag, München.
Stent, Angela 2000: Rivalen des Jahrhunderts: Deutschland und Russland im neuen Europa, Ullstein, Berlin.
Weber, Hermann 2006 : Die DDR 1945-1990, Oldenbourg, München/Wien.
Zündorf, Benno 1979: Die Ostverträge. Die Verträge von Moskau, Warschau, Das Berlin-Abkommen und die Verträge mit der DDR, München.

3.3 Wiedervereinigung

Inwieweit es sich beim Grundsatz der Wiedervereinigung tatsächlich um klassische Außenpolitik handelt, ist umstritten. Vielmehr wird in diesem Zusammenhang typischerweise von Deutschlandpolitik gesprochen (Niclauss 1977, Bodensieck 1979) und damit eine Abgrenzung zu klassischen Themen der Außenpolitik vorgenommen. Dennoch wird die Wiedervereinigung als außenpolitischer Grundsatz behandelt, zumal sie aufgrund der Blockkonfrontation und Vorbehaltsrechte der Alliierten letztlich keine reine Angelegenheit der beiden deutschen Staaten sein konnte. Auch die deutsche Einheit im Rahmen der Zwei-plus-Vier-Verhandlungen war nur über außenpolitisches Handeln erreichbar.

Nach der Erörterung verfassungsrechtlicher Grundlagen werden in diesem Kapitel zentrale Wegmarken des Grundsatzes Wiedervereinigung beschrieben. Es wird herausgearbeitet, wie dieser Grundsatz sich entwickelt hat, welche Probleme bei den Versuchen seiner Umsetzung in politisches Handeln auftraten und wie die unterschiedlichen Bundesregierungen mit diesen Problemen umgegangen sind. Schließlich wird ausgeführt wie das Fenster der Gelegenheit genutzt und die Wiedervereinigung international abgesichert werden konnte.

Die Außen- und Deutschlandpolitik der DDR (ausführlich Zieger 1988, Staadt 1996, Siebs 1999, Muth 2000) wird nur insoweit berücksichtigt, wie sie für das Verständnis der bundesdeutschen Politik erforderlich ist. Die Verhandlungen über die internationalen Aspekte der deutschen Einheit werden als Fallbeispiel für multilaterale Diplomatie ausführlicher behandelt. Es soll gezeigt werden, wie Diplomatie aus außenpolitischer Sicht funktioniert, welche Problemkategorien in einem solchen Prozess auftauchen und wie sie bearbeitet werden können. Ein besonderer Fokus wird dabei auf die Rolle der Bürokratie gelegt (Kapitel 2.1.1).

3.3.1 Das verfassungsrechtliche Fundament

Der außenpolitische Grundsatz der Wiedervereinigung besaß Verfassungscharakter. Auch war das im Mai 1949 verabschiedete Grundgesetz von den Gründungsvätern mit Blick auf eine mögliche Herstellung der deutschen Einheit nur als Provisorium konzipiert worden. Nach einer Wiedervereinigung sollte es durch eine (gesamtdeutsche) Verfassung ersetzt werden. Aber wie so oft bei Provisorien, so war auch das Grundgesetz von Dauer. Im Grundgesetz selbst waren in der Präambel, sowie den Artikeln 23 und 146 die maßgeblichen Formulierungen zu finden, die das Wiedervereinigungsgebot abbildeten. Die Präambel besagt:

> Im Bewusstsein seiner Verantwortung vor Gott und den Menschen, von dem Willen beseelt, seine nationale und staatliche Einheit zu wahren und als gleichwertiges Glied in einem vereinten Europa dem Frieden der Welt zu dienen, hat das Deutsche Volk in den Ländern Baden, Bayern, Bremen, Hamburg, Hessen, Niedersachsen, Nordrhein-Westfalen, Rheinland-Pfalz, Schleswig-Holstein, Württemberg-Baden und Württemberg-Hohenzollern, um dem staatlichen Leben für eine Übergangszeit eine neue Ordnung zu geben, kraft seiner verfassungsgebenden Gewalt dieses Grundgesetz der Bundesrepublik Deutschland beschlossen. Es hat auch für jene Deutschen gehandelt, denen mitzuwirken versagt war. Das gesamte Deutsche Volk bleibt aufgefordert, in freier Selbstbestimmung die Einheit und Freiheit Deutschlands zu vollenden.

In den Artikeln 23 und 146 wurde dann festgeschrieben, wie eine Wiedervereinigung vollzogen werden kann.

Artikel 23 ging von einem einfachen Beitritt der Länder in der Ostzone zum Grundgesetz und damit zur Bundesrepublik aus:

> Dieses Grundgesetz gilt zunächst im Gebiete der Länder Baden, Bayern, Bremen, Groß-Berlin, Hamburg, Hessen, Niedersachsen, Nordrhein-Westfalen, Rheinland-Pfalz, Schleswig-Holstein, Württemberg-Baden und Württemberg-Hohenzollern. In anderen Teilen Deutschlands ist es nach deren Beitritt in Kraft zu setzen.

Artikel 146 hingegen sah für den Fall der Wiedervereinigung eine neue, gesamtdeutsche Verfassung vor, die dann das Grundgesetz ablösen sollte:

> Dieses Grundgesetz verliert seine Gültigkeit an dem Tage, an dem eine Verfassung in Kraft tritt, die von dem deutschen Volke in freier Entscheidung beschlossen worden ist.

Mit der Deutschen Einheit am 3. Oktober 1990 war das Ziel der Einheit Deutschlands erreicht. Die Länder der DDR traten gemäß Artikel 23 bei und die Präambel wurde durch Gesetzesänderung neu gefasst. Das Grundgesetz gilt somit als deutsche Verfassung.

Selbstbestimmungsrecht

Ein Schlüsselbegriff im Kontext des Grundsatzes Wiedervereinigung ist das Selbstbestimmungsrecht. Jede bundesdeutsche Regierung hat sich auf das Selbstbestimmungsrecht des deutschen Volkes berufen. Die Charta der Vereinten Nationen bezeichnet das Selbstbestimmungsrecht der Völker als eine Grundlage der Beziehungen zwischen Staaten. Spezifiziert wird dieses Recht in den Menschenrechtspakten der Vereinten Nationen vom 19.12.1966. Dort heißt es jeweils in Artikel 1, Absatz 1: „Alle Völker haben das Recht auf Selbstbestimmung. Kraft dieses Rechts entscheiden sie frei über ihren politischen Status und gestalten in Freiheit ihre wirtschaftliche, soziale und kulturelle Entwicklung." Die Verwirklichung des Selbstbestimmungsrechts schließt die Errichtung eines unabhängigen Staates, die Vereinigung oder Verschmelzung von Staaten ein.

Allerdings hat das Selbstbestimmungsrecht Grenzen. Es enthält z.B. kein automatisches Recht auf Sezession. Solange in einem Mehrvölkerstaat der Wunsch nach Autonomie oder Selbstregierung im Rahmen von Föderalismus oder Regionalismus nicht gewaltsam unterdrückt oder aber eine ursprünglich gewährte Autonomie von der Zentralregierung nicht unterlaufen wird, sind Sezessionsbestrebungen nicht durch das Selbstbestimmungsrecht gedeckt. Hinsichtlich der ehemaligen deutschen Ostgebiete kann sich die Bundesrepublik daher nicht auf das Selbstbestimmungsrecht berufen. Deutsche in den ehemaligen Ostgebieten genießen Minderheitenrechte. Der Begriff des deutschen Volkes als Träger dieses Selbstbestimmungsrechts ist durch die Veränderung des Grundgesetzes (Präambel, Artikel 23, Artikel 146) abschließend geregelt. Eine Beitrittsoption für weitere „andere Teile Deutschlands" (alter Artikel 23) besteht durch die Streichung dieses Passus nicht (Ress 1999).

Das deutsche Volk hat sein Recht auf Selbstbestimmung durch die Herstellung der staatlichen Einheit zum 3.10.1990 ausgeübt. Das war im deutschen Fall besonders deswegen rechtlich relativ unproblematisch, weil der klassische Spannungsbogen zwischen dem Recht eines Volkes auf Selbstbestimmung und dem Recht eines Staates auf die Achtung seiner Souveränität faktisch nicht mehr bestand. Außerdem erleichterten das Grundgesetz mit seinen zitierten Artikeln 23 und 146 und der zwar nicht unproblematische, aber für multilaterale Verhandlungen doch vergleichsweise zügige Zwei-plus-Vier-Prozess den Vollzug dieses Selbstbestimmungsrechts.

Zwischen der doppelten Staatsgründung 1949 und der Vereinigung lagen über 40 Jahre. In dieser Zeit wurde das Selbstbestimmungsrecht des deutschen Volkes durch die grundgesetzlichen Bestimmungen formal stets aufrechterhalten. Die Wiedervereinigung wurde in dieser Zeit aber mit unterschiedlichen Strategien, Präferenzordnungen und Intensitäten verfolgt.

3.3.2 Deutschlandpolitik ohne direkte Kontakte

In der Adenauer-Ära wurde der Grundsatz der Wiedervereinigung praktisch ohne direkte Kommunikation oder gar Verhandlungen zwischen beiden Teilen Deutschlands verfolgt (ausführlich Gotto 1974). Die Aktivitäten, die dem Grundsatz der Wiedervereinigung zuzuordnen waren, waren an die Siegermächte gerichtet. Das Primat besaß in dieser Phase die Westintegration (Kapitel 3.1). Nur ein starker Westen war nach Adenauers Ansicht in der Lage, mit der Sowjetunion zu verhandeln, dabei entsprechenden Druck auszuüben und so Zugeständnisse in der Frage der Wiedervereinigung zu erreichen. Diese Politik der Stärke schien ihm der einzige Erfolg versprechende Weg zur Einheit. Gegenüber der DDR war die Politik hingegen geprägt von Nichtanerkennung, Abgrenzung und Isolierung. Hinzu kam der Alleinvertretungsanspruch. Letzterer lag völkerrechtlich in der Annahme einer Fortexistenz des Deutschen Reiches in den Grenzen vom 31. Dezember 1937 begründet. Nur die Bundesrepublik war berechtigt, Deutschland als Ganzes zu vertreten. Der DDR fehlte die demokratische Legitimation (Glaab 1999: 240f.). Auf die durchaus initiativenreiche Wiedervereinigungspolitik der DDR unter Führung der SED ging die Bundesregierung nicht ein (Kuppe 1999: 252ff.). Ihr wurde jegliche Glaubwürdigkeit abgesprochen. Das galt auch für die Politik der Sowjetunion wie den kontroversen Stalin-Noten.

Die Stalin-Noten – Wiedervereinigungsoption leichtfertig verworfen?

Vor dem Hintergrund der Wiederbewaffnungspläne und der sicherheitspolitischen Integration der Bundesrepublik in den Westen kam es 1952 zu den Stalin-Noten. Am 10. März 1952 ließ die Sowjetunion den Regierungen Frankreichs, Großbritanniens und der USA folgende diplomatische Note zukommen:

> „Die Sowjetregierung hält es für notwendig, die Regierung der Vereinigten Staaten von Amerika darauf aufmerksam zu machen, daß obwohl seit Beendigung des Krieges in Europa bereits etwa sieben Jahre vergangen sind, immer noch kein Friedensvertrag mit Deutschland abgeschlossen wurde. Um diesen unnormalen Zustand zu beseitigen, wendet sich die Sowjetregierung […] an die Regierung der Vereinigten Staaten von Amerika und an die Regierungen Großbritanniens und Frankreichs mit dem Vorschlag, unverzüglich die Frage eines Friedensvertrages mit Deutschland zu erwägen, damit in nächster Zeit ein vereinbarter Friedensvertragsentwurf vorbereitet und einer entsprechenden internationalen Konferenz unter Beteiligung aller interessierten Staaten zur Prüfung vorgelegt wird" (Deutsches Institut für Zeitgeschichte).

Des Weiteren wies Stalin darauf hin, dass die Erarbeitung eines Friedensvertrags mit Deutschland – ein Entwurf war bereits beigefügt –

nur mit einer gesamtdeutschen Regierung erfolgreich sein könnte.
Zentrale Vorschläge waren:

– Die Wiederherstellung Deutschlands als einheitlichen Staat innerhalb der Grenzen, [...] die durch die Beschlüsse der Potsdamer
  Konferenz der Großmächte festgelegt wurden.
– Die Verpflichtung Deutschlands, [...] keinerlei Koalitionen oder
  Militärbündnisse einzugehen, die sich gegen irgendeinen Staat
  richten, der mit seinen Streitkräften am Krieg gegen Deutschland
  teilgenommen hat.
– Die Vereinbarung, dass [...] sämtliche Streitkräfte der Besat-
  zungsmächte [...] spätestens ein Jahr nach Inkrafttreten des Frie-
  densvertrages aus Deutschland abgezogen werden müssen.
– Das Zugeständnis an Deutschland, wieder eigene Land-, Luft-
  und Seestreitkräfte besitzen zu dürfen, sowie innerhalb dieses
  Rahmens eine eigene Rüstungsproduktion.
– Keine Beschränkungen der Friedenswirtschaft, des Warenaustau-
  sches, der Seeschifffahrt und des Zutritts zu den Weltmärkten.
– Die Zusicherung, dass allen [...] demokratischen Parteien und
  Organisationen freie Betätigung gewährleistet [...] wird.
– Allen einstigen Mitgliedern der deutschen Armee und allen Nati-
  onalsozialisten die gleichberechtigte Teilnahme am Aufbau eines
  friedlichen, demokratischen Deutschlands zugesprochen wird
  (Deutsches Institut für Zeitgeschichte 1957).

Diese Inhalte und auch die drei weiteren Noten der Sowjetunion
lösten eine heftige innenpolitische Debatte aus. Adenauer stand diesem Angebot misstrauisch gegenüber. Die sowjetische Motivlage ist
aus neorealistischer Perspektive interpretierbar (Kapitel 1.3.1). Eine
Wiederbewaffnung der Bundesrepublik würde die Mächtebalance zu
Ungunsten des Ostblocks verschieben und wurde somit als Sicher-
heitsbedrohung wahrgenommen. Ein wiedervereintes neutrales
Deutschland hingegen wäre akzeptabel gewesen.
   Am 25. März 1952 gaben die Westmächte Stalin zu verstehen, dass
erst nach freien gesamtdeutschen Wahlen nach demokratischen Spielregeln über eine Friedensvertragslösung verhandelt werden könnte.
Deutschland sollte dann selbst über seinen außenpolitischen Kurs
entscheiden. Ein wiedervereinigtes, aber nicht in den Westen inte-
griertes, neutrales Deutschland mit eigenen Streitkräften wurde von
den Westmächten nicht befürwortet. Den westlichen Alliierten und
Adenauer war klar, dass Stalin keinesfalls seinen Einfluss auf die
DDR aufgeben würde, um ein Gesamtdeutschland herzustellen. Die

Stalin-Note wurde daher als ein Propagandaversuch gegen den Westen interpretiert, um die Westmächte in einen ergebnislosen Verhandlungsmarathon über Deutschland zu involvieren, sowie um eine Entstehung der EVG, deren späteres Scheitern nicht im Zusammenhang mit den Stalin-Noten stand, zu verhindern (Graml 1982: 13ff.). Für Adenauer und die Westmächte war es daher nicht schwierig, eine gemeinsame Linie zu finden, zumal es den Westalliierten ohnehin nicht in erster Linie um die Wiedervereinigung, sondern um die Kontrolle Westdeutschlands ging. Es war den Westmächten klar, dass Stalin sich nicht auf freie Wahlen für Gesamtdeutschland mit anschließender freier Bündniswahl einlassen würde, da die Wahrscheinlichkeit hoch war, dass sich ein demokratisches Gesamtdeutschland nach Westen orientieren würde (Steiniger 1986: 74). Der Kanzler betonte:

> „Man solle sich auch nicht täuschen, die Sowjets würden die Deutsche Demokratische Republik nicht frei geben [...]. Das Ziel Sowjetrußlands sei die Neutralisierung Deutschlands, um auf diesem Wege ihre Herrschaft über ganz Europa auszudehnen. [...] Wenn Deutschland in den Satellitenbereich Sowjetrußlands einbezogen sei, könne die Frage der Integration Europas als erledigt betrachtet werden. [...] Dieses Ziel komme in der Sowjetnote voll zum Ausdruck" (Maier 1994: 107).

Er zeigte daher auch keinerlei Bereitschaft, auf das sowjetische Angebot einzugehen und versuchte alle Bestrebungen einer ernsthaften Prüfung abzuwehren. Er verhinderte damit eine Gefährdung des Grundsatzes der Westintegration durch Neutralitätskonzepte. Neutralität würde Deutschland in die Isolation treiben und einen Sieg der Sowjetunion bedeuten. In der innenpolitischen Debatte sah sich Adenauer dem Vorwurf ausgesetzt, die Wiedervereinigung durch seine ablehnende Haltung endgültig zu den Akten gelegt zu haben. Adenauer brachte die Westintegration mit der Wiedervereinigung insofern in Verbindung, als eine Politik der Stärke durch Westintegration (deutscher Wehrbeitrag, ökonomische Verflechtung) die Bundesrepublik für die DDR attraktiv machen sollte. In diesem Sinne setzte er ganz auf die Magnettheorie á la Kurt Schumacher (Kapitel 3.1.1). Der nachfolgende Notenwechsel – es folgten drei weitere Noten Stalins mit ablehnenden Antworten der Westalliierten – blieb ohne Folgen. Es kam im Mai 1952 zur Unterzeichnung des Deutschlandertrags sowie des EVG-Vertrags (Graml 1982: 13). Wenn auch die Debatte um die mutmaßlich vergebene Chance zur Wiedervereinigung noch jahrzehntelang anhalten sollte, so ist die Ablehnung der Stalin-Noten ein Beispiel dafür, dass in der von Adenauer dominierten Außenpo-

litik der Grundsatz der Westintegration Vorrang vor der Wiedervereinigung genoss. Damit war ein gesamtdeutscher Staat zunächst in
die Ferne gerückt. Die Diskussion um die Stalin-Noten wurde bald
durch die Ereignisse vom 17. Juni 1953 überschattet. An diesem Tag
schlug das SED-Regime mit der Hilfe sowjetischer Panzer einen
Aufstand in der ostdeutschen Bevölkerung blutig nieder. Durch die
Ereignisse wurde deutlich, wie wenig Rückhalt das SED-Regime in
der ostdeutschen Bevölkerung genoss.

Die 1955 folgende Hallstein-Doktrin (Kapitel 3.2.1) hatte die internationale Isolierung der DDR zum Ziel. Als Reaktion veränderten
die DDR und Sowjetunion ihre deutschlandpolitische Strategie. Ende
der 1950er Jahre hob die DDR die deutsche Frage auf eine völkerrechtliche Ebene. Sie ging wie die Sowjetunion von der Existenz
zweier deutscher Staaten aus. Die Wiedervereinigung sollte durch
eine Konföderation erlangt werden (Korte 1999: 193). Ende der
1950er Jahre verabschiedete sich die DDR auch von der Idee einer
Aktionsgemeinschaft von SED und SPD, zumal die SPD ihre Zustimmung zur Westintegration mit der Annahme des Godesberger Programms im November 1959 gegeben hatte (Kuppe 1999: 256). In der
Bundesrepublik gab es zwar mehrere Pläne, die den Grundsatz der
Wiedervereinigung verfolgten (Pfleiderer-Plan der FDP von 1952;
Deutschlandplan der SPD von 1959, Globke-Plan von 1959/1960)
(Glaab 1999: 241ff). Ernsthafte Bemühungen zu ihrer Umsetzung
erfolgten jedoch nicht.

Stattdessen rückten Ende der 1950er Jahre Berlin-Fragen in das
Zentrum der Aufmerksamkeit. Sowjetunion und DDR wollten jegliche Integration Berlins in westliche Strukturen verhindern. Als Mittel
sollte das Berlin-Ultimatum von Chruschtschow am 27. November
1958 dienen (Beendigung des Vier-Mächte-Status für Berlin, Abzug
der westlichen Alliierten binnen sechs Monaten, Entmilitarisierung
der Stadt und ihre Umwandlung in eine selbständige politische Einheit als „Freie Stadt") (Colschen 1999: 273). Statt Wiedervereinigung
drohte also eine Dreiteilung Deutschlands. Dazu kam es, u.a. aufgrund der US-Garantien für Berlin, nicht. Aber der Mauerbau am 13.
August 1961 zementierte den Status Quo zwischen den beiden deutschen Staaten (ausführlich Hertle 2002). Die Wiedervereinigung war
außer unmittelbarer Reichweite gerückt.

Bilanzierend lässt sich festhalten, dass Konrad Adenauer angetreten
war, um „Deutschland aus der Tiefe wieder emporzuheben" – politisch,
wirtschaftlich, gesellschaftlich, moralisch. Von der Westintegration versprach er sich wirtschaftlichen und politischen Aufschwung. Ihr ordnete

er sogar die Wiedervereinigung unter (Weingardt 2005: 22f). Direkte
Kontakte mit der DDR wurden vermieden. Der Alleinvertretungsanspruch wurde aufrechterhalten. Die Hallstein-Doktrin sollte die DDR
international isolieren. Im operativen Sinne hatte die Bundesrepublik gar
keine Deutschlandpolitik betrieben (Glaab 1999: 241). Die DDR hatte
der „Spalterpolitik der Adenauer-Clique" die alleinige Schuld an der
deutschen Teilung gegeben (Kuppe 1999: 258). Die Stalin-Noten hätten
eine Wiedervereinigung nur auf Kosten der Westintegration möglich
gemacht. Die Hallstein-Doktrin hatte die DDR zwar international weitgehend isoliert. Sie hat aber nicht dazu beigetragen, der Einheit näher zu
kommen. Die Politik der Stärke blieb in der Adenauer-Ära hinsichtlich
der Wiedervereinigung erfolglos. Die Magnettheorie kam nicht zum Tragen. Die deutsche Einheit wurde zum Fernziel.

3.3.3 Tastversuche nach Adenauer und die Ostpolitik unter Willy Brandt: Wiedervereinigungschancen verspielt?

Unter dem West-Berliner Bürgermeister Willy Brandt kam es zwei
Jahre nach dem Mauerbau zu von der CDU-Bundesregierung gebil-
ligten Verhandlungen zwischen dem Berliner Senat und der DDR.
Ziel war eine Regelung des innerstädtischen Personenverkehr von
Verwandten im geteilten Berlin. Das erste Passierscheinabkommen
wurde am 7. Dezember 1963 unterzeichnet. Bis 1966 kam es zu vier
weiteren Passierscheinabkommen. Es deutete sich eine erste Annäherung an. Die Phase der Nichtbeziehungen zwischen Bundesrepublik und DDR war beendet, ohne dass der Alleinvertretungsanspruch
aufgegeben wurde. Auch auf Bundesebene setzte sich Außenminister
Gerhard Schröder für eine vorsichtige Öffnung gegenüber dem Osten
ein („Politik der Bewegung"). An Alleinvertretungsanspruch und
Nichtanerkennung der DDR hielten aber sowohl die Regierung Ehrhardt wie auch die Große Koalition fest.
    Nach dem Machtwechsel zur sozial-liberalen Koalition (ausführ-
lich Baring 1982) war Kanzler Brandt nicht nur bereit, die DDR als
Staat anzuerkennen, sondern bemühte sich auch darum, mit ihr vertragliche Regelungen zu treffen (ausführlich Bender 1995). Hallstein-
Doktrin und Alleinvertretungsanspruch gehörten nicht mehr zum
außenpolitischen Repertoire. Voraussetzung war die Absicherung
(West-)Berlins. Brandt betonte: „Auch wenn zwei Staaten in Deutschland existieren, sind sie doch füreinander nicht Ausland; ihre Bezie-

hungen zueinander können nur von besonderer Art sein" (Stüwe 2005: 292). Die Sprachregelung „Zwei Staaten in Deutschland" blieb unterhalb der Schwelle der völkerrechtlichen Anerkennung. Ziel der Politik war es vielmehr, im Verhältnis zur DDR über ein Nebeneinander, zu einem geregelten Miteinander zu kommen. In diesem Sinne bot die Bundesregierung der DDR gleichberechtigte Verhandlungen auf Regierungsebene an, um zu einer vertragsbasierten Kooperation zu gelangen (Glaab 1999: 244).

Die Umsetzung dieser Politik gestaltete sich mühsam (Zündorf 1979). Die zwei Treffen zwischen Kanzler Brandt und Ministerpräsident Stoph 1970 (Erfurt am 19. März und Kassel am 21. Mai) erregten zwar öffentliche Aufmerksamkeit, blieben aber praktisch ergebnislos. Fahrt nahmen die Verhandlungen erst wieder nach der Ratifizierung der Verträge von Moskau und Warschau (Mai 1972) sowie dem Inkrafttreten des Vier-Mächte-Abkommens über Berlin (Juni 1972) auf. Insbesondere die Berlin-Frage bedurfte aus Sicht der Bundesregierung einer hinreichenden Regelung, bevor es zu einem Vertrag über die Grundlagen der zwischenstaatlichen Beziehungen mit der DDR kommen konnte.

Vier-Mächte-Abkommen über Berlin

Die Sowjetunion bemühte sich Ende der 1960er Jahre darum, aus der internationalen Kritik zu gelangen, in die sie 1968 durch die militärische Intervention der Warschauer-Pakt-Truppen – ohne Beteiligung der Nationalen Volksarmee der DDR – in der Tschechoslowakei geraten war (Prager Frühling). Eine Gelegenheit waren Gespräche über Möglichkeiten zur Verbesserung der Situation in Berlin. Seit dem 26. März 1970 tagten die Botschafter der vier Siegermächte in West-Berlin. Die zu regelnden Konfliktgegenstände waren:

- Regelung des zivilen wie militärischen Verkehrs zwischen dem Bundesgebiet und West-Berlin.
- Das betraf die Rechte der Vier Mächte und die Einbeziehung West-Berlins in das Rechts- und Wirtschaftssystem der Bundesrepublik.
- Dies betraf Besuchsmöglichkeiten von West-Berliner in Ost-Berlin und in der DDR.

Die Bundesrepublik war offiziell nicht mit am Tisch, wurde aber über informelle Institutionen wie die Bonner Viererrunde zur Abstimmung der westlichen Position in die Verhandlungen faktisch eingebunden. Diese Verhandlungen verliefen zunächst äußerst zäh. Dies lag maßgeblich an dem Dissens über die Frage: Was ist Berlin? Die Westmächte gingen von einem Vier-Mächte-Status für ganz Berlin aus. Für sie war Ost-Berlin keinesfalls die „Hauptstadt der DDR". Die Sowjetunion war hingegen der Auffassung, dass die Rechte einer souveränen DDR berücksichtigt werden müssten und sah als Verhandlungsgegenstand lediglich die drei Sektoren Westberlins. Auch hier, wie schon bei den Ostverträgen mit den Briefen zur Deutschen Einheit, bedienten sich die Verhandelnden der diplomatischen Methode, strittige Fragen nicht zu klären, um das Abkommen nicht zu gefährden. So wurde in dem Verhandlungsteil, in dem es nach Meinung des Westens um Gesamtberlin, nach Auffassung des Ostens aber nur um Westberlin ging, von „dem betreffenden Gebiet" gesprochen (März 1996: 121). Für die Westmächte und für die Sowjetunion bedeutete diese Sprachregelung Unterschiedliches. Diese Ausklammerung der Rechts- und Statusfrage Berlins ging auf einen Vorschlag von Egon Bahr zurück. Er verhalf den Verhandlungen damit zum Sprung über diese Hürde. Entsprechend wurde in der Präambel des Vertragwerkes dann auch die Formulierung „Unbeschadet ihrer Rechtsposition" eingewoben.

Die sich über fast eineinhalb Jahre auf Botschafterebene erstreckenden Verhandlungen mündeten am 3. September 1971 in einem Kompromiss. Die Westsektoren Berlins erhielten einerseits nicht den Status eines vollwertigen Bundeslandes. Es wurde festgehalten, dass Westberlin kein integraler Bestandteil der Bundesrepublik ist. Bundesorgane durften in Westberlin keine staatlichen Akte vollziehen. Andererseits wurde West-Berlin keine selbständige politische Einheit (Dritter deutscher Staat). Moskau akzeptierte damit letztlich den Status Quo einer faktischen Zugehörigkeit West-Berlins zur Bundesrepublik. Hinzu kamen pragmatische Regelungen, z.B. zur Erleichterung des zivilen Transitverkehrs nach West-Berlin (Haftendorn 2001: 195-200).

Deutsche Außenpolitik hinter den Kulissen –
Die Bonner Viererrunde und die Washingtoner Botschaftergruppe
Die Bonner Viererrunde (seit 1955) und die Washingtoner Botschaftergruppe (seit 1957) entstanden auf Vorschlag der USA, weil die Bundesrepublik bei Gesprächen der Westmächte mit der Sowjetunion

offiziell nicht mit von der Partie war (Colschen 2002: 39ff). Das ständige Gremium sollte sich mit deutschlandpolitischen Fragen befassen. Die Teilnahme westdeutscher Beamter erfolgte zunächst nicht gleichberechtigt. Aber schon die bloße Beteiligung war aus Sicht der Bundesrepublik eine positive Entwicklung. Während der Berlin-Krise war sie damit faktisch Partner der Westmächte.

In der Bonner Viererrunde wurden die drei Westmächte von ihren Botschaften, zumeist den Botschaftsräten, vertreten. Die Bundesregierung war typischerweise auf der Ebene der Referatsleiter vertreten (Auswärtiges Amt, Leiter Referat 201 Wiedervereinigung). Sie wurde teilweise durch Abteilungsleiter und Unterabteilungsleiter ergänzt. Bei speziellen Problemen wurden die Gespräche auf weitere Expertenebenen, beispielsweise Rechtsberater, verlagert. Meist wurde in wöchentlichem Rhythmus alternierend zwischen Auswärtigen Amt und den drei Botschaften getagt.

Teilnehmer an der Washingtoner Botschaftergruppe waren die Botschafter der Bundesrepublik, Frankreichs und Großbritanniens sowie der stellvertretende Außenminister für Europäische Fragen im State Department. Sie entfalteten im Zuge des Chruschtschow-Ultimatums von 1958 ihre Aktivitäten. Die Zuspitzung der Berlin-Krise und der Mauerbau am 13. August 1961 führten dann zur stärkeren Institutionalisierung. Während der Berlin-Krise war die Botschaftergruppe der Viererrunde noch übergeordnet. Sie trat dann aber nach der Überwindung der Krise ab 1962 in den Hintergrund während in Bonn die Zusammenarbeit verdichtet wurde.

Auch die Vier-Mächte-Verhandlungen über Berlin und über den Grundlagenvertrag 1972 wurden im Kreis der Bonner Viererrunde vorbereitet. Während der Verhandlungen gab es einen permanenten Informationsfluss. Obwohl die Verhandlungen formal ohne direkte Beteiligung der Bundesrepublik stattfanden, war sie auf diese Weise mittelbar dabei. Die Westmächte wurden bei den Verhandlungen mit der Sowjetunion durch ihre Vertreter der Bonner Viererrunde repräsentiert. Beide Gremien befassten sich nachfolgend bis 1990 kontinuierlich mit deutschlandpolitischen Fragen. Sie sind als Antwort auf das komplexer und vielschichtiger werdende Politikfeld Deutsche Frage zu begreifen, dem durch eine wachsende Institutionalisierung der Problembearbeitung auf unterschiedlichen bürokratischen Ebenen Rechnung getragen wurde. Je häufiger die Akteure miteinander kooperierten, desto mehr passten sie ihre Verhaltenserwartungen einander an, und

desto stärker wurden zwischenstaatliche Interaktionsforen herausgebildet. Zum Wesenskern dieser Formen institutionalisierter internationaler Kooperation – wie sie die Regimetheorie beschreibt (Kapitel
1.3.2) – gehörten erstens mangelnde Verrechtlichung und zweitens
die Tatsache, dass diese Strukturen auf der Ebene der Bürokratien
angesiedelt sind. Die politische Leitungsebene war mit diesem Politikfeld nur in Krisenzeiten (z.B. Berlin-Krisen, Mauerfall) intensiv befasst. Ansonsten war es eine Domäne der zwischenstaatlich agierenden Bürokratien. Diese handelten zwar im Auftrag, besaßen aber
doch erhebliche Handlungsspielräume und haben in diesem Sinne
deutsche Außenpolitik mitgestaltet.

Der Grundlagenvertrag

Im Vorfeld des Grundlagenvertrags wurden mit dem Transitabkommen am 17. Dezember 1971 und dem Vertrag zwischen dem Senat
von West-Berlin und der DDR über den Reise- und Besucherverkehr vom 20. Dezember 1971 erste deutsch-deutsche Abkommen
geschlossen. Beide waren eine Folge des Vier-Mächte-Abkommens
über Berlin. Dort wurde festgelegt, dass beide deutschen Staaten
die Einzelheiten des Personen- und Güterverkehrs selbst regeln
sollten. Das Transitabkommen wurde zwischen den Staatssekretä-
ren Egon Bahr und Michael Kohl ausgehandelt. Nur drei Tage
später wurden auch die Verhandlungen zwischen den Senat von
West-Berlin und der DDR-Regierung abgeschlossen. Am 26. Mai
1972 wurde zudem der Verkehrvertrag in eigener Verantwortung
zwischen Ostberlin und Bonn unterzeichnet. Er stellte den Personen
und Güterverkehr auf eine gesetzliche Grundlage. Bundesbürger
erhielten künftig Aufenthaltsgenehmigungen für die gesamte DDR.
Sie konnten nun nicht nur Verwandte, sondern als Touristen auch
Bekannte besuchen. Für DDR-Bürger wurden in dringenden Fami-
lienangelegenheiten altersunabhängige Besuche in der Bundesrepublik möglich.

Am Rande des Notenaustausches zwischen Bahr und Kohl zum
Inkrafttreten des Transitabkommens am 3. Juni 1972 nutzten beide
Unterhändler die Gelegenheit, um über den Grundlagenvertrag zu
verhandeln (Die Zeit 1972). Kurz darauf begannen die Verhandlun-

gen durch beide Staatssekretäre. Ziel der Bundesrepublik war es, das Verhältnis zwischen beiden Staaten durch eine vertragliche Zusammenarbeit zu entkrampfen, dabei aber unterhalb der Schwelle der völkerrechtlichen Anerkennung zu bleiben („zwei Staaten, die füreinander nicht Ausland sein können"). Es ging um einen Modus vivendi, um von einem Nebeneinander zu einem Miteinander zu kommen. Im Hintergrund der Verhandlungen des Duos Bahr-Kohl waren die Siegermächte ständig präsent und wachten über ihre Vorbehaltsrechte. So wie die Bundesrepublik bei den Vier-Mächte-Verhandlungen über Berlin involviert war, so haben umgekehrt bei diesen bilateralen Verhandlungen die drei Westmächte mitgewirkt. Die Sowjetunion machte ihre Vorstellungen durch einen Brief von Breschnew an den Ersten Sekretär des Zentralkomitees der SED Erich Honecker deutlich: „Die DDR wird durch diesen Vertrag gewinnen. Ihre internationale Autorität wird sich erhöhen. Ihre Grenzen, ihre Existenz werden vor aller Welt bestätigt werden, ihre Unverletzlichkeit. Das wird die Lage in der DDR festigen. [...] Es [...] darf zu keinem Prozeß der Annäherung zwischen der BRD und der DDR kommen. [...] Im Gegenteil, die Abgrenzung, der Graben zwischen DDR und BRD wird noch tiefer werden" (Bierling 2005: 189). Egon Bahr warnte vor deutsch-deutscher Euphorie: „Bisher hatten wir keine Beziehungen, jetzt werden wir schlechte haben – und das ist der Fortschritt" (Bahr 1996: 423) Der Grundlagenvertrag wurde am 21. Dezember 1972 geschlossen. Alleinvertretungsanspruch, die Nichtanerkennung der DDR und die Hallstein-Doktrin wurden endgültig aufgegeben. Vereinbart wurden auch die Unverletzlichkeit der Grenze, die Anerkennung der territorialen Integrität, Selbstständigkeit und Unabhängigkeit.

Merkmale der fehlenden völkerrechtlichen Anerkennung waren insbesondere die Einrichtung so genannter ständiger Vertretungen (und nicht wie üblich und von der DDR gefordert Botschaften), keine Anerkennung einer DDR-Staatsbürgerschaft und der übliche Brief zur Deutschen Einheit (Kapitel 3.2.3). Die ständige Vertretung in Ost-Berlin wurde dann auch konsequenterweise nicht dem Auswärtigen Amt, sondern dem Kanzleramt unterstellt. Die Einheit der Nation wurde im Grundlagenvertrag nicht festgeschrieben, wie es sich die Bundesrepublik gewünscht hätte. Dafür kam es auf der Basis des Grundlagenvertrages zu zahlreichen Verbesserungen im alltäglichen deutsch-deutschen Verhältnis wie z.B. Familienzusammenführungen, Besuchsmöglichkeiten oder die Akkreditierung von Journalisten. Zu den Folgen gehörte auch der gleichzeitige Beitritt beider deutscher Staaten zu den Vereinten Nationen, da weder die Westmächte, noch die Sowjetunion von ihrem Vetorecht Gebrauch machten.

Im Ausland wurde der Grundlagenvertrag weitgehend als Teilungsvertrag wahrgenommen. Im Inland war er – wie schon die Ostverträge – umstritten. Entsprechend wurde das Ratifizierungsgesetz im deutschen Bundestag auch nur mit knapper Mehrheit (268-217 Stimmen) am 11. Mai 1973 gebilligt und trat am 21. Juni 1973 in Kraft. Die Opposition warf der Regierung trotz des Briefes zur Deutschen Einheit vor, den Grundsatz der Wiedervereinigung aufgegeben und die Teilung endgültig anerkannt zu haben. Das Bundesverfassungsgericht war in seinem Urteil – auch wie bei den Ostverträgen – vom 31. Juli 1973 anderer Meinung (Glaab 1999: 245f). Es musste sich aufgrund einer Klage Bayerns mit dem Grundlagenvertrag befassen und bestätigte seine Verfassungsmäßigkeit. Es entschied, dass der Vertrag dem Wiedervereinigungsgebot des Grundgesetzes nicht widerspricht und betonte explizit, dass die Deutsche Frage weiterhin offen geblieben war (Klein 1985: 9ff):

> „Aus dem Wiedervereinigungsgebot folgt: Kein Verfassungsorgan der Bundesrepublik Deutschland darf die Wiederherstellung der staatlichen Einheit als politisches Ziel aufgeben, alle Verfassungsorgane sind verpflichtet, in ihrer Politik auf die Erreichung dieses Zieles hinzuwirken – das schließt die Forderung ein, den Wiedervereinigungsanspruch im Inneren wachzuhalten und nach außen beharrlich zu vertreten – und alles zu unterlassen, was die Wiedervereinigung vereiteln würde." (Bundesverfassungsgericht 1973).

Es lässt sich festhalten, dass es weniger das Erreichen der Wiedervereinigung, sondern um kleinere Schritte der Annäherung auf der Basis der Anerkennung der Realität ging. Die operative Deutschland- und Ostpolitik wurde aus dem Kanzleramt – und nicht aus dem Auswärtigen Amt oder dem Ministerium für innerdeutsche Beziehungen – gesteuert. Das Vier-Mächte-Abkommen über Berlin und der Grundlagenvertrag machten deutlich, dass Schritte in den deutsch-deutschen Beziehungen immer das Einverständnis der Sowjetunion und der drei Westmächte voraussetzen. Es war deshalb notwendig, erst das Vier-Mächte-Abkommen zu haben, um dann den Grundlagenvertrag abzuschließen, weil es nach einer vorherigen Anerkennung der DDR als gleichberechtigter Staat deutlich schwieriger geworden wäre, der DDR Hoheitsrechte über die Verbindungswege von und nach Berlin abzuringen. Es gab kein Junktim zwischen der Ratifikation der Ost-

verträge mit dem Vier-Mächte-Abkommen über Berlin. Dennoch
waren sie als Paket zu betrachten. Ohne Berlin-Abkommen war keine Ratifikation der Ostverträge zu haben und umgekehrt (Bingen
1999: 600f). Tatsächlich traten die genannten Verträge zeitgleich am
3. Juni 1972 in Kraft. Hier zeigt sich die enge Verzahnung von Ost-
und Deutschlandpolitik. Die Analyse der Verhandlungen von beiden
Abkommen zeigt auch, dass deutsche Außenpolitik typischerweise
nicht nur eine Angelegenheit der Spitzenpolitiker ist. Vielmehr wird
deutlich, wie wichtig hinter den Kulissen tätige Bürokratien bei der
Gestaltung von Außenpolitik sind; und zwar nicht nur als nationale
Zuarbeiter für außenpolitischer Entscheidungsträger, sondern – bei
aller Weisungsgebundenheit – als Akteure mit eigenen Kompetenzen
und oft erheblichen (grenzüberschreitenden) Handlungsspielräumen.

Wiedervereinigung auf Eis gelegt aber weiterhin offen

Als Konsequenz aus der Guillaume-Affäre – einem Agenten des Mi-
nisteriums für Staatssicherheit der DDR, der ab 1970 im Kanzleramt
gearbeitet hatte und am 24. April 1974 enttarnt und verhaftet wurde
– legte Brandt am 7. Mai 1974 sein Amt als Kanzler nieder. Ihm
folgte Helmut Schmidt. Die sozial-liberale Koalition wurde mit dem
neuen Außenminister Hans-Dietrich Genscher fortgesetzt. Der Fokus
lag nunmehr weniger auf der Wiedervereinigung, als vielmehr auf der
Sorge um den (nuklearen) Rüstungswettlauf.

Es kam in dieser Zeit zu einer ganzen Reihe deutsch-deutscher
Verträge, die Verbesserungen im alltäglichen Miteinander mit sich
brachten. Die DDR versuchte dabei, jegliche gesamtdeutsche Bezüge
zu negieren. Die Einheit der Nation wurde geleugnet. Die Bundesrepublik wurde als imperialistisches Ausland bezeichnet. Entsprechend
war auch das Ministerium für Auswärtige Angelegenheiten für die
Beziehungen zur Bundesrepublik zuständig, während in der Bundesrepublik das Ministerium für innerdeutsche Beziehungen bestand (von
1949-1969 als Ministerium für gesamtdeutsche Fragen). Der Begriff
„innerdeutsche Beziehungen" war von der DDR hingegen seit den
1960er Jahren nicht mehr verwendet worden. Die DDR, die schon
1967 ein Gesetz über die Staatsbürgerschaft der DDR verabschiedet
hatte, änderte entsprechend 1974 ihre Verfassung. Auch dort wurden
alle Bezüge zur Existenz einer Deutschen Nation in zwei Staaten und
zu einer möglichen Wiedervereinigung vermieden. Dabei verstieg
sich die SED-Führung in absurde Argumentationsgänge, z.B. das es
zwar zwei deutsche Nationen in zwei deutschen Staaten gäbe, aber

dennoch eine deutsche Nationalität. Die DDR war gemäß ihrer neuen Verfassung ein sozialistischer Arbeiter- und Bauernstaat. Die Frage einer Wiedervereinigung würde sich – so Honecker 1981 – erst nach einer sozialistischen Umgestaltung der Bundesrepublik neu stellen. Dies kam kurz nach den Geraer Forderungen, in denen Honecker 1980 erklärte, er wolle die Anerkennung einer DDR-Staatsbürgerschaft, die Auflösung der zentralen Erfassungsstelle für Menschenrechtsverletzungen in der DDR, die Umwandlung der ständigen Vertretungen in Botschaften sowie die Festlegung des Grenzverlaufs auf der Elbe in der Mitte der Wasserstraße (Kuppe 1999: 246). Zu dieser Zeit standen die deutsch-deutschen Beziehungen bereits ganz unter dem Eindruck des sowjetischen Einmarschs in Afghanistan (Kapitel 3.2.4).

Bilanzierend kann die Zeit der Regierung Schmidt/Genscher von 1974-1982 als Konsolidierungsphase bezeichnet werden. Die gestiegene Zahl freigelassener politischer Häftlinge in der DDR, die dann in die Bundesrepublik übersiedeln konnten, ist allerdings nicht primär auf den Grundlagenvertrag und das darauf aufgebaute deutsch-deutsche Vertragsnetz zurückzuführen, sondern vielmehr auf den steigenden Devisenbedarf der DDR. Der Preis für einen Freikauf war 1997 auf über 95.000 DM gestiegen (1970 noch 40.000 DM) und wurde zu einem lukrativen Geschäft im doppelten Sinne. Die DDR erhielt überlebensnotwendige Devisen und konnte sich gleichzeitig unliebsamer Gegner entledigen. Bis 1989 wurden so über 31.000 politische Häftlinge freigekauft. Zusammen mit den „pro-Kopf-Gebühren" für die Familienzusammenführung (250.000 Fälle á 4.500 DM) erhielt die DDR rund 3,2 Milliarden DM. Darüber hinaus war der Regierung Schmidt/Genscher daran gelegen, das Erreichte zu sichern und ein Versanden der Ostpolitik zu vermeiden. Hierzu setzte Schmidt verstärkt auf die ökonomische Karte. Hervorzuheben ist die großzügige Ausgestaltung des zinslosen Überziehungskredits der DDR für Einkäufe in der Bundesrepublik (Swing). Für die DDR wurde die Bundesrepublik zum mit Abstand wichtigsten westlichen Handelspartner (Bierling 2005: 194f).

3.3.4 Der Anfang vom Ende deutscher Zweistaatlichkeit

Die CDU/CSU hatte sich bereits seit Mitte der 1970er Jahre mehrheitlich mit den Ergebnissen der Neuen Ostpolitik arrangiert. Ein deutschlandpolitisches Zurückrudern stand daher nicht zur Debatte. Es galt die Verhaltensnorm pacta sunt servanda. In seiner Regierungserklärung vom 13. Oktober 1982 betonte Helmut Kohl zudem die Fortsetzung der Zusammenarbeit mit der DDR (Korte 1998). Gleichzeitig wurden der normative Dissens zur DDR, die bestehenden Rechtspositionen und das klare Bekenntnis zur Offenheit der deutschen Frage sowie zur aktiven Verfolgung des Grundsatzes der Wiedervereinigung unterstrichen. Die Überwindung der Teilung sollte in den westeuropäischen Integrationsprozess eingebettet werden (zwei Seiten einer Medaille). Am 23. Juni 1983 betonte Kohl: „Ein Regime, das sich mit Mauer und Stacheldraht umgibt, mag die Geschichte umschreiben wollen. Bestehen wird es vor der Geschichte nicht" (Korte 1999: 196). Trotzdem wurden die Vertragsverhandlungen mit der DDR wieder intensiviert. Auch die Kontakte zwischen beiden Regierungschefs wurden verdichtet. Zu einem Kurswechsel in der Deutschlandpolitik kam es aber nicht.

Die Bedeutung der wirtschaftlichen Beziehungen stieg weiter, als der bayerische Ministerpräsident Strauß den berühmten Milliardenkredit eines privaten Bankenkonsortiums einfädelte, für den die Bundesregierung im Juni 1983 die Bürgschaft übernahm. 1984 kam eine weitere Bundesgarantie für ein Kredit über 950 Millionen DM hinzu. Dies führte u.a. dazu, dass die DDR bis Ende November 1984 Selbstschussanlagen an der innerdeutschen Grenze abbaute und die Anzahl der Ausreisegenehmigungen erhöhte. International drängte die DDR auf Abrüstung und sprach sich auch gegen die Stationierung sowjetischer SS20-Mittelstreckenraketen in der DDR aus. Am 6. Mai 1986 wurde ein über drei Jahre verhandeltes Kulturabkommen unterzeichnet. Innenpolitische Auseinandersetzungen gab es im August 1987 über ein gemeinsames Papier der SPD-Grundwertekommission und der Akademie der Wissenschaften beim ZK der SED mit dem Titel „Streit der Ideologien und die gemeinsame Sicherheit" (SPD-SED-Papier). Vom 7.-11. September 1987 kam es dann zu dem über Jahre mehrfach verschobenen Besuch Honeckers in der Bundesrepublik. Das Besuchsprotokoll entsprach dem Arbeitsbesuch eines Staatsoberhauptes (zwei Fahnen, zwei Staatssymbole, zwei Hymnen). Für die DDR war dies ein Erfolg ihrer Anerkennungsbemühungen. Während des Besuchs wurde das deutsch-deutsche Vertragsnetz durch drei neue Abkommen (Umweltschutz, Strahlenschutz, wissenschaftlich-technische Zusammenarbeit) weiter verdichtet (Glaab 1999: 247ff).

Die Ursachen für den dann folgenden Umbruch in der DDR sind vielschichtig. Sie können hier nicht in allen Facetten dargestellt werden (ausführlich Weber 1993, Schroeder 1998, Scholtyseck 2003). Ende 1987/Anfang 1988 nahmen in der DDR Verhaftungen und

Durchsuchungen bei Oppositionsgruppen zu. Im Mai 1989 wurden die Kommunalwahlen in der DDR gefälscht, um die klassischen sozialistischen Wahlergebnisse nicht zu gefährden. Im Sommer 1989 kam es zur Massenflucht von tausenden DDR-Bürgern entweder über Ungarn, das seine Grenzen zu Österreich im September 1989 für DDR-Bürger geöffnet hatte, oder in bundesdeutsche Botschaften (insbesondere Budapest und Prag). Die Demonstrationen in DDR wie z.B. in Leipzig nahmen 1989 weiter zu („Wir sind das Volk"/„Wir sind ein Volk") und wurden zum Teil gewaltsam von der DDR-Staatsmacht aufgelöst. Anlässlich der weiterhin nach sozialistischem Prunkritual ablaufenden Feierlichkeiten zum 40. Jahrestag der DDR-Gründung kam es – in Anwesenheit von Gorbatschow – am 6. und 7. Oktober 1989 zu Massenprotesten in mehreren Städten der DDR. Die friedliche Revolution hatte ihren Lauf genommen.

Anfang November 1989 ließ auch die Tschechoslowakei DDR-Bürger in die Bundesrepublik ausreisen. Die in der Sowjetunion und anderen Ostblockstaaten seit dem Amtsantritt Gorbatschows im März 1985 angestoßenen Reformprozesse (Glasnost, Perestroika, Gemeinsames Europäisches Haus, Abkehr von der Breschnew-Doktrin), hatten der DDR-Bevölkerung zwar zunächst trügerische Hoffnung gemacht, stießen in der SED-Staatsführung aber auf Ablehnung. Das Drängen Gorbatschows auf Reformen in der DDR verpuffte. Die Abgrenzung von der Sowjetunion wurde immer schärfer. Der Leitsatz „Von der Sowjetunion lernen, heißt siegen lernen" verschwand aus dem Vokabular der SED-Führung (Schroeder 1998: 279ff). Insbesondere Honecker lehnte alle Gedanken an grundsätzlichen Reformen ab und propagierte ein Festhalten an den alten Strukturen („Sozialismus in den Farben der DDR"). Die DDR isolierte sich und büßte durch Reformunwilligkeit schnell auch ihre Überlebensfähigkeit ein. „Wer zu spät kommt, den bestraft das Leben" wurde zu einem der Schlüsselsätze zur Entwicklung in der DDR in dieser Zeit. Das Dilemma, in dem die DDR-Führung steckte, verbarg sich hinter der rhetorischen Frage: Welche Existenzberechtigung hat ein zweiter deutscher Staat, der sich immer über den Sozialismus definiert und abgegrenzt hatte, nach dem Ende des Sozialismus? In diesem Sinne befand sich die DDR in einer grundlegend anderen Situation als Polen, Ungarn oder die Tschechoslowakei. Aber auch der neue Generalsekretär Krenz, der Honecker am 18. Oktober 1989 abgelöst hatte, schaffte keine Reformwende mehr. Am 9. November fiel die Mauer, nachdem Politbüro-Pressesprecher Schabowski auf einer Pressekonferenz gegen 19 Uhr die für den 10. November geplante Möglichkeit von Ausreisen aus der DDR in Unkenntnis des Datums auf „sofort" vorverlegt hatte. Viele DDR-Bürger waren entsprechend „sofort" in Richtung der Grenzübergänge gestürmt.

3.3.5 Multilaterale Diplomatie für die deutsche Einheit: Die Zwei-plus-Vier-Verhandlungen

Kanzler Kohl wurde vom Mauerfall am 9. November 1989 während eines Staatsbesuchs in Polen überrascht. Diese Überraschheit teilte er mit den meisten Menschen in Ost und West. Der Grundsatz Wiedervereinigung erwachte urplötzlich aus seinem mehrjährigen Dornröschenschlaf. Schon bald nach dem von Kohl am 28. November 1989 verkündeten Zehn-Punkte-Programm für eine operative Vereinigungspolitik, das durch Kohls engsten außenpolitische Berater Horst Teltschik inspiriert war, zeichnete sich eine Wiedervereinigungsperspektive ab. Plötzlich wurden die Entscheidungträger mit enormen Herausforderungen konfrontiert. Der Weg zur deutschen Einheit nahm ab diesem Zeitpunkt die Form eines überaus dichten und komplexen multilateralen Aushandlungsprozesses an.

Im Folgenden soll die Regelung der internationalen Aspekte der deutschen Einheit im Vordergrund stehen. Die gewählte Perspektive ist allerdings nicht eine lückenlose Darstellung des Verhandlungsprozesses. Hierzu existieren bereits zahlreiche Werke (u.a. Albrecht 1992, Teltschik 1991, Weidenfeld 1998, Zelikow/Rice 1997). Vielmehr soll der Fokus auf den Strukturen, Erfolgsbedingungen sowie auf der Rolle der Bürokratien liegen (ausführlich Colschen 2002). So gesehen ist der Zwei-plus-Vier-Prozess ein Fallbeispiel für multilaterale Verhandlungen aus dem Blickwinkel der deutschen Außenpolitik. Zu den Kernfragen gehörten:

– Welche Staaten sollten über die deutsche Einheit verhandeln?
– Welche Struktur hat der Prozess selbst?
– Welche Konfliktgegenstände sollten geregelt werden?
– Wie organisierte sich die deutsche Außenpolitik für diese Verhandlungen?

Die Formel Zwei-plus-Vier

Das Verhandlungsformat ergab sich nicht von selbst, sondern musste gegen Widerstände durchgesetzt werden. Klar war, dass die deutsche Einheit keine rein deutsch-deutsche Angelegenheit (Zwei-plus-Null) sein konnte. Auch scheiterte der Versuch der Sowjetunion, die Verhandlungen zu einer Angelegenheit der vier Siegermächte ohne die deutschen Staaten zu machen (Null-plus-Vier). Der Einladung des sowjetischen Botschafters Kotschemassow zu Gesprächen im Berliner Kontrollratsgebäude waren die drei Westmächte jedoch zunächst gefolgt. Dies rief die Besorgnis hervor, nicht gleichberechtigt am Prozess beteiligt zu werden. Besonders Frankreich und Großbritannien favorisierten aufgrund ihrer Grundskepsis gegen die Wiedervereinigung zunächst Gespräche ohne deutsche Beteiligung. Aber die Bundesrepublik konnte die durch ihre jahrzehntelange Westintegration und verlässliche Partnerschaft erworbenen Ansprüche erfolgreich geltend machen. Hier hatte unter anderem der Politische Direktor im Auswärtigen Amt, Dieter Kastrup, bei einem Treffen der Bonner Viererrunde bei seinen Kollegen im Januar 1990 genauso interveniert wie Peter Hartmann (Staatssekretär im Kanzleramt) in einem Gespräch mit dem Politischen Direktor Großbritanniens John Weston.

Die dann im State Department entstandene und in den ersten Februartagen 1990 zwischen dem Auswärtigen Amt (Kastrup, Elbe) und dem State Department (Zoellick, Ross) sowie dem Kanzleramt (Teltschik) und dem National Security Council (Scowcroft) abgestimmte und am 13. Februar am Rande der Open Skies-Konferenz verkündete Zwei-plus-Vier-Formel lag im Interesse der Bundesregierung. Auch Versuche des italienischen und niederländischen Außenministers, beteiligt zu werden, wurden zurückgewiesen. So speiste Außenminister Genscher noch im Februar 1990 in Ottawa seine Kollegen de Michelis und van den Broek mit den Worten ab: „You are not part of the game" (Weidenfeld 1998: 251). Diese Vorgehensweise entsprach der Annahme, dass die Aussichten auf einen erfolgreichen multilateralen Prozess in dem Maße schwinden, in dem die Akteursanzahl und damit die Interessenlagen ansteigen. Daher wurde auch Polen nicht beteiligt, obwohl die Klärung der Grenzfragen Polen direkt betraf.

Die Struktur des Verhandlungsprozesses

Will man die Gesamtheit des Politischen in einem Verhandlungsprozess sichtbar machen, dann ist die Analyse seiner formalisierten Struktur genauso von Bedeutung, wie die der informellen Interaktionen (z.B. ein Gespräch abseits des Verhandlungstisches oder ein

Telefonat) wie es insbesondere die Regimeanalyse einfordert (Kapitel 1.3.2). Die Untersuchung informeller Kontakte ist für die Forschung zwar schwerer zugänglich, aber unerlässlich. Die Forschung bedient sich dafür neben der Auswertung von Memoirenliteratur (die allerdings mit Vorsicht zu genießen ist) insbesondere der Interviewmethode. Die formale Struktur bestand aus vier Außenministertreffen und acht Beamtenrunden.

Tabelle 2: Die formalisierte Verhandlungsstruktur des Zwei-plus-Vier-Prozesses

12.-14. Februar 1990	Open-Skies-Conference (Festlegung des Zwei-plus-Vier-Mechanismus)	Ottawa
14. März 1990	1. Beamtentreffen	Bonn
30. April 1990	2. Beamtentreffen	Berlin
5. Mai 1990	1. Außenministertreffen	Bonn
22. Mai 1990	3. Beamtentreffen	Bonn
9. Juni 1990	4. Beamtentreffen	Berlin
20. Juni 1990	5. Beamtentreffen	Bonn
22. Juni 1990	2. Außenministertreffen	Berlin
3. – 4. Juli 1990	6. Beamtentreffen	Berlin
17. Juli 1990	3. Außenministertreffen	Paris
19. Juli 1990	7. Beamtentreffen	Bonn
4.–7. September 1990	8. Beamtentreffen	Berlin
12. September 1990	4. Außenministertreffen (Vertragsunterzeichnung)	Moskau

Quelle: Colschen 2002: 50.

Unterfüttert wurde diese formale Struktur durch ein dichtes Netz informeller Kooperationsbestandteile. So gingen den formalen Runden informelle Treffen der vier westlichen Staaten voraus. Dieser Eins-plus-Drei-Mechanismus diente der Vorabstimmung der Position des Westens. Primäres Ziel war es, zu verhindern, dass die Sowjetunion einen Keil in das westliche Lager treiben konnte. Die USA und die Bundesrepublik lagen in ihren Positionen zwar dicht beieinander, aber aufgrund der in Einzelpunkten durchaus unterschiedlichen Interessen Großbritanniens und Frankreichs war diese Furcht nicht völlig unbegründet. Ergänzt wurde die innerwestliche Eins-plus-Drei-Kommunikation durch eine Vielzahl bilateraler Kontakte. Diese umfassten alle denkbaren Kombinationsmöglichkeiten zwischen den beteiligten Staaten, als auch zwischen unterschiedlichsten Hierarchieebenen (bis weit unter die Ebenen der Politischen Direktoren). Bei einer Analyse sind daher das im Blitzlichtgewitter stattfindende Gipfeltreffen von Kohl und Genscher bei Gorbatschow und Schewardnadse im Kaukasus genauso zu berücksichtigen wie das informelle Telefonat eines Referatsleiters im Auswärtigen Amt mit seinem amerikanischen Counterpart. Insgesamt bildete sich ein dichtes und vielschichtiges Geflecht mit formalisierten und informellen Kooperationsbestandteilen auf bi- und multilateraler Ebene heraus.

Das bundesdeutsche Team

Kanzler und Außenminister waren bemüht, die Anzahl der Akteure möglichst klein zu halten. So wurden um den Kanzler und den Außenminister zwei Gravitationszentren eingerichtet. Das Ministerium für innerdeutsche Beziehungen, das sich über 40 Jahre mit der Wiedervereinigung beschäftigt hatte, spielte keine Rolle. Die Komposition der Teams richtete sich weniger nach hierarchischen Strukturen als nach fachlichen Qualifikationen und Vertrauensverhältnissen. Daneben stellten bereits vor dem Mauerfall etablierte Netzwerke ein wichtiges Kriterium für die Art und Weise der Einbindung von Akteuren in die Entscheidungszentren dar. Bereits in anderen Arbeitszusammenhängen gefestigte Kontakte, die der Problembearbeitung dienlich erschienen, wurden systematisch nutzbar gemacht.

Kanzleramt und Auswärtiges Amt kooperierten miteinander und agierten in weiten Teilen komplementär, aber in bestimmten Situationen auch in Konkurrenz zueinander. Zu erklären ist die starke Rolle von Kanzler und Kanzleramt nicht allein dadurch, dass die Beziehungen zum „Nicht-Ausland" DDR stets im Kanzleramt angesiedelt waren. Von Bedeutung war gleichfalls, dass im Herbst 1990 eine Bundestagswahl bevorstand und Kohl erhebliches Profilierungspotential mit diesem Thema sah. Um sich nicht der Gefahr auszusetzen, die Kontrolle über den Prozess zu verlieren, nahm z.B. mit Peter Hartmann ein Vertreter des Kanzleramtes an allen Zwei-plus-Vier-Beamtentreffen teil. Eine – wie Kanzlerberater Teltschik betonte – für die außenpolitische Rollenverteilung ungewöhnliche Maßnahme, die das Misstrauen des Kanzleramtes gegenüber möglichen Alleingängen des Auswärtigen Amts unterstrich. Dennoch kam es im Prozess zu einer weitgehend guten Zusammenarbeit zwischen den beiden Häusern.

Wichtigster Berater des Kanzlers war Horst Teltschik, Leiter der Abteilung II (Auswärtige Beziehungen). Mit seinen zahlreichen Kontakten zu seinen Counterparts (USA: Brent Scowcroft, Großbritannien: Charles Powell, Frankreich: Jacques Attali, Sowjetunion: Anatolij Tschernajew, DDR: Thilo Steinbach) und weiteren Akteuren bestellte er maßgeblich das Feld, auf dem Kohl seine außenpolitische Ernte einfahren konnte. Neben Teltschik und Hartmann (Staatssekretär im Kanzleramt; stellvertretender Leiter der Abteilung 2 Ausland), wurden weitere Akteure von Kohl unabhängig von ihrer formalen Position ausgewählt. Unter den Referatsleitern rekrutierte Kohl selbst „Leute seines Vertrauens", beispielsweise Joachim Bitterlich. Als Leiter des Referates 211 Europäische Einigung und enger Vertrauter des Kanzlers agierte Bitterlich seiner eigenen Einschätzung zufolge als „Fein-Tuner" (Colschen 2002: 52).

Auch im Auswärtigen Amt wurde mit der Einrichtung des „Arbeitsstabes 2+4" unter Leitung von Frank Gröning (stellvertretender Leiter des Referates 201 Atlantisches Bündnis und Verteidigung) ein kleiner Kreis von Mitarbeitern, unabhängig von ihrer Stellung im Amtsgefüge, etabliert. Alle Mitglieder des Arbeitsstabes arbeiteten dem Politischen Direktor, Dieter Kastrup, zu. Kastrup leitete die deutsche Delegation bei allen acht Beamtentreffen. Außerdem unterhielt er ständige Kontakte zu seinen westlichen Counterparts (USA: Robert Zoellick, Großbritannien: John Weston, Frankreich: Bertrand Dufourcq) sowie zum sowjetischen (Alexander Bondarenko) und ostdeutschen Delegationsleiter (Hans-Jürgen Misselwitz). Unterstützung erfuhr Kastrup von Frank Elbe (Leiter des Ministerbüros). Elbe sah sich eine Libero-Rolle spielen. Er habe darauf geachtet, aufgetretene „dead-locks" mit bilateralen Gesprächen aus dem Weg zu räumen (Colschen 2002: 53).

Kanzleramt wie Auswärtiges Amt beanspruchten im Nachhinein jeweils die Führungsrolle gehabt zu haben. Während beispielsweise Uwe Kaestner, Referatsleiter im Kanzleramt, daran festhielt, dass im Kanzleramt die dynamischen Kräfte gesessen hätten, standen die Akteure um Kanzler Kohl nach der Einschätzung des Leiters der Rechtsabteilung im Auswärtigen Amt, Jürgen Oesterhelt, weniger im Vordergrund. Auch verwiesen Mitarbeiter des Auswärtigen Amts auf die langjährige Vorbereitung der deutschen Einheit, indem sie insbesondere für die Verbesserung der Beziehungen zur Sowjetunion gesorgt hatten. So betonte Jürgen Chrobog (Leiter des Pressereferats im Auswärtigen Amt und enger Berater Genschers): „Was nachher mit Kohl in Russland stattfand, war im Grunde lediglich ein letztes Nachverhandeln" (Colschen 2002: 52).

Die Konfliktgegenstände

Die Liste der zu verhandelnden Konfliktgegenstände ist zentral für jeden Aushandlungsprozess. Welche Themen letztlich Verhandlungsgegenstand werden würden, war Gegenstand des ersten Beamtentreffens am 14. März 1990 in Bonn. Das Team für die Bundesregierung setzte sich zusammen aus: Dieter Kastrup, Peter Hartmann, Frank Elbe und Christian Pauls. Chefunterhändler war Kastrup. Die DDR war – da noch vor den Volkskammerwahlen – durch eine SED-Delegation vertreten. In der US-Delegation befand sich die Sowjetunion-Expertin und Direktorin des Nationalen Sicherheitsrats Condoleezza Rice. Für die Bundesregierung schlug Kastrup – wie tags zuvor in der informellen Eins-plus-Drei-Runde vereinbart – vier Bereiche vor:

— Grenzfragen,
— politisch-militärische Fragen,
— Berlin-Probleme sowie
— Vier-Mächte-Rechte und -Verantwortlichkeiten sowie deren Ablösung.

Die DDR und die Sowjetunion wollten diese Liste beträchtlich erweitern, was auf langwierigere und kompliziertere Verhandlungen hingedeutet hätte. Die Sowjetunion wollte z.B. Eigentumsfragen verhandeln sowie einen Friedensvertrag erörtern, um einen endgültigen Schlussstrich unter den Zweiten Weltkrieg zu ziehen. Das war aber für die Bundesregierung sowie für die USA inakzeptabel, zumal die Verhandlungen als window-of-opportunity perzipiert wurden, welches es zu nutzen galt, da nicht unbedingt klar war, wie lange sich Gorbatschow an der Macht halten würde. Die Verhandlungen standen also aus bundesdeutscher Sicht unter enormem Zeitdruck und sollten sich keinesfalls über mehrere Jahre erstrecken. Schließlich konnten alle Forderungen nach einem umfassenderen Themenkatalog erfolgreich abgewehrt werden. Ähnlich wie bei der Anzahl der beteiligten Staaten, gilt auch hier, dass ein Verhandlungsprozess in der Regel umso bessere Chancen auf ein zügiges Ergebnis besitzt, desto kürzer die Liste der zu behandelnden Konfliktgegenstände ausfällt. Auch ist es wichtig, diejenigen Konfliktgegenstände zu identifizieren und auszuklammern, deren erfolgreiche Bearbeitung zu dem betreffenden Zeitpunkt nicht möglich ist (wie zuvor schon z.B. beim Vier-Mächte-Abkommen über Berlin). Dazu gehörte die Problematik der Zusicherung der polnischen Westgrenze, die nach der Rechtsposition der Bundesrepublik erst ein vereintes Deutschland vertraglich zusichern konnte.

Rolle der Bürokratie

Der Zwei-plus-Vier-Prozess macht deutlich, dass die Bürokratien in dieser Krisenentscheidung eine signifikante Rolle gespielt haben. Der Erfolg war weder nur ein Ergebnis glücklicher Umstände, noch ausschließlich der überragenden Führungsleistungen der Staats- und Regierungschefs sowie ihrer Außenminister geschuldet. An dramatischen von der Spitzenpolitik geprägten Höhepunkten herrschte zwar kein Mangel: Die Reisen Mitterrands nach Ost-Berlin und Kiew oder die Treffen Bush-Gorbatschow und Kohl-Gorbatschow waren Aufsehen erregende Wegmarken einer teilweise spektakulär inszenierten Gipfeldiplomatie. Aber die zwischenstaatliche Kommunikation und Kooperation auf der Leitungsebene war nur eine notwendige, nicht aber eine hinreichende Bedingung für den Erfolg. Vielmehr haben die Bürokratien, deren Arbeit weitgehend im Verborgenen blieb, mit ihrem Expertenwissen, diplomatischen Geschick und politischer Sensibilität in direkter zwischenstaatlicher Interaktion den Vereinigungsprozess maßgeblich mitgestaltet.

Das Phänomen zwischenstaatlicher Kommunikation und Kooperation von Bürokratien ist keineswegs eine Randerscheinung oder Anomalie. Fest etablierte und auf Dauer angelegte zwischenstaatliche Kommunikations- und Kooperationskanäle von Bürokratien sind vielmehr ein selbstverständlicher Bestandteil von Außenpolitik und werden von den Akteuren selbst nicht selten als Alltagsroutine empfunden. Ihre grenzüberschreitenden Netzwerke sind von beträchtlicher Bedeutung für die kooperative Problembearbeitung.

Eins-plus-Drei: Für den zwischenstaatlichen Austausch mussten 1989/90 unter den westlichen Staaten keine neuen Kommunikations- und Kooperationsmechanismen aufgebaut werden. Die vier westlichen Staaten konnten 1990 auf eine differenzierte Struktur bestehender informeller bürokratischer Kommunikations- und Kooperationsmechanismen zurückgreifen, die flexibel gehandhabt wurden. Es war diese bürokratische Struktur, die über Jahrzehnte hinweg den eigentlichen vitalen Körper in diesem Politikfeld dargestellt hatte (Kapitel 3.3.3).

Allen Beteiligten auf westlicher Seite war schon vor Beginn des Prozesses klar, dass neben den formalen Zwei-plus-Vier-Runden auch der Viererrunden-Mechanismus eine signifikante Rolle spielen würde. Die Bürokratien stimmten ihre Positionen und ihr Vorgehen durch horizontale negative und positive Koordination insbesondere im Hinblick auf das sowjetische Verhalten ab. Die Sowjetunion registrierte die ihr bereits bekannten westlichen Vorabstimmungsmechanismen als Normalität und Selbstverständlichkeit.

Der erfolgreiche Abschluss der Zwei-plus-Vier-Verhandlungen war eine Sternstunde der deutschen Außenpolitik. Aber dies gilt nicht nur für die Spitzenpolitiker Kohl und Genscher, sondern auch für die beteiligten bürokratischen Akteure aus Auswärtigem Amt und Kanzleramt. Der Prozess macht deutlich, dass eine funktionierende Maschinerie auf allen Arbeitsebenen zu den Erfolgsbedingungen gehört. Zwischenstaatlich handelnde Bürokratien sind ein wesentliches Strukturmerkmal von Außenpolitik.

Das bedeutet nicht, dass Außenpolitik grundsätzlich als Bürokratische Politik zu modellieren wäre (Modell III; Kapitel 2.1.1). Es hat sich vielmehr in diesem Fallbeispiel eine Mischung aus allen drei Modellen herausgestellt. Dieser Befund ist insofern bemerkenswert, als es sich im Wesentlichen um eine Krisenentscheidung handelte, die dennoch keine reine Chefsache der Spitzenpolitiker sein konnte. Viele Entscheidungen und Abstimmungen kamen durch das Handeln der Bürokratien zustande. Die Bürokratien waren tief in einen Prozess involviert und für den Erfolg aufgrund der Strukturmerkmale Verflechtung und Komplexität unentbehrlich. Kanzler und Außenminister wären als einzige Akteure auf internationalem Parkett überfordert gewesen. Regierungschefs und Außenminister können keine „Klammern beseitigen", sondern lediglich die Auswahl aus von den Bürokraten vorgelegten Wahlmöglichkeiten treffen. So betonte Ernst Jörg von Studnitz (Unterabteilungsleiter Mittel- und Osteuropa im Auswärtigen Amt), dass man das „drafting" nicht den Chefs überlassen könne. Kastrup unterstrich: „Grundsätzlich sind erfolgreiche internationale Beziehungen, insbesondere die Formulierung von Dokumenten, ohne die Mitarbeit und Zuarbeit von Beamten überhaupt nicht denkbar" (Colschen 2002: 116f.).

Natürlich sind diese Befunde nicht ohne Weiteres auf andere multilaterale Verhandlungsprozesse übertragbar. Dafür war der Zwei-plus-Vier-Prozess zu einzigartig. Allerdings gibt die Analyse Aufschlüsse über Strukturen und Prozesse in der Welt der multilateralen Diplomatie. So können bei aller Vorsicht daher einige allgemeine

Annahmen über (Basis-)Erfolgsbedingungen für multilaterale Aushandlungsprozesse formuliert werden:

- Auf der internationalen Eben nur so viele Staaten beteiligen wie
  unbedingt erforderlich,
- auf der nationalen Ebene nur so viele kollektive und individuelle
  Akteure involvieren, wie unbedingt erforderlich (kleine Teams
  bilden; nicht unnötig zusätzliche Ministerien beteiligen),
- nur so viele Konfliktgegenstände auf die Agenda setzen, wie für
  die Problembearbeitung zwingend erforderlich,
- Konfliktgegenstände ausklammern, deren Regulierung in den
  Verhandlungen nicht möglich ist, um nicht die erfolgreiche Bearbeitung regelbarer Konfliktgegenstände zu gefährden und
- Vorabstimmungen mit Akteuren mit ähnlich gelagerten Interessen
  treffen, damit andere Akteure keinen Keil zwischen die Akteure
  des eigenen Lagers treiben können.

Reduktion von Komplexität ist also typischerweise förderlich für
einen erfolgreichen Abschluss. Wichtig für die Analyse ist zudem die
Berücksichtigung von formalisierten als auch informellen Kooperationsbestandteilen. Beide Kontaktarten sind im diplomatischen Alltag
kaum voneinander trennbar. Der Aufbau und die Pflege von Kontakt-
netzwerken ist ein wesentlicher Teil der Grundausstattung bürokratischen Handelns auf internationalem Parkett. Es wird auch von
bürokratischen Akteuren erwartet, dass sie derartige grenzüberschreitende Netzwerke aufspannen und pflegen. Informelle Kontakte wurden genutzt, um zeitraubende formale Dienstwege abzukürzen und
so eine Effizienzsteigerung zu erzielen.

3.3.6 Abschlussbemerkungen

Egon Bahr betonte schon 1963 vor der Evangelischen Akademie in
Tutzing, dass die Wiedervereinigung nur langfristig und durch viele
kleine Schritte erreicht werden könne: „Heute ist klar, daß die Wiedervereinigung nicht ein einmaliger Akt ist, der durch einen historischen Beschluß an einem historischen Tag auf einer historischen
Konferenz ins Werk gesetzt wird, sondern ein Prozeß mit vielen
Schritten und vielen Stationen. [...] Die Zone muß mit Zustimmung
der Sowjets transformiert werden. Wenn wir soweit wären, hätten wir
einen großen Schritt zur Wiedervereinigung getan" (Bahr 1970:
572ff.).

Der Grundsatz der Wiedervereinigung wurde trotz des grundge-setzlichen Auftrags häufig dann nicht offensiv und nachrangig betrie-ben, wenn er im Widerspruch zu anderen Grundsätzen stand. Auch war den außenpolitischen Akteuren immer klar, dass die Wiederver-einigung nur durch eigenes Handeln der Bundesrepublik nicht er-reichbar war. Die Bundesregierung war immer auch auf günstige internationale Rahmenbedingungen angewiesen, unter denen außen-politisches Handeln Aussicht auf Erfolg haben konnte. Die Erfolglo-sigkeit der Hallstein-Doktrin und der Politik der Stärke als außenpo-litische Instrumente zur Wiedervereinigung in der Adenauer-Ära, in der die Westintegration Vorrang besaß, macht dies deutlich. Die Ostpolitik nach der Maxime „Wandel durch Annäherung" sowie die Anerkennung der Staatlichkeit der DDR mit dem nachfolgenden dop-pelten deutschen VN-Beitritt verbauten nicht dauerhaft alle Chancen zur Wiedervereinigung. Die Wiedervereinigung wurde stets formal offen gehalten. Auch zwei völkerrechtlich anerkannten Staaten ist es möglich, sich zu vereinigen, sofern sie dieses gemäß des Selbstbe-stimmungsrechts der Völker friedlich tun.

Der Grundsatz Wiedervereinigung hat seit 1990 aufgehört zu exis-tieren. Das Ziel wurde erreicht als die internationalen Rahmenbedin-gungen günstig waren und sich ein window-of-opportunity geöffnet hatte. Die deutsche Außenpolitik hat diese Chance eindrucksvoll ge-nutzt. Die Zwei-plus-Vier-Verhandlungen waren eine Sternstunde der deutschen Diplomatie. Mit der Vereinigung trat der überaus seltene Fall ein, dass ein ganzes Politikfeld, das über Jahrzehnte die Außen-politik eines Staates – auch in seinen komplexen Wechselwirkungen mit anderen Politikfeldern und außenpolitischen Grundsätzen – mit-bestimmt hatte, vollständig von der Agenda verschwand.

Literatur

Albrecht, Ulrich 1992: Die Abwicklung der DDR. Die "2+4-Verhandlun-gen". Ein Insider-Bericht, Opladen.

Scholtyseck, Joachim 2003: Die Außenpolitik der DDR, R. Oldenbourg Ver-lag, München.

Weidenfeld, Werner/Elke Bruck/Peter M. Wagner 1998: Außenpolitik für die deutsche Einheit. Die Entscheidungsjahre 1989/90, Stuttgart.

Weidenfeld, Werner/Karl-Rudolf Korte (Hrsg.) 1999: Handbuch zur deut-schen Einheit. 1949-1989-1999, Bonn.

Zelikow, Philip/Rice Condolezza 1997: Sternstunde der Diplomatie. Die deutsche Einheit und das Ende der Spaltung Europas, Berlin.

3.4 Handelsstaat – Außenpolitik für die Wirtschaft

Deutschland ist heute in der Eigen- wie in der Fremdwahrnehmung ein integrierter, kooperativer Handelstaat mit starker Weltmarktorientierung (ausführlich Staack 2000). Richard Rosecrance beschrieb Handelsstaaten als Staaten, „die in erster Linie nicht nach militärischer Stärke oder territorialer Expansion, sondern nach Wohlstandsmaximierung streben und dabei Einschränkungen ihrer Souveränität in einer interdependenten Welt als Voraussetzung ihrer Politik akzeptieren. Sein Paradebeispiel war die alte Bundesrepublik (ausführlich Rosecrance 1987).

Das Wirtschaftswunder der 1950er Jahre hatte das Fundament dafür gelegt, ein solcher Handelsstaat zu werden. Die alte Bundesrepublik hatte sich mit stetig steigenden Exportquoten (1950er: 8,5%; 1960er: 15,9%; 1980er Jahre: 30%) immer intensiver auf die Außenwirtschaft konzentriert (Hellmann 2006: 81). Historisch ging die Westintegration Adenauers (Kapitel 3.1) mit einer starken Freihandelsorientierung einher (ausführlich Tudyka 1978). Wenn auch zunächst die Kriegsschäden beseitigt und eine Wirtschaftsinfrastruktur weitgehend neu aufgebaut werden musste, so trat die Bundesrepublik schon 1951 und 1952 den maßgeblich von den USA gegründeten internationalen Wirtschaftsinstitutionen, dem Allgemeinen Zoll- und Handelsabkommen (GATT), dem Internationalen Währungsfond (IWF) und der Weltbank bei. Mit der Gründung der Europäischen Gemeinschaft für Kohle und Stahl (EGKS) und der Europäischen Wirtschaftsgemeinschaften (EWG) sowie der Europäischen Atomgemeinschaft wurden diese regionalen Zusammenschlüsse „schnell zum zentralen Forum deutscher Außenwirtschaftspolitik" (Hellmann 2006: 87). Das Außenwirtschaftsgesetz von 1961 legte dann diese Freihandelsorientierung explizit fest: „Der Waren-, Dienstleistungs-, Kapital-, Zahlungs- und sonstige Wirtschaftsverkehr mit fremden Wirtschaftsgebieten sowie der Verkehr mit Auslandswerten und Gold zwischen Gebietsansässigen (Außenwirtschaftsverkehr) ist grundsätzlich frei" (Hellmann 2006: 87). 1971 kam es zum Zusammenbruch des Systems fester Wechselkurse (Bretton-Woods-System). In dieser Zeit wurden die Bundesrepublik und Frankreich treibende Kräfte bei der Etablierung des europäischen Währungssystems. Dieser Integrationsschritt sollte gravierende Kursschwankungen zwischen den Währungen abfedern. Im Europäischen Währungssystem (EWS) wurde die D-Mark rasch zur Leitwährung (Hellmann 2006: 94f).

Auch das vereinte Deutschland hielt an dieser Grundorientierung fest. Dazu gehörten weiterhin – anders als von Vertretern der neorealistischen Sichtweise prognostiziert (Kapitel 1.3.1) – die Bereitschaft zu Autonomie- bzw. Souveränitätsverzicht durch Integration und auf Dauer angelegte Kooperation. Deutschland hatte sich weiterhin fest „in das System der internationalen Arbeitsteilung integriert, sich gemäß komparativer Kostenvorteile in der Produktion spezialisiert und auf diese Weise stetig Wohlfahrtsgewinne realisiert" (Donges 2007: 263). Wie alle EU-Staaten so hat auch Deutschland seine Außenwirtschaftskompetenzen seit der Vollendung der Zollunion an die EU abgetreten. Die deutsche Handelspolitik ist somit in der EU vergemeinschaftet und durch das Merkmal der Supranationalität charakterisiert. Der handelsliberale Multilateralismus ist bis heute zum Mantra der deutschen handelspolitischen Rhetorik geworden (Falke 2007: 287ff). Zwar gab es während der rot-grünen Regierungszeit Tendenzen, die sich gegen weitere Deregulierungen und Liberalisierungen wandten, allerdings wurde auch diese Regierung von den außenhandelspolitischen Interdependenzrealitäten eingeholt und kehrte bald zur Freihandelsrhetorik wie –politik zurück. Geblieben ist als signifikante Akzentverschiebung der deutschen Außenwirtschaftspolitik der Einsatz für die Aufnahme von Umweltpolitik und Sozialstandards in die WTO-Agenda (Lütticken/Stahl 2003: 152f). Es entstand zu dieser Zeit sogar der Eindruck, „dass die Hauptziele der deutschen Handelspolitik umwelt- oder entwicklungspolitische seien" (Falke 2005: S. 32).

Die Exportabhängigkeit ist enorm. Deutschland ist aufgrund der starken Verflechtung mit der Weltwirtschaft von ihrer Entwicklung extrem abhängig. Etwa ein Viertel des deutschen Bruttosozialproduktes wird im Export verdient, jeder fünfte Arbeitsplatz hängt vom Außenhandel ab. Die Außenwirtschaft ist eine wichtige Säule der deutschen Wirtschaft. Deutschland gilt als Exportweltmeister (vor China). Mit der Verstärkung der wirtschaftlichen Globalisierungsprozesse ist zudem der internationale Wettbewerb schärfer geworden (Donges 2007: 263f). Schwächelt die Weltkonjunktur wie 2008/2009 (Finanzkrise), schlägt dies daher entsprechend auf die deutsche Exportwirtschaft durch. Fast 75% der Exporte gehen in die EU und die USA. Folglich ist die restliche Welt von deutschen Exporten weitaus weniger weltmeisterlich durchdrungen. Die Asymmetrien sind bemerkenswert, wie ein Blick auf die größten Handelpartner zeigt.

Tabelle 3: Größte Handelspartner

Wichtigste Handelspartner der Bundesrepublik Deutschland 2006					
	Einfuhr			*Ausfuhr*	
	Mrd Euro	**Anteil in %**		**Mrd Euro**	**Anteil in %**
Gesamt	731,5	100,0	**Gesamt**	896,0	100,0
davon			davon		
1. Frankreich	63,5	8,7	1. Frankreich	86,1	9,6
2. Niederlande	60,5	8,3	2. USA	78,0	8,7
3. China	48,8	6,7	3. Großbritannien	65,3	7,3
4. USA	48,5	6,6	4. Italien	60,0	6,7
5. Großbritannien	42,8	5,9	5. Niederlande	55,9	6,2
6. Italien	40,3	5,5	6. Belgien	49,2	5,5
7. Belgien	35,5	4,9	7. Österreich	48,9	5,5
8. Russland	30,2	4,1	8. Spanien	42,2	4,7
9. Österreich	29,9	4,1	9. Schweiz	34,7	3,9
10. Schweiz	25,2	3,4	10. Polen	28,8	3,2
11. Japan	25,2	3,4	10. Polen	28,8	3,2
12. Tschech. Rep.	22,1	3,0	12. Russland	23,4	2,6
13. Polen	20,6	2,8	13. Tschech. Rep.	22,3	2,5
14. Norwegen	19,6	2,7	14. Schweden	18,9	2,1
15. Spanien	19,5	2,7	15. Ungarn	15,9	1,8

Quelle: Statistisches Bundesamt 2007: Pressemitteilung Nr. 207 vom 18.5.2007

Die Bedeutung des deutschen Binnenmarktes ist – anders als in anderen Industriestaaten wie insbesondere den USA – hingegen deutlich geringer. Von hoher Relevanz ist vielmehr die Konkurrenzfähigkeit des Standorts Deutschland im internationalen Wettbewerb, denn die Attraktivität für ausländische Investoren ist maßgeblich für die Schaffung von Arbeitsplätzen und die technologische Entwicklung. Insgesamt steht die deutsche und europäische Außenwirtschaftspolitik vor der Hintergrundfolie der zunehmenden Globalisierung unter stetigem Anpassungsdruck. In diesem Kapitel können nicht alle außenwirtschaftlichen Bereiche im Detail dargestellt werden (ausführlich Mül-

ler 2005; Brzoska 2007; Thränert 2007; Brühl 2007; Mosert 2007).
Der außenpolitische Grundsatz Handelsstaat wird daher anhand folgender ausgewählter Politikfelder näher beleuchtet:

– Außenwirtschaftsförderung,
– Handelspolitik,
– Internationale Währungs- und Finanzpolitik sowie
– Energie- und Rohstoffsicherheit

Auf diese Weise soll aufgezeigt werden, wie weitgehend Deutschland in das Weltwirtschaftssystem integriert ist, welche multilateralen Institutionen hierbei eine maßgebliche Rolle spielen und mit welchen Mitteln Deutschland versucht, seinen Platz in der Weltwirtschaft zu behaupten. Schließlich soll auf Herausforderungen hingewiesen werden, denen sich der Handelsstaat Deutschland im globalen Wettbewerb zu stellen hat.

3.4.1 Außenwirtschaftsförderung

Ein gängiges Definitionsangebot für Außenwirtschaftsförderung ist „die staatliche Förderung der wirtschaftlichen Tätigkeit von Unternehmen im Ausland. […] Der Staat stellt den Unternehmen geeignete Instrumente zur Überwindung der Exporthemmnisse bereit" (Schultes 2007: 333). Außenwirtschaftsförderung in Deutschland ist eingebettet in die marktwirtschaftliche Grundorientierung des politischen Systems. Das bedeutet einen weitgehenden Verzicht auf direkte staatliche Eingriffe in den Markt, sofern kein Marktversagen diagnostiziert wird (Schultes 2007: 335). Das Bundesministerium für Wirtschaft und Technologie (BMWi), das in der Bundesregierung für die Außenwirtschaftsförderung federführend zuständig ist, bewertet den hohen Grad an wirtschaftlicher Verflechtung aufgrund seiner vertrauensbildenden und stabilisierenden Funktionen überaus positiv und unterstellt eine friedensförderliche Wirkung (Bundesministerium für Wirtschaft und Technologie 2009). In diesem Sinne argumentiert das BMWi entlang interdependenztheoretischer Grundlagen (Kapitel 1.3.2). Ein maßgebliches Ziel ist es, ausländische Märkte zu erschließen und internationale Investoren anzuwerben. Die Politik zielt darauf ab, die Rahmenbedingungen für deutsche Unternehmen zu verbessern und auf die Beachtung multilateraler Regeln sowie den Abbau von Marktzugangsschranken hinzuwirken. Die Außenwirtschaftsförderung fügt sich dabei auch in den Rahmen, den das Welt-

wirtschaftsystem vorgibt. Um seine Ziele zu erreichen, arbeitet das
BMWi eng mit der deutschen Wirtschaft zusammen und koordiniert
die Akteure der Außenwirtschaftsförderung des Bundes und der Länder.

In diesem Sinne ist das System der Außenwirtschaftsförderung
durch Aufgabenteilung zwischen Staat und Wirtschaft gekennzeichnet, bei dem verschiedene Instrumente der Außenwirtschaftsförderung zusammenwirken. Dazu sind die Auslandshandelskammern
(AHKs) zu zählen, die die deutsche Wirtschaft auf ausländischen
Märkten an 120 Standorten in 80 Staaten unterstützen (Stand Mai
2009). Die AHKs sind freiwillige Zusammenschlüsse von Unternehmen aus Deutschland und dem Partnerland, mit weltweit mehr als
40.000 Mitgliedsunternehmen (ausführlich Deutsche Außenhandelskammern 2009). Es handelt sich in der Regel um privatrechtliche
Vereine. Die AHKs setzen sich für die Interessen der Wirtschaft
Deutschlands und des Gaststaates ein und fördern den bilateralen
Wirtschaftsverkehr mit Serviceleistungen (z.B. Markt- und Produkt-
beratung, Auslandsmesseförderung, Rechts- und Zollberatung, Ge-
schäftspartnervermittlung). Hierfür erhalten sie von der Bundesregierung einen öffentlichen Auftrag und werden aus Haushaltsmitteln des
Bundes teilfinanziert.

Das BMWi versucht zudem durch Verträge, Exportkreditgarantien
und Bürgschaften politische und wirtschaftliche Risiken für die deutsche Wirtschaft abzufedern. So bilden bilaterale Investitionsförde-
rungs- und Investitionsförderungsschutzverträge mit Entwicklungs-
und Schwellenländern wichtige Rahmenbedingungen für deutsche
Investitionen im Ausland. Sie sind auch Voraussetzung für die Übernahme von Bundesgarantien für ein wirtschaftliches Engagement
deutscher Unternehmen im Ausland. Der Bund kann ferner auf Antrag
eines inländischen Kreditgebers Garantien und Bürgschaften für Fi-
nanzkredite übernehmen. Im BMWi gibt es besonders für kleinere
und mittlere Unternehmen eine Anlaufstelle zur politischen Flankierung von Auslandsprojekten. Das gilt für Unternehmen, die bei der
Ausschreibung, während der Ausführung von Aufträgen, beim Betrieb von Anlagen oder bei der Abwicklung von Altfällen auf Schwierigkeiten stoßen. Das BMWi fungiert zudem als Türöffner für kleine
und mittlere Unternehmen bei Botschaften, Auslandshandelskammern oder anderen staatlichen Stellen. Es betreibt Lobbying, damit
Unternehmen ihre Auslandsgeschäfte auf- und ausbauen können.
Auch steht das BMWi in Dialog mit in- und ausländischen Institutionen, die mit Wirtschaftspolitik befasst sind.

Es gibt aber auch Grenzen der politischen Unterstützung deutscher Unternehmen. So setzt sich die Bundesregierung dann nicht ein, wenn es einen ausreichenden Rechtsweg gibt oder der Auftraggeber dem Privatsektor zuzuordnen ist. Die Bundesregierung interveniert nur gegenüber staatlichen Stellen des Gaststaates. Auch unterbleibt eine politische Flankierung, wenn dies zu Lasten eines anderen deutschen Unternehmens geht (Neutralitätsgebot).

Zur Außenwirtschaftsförderung des BMWi gehört auch die Beteiligung an Messen, Veranstaltungsprogrammen, Unternehmertreffen, Kooperationsbörsen, Ausstellungen im Ausland oder an „Tagen der deutschen Wirtschaft", die als Verkaufs- und Präsentationsinstrument dienen und auch bei der Suche nach ausländischen Partnern nützlich sind. Für die Umsetzung ist die Bundesagentur für Außenwirtschaft (bfai) zuständig. Bei der Informationsbeschaffung stützt sich die bfai auf ein weltweites Netz von rund 50 Marktbeobachtern. Ferner wertet sie die Wirtschaftsberichte der deutschen Botschaften und Generalkonsulate aus. Die bfai ist damit eine tragende Säule der Außenwirtschaftsförderung. Zudem werden in den Partnerstaaten Wirtschaftskommissionen und Kooperationsräte organisiert, in denen Regierungsvertreter und Wirtschaftsunternehmen bzw. -verbände teilnehmen. Hinzu kommen Business-Councils oder Business-Foren.

Des Weiteren unterstützt die Bundesregierung deutsche Unternehmen mit garantierten Krediten, den Hermesdeckungen. Damit können sich die Exporteure bei der Ausfuhr von Waren in Schwellen- und Entwicklungsländer gegen wirtschaftliche und politische Risiken absichern. Damit ist die Bundesregierung auf einem Gebiet tätig, das typischerweise der Privatwirtschaft vorbehalten ist. Doch für viele Exporte bieten private Versicherer keine ausreichenden Absicherungsmöglichkeiten. Diese Lücke schließt die Bundesregierung. Hermesdeckungen dienen dazu, die Wettbewerbsfähigkeit deutscher Unternehmen – denn auch andere westliche Industriestaaten haben staatliche Exportkreditversicherungssysteme zur Förderung der einheimischen Exportwirtschaft – zu erhalten. Ein Rückgang von Hermes-Bürgschaften für einen Staat ist ein Indikator für den Rückgang deutscher Exporte. So hat sich der Gesamtumfang der Hermes-Bürgschaften im Iran-Geschäft 2007 gegenüber 2006 mehr als halbiert (Handelsblatt 2008). Zudem schützt der Bund Investitionen deutscher Unternehmen in Entwicklungs- und Reformländern durch eine Auslandsgeschäftsabsicherung vor politischen Risiken ab. Unternehmen können so ihr Risikomanagement und ihr Rating bei Finanzierungsentscheidungen verbessern.

Das Auswärtige Amt als Akteur der Außenwirtschaftsförderung

Neben dem BMWi ist auch das Auswärtige Amt (Kapitel 2.2.1) mit der Außenwirtschaftsförderung befasst. Für die über 220 Auslandsvertretungen ist die Förderung deutscher Wirtschaftsinteressen eine Schwerpunktaufgabe. In jeder Vertretung gibt es mindestens einen Ansprechpartner für die Außenwirtschaft. Zuständig im Auswärtigen Amt sind insbesondere die Referate 402 (Grundsatzfragen, Instrumente der Außenwirtschaftsförderung, Verbände, Kammern, bfai, Messen) und 403 (Außenwirtschaftsförderung in Ländern und Regionen) der Abteilung für Wirtschaft und nachhaltige Entwicklung. Das Auswärtige Amt erfüllt – neben der Bewerbung des Wirtschaftsstandorts Deutschland – insbesondere drei Funktionen:

– Als politischer Begleiter flankiert es Unternehmensinteressen gegenüber Regierungsstellen im Ausland und stellt Kontakte zu Entscheidungträgern im Gastland her.
– Als Netzwerker knüpft es Kontakte zwischen Einrichtungen, Personen und Unternehmen in Deutschland und im Gastland, unterstützt Workshops oder Regionalkonferenzen und veranstalten jährliche Botschafterkonferenzen. Es organisiert Veranstaltungen für deutsche Unternehmen und deren Geschäftspartner.
– Als Berater informiert es Unternehmensverbände über Vorhaben und Ausschreibungen, berichtet über wirtschaftliche und politische Rahmenbedingungen im Ausland und wirkt an der Risikobewertung bei Ausfuhrgewährleistungen und Investitionsgarantien mit (Auswärtiges Amt 2009b).

Neben BMWi und Auswärtigem Amt existiert ein breites Spektrum weiterer staatlicher und privater Akteure, die in der Außenwirtschaftsförderung tätig sind. Dazu gehört das Bundesministerium für Ernährung, Landwirtschaft und Verbraucherschutz (BML), weil die deutsche Landwirtschaftspolitik bei internationalen Wirtschaftverhandlungen in der EU und außerhalb (WTO, UNCTAD, Verhandlungen der EU mit den AKP-Staaten oder mit Lateinamerika) immer noch eine wichtige Rolle spielt. Dabei werden nicht selten unterschiedliche Interessenlagen zwischen BML und BMWi deutlich. Die Konfliktlinie verläuft dabei – zugespitzt formuliert – zwischen Protektionismus (BML) und Freihandel (BMWi). Das Bundesministerium der Finanzen (BMF) ist aufgrund seiner Finanzhoheit ein weiterer maßgeblicher Akteur der Außenwirtschaft (Lütticken/Stahl 2003: 155). Zu nennen sind ferner die Bundesländer, Regionalinitiativen der deutschen Wirtschaft, die Ländervereine (Verbände von Unternehmen und Institutionen) sowie die Deutschen Industrie- und Handelszentren (German Centers). Die Schwerpunkte der Außenwirtschaftsförderung der Bundesländer liegen in der Standortwerbung und Ansiedlung ausländischer Investoren. Die Bundesländer bedienen sich dabei typischerweise Wirtschaftsförderungsgesellschaften und verfügen in einigen Staaten sogar über eigene Repräsentationsbüros (Schultes 2007: 344). So hat das bayerische Wirtschaftsministerium im März 2009 in Tel Aviv ein Verbindungsbüro eröffnet. Es ist bereits die 20. derartige Auslands-Vertretung des Freistaats (Die Welt 2009).

Zu den privaten Akteuren sind in erster Linie die Wirtschaftsverbände zu zählen. Der Bundesverband der Deutschen Industrie (BDI) ist der zentrale Ansprechpartner der Regierung in Fragen der Außenwirtschaftsförderung für die Großindustrie (Kapitel 2.3). Eine vergleichbare Rolle spielt der Deutscher Industrie- und Handelskammertag (DIHK) für den Mittelstand. Eine Sonderrolle spielen die AHKs durch ihren öffentlichen Auftrag und die Teilfinanzierung aus öffentlichen Haushaltsmitteln. Spätestens an dieser Stelle wird deutlich, dass es sich bei Wirtschaftsverbänden nicht nur um Lobby-Gruppen im herkömmlichen Sinne handelt, sondern diese eng mit der Politik verwoben sind, um die Außenwirtschaftsförderung zu optimieren. So ist es wenig verwunderlich, dass im BMWi ein Außenwirtschaftsbeirat mit Unternehmerpersönlichkeiten etabliert wurde.

3.4.2 Handelspolitik: OECD, WTO und G-8

Außer der Förderung wirtschaftlicher Interessen will das Auswärtige Amt zu einer gerechten und nachhaltigen globalen Wirtschaftskooperation beitragen. Wie schon die alte Bundsrepublik, so tritt auch das vereinte Deutschland für offene Märkte und eine Handelsliberalisierung auf der Grundlage multilateral abgestimmter Regeln ein. Dazu gehört, dass sich Deutschland in bilateralen und multilateralen Verhandlungen für handels- und investitionsfreundliche Rahmenbedingungen (z.B. Abbau von Zutrittsschranken) für deutsche Unternehmen einsetzt. Neben den Verhandlungsforen in der EU und den VN sind für die internationale Handelspolitik (ausführlich Hocking/McGuire 2004; Neuschwander 2005) die Organization for Economic Cooperation and Development (OECD), die World Trade Organization (WTO) und die G-8 hervorzuheben.

OECD

Die OECD, 1961 aus der mit der Unterstützung des Marshallplanes betrauten Organisation für Europäische Wirtschaftliche Zusammenarbeit (OEEC) hervorgegangen, organisiert die wirtschaftliche Zusammenarbeit ihrer 30 Mitgliedstaaten und prägt auf diese Weise ganz maßgeblich die Entwicklung der Weltwirtschaft (ausführlich Dietz 2007; OECD Factbook 2009).

Hauptinstrumente sind die gegenseitige Überprüfung und der Austausch über die Konzipierung von Wirtschafts- und Sozialpolitiken. Die Ziele sind nachhaltiges Wachstum, hohes Beschäftigungsniveau sowie ansteigender Lebensstandard. Die OECD, die sich auch als Wertegemeinschaft versteht, richtet sich verstärkt global aus und führt auch Dialoge mit Nichtmitgliedsstaaten. Neben den 30 Mitgliedsstaaten nimmt auch die EU-Kommission an der OECD teil. Derzeit laufen Beitrittsverhandlungen mit Chile, Estland, Israel, Russland und Slowenien. Höchstes Organ ist der Rat der Ständigen Vertreter der Mitgliedstaaten (Deutsche Bundesbank 2003: 184ff.). Er tagt einmal im Jahr auf Ministerebene. Der Ratsvorsitzende vertritt die OECD nach außen. Die über 150 Ausschüsse, Arbeitsgruppen und Expertengremien der OECD befassen sich mit einem breiten Spektrum an wirtschaftspolitischen und sozialen Themen. Es gibt drei ständige Ausschüsse: Exekutivausschuss, Haushaltsausschuss, Ausschuss für Außenbeziehungen. Die Finanzierung erfolgt in erster Linie durch Mitgliedsbeiträge, die sich nach der Wirtschaftskraft bemessen. Dazu kommen freiwillige Beiträge. Zu den Arbeitsschwerpunkten gehören: Alternde Gesellschaften, Armutsbekämpfung, Bekämpfung von Bestechung und Korruption, Beschäftigung, Besteuerung, die Zusammenarbeit mit Nichtmitgliedstaaten, Energie, Erziehung und Bildung (z.B. PISA-Studie), Finanz- und Geldpolitik, Gesundheit, Handel, nachhaltige Entwicklung, Regulierungsreform, Transport, Unternehmensführung (Corporate Governance), Wettbewerb.

Für Deutschland ist die OECD mit ihren makroökonomischen, handelspolitischen und strukturpolitischen Empfehlungen eine wichtige Beratungsorganisation. In der Bundesregierung ist das BMWi für alle Fragen der OECD federführend zuständig. Die Bundesrepublik unterhält eine Ständige Vertretung bei der OECD in Paris. Es ist die einzige deutsche Auslandsvertretung, die ihre Weisungen – im Einvernehmen mit dem Auswärtigen Amt – vom BMWi erhält. Entsprechend werden viele Mitarbeiter aus dem BMWi, aber auch dem Bundesministerium für wirtschaftliche Zusammenarbeit und Entwicklung (Kapitel 3.7.3) sowie der Bundesbank rekrutiert. Zudem gibt es ein OECD-Zentrum in Berlin als Serviceeinrichtung zwischen der OECD und den deutschsprachigen OECD-Staaten. Letztlich hat die OECD Richtlinien für international tätige Unternehmen entwickelt, die einen Verhaltenskodex für verantwortliches Handelns von Unternehmen als Handlungsempfehlung enthalten (Stadelmaier 2009). Die Unternehmen sollen auch ihre internationalen Geschäftspartner zur Anwendung der OECD-Richtlinien verpflichten. Das BMWi hat hierfür eine nationale Kontaktstelle eingerichtet.

World Trade Organization (WTO)

Die WTO wurde am 1.1.1995 auf der Konferenz von Marrakesh – als Nachfolgeorganisation des 1947 gegründeten Allgemeinen Zoll- und Handelsabkommen zur Förderung des Welthandels (General Agreement on Tariffs and Trade, GATT) – ins Leben gerufen (ausführlich Volz 2000; Stoll 2002; Prieß/Berrisch 2003). Sie dient der Durchführung der bestehenden Abkommen über den internationalen Handel, z.B. über den Güterhandel (GATT) oder den Dienstleistungshandel (GATS). Darüber hinaus ist sie ein Verhandlungsforum zur Liberalisierung des Welthandels (ausführlich Deutsche Bundesbank 2003: 154ff.). Zu diesem Zweck werden WTO-Ministertreffen abgehalten. Die WTO gilt in regimetheoretischen Analysen als das Kernstück des Welthandelsregimes (Kapitel 1.3.2; Finlayson/Zacher 1989; Rode 2006).

Es mutet etwas eigenartig an, dass Deutschland gleich zweimal in der WTO vertreten ist. Erstens seit 1995 im Rahmen der WTO-Mitgliedschaft der Europäischen Gemeinschaften. Der Außenhandels-Kommissar der Europäischen Gemeinschaften vertritt die im Idealfall abgestimmten Interessen der Mitgliedstaaten im Sinne der gemeinsamen Handelspolitik. Zweitens ist Deutschland – wie auch alle anderen EU-Mitgliedsstaaten – Einzelmitglied und schickt eigene Diplomaten zu den Verhandlungsrunden. In erster Linie agiert Deutschland in der WTO mittelbar im europäischen Kontext. Bei Konflikten zwischen EU und USA dominiert typischerweise einerseits die EU-Loyalität. Andererseits war Deutschland oft bemüht, konfliktverschärfenden Entwicklungen – gemäß ihrer traditionellen Äquidistanzpolitik (Kapitel 3.1) – in den transatlantischen Beziehungen entgegenzuwirken. Dies galt z.B. beim Streitfall um Hormonrindfleisch 1999 oder bei der Diskussion über die Verhängung von Sanktionen im Stahlstreit 2001

(Lütticken/Stahl 2003: 150ff.).Ein erfolgreicher Abschluss der WTO-Runden (GATT in 1947, Annecy-Runde 1949, Torquay-Runde 1950-1951, Genf-Runde 1955-1956, Dillon-Runde 1961-1962, Kennedy-Runde 1964-1967, Tokio-Runde 1973-1979, Uruguay-Runde 1986-1994) hat für Deutschland hohe Priorität. Die bisher letzte WTO-Verhandlungsrunde begann im November 2001 in Doha (Katar) und dauert bis heute an. Im Zentrum steht eine bessere Eingliederung der Entwicklungsländer in den Welthandel (ausführlich Narlikar 2003). Es sollen u.a. Zölle und Agrarsubventionen abgesenkt werden. Die Verhandlungen verliefen bisher aber äußerst zäh, wurden zeitweise unterbrochen und schon mehrfach als gescheitert erklärt. Unklar ist, ob die Wiederbelebungsversuche erfolgreich sein werden. Befürchtet werden Wettbewerbsnachteile für europäische Unternehmen durch bilaterale Abkommen wichtiger Handelspartner wie den USA oder Japan. Andererseits wurden bisher mit jeder Handelsrunde Liberalisierungsfortschritte erzielt. Sie waren von zwei Tendenzen geprägt: Eine Zunahme der Verhandlungsdauer und einer gleichzeitigen Abnahme der Liberalisierungsfortschritte. Die Doha-Runde fügt sich in diese Tendenzen nahtlos ein. Somit haben sich die WTO-Runden zwar als langsames, aber doch erfolgreiches Instrument zur Reduzierung von Handelshemmnissen erwiesen. Ein Scheitern der Doha-Runde und damit die Beibehaltung des Status Quo wäre „jedoch teuer – nicht nur für die Industriestaaten mit dem Festhalten an den Subventionen, sondern auch für die Entwicklungsländer, denen durch den versperrten Marktzugang die Partizipationsmöglichkeiten am Freihandel vorenthalten werden. Die blockierende Haltung der USA und der EU hinsichtlich der Liberalisierung der Agrarmärkte untergräbt die Glaubwürdigkeit ihres Diskurses für Freihandel, Liberalisierung und den daraus entstehenden Wohlfahrtgewinnen durch Wachstum" (Becker 2007: 159). Die fehlenden Erfolgsaussichten der Doha-Runde haben die bisher zurückhaltende Position der EU zu bilateralen Freihandelsabkommen geändert. Neben multilateralen Abkommen – z. B. mit den AKP-Staaten im Cotonou-Abkommen vom 23. Juni 2000 zum Abbau von Handelshemmnissen – streben Deutschland und die EU Freihandelsabkommen im Rahmen der Strategie zur Steigerung der externen Wettbewerbsfähigkeit an. Verhandlungen wurden 2007 mit den ASEAN-Staaten, Indien und Korea aufgenommen. Das Nebeneinander von multilateralen und bilateralen Vereinbarungen ist durchaus ambivalent zu bewerten. So entscheiden sich Staaten für die bilateralen Verträge, da sie hier einerseits mehr Mitsprache- und Gestaltungsmöglichkeiten haben und ihre Interessen besser geltend machen können. Auch können Ergebnisse schneller als in einer langwierigen multilateralen Runde erreicht werden. Dabei besteht allerdings die Gefahr, dass innerhalb der regionalen Handelsabkommen bessere Bedingungen bereitgestellt werden, die an die Outsider nicht weitergegeben werden (Becker 2007: 145). Grundsätzlich ist die Wahl zwischen Bilateralismus und Multilateralismus also eine Entscheidung zwischen einer besseren Realisierbarkeit von Verteilungsinteressen (bilaterale Kooperation) und einer höheren Wahrscheinlichkeit der Lösung von Externalitätenproblemen bei geringeren Transaktionskosten (multilaterale Kooperation) zu treffen. Es handelt sich daher um widerstreitende Handlungsanreize (ausführlich Rohlfing 2009).

Aufgrund des Stillstands in der WTO und den Bilateralisierungstendenzen droht die Gefahr, dass die WTO als multilaterale Organisation zu einem marginalisierten Redeforum degradiert wird (Falke 2007: 287). Die Bundesbank sieht in der ungebrochenen Tendenz zum Abschluss regionaler oder bilateraler Handelsvereinbarungen eine latente Bedrohung für die multilaterale Handelsordnung (Deutsche Bundesbank 2003: 173). Auch das Auswärtige Amt sieht einen erfolgreichen der Doha-Runde als wichtige außenpolitische Aufgabe: „Als eine der führenden Welthandelsnationen hat Deutschland ein überragendes Interesse an einem umfassenden, ehrgeizigen und ausgewogenen Abschluss der Doha-Runde" (Auswärtiges Amt 2008a: 86).

G-8

Mit den USA, Japan, Deutschland, Frankreich, Italien, Großbritannien, Kanada und Russland (G8) haben sich wirtschaftlich und politisch führende Nationen der Welt zusammengeschlossen (ausführlich Gstöhl 2007; Jungcurt 2007). Sie treffen sich unter jährlich rotierender Präsidentschaft auf ihren Gipfeltreffen. Der Präsident hat die organisatorische Verantwortung und ist weitgehend für die inhaltliche Schwerpunktsetzung zuständig. Der Höhepunkt einer jeden Präsidentschaft ist der G8-Gipfel. Der Erfolg einer Präsidentschaft wird in erster Linie daran gemessen, wie erfolgreich der jeweilige Gipfel verläuft.

Die G-8 ist keine internationale Organisation. Sie besitzt keine autonome Rechtsordnung, keine eigenen Organen und – abgesehen von den Beauftragten der Staats- und Regierungschefs, den Sherpas, durch die die Gipfeltreffen vor- und nachbereitet werden – keinen bürokratischen Unterbau. Sie ist vielmehr eine informelle Institution zur konsensualen Abstimmung von Positionen und Interessen und ist damit Kritik hinsichtlich ihrer Legitimität ausgesetzt (ausführlich Jungcurt 2007). Zudem stimmen sich im G8-Prozess auch die Finanzminister und die Außenminister. Nach Bedarf treffen sich andere Fachminister in unregelmäßigen Abständen oder es werden Expertengruppen eingesetzt.

Gegründet wurde die Gruppe als G-6 1975 auf Schloss Rambouillet auf Initiative von Kanzler Helmut Schmidt und Präsident Valéry Giscard d'Estaing (Deutsche Bundesbank 2003: 219ff.). Die Themen damals waren – ausgelöst durch den Zusammenbruch des Wechselkurssystems von Bretton Woods und die erste Ölkrise – auf Wirtschafts-, Finanz- und Währungspolitik beschränkt. Seit 1976 nimmt Kanada, seit 1977 auch der Präsident der Europäischen Kommission teil, ohne Mitglied der G8 zu sein. Russland – vorher einige Jahre inoffizieller Teilnehmer – wurde seit 1994 erst als Gast hinzu gebeten und ist seit 1998 zwar offizieller Teilnehmer, aber kein Vollmitglied (z.B. von finanz- und währungspolitischen Beratungen ausgeschlossen). Diese vorsichtige Annäherung Russlands an die G8 ist u.a. dadurch erklärbar, dass sich die G8 als Wertegemeinschaft versteht. Dazu gehören Grundwerte wie Freiheit, Demokratie, Menschenrechte, Marktwirtschaft, Freihandel und Rechtsstaatlichkeit. Zudem fand mittlerweile eine deutliche thematische Weitung über Wirtschaftsthemen hinaus statt. Nunmehr werden Politikfelder aus den Bereichen Sicherheit, Umwelt, Entwicklung und Menschenrechte – seit 2002 immer häufiger mit Afrika-Schwerpunkt (Kapitel 3.7.5) – erörtert. Auf Initiative der G7 wurde die G20 ins Leben gerufen. Das konstituierende Treffen fand im Dezember 1999 unter deutscher Präsidentschaft in Berlin statt. Die G20 soll den Dialog zwischen Industrie- und Schwellenländern verbessern (Deutsche Bundesbank 2003: 224). Auch beim G8-Gipfel in Heiligendamm vom 6.-8. Juni 2007 unter dem Vorsitz Deutschlands stand die bessere Zusammenarbeit mit den afrikanischen Staaten im Blickpunkt.

Wenn die G-8 heute auch kein reiner Weltwirtschaftsgipfel mehr ist, so bleibt die wirtschaftspolitische Bedeutung dieser informellen Abstimmungen dennoch immens. Sie ergibt sich insbesondere dadurch, dass die beteiligten acht Staaten etwa zwei Drittel des Weltsozialprodukts erwirtschaften, die Hälfte des Welthandels bestreiten und drei Viertel der globalen Entwicklungshilfe leisten. Dies impliziert ein hohes Maß an politischer und wirtschaftlicher Durchsetzungsfähigkeit. Insofern sind die anderen G8-Staaten auch als direkte Außenhandelspartner von enormer Relevanz für Deutschland (Pfaffenbach 2006).

3.4.3 Währungs- und Finanzpolitik: Weltbank, IWF, Pariser Club und die regionalen Entwicklungsbanken

Der Handelsstaat Deutschland ist eng verwoben mit einer ausdifferenzierten internationalen Währungs- und Finanzarchitektur (ausführlich Willms/Clausen 2004; Andersen 2005a) und verfolgt drei Leitlinien:

– Strukturell der grundsätzlichen Einbettung in multilaterale Kontexte,
– institutionell einer Orientierung auf die Stärkung internationaler Organisationen und
– inhaltlich der Verpflichtung auf eine ordnungspolitische Ausrichtung auf internationale soziale Marktwirtschaft (Speyer 2007: 308).

Die nationalstaatlichen Hauptakteure sind das BMF und die Deutsche Bundesbank. Das BMZ beschickt – alternierend mit dem BMWi – den Posten des deutschen Exekutivdirektors im Internationale Währungsfond IWF (Speyer 2007: 314).

Auffällig in diesem Politikfeld ist, dass die Zusammenarbeit in der EU im Vergleich zur klassischen Handelspolitik deutlich weniger ausgeprägt ist. Die EU-Staaten haben keine Souveränität an die EU-Kommission abgegeben. Sie unterliegen somit weniger Restriktionen, ihre eigene Außenpolitik zu formulieren und zu vertreten. Daran ändern auch die 1998 gegründete Europäische Zentralbank (EZB) und die 1999 durchgeführte Europäische Währungsunion (EWU), in der ohnehin nicht alle EU-Staaten (z.B. Großbritannien) Mitglied sind. Allerdings macht die gemeinsame Währung eine gemeinsame Positionierung zumindest in währungspolitischen Fragen erforderlich (Speyer 2007: 310f). Weitere Entwicklungen, die die ungeheure Dynamik dieses Politikfelds verdeutlichen, sind die dramatische Volumenerhöhung der internationalen Finanzströme besonders durch private Akteure sowie die gestiegene Heterogenität der Marktteilnehmer (z.B. Investmentfonds, Private Equity Fonds, Hedge Fonds). Durch die Einführung des Euro hat Deutschland in der internationalen Währungs- und Finanzpolitik zwar außenpolitisches Gewicht verloren. International aber hat der Euro bis heute eine Dollar-Euro-Weltwährungsordnung geschaffen, die die Dollar-Hegemonie abgelöst hat (Speyer 2007: 313).

In den multilateralen Finanzinstitutionen werden Entscheidungen getroffen, die häufig auch unmittelbar die Interessen der deutschen Wirtschaft berühren. Zu nennen sind insbesondere folgende Institutionen:

- Weltbank und IWF
- Pariser Club
- Regionalen Entwicklungsbanken

Weltbank und IWF

Beide Institutionen wurden gemeinsam am 22.7.1944 auf der Konferenz von Bretton Woods gegründet und sind Bestandteile des internationalen Finanzregimes (ausführlich Cohen 1989; Andersen 2005b). Sie haben sich zu entscheidenden entwicklungs- und ordnungspolitischen Einrichtungen für den Umgang mit Staaten in erheblichen wirtschaftlichen und finanziellen Schwierigkeiten entwickelt (ausführlich Rowohl 2007; Richter 2008). Die Weltbank ist das zentrale Finanzierungsinstrument in der multilateralen Entwicklungszusammenarbeit (ausführlich Buira 2003). Sie refinanziert sich primär über Mittelaufnahmen auf internationalen Kapitalmärkten (Deutsche Bundesbank 2003: 14ff.). Entscheidungen fallen primär aufgrund wirtschaftlicher Kriterien, aber politische Aspekte rücken stärker in den Blickpunkt (z.B. Menschenrechtsverletzungen, Korruption, Proliferation von Massenvernichtungswaffen, Umweltschutzverstöße).

Kernaufgabe des IWF ist es, die makroökonomische Stabilität zu fördern. Er untersucht die Wirtschafts- und Finanzpolitik von Staaten und weist auf Risiken hin. Bei Zahlungsbilanzkrisen kann der IWF finanzielle Hilfen in Form von Krediten leisten. Er vereinbart mit dem betreffenden Staat wirtschafts- und finanzpolitische Maßnahmen bzw. Auflagen, die eine Rückkehr zur Stabilität unterstützen sollen. Entscheidungen werden vom IWF-Stab unter Leitung des Geschäftsführenden Direktors vorbereitet und vom Exekutivdirektorium genehmigt. Deutschland gehört zu den größten IWF-Anteilseignern und wirkt über einen deutschen Exekutivdirektor an den Entscheidungen mit. Grundsatzentscheidungen werden vom Gouverneursrat des IWF und vom Interim Monetary and Financial Committee beschlossen. Das BMWi ist für den IWF federführend verantwortlich. Die deutschen Botschaften verfolgen zudem die Umsetzung von IWF-Programmen vor Ort.

Aufmerksamkeit erregte aus deutscher Sicht die Wiederbesetzung des Postens des Geschäftsführenden Direktors des IWF im Jahr 2000 (Baumann 2006: 179f.). Der IWF-Direktor ist typischerweise ein Europäer, während die Weltbank stets von einem US-Amerikaner geleitet wird. Nachdem die bei der Besetzung von Führungspositionen in Internationalen Organisationen traditionell durchsetzungsstarken Franzosen diesen Posten über 22 Jahre besetzt hatten, erhob die rot-grüne Bundesregierung den Anspruch auf einen deutschen Kandidaten und präsentierte den Staatssekretär im Finanzministerium Caio Koch-Weser. Da Deutschland bei der Besetzung solcher Posten in internationalen Organisationen ganz im Gegensatz zu Frankreich historisch chronisch unterrepräsentiert war und heute noch ist – zu den seltenen Ausnahmen zählte Klaus Töpfer, der von 1998 bis 2006 Exekutiv-Direktor des VN-Umweltprogramms (UNEP) in Nairobi war –, sorgte diese deutsche Initiative international für Aufsehen. Es gelang der Bundesregierung, die europäischen Partner auf ihren Kandidaten zu verpflichten. Sie stieß aber bei den USA auf unüberwindbaren Widerstand. Als die Bundesregierung dennoch auf der Kandidatur Koch-Wesers beharrte, kam es zu einem offenen Konflikt mit den USA über die Besetzung dieses Postens (Neubauer 2000). Schließlich zog Koch-Weser seine Bewerbung zwar zurück. Aber Deutschland hatte sich insofern dennoch durchgesetzt, als mit Horst Köhler ein deutscher Alternativkandidat benannt wurde und die Bundesregierung nicht von ihrem Anspruch auf Besetzung dieses Posten zurückgetreten war. Köhler hatte diesen Posten bis 2004 inne, als er dann am 23. Mai 2004 zum Bundespräsidenten gewählt wurde. Sowohl der offen ausgetragene Konflikt mit den USA, als auch die mangelnde Vorabstimmung mit den USA und Frankreich (Koufen 2000: 8) sowie die offensive Propagierung der deutschen Personalpolitik sind Indizien dafür, dass das vereinte Deutschland im Begriff war, seinen außenpolitischen Grundsatz der Kultur der Zurückhaltung neu zu interpretieren und international forscher und fordernder aufzutreten (ausführlich Kapitel 3.8).

Inhaltlich hat sich Deutschland im IWF in den letzten Jahren intensiv für dringend notwendige Reformmaßnahmen zur Stärkung der Legitimität und Wirksamkeit der Arbeit des IWF eingesetzt und auf diese Weise dazu beigetragen, dass Reformen zur Quoten- und Stimmrechtsverteilung (Erhöhung des Gewichts von Entwicklungs- und Schwellenländern beim IWF) sowie zur Finanzierung des IWF 2008 vorankamen. Die Bundesregierung sieht diese Reformen als wichtigen Schritt, um den IWF zu stärken und seine Glaubwürdigkeit zu erhöhen (Auswärtiges Amt 2008a: 108f.).

Pariser Club

Der Pariser Club ist eine informelle internationale Institution. Dort werden Umschuldungen zwischen Schuldner- und Gläubigerstaaten multilateral vereinbart (Deutsche Bundesbank 2003: 227ff.) Er wurde 1956 situativ gegründet, als Frankreich auf Vorschlag Argentiniens ein multilaterales Treffen organisierte, bei dem die Schulden Argentiniens mit allen Gläubigerstaaten gleichzeitig diskutiert und geregelt wurden. Bis heute sind im Pariser Club über 400 Abkommen mit 82 Staaten vereinbart worden. Die wesentlichen Vorteile dieser multilateralen Form sind, dass der Schuldner nicht mit jedem Gläubigerstaat separat verhandeln muss und die Gläubiger besser auf den Grundsatz der Gleichbehandlung achten können. An den Sitzungen nehmen auch Vertreter von Weltbank, IWF, UNCTAD, OECD oder auch regionalen Entwicklungsbanken teil. Das französische Finanzministerium stellt den Vorsitzenden und das Sekretariat. Seinem Entstehungshintergrund als informelle Institution entsprechend besitzt der Pariser Club keine Organisationsstruktur und keinen festen Mitgliederkreis. Die Verfahren werden von den Gläubigerstaaten konsensual vereinbart und bei Bedarf fortentwickelt. Aufgrund dieses informellen Charakters verfügt der Club über ein Höchstmaß an Flexibilität. Die Entscheidungen haben nur Empfehlungscharakter, entfalten faktisch aber bindende Wirkung. Die Bundesregierung wird bei den Umschuldungsverhandlungen des Pariser Clubs federführend durch das BMWi vertreten. Weiterhin beteiligt sind das Auswärtige Amt, das BMZ sowie das Bundesministerium der Finanzen. Wenn der Pariser Club eine Umschuldungsvereinbarung getroffen hat, schließt die Bundesregierung mit diesem Staat ein bilaterales Abkommen zur Umsetzung der multilateralen Vereinbarung. Für das Aushandeln der Abkommen ist erneut das BMWi zuständig.

Regionale Entwicklungsbanken

Zu den Entwicklungsbanken gehören die Interamerikanische Entwicklungsbank IADB, die Afrikanische Entwicklungsbank AfDB, die Asiatische Entwicklungsbank AsDB und die Karibische Entwicklungsbank CDB (Deutsche Bundesbank 2003: 124ff.). Sie verfügen über von den Geberstaaten gespeiste Sonderfonds, aus denen Staaten zinsgünstige Kredite erhalten. Aufbau und Arbeitsweise der regionalen Entwicklungsbanken ähneln der der Weltbank. Ein Hauptunter-

schied ist, dass die Banken nur Projekte und Programme in ihrer
Region finanzieren.

Die Bundesrepublik verfolgt mit ihrer Beteiligung an den regionalen Entwicklungsbanken entwicklungspolitische Ziele mit regionalem Ansatz. Zum anderen ist das deutsche Engagement auch den
Exportinteressen geschuldet. Eine Nichtbeteiligung wäre zudem au
ßenpolitisch schädlich und könnte als Vernachlässigung einer Region
perzipiert werden. Federführend für die Politik der Bundesrepublik
in den regionalen Entwicklungsbanken ist das BMZ.

Die Einflussnahme von NGOs (Kapitel 2.2.3) ist insgesamt als gering
zu bewerten. Neben den ritualisierten Protesten bei Treffen dieser Institutionen (insbesondere G-8 und Weltbank/IWF) sind die Aktivitäten
von Attac hervorzuheben. Attac setzt sich für eine stärkere Regulierung
der Finanzmärkte ein und fordert in diesem Zusammenhang die Einführung der so genannten Tobin-Tax (Devisenumsatzsteuer). Diese
Forderung hat eine interministerielle Konfliktlinie generiert, da sie vom
BMZ befürwortet, vom BMWi aber als nicht zweckmäßig abgelehnt
wird. Stärker hingegen ist der im Institute of International Finance (IIF)
gebündelte Lobbyismus der Institute der Finanzindustrie. Das IIF versucht seine Interessen bei der internationalen Bankenregulierung wie
den Eigenkapitalstandards für international agierende Banken (Basel
II) zur Geltung zu bringen (Speyer 2007: 318ff).

Zusammenfassend ist zu sagen, dass die Währungs- und Finanzpolitik ein erheblich multilateral verflochtenes Politikfeld darstellt, in
dem die fachliche Auseinandersetzung von ministerialen Experten im
Vordergrund steht. Aber bei akuten Krisen auf den Finanzmärkten
(z.B. Mexikokrise 1995, Asienkrise 1997/1998, Russlandkrise
1998/1999, Argentinienkrise 2001/2002) fließen auch verstärkt politische Kriterien in die Entscheidungsprozesse ein. In diesem Sinne ist
die deutsche Finanzaußenpolitik primär durch Reaktionen auf äußere
Ereignisse bzw. externe Schocks gekennzeichnet, weniger durch eigene Initiativen. Entsprechend ist es auch nicht verwunderlich, dass
vor der Finanzkrise 2008/2009 keine Regierung im vereinten Deutschland (Kohl, Schröder, Merkel) die Währungs- und Finanzpolitik zu
einem zentralen Politikfeld erklärt hatte (Speyer 2007: 319ff).

3.4.4 Energie- und Rohstoffsicherheit

Die Stärke der deutschen (Außen-)Wirtschaft liegt in der Produktion
hochwertiger Fertiggüter (Häckel 2007: 639). Da Deutschland ein

rohstoffarmes Land ist, hängt es in hohem Maße von einer kontinuierlichen, gesicherten Rohstoffzufuhr ab. Damit ist Deutschland von
den internationalen Rohstoffmärkten stark abhängig, was zu Koope-
rationsnotwendigkeiten und Konflikten führen kann (ausführlich
Umbach 2003; Krech 2006). Das Thema der Energie- und Rohstoffsicherheit ist erst in den letzten Jahren wieder in den Brennpunkt der
politischen Aufmerksamkeit gerückt (Häckel 2005). Aussagen wie
die von Verteidigungsminister Peter Struck, der schon im November
2004 den Schutz der Energie- und Rohstoffversorgung zu den legitimen gemeinsamen Interessen der EU zählte, die in eine kooperative
Sicherheitsstrategie einzubetten sind, waren eher die Ausnahme
(Struck 2004).

Ein grundlegender Perzeptionswandel fand durch den russisch-uk-
rainischen Gaskonflikt 2006 statt, der die Zuverlässigkeit des Liefer-
staates in Frage gestellt hatte. Seitdem sind diese massiven Abhängigkeiten bzw. Interdependenzen auch in der öffentlichen Wahrnehmung
präsent. Bis dahin erschöpften sich energiepolitische Debatten in
Deutschland fast ausschließlich in dem Glaubenskrieg der Befürwortung und Gegnerschaft von Kernenergie und alternativen Energien
(Umbach 2009: 77). Dabei wird Energiesicherheit unter dem Aspekt
des erweiterten Sicherheitsbegriffs (ausführlich Daase 2009) bereits
seit den 1990er Jahren verstärkt diskutiert. Energiesicherheit ist daher
nicht nur aus wirtschafts-, sondern auch aus sicherheitspolitischer Perspektive ein zentrales Thema für den Handelstaat Deutschland.

Charakteristisch für diese Märkte sind einerseits langfristige Lie-
ferbindungen zwischen Erzeuger und Verbraucher. Andererseits
zeichnen sie sich auch durch erhebliche Preisschwankungen aus.
Außerdem ist eine zunehmende Konzentration auf der Angebotsseite
und Politisierung auf der Nachfrageseite feststellbar. So betreibt China – erst seit 1994 Netto-Ölimporteur – mit seinem großen Energie-
hunger eine aggressive Investitionspolitik im Kaspischen Raum,
Westafrika und Lateinamerika (ausführlich Müller 2005; Brooks/
Shin 2006). Die Energiesupermacht Russland (25% der Weltgasre-
serven; 6% der Welterdölreserven) steht für den Trend, dass sich das
Machtverhältnis zwischen Energieproduzenten und Energiekonsu-
menten zugunsten der Produzenten gedreht hat. Eine außenpolitische
Instrumentalisierung der russischen Energiepolitik auch gegenüber
Deutschland und der EU ist nicht auszuschließen (Umbach 2007:
362ff).

Wegen seiner volkswirtschaftlichen Bedeutung unterliegt der Roh-
stoffsektor einer intensiven staatlichen Regulierung und Kontrolle.

Die deutsche Rohstoffpolitik orientiert sich an dem politischen Zieldreieck Versorgungssicherheit, Wirtschaftlichkeit und Umweltverträglichkeit. Da diese Ziele konkurrierend sein können, ist es eine Aufgabe der Politik, hier im Konfliktfall für einen Interessenausgleich zu sorgen. Kennzeichnend ist auch, dass die Energie- und Rohstoffwirtschaft transnational organisiert ist, während die Politik immer noch primär nationalstaatlich agiert. In Deutschland ist federführend das BMWi verantwortlich. Die Versorgungssicherheit wird in erster Linie den privaten Energiekonzernen überlassen.

Außenpolitisches Handeln kann bi- oder multilateral angelegt sein. Multilateral hatten die Verbraucherstaaten nach der Ölkrise 1973 insofern reagiert, als sie im Rahmen der OECD eine Internationale Energie-Agentur (IEA) gründeten und sich dort auf eine gemeinsame Vorratshaltung (90-Tage-Verbrauch), vorbeugende Krisenregulierung und solidarischer Notfall-Vorsorgungsausgleich einigten. In der EU als integriertem Wirtschaftsraum ist die freie Zirkulation gewerblicher Güter rechtlich gewährleistet. In einem derart liberalisierten Binnenmarkt sind nationalstaatlichen Versuchen, Energiepolitik zu betreiben, daher enge Grenzen gesetzt.

Bilateral steht die Energiepartnerschaft mit Russland im Mittelpunkt der Aufmerksamkeit (Kapitel 3.2.6). So gab es schon zur Zeit der Sowjetunion Verträge zur Versorgung der alten Bundesrepublik mit Erdgas wie z.B. das Erdgas-Röhren-Geschäft von 1970. Nach 1990 ist Russland zum wichtigsten Energie- und Rohstofflieferanten Deutschlands aufgestiegen. Die energiepolitische Kooperation fand im September 2005 einen weiteren Höhepunkt, als deutsche Energiekonzerne mit der russischen Gasprom den Bau einer direkten Erdgasleitung zwischen Russland und Deutschland vereinbarten. Die Vereinbarung, die mit einer Ostsee-Pipeline unter Umgehung von Drittstaaten verknüpft ist, wurde einerseits als wichtiger Beitrag zur langfristigen Energiesicherheit verstanden, galt aber besonders in Polen, aber auch in den baltischen Staaten als politischer Affront (Kerski 2007: 414). Ein deutsch-polnischer Konflikt wurde aber von der Bundesregierung billigend in Kauf genommen, um die Rohstoffsicherheit zu verbessern. Die intensivierte Energiepartnerschaft mit Russland verbreitete nicht nur in Polen, sondern in weiten Teilen der EU Misstrauen. Ohnehin wurde dieses Handeln von anderen EU-Staaten so wahrgenommen, dass die Absicherung nationaler Gaslieferungen und Gasbevorratung Vorrang vor der Energie- und Versorgungssicherheit der EU besitzt (Umbach 2007: 367).

Schließlich ist festzustellen, dass das bisher unterentwickelte sicherheitspolitische Verständnis von Energie- und Rohstoffpolitik mittlerweile zumindest als Problem erkannt worden ist. So erklärte Außenminister Steinmeier 2007:

> „Friedliche wirtschaftliche Entwicklung ist weltweit untrennbar mit Energiesicherheit verbunden. Energiesicherheit bedeutet die Sicherheit aller, der Produzenten, der Transitstaaten und der Verbraucher. Die globale Dimension bedeutet zugleich, dass nationale Alleingänge zu kurz greifen und wir konfrontativen Ansätzen entgegentreten müssen. Auch wenn künftig Konkurrenzsituationen zunehmen, Energie darf nicht zur Machtwährung in den internationalen Beziehungen werden. Das ist das Ziel deutscher Energie-Außenpolitik und –Sicherheitspolitik. Sie leistet damit einen wichtigen Beitrag zur Sicherung der Energieversorgung unseres Landes: Durch den Abbau einseitiger Energieabhängigkeiten, durch die Stabilisierung unsicherer Weltregionen sowie durch die Vertretung deutscher innovativer Energie- und Klimaschutzkonzepte im internationalen Bereich. Sie ist vor allem Friedens- und Stabilitätspolitik. Weltweit gilt es, mögliche Spannungen aus Verteilungs- und Zugangskonflikten um Energie im Vorfeld zu erkennen und zu entschärfen" (zitiert nach: Umbach 2007: 367).

Die Diskussion über eine Zielorientierung der deutschen und europäischen Energiepolitik steht erst am Anfang. Für eine Erhöhung der Energiesicherheit wäre eine breitere Diversifizierung der Energieträger (Energiemix) und eine erhebliche Aufstockung der Forschungsgelder – USA und Japan geben jeweils etwa ein fünffaches für Energieforschung aus – erforderlich. Auch ist es bezeichnend, dass die Bundesregierung zwar mittlerweile ein Grundsatzpapier von „Elementen einer Rohstoffstrategie" (Bundesregierung 2007) vorgelegt hat, aber z.B. immer noch keinen interministeriellen Ausschuss zur Rohstoffpolitik eingesetzt hat. Letztlich kann Energiesicherheit zwar nationalstaatlich definiert werden. Sie ist aber im europäischen Rahmen zu organisieren und im globalen Kontext zu realisieren. In diesem Sinne müssen die EU-Staaten einen größeren politischen Willen für eine europäische Energiesicherheitsstrategie aufbringen (Umbach 2007: 369).

3.4.5 Abschlussbemerkungen

Außenpolitik für die Wirtschaft ist ein vielschichtiges und komplexes Thema. Dies betrifft sowohl die kaum mehr durchschaubaren internationalen formalisierten und informellen institutionellen Strukturen als auch das breite Spektrum der nationalen Entscheidungsträger. Allen gemeinsam ist das Ziel der Wohlstandsmaximierung, für das Deutschland bereit ist, Einschränkungen seiner Souveränität zu akzeptieren. Der Grundsatz des integrierten, kooperativen Handelsstaats mit seiner enormen Außenwirtschaftsabhängigkeit und seinen global interdependenten Wirtschaftsstrukturen impliziert bei der Wahl der Mittel die Notwendigkeit einer Präferenz für multilaterale, diplomatische Strategien in der außenpolitischen Konfliktbearbeitung gegenüber gewaltsamen Konfliktstrategien.

Aber die Orientierung an Konsens, Koordinierung und Verhandlung steht vor neuen Herausforderungen. An erster Stelle sind hier die Folgen der Globalisierung zu nennen (ausführlich Bhagwati 2004, Wolf 2004, Becker 2007, Schirm 2007). Diese verknüpft die Lebensverhältnisse der Menschen in der Welt immer engmaschiger miteinander. Die gemeinsame Verantwortung aller Staaten für eine stabile wirtschaftliche Entwicklung wird immer konturierter. Handel und interdependente wirtschaftliche Verflechtung tragen zwar zur Schaffung von Vertrauen bei und stabilisieren in diesem Sinne die internationalen Beziehungen (Kapitel 1.3.2). Die hohe Wertschätzung dieses Grundsatzes sorgt allerdings dafür, dass konkurrierende Grundsätze wie die Durchsetzung der Menschenrechte (Kapitel 3.7) nicht selten nachrangig behandelt werden.

Einige Entwicklungen der letzten Jahre stimmen nachdenklich. So wird die deutsche Handelspolitik immer profilloser. Deutschland tendiert in der EU erstens dazu, die Agenda-Setzung der Europäischen Kommission passiv zu akzeptieren, statt sie pro-aktiv mitzubestimmen. So unternahm Deutschland keine Versuche, die Strategie der EU in der darbenden Doha-Runde zu beeinflussen und ein Scheitern zu verhindern. Zweitens verliert Deutschland in den Institutionen des multipolaren Handelssystems durch die Herausbildung neuer Pole wie China und Indien weiter an Einfluss. Dabei sind die Positionen dieser Staaten entscheidend. Der im April 2008 begonnene strategische Wirtschaftsdialog zwischen der EU und China nährt zwar die Hoffnung, mehr Einfluss auf die chinesische Wirtschaftspolitik nehmen zu können und die entstandenen Ungleichgewichte abzufedern (2007 mit einem Handeldefizit von 159 Milliarden Euro). Allerdings ist nicht absehbar, dass dieser neue Verhandlungsansatz der EU erfolgversprechender sein wird, als die bereits existierenden Dialoge der USA und Japans mit China, die bislang nur magere Ergebnisse hervorgebracht haben (ausführlich Hilpert 2008).

Eine zentrale Herausforderung für den Handelstaat Deutschland wird in den kommenden Jahren das Thema Energie- und Rohstoffsicherheit sein. Eine Sicherung der Energieversorgung mit militärischen Mitteln („Krieg für Öl", wie es hin und wieder den USA als treibendes Motiv vorgeworfen wird) stand bisher nicht auf der Agenda der deutschen Außenpolitik. Dies wäre auch mit der Kultur der Zurückhaltung unvereinbar (Kapitel 3.8). Es ist aber zu fragen, inwieweit Energie- und Rohstoffsicherheit weiterhin mit dem herkömmlichen wirtschaftspolitischen Instrumentarium betrieben werden können oder ob sie stärker als Sicherheitspolitik – im Sinne eines erweiterten Sicherheitsbegriffs – zu begreifen sind. Dann würde sich dieses Politikfeld noch stärker aus den rein wirtschafts- und handelspolitischen Kontexten lösen und eine gewichtigere Rolle in der deutschen Außenpolitik und in der EU spielen.

Literatur

Becker, Maren/Stefanie John/Stefan A. Schirm 2007: Globalisierung und Global Governance, W. Fink-Verlag, Paderborn.

Daase, Christopher 2009: Der erweiterte Sicherheitsbegriff, in: Mir A. Ferdowsi (Hrsg.): Internationale Politik als Überlebensstrategie, Bayerische Landeszentrale für politische Bildungsarbeit, München 2009, S. 137-154.

Staack, Michael 2000: Handelsstaat Deutschland: Deutsche Außenpolitik in einem neuen internationalen System, Schöningh, Paderborn/München/Wien/Zürich.

Umbach, Frank 2003: Globale Energiesicherheit. Strategische Herausforderungen für die europäische und deutsche Außenpolitik, München.

3.5 Sonderverhältnis zu Israel

„Jede Bundesregierung und jeder Bundeskanzler vor mir waren der besonderen historischen Verantwortung Deutschlands für die Sicherheit Israels verpflichtet. Diese historische Verantwortung Deutschlands ist Staatsräson meines Landes. Das heißt, die Sicherheit Israels ist für mich als deutsche Bundeskanzlerin niemals verhandelbar. Und wenn das so ist, dann dürfen das in der Stunde der Bewährung keine leeren Worte bleiben" (ZDF 2008).

Diese Sätze sprach Kanzlerin Angela Merkel am 18. März 2008 vor der Knesset, dem israelischen Parlament. Jenseits der Inhalte war an dieser Rede erstens bemerkenswert, dass erstmals ein deutscher Regierungschef zum Plenum sprach. Dies war bis dahin Staatspräsidenten vorbehalten. Für diese Premiere musste sogar die Geschäftsordnung der Knesset geändert werden. Zweitens war es ungewöhnlich, dass es Diskussionen darum gab, dass die Kanzlerin die Rede in deutscher Sprache hielt. Beides deutet darauf hin, dass das Verhältnis zwischen beiden Staaten einzigartig ist.

Tatsächlich stehen die Bundesrepublik und Israel seit der Gründung beider Staaten am 14. Mai 1948 und am 23. Mai 1949 in einem Sonderverhältnis zueinander. Diese besonderen Beziehungen zu Israel sind durch die Verantwortung Deutschlands für den Holocaust begründet. Die deutsch-israelischen Beziehungen sind stets vor dem Hintergrund dieses Verbrechens zu betrachten. Ohne die Berücksichtigung dieser Vergangenheit sind ein Verständnis der Entwicklung der Beziehungen sowie deren Einordnung nicht möglich.

Dieses Kapitel beschreibt daher die Entwicklung dieses Sonderverhältnisses. Es wird gezeigt, welche komplizierten Hürden bis zur Aufnahme diplomatischer Beziehungen zu überwinden waren, wie sich die Beziehungen festigten, welchen Belastungsproben sie ausgesetzt waren und wie die deutsche Außenpolitik mit diesen Herausforderungen umgegangen ist (ausführlich Eder/Gorschenek 2002; Ben Natan/Hansen 2005; Mertens 2006). Es wird auch gezeigt, dass die Beziehungen zu Israel nicht von anderen Aspekten der deutschen Außenpolitik losgelöst betrachtet werden können und zahlreiche Wechselwirkungen in eine Analyse einzubeziehen sind.

3.5.1 Der steinige Weg zur diplomatischen Anerkennung

Auch ohne bestehende diplomatische Beziehungen erfolgte bis 1965 eine allmähliche, vorsichtige und weitgehend informelle gegenseitige Annäherung zwischen Deutschland und Israel (ausführlich Jelinek 2004). Wesentlich für die Position der Bundesrepublik in den Anfangsjahren war die frühe Entscheidung Adenauers „durch die Annahme einer Pflicht zur „Wiedergutmachung" als demokratischer Nachfolgestaat des verbrecherischen „Dritten Reiches" Verantwortung zu übernehmen" (Wolffsohn/Brechenmacher 2007: 506ff). Noch 1949 hatte er die Bereitschaft zu materieller Wiedergutmachung öffentlich bekundet. Trotz dieser Festlegung bewegten sich die Regierungen Ben Gurion und Adenauer in den Folgejahren keineswegs offen aufeinander zu (ausführlich Hansen 2002). Die Beziehungen waren stark von Emotionen geprägt. Kennzeichnend für die frühen Jahre war, dass Israel sofort nach der Staatsgründung beschloss, jedem Deutschen die Einreise und jedem Israeli die Reise nach Deutschland zu verweigern. Jeder israelische Pass trug bis 1956 den Vermerk: „Dieser Paß ist gültig für alle Länder – mit Ausnahme von Deutschland" (Primor 1997).

Erst nach einigen Jahren verschwand dieser Passvermerk ohne offizielle Erklärung der israelischen Regierung (Oz 2005: 11). Israelischen Diplomaten war es untersagt, mit ihren deutschen Kollegen in Kontakt zu treten. Jeder Handel mit Deutschland war verboten. Als 1950 die Westalliierten den Kriegszustand mit Deutschland formal für beendet erklärten, erwog Israel, der Bundesrepublik rückwirkend ab der Staatsgründung den Krieg zu erklären. Die deutsche Sprache wurde als Nazisprache aus Radio und Theater verbannt. Die Einfuhr deutscher Bücher, Zeitschriften und Zeitungen war verboten. Es wurde sogar überlegt, Juden die sich nach 1945 in Deutschland ansiedelten, eine spätere Einwanderung nach Israel zu untersagen (Neuberger 2005: 14).

So erhob die israelische Regierung im März 1951 den Anspruch auf materielle Wiedergutmachung auch konsequenterweise bei den Alliierten, nicht bei der Bundesregierung. Verlangt wurden eine Milliarde Dollar von der Bundesrepublik und 500 Millionen Dollar von der DDR. Die Westalliierten lehnten allerdings jegliche Zwangsregelungen ab und verwiesen auf die Zuständigkeit der bundesdeutschen Regierung. Die Sowjetunion und die DDR reagierten nicht.

Noch 1951 erkannte Adenauer die prinzipielle Verpflichtung des deutschen Volkes gegenüber Israel und dem jüdischen Volk zur Wiedergutmachung mehrfach an. Adenauers Ziel war die Eingliederung der Bundesrepublik in die Völkergemeinschaft. Ihm war klar, dass das Erreichen dieses Ziels nicht nur vom Gelingen der Westintegration (Kapitel 3.1), sondern maßgeblich vom Verhalten gegenüber dem jüdischen Staat abhängen würde. Er wusste, dass dies die eigentliche Prüfung sein würde. Nachdem das israelische Parlament Anfang 1952 mit knapper Mehrheit und nach kontroverser Diskussion der Aufnahme direkter Verhandlungen zugestimmt hatte, begannen diese im Frühjahr 1952. Ben Gurions stärkster Widersacher war der damalige Oppositionspolitiker Menachem Begin. Er erklärte am 7. Januar 1952: „Es gibt keinen Deutschen, der nicht unsere Eltern ermordet hat. Jeder Deutsche ist ein Nazi. Jeder Deutsche ist ein Mörder.

Adenauer ist ein Mörder" (zitiert in: Wolffsohn 2008). Die Verhandlungen fanden trotz solcher Widerstände gegen aus Deutschland stammendes „Blutgeld" und „einen Ausverkauf der nationalen Selbstachtung" ihren Abschluss am 10.9.1952 im Luxemburger Abkommen (Oz 2005: 11ff). Die Vereinbarung sah die Zahlung von 3,45 Milliarden DM über einen Zeitraum von insgesamt zwölf Jahren vor; davon 3 Milliarden DM an den Staat Israel und 450 Millionen DM an die Conference on Jewish Material Claims against Germany, die die jüdischen Opfer außerhalb Israels vertritt. Einerseits sollten die Gelder für die Integration jüdischer Flüchtlinge in Israel eingesetzt werden. Andererseits wurde das Geld als Entschädigung für Vermögen gezahlt, welches die Nationalsozialisten den Juden abgenommen hatten. Die Zahlungen waren besonders deswegen umstritten, weil der Eindruck entstehen konnte, dass erlittenes Leid durch Geld „wieder gutgemacht" werden könnte. Vor der Vertragsunterzeichnung hatten noch einige arabische Staaten vergeblich versucht, die Bundesregierung durch Bezugnahme auf die „traditionelle deutsch-arabische Freundschaft" und durch Ankündigungen eines Wirtschaftsboykotts sowie durch Beschimpfungen Adenauers als „Werkzeug des Weltjudentums" umzustimmen. Zusätzlich drohten sie, die DDR anzuerkennen und den Alleinvertretungsanspruch der Bundesrepublik zu unterminieren (Weingardt 2005: 23). Das Luxemburger Abkommen wurde dennoch am 18.3.1953 im Bundestag ratifiziert. Deutsche Wirtschaftshilfe sollte die ablehnenden Reaktionen der arabischen Staaten abfedern. In Köln wurde im März 1955 als Vorbote diplomatischer Beziehungen die Israel-Mission eröffnet. Zur Aufnahme diplomatischer Beziehungen kam es jedoch nicht. Einer der Gründe hierfür lag in der seit Dezember 1955 angewandten Hallstein-Doktrin, mit der die Bundesrepublik ihre außenpolitischen Handlungsspielräume selbst eingeengt hatte (Kapitel 3.2.1). Mit der Aufnahme diplomatischer Beziehungen hätte die Bundesrepublik nach dem Luxemburger Abkommen erneut ihre überwiegend guten Beziehungen zu den arabischen Staaten – insbesondere zu Ägypten – auf das Spiel gesetzt. Die arabischen Staaten unterließen den Abbruch diplomatischer Beziehungen aber solange, wie sie davon ausgehen konnten, dass die deutsch-israelischen Beziehungen unterhalb der Schwelle der formalen diplomatischen Beziehungen bleiben würden.

Mit den Wiedergutmachungszahlungen hatte die Bundesrepublik bei der wirtschaftlichen Festigung des noch jungen jüdischen Staates keine unbedeutende Rolle gespielt. So stellte der an den Verhandlungen zum Luxemburger Abkommen beteiligte Nahum Goldmann fest:

„Ich weiß nicht, was in manchen kritischen Augenblicken Israel wirtschaftlich gedroht hätte, wenn nicht die deutschen Lieferungen gewesen wären. Eisenbahnen und Telefone, Hafeninstallation und Be-
wässerungsanlagen, ganze Zweige der Industrie und Landwirtschaft
wären auch heute ohne die deutschen Reparationen nicht in dem
Stand, in dem sie sind" (Goldmann 1980: 409).

Bemerkenswert ist in dieser Phase auch, dass die Bundesrepublik
– anders als z.B. die USA – nach der Eroberung des Sinai und des
Gaza-Streifens durch Israel im Suezkrieg nicht versucht hatte, wirtschaftlichen Druck auf Israel auszuüben, um die Regierung zur Aufgabe der eroberten Gebiete zu bewegen (ausführlich Berggötz 1998).
Mit dem so entstandenen Vertrauen wandte sich Israel 1957 erstmals
mit der Anfrage nach Waffen an die Bundesrepublik. Zu Waffenver-
käufen an Israel kam es zunächst jedoch nicht, da bereits die bloße
Anfrage eine schwere innenpolitische Krise in Israel ausgelöst hatte.
Im März 1960 berieten Adenauer und Ben Gurion bei dem ersten
Treffen zwischen Regierungschefs beider Staaten nach dem Holocaust im New Yorker Walldorf Astoria in einem zweistündigen
Gespräch neben Wirtschaftshilfen auch über (geheime) deutsche
Waffenlieferungen. Außenminister Schröder war gegen diese Waf-
fenexporte, Verteidigungsminister Strauß befürwortete sie. Ein ent-
sprechender Geheimvertrag über deutsche Waffenlieferungen und
militärische Ausbildungshilfe wurde im Juni 1962 abgeschlossen.

Adenauers Nachfolger Ludwig Erhard gab dann im November
1964 bekannt, dass die Bundesrepublik keine Waffen mehr in Spannungsgebiete außerhalb der NATO-Mitgliedsstaaten liefern werde.
Die Bundesregierung setzte sich damit zunächst diplomatisch ungeschickt zwischen die Stühle. Einerseits verärgerten die aufgedeckten
geheimen Waffenlieferungen die arabischen Staaten; andererseits
führte der dann beschlossene Lieferstopp zu Verstimmungen in den
deutsch-israelischen Beziehungen. Zudem kam es trotz der Beendigung der Waffenlieferungen zu einer Annäherung zwischen der DDR
und Ägypten. Der ägyptische Präsident Gamal Abdel Nasser empfing
im Februar 1965 den DDR-Staatsratsvorsitzenden Walter Ulbricht zu
einem Staatsbesuch in Kairo. Dies kam faktisch einer Anerkennung
der DDR gleich. Die deutsche Wirtschaftshilfe an Ägypten wurde
daraufhin gestoppt.

Zusätzlich belastet, wurden die deutsch-israelischen Beziehungen
durch die 1962 bekannt gewordene Tätigkeit bundesdeutscher Rake-
tenexperten in Ägypten und die 1964 in der Bundesrepublik geführte
Debatte um die Verjährung nationalsozialistischer Verbrechen. Derart

Fotc 2: Adenauer und Ben Gurion in New York

in eine nahostpolitische Zwickmühle und innenpolitisch unter Druck geraten, blieb der Regierung Ehrhardt nur der Ausweg, die Aufnahme diplomatischer Beziehungen zu Israel zu forcieren. So kündigte Erhardt im März 1965 die Aufnahme diplomatischer Beziehungen zu Israel an. In diesem Sinne war es eine „unfreiwillige Flucht nach vorn" (Weingardt 2005: 25). Der Alleinvertretungsanspruch war so nicht mehr haltbar und die Bundesregierung hatte die Hallstein-Doktrin ohnehin bereits nicht mehr konsequent angewandt. In der Knesset fand die Aufnahme diplomatischer Beziehungen zur Bundesrepublik überwiegend Zustimmung (66 Ja, 29 Nein, 10 Enthaltungen). Im Mai 1965 wurden die diplomatischen Beziehungen aufgenommen, so dass am 12. Mai 1965 die Botschafter Rolf Pauls und Asher Ben Nathan ihren Dienst antreten konnten (Deutsch-Israelische Gesellschaft 2008). Die arabischen Außenminister berieten umgehend über Boykottmaßnahmen. Als Folge brachen zehn der dreizehn arabischen Staaten – darunter Ägypten – die diplomatischen Beziehungen zur Bundesrepublik kurzzeitig ab, hielten aber die Wirtschaftsbeziehungen weitgehend aufrecht. Die DDR wurde von keinem arabischen Staat anerkannt. Die befürchteten Folgen blieben also weitgehend aus.

3.5.2 Bilaterale Beziehungen in der Bewährung

Die ersten Jahre der diplomatischen Beziehungen zeichneten sich durch Stabilität, institutionelle Verstetigung und beginnende Routinisierung – nicht Normalisierung – aus. Dies galt auch für die Zivilgesellschaften. Am 21. März 1966 wurde diese zivilgesellschaftliche Vernetzung mit der Gründung der Deutsch-Israelischen-Gesellschaft vorangetrieben und am 12. Mai 1966 mit einem Wirtschaftshilfeabkommen die ökonomischen Beziehungen vertieft (Kloke 2005: 9). 1966 übernahm die Große Koalition unter Kanzler Kurt-Georg Kiesinger die Regierungsgeschäfte. Da Willy Brandt biographisch in Bezug auf den Nationalsozialismus unbelastet war, war es ihm überlassen, als Außenminister die Israel-Politik zu gestalten. In Israel war man dennoch verunsichert, ob der NS-Widerstandskämpfer, ähnlich wie Adenauer, eine klare Mitverantwortung für Israels Schicksal zum Ausdruck bringen würde.

Im Sechs-Tage-Krieg vom 5.-10. Juni 1967 zwischen Israel und Ägypten, Jordanien und Syrien sah Brandt eine Gefährdung seiner Entspannungs- und Friedenspolitik. Die Bundesrepublik zeigte sich neutral, leiste aber humanitäre Hilfe für Israel. Zudem erklärte Brandt, dass diese Neutralität keine moralische Indifferenz und Trägheit des Herzens bedeute (Weingardt 2005: 25). Die machte trotz formaler Neutralität deutlich, wo die Sympathien der Bundesregierung lagen.

Die DDR hingegen gab nun ihre Zurückhaltung auf und übertraf den Antiisraelismus der Sowjetunion, der Israel als Vasallen der USA brandmarkte (ausführlich Timm 1997, Jaeger 1997). Während die Bundesrepublik durch Hinwendung zu Israel demonstrieren wollte, dass sie die richtigen Lehren aus der Vergangenheit gezogen hatte, wollte die SED-Führung durch ihre scharfe Israelkritik unterstreichen, dass Nationalsozialismus und Judenvernichtung alleine in westdeutscher Verantwortung lagen. So wurde die Israel-Politik von der DDR auch zur Abgrenzung von der Bundesrepublik instrumentalisiert. Entsprechend wurden alle Entschädigungsansprüche Israels von der DDR zurückgewiesen.

Mit dem Machtwechsel zur sozialliberalen Koalition unter Kanzler Willy Brandt im Oktober 1969 blieb die Israel-Politik in denselben Händen. Dennoch gab es in Israel Bedenken, dass die Neue Ostpolitik (Kapitel 3.2.3) auf Kosten der Beziehungen zu Israel durchgeführt würde. Die Regierung von Golda Meir war besorgt, dass die Sowjetunion Ägypten tatkräftig bei der Bekämpfung Israels unterstützte. Zusätzlich Nahrung erhielt diese Annahme durch den Wunsch von FDP-Außenminister Walter Scheel und SPD-Politiker Hans-Jürgen

Wischnewski – der gute Beziehungen zu Palästinenser-Präsident Arafat pflegte –, die Beziehungen zu den arabischen Staaten zu verbessern und den Nahost-Konflikt insgesamt in den Blick zu nehmen. So gab es Forderungen aus dem Auswärtigen Amt, „die Vergangenheit nicht zur einzigen Grundlage der Beziehungen der Bundesrepublik zu Israel zu machen. Eine Gesamtfriedenslösung im Nahen Osten stelle das übergeordnete Interesse deutscher Außenpolitik in dieser Region dar. Dem komme größere Bedeutung zu, als den Komplexen der Vergangenheit" (zitiert in Wolffsohn/Brechenmacher 2007: 510).

1969 nahm das Goethe-Institut seine Arbeit in Tel Aviv auf, um zum Aufbau der besonders sensiblen deutsch-israelischen Kulturbeziehungen beizutragen. 1971 sowie 1973 kam es zu den ersten Besuchen eines deutschen Außenministers (Walter Scheel) und Kanzlers (Willy Brandt) in Israel. Auch die bilateralen Wirtschaftsbeziehungen florierten. Die Bundesrepublik wurde zum zweitgrößten Handelspartner Israels nach den USA. Dazwischen lag die Ermordung von elf israelischen Sportlern während der olympischen Sommerspiele im September 1972 in München durch die Palestine Liberation Organisation (PLO). Als kurz darauf eine Lufthansa-Maschine von Palästinensern entführt wurde, ließ die Bundesregierung im Gegenzug zur Freilassung der Passagiere die drei überlebenden Terroristen von München frei. Israel zeigte sich empört über das Nachgeben.

Zudem entbrannte in dieser Zeit eine Debatte, inwieweit die bilateralen Beziehungen als „normal" zu bezeichnen seien. In Israel gab es eine klare Ablehnung des Normalisierungs-Begriffs. Die israelische Regierung bestand auf der Beibehaltung der Charakterisierung als „besondere Beziehungen". In einem diplomatischen Versuch, die Kontroverse beizulegen, formulierte Brandt: „Die normalen Beziehungen zwischen der Bundesrepublik und Israel zeichneten sich eben durch den Charakter des Besonderen aus, und das bedeute, sie müssten stets vor dem düsteren Hintergrund der nationalsozialistischen Schreckensherrschaft gesehen werden." (zitiert in Wolffsohn/Brechenmacher 2007: 511).

3.5.3 Europäisierungstendenzen der deutschen Israel-Politik und schwere Zerwürfnisse

Im Oktober 1973 beschlossen im Zuge des vierten arabisch-israelischen Krieges (Jom-Kippur-Krieg) die OPEC-Staaten Ölpreiserhöhungen und einen Lieferstopp gegen die USA sowie die Niederlande mit dem

Ziel, durch die Wirtschaftssanktionen den Rückzug Israels aus den besetzten Gebieten zu erreichen (ausführlich Konzelmann 1974). Der nachfolgende Ölschock führte zu einer Neuorientierung der Außenpolitik gegenüber den arabischen Staaten. Es kam zu einer noch stärkeren Betonung wirtschaftspolitischer Themen des Handelstaats Bundesrepublik (Kapitel 3.4), was auch als „Ökonomisierung der Außenpolitik" bezeichnet wurde (Wolffsohn/Brechenmacher 2007: 511). Dieser Politikwechsel hatte erhebliche Konsequenzen für das Verhältnis zu Israel, denn die Abhängigkeit vom Rohstoff Öl und die Sicherung arabischer Exportmärkte führte zu einer stärker pro-arabischen Haltung.

In dieser Phase sind zwei Tendenzen feststellbar. Erstens wurde der Nahost-Konflikt insgesamt vermehrt zum Bezugspunkt deutscher Außenpolitik. Zweitens wurde die Israel-Politik der Bundesrepublik verstärkt im EG-Rahmen multilateral eingebettet (Asseburg/Steinberg 2007). So sollte eine Gesamtfriedenslösung für den Nahen Osten inklusive der Palästinenserfrage angestrebt werden. In diesem Sinne war der Einsatz der „Ölwaffe" durch die OPEC erfolgreich gewesen. Die Erfolge europäischer Gipfel-Diplomatie blieben allerdings dürftig und provozierten die Auseinandersetzung mit Israel. Im November 1973 verfasste die EG im Rahmen der EPZ ihre erste gemeinsame Nahosterklärung. Dort wurde nicht nur den Rückzug israelischer Truppen aus allen besetzten Gebieten gefordert, sondern auch auf die „legitimen Rechte der Palästinenser" hingewiesen, ohne dabei Israels Existenzrecht ausdrücklich zu erwähnen. Im Zuge dieser Multilateralisierungstendenzen der deutschen Israel-Politik zeigten sich die israelische Regierung und Öffentlichkeit darüber empört, dass die Bundesregierung die EG-Erklärung auch unterzeichnet hatte. Zwar hatte die Bundesregierung eine noch schärfere anti-israelische Akzentuierung der Erklärung verhindert, betonte aber, sie habe aus gesamteuropäischer Verantwortung Zugeständnisse an Frankreich machen müssen, das eine pro-arabischere Nahostpolitik als die Bundesrepublik betrieb (Weingardt 2005: 26). Verschärfend hinzu kam, dass sich der deutsche UN-Botschafter Rüdiger von Wechmar 1974 – mit dem Hinweis auf das ebenfalls nicht vollkommen eingelöste Selbstbestimmungsrecht der Deutschen (Kapitel 3.3.1) – für das Selbstbestimmungsrecht der Palästinenser aussprach.

Nach dem Rücktritt Brandts wurden 1974 Helmut Schmidt Kanzler und Hans-Dietrich Genscher Außenminister. Schmidts sachlicher Politikstil prägte auch die Israel-Politik. Deutschlands moralische Verpflichtung gegenüber Israel wurde in Fortführung von Brandts Perspektivwechsel zunehmend so interpretiert, dass die Bundesrepublik gerade aufgrund ihres Sonderverhältnisses zu Israel auch die palästinensischen Anliegen stärker berücksichtigen und sich gerade aus Sorge um Israels Sicherheit um gute Beziehungen zur arabischen Welt bemühen müsse. Das Hauptaugenmerk galt der Weiterentwicklung einer gemeinsamen europäischen Nahostpolitik, weniger einer bilateralen Israel-Politik (Weingardt 2007: 27).

Es folgte im Juni 1977 eine weitere EG-Nahosterklärung, in der das Selbstbestimmungsrecht für die Palästinenser gefordert wurde. Angesichts der zunehmend pro-arabisch eingestellten EG geriet auch die Bundesregierung, die bis dahin in den multilateralen Gremien stets um eine Israel zugewandte „Neutralität" bemüht war, verstärkt in israelische Kritik (Dachs 1999). Mit dem Regierungswechsel in Israel 1977 – auf Yitzhak Rabin folgte Menachem Begin – verstärkten sich die Spannungen. Bezeichnend für diese angespannte Phase war eine Begegnung zwischen Willy Brandt, Vorsitzender der Sozialistischen Internationale, Bruno Kreisky, österreichischer Kanzler, und PLO-Chef Yassir Arafat in Juli 1979 Wien (Weingardt 2005: 27). Im Juni 1980 verabschiedete der Europäische Rat dann eine erneute Forderung nach einem Ende der Besetzung palästinensischer Gebiete. Darüber hinaus wurde auch das Recht der Palästinenser auf Selbstbestimmung und die Anerkennung der PLO als offizielle Vertretung der Palästinenser verlangt. Da die PLO zu diesem Zeitpunkt die Existenz Israels immer noch nicht anerkannt hatte, wurde diese Aufwertung der PLO in Israel als politischer Affront empfunden (Kloke 2005: 18).

Die zu dieser Zeit ohnehin schwer beschädigten bilateralen Beziehungen erreichten 1981 einen krisenhaften Tiefpunkt. Helmut Schmidt, der Israel nie besucht und Ministerpräsident Menahem Begin nie getroffen hatte, plante den Verkauf von Leopard II-Panzern an Saudi-Arabien (der aufgrund innenpolitischer Widerstände letztlich gar nicht zustande kam). Zudem setzte sie sich für eine Annäherung zwischen Deutschland und Saudi-Arabien ein. Schmidt hatte Saudi-Arabien im April 1981 besucht und dort auf einige europäische Völker sowie deren Leiden im Zweiten Weltkrieg hingewiesen, ohne darunter auch die Leiden der Juden beim Namen zu nennen. Außerdem räumte Schmidt dem palästinensischen Volk einen moralischen Anspruch auf Selbstbestimmung ein. Begin, der sich zudem gerade im Wahlkampf befand, kritisierte Schmidts als arrogant und spielte auf dessen Rolle als Wehrmachtsoffizier im Zweiten Weltkrieg an (Kloke 2005: 12). Dies führte zur öffentlichen Äußerung so genannten „Kollektivschuld-These" durch Begin, die im Kern besagt, dass das gesamte deutsche Volk an den nationalsozialistischen Verbrechen schuldig sei. Hier wurde besonders deutlich, dass Geschichte immer auch Gefahr läuft – als „historische Keule" – gleichsam instrumentalisiert zu werden. (Wolffsohn/Brechenmacher 2007: 513).

Zusätzlich eingetrübt wurden die deutsch-israelischen Beziehungen durch den Libanon-Krieg 1982. Dort ging das israelische Militär gegen die vom Libanon aus operierende PLO, die nach der Vertreibung aus Jordanien ihre militärischen und politischen Aktivitäten dorthin verlegt hatte, vor. Die Bundesregierung forderte gemeinsam mit allen anderen EG-Außenministern die Einstellung der militärischen Auseinandersetzungen und verlangte, die territoriale Integrität und Souveränität des Libanon wieder herzustellen. Dieser Krieg verschlechterte insbesondere nach den von pro-israelischen christlich-libanesischen Milizen verübten Massakern in den Palästinenserlagern Sabra und Shatila im September 1982 die Einstellung der deutschen Regierung und der deutschen öffentlichen Meinung (Kapitel 2.2.3) gegenüber Israel. Durch besonders scharfe Israelkritik profilierte sich der FDP-Politiker Jürgen Möllemann. So bezeichnete Möllemann, der nur wenig später nach dem Regierungswechsel im Oktober 1982 zum Staatsminister im Auswärtigen Amt ernannt wurde, Begin als einen Kriegsverbrecher, der vor ein Kriegsgericht gehöre (Weingardt 2005: 27). Das Ansehen Israels sank in Deutschland auf einen Tiefpunkt und es entbrannte eine Debatte, inwieweit einseitige und überzogene Formen der Israelkritik antisemitische Tendenzen widerspiegeln, verstärken oder gar auslösen (Kaufmann/Orlowski 2002).

So bleibt festzuhalten, dass während der sozialiberalen Koalitionen der 1970er und frühen 1980er die bilateralen Beziehungen in schwierigstes Fahrwasser geraten waren. Die Bundesregierungen wollten das Verhältnis auf eine umfassendere und realpolitischere Grundlage stellen, die die konfliktbeladene Region insgesamt und damit auch die Beziehungen zu den arabischen Staaten, das Schicksal der Palästinenser sowie deutsche ökonomische Interessen berücksichtigten. Entsprechend scharf war die israelische Reaktion mit geschichtspolitischer Rhetorik, die die Beziehungen stark aber letztlich nicht auf Dauer belasteten.

3.5.4 Entspannung und Kontinuität ohne Normalisierung nach der Wiedervereinigung

Mit dem Amtsantritt von Helmut Kohl im Oktober 1982 verbesserten sich die Beziehungen – auch aufgrund der engeren Anlehnung der

Bundesregierung an die USA – sukzessive. Es kam zu einem Ausbau der bilateralen Beziehungen und zu einem stärkeren pro-israelischen Engagement innerhalb der EG (Weingardt 2005: 28). Dennoch erweckte Kohl bei seinem mehrtägigen Israel-Besuch im Januar 1984 mit der Formulierung von der „Gnade der späten Geburt", den Eindruck, als ob sich die deutsche Regierung von der Verantwortung für die Vergangenheit verabschieden wollte. Für Befremden sorgte auch ein Israel-Besuch von Politikern der Grünen im Dezember 1984, weil sie Israel zu einer anderen Haltung im Nahost-Konflikt aufforderten, ohne die Geschichte des Staates in Betracht zu ziehen, was in Israel als Schlussstrich-Mentalität wahrgenommen wurde (Kloke 2005: 13). Auch die „unkluge Erinnerungspolitik" (Wolffsohn/Brechenmacher 2007: 513) durch den gemeinsamen Besuch des Bitburger Soldatenfriedhofs auf dem auch Angehörige der SS begaben waren, durch Helmut Kohl und Ronald Reagan am 5. Mai 1985, war für Israel inakzeptabel. Die durch diese missglückte außenpolitische Symbolik hervorgerufene Verstimmung währte aber nur kurze Zeit. Am 8. Mai 1985 hielt Bundespräsident Richard von Weizsäcker vor dem Deutschen Bundestag eine weltweit Aufsehen erregende Rede zur Rolle der Vergangenheit für die deutsche Politik, die in den deutschen Medien als „Sternstunde der Nachkriegsgeschichte" (Frankfurter Rundschau 2005) bezeichnet wurde und in Israel die Wogen glättete:

> „Der Tag der Befreiung habe für Deutschland stets ein Tag der Erinnerung zu sein. … Es gibt kaum einen Staat, der in seiner Geschichte immer frei blieb von schuldhafter Verstrickung in Krieg und Gewalt. Der Völkermord an den Juden jedoch ist beispiellos in der Geschichte. … Es geht nicht darum, Vergangenheit zu bewältigen. Das kann man gar nicht. … Wer aber vor der Vergangenheit die Augen verschließt, wird blind für die Gegenwart" (Weizsäcker 1985)

Die zweite Hälfte der 1980er Jahre verlief – mit Ausnahme des 1986 durch den Historiker Ernst Nolte ausgelösten so genannten Historikerstreit, in dem Versuche debattiert wurden, die nationalsozialistische Vergangenheit zu relativieren – vergleichsweise ruhig. Insbesondere nach Ausbruch der ersten Intifada Ende 1987 wurden die Beziehungen zu den arabischen Staaten zurückhaltender. Da durch diesen palästinensischen Aufstand der Nahost-Konflikt wieder an Brisanz gewann, vermied die Bundesregierung bewusst nahostpolitische Initiativen, um die Beziehungen zu Israel wie zu den arabischen Staaten nicht zu gefährden. Die EG verurteilte zwar 1988 in einer Resolution des europäischen Parlamentes das israelische Vorgehen gegen die Palästinenser im Westjordanland und im Gaza-Streifen, beschränkte sich ansonsten aber auf die Pflege wirtschaftlicher Beziehungen zu allen Staaten im Nahen Osten (Weingardt 2005: 28). 1987 kam es zum ersten Besuch eines israelischen Staatspräsidenten, Chaim Herzog, und zum ersten Besuch eines israelischen Verteidigungsministers, Yitzhak Rabin, in Deutschland. Insgesamt war das bilaterale Verhältnis in dieser Zeit entspannt. Dies blieb auch im Mai 1988 so, als mit dem Segelschulschiff Gorch Fock der Bundesmarine zum ersten Mal eine Einheit der Bundeswehr offiziell Israel besuchte. Eine derartige symbolische Politik hätte noch 10 Jahre zuvor heftigste Debatten ausgelöst.

1989/1990 wurde die sich abzeichnende deutsche Wiedervereinigung in Teilen der israelischen Bevölkerung zunächst skeptisch gesehen. Befürchtungen vor einem „Vierten Reich" waren zwar die Ausnahme, wiesen aber doch auf tief verwurzelte Ängste hin. Ministerpräsident Shamir ließ sich im Dezember 1989 zu einer Erklärung hinreißen, dass von einem wiedervereinigten Deutschland eine tödliche Gefahr für die Juden ausgehe. Helmut Kohl entgegnete unmittelbar, dass wie anderen Völkern auch Deutschland die Selbstbestimmung nicht verwehrt werden dürfe (Weingardt 2002: 334). Im April 1990 betonte Kohl erneut die Fortsetzung der freundschaftlichen bilateralen Beziehungen durch ein vereintes Deutschland: „Der Staat Israel und ein vereintes Deutschland werden ihre Zusammenarbeit auf ein breites Fundament gemeinsamer Überzeugungen stützen können, wie es auch schon den Beziehungen zwischen Israel und der Bundesrepublik zugrunde lag. Beide Länder sind den gleichen, auf Demokratie und Recht beruhenden Werten der westlichen Welt verpflichtet" (Kohl 1990). So gelang es der Bundesregierung rasch, die Stimmung in der israelischen Bevölkerung zu ihren Gunsten zu verschieben und somit eine weitgehende Zustimmung zur Wiedervereinigung zu erlangen.

Faktisch veränderte die Wiedervereinigung die deutsch-israelischen Beziehungen nicht gravierend. Die Beziehungen waren von Kontinuität geprägt. Nachdem das SED-Regime nie ein Interesse gehabt hatte, hochrangige offizielle Kontakte zu Israel zu unterhalten und die PLO unterstützt hatte, wurde erst nach dem Mauerfall der Weg für eine kritische Aufarbeitung ihrer Israel-Gegnerschaft frei. Die erste und letzte frei gewählte Volkskammer bekannte sich im April 1990 zur Mitverantwortung der Deutschen in der DDR für die Vertreibung und Ermordung von Juden: „Wir bitten das Volk Israels um Verzeihung für Heuchelei und Feindseligkeit der offiziellen DDR-Politik gegenüber dem Staat Israel und für die Verfolgung und Entwürdigung jüdischer

Mitbürger auch nach 1945 in unserem Land" (zitiert in Kloke 2005: 7). Zur symbolischen Aufnahme diplomatischer Beziehungen zwischen Israel und der in Auflösung begriffenen DDR kam es aber nicht mehr. Der zweite Golfkrieg 1991 trübte die bilateralen Beziehungen hingegen, da der Irak mit Hilfe deutscher Firmen Chemiewaffen gebaut und mit Giftgas bestückbare Trägersysteme (mit deutscher Hilfe verbesserte Scud-Raketen) auf Tel Aviv und Haifa abgefeuert hatte. Allein die gedankliche Verbindung der Worte „Deutsche", „Giftgas" und „Juden" löste in Israel verheerende Assoziationen aus (Kloke 2005: 13). Die Bundesregierung verurteilte zwar umgehend die Raketenangriffe, beteiligte sich aber im Sinne ihrer Kultur der militärischen Zurückhaltung nicht mit Soldaten an der alliierten „Operation Wüstensturm" im Persischen Golf. Außenminister Genscher reiste umgehend zu einem Solidaritätsbesuch nach Israel und kündigte „humanitäre Soforthilfe" in Höhe von 250 Millionen DM an. Somit fand hier und bei der finanziellen Beteiligung am Irak-Krieg insgesamt die Scheckbuchdiplomatie der alten Bundesrepublik ihre Fortsetzung. Ansonsten blieben die Beziehungen des vereinten Deutschland gegenüber Israel durch Unterstützung und Berechenbarkeit geprägt. Es kam zu einer beiderseitig aktiven Reisediplomatie. Zu der entspannten Atmosphäre trugen auch vorübergehende Erfolge im israelisch-palästinensischen Friedensprozess bei (Osloer Friedensprozess).

Im August 1994 unterstützte Außenminister Shimon Peres bei einem Deutschlandbesuch den deutschen Anspruch auf einen ständigen Sitz im VN-Sicherheitsrat (Kapitel 3.6.2). Er sprach sich außerdem für eine Teilnahme deutscher Blauhelm-Soldaten an friedenserhaltenden Maßnahmen auch im Nahen Osten aus (Deutsch-Israelische Gesellschaft 2008). Im Dezember 1994 sicherte der Europäische Rat Israel in seinem Verhältnis EU einen „privilegierten Sonderstatus" zu. Die Zusammenarbeit zwischen Israel und der EU basiert zudem seit 1995 auf einem Assoziationsabkommen, in dem die Sicherung von Menschenrechten, die Wahrung demokratischer Prinzipien und ökonomische Freiheit festgeschrieben wurden. Ebenfalls 1995 initiierte die EU mit dem Barcelona-Prozess einen institutionellen Rahmen für ihre Mittelmeerpolitik (ausführlich Schumacher 2005; Lavadi 2008). Israel, die palästinensische Autonomiebehörde und weitere am Nahost-Konflikt beteiligte Staaten nahmen als gleichberechtigte Partner teil. Der Barcelona-Prozess (offiziell: Euro-mediterrane Partnerschaft EUROMED) ist ein Konzept für den Mittelmeerraum, das auch den Friedensprozess befördern soll. Das Hauptziel ist die Errichtung einer Freihandelszone.

3.5.5 Überforderung der deutschen Diplomatie im Nahost-Konflikt

Auch die rot-grüne Bundesregierung ließ 1998 keine Zweifel aufkommen, dass Deutschland aufgrund seiner Vergangenheit eine Mitverantwortung für Existenz und Sicherheit Israels trägt. Allerdings folgte daraus, so Außenminister Fischer, auch eine Verpflichtung, für die Rechte der Palästinenser einzutreten. Unter Schmidt hatte dieser Ansatz noch Empörung in Israel ausgelöst. Kohl hatte zwar eine solche Formulierung vermieden, faktisch aber keine andere Politik praktiziert. Kanzler Schröder initiierte entsprechend im März 1999 während des deutschen EU-Ratsvorsitzes die Berliner Erklärung der Staats- und Regierungschefs, in der erstmals die Anerkennung eines palästinensischen Staates „zu gegebener Zeit" in Aussicht gestellt wurde (Weingardt 2005: 29). Am 25. April 2002, auf dem Höhepunkt der 2000 begonnenen zweiten Intifada gab Schröder aber auch ein klares Bekenntnis zu Israel ab: „Israel bekommt das, was es zur Aufrechterhaltung seiner Sicherheit braucht, und es bekommt es dann, wenn es gebraucht wird" (zitiert nach Dreßler 2005: 5). Zuvor hatte Bundespräsident Johannes Rau im Februar 2000 als erster deutscher Politiker vor der Knesset eine Rede in deutscher Sprache gehalten, was in Israel innenpolitisch umstritten war. 2000 und 2001 war Deutschland bemüht, eine bedeutsame Vermittlerrolle im Nahostkonflikt zu spielen (ausführlich Maull 2001). Dabei erwiesen sich das gute Verhältnis zur palästinensischen Führung und das gleichzeitige gegenseitige Verständnis im Verhältnis zu Israel als Vorteil. Die US-Regierung unter Bush hatte sich zuvor von ihrer aktiven Rolle beim Management im Nahen Osten zurückgezogen. Sie war „ready to assist, not insist". Das lag zum Teil auch daran, dass die US-Administration den Konflikt in seinem damaligen Stadium nicht für lösbar hielt (Krell 2006: 29). Diese US-Position änderte sich schlagartig mit den Anschlägen vom 11. September 2001, was letztendlich auch die vorübergehend herausgehobene Rolle Deutschlands im Nahostkonflikt beendete. Das Scheitern der deutschen Vermittlungsbemühungen kann der deutschen Diplomatie nicht angelastet werden. Es waren primär die politischen Rahmenbedingungen – fehlende starke Partner und Institutionen, die ein besseres Ergebnis verhinderten.

Stattdessen konnte ab April 2002 die EU ihr politisches Gewicht im Nahen Osten ausbauen, als sie im neu eingerichteten „Nahost-Quartett" (EU, USA, Russland und Generalsekretär der VN) als gleichberechtigter Partner auftrat. Dieses Quartett arbeitete 2002 und 2003 einen Plan für einen Friedensprozess aus. Die so genannte Roadmap enthält einen dreistufigen Friedensplan, bei dem sich Palästinenser und Israelis zu gleichzeitigen Schritten der Annäherung auf der Basis der VN-Resolutionen 242 und 338 verpflichtet haben (ausführlich Reinhart 2006; Wasserstein 2008). In der ersten Phase bedeutet dies für die Palästinenser beispielsweise Maßnahmen zur Unterbindung von Terror, den Aufbau demokratischer Strukturen, die Ausarbeitung einer Verfassung, die Reform des Sicherheitsapparats sowie die Abhaltung freier Wahlen. Von israelischer Seite werden gleichzeitig Erleichterungen für den Aufbau funktionierender gesellschaftlicher, staatlicher und wirtschaftlicher Strukturen sowie ein Stopp im Siedlungsbau erwartet. Die zweite Phase sieht die Schaffung eines unabhängigen palästinensischen Staates mit vorläufigen Grenzen und Merkmalen von Souveränität vor. Die dritte Phase enthält die Einigung über den endgültigen Status und die Lösung der hochgradig sensiblen Themen: Grenzen, Flüchtlinge, Siedlungen und Jerusalem.

Schon im Juli 2002 war ein deutsches Papier entwickelt worden, in dem die Ernennung eines palästinensischen Premierministers und eines internationalen Beauftragten sowie ein Drei-Stufen-Plan zur Errichtung eines demokratischen palästinensischen Staates enthalten waren. Der nur einen Monat später verfasste EU-Roadmap-Entwurf, der wiederum zur Grundlage der Roadmap des Nahost-Quartetts wurde, basierte maßgeblich auf diesem deutschen Papier. Israelis und Palästinenser haben das Dokument als verbindlich akzeptiert. Am 19. November 2003 beschloss der VN-Sicherheitsrat die Roadmap (Resolution 1515). Das Nahost-Quartett sollte die Umsetzung, zu der es bis heute nicht gekommen ist, überwachen.

Flankierend zu diesem erneuten Versuch eines Friedensprozess hatte die rot-grüne Bundesregierung die finanzielle Unterstützung für die Palästinenser innerhalb und außerhalb der EU aufgestockt. Querschüsse kamen aus der Opposition. So äußerte im Frühjahr 2002 Jürgen Möllemann Verständnis für palästinensische Selbstmordkommandos gegen Israel. Wenige Monate später setzte Möllemann, der zudem enge Kontakte zu arabischen Staaten pflegte, seine Sicht des Nahostkonflikts als Argument im nordrhein-westfälischen Bundestagswahlkampf ein. Die Kampagne löste in Deutschland eine Debatte aus, ob und inwieweit Deutsche die Politik der israelischen Regierung kritisieren dürfen.

Aber erst die Haltung der Bundesregierung zum Irak-Krieg (Kapitel 3.6.2), der in der israelischen Regierung befürwortet wurde, führte wieder zu ernsthaften Belastungen der bilateralen Beziehungen. Dabei hatte die Bundsregierung kurz vor Beginn des Irak-Krieges zunächst noch Beifall in Israel dafür erhalten, dass sie – anders als andere Staaten – in einem Akt symbolischer Politik ihre Botschaft in Tel Aviv nicht evakuieren ließ (Dreßler 2005: 7). In der Kritik stand dabei weniger Außenminister Fischer, der aufgrund seiner engagierten Vermittlungsversuche im Nahost-Konflikt viel Sympathie in Israel genoss, als vielmehr Kanzler Schröder, der zudem nachfolgend 2005 einer israelischen Einladung zum 40. Jahrestag der Aufnahme der diplomatischen Beziehungen nicht folgte. Schröder hatte in seiner siebenjährigen Amtszeit Israel nur einmal besucht. Israel und die Nahost-Politik insgesamt galten – wie zuvor bei Willy Brandt – als Domäne des Außenministers. An der Debatte um den Irak-Krieg zeigt sich anschaulich das unterschiedliche sicherheitspolitische Verständnis in Deutschland und in Israel. Während rund 75% aller Israelis 2003 den gewaltsamen Sturz von Saddam Hussein durch die USA begrüßten und als strategischen Gewinn für Israel betrachteten, kritisierte ein ungefähr ebenso großer Anteil der deutschen Bevölkerung die US-Intervention als Völkerrechtsverletzung (Kloke 2005: 14f.). Mit dem Einsatz von Gewalt als Mittel der Politik wird in Deutschland zurückhaltender umgegangen, als in Israel. Dies ist nicht zuletzt ein Ergebnis des permanenten Existenzkampfes des jüdischen Staates.

Das sicherheitspolitische Zerwürfnis zwischen dem Deutschland und den USA belastete auch die deutsch-israelischen Beziehungen. Viele Deutsche führen die Ursachen islamistischer Terroranschläge u.a. auf politische Missstände und soziale Ungerechtigkeiten in islamischen Ländern zurück. Wenn den Terroristen und ihren Milieus Hoffnung gegeben und ihre Lebenssituation verbessert werde, ließe sich der Terrorismus langfristig eindämmen. So die Logik. Vor allem einer Lösung des Nahostkonflikts wird große Bedeutung zugemessen. Völlig anders führt die Mehrheit der Israelis den Terrorismus des 21. Jahrhunderts auf religiöse und nationalistische Vorurteile sowie auf ideologische Befindlichkeiten, die sich gegen die verhasste Großmacht USA und ihren engen Verbündeten Israel richten, zurück. Dagegen ist auch militärisch entschlossen vorzugehen. Während viele Deutsche aus der Geschichte die Lehre ziehen: „Nie wieder Krieg – nie wieder Leben bedrohen" argumentieren viele Israelis umgekehrt: „„Nie wieder Opfer sein – im Notfall lieber zuerst zu den Waffen greifen" (Kloke 2005: 15). Diese unterschiedlichen Haltungen drücken den deutsch-israelischen Beziehungen bis heute einen wirkungsmächtigen Prägestempel auf.

Gleichzeitig zur Kontroverse um den Irak-Krieg gab es Hinweise, wonach EU-Fördergelder für die palästinensischen Autonomiegebiete jahrelang auch zur Finanzierung von „TV-Hass-Sendern" und Terrorbrigaden missbraucht worden waren. 2003 drohte die EU daher erstmals mit der Sperrung von Konten, die die Hamas auf europäischen Banken unterhielt. Die EU war zu diesem Zeitpunkt mit insgesamt 378 Millionen Euro Hilfsgeldern der größte internationale Geldgeber. Auf der anderen Seite drohte das EU-Parlament im Frühjahr 2004 damit, das Assoziierungsabkommen mit Israel aufzukündigen, wenn das Land mit der gezielten Tötung von palästinensischen Terroristen fortfahren würde. Im Juli 2004 unterstützten die EU-Staaten eine Resolution der VN-Generalversammlung mit der Forderung an Israel, die Sperranlagen an den Grenzen zu den Palästinensergebieten wieder abzubauen (Wolffsohn 2005).

Im Februar 2005 erklärte Bundespräsident Horst Köhler vor der Knesset in deutscher Sprache, dass die Verantwortung für die Schoa ein Teil der deutschen Identität sei und sich die Verklammerung zwischen Politik und Moral in der deutschen Israel-Politik nicht aufgelöst habe (Köhler 2005). Am 10. Mai 2005 wurde mit dem „Denkmal für die ermordeten Juden Europas" ein zentrales Holocaust-Mahnmal in Berlin eingeweiht.

Nach dem Libanon-Krieg im Sommer 2006 unterstützte Deutschland die United Nations Interim Force in Lebanon, UNIFIL (Resolution 1701). Dieser Bundeswehreinsatz ist insofern bemerkenswert, als deutsche Soldaten erstmals an einem bewaffneten Einsatz mit Israelbezug und in unmittelbarer Nähe Israels beteiligt sind. Der Einsatz ist weniger aus militärischer (der zu unterbindende Schmuggel von Waffen an die Hisbollah findet primär auf dem Landweg über Syrien, nicht auf dem Seeweg statt), als aus politischer Sicht heikel und birgt signifikante Risiken. Können deutsche Soldaten in einen Einsatz geschickt werden, der gemäß Mandat Neutralität erfordere, bei dem Israel aber erwartet, dass Deutschland im Konfliktfall Partei für Israel ergreift? Auch die neuerliche Mandatsverlängerung im September 2008 bis Dezember 2009 (also um 15 statt wie üblich 12 Monate) zeigt, dass der Bundesregierung daran gelegen war, Diskussionen um eine weitere Mandatsverlängerung aus dem Bundestagswahlkampf 2009 herauszuhalten. Das Thema wird offenbar als potentiell wahl(kampf)beeinflussend eingestuft.

Um die besondere Bedeutung der Beziehungen hervorzuheben, reiste Kanzlerin Angela Merkel 2006, 2007 und 2008 nach Israel. Ihr dritter Aufenthalt aus Anlass des 60. Jahrestages der Staatsgründung

Israels war im März 2008 mit drei Tagen ihr längster Besuch. Hierbei unterzeichneten Merkel und Olmert eine Vereinbarung zur engeren Zusammenarbeit in den Bereichen Bildung, Umwelt- und Klimaschutz, Verteidigung, außenpolitische Beziehungen sowie Wissenschaft und Forschung. Beide Seiten vereinbarten zudem jährliche Regierungskonsultationen. Zwischen Merkel und Olmert war im Februar 2008 ferner die Einrichtung von Koordinatoren für die bilateralen Beziehungen vereinbart worden. Damit sollen die Beziehungen auf eine qualitativ neue Ebene gehoben werden. Insgesamt würden die Beziehungen zwischen Deutschland und Israel dadurch stärker institutionalisiert und auf das gleiche herausgehobene Niveau angehoben, wie die Beziehungen zu Frankreich, den USA, Polen und Russland. Dies weist darauf hin, dass dem Verhältnis zu Israel auch in Zukunft ein besonderer Platz in der deutschen Außenpolitik eingeräumt werden soll.

Gesellschaft, Wirtschaft, Kultur: Neben den politischen Beziehungen hat sich auch zwischen den Zivilgesellschaften bis heute ein engmaschigen Netz von Austauschbeziehungen auf allen Ebenen entwickelt. Umfragewerte bescheinigen – bei allen tagespolitischen Schwankungen – ein entspanntes Verhältnis zwischen den Gesellschaften (Wolffsohn/Brechenmacher 2007: 517ff.). Zudem wurde durch Städte- und Kreispartnerschaften, Bildungsreisen, Kultur-, Jugend- und Schüleraustauschprogramme sowie vielfältige wissenschaftliche Kooperationen ein engmaschiges Geflecht zwischen den Gesellschaften aufgebaut.

Auch durch die Wirtschaft sind beide Staaten aufs Engste miteinander verflochten. Deutschland ist heute – nach den USA – Israels zweitwichtigster Handelspartner. Zusätzliche Impulse erhält der Wirtschaftsaustausch durch eine aktive wissenschaftlich-technische Kooperation. Israel ist heute als Hightech-Standort ein wichtiges Ziel für Venture Capital (Auswärtiges Amt 2008c). Die Zusammenarbeit in Wissenschaft und Forschung ist auch deswegen bemerkenswert, weil Israel als Land ohne signifikante Bodenschätze eine der weltweit höchsten Akademikerraten mit hohem Ausbildungsstandard aufweist. Zudem besteht zwischen den Gewerkschaftsverbänden DGB und Histadrut ein Partnerschaftsvertrag. Neben den Goethe-Instituten in Tel Aviv und Jerusalem, an denen Deutschkurse sich steigender Nachfrage erfreuen, sind DAAD-Lektoren und -Dozenten in Israel genauso tätig, wie Kirchen, politische und private Stiftungen.

3.5.6 Rahmenbedingungen für die Zukunft der Sonderbeziehungen

Das Sonderverhältnis zu Israel hat einen festen Platz in der deutschen Außenpolitik. Die deutsch-israelischen Beziehungen verlaufen vor der Hintergrundfolie gemeinsamer europäischer Wurzeln und einer engen Verflochtenheit von Judentum und Christentum. Sie sind aufgrund des Massenmords an sechs Millionen Juden während der Zeit des Nationalsozialismus einzigartig. Deutschland und Israel teilen eine gemeinsame Geschichte. Sie sind nicht mit anderen bilateralen Beziehungen vergleichbar und bis heute vielschichtig und kompliziert.

Die gesicherte Existenz Israels als jüdischem Staat und das Recht seiner Bürger, in Frieden und Sicherheit leben zu können, ist Teil der parteiübergreifenden deutschen Staatsräson. Da Israel sich vom Tag der Staatsgründung an im Existenzkampf befand, sind derartige Bekenntnisse zu keinem Zeitpunkt belanglose Floskeln gewesen. Deutschland hatte zudem bereits in den 1950er Jahren bei der wirtschaftlichen Festigung des jüdischen Staates keine unbedeutende Rolle gespielt. Zu diesem Bekenntnis gehören auch Lieferungen von Rüstungsgütern. Rüstungsverkäufe an Israel stehen dabei stets in einem Spannungsbogen zwischen der Verpflichtung zur umfassenden Unterstützung der Existenz Israels und dem Prinzip, keine Waffen in Spannungsgebiete zu liefern. Dies machte Außenminister Joschka Fischer am 24. Januar 2005 vor den VN anlässlich des 60. Jahrestages der Befreiung der NS-Konzentrationslager noch einmal deutlich:

> „Die deutsch-israelischen Beziehungen werden für uns immer einen besonderen Charakter haben. Das Existenzrecht des Staates Israel und die Sicherheit seiner Bürgerinnen und Bürger wird immer unverhandelbare Grundposition deutscher Außenpolitik bleiben. Darauf wird sich Israel stets verlassen können" (Fischer 2005).

Seit der Aufnahme diplomatischer Beziehungen am 12.5.1965 haben sich die Beziehungen sowohl auf der offiziellen politischen Ebene – bei allen Konflikten und Rückschlägen – als auch auf den wirtschaftlichen und zivilgesellschaftlichen Ebenen intensiviert und vertieft. In einer interdependenten Welt sind zwischenstaatliche Beziehungen aber nur selten ausschließlich bilateral, sondern häufig eng mit anderen Entwicklungen in den internationalen Beziehungen verwoben. Ohne sie wäre ein Ausblick auf das künftige deutsch-israelische Verhältnis weder vollständig, noch möglich. Die deutsche Isra-

el-Politik ist in unterschiedliche Kontexte eingebettet, die die
Beziehungen zwischen beiden Staaten wirkungsmächtig beeinflussen. Hervorzuheben sind:

– Rolle des Nahost-Konflikts
– Rolle der USA
– Rolle der EU

Rolle des Nahost-Konflikts

Im Nahostkonflikt geht es wesentlich um Fragen von Territorium,
Souveränität und Macht zwischen Israel, den Palästinensern und den
arabischen Nachbarstaaten, in dem beide Seiten ihre Ansprüche auch
religiös bzw. ethnisch legitimieren und überhöhen. Dieser Konflikt
ist – zusammen mit dem Hegemonialkonflikt am Golf – das Kernstück einer regionalen Konfliktformation im Nahen und Mittleren
Osten (ausführlich Johannsen 2009).

Die deutsche Politik befand sich in diesem israelisch-arabischen
Konflikt von Anfang an in einem diplomatischen Dilemma. Auf der
einen Seite stand der Staat Israel, zu dem man eine moralische Verpflichtung hat. Auf der anderen Seite die arabischen Staaten, zu
denen traditionell gute Beziehungen bestehen. Zunächst wurde dieser Konflikt primär als Widerstreit zwischen Israel und den arabischen Staaten, die Israel als Fremdkörper in ihrer Region empfinden,
perzipiert. Die vier Kriege zwischen Israel und seinen arabischen
Staaten von 1948/49, 1956, 1967 und 1973 untermauern diese Wahrnehmung. Erst in den 1970er Jahren drang die israelisch-palästinen-
sische Facette, u.a. durch palästinensische Flugzeugentführungen
und Terroranschläge wie 1972 in München, stärker in das Bewusstsein der deutschen Politik. Heute ist der Konflikt durch Akteure wie
Hamas und Hisbollah komplexer geworden (ausführlich Croitoru
2007).

Die deutsche Israel-Politik im Nahostkonflikt wurde seit den
1970er Jahren stärker, aber nicht ausschließlich, auf die europäische
Ebene gehoben und damit multilateralisiert. Die EU sorgte durch ihre
Beschlüsse für Spannungen auch in den deutsch-israelischen Beziehungen, da sich Deutschland nicht selten dem Vorwurf ausgesetzt
sah, sich zu wenig für die Belange Israels eingesetzt zu haben. Dabei
kann Deutschland zu recht darauf verweisen, in der EU wie auch in
den VN gegen alle Formen von Anti-Semitismus, Rassismus und
Fremdenfeindlichkeit deutlich sichtbar vorzugehen (Kapitel 3.7).

Viele von arabischen Staaten in den VN eingebrachte Resolutionen gegen die israelische Politik fanden keine Zustimmung der Bundesregierung.

Grundsätzlich läuft deutsche Außenpolitik bei jeder Positionierung Gefahr, entweder die Israelis oder die Palästinenser und die arabischen Staaten zu verärgern. Hin- und hergerissen zwischen moralischen Verpflichtungen sowie angetrieben von wirtschaftlichen Motiven und strategischen Interessen im Nahen Osten unternahmen alle Bundesregierungen diese diplomatische Gratwanderung. Diese gelang nicht immer überzeugend. Aber Deutschland ist bei seinem Engagement für den Frieden im Nahen Osten stets gut beraten gewesen, sich der Sensibilität des Themas „Israelkritik und Antisemitismus" bewusst zu sein und darauf zu achten, dass kritische Kommentare zum Verhalten der israelischen Regierung im Nahostkonflikt nicht zu einer Vermischung mit antijüdischen Klischees führen.

Der Frieden im Nahen Osten ist primär mit politischen, nicht mit militärischen Mitteln erfolgreich zu stiften. Das Ziel kann zunächst nur eine friedliche, regelgeleitete und kooperative Bearbeitung sein, die im Sinne eines „Nahost-Regimes" multilateral einzubetten ist (ausführlich Perthes 2004). Eine Beendigung oder vollständige Lösung des Konflikts ist hingegen nicht wahrscheinlich, da die Interessenunterschiede immens bleiben werden. Aber selbst ein effektives Nahost-Regime ist trotz Nahost-Quartett derzeit nicht absehbar. Dazu fehlt es in der Region an Sicherheitsstrukturen und Konfliktlösungsmechanismen, die geeignet wären, alle Parteien an den Verhandlungstisch zu bringen (Asseburg 2009: 446). Wird an diesen Stellschrauben nicht angesetzt, bleiben alle Bemühungen wenig aussichtsreich.

Rolle der USA

Der Nahost-Konflikt spielt traditionell eine Schlüsselrolle auf der außenpolitischen Agenda einer US-Administration. Dies ist auch unter Präsident Obama der Fall. Die Politik der USA im Nahen Osten und gegenüber Israel (ausführlich Krell 2004; Chomsky 2003, Hubel 2001) hat auch erheblichen Einfluss auf die Gestaltung der deutsch-israelischen Beziehungen.

Nach dem 2. Weltkrieg und der Proklamation des Staates Israels wurden die USA zum stärksten Verbündeten. Umgekehrt wurde Israel zum amerikanischen Hauptverbündeten in der Region. Israel entwickelte sich zu einer stabilen, westlich orientierten Demokratie und zu einem verlässlichen, loyalen Partner der USA. Israel ist der größte Empfänger von US-Militär- und Wirtschaftshilfe. Es ist auch (bisher) das einzige Land der Region, welches über Kernwaffen verfügt. In den VN erfährt das bereits im Mai 1949 beigetretene Israel zuverlässige Unterstützung von den USA (ausführlich Niklas 2004). In der Amtszeit von Ronald Reagan wurden die israelisch-amerikanischen Beziehungen explizit als strategische Kooperation bezeichnet. Seit den 1990er Jahren bleibt die Unterstützung Israels durch Washington ungebrochen, spielt sich aber vor einem anderen Problemhintergrund ab. Die Rolle Israels für die USA hat sich verändert. Ein aggressiver Iran, islamistische Bewegungen und die Bekämpfung des transnationalen Terrorismus sind in den Vordergrund gerückt.

Zu den Gründen der großen Unterstützung Israels durch die USA gehört auch der wirkungsmächtige Einfluss pro-israelischer Interessengruppen auf die US-Außenpolitik (ausführlich Neersö 2004). Die Stärke dieser Lobby basiert u.a darauf, dass in den USA über 6 Millionen Juden leben (etwa so viele, wie in Israel). Zudem sind jüdische Amerikaner statistisch überdurchschnittlich hoch gebildet, verfügen über hohe Einkommen und sind politisch engagiert. Auch im Kongress sind jüdische Amerikaner überproportional vertreten. Die wichtigste pro-israelische Interessenvertretung in Washington ist das American Israel Public Affairs Committee (AIPAC), die Conference of Presidents of Major American Jewish Organizations, ein Dachverband von mehr als 50 jüdischen Organisationen, und die PACs (Political Action Committees). Hierbei handelt es sich um Interessengruppen, die durch Wahlkampfspenden von bis zu 10.000 US-Dollar Kandidaten gezielt unterstützen. Schätzungen zufolge sind etwa 50-70 pro-israelische PACs aktiv. Durch diese Institutionen besitzt die pro-israelische Lobby insofern quasi ein Meinungsbildungsmonopol in der Nahost-Politik, da es kein ansatzweise vergleichbares arabisches Gegenstück gibt. Wenn auch ihr genauer Einfluss schwer messbar ist und kausale Zusammenhänge nicht immer klar herausgearbeitet werden können, so tritt im Ergebnis der Kongress regelmäßig zugunsten israelischer Vorhaben ein.

Daher sind Auseinandersetzungen wie zwischen der Obama-Administration mit ihrem Nahost-Gesandten George Mitchell und der israelischen Regierung unter Ministerpräsident Netanjahu und die daraus entstandene ungewohnte Distanz zwischen beiden Staaten keine hilfreichen Entwicklungen für Fortschritte bei der Konfliktbearbeitung. Während die israelische Regierung von der Zwei-Staaten-Lösung abzuweichen scheint, machen die USA eine Unterstützung Israels im Kampf gegen das iranische Kernwaffenprogramm von der

Räumung israelischer Siedlungen im Westjordanland abhängig (Mertins 2009). Letztlich sind die USA ein notwendiger, allein aber nicht hinreichender Player in der Region. Sie können trotz ihrer überlegenen Einflussmöglichkeiten nicht allein die Konfliktparteien zu einem nachhaltigen Friedensprozess bewegen. In diesem Sinne weist das multilaterale Nahost-Quartett in die richtige Richtung.

Rolle der EU

Nach Gründung der Bundesrepublik übten die Westmächte keinerlei Druck auf die Bundesregierung aus, das Verhältnis mit Israel zu klären. Lediglich in der Reparationsfrage bestanden die Alliierten auf direkten Verhandlungen zwischen der Bundesrepublik und dem jüdischem Staat. Eine Vermittlerrolle lehnten sie aber ab. In der EU unterstützte Deutschland stets die Einbindung Israels in die europäische Assoziationspolitik. Die Beziehungen zwischen der EU und Israel (ausführlich Matern 1997; Primor 2000; Boehnke 2003) besaßen lange Zeit einen vornehmlich wirtschaftlichen Charakter. Seit 1992 besitzt Israel fast die gleichen ökonomischen Rechte und Pflichten wie die EU-Mitgliedsstaaten. Seit Juni 2000 ist Israel über ein Assoziierungsabkommen wirtschaftlich noch enger mit der EU verbunden.

Die deutsch-israelischen politischen Beziehungen sind spätestens mit der Einrichtung der EPZ in den 1970er Jahren mit den europäisch-israelischen Beziehungen verknüpft. Die Fortführung des europäischen Integrationsprozesses bot der Bundesrepublik die Möglichkeit, ihre nationale Israel-Politik zum Teil auf die europäische Ebene zu verlagern. Die verschiedenen Erklärungen zu Gunsten der Palästinenser führten aber zunächst zu einer starken israelischen Ablehnung der europäischen Bemühungen im Nahen Osten. Erst mit den Osloer Friedensgesprächen konnte die EU hier wieder politisch aktiver werden. Seit 2002 tritt die EU im Nahost-Quartett neben den VN, Russland und den USA als gleichwertiger Partner auf.

Für Israel besitzt die Partnerschaft mit der EU mehrere Aspekte. Dazu gehören auch die Beziehungen zu Deutschland: „Deutschland muss europäisch werden, damit Europa nicht deutsch wird" – auf diese Formel hat der frühere israelische Botschafter Avi Primor israelische Erwartungen gebracht (zitiert in Kloke 2005: 19). Seit einer Initiative von Außenminister Benjamin Netanjahu 2002 mehren sich selbst in politisch konservativen Kreisen Israels Stimmen, die einen EU-Beitritt in Betracht ziehen. Der EU-Botschafter in Israel Uzal schloss im Januar 2005 nicht mehr aus, dass Israel in Zukunft der EU als Vollmitglied beitreten kann (Kloke 2005: 19). Tatsächlich scheint ein EU-Beitritt Israels zwar noch in weiter Ferne, aber durchaus möglich zu sein.

3.5.7 Abschlussbemerkungen

Deutschland hat gegenüber Israel Verantwortung in der Vergangenheit, Gegenwart und in der Zukunft. Es wurde gezeigt, wie sehr die Geschichte die Beziehungen Deutschlands zu Israel prägt. Dies wird auch in der Zukunft der Fall sein. Dabei finden die Beziehungen nicht in einem Vakuum statt. Der Nahostkonflikt, die Rolle der USA und die EU sind drei maßgebliche Einflussfaktoren für die deutsche Außenpolitik gegenüber Israel.

Wenn auch die frühe Mahnung des israelischen Staatsgründer Ben Gurion, Israel dürfe den Holocaust nicht instrumentalisieren, um handfeste politische Interessen gegenüber der Bundesrepublik durchzusetzen (Wolffsohn/Brechenmacher 2007: 506), nicht immer die volle Berücksichtigung fand, und die Israel- und Nahostpolitik der Bundesregierung für die israelische Regierung und Bevölkerung nicht immer akzeptabel war, so verstanden es beiden Seiten doch stets, entstandene Spannungen letztlich abzubauen. Die deutsch-israelischen Beziehungen haben bei aller Sensibilität so schon häufig ein gewisses Maß an Belastbarkeit bewiesen. Wenn sich auch die deutsche Israel-Politik heute insgesamt betrachtet in ruhigerem Fahrwasser befindet, so wird sie auch in Zukunft nicht vor größeren Schwankungen gefeit sein. So hat bisher noch kein Ministerpräsident der konservativen Likud-Partei Deutschland offiziell besucht. Bei kritischen Anmerkungen zur Politik einer israelischen Regierung wird stets gleichzeitig reflexartig festgestellt, dass dies keine Kritik am Staat Israel, seiner Bevölkerung oder den Juden bedeutet. Dennoch muss damit gerechnet werden, dass immer auch die Legitimität deutscher Kritik hinterfragt wird. Deutsche Politik gegenüber Israel – ob bilateral oder multilateral eingebettet – wird auch künftig auf ihre political correctness in Tat und Wort überprüft werden. Auch wenn sich die kollektive Erinnerung an den Holocaust in Deutschland wie in Israel in den vergangenen sechs Dekaden stark gewandelt hat (ausführlich Bar-On 2005), so sind doch eine einzige unbedachte Formulierung oder ein unglücklich gewählter historischer Vergleich nach wie vor in der Lage, das bisher mühsam Erreichte zu erschüttern, denn die Shoah bleibt im israelischen Bewusstsein präsent. Dies bedeutet aber nicht, dass jedes politische oder militärische Handeln einer israelischen Regierung Immunität vor Kritik aus Deutschland genießt. Eine Beschreibung der deutsch-israelischen Beziehungen von Avi Primor hat nach wie vor Gültigkeit:

> „Ich habe schon längst die Beziehungen zwischen Deutschland und Israel als eine Geschichte der Wunde und der Narbe beschrieben. Das heißt, unsere Beziehungen in der Nachkriegszeit haben sehr schwierig begonnen, wenn überhaupt und beruhten auf einer offenen Wunde. Diese Wunde hat sich mit der Zeit vollkommen vernarbt. Es gibt keine Wunde mehr. Aber eine Narbe ist ja auch empfindlich. Wenn sie sich mal am Körper kratzen und eine Narbe treffen, dann schmerzt es. Also, es ist eine gewisse Empfindlichkeit bestehen geblieben. Die Freundschaft ist echt, die ist sehr tief greifend. Die Zusammenarbeit ist wichtiger als mit irgendeinem anderen Land in der Welt außer den Vereinigten Staaten. Eine bestimmte Empfindlichkeit ist noch bestehen geblieben. Die braucht Zeit, die braucht schlicht und einfach Zeit. Nicht weil man die Deutschen heute mit irgendwas beschuldigt, keiner spricht mehr von Schuld, aber man kann die Vergangenheit nicht vergessen, man wird sie auch nicht vergessen" (Primor 2005).

Dabei trägt Deutschland nach wie vor Verantwortung sich selbst gegenüber und gegenüber seinem kollektiven Gedächtnis (Oz 2005: 39). Aus diesem Grunde sind auch alle Schlussstrich- und Normalisierungsdebatten nicht hilfreich, denn die bilateralen Beziehungen können auch in Zukunft nicht normal im Sinne von gewöhnlich, üblich oder durchschnittlich sein. Amos Oz, Friedenspreisträger des deutschen Buchhandels, hat die Unsinnigkeit solcher Debatten treffend beschrieben:

> „Der Alltag Deutschlands, zumindest nach dem Fall der Mauer, ist ein normaler westeuropäischer Alltag. Jene, deren Eltern in Europa ermordet oder gezwungen worden sind, in äußerster Not von dort zu fliehen, tragen noch die Narben des Mordes und müssen weiterhin mit den Folgen und mit den Folgen seiner Folgen kämpfen. Eine ungeheuere Kluft tut sich also auf zwischen der Situation, in der die Nachkommen der Mörder sind, und der, in der sich die Nachkommen der Ermordeten befinden. Auch wegen dieser Kluft hat es keinen Sinn, von einer Normalisierung zu sprechen" (Oz 2005: 54).

Perspektivisch stehen die Beziehungen insofern vor großen Aufgaben, als die Bundesregierung eine stärkere Rolle im Nahost-Friedensprozess anstrebt. Auch die neue schwarz-gelbe Bundesregierung unterstützt das Zwei-Staaten-Modell und die Arbeit des Nahost-Quartetts (Koalitionsvertrag 2009: 113). Ob und inwieweit das Bekenntnis zur

Gewährleistung der Sicherheit Israels als Teil der deutschen Staatsräson im Ernstfall tatsächlich zum Tragen kommen würde, ist schwer prognostizierbar. Die derzeitige Beteiligung der deutschen Marine am UNIFIL-Einsatz vor der Küste Libanons ist dafür noch kein geeigneter Lackmustest. Die keinesfalls nur abstrakten Drohungen des iranischen Staatschefs Ahmadinedschad gegen Israel zeigen, dass durchaus Szenarien denkbar sind, in denen Deutschland seinen Bekenntnissen zur Existenzsicherung Israels Taten folgen lassen müsste. Zugespitzt lässt sich fragen: Sollte in Zukunft Israels Existenz (militärisch) bedroht sein, stehen dann (auch) deutsche Soldaten für die Sicherheit Israels an der Front? Auf derartige Fragen sind von außenpolitischen Entscheidungsträgern keine klaren Antworten zu erwarten, da Politiker sich grundsätzlich ungern zu hypothetischen Fragestellungen – zumal wenn sie ein derart großes Maß an Sensibilität aufweisen – äußern.

Literatur

Hansen, Niels 2002: Aus dem Schatten der Katastrophe. Die deutsch-israelischen Beziehungen in der Ära Konrad Adenauer und David Ben Gurion, Düsseldorf.

Jelinek, Yeshayahu A. 2004: Deutschland und Israel 1945-1965. Ein neurotisches Verhältnis, R. Oldenbourg, München.

Mertens, Lothar 2006: Deutschland und Israel, Berlin.

Primor, Avi 1997: „... mit Ausnahme Deutschlands". Als Botschafter Israels in Bonn, Ullstein-Verlag, Berlin.

Weingardt, Markus A. 2002: Deutsche Israel- und Nahost-Politik. Die Geschichte einer Gratwanderung seit 1949, Campus Verlag, Frankfurt am Main.

3.6 Multilateralismus

Multilateralismus ist kein eigenes abgrenzbares Politikfeld, sondern beschreibt eine Methode, Außenpolitik zu betreiben, bei der ein Kooperationsmodus im Vordergrund steht, der über den bilateralen Rahmen hinausreicht. Der außenpolitische Grundsatz des Multilateralismus liegt daher quer zu anderen Politikfeldern. Eine Analyse muss entsprechend auf unterschiedliche Politikfelder ausgedehnt werden.

Die Ausgangsbeobachtung ist: „Deutschland ist aufgrund seiner Geschichte, seiner politischen Geographie und seiner Interessenlage [...] mehr als viele andere Staaten auf die Einbindung in wirksame internationale Organisationen angewiesen" (Varwick 2005: 188). In diesem Sinne erscheint es nicht verwunderlich, dass der Handelsstaat Deutschland (Kapitel 3.4) seine Außenpolitik stark multilateral einbettet. Der multilaterale Referenzrahmen wird dabei maßgeblich durch die EU (Kapitel 3.1.3), die NATO (Kapitel 3.1.4) und das System der VN (Kapitel 3.6.2) geprägt. Multilaterale Zusammenschlüsse unterscheiden sich nicht nur durch ihre Themen und Ziele, sondern auch durch ihre Strukturen und Zusammensetzung. Diese Unterschiede reichen von – potentieller – Universalität (z.B. VN, WTO), über geographische Begrenztheit (z.B. EU, Europarat) bis zu Exklusivität (z.B. G-8; Nahost-Quartett). Auch der Grad der Institutionalisierung kann sehr unterschiedlich ausfallen. So kann es sich um auf Dauer angelegte formalisierte Kooperationsstrukturen handeln (z. B. EU) oder es sind informell agierende Einrichtungen (z.B. G-8), die sich unter Umständen nach Zielerreichung wieder auflösen können (z.B. potentiell das Nahost-Quartett).

In diesem Kapitel erfolgt zunächst eine notwendige definitorische Annäherung an den Begriff des Multilateralismus. Multilateralismus wird dann in Beziehung zu den Begriffen Legitimität und Effektivität/ Effizienz gesetzt. Anschließend wird der Multilateralismus in der deutschen Außenpolitik anhand von drei Fallbeispielen erörtert. Die Frage ist dabei nicht, ob auch das vereinte Deutschland (immer noch) multilateral agiert oder nicht, sondern welche spezifischen Ausprägungen der Multilateralismus heute annimmt und warum es zu diesen Entwicklungen gekommen ist.

3.6.1 Begriffe im Spannungsverhältnis: Multilateralismus, Legitimität und Effizienz/Effektivität

Wenn Multilateralismus also vielfach als stabiler Grundsatz der deutschen Außenpolitik anerkannt ist, sollte zunächst erörtert werden, welches Begriffsverständnis zugrunde liegt. Multilateralismus ist zunächst einmal eine Bevorzugung kooperativen außenpolitischen Verhaltens einerseits und eine Abneigung gegenüber dem Uni- und Bilateralismus andererseits. In diesem Sinne spiegelt Multilateralismus eine Grundhaltung wieder. Auch wenn man über den analytischen Wert der Abgrenzung der Begriffe Uni-, Bi- und Multilateralismus streiten kann – warum differenziert man z.B. nicht auch noch trilateral oder quatrilateral –, so lassen sich zunächst einmal eine quantitative und eine qualitative Komponente unterscheiden (Baumann 2006: 443ff.). So folgt eine Definition von Robert O. Keohane einem primär quantitativen Verständnis, wenn er Multilateralismus definiert als

> „[…] the practice of coordinating national policies in groups of three and more states" (Keohane 1990: 731).

Ergänzt wird dieses Begriffsverständnis oft um die qualitativen Elemente der Nicht-Diskriminierung und Unteilbarkeit. Als außenpolitischer Grundsatz macht Multilateralismus keine Aussage über die Motive der Staaten. Diese können durchaus ein hohes Maß an Eigennutzorientierung aufweisen und nationale Interessen verfolgen (Kapitel 3.8.1). Der Bezugspunkt ist vielmehr die Art der Interaktion. Multilateralismus ist demnach

> „ein Konzept der Koordination zwischen zumindest drei Staaten […], bei dem die Koordination auf der Basis von Prinzipien der Unteilbarkeit und Nicht-Diskriminierung erfolgt" (Baumann 2006: 445).

Dieses Verständnis von Multilateralismus ist allerdings auf der Analyseebene des Systems anzusiedeln, um es auch für die Außenpolitikanalyse zugänglich zu machen. Daher ist ein Perspektivwechsel notwendig. In diesem Sinne ist Multilateralismus

> „die Bereitschaft eines Staates, sich bewusst in internationale Institutionen einzubinden, um dort eine kooperative Problembearbeitung mit anderen Staaten anzustreben, die den Grundsätzen von Unteilbarkeit und Nicht-Diskriminierung folgen" (Baumann 2006: 445).

Multilateralismus ist ein fester Bestandteil des außenpolitischen Rollenverhalten Deutschlands als Zivilmacht (Kapitel 3.8.2). Eine Außenpolitik nach dem Grundsatz des Multilateralismus zu gestalten ist zwar intuitiv positiv konnotiert, aber dennoch begründungspflichtig. Multilateralismus wird daher typischerweise von zwei Konzepten begleitet, die eine multilateral betriebene Außenpolitik zwar einerseits begründbar machen, sie andererseits aber auch in ein Spannungsverhältnis zu diesen beiden anderen Konzepten setzten: Legitimität und Effizienz/Effektivität.

Multilateralismus ist immer auch ein Versuch, zwischen nationalen Interessen einen Ausgleich zu schaffen, um sie zu einem gemeinsamen politischen Willen zu bündeln und auf diese Weise nicht nur Ressourcen zu poolen, sondern dabei auch Legitimität aufzubauen. Legitimer Multilateralismus, der nur um seiner selbst Willen praktiziert wird, kann aber nicht der stets anzustrebende Konfliktbearbeitungsmodus sein. Als weiteres Konzept tritt daher die Effizienz bzw. Effektivität. Sinnvoller Multilateralismus ist auf Effektivität und Effizienz angewiesen. Multilateralismus ohne ein gewisses Maß an Effektivität und Effizienz hilft bei der internationalen Konfliktbearbeitung nicht weiter. Ein effektiver Multilateralismus ist dabei stets zwingend auf ein ausreichendes Maß an Legitimität angewiesen (Krings 2008: 41). Allerdings sind international Institutionen wie die VN oder die EU, die ein hohes Maß an Legitimität aufweisen, häufig wenig effektiv und effizient. Gründe für hohe Legitimität und niedrige Effektivität/ Effizienz sind oft jeweils dieselben: Umfassende Mitgliedschaft und konsensorientierte Verfahrensregeln. Ein Multilateralismus, der gleichzeitig ein hohes Maß an Legitimität und Effektivität/Effizienz aufbauen will, gerät damit in ein Spannungsverhältnis.

Insofern ist es bezeichnend, dass in der außenpolitischen Rhetorik deutscher Entscheidungsträger der Begriff des effizienten Multilateralismus (leistungsfähig und wirtschaftlich im Sinne einer Kosten-Nutzen-Analyse) und auch effektiven Multilateralismus (wirkungsvoll im Sinne der Zielerreichung) seit einigen Jahren Konjunktur hat. Auch in der Koalitionsvereinbarung 2005 fehlen solche Hinweise nicht: „Wir wollen einen effektiven Multilateralismus, bei dem die internationalen Organisationen zum Zuge kommen, die für die Lösung eines konkreten Problems am besten geeignet sind" (Koalitionsvertrag 2005: 158). Außenminister Steinmeier erklärte entsprechend anlässlich der Unterzeichnung einer gemeinsamen Erklärung von VN und EU zur Zusammenarbeit im internationalen Krisenmanagement im Juni 2007, dass beide Organisationen gemeinsam mit Nachdruck für einen effizienten Multilateralismus arbeiten wollen (Auswärtiges Amt 2008d). Der Koalitionsvertrag von 2009 spricht von „wirksamen multilateralen Strukturen" (Koalitionsvertrag 2009: 105). Diese Beispiele spiegeln eine Haltung wieder, dass multilaterale Konfliktbearbeitung insbesondere dann angestrebt wird, wenn sie ein gewisses Maß an Effizienz verspricht. Hierbei baut sich ein Spannungsbogen zwischen Effizienz und Legitimität auf. Horizontale Kommunikation und Koordination als Prozess unter vielen Akteuren birgt aufgrund der Vielzahl der auszugleichenden Interessen eher die Gefahr, dass Verhandlungen sich lange hinziehen oder scheitern, als dies bei Verhandlungsprozessen mit weniger teilnehmenden Akteuren der Fall ist. Dieser Gefahr kann – sofern es die konkrete Verhandlungssituation zulässt – durch Koalitionsbildung oder Paketlösungen entgegengewirkt werden.

Multilateralismus ist aus außenpolitischer Perspektive beispielsweise dann effektiv, wenn auf internationalem Parkett ein „win-set" erzielt werden kann, dem die relevanten innenpolitischen Akteure zustimmen und es zur Ratifikation kommt. Das „win-set" ist ein Begriff aus der Zwei-Ebenen-Literatur (ausführlich Putnam 1988). Dort spielen Entscheidungsträger als Verhandler ein kontinuierliches und simultanes Spiel auf zwei Ebenen (internationale Verhandlungsebene/innerstaatliche Ebene). Ein „win set" ist definiert als die Menge aller internationalen Kooperationsvereinbarungen, die in den beteiligten Staaten innenpolitisch ratifizierungsfähig sind. Zu den Faktoren, die das innerstaatliche „win set" bedingen, mit dem die Entscheidungsträger in den internationalen Verhandlungsprozess gehen, gehören die Ausprägung und Verteilung außenpolitischer Präferenzen im innerstaatlichen Prozess, strategisches Regierungshandeln zur Gestaltung innenpolitischer Handlungsspielräume (Weitung bzw. Verengung) oder die institutionellen Regeln der innerstaatlichen Ratifikation. Auf internationaler Ebene beeinflussen u.a. die Machtverteilung, mögliche Koalitionen unter den Staaten oder die Entscheidungsverfahren der internationalen Institution Größe und Lage des „win sets". Hinzu kommen Rückwirkungen der internationalen Ebene auf den innerstaatlichen Prozess. Die Entscheidungsträger werden also auf beiden Ebenen mit unterschiedlichen Anforderungen konfrontiert. Die Größe des „win-sets" ist relevant, denn je größer das „win-set", desto wahrscheinlicher kommt ein Ergebnis zustande. Verhandlungsrunden mit weniger Akteuren produzieren zwar nicht per se größere „win sets". Allerdings ist es wahrscheinlicher, dass kleinere Gremien ein größeres Maß an Effektivität aufweisen. Sie sind effektiver, aber gleichzeitig tendenziell aufgrund mangelnder Repräsentativität mit geringerer Legitimität ausgestattet. Ob sich mit Effektivitätsnachweisen von Institutionen wie G-8 auch – trotz mangelnder Repräsentativität – Legitimitätszuwächse erzielen lassen und damit entsprechende Legitimitätsdefizite kompensiert werden können, ist diskutabel. Rein aus der Effektivitäts-Perspektive wäre aber z.B. allen Reformvorschläge für den Sicherheitsrat (Kapitel 3.6.2), die auf eine Aufstockung abzielen, erst einmal mit einer Grundskepsis zu begegnen.

Ein weiteres potentiell die Effektivität begrenzendes Phänomen ist, das sich aufgrund der mittlerweile zahlreichen bestehenden – strukturell völlig unterschiedlichen – multilateralen Zusammenschlüsse die Mandate und Aufgaben teilweise überschneiden oder gar zueinander in Konkurrenz stehen. Francis Fukuyama nennt dies

„Multi-Multilateralism" (Fukuyama 2006). So besteht die Gefahr, dass sich ein multilateral eingebettetes Land wie Deutschland in einer Situation wiederfindet, in der multilaterale Partner eine Institution gegen eine andere ausspielen wollen bzw. sie gegen diese in Stellung bringen wollen. So z.B. wenn Frankreich die GASP/ESVP nicht als Ergänzung der NATO oder starker Pfeiler innerhalb der NATO betrachtet, sondern auch Abkopplungs- oder gar Gegenmachtbildungsvisionen entwickelt (Kapitel 3.1.3). Hier wäre die Effektivität multilateraler Institutionen durch gegenseitiges Konkurrenzverhalten beeinträchtigt. Multi-Multilateralism kann also zu Effektivitätsverlusten führen.

3.6.2 Wie multilateral ist die Außenpolitik des vereinten Deutschlands?

Rückblickend war die von Konrad Adenauer begonnene Politik der multilateralen Einbindung aufgrund des engen außenpolitischen Handlungskorridors der Bundesrepublik dann alternativlos, wenn man versuchen wollte, wieder ein respektiertes Mitglied der Staatengemeinschaft zu werden und so sukzessive den außenpolitischen Handlungsspielraum auszuweiten. Insofern verzichtete die Regierung Adenauer auf etwas, was sie in dieser Form formal und faktisch gar nicht besaß, um genau das allmählich zu erhalten; nämlich größere außenpolitische Souveränität und Handlungsspielräume. Die Chancen dieser Richtungsentscheidung überwogen also eindeutig die Risiken. Der alten Bundesrepublik gelang es in den folgenden Jahrzehnten, in diesen multilateralen Kontexten ihren Einfluss geltend zu machen und ihre Interessen zu verfolgen.

Wenn auch kontrafaktisches Argumentieren an dieser Stelle nicht unproblematisch ist, so ist doch anzunehmen, dass ein stärker ausgeprägter neorealistischer Kurs mit größerem Machtstreben nicht nur weniger hilfreich, sondern unmöglich gewesen wäre. Der dann in den 1980er Jahren erhobene Vorwurf der Machtvergessenheit suggeriert, dass die Bundesrepublik ihre Außenpolitik aufgrund gewonnener Handlungsspielräume deutlicher gemäß machtpolitischer Maßstäbe hätte auszurichten sollen (ausführlich Schwarz 1985). Das hätte u.a. eine weniger multilateral ausgerichtete Außenpolitik bedeuten können.

Neorealistische Prognosen nach dem Ende des Ost-West-Konflikts (Kapitel 1.3.1) skizzierten tatsächlich ein Szenario, nach dem sich das vereinte Deutschland die Vormachtstellung der USA in der NATO nicht mehr gefallen lassen, mehr Autonomie anstreben und sich eigene Kernwaffen zulegen würde. Mithin wurde eine Abkehr vom Grundsatz des Multilateralismus vorhergesagt (Baumann 2007: 448). Diese Prognosen sind auch nach 20 Jahren seit dem Mauerfall nicht eingetreten.

Wenn dem Grundsatz des Multilateralismus auch nach der Herstellung der deutschen Einheit weitgehende Kontinuität attestiert wird, so bleibt dennoch zu fragen, ob und inwieweit die Art und Weise der multilateral betriebenen Außenpolitik tatsächlich unverändert geblieben oder ob es zu Verschiebungen gekommen ist. Dieser Frage soll im Folgenden anhand von drei Beispielen nachgegangen werden, bei denen jeweils auf den ersten Blick der Grundsatz des Multilateralismus in Bedrängnis geraten ist:

- Fall 1: Die Anerkennung Sloweniens und Kroatiens
- Fall 2: Der Irak-Konflikt 2002/2003
- Fall 3: Deutschland und der ständige Sitz im Sicherheitsrat

Fall 1 Die Anerkennung Sloweniens und Kroatiens

Schon fühlten sich die Neorealisten bestätigt, als die Bundesrepublik ohne Abstimmung mit den EU-Partnern und damit scheinbar unilateral Kroatien und Sloweniens als souveräne Staaten anerkannte. Dieser Fall ist in der Tat in doppelter Hinsicht interessant. Einmal aus der Perspektive der neorealistischen Prognose und zweitens für die Bewertung des Grundsatzes des Multilateralismus.

Am 25. Juni 1991 beschlossen die Parlamente in Ljubljana und Zagreb die Unabhängigkeit ihrer Republiken vom Vielvölkerstaat Jugoslawien (ausführlich Calic 2007; Brusis 2008; Stanovnik 2008). Die Belgrader Regierung wiederum versuchte, die Einheit des Staates militärisch aufrechtzuerhalten. Direkt nach der Ausrufung der Unabhängigkeit brachen Gewalttätigkeiten aus.

Außenminister Genscher betonte zunächst, dass diese Entscheidungen Kroatiens und Sloweniens diplomatische Spielräume lassen würde und lehnte jegliche Gewaltanwendung ab. Die deutsche Regierung gab sich gewohnt zurückhaltend. Das Auswärtige Amt versuchte die Gemengelage diplomatisch auszubalancieren. Von einer Anerkennung Sloweniens und Kroatiens war zunächst keine Rede. Die USA betonten, dass der Jugoslawische Staatenverband bestehen bleiben sollte. Der EG-Ministerrat war ebenfalls nicht bereit, die

Unabhängigkeitserklärungen Kroatiens und Sloweniens anzuerkennen, sondern wollte einen Weg aus der Krise für Gesamtjugoslawien finden. Eine nachhaltige Eindämmung des Konflikts gelang nicht. Auch Wirtschaftssanktionen und ein Waffenembargo gegen Belgrad zeigten keine unmittelbare Wirkung. Schon früh deutete sich eine Spaltung der EG in der Anerkennungsfrage an. Staaten mit eigenen Minderheitsproblemen und Sezessionsbestrebungen fürchteten bei einer Anerkennung Sloweniens und Kroatiens innenpolitische Konsequenzen. Dies galt insbesondere für Großbritannien (Waliser, Schotten), Spanien (Basken) und Frankreich (Korsen). Auf der anderen Seite stand das gerade erst nach dem Prinzip der Selbstbestimmung wiedervereinte Deutschland. So betonte Helmut Kohl bereits Anfang Juli 1991, dass die EG auch das Selbstbestimmungsrecht Sloweniens und Kroatiens – was nicht automatisch gleichbedeutend mit dem Recht jeder Ethnie auf einen eigenen Staat ist – anerkennen müsse (Kapitel 3.3.1). Dies war ein erstes deutliches Zeichen für einen außenpolitischen Kurswechsel. Die Begründung war die massive Gewaltanwendung auf dem Balkan.

Es kam zur Drohung durch Außenminister Genscher, beide Staaten bei einer erneuten militärischen Intervention der jugoslawischen Armee in Kroatien anzuerkennen. Gleichzeitig riet Genscher, die Unabhängigkeit nicht zu übereilen. Auch wurde zunächst – u.a. auf Betreiben Genschers – eine KSZE-Erklärung verabschiedet, die einerseits die Einheit und territoriale Integrität Jugoslawiens unterstütze. Andererseits wurde gleichzeitig festgestellt, dass es allein eine Sache der Völker Jugoslawiens sei, über die Zukunft ihres Landes zu entscheiden. Die am 7./8. Juli verabschiedete Deklaration von Brioni verpflichteten sich Slowenien und Kroatien ihre Unabhängigkeit zunächst für drei Monate auszusetzen. Die Gewalt nahm allerdings kein Ende.

Zahlreiche Politiker aller Parteien – insbesondere aus CDU und SPD – forderten eine rasche Anerkennung. Sie meinten erkannt zu haben, dass Jugoslawien in seiner damaligen Form nicht mehr zu halten war. Teil der innenpolitischen Debatte war auch der massive Flüchtlingsstrom aus der Region, mit dem auch die Bundesrepublik konfrontiert wurde. Diesem weitreichenden Konsens in der Anerkennungsfrage konnte sich auch Genschers FDP nicht mehr entziehen. „Wenn sich die FDP nicht von einer Anerkennungswoge beiseite spülen lassen wollte, musste sich Genscher an die Spitze dieser Bewegung setzen, auch wenn dies seiner Neigung zuwiderlief, solange wie möglich an einem gemeinsamen Vorgehen der EG festzuhalten"

(Haftendorn 2001: 409). So gab Genscher seine ursprünglich defensivere Haltung auf und setzte sich für die Anerkennung Kroatiens und Sloweniens ein.

Am 18. Juli 1991 war der kroatische Präsident Tudjman bei Kanzler Kohl und Genscher. Am 24. Juli forderte Genscher in einem Brief an den niederländischen Außenminister und EG-Ratspräsidenten van den Broek, auf die Beobachterkommission der Gemeinschaft auch auf Kroatien auszuweiten, um zur Beruhigung der Situation beizutragen. Besonders aus Frankreich und Spanien kam Kritik an der deutschen Haltung. Da es im Sommer 1991 zu keiner EG-Einigung gekommen war, verständigten sich die EG-Außenminister auf eine Jugoslawien-Konferenz. Diese kam im Oktober 1991 zu dem Ergebnis, allen jugoslawischen Teilrepubliken, die dies wünschten, nach einem Verhandlungsprozess die Anerkennung in Aussicht zu stellen. Wenn es auch Deutschland gelang, beim NATO-Gipfel im Rom im November 1991 den Anerkennungsdruck auf die europäischen Partner zu erhöhen, so wollten die USA und die VN der deutschen Position nicht folgen. Generalsekretär Perez de Cuellar schrieb Mitte Dezember 1991 einen Brief an van den Broek, in dem er vor der Anerkennung Sloweniens und Kroatiens warnte, da sie von Belgrad als Provokation interpretiert werden könnte und de Cuellar als Folge eine Eskalation der Gewalt befürchtete. Genscher gelang es, zu verhindern, dass im Sicherheitsrat in einer Jugoslawien-Resolution keine Formulierung gegen die Anerkennung Sloweniens und Kroatiens eingebaut wurde. Der Bundestag hatte zudem bereits am 14. November mit fraktionsübergreifender Mehrheit folgende Resolution verabschiedet: „Die Staatsidee Jugoslawiens [...] ist gescheitert. [...] Der deutsche Bundestag unterstützt die Bemühungen der Bundesregierung, parallel zu der Friedenskonferenz die Voraussetzungen für eine völkerrechtliche Anerkennung Sloweniens und Kroatiens sowie derjenigen Republiken zu schaffen, die ihre politische Unabhängigkeit anstreben" (Bundesregierung 1991).

Trotz des Briefs von de Cuellar vereinbarten die EG-Außenminister unter deutschem Druck am 17. Dezember 1991 in Brüssel diejenigen Teilrepubliken, die diesen Wunsch hatten, zum 15. Januar 1992 diplomatisch anzuerkennen. Voraussetzung war die Verpflichtung, die Menschen- und Minderheitenrechte einzuhalten, Grenzen zu respektieren und nach demokratischen Prinzipien zu agieren. Damit hatte die deutsche Außenpolitik eigentlich ihre Ziele vollständig erreicht (Calic 2007: 471f.).

Die Bundesregierung sprach allerdings entgegen dieser Absprache die Anerkennung bereits am 23. Dezember 1991 und damit vor den anderen EG-Staaten aus. Die Aufnahme diplomatischer Beziehungen erfolgte – dann wieder gemeinsam mit den anderen EG-Staaten – am 15. Januar 1992. Dieses dreiwöchige Vorziehen der Bekanntgabe der Anerkennung trug der Bundesregierung international viel Kritik ein. So kommentierte die einflussreiche New York Times die deutsche Anerkennungspolitik mit den Worten: „Die Europäer müssen zwei Schocks verkraften. Die Sowjetunion ist verblichen und Deutschland ist wieder da" (Übersetzung in Der Spiegel 1992: 22). In Serbien wurde gar das Bild von einem Deutschland verbreitet, „das nach der Hegemonie über Westeuropa nun auch wieder die Vorherrschaft auf dem Balkan anstrebe" (Der Spiegel 1992: 22).

Welches Kalkül steckte also hinter diesem Vorpreschen der deutschen Regierung? Grundsätzlich ist festzustellen, dass für derartig auffällige und konfliktreiche Entscheidungen wie der Anerkennung Sloweniens und Kroatiens liegt zumeist ein Motivbündel vorliegt, bei dem eine Gewichtung der einzelnen Faktoren kaum möglich ist. Monokausale Erklärungen greifen in der Regel zu kurz.

Der außenpolitische Grundsatz Handelstaat (Kapitel 3.4) kann allerdings nicht so dominant gewesen sein. Zwar waren die wirtschaftlichen Beziehungen zu Jugoslawien gut und über 700.000 Jugoslawen leben als Gastarbeiter in Deutschland, aber der Außenhandel mit Jugoslawien besaß für Deutschland insgesamt eine nur geringe wirtschaftliche Bedeutung (Calic 2007: 468). Eine hohe geostrategische Bedeutung der Region nach dem Ende des Ost-West-Konflikts war ebenfalls nicht vorhanden. Auch historische deutsch-kroatische Bündnisse zur Zeit des Zweiten Weltkrieges können nicht als Begründung für den nachdrücklichen Anerkennungskurs Deutschlands herhalten. Zwar sollten bei der Analyse außenpolitischer Verhaltensmuster historische Kontexte nicht vernachlässigt werden sollten, aber diese scheiden aufgrund der nationalsozialistischen Konnotationen hier aus. Auch diplomatisches Ungeschick oder grobe handwerkliche Fehler sind aufgrund der Analyse des Prozesses und der Erfahrung eines Hans-Dietrich Genscher nahezu auszuschließen.

Hingegen ist festzustellen, dass die nur kurze Zeit vorher vollzogene Wiedervereinigung Deutschlands viele außenpolitische Entscheidungsträger gegenüber dem Thema Selbstbestimmungsrecht besonders sensibilisiert hatte und sich innenpolitisch eine Stimmung und ein großer Druck für eine Anerkennung aufgebaut hatten. Zudem wollte Genscher den Druck auf Belgrad erhöhen, um die Stabilität in der gesamten Region so schnell wie möglich wieder herzustellen. Wenn auch keine direkte militärische Bedrohung für Deutschland vorlag, so verletzte doch die Eskalation der Gewalt das Interesse an Frieden und Stabilität in dieser nahe gelegenen Region. Diese fehlende Stabilität hatte für über 300.000 Flüchtlinge in Deutschland – einhergehend mit hohen wirtschaftlichen und sozialen Kosten – gesorgt (Calic 2007: 470). Hinzu kamen humanitäre Gründe. Durch die massiven Menschenrechtsverletzungen gerieten die internationalen Organisationen (EG, VN, OSZE), in denen Deutschland Mitglied war, zusehends in die Kritik. „Deutscher Außenpolitik musste es darum gehen, den Ansehensverlust der internationalen Institutionen aufzuhalten, ihre Autorität wiederherzustellen sowie ordnungspolitische und völkerrechtliche Prinzipien durchzusetzen (Calic 2007: 470).

Im Ergebnis lässt sich feststellen, dass die Anerkennungspolitik gegenüber Slowenien und Kroatien für die deutsche Diplomatie aufgrund der internationalen Kritik in dieser Zeit zu einem „traumatischen Erlebnis" geworden war (Maull 1995: 115). Im Nachhinein aber hat sich gezeigt, dass Deutschland die Situation auf dem Balkan tendenziell richtig eingeschätzt hatte. Der Zerfall Jugoslawiens war bereits Mitte 1991 irreversibel fortgeschritten. Die Bundesregierung ging davon aus, dass der Vielvölkerstaat Jugoslawien nicht mehr existierte, und somit die Herausforderung darin bestand, wie das Auseinanderfallen möglichst friedlich zu regeln sei. Das deutsche Handeln von Juni bis Dezember 1991 war darauf ausgelegt, in der EG und mit den USA multilateral zu handeln. Der Vorwurf, Deutschland hätte durch sein unilaterales Handeln die EG desavouiert, ist nicht haltbar. Deutschland versuchte zwar, Einfluss auf die EG-Balkanpolitik auszuüben, handelte aber keineswegs unilateral. Versuche von staatlicher Einflussnahme auf die Politik multilateraler Institutionen sind kein Merkmal von Unilateralismus. Die Bundesregierung wollte die Partnerstaaten überzeugen und vorhandene Widerstände (besonders in Spanien, Frankreich und Großbritannien) überwinden. Die wichtigsten Partner sollten eingebunden werden.

Als der multilaterale Beschluss dann zustande gekommen war, preschte Deutschland auf der letzten Etappe doch noch tatsächlich unilateral mit der Bekanntgabe der Anerkennung um drei Wochen den anderen EG-Staaten voraus. Tatsächlich unilaterales Handeln gab es also lediglich bei der Umsetzung der Entscheidung. Beobachtet man also nicht nur die vorzeitige Anerkennung an sich, sondern den gesamten Prozess, kann von reinem Unilateralismus keine Rede sein. Insgesamt war das deutsche Verhalten interessen- und rollengeleitet (Calic 2007: 468) sowie an den Grundsätzen des Multilateralismus und der Kultur der militärischen Zurückhaltung mit einer Präferenz für zivile Konfliktbearbeitungsstrategien (Kapitel 3.8.2) orientiert. Insofern ist die deutsche Anerkennungspolitik auch kein Hinweis darauf, dass Deutschland eine Abkehr vom Grundsatz des Multilateralismus vorbereiten und daher z.B. testen wollte, wie die Partnerstaaten auf so einen eher – bezogen auf die dreiwöchige vorzeitige Anerkennung – symbolischen Unilateralismus reagieren würden.

Fall 2 Der Irak-Konflikt 2002/2003

Die Ankündigung von Präsident Bush, die Diktatur im Irak unter Saddam Hussein zu stürzen (ausführlich Münkler 2003; Tilgner 2003; Kilian 2005), brachte die deutsche Außenpolitik in eine Dilemmasituation. So hatte Kanzler Gerhard Schröder den USA nach den Anschlägen vom 11. September „uneingeschränkte Solidarität" angeboten, was auch zu einem militärischen Engagement Deutschlands in Afghanistan mit ihrer Beteiligung an der ISAF-Schutztruppe geführt hatte (Kapitel 3.8.2). Allerdings differenzierte Schröder auch zwischen „uneingeschränkter Solidarität mit den USA" und „Abenteurertum", für das Deutschland nicht bereit stünde (Buras/Longhurst 2004: 235).

Während die USA als formale Sprachregelung ausgaben, alle Optionen offen zu halten, steuerten sie faktisch jedoch verstärkt auf eine militärische Konfliktbearbeitung zu. Deutschland hingegen setzte auf zivile Strategien und wollte so den Druck auf den Irak erhöhen, um IAEA-Kontrolleure ins Land zu lassen, die nach Beweisen für ein Kernwaffenprogramm suchen sollten. Dies war kein innenpolitischer Konsens. Während die rot-grüne Bundesregierung die militärische Option kategorisch ablehnte, setzten sich Teile der Opposition dafür ein, diese Konfliktbearbeitungsoption nicht von vornherein auszuschließen.

Kanzler Schröder, im Bundestagswahlkampf befindlich, positionierte sich im August 2002 dann deutlich. Er erklärte während einer Wahlkampfrede in Goslar: „Rechnet nicht damit, dass Deutschland einer den Krieg legitimierenden Resolution zustimmen wird" (Frankfurter Allgemeine Zeitung 2003). Es sollte weder eine militärische Beteiligung Deutschland an einem möglichen Irakkrieg geben, noch würde Deutschland an die Tradition der Scheckbuch-Diplomatie anknüpfen. Eine bemerkenswerte Weitung erfuhr diese Aussage dadurch, dass Schröder ergänzte, dass Deutschland sich als nicht-ständiges Mitglied im Sicherheitsrat auch dann nicht an einem Krieg gegen den Irak beteiligen würde, wenn dieser Einsatz durch die VN ein entsprechendes Mandat erhielte (Steinbach 2007: 502ff.). In einem Interview vom 29. Januar 2003 betonte Schröder zwar die Rolle, die die VN aus deutscher Sicht spielen sollten, indem er hervorhob: „[...] ich begrüße ausdrücklich, dass die amerikanische Regierung erklärt hat, alles, was sie weiß, wird sie dem Sicherheitsrat und den Inspektoren zur Verfügung stellen" (Schröder 2003). Während er also einerseits betonte, die Bewertung der Inspektionsergebnisse gehörte in den Sicherheitsrat, und dieser habe über das weitere Vorgehen im Irak zu entscheiden, stellte Schröder die deutsche Haltung gegen einen Irak-Krieg gleichzeitig als prinzipielle außenpolitische Entscheidung dar. Schröder erwartete also von den USA einerseits eine strikte Befolgung der Maßgaben der VN, machte die deutsche Position aber von diesen unabhängig. Die Bedeutung der Weltorganisation wurde damit für die deutsche Außenpolitik in diesem Konflikt relativiert. Viele arabische Staaten begrüßten die deutsche Festlegung. Frankreich war ebenfalls gegen eine militärische Konfliktbearbeitung, während z.B. Großbritannien, Spanien und Polen die militärische Option zumindest nicht ausschließen wollten. Europa war gespalten.

Noch Anfang März 2003 wurde ein Irak-Krieg von der Bundesregierung als abwendbar dargestellt. Nicht nur wurde die Erreichbarkeit der Ziele – Sturz Saddam Husseins und Entwaffnung des Iraks – von Fischer als fraglich dargestellt, sondern auch die Möglichkeit einer militärischen Konfliktbearbeitung an sich wurde vom Außenminister kritisiert. Dabei wurde Anfang März die prinzipielle Ablehnung eines Krieges, die zuvor primär mit dem Mangel an Beweisen begründet worden war, um das Prinzip erweitert, ein Regimewechsel sollte nicht gewaltsam von außen herbeigeführt werden. Fischer bezweifelte, ob eine Intervention im Irak mit Blick auf eine Neuordnung und Demokratisierung des Nahen Ostens ein geeigneter Ansatz sei (Fischer 2003b). Die eigene Position wurde durch die Behauptung gestärkt, das gemeinsame Memorandum Frankreichs, Russlands und Deutschlands, das zivile Alternativen forderte, findet „in der Staatengemeinschaft derzeit breite Unterstützung" (Fischer 2003b). Nach wie vor wurde eine Übereinstimmung mit den VN eingefordert, wobei es Fischer – anders als Schröder – vermied, sich für den Fall einer die militärische Intervention mandatierenden Resolution festzulegen, indem er grundsätzlich bezweifelte, dass eine solche Resolution zustande kommen würde. Da er sich der Ablehnung Frankreichs und Russlands sehr sicher sein konnte, erschien die Haltung des Außenministers plausibel. Anfang März 2003 wird Kritik der Opposition, z.B. von Angela Merkel, an der frühzeitigen und bedingungslosen Verweigerung der militärischen Option laut. Diese Kritik wurde von der Bundesregierung als Unterstützung für den Einmarsch in den Irak umgedeutet und der Opposition damit Kriegsbefürwortung unterstellt (Fischer 2003a).

Die Bedeutung der transatlantischen Beziehungen wurde von den Regierungsparteien formal nach wie vor hoch gehalten. Jedoch sah man die Gründe dafür eher in einer historischen Verpflichtung gegenüber den USA, als in der politischen Gegenwart. Am 5. März fand dann in Paris ein Treffen Frankreichs, Russlands und Deutschlands statt, an deren Ende die Erklärung stand, die drei Nationen würden eine gewaltsame Lösung im Irak, unabhängig vom Ergebnis weiterer Resolutionen, nicht unterstützen. In dieser Erklärung wurde die Möglichkeit einer friedlichen Lösung betont und diese Überzeugung durch einen erneuten Aufruf zur Kooperation an den Irak unterstrichen. Gleichzeitig wurde ausdrücklich vor den möglichen langfristigen Konsequenzen einer Intervention gewarnt, die Hass und Intoleranz Vorschub leisten würden (Bundesregierung 2003). Noch eine Woche vor Ausbruch des Krieges sprach Fischer von einem Konflikt, in dem die Konfliktlinie zwischen Kooperation und Konfrontation verliefe, wobei er die Bereitschaft zu Kooperation ausschließlich bei EU und VN sah und den USA einen reinen Konfrontationskurs unterstellte. Zudem schätzte Fischer eine kriegerische Reaktion „des Westens" als Kalkulation der Terroristen ein und suggerierte damit, die Strategie der Terroristen – im Gegensatz zur US-Administration – zu durchschauen (Fischer 2003a). Die USA hatten ihre Argumentation für den Krieg mittlerweile ausgeweitet. Sie sprachen von einer notwendigen Beseitigung von Massenvernichtungswaffen, einer erforderlichen Erzwingung des Regimewechsels im Sinne einer militärischen Zwangsdemokratisierung bis hin zur Neuordnung des Nahen Ostens. Letztlich kam keine Irak-Resolution zustande. Die USA gingen am 20. März 2003 ohne VN-Mandat und damit ohne völkerrechtliche Legitimation mit einer „Koalition der Willigen" militärisch vor.

Wie ist diese außenpolitische Entscheidung Deutschlands gegen eine Beteiligung am Irak-Krieg zu bewerten? Warum wird anhand des deutschen Verhaltens der Grundsatz des Multilateralismus hinterfragt? Auf einen ersten Blick entspricht die Entscheidung dem Grundsatz der Kultur der militärischen Zurückhaltung sowie dem Zivilmachtskonzept, demzufolge zivile Konfliktbearbeitungsstrategien zu bevorzugen sind (Kapitel 3.8.2). Aber die deutsche Politik war bezüglich des Grundsatzes des Multilateralismus in dreifacher Hinsicht problematisch:

– Offene Positionierung gegen die USA statt vertraulicher Dialog,
– mangelnde multilaterale Diplomatie in der EU und
– Abwertung der VN.

Offene Positionierung gegen die USA statt vertraulicher Dialog

Die deutschen Entscheidungsträger haben – alle innenpolitisch-wahlkampftaktischen Gründe einmal beiseite gestellt – durchaus glaubwürdig machen können, dass sie Zweifel an der Alternativlosigkeit einer militärischen Konfliktbearbeitung besaßen. Wenn man diese Zweifel mit einem einzigen Zitat unterfüttern müsste, dann mit der Replik von Außenminister Fischer auf der 39. Münchner Konferenz für Sicherheitspolitik 2003 gegenüber US-Verteidigungsminister Donald Rumsfeld: „Excuse me, I am not convinced" (Fischer 2003c).

Eine derart unverhohlene Positionierung gegen den transatlantischen Partner wäre – bei allen vorhandenen Konflikten – zur Zeit der alten Bundesrepublik undenkbar gewesen. Sie macht deutlich, dass die Bundesregierung bereit war, einen öffentlichen Konflikt mit den USA auszutragen und dies auch im Wahlkampf einzusetzen. Dabei brachen sich zusätzlich anti-amerikanische Reflexe der zur 68er-Generation gehörenden Schröder und Fischer Bahn, die die Arroganz der Macht, die die Bush-Administration an den Tag legte, nicht unwidersprochen gewähren lassen wollte (ausführlich Katzenstein/Keohane 2006). Die Bundesregierung hatte aber dadurch das deutsch-amerikanische Verhältnis zerrüttet, auf Jahre hinaus belastet und scheinbar sogar mit dem Grundsatz der Äquidistanzpolitik gebrochen (Kapitel 3.1). Deutschland hatte sich mit seinem Verhalten en passant bei seinem Streben nach einem ständigen Sitz im Sicherheitsrat, der ohne die Unterstützung der USA nicht realisierbar ist, einen Bärendienst erwiesen. Die Chance wurde zu einem Zeitpunkt vertan, als für die Reform des Sicherheitsrats ein window-of-opportunity so weit geöffnet war, wie jahrelang zuvor nicht mehr. Zudem war diese frühe Festlegung insofern ein riskanter Schritt, als US-Präsident Bush im September 2002 erklärt hatte, den Inspektionen auf der Grundlage einer Sicherheitsratsresolution noch einmal eine Chance geben zu wollen. Eine entsprechende Resolution (1441) wurde auch am 8. November 2002 verabschiedet und vom Irak angenommen.

Auch aus der Perspektive des Ziels, den Irak-Krieg verhindern zu wollen, ist das deutsche Verhalten als schwerer Fehler zu bewerten. Die Bundesregierung hatte sich durch ihr kategorisches „Nein" die Chance genommen, Einfluss auf die Politik der USA zu nehmen (ausführlich Maull 2004) und „hat damit auch seinem multilateralen Anliegen keinen guten Dienst erwiesen" (Gareis 2006: 165). Deutschland hätte gemäß des Grundsatzes des Multilateralismus zumindest den Versuch unternehmen können, eine vermittelnde Rolle zwischen den USA und Europa einzunehmen.

Mangelnde multilaterale Diplomatie in der EU

Sicherlich lässt sich nicht allein die Haltung der Bundesregierung für die Spaltung Europas und den transatlantischen Disput verantwortlich machen. Jedoch „unternahm die Bundesrepublik in der Irak-Krise kaum den Versuch, innerhalb der etablierten europäischen und euro-atlantischen Institutionen einen Kompromiss und die Beilegung des Disputs zu befördern. Stattdessen war das deutsche Verhalten geprägt von einer Präferenz für Ad-hoc-Koalitionen mit anderen, zumeist größeren, Staaten, wie Frankreich und Russland" (Baumann 2006: 178f.). Wenn auch in diesem Zusammenhang u.a. das Bild einer „Achse Paris-Berlin-Moskau" (Reuth 2003) bemüht wurde, so besteht die Kehrseite dieses trilateralen Schulterschlusses in einer Vernachlässigung des Grundsatzes des Multilateralismus in der EU. Viele europäische Staaten fühlten sich durch den Alleingang Deutschlands und Frankreichs überfahren und hintergangen.

So kam auch Schröders kategorische Festlegung für viele der Partner überraschend. Der Vorwurf der Instrumentalisierung aus einem wahltaktischen Kalkül heraus lässt sich nur schwer ausräumen. Inwieweit dies zur Spaltung und Krise der EU tatsächlich beigetragen hat, ist hier nicht Gegenstand der Analyse. Tatsache ist, dass viele EU-Partner von Deutschland ein intensiveres Ringen um eine gemeinsame Positionierung erwartet hätten. Statt multilateraler Abstimmung wurde die Formulierung vom „deutschen Weg" bemüht (Hacke 2002: 13); ein Begriff, der eher mit einem unilateralen Vorgehen in Zusammenhang gebracht werden muss.

Abwertung der Vereinten Nationen

Die rot-grüne Bundesregierung hatte für die Irak-Krise zunächst die VN zur zentralen Institution ihres Handels gewählt. Natürlich kann sich Deutschland in einem multilateralen Gremium wie dem Sicherheitsrat intensiv für eine friedliche Konfliktregulierung werben. Das entspricht sogar dem Sinn und Zweck dieser internationalen Organisation. Aber die Bundesregierung erklärte statt dessen vorab und ohne Not, dass die Beteiligung an einem möglichen Irak-Krieg auch dann nicht stattfinden würde, falls der Sicherheitsrat, ein multilaterales Gremium, dem Deutschland als nicht-ständiges Mitglied ohne Veto-Recht seit dem 1. Januar 2003 für zwei Jahre sogar zufällig gerade angehört hatte, sich per Resolution dafür aussprechen würde. Diese Entscheidung fiel also völlig unabhängig davon, ob und inwieweit die im VN-Auftrag tätigen Waffeninspekteure im Irak doch noch fündig werden und unabhängig davon, wie der multilaterale Verhandlungsprozess im Sicherheitsrat verlaufen könnte. Dies kam erstens einer Missachtung multilateraler Entscheidungsprozeduren gleich. Deutschland hatte mit seiner (Vor-)Festlegung zudem zweitens nicht nur selbstverschuldet außenpolitischen Handlungsspielraum verloren, sondern drittens zugleich das internationale Gewaltmonopol der VN untergraben.

Zwar war ein Sicherheitsratsmandat aufgrund der ablehnenden Positionen Frankreichs und Russlands ohnehin unwahrscheinlich, aber Deutschland hatte zu etwas „Nein" gesagt, was zu diesem Zeitpunkt gar nicht zur unmittelbaren multilateralen Beschlussfassung im Sicherheitsrat vorlag. Der Diskussionsprozess im Sicherheitsrat war nicht abgeschlossen und besaß keine Entscheidungsreife. Politiker beantworten eigentlich ungern hypothetische Fragen. Hier wurde vom Kanzler eine hypothetische Frage öffentlich beantwortet, ohne dass sie explizit an Deutschland herangetragen worden war. Letztlich kam es gar nicht zu einer Abstimmung über einen Militäreinsatz im Irak im Sicherheitsrat.

Bilanzierend ist festzustellen, dass die rot-grüne Bundesregierung in der Irak-Krise bewusst wie unnötig einen Grundpfeiler seiner Außenpolitik in Bedrängnis gebracht hatte. Anstatt den Dialog mit den USA zu führen und in EU-Europa multilateral zu kooperieren sowie dort und in den VN um eine gemeinsame europäische Position zu ringen, handelte die Bundesregierung vorschnell. Sie wurde für dieses Verhalten auch scharf kritisiert: „Angetreten, um die UNO zu stärken, Multilateralismus zu praktizieren und das militärische Instrument zur Wahrung des Friedens stärker und couragierter einzusetzen sowie in der Hoffnung, das unilaterale Handeln der USA glaubwürdig zu kritisieren, ist sie selbst unglaubwürdig und unkalkulierbar geworden"

(Hacke 2002: 14). Die entstandenen Kosten für das deutsch-amerikanische Verhältnis wurden genauso billigend in Kauf genommen, wie die (vorübergehende) Abkehr von der Äquidistanzpolitik zwischen Frankreich und den USA. Kompatibel war diese außenpolitische Entscheidung hingegen mit dem Grundsatz der Kultur der (militärischen) Zurückhaltung.

Wenn auch gute Gründe gegen einen militärischen Konfliktaustrag angeführt werden konnten und offenkundig auch innenpolitische Motive eine Rolle spielten, so war die deutsche Position nicht nur diplomatisch ungeschickt formuliert, sondern entsprach auch nicht dem Grundsatz des Multilateralismus wie ihn die Bundesrepublik über Jahrzehnte entwickelt und kultiviert hatte. Schröder sah im Konflikt um den Irak-Krieg eine Chance, ein außenpolitisches Thema erfolgversprechend im Wahlkampf einzusetzen. Diese Überlegung ist insofern ungewöhnlich, als der Außenpolitik in Bundestagswahlkämpfen eigentlich keine gewichtige Rolle zerkannt wird. Mit außenpolitischen Themen lassen sich keine Wahlen gewinnen. Diese bis dahin gültige Ansicht wurde nur einmal, bei der Debatte um die Ostverträge der Regierung Brandt (Kapitel 3.2.3), durchbrochen. Im Bundestagswahlkampf 2002 hatte mit dem Irak-Konflikt erneut ein außenpolitisches Thema eine dominante Rolle gespielt.

Während die multilaterale Einbettung Deutschlands in die EU und in die NATO bereits erörtert wurde (Kapitel 3.1.3 und 3.1.4), soll im Folgenden der Grundsatz des Multilateralismus anhand der deutschen VN-Politik diskutiert werden.

Fall 3 Deutschland, die Vereinten Nationen und der ständige Sitz im Sicherheitsrat

Um das Streben Deutschlands nach einem ständigen Sitz im Sicherheitsrat der VN erklären zu können, ist eine Beschreibung der Entwicklung der Rolle Deutschlands in dieser internationalen Organisation unerlässlich.

Deutschland in den Vereinten Nationen

Die Gründung der VN 1945 war bereits der zweite Versuch, die Sicherheit von Staaten im internationalen System nicht mehr durch neorealistische Balance-of-Power-Konzepte oder das Selbsthilfeprinzip (Kapitel 1.3.1), sondern durch ein System der kollektiven Sicherheit zu gewährleisten (ausführlich Gareis/Varwick 2006). Der erste Versuch wurde nach dem Ersten Weltkrieg unternommen. Der

Völkerbund hatte nur vereinzelte Erfolge zu verzeichnen und scheiterte letztlich sowohl an eigenen Konstruktionsfehlern (z.B. kein vollständiges Kriegsverbot), als auch am Verhalten maßgeblicher Staaten, die entweder dem Völkerbund gar nicht beigetreten waren (USA) nach massiven Norm- und Regelverletzungen wieder ausgetreten waren (Japan, Deutschland, Italien) oder ausgeschlossen wurden (Sowjetunion).

Auch der zweite Versuch basierte auf kantianisch-idealistischem Überlegungen (Kapitel 1.3.3), zollte aber zugleich in der Konstruktion in einigen markanten Punkten den damaligen Machtverhältnissen Tribut (Veto-Recht für USA, Frankreich, Großbritannien, Sowjetunion und China im Sicherheitsrat). Auch versuchte man, Konstruktionsfehler des Völkerbundes zu vermeiden. Eine Lehre aus dem Scheitern des Völkerbundes war, dass „den Vereinten Nationen die Hypothek eines Vollzugsorgans für die Durchführung der Friedensverträge des Zweiten Weltkrieges erspart" blieb (Gareis 2006: 152). Die sehr wechselhaften Beziehungen Deutschlands zu den VN lassen sich in ein Modell mit vier Phasen fassen (ausführlich Opitz 2007):

– Phase I (1942-1952):   Deutschland als Objekt
– Phase II (1952-1973):   Mitarbeit ohne Mitgliedschaft
– Phase III (1973-1990):   Doppelmitgliedschaft beider deutscher Staaten
– Phase IV (seit 1990):   Das vereinte Deutschland will mehr Verantwortung übernehmen

Phase I (1942-1952): Deutschland als Objekt

Der vom nationalsozialistischen Deutschland entfesselte Zweite Weltkrieg gehörte zu den maßgeblichen Gründen, die zur Bildung der VN geführt haben (Gareis/Varwick 2006: 22ff.). Am 14. August 1941 verständigten sich der amerikanische Präsident Franklin Delano Roosevelt und der britische Premierminister Winston Churchill in der „Atlantik-Charta" über die Bildung eines neuen Systems der internationalen Sicherheit nach dem Sieg gegen Nazi-Deutschland. Auf der Konferenz von San Francisco (25. April-26. Juni 1945) kam es unter Beteiligung von 50 Staaten zur Gründung der VN (Polen kam nachträglich als 51. Gründungsmitglied dazu).

Ausdruck dieses Status als Objekt der VN war die Feindstaatenklausel (Artikel 53 und 107), die den Staaten der damaligen Kriegskoalition gegenüber Feindstaaten wie Deutschland Sonderrechte einräumten. So konnten Zwangsmaßnahmen – bis hin zur militärischen Intervention – ohne besondere Ermächtigung durch den Sicherheitsrat verhängt werden, falls ein Feindstaat wieder eine aggressive Politik verfolgen sollte. Aber allen Staaten sollte der Beitritt offen stehen, sobald sie sich politisch bewährt hatten und als friedliebend eingestuft werden konnten. Zunächst aber war den Feindstaaten der Beitritt verwehrt. Die Feindstaatenklausel existiert bis heute. 1995 verabschiedete die 50. Generalversammlung allerdings eine Resolution (Resolution 50/52), die die Klausel als obsolet bezeichnet. Eine endgültige Streichung soll aber erst bei einer Überarbeitung der Charta erfolgen. In der Alltagspraxis hat die Klausel nie eine Rolle gespielt. Immerhin wurde aber noch 1987 darauf hingewiesen, dass erstmals gleichzeitig die „Feindstaaten" Deutschland und Japan sowie Bulgarien und Italien dem Sicherheitsrat als nicht-ständige Mitglieder angehörten. Einen großen Aufschrei in der Weltöffentlichkeit verursachte diese Konstellation indes nicht mehr.

Wenn also die Bundesrepublik, die Teile ihres Grundgesetzes an den Normen der VN-Charta ausgerichtet hat, nie als Feindstaat Objekt der VN war, so blieb sie – während andere Feinstaaten Mitte der 1950er Jahre Vollmitglieder wurden – zunächst weiterhin ohne formale Mitgliedschaft. Dies lag in erster Linie an der gegenseitigen Blockadehaltung im Ost-West-Konflikt (Knapp 2007: 730). So tauchte in der Nachkriegszeit Deutschland nur zweimal auf der Tagesordnung der VN auf (Opitz 2007: 287f.). 1948/1949 wurde die Blockade der Straßen- und Wasserwege nach Berlin durch die Sowjetunion von den Westmächten als eine Bedrohung des Weltfriedens bezeichnet, dem Generalsekretär zur Kenntnis gebracht und im Sicherheitsrat thematisiert. Aber die Sowjetunion blockierte eine Resolution, die eine Aufhebung der Blockade und die Aufnahme von Vier-Mächte-Verhandlungen über Deutschland vorsah, mit ihrem Veto. Dann fungierten die VN insofern als Forum in der „Deutsche Frage", als es den USA gelang, die Sowjetunion nach informellen bilateralen Gesprächen doch zur Beendigung der Blockade zu bewegen.

Im September 1951 griff Adenauer eine Initiative der DDR-Volkskammer zur Durchführung freier gesamtdeutscher Wahlen auf. Über die Westmächte wurde dieser Vorschlag dem Generalsekretär mit der Anregung vorgetragen, solche Wahlen einer internationalen Kommission unter VN-Aufsicht zu übertragen. Tatsächlich landete dieser Vorschlag auf der Tagesordnung der Generalversammlung. Es wurde die Einrichtung einer Kommission empfohlen, die die notwendigen Voraussetzungen für freie gesamt-

deutsche Wahlen untersuchen sollte. Da allerdings die DDR-Füh-
rung der Kommission die Einreise verweigerte, versandete diese
Initiative (Knapp 2007: 730). Nachfolgend blieben die VN für die
„Deutsche Frage" ohne Bedeutung.

Phase II (1952-1973): Mitarbeit ohne Mitgliedschaft

Adenauer war klar, dass eine Vollmitgliedschaft nicht in Betracht
kommen würde. Dies lag weniger an der Feindstaatenklausel, als
vielmehr am Alleinvertretungsanspruch. Dieser manifestierte sich
1955 in der Hallstein-Doktrin (Kapitel 3.2.1). Eine Vollmitgliedschaft wäre aufgrund der Aufnahmeprozeduren für Mitglieder –
Veto-Recht der Sowjetunion – faktisch ohnehin nur um den Preis
einer parallelen Mitgliedschaft der DDR zu erreichen gewesen. Diesen Preis war die Bundesrepublik nicht bereit zu zahlen, hätte er doch
die Aufgabe des Alleinvertretungsanspruchs und eine zu diesem
Zeitpunkt inakzeptable Aufwertung der DDR mit einer faktischen
Anerkennung der deutschen Zweistaatlichkeit bedeutet. Es sollte
jede Entwicklung in Keim erstickt werden, die eine Anerkennung
der DDR hätte fördern können.

Daher entschied sich die Bundesrepublik, zunächst unterhalb der
Schwelle einer Vollmitgliedschaft in den VN mitzuwirken. Dies
führte einerseits zur Einrichtung einer „Ständigen Beobachtermis-
sion" am New Yorker Hauptsitz im Oktober 1952. Anderseits trat
die Bundesrepublik seit Beginn der 1950er Jahre den meisten Sonderorganisationen bei, z.B. FAO (Organisation für Ernährung und
Landwirtschaft), UNESCO (Organisation für Erziehung, Wissenschaft und Kultur) und WHO (Weltgesundheitsorganisation). Da
sich die Bundesrepublik auch finanziell stark in diesen Organisationen engagierte, wird diese Form der Verwobenheit auch als „Qua-
si-Mitgliedschaft" bezeichnet. Der DDR gelang es – auch aufgrund
intensiver Bemühungen der bundesdeutschen Diplomatie – in dieser Zeit hingegen nicht, einen vergleichbaren Status zu erreichen.
Sie konnte auf diese Weise keine internationale Aufwertung oder
gar Anerkennung gewinnen (Knapp 2007: 731). Ein Aufnahmean-
trag der DDR vom 28. Februar 1966 wurde vom Sicherheitsrat
wegen Aussichtslosigkeit erst gar nicht auf die Tagesordnung gesetzt (Opitz 2007: 288).

Phase III (1973-1990): Doppelmitgliedschaft beider deutscher Staaten

Der Entspannungspolitik im Ost-West-Konflikt inklusive der Neuen Ostpolitik von Willy Brandt und Egon Bahr (Kapitel 3.2.3) war es in erster Linie geschuldet, dass Hallstein-Doktrin und Alleinvertretungsanspruch aufgeben wurden. Am 28. Oktober 1969 kündigte Kanzler Brandt, der 1968 als erster deutscher Außenminister anlässlich der Unterzeichnung der Menschenrechtspakte am Rande einer Generalversammlung gesprochen hatte, an, verstärkt mit den VN zusammen arbeiten zu wollen (Opitz 2007: 289). Der Grundlagenvertrag vom Dezember 1972 bedeutete eine Anerkennung der Staatlichkeit der DDR, auch wenn trotz des Zwei-Staaten-Konstrukts aus Sicht der Bundesrepublik die Einheit der Nation damit unangetastet blieb. Die Zustimmung der Bundesrepublik zum Beitritt der DDR zu den VN „war dabei ein wichtiger Joker, welcher die DDR zur Zustimmung zum Grundlagenvertrag bewegte" (Gareis 2006: 154). Der Grundlagenvertrag machte den Weg dafür frei, dass die Bundesrepublik und die DDR am 18. September 1973 gleichzeitig als Vollmitglieder aufgenommen wurden. Für die Bundesrepublik war dieser Beitritt weniger bedeutsam als für die DDR, die erst 1972 den Beobachterstatus erhalten hatte. Sie hatte auf diese Weise die lang ersehnte internationale Anerkennung erreicht.

Durch die Vollmitgliedschaft durften Kanzler und Außenminister offiziell vor der Generalversammlung reden (Willy Brandt 1973). Deutsche Diplomaten und Persönlichkeiten konnten VN-Posten wahrnehmen. Beide Staaten konnten als nicht-ständige Mitglieder in den Sicherheitsrat gewählt werden (Bundesrepublik 1976/1977 sowie 1987/1988; DDR 1980/1981). Auch wenn die Bundesrepublik aufgrund der Vorbehaltsrechte der Alliierten außenpolitisch nicht vollständig souverän war, konnte sie in den folgenden 17 Jahren ihre VN-Politik eigenständig gestalten. Sie knüpfte dabei „an ihre Strategie einer möglichst umfassenden Präsenz in den VN-Gremien an. [...] Die DDR setzte demgegenüber auf eine stark selektive Repräsentanz im VN-System. [...] Sie entwickelte [...] keine eigenen politischen Initiativen, durch die sie ihr Image eines übertreuen Dieners der Sowjetunion hätte korrigieren können" (Gareis 2006: 154f.).

Außenpolitik und Internationale Organisationen

Hinsichtlich der Perspektiven, die Staaten auf internationale Organisationen haben können, lassen sich idealtypisch drei Blickwinkel unterscheiden:

– Instrumente nationalstaatlicher Politik
– Arenen des diplomatischen Austauschs
– Akteure in den internationalen Beziehungen

Instrument: Diese Sichtweise implizit eine Instrumentalisierung internationaler Organisationen. Es schwingt der Gedanke an Missbrauch mit. Staaten benutzen internationale Organisationen dann, wenn es ihren Interessen und Zielen entspricht und sie z.B. in der Lage sind, die notwendigen Mehrheiten zu organisieren. Die Organisationen werden aber dann vernachlässigt oder gar als irrelevant betrachtet, wenn sie nicht zweckdienlich sind. So hatte US-Präsident Bush im September 2002 versucht, den Sicherheitsrat zu einer Irak-Resolution zu drängen, die ein militärisches Eingreifen eindeutig mandatiert hätte. Dabei betonte er: „Entweder, die Vereinten Nationen funktionieren als friedenserhaltende Organisation oder sie werden irrelevant. Das werden wir bald rausfinden" (zitiert in: Der Spiegel 2002).

Arena: Hier erfolgt ein eher neutraler Blick auf internationale Organisationen. Sie werden als Plattform für die zwischenstaatliche Kommunikation und auch den Austausch mit den bei den VN akkreditierten NGOs betrachtet. Die in der Organisation zur Verfügung gestellten Kommunikationskanäle sind hilfreich, da sie z.B. zur Verringerung der Transaktionskosten beitragen. Eine herausragende Rolle wird internationalen Organisationen allerdings nicht zugebilligt.

Akteur: Ganz im Sinne der neoinstitutionalistischen Perspektive (Kapitel 1.3.2) können Staaten internationale Organisationen auch eine zentrale Bedeutung für die Konfliktbearbeitung beimessen. Sie wollen starke Internationale Organisationen und gestehen ihnen Akteursqualität zu. Dazu gehört auch, dass Entscheidungen dieser Organisation anerkannt und umgesetzt werden. Dies äußert sich typischerweise in Bekenntnissen wie im Koalitionsvertrag der Großen Koalition 2005: „Wir treten dafür ein, die Rolle Internationaler Organisationen […] zu stärken" (Koalitionsvertrag 2005: 159f.). Die Bundesrepublik hat die VN stets als Akteur mit einer zentralen Rolle in der internationalen Politik betrachtet. Dies geschieht trotz erkannter Schwächen und des erheblichen Reformbedarfs. Auch war der Bundesrepublik stets klar, dass nicht alle Staaten den VN eine Akteursqualität einräumen.

Beeinflusst wurde die VN-Politik der Bundesrepublik durch zwei Faktoren: Einerseits durch ihren Charakter als Industriestaat des Nordens, andererseits durch die in den VN ausgetragenen Konflikte. Deutschlandpolitische Themen standen praktisch nicht auf der Agenda. Der Ost-West-Konflikt insgesamt wurde – von wenigen Ausnahmen abgesehen – aufgrund der Blockademöglichkeit beider Lager im Sicherheitsrat außerhalb der VN ausgetragen. Im Mittelpunkt stand hingegen – als Folge der Entkolonialisierung – der Nord-Süd-Konflikt, der mit der Forderung der Entwicklungsländer nach einer neuen Weltwirtschaftsordnung einen Höhepunkt erreichte. Die Politik gegenüber den Staaten der so genannten Dritten Welt war ambivalent. Einerseits verwahrte man sich gegenüber Forderungen nach einem radikalen Umbau der Weltwirtschaft mit marktfernen Regeln. Andererseits setzte sich die Bundesrepublik sehr für eine Stärkung multilateraler Entwicklungshilfe und Umschuldungen ein. In sicherheitspolitischen Politikfeldern engagierte sich die bundesdeutsche Diplomatie stark im Bereich der Nichtverbreitung von Massenvernichtungswaffen sowie bei der konventionellen Rüstungskontrolle (Opitz 2007: 290). Als Vorbote von Entwicklungen, die sich erst nach der Vereinigung kräftiger entfalten sollten, beteiligte sich die Bundesrepublik 1989 in Namibia erstmals an einer Peacekeeping-Mission mit eigenen Polizisten. Zuvor hatte sich die Bundesrepublik in einer fünfköpfigen Namibia-Kontaktgruppe engagiert (Kapitel 3.7.5).

Auffällig war das Engagement für die Menschenrechte (Kapitel 3.7). So arbeiteten bundesdeutsche Diplomaten an zahlreichen Initiativen in Politikfeldern wie Geiselnahme, Flüchtlinge, Todesstrafe oder Folter. Die DDR konzentrierte sich hingegen maßgeblich auf die Umfunktionierung der VN zu einer antikolonialen und antiimperialistischen Institution und folgte dabei den Interessen der Sowjetunion (Opitz 2007: 291f.). Trotz Doppelmitgliedschaft gab es kaum nennenswerte gemeinsame politische Aktivitäten beider deutscher Staaten. Immerhin wurde – gemeinsam mit Österreich – ein deutschsprachiger Übersetzungsdienst eingerichtet, da deutsch nicht zu den offiziellen VN-Sprachen gehört (Gareis 2006: 156).

Phase IV (seit 1990): Das vereinte Deutschland will mehr
Verantwortung übernehmen

Am 3. Oktober 1990 endete die doppelte deutsche Mitgliedschaft.
Außenminister Genscher informierte Generalsekretär de Cuellar,
dass die vereinte und vollständig souveräne Nation künftig unter der
Staatsbezeichnung Deutschland/Germany firmieren werde (Gareis
2006: 156). Der Sicherheitsrat schien nach dem Ende des Ost-West-
Konflikts politisch an Bedeutung zu gewinnen, da die Aussicht bestand, dass die Blockadehaltung der Vetomächte deutlich abnehmen
würde und die VN so ihr Kerngeschäft der Friedenssicherung besser
als zuvor verfolgen könnten.

Deutschland bekannte sich unter der Regierung Kohl insofern zu
einer neuen Rolle, als es war, international mehr Verantwortung zu
übernehmen. Deutschland wollte bei der Bearbeitung globaler Konflikte und Herausforderungen eine stärkere Rolle spielen. In diesem
Sinne äußerte sich Außenminister Genscher am 26.9.1990 vor der 45.
Generalversammlung:

> „Das vereinte Deutschland wird größeres Gewicht haben. Mit diesem
> größeren Gewicht streben wir nicht nach mehr Macht, aber wir sind uns
> der größeren Verantwortung bewusst, die daraus erwächst. Wir werden
> diese Verantwortung in Europa und in der Welt annehmen" (zitiert in
> Hüfner 2007: 487).

Diese Verantwortungsrhetorik wurde von allen nachfolgenden Regierungen mit unterschiedlicher Nuancierung fortgesetzt; allerdings
nicht mehr in derart expliziter Abgrenzung zum Streben nach mehr
Macht wie in der Genscher-Rede. Die angestrebte neue Rolle
Deutschlands wurde rasch durch institutionelle Veränderungen unterfüttert. Der Bundestag etablierte im Herbst 1991 einen eigenen Unterausschuss „Vereinte Nationen/Weltweite Organisationen", was
eine bewusste Aufwertung der VN bedeutete. Im Auswärtigen Amt
ist die Abteilung „Globale Fragen" für die VN zuständig. Insbesondere die Referate 1-4 besitzen einen spezifischen Bezug zu den VN.
Dies gilt weitgehend auch für die Referate 7 (Menschenrechte) und
8 (Humanitäre Hilfe).

Trotz dieser beanspruchten größeren Verantwortung führte die
Regierung Kohl/Genscher im zweiten Golfkrieg noch die herkömm-
liche Scheckbuch-Diplomatie der alten Bundesrepublik fort. Als
Anfang 1991 eine von den USA geführte Allianz mit VN-Mandat
gemäß Kapitel VII die irakischen Truppen aus dem benachbarten
Emirat Kuwait vertrieb, waren deutsche Streitkräfte wie gehabt

nicht beteiligt. Aber die Bundesregierung leistete – ebenfalls wie zuvor üblich – einen hohen finanziellen Beitrag zu den Kriegskosten. Ungeachtet der stärkeren Verantwortungsrhetorik und den institutionellen Anpassungsleistungen hatte sich die deutsche Außenpolitik also zunächst nicht substantiell geändert. Erst die Auslandseinsätze der Bundeswehr (Kapitel 3.8) brachten hier einen sichtbaren Wandel.

Das Streben Deutschlands nach einem ständigen Sitz im Sicherheitsrat

Deutschland hat sich durch seine jahrzehntelang konsequente Politik des Multilateralismus tief in die internationale Staatengemeinschaft eingebunden und ist auch bereits zu Zeiten der alten Bundesrepublik ein respektiertes VN-Mitglied geworden. Warum will das vereinte Deutschland dann plötzlich einen ständigen Sitz im Sicherheitsrat? Ein neorealistischer Reflex (Kapitel 1.3.1) auf diese Frage wäre: Das nun vereinte, größere und vollständig souveräne Deutschland beansprucht international mehr Macht. Ist die Antwort tatsächlich so einfach? Was steckt genau hinter den deutschen Bemühungen? Ein kurzer Blick auf die Empirie.

Kurz nach der Ablehnung einer militärischen Beteiligung am zweiten Golfkrieg 1991 machte sich dann die Bereitschaft zur Übernahme von mehr Verantwortung im Herbst 1992 auf eine zu diesem Zeitpunkt unerwartete Art und Weise bemerkbar. Der neue (FDP-)Außenminister Klaus Kinkel, der das im Mai 1992 übernommen hatte, bekundete vor der Generalversammlung erstmals öffentlich ein deutsches Interesse an einem ständigen Sitz Deutschlands im Sicherheitsrat:

> „Der Sicherheitsrat ist der Wächter über den internationalen Frieden. Seine Handlungsfähigkeit und seine Glaubwürdigkeit sind gleichermaßen von Bedeutung. Eine Diskussion über seine Reform ist in Gang gekommen. Wir Deutschen ergreifen hier keine Initiative. Wenn aber eine Änderung der jetzigen Zusammensetzung des Rats konkret ins Auge gefasst wird, werden auch wir unseren Wunsch nach einem ständigen Sitz vorbringen" (zitiert in Hüfner 2007: 17f.).

In den folgenden Jahren wiederholte Kinkel dieses neue und für viele Staaten befremdliche deutsche Interesse. Zudem betrieb das Auswärtige Amt aktive Lobby-Arbeit, wurde aber von Kanzler Kohl und dem Kanzleramt gebremst. Kohl hatte Bedenken, dass sich das Streben nach einem ständigen Sitz negativ auf den europäischen Integrationsprozess auswirken könnte. Hinzu kamen Bedenken, dass Deutschland sich mit dieser Rolle überfordern würde (Gareis 2006: 167). Hier wurde also die klassische Konfliktlinie zwischen Auswärtigem Amt und Kanzleramt erneut konturiert (Kapitel 2.2.1). Aufgrund dieses Konflikts konnte der ständige Sitz in dieser Phase auch nicht mit voller diplomatischer Kraft verfolgt werden. Die dann folgenden halbherzigen Suchbewegungen fanden auch vor dem Hintergrund statt, dass das völkerrechtlich souveräne Deutschland einen neuen außenpolitischen Anker benötigte, da es in NATO und KSZE/OSZE nach dem Ende des Ost-West-Konflikts nicht mehr im Zentrum der Aufmerksamkeit stand. Durch den ständigen Sitz im Sicherheitsrat würde Deutschland, so das Kalkül, eine solche Rolle wieder einnehmen (Hüfner 2007: 491).

Die Diskussion um den ständigen Sitz Deutschlands im Sicherheitsrat steht im Kontext einer großen Debatte um die Reform der VN insgesamt. Dieser Reformbedarf geht deutlich über die Reform des Sicherheitsrates hinaus (z.B. Finanzreform). Diese gesamte Reformdebatte kann in diesem Band nicht geführt werden. Einige Reformen sind im Rahmen der geltenden Charta denkbar. Die Reform des Sicherheitsrates aber nicht. Sie muss gemäß Artikel 108 mit einer Zweidrittelmehrheit der Generalversammlung angenommen (128 der 192 Staaten) und ratifiziert werden; darunter alle ständigen Mitglieder des Sicherheitsrats.

Mitte der 1990er Jahre schien sich insofern erstmals ein window-of-opportunity geöffnet zu haben, als anlässlich des 50. Jahrestages der VN 1995 eine Reformdebatte entbrannt war (u.a. auf der Basis der 1992 von Generalsekretär Boutros-Gihali vorgelegten Agenda für den Frieden). Dort wurde über die Möglichkeiten der Verbesserung von Effizienz und Effektivität der VN-Hauptorgane gestritten (Hüfner 2007: 491). Die 1993 eingesetzte Open Ended Working Group legte 1997 mit dem Razali-Plan einen ersten Reformvorschlag vor. Dieser sah vor, den Sicherheitsrat um fünf ständige Sitze ohne Vetorecht (zwei für Industrieländer und jeweils einer für Afrika, Asien und Lateinamerika), sowie vier nicht-ständige Sitze (für Afrika, Asien, Lateinamerika und Osteuropa) zu erweitern (Andreae 2002: 178f.). Dass der Razali-Plan letztlich scheiterte, lag vor allem an der ablehnenden Haltung der USA, den Sicherheitsrat auf mehr als 21 Mitglieder aufzustocken. Die Aufstockung auf 24 Mitglieder hätte das Erreichen des Quorums im Sicherheitsrat für die USA und ihre Verbündeten erschwert sowie die allgemeine Handlungsfähigkeit des Sicherheitsrates – so die Argumentation der USA – eingeschränkt (Hellmann/Roos 2007: 9ff.). Hier zeigt sich deutlich das Spannungsverhältnis zwischen Effizienz und Legitimität (Kapitel 3.6.1).

Die rot-grüne Bundesregierung setzte überraschenderweise nach nur kurzem Zögern diese aktive Politik fort. Überraschend insofern, als Bündnis90/Die Grünen – die mit Außenminister Fischer als kleinerer Koalitionspartner traditionell die Leitung des Auswärtigen Amts übernommen hatten – zuvor in Oppositionszeiten noch gegen den ständigen Sitz gewesen waren. Das Auswärtige Amt erhielt nun sogar die Unterstützung aus dem Kanzleramt.

Auf dem Millenniums-Gipfel der VN am 6. September 2000 sprach erstmals seit Willy Brandt 1973 mit Gerhard Schröder wieder ein Kanzler vor der Generalversammlung. Schröder sprach von der deutschen Bereitschaft, die Akteursrolle der VN aktiv fördern zu wollen: „Die Vereinten Nationen sind wir alle! Jeder sollte einen Beitrag zu einer handlungsfähigen Weltorganisation im 21. Jahrhundert leisten. Deutschland wird sich dieser Verantwortung nicht entziehen" (zitiert in Gareis 2006: 157). Auch Fischer setzte die Politik seines FDP-Vorgängers fort und betonte die Bereitschaft zur Übernahme eines ständigen Sitzes. Der Ständige Vertreter der Bundesrepublik bei den VN Gunther Pleuger (2002-2006) begründete den deutschen Anspruch folgendermaßen:

> „Die ständige Mitgliedschaft im Sicherheitsrat ist logische Konsequenz und letztlich unvermeidbarer Baustein multilateraler deutscher Politik. Sie ist wie keine andere Mitgliedschaft geeignet, unsere außenpolitischen Ziele, Wertvorstellungen und Grundsätze in das globale Krisenmanagement einzubringen. Der SR-Sitz ist nicht Ziel an sich. Er ist Instrument und Maßstab für die Rolle Deutschlands in der internationalen Politik" (zitiert in Bredow 2006: 21).

Die Bundesregierung konzentrierte sich in dieser Zeit mit großer Intensität auf den ständigen Sitz. Auf einer Veranstaltung der Deutschen Gesellschaft für Auswärtige Politik antwortete Pleuger auf die Frage, welche drei VN-Reformen er sich für die Zukunft wünschen würde: „Erstens die Reform des Sicherheitsrats, zweitens die Reform des Sicherheitsrats und drittens die Reform des Sicherheitsrats" (Pleuger 2007). Die Gelegenheit war erneut günstig, da Generalsekretär Kofi Annan eine „Hochrangige Gruppe für Bedrohungen, Herausforderungen und Wandel" eingesetzt hatte, um Reformvorschläge zu erarbeiten. Die Gruppe konnte sich auf Reformkriterien und zwei Alternativmodelle verständigen. Modell A – stark am Razali-Plan orientiert – sah die Schaffung von sechs neuen ständigen Sitzen ohne Vetorecht sowie von drei neuen nicht-ständigen Sitzen für eine zweijährige Amtszeit vor. Anstelle neuer ständiger Sitze sieht Modell B die Schaffung einer neuen Kategorie von acht Sitzen für eine er-

neuerbare vierjährige Amtszeit (semi-permanente Sitze) sowie einen
zusätzlichen nicht-ständigen Sitz für eine (nicht erneuerbare) zweijährige Amtszeit vor. Die vier Weltregionen sollen jeweils zwei der
neuen nicht-ständigen Sitze erhalten. Man war sich des klassischen
Spannungsverhältnisses zwischen Legitimität bzw. Repräsentativität
und Effizienz durchaus bewusst und suchte nach dessen Auflösung
(Winkelmann 2006: 72f.). Letztlich kam keines der Modelle zur Abstimmung. 2004 unternahm die deutsche Diplomatie einen neuerlichen Anlauf. Deutschland hatte sich mit Brasilien, Indien und Japan
zur G4 zusammengeschlossen. Das Konzept enthielt den Vorschlag,
die Zahl der Mitglieder um sechs ständige und vier nichtständige
Mitglieder auf fünfundzwanzig Staaten zu erhöhen. Die sechs neuen
ständigen Mitglieder und die vier neuen nichtständigen Mitglieder
sollten nach einem geographischen Verteilungsmuster gewählt werden. Am 16. Mai 2005 brachten Deutschland, Brasilien, Indien und
Japan einen gemeinsamen Resolutionsentwurf in die Generalversammlung ein. Dieser scheiterte allerdings, auch weil die afrikanischen Staaten die neuen ständigen Sitze – unrealistischerweise – mit
Veto-Recht ausstatten wollten (Gareis 2006: 168). Ohne die Stimmen
der 53 afrikanischen Staaten wäre die notwendige Zweidrittelmehrheit der Generalversammlung nicht erreichbar gewesen. Auch nachfolgende Versuche – z.B. von Brasilien, Indien und Deutschland, aber
ohne Japan – versandeten. Eine Reform kam erneut nicht zustande.
Die Realisierbarkeit der G4-Bemühungen stand ohnehin auf wackli-
gen Beinen. Von einigen Staaten war das Vorgehen der G4 misstrauisch beäugt worden. Besonders Italien hatte sich als hartnäckiger
Gegen eines ständigen deutschen Sitzes hervorgetan. So warf Italiens
VN-Botschafter Deutschland vor, mit unlauteren finanziellen Anreizen Stimmen zu erkaufen. Italien sprach sich nicht nur gegen einen
deutschen Sitz aus, sondern initiierte die Gruppe „Vereint für Konsens" (bezeichnet als Coffee-Club). Diese Gruppe war weniger an
einem konstruktiven Beitrag zur Reform des Sicherheitsrates, sondern vielmehr an der Organisation einer Sperrminorität interessiert
(Gareis/Varwick 2006: 277). Eine Sicherheitsratsreform sollte das
politische Gewicht Italiens nicht verringern, vor allem nicht im Vergleich zu Deutschland (Hellmann/Roos 2007: 18f.): „Das Anliegen
in der internationalen Politik nicht schlechter dazustehen als Deutschland ist ein essentielles italienisches Interesse. Entsprechend liegt
auch die Verhinderung eines ständigen Sitzes für Deutschland im
vitalen Interesse Italiens" (Andreae 2002: 263). Diese Politik ist einerseits aufgrund des Selbstverständnisses Italiens als europäische

Großmacht zwar verständlich, aber dennoch insofern durchaus pikant, als Italien im Zweiten Weltkrieg ebenfalls eine der Achsenmächte war (Bredow 2006: 21). Aber es gab auch andere Vorbehalte gegen den G4-Vorschlag: Japan wurde zwar explizit von den USA unterstützt, jedoch von China abgelehnt. Deutschland wurde aufgrund seines Verhaltens beim Irak-Krieg von den USA abgelehnt. Argentinien und Mexiko waren gegen den Sitz für Brasilien. Großbritannien und Frankreich hingegen hatten nur dann keine Einwände gegen den deutschen ständigen Sitz, wenn die eigene Position im Sicherheitsrat damit nicht geschwächt würde.

Letztlich ist festzustellen, dass die Suche nach dem gemeinsamen Nenner, um die erforderliche Zweidrittelmehrheit in der Generalversammlung zu erreichen, trotz der intensiven Bemühungen auch der rot-grünen Bundesregierung nicht von Erfolg gekrönt war. Da eine Reform ohne die Befürwortung aller Vetomächte nicht durchsetzbar ist, war der ständige Sitz für Deutschland spätestens mit dem Zerwürfnis zwischen Deutschland und den USA im Irak-Konflikt nicht mehr erreichbar.

Die Große Koalition war dann zwar ebenfalls zur Übernahme der mit einem ständigen Sitz verbundenen größeren Verantwortung bereit. Ein aktives Streben fand allerdings nicht mehr statt. So blieb ist bei Äußerungen wie von Kanzlerin Merkel am 25. September 2007 vor der Generalversammlung:

> „Der Sicherheitsrat muss in Krisenfällen schnelle und allgemein verbindliche Vorschläge entwickeln. Dazu muss er legitimiert sein. In seiner jetzigen Zusammensetzung spiegelt der Sicherheitsrat nicht mehr die Welt von heute wider. Es führt deshalb kein Weg daran vorbei, ihn den politischen Realitäten anzupassen. Deutschland hat sich in den vergangenen Jahren in der Debatte stark engagiert. Deutschland ist bereit, auch mit der Übernahme eines ständigen Sicherheitsratssitzes mehr Verantwortung zu übernehmen" (Merkel 2007). Im März 2008 war die Bundesregierung dann doch noch einmal initiativ geworden und legte gemeinsam mit Zypern einen neuen Reformvorschlag mit einer Aufstockung auf 22 Staaten vor. Auch hier wurde versucht, Legitimität und Effizienz in Einklang miteinander zu bringen. Der Entwurf hätte ständige Sitze für die alte G4-Gemeinschaft ermöglicht und wurde von Italien erneut kritisiert („zu einseitig") (Welt online 2008).

Auch die neue schwarz-gelbe Bundesregierung hat im Koalitionsvertrag den mittlerweile obligatorischen Satz zur Bereitschaft zur Übernahme des ständigen Sitzes verankert (Koalitionsvertrag 2009: 105). Die Formulierungen deuten allerdings eher darauf hin, dass sie das

Ziel „Ständiger Sitz" zwar weiterhin im Auge hat, aber nicht prioritär und mit größerem Enthusiasmus verfolgen wird.

Unabhängig von der Intensität der Zielverfolgung der jeweiligen Bundesregierung: Wie sieht eigentlich das Begründungsmuster aus, mit dem Deutschland seine Bemühungen um einen ständigen Sitz als Teil einer umfassenden Reform unterfüttert? Folgende Argumente lassen sich herausarbeiten:

– Die bisherigen Leistungen Deutschlands in den VN.
– Die gestiegene Verantwortung Deutschlands in der Welt und die internationalen Erwartungen.
– Die steigende Handlungsfähigkeit des Sicherheitsrates.
– Die größere Legitimität bzw. Repräsentativität des Sicherheitsrates.
– Die europäische Perspektive.

Die bisherigen Leistungen Deutschlands in den Vereinten Nationen

Die Bundesregierungen verweisen darauf, dass Deutschland in den VN einen erheblichen politischen, materiellen und personellen Beitrag gelistet hat, sowohl in wirtschaftlicher als – nach 1990 – auch in militärischer Hinsicht (Andreae 2002: 51). Als drittgrößter Beitragszahler zahlt Deutschland mehr als vier der fünf ständigen Mitglieder im Sicherheitsrat. Zudem gehört Deutschland zu den rund 30 Staaten, die ihre Beiträge pünktlich entrichten (im Gegensatz zu den USA).

Zusätzlich gehört Deutschland zu den großen Truppenstellern der Friedensmissionen der VN. Diese Argumente werden allerdings durch den kontinuierlich abgesenkten Verteidigungshaushalt relativiert. Die Einschnitte sind so tief, „dass selbst einfache Operationen im Dienste der VN schwierig geworden sind" (Hellmann 2004: 485).

Die gestiegene Verantwortung Deutschlands in der Welt und die internationalen Erwartungen

Deutschland, so wird argumentiert, könne sich auf lange Sicht der Verantwortung der Übernahme eines ständigen Sitzes nicht entziehen, da dieser weltweit gefordert würde. Eine Ablehnung des Sitzes würde demnach nicht als Bescheidenheit, sondern als mangelnde

Tabelle 4: Deutsche Pflichtbeiträge an die Vereinten Nationen (in Mio. US-Dollar)

Jahr	Regulärer Haushalt	FEM[1]	CMP[2]	Gerichtshöfe	Internationale Konferenzen	DÜD[3]	Gesamt
1991	86,25	46,00	–	–	0,35	0,80	133,39
1992	87,94	53,00	–	–	–	0,86	141,80
1993	88,04	245,00	–	–	0,60	0,96	334,60
1994	90,84	154,38	–	–	–	1,20	246,42
1995	97,69	293,33	–	0,58	0,63	1,04	393,27
1996	98,47	113,38	–	2,62	0,30	1,01	215,75
1997	96,50	89,32	–	3,02	0,56	1,05	190,45
1998	101,86	75,93	–	9,25	0,25	1,06	188,35
1999	101,82	68,87	–	14,86	0,30	1,09	186,94
2000	103,91	211,46	–	15,92	0,10	1,10	332,49
2001	98,18	280,07	–	16,14	0,72	1,08	396,19
2002	109,31	186,06	–	19,05	0,28	0,97	315,67
2003	131,90	182,55	2,46	20,45	0,19	0,97	338,52
2004	123,21	303,94	–	23,01	0,65	1,15	451,96
2005	154,14	391,19	1,54	24,90	0,25	1,25	573,27
2006	147,83	359,35	9,41	22,75	0,39	1,20	540,93
2007	182,81	251,00	33,31	24,81	0,27	1,17	753,37

[1] FEM = Friedenserhaltene Maßnahme
[2] CMP = Capital Master Plan
[3] DüD = Deutcher Übersetzungsdienst

Quelle: Auswärtiges Amt 2008a: S. 135

Bereitschaft Deutschlands interpretiert, mehr Verantwortung für den Weltfrieden zu übernehmen. So betonte VN-Botschafter Pleuger: „Besonders seit der Wiedervereinigung sind die Erwartungen der Internationalen Gemeinschaft an Deutschland gewachsen. Aus dem breiten Vertrauen in die von Deutschland betrieben Friedenspolitik sowie die multilaterale Einbettung und Ausrichtung seiner Außenpolitik, wächst die Überzeugung vieler Staaten, Deutschland sollte dem Sicherheitsrat als ständiges Mitglied angehören" (Pleuger 2003: 686). Deutschland darf also aufgrund der jahrzehntelangen konsequent verfolgten Politik der Zurückhaltung und des Multilateralismus einen Vertrauensvorschuss für sich beanspruchen (Mützelburg 2005: 38).

Auch diese Argument ist zu relativieren. Trotz einer großen Akzeptanz der deutschen VN-Politik kann von einer internationalen Forderung nach einem ständigen Sitz für Deutschland keine Rede sein, wie das Scheitern des G4-Vorschlags zeigt. Auch das Argument, dass mit einer größeren Verantwortung automatisch eine stärkere Teilhabe am Entscheidungsprozess einhergehe (Mützelburg 2005: 37), ist nicht schlüssig. Grundsätzlich verpflichtet bereits die bloße VN-Mitgliedschaft dazu, sich für die VN-Ziele einzusetzen. Allein aus der Bereitschaft Deutschlands genau dieser Pflicht nachzukommen, lässt sich noch kein Anspruch auf einen privilegierten Status ableiten (Hellmann/Roos 2007: 27).

Die steigende Handlungsfähigkeit des Sicherheitsrates

Eine zentrale Anforderung an die Reform des Sicherheitsrates ist, dass dessen Effizienz erhalten bleibt oder gestärkt wird. Entscheidungsprozesse sollten also auch bei einer Erhöhung der Mitgliedsstaaten zumindest nicht schwieriger werden. In der Argumentation Deutschlands findet sich diese Prämisse in der Annahme wieder, dass die Handlungsfähigkeit des Sicherheitsrates zunehme, wenn mit Deutschland und Japan zwei der beitragsstärksten Mitgliedstaaten dauerhaft in den Sicherheitsrat einzögen (Hellmann/Roos 2007: 30). Durch eine solche Berücksichtigung einflussreicher Staaten würden zudem weniger Entscheidungen am Sicherheitsrat vorbei vorbereitet bzw. getroffen. Das Gremium wäre damit aufgewertet und würde seinen universalen Geltungsanspruch festigen.

Dem lässt sich entgegenhalten, dass jeder Reformvorschlag bisher eine Aufstockung der Mitglieder vorsieht. Kein Vorschlag sieht vor, dass Staaten Ihren Platz für Deutschland oder Japan räumen. Beim Gelingen einer solchen Reform wäre insofern eher mit Effizienzeinbußen zu rechnen, da eine Erhöhung der Mitglieder immer auch eine Abhängigkeit von zusätzlichen Einflussfaktoren bzw. Interessen bedeutet. Dies ist insbesondere bei einer Aufstockung der Staaten mit Vetorecht zu befürchten. Auch diese deutsche Argumentation überzeugt daher nicht.

Die größere Legitimität bzw. Repräsentativität des Sicherheits-
rates

Neben der Forderung nach einer Erhöhung der Handlungsfähigkeit
und Effektivität steht auch die verbesserte Repräsentativität und Legitimität (Kapitel 3.6.1) im Brennpunkt aller Reformvorschläge. Besonders von deutscher Seite wird argumentiert, dass der Sicherheitsrat repräsentativer zu gestalten ist, da seine Zusammensetzung nicht
mehr den geopolitischen Entwicklungen entspricht. Allerdings meint
Repräsentativität in der deutschen Argumentation weniger eine aus-
gewogenere Vertretung aller Regionen, sondern vielmehr, „dass vor
allem solche Staaten dem Sicherheitsrat angehören sollen, die erhebliche Beiträge zur Arbeit der Vereinten Nationen leisten" (Auswärtiges Amt 2009c). Vielfach wird Repräsentativität allerdings mit Regi-
onalproporz in Verbindung gebracht. Die Aufnahme Deutschlands als
weiteres ständiges Mitglied wäre aus dieser Sicht kein Beitrag zu
einer größeren Legitimität, da dies die Überrepräsentation der Industrienationen noch erhöhen würde. Die deutsche Diplomatie ist sich
dieses Umstandes bewusst. Nicht umsonst wurden Initiativen wie die
der G-4 (mit Brasilien und Indien) vorangetrieben, um hier jeglicher
Kritik den Wind aus den Segeln zu nehmen.

Des Weiteren wird Repräsentativität über den Anteil an der Weltbevölkerung gemessen. Aber auch dieser Aspekt spricht gegen
Deutschland. Die EU besetzt mit einem Anteil von 6% der Weltbevölkerung derzeit bereits 40% der ständigen Sitze im Sicherheitsrat.
Mit Russland repräsentiert Europa mit 9% der Weltbevölkerung 60%
der ständigen Sitze (Hellmann/Roos 2007: 31). Wenn höhere Repräsentativität mit einer Aufstockung der Mitgliedsstaaten einhergeht
(was bei allen bisherigen Reformvorschlägen der Fall ist), entsteht
zwischen Repräsentativität und Effektivität ein antiproportionales
Verhältnis. Ein repräsentativerer Sicherheitsrat wäre ineffizienter,
sofern die Verfahren nicht reine Mehrheitsentscheidungen ohne Veto-
Recht vorsehen. Die Herausforderung besteht also darin, einen Vorschlag zu erarbeiten, der die Handlungsfähigkeit des Sicherheitsrats
nicht beeinträchtigt, trotzdem ein hohes Maß an Legitimität aufweist
und dabei die realpolitischen Umsetzungschancen bedenkt.

Die europäische Perspektive

Die Argumentationsfigur hier lautet, dass Deutschland eigentlich einen ständigen EU-Sitz präferieren würde, aber aufgrund der mangeln-

den Erfolgsaussichten einen eigenen nationalen Sitz anstrebt. So wurde im rot-grünen Koalitionsvertrag 1998 fixiert: „Deutschland wird die Möglichkeit nutzen, ständiges Mitglied des Sicherheitsrates der Vereinten Nationen zu werden, wenn […] bis dahin der grundsätzlich bevorzugte europäische Sitz im Sicherheitsrat nicht erreicht werden kann" (zitiert in Hüfner 2007: 492). Das Argument des europäischen Sitzes wird auch von allen Außenpolitikern gebetsmühlenartig dem Streben nach dem deutschen Sitz vorangestellt und wird auch im Koalitionsvertrag 2009 wiederholt (Koalitionsvertrag 2009: 105). Aber realistisch ist dieser gemeinsame EU-Sitz nicht. Ersten wäre ein solcher Sitz zusätzlich zu den Sitzen Frankreichs und Großbritanniens undenkbar, weil dann diese beiden Staaten doppelt vertreten wären. Zweitens ist die Mitgliedschaft einer internationalen Organisation im Sicherheitsrat nicht möglich. Mitglieder können nur Staaten sein (Artikel 4). Drittens ist nicht absehbar, dass Frankreich und Großbritannien einem Vorschlag zustimmen, bei dem sie einen relativen Machtverlust erleiden würden (ausführlich Scheffler 2006). Aber ohne eine Aufgabe dieser beiden europäischen Sitze wird es zu keiner EU-Mitgliedschaft kommen. Viertens spricht auch die innere Verfasstheit der EU gegen eine einheitliche Vertretung in den VN. GASP und ESVP (Kapitel 3.1.3) sind intergouvernemental ausgelegt und auf Konsensfindung angewiesen. Solange diese zweite Säule von Maastricht nicht supranational organisiert ist, wird es der EU schwer fallen, zu gemeinsamen Positionen zu gelangen. Der Irak-Konflikt ist hierfür ein schlagendes Beispiel. Vorschläge für einen EU-Sitz „gehen an der politischen und rechtlichen Wirklichkeit vorbei und kommen zu früh" (Winkelmann 2006: 82). Daher wird teilweise auch der Hinweis bemüht, dass aufgrund der schlechten Erfolgsaussichten für einen EU-Sitz, Deutschland den eigenen ständigen Sitz auch deswegen anstrebt, um ihn dann quasi treuhänderisch für eine Vertretung der europäischen Interessen im Sicherheitsrat einzusetzen: „Deutschland hat zudem nie einen Zweifel daran gelassen, dass es einen nationalen Sitz „europäisch" wahrnehmen würde. Unser Handeln wäre demnach von der Vertretung europäischer Positionen und intensivem Austausch innerhalb der EU geprägt" (Pleuger 2003: 689). Hier bleibt völlig unklar, inwieweit bei den Defiziten in GASP und ESVP Deutschland ein europäisches Interesse formulieren und im Sicherheitsrat vertreten kann.

Der Befund lautet: Die Bemühungen um eine VN-Reform gleichen einer unendlichen Geschichte. Vermeintliche günstige Gelegenheiten sind ergebnislos verstrichen. Die VN – nicht nur der Sicherheitsrat – sind ein dringender Sanierungsfall. Das deutsche Streben nach einem ständigen Sitz begann 1992. Eine Realisierung ist nicht absehbar. Dennoch: Wenn auch nicht alle angeführten Argumentationsfiguren vollkommen stichhaltig sind, so kann Deutschland tatsächlich einige sehr gute Argumente für einen ständigen Sitz vorweisen. Damit ist Deutschland aber nicht schon ein natürlicher Kandidat. Grundsätzlich ist auch zu hinterfragen, welchen außenpolitischen Nutzen Deutschland tatsächlich durch den ständigen Sitz hätte. Sicherlich ist es im Zeitalter der Globalisierung nützlich, dort vertreten zu sein und mitreden zu können, wo Rahmenbedingungen für globale Sicherheitspolitik gesetzt werden. Andererseits ist ein ständiger Sitz kostspielig. Eine deutliche Aufstockung des Bundeswehretats und ein weiterer Umbau der Streitkräfte wären unvermeidlich. Nicht nur finanziell, sondern auch personell wäre Deutschland stärker gefordert.

Um für den Weltfrieden z.B. als Vermittler in Konflikten tätig zu sein, benötigt Deutschland diesen Sitz nicht. Er könnte sogar kontraproduktiv wirken. Auch würde ein ständiger Sitz die Gefahr einer Re-Nationalisierung der Außenpolitik auf Kosten des ohnehin derzeit schleppenden europäischen Integrationsprozesses – wie in den 1990er Jahren schon von Helmut Kohl befürchtet – erhöhen. Aus diesem Blickwinkel widerspräche der Sitz sogar dem Grundsatz des Multilateralismus. Auch könnte sich Deutschland mit einem Sitz nicht mehr gegen Kritik an seiner VN-Politik mit einem Verweis auf die Notwendigkeit europäischer Kompromissfindungen immunisieren. Deutschland wäre in einer exponierteren Position und potentiell häufiger Kritik für sein Handeln im Sicherheitsrat ausgesetzt. Deutschland könnte sich nicht mehr bei Bedarf zurückhalten, sondern müsste zu jedem Konflikt explizit Stellung beziehen. Sicherheitspolitische Neutralität wäre nur noch schwer möglich.

Letztlich ist der ständige Sitz zwar gegen die Interessen Italiens, nicht aber gegen die der USA durchsetzbar. Alle Initiativen während der Bush-Administration nach dem Irak-Konflikt 2002/2003 waren daher vergebene Lebensmühe. Ob die Obama-Administration einen deutschen Sitz befürworten und unterstützen wird, ist bislang nicht sichtbar getestet worden.

3.6.3 Abschlussbemerkungen: Multilateralismus im Wandel

In der deutschen Außenpolitik ist das Vertrauen in den Grundsatz des Multilateralismus tief verwurzelt. Dieses Vertrauen ist das Ergebnis von historischen Erfahrungen aus 60 Jahren Bundesrepublik. Der Grundsatz beruht zudem auf einer Werteentscheidung. Diese Entscheidung für multilaterale Institutionen wie die VN, EU, NATO, OSZE, WTO ist in allen außenpolitischen Politikfeldern deutlich sichtbar. Informelle multilaterale Gremien wie die G-8 sind zum Teil auf deutsche Initiativen hin entstanden. Die mühsamen Entscheidungsprozesse in vielen multilateralen Institutionen sowie die strukturelle Schwierigkeit des Multilateralismus, eine effektive und effiziente Konfliktbearbeitung zwischen einer oft hohen Zahl von Verhandlungspartnern zu erreichen, die selten über den kleinsten gemeinsamen Nenner hinausgeht, ist auch für die deutschen Verhandlungsteilnehmer meist frustrierend. Dennoch entfalten diese Frustrationserfahrungen letztlich keine abschreckende Wirkung.

In kaum einer anderen Institution ist dies so sichtbar wie in den VN. Die markantesten Veränderungen der deutschen VN-Politik sind die Beteiligung an multilateralen Friedensmissionen und die Bemühungen um einen ständigen Sitz im Sicherheitsrat. Der VN-Reformbedarf ist enorm und drängend. Die Reformunfähigkeit liegt maßgeblich in der Unfähigkeit der Mitgliedsstaaten begründet, zu einer Einigung über ein tragfähiges Konzept zu kommen. Hier erweist sich eine große Anzahl von Mitgliedsstaaten mit heterogenen Interessen als eine Beeinträchtigung der Handlungsfähigkeit. Das Spannungsverhältnis von Effizienz und Legitimität wird deutlich. Eine grundlegende Veränderung dieser Situation bzw. eine Auflösung des Spannungsverhältnisses ist nicht absehbar.

Daraus lässt sich aber noch keine grundsätzliche Krise des Multilateralismus ableiten (Krause 2004). Dennoch hat ein doppelter Begriffswandel stattgefunden. Auf der Ebene des internationalen Systems bezieht sich Multilateralismus erstens weniger als zuvor auf die Beziehungen zwischen souveränen, in sich geschlossenen Staaten, die sich als kollektive Akteure ausschließlich über ihre zwischenstaatlichen Angelegenheiten austauschen. Daher ist die „black box" des kollektiven Akteurs Staat aufzubrechen. Auch die inneren Angelegenheiten eines Staates sind in multilateralen Institutionen längst nicht mehr Tabu. Zudem bezieht sich Multilateralismus auch auf transnationale Verhältnisse zwischen Staaten und nichtstaatlichen Akteuren (u.a. NGOs, transnationale Unternehmen). Diese Entwicklung spiegelt die gestiegene Bedeutung zivilgesellschaftlicher Akteure in den internationalen Beziehungen wieder.

Auf der Ebene der Außenpolitikanalyse verstellt zweitens die neorealistische Prognose, dass sich das vereinte Deutschland aus multilateralen Institutionen zurückziehen wird und es zu einer sichtbaren Abkehr vom Multilateralismus kommt (Kapitel 1.3.1), den Blick auf die erheblich spannendere Beobachtung, dass sich das Verhalten der deutschen Außenpolitik in multilateralen Institutionen verändert hat. Als nationale Interessen definierte und offensiv vertretene außenpolitische Ziele sind in den Vordergrund gerückt (Kapitel 3.8.2). Ziele der Einflusssicherung und Statusverbesserung treten neben die weiterhin vorhandene Präferenz für multilaterale Einbettungen. Das Streben nach einem ständigen Sitz im Sicherheitsrat ist hierfür das wohl prominenteste Beispiel.

Die deutsche Anerkennungspolitik gegenüber Slowenien und Kroatien ist hingegen kein klares Indiz für eine bevorstehende Abkehr vom Grundsatz des Multilateralismus und eine Hinwendung zu einem deutschen Unilateralismus. Dazu war der Gesamtprozess zu sehr multilateral eingebettet. Das deutsche Verhalten im Irak-Konflikt 2002/2003 ist genauso wenig als simple Abkehr vom Grundsatz des Multilateralismus zu bewerten. Allerdings war das Verhalten in der EU, im Sicherheitsrat wie auch gegenüber den USA wenig vom Geist multilateraler Zusammenarbeit geprägt. Hier hat hingegen die Instrumentalisierung des Konflikts für innenpolitische Zwecke – ein Faktor, dessen genaue Rolle und Gewichtung in der Analyse des Entscheidungsprozesses schwer herausgearbeitet werden kann – eine relevante Rolle gespielt.

Der Befund lautet daher: Auch das vereinte Deutschland hat grundsätzlich an der multilateralen Ausrichtung seiner Außenpolitik festgehalten. Eine verstärkte Tendenz zu Unilateralismus ist nicht erkennbar. Die drei intuitiv fragwürdigen Fälle weisen alle nicht eindeutig in die Richtung eines deutschen Unilateralismus und begründen damit keinen grundsätzlichen Politikwandel. Auch eine klare Hinwendung zum Bilateralismus fand nicht statt.

Wenn also keine Abkehr vom außenpolitischen Grundsatz des Multilateralismus stattgefunden hat, so hat sich beim Begriffsverständnis, d.h. die Art und Weise wie der Multilateralismus praktiziert wurde, dennoch eine Akzentverschiebung ergeben. Deutschlands tritt heute stärker eigennutzorientierter auf. Elemente von Einflusssicherung treten neben die weiterhin vorhandene Präferenz für multilaterale Einbettungen. Neben größerer Eigennutzorientierung begleiten auch Kosten-Nutzen-Analysen das multilaterale Handeln Deutschlands stärker als zuvor. Multilateralismus muss möglichst effektiv und effizient sein. Die angestrebten Ziele sollten erreichbar und die Wirtschaftlichkeit einigermaßen gewährleistet sein. Multilateralismus als Selbstzweck ist nicht (mehr) ein primäres Motiv der deutschen Außenpolitik. So sind „Prinzipien- und wertorientierte Begründungsmuster für multilaterale Außenpolitik […] zwar nach wie vor anzutreffen, haben aber deutlich an Bedeutung verloren" (Baumann 2007: 443).

Letztlich gibt es für die deutsche Außenpolitik trotz aller Effektivitäts- und Effizienzdefizite sowie der schwierigeren Realisierbarkeit von Verteilungsinteressen zum Grundsatz des Multilateralismus aufgrund der globalen Herausforderungen keine ernsthaften Alternativen. Multilateralismus wird ein dauerhaftes Strukturmerkmal deutscher Außenpolitik und ein Grundsatz für das Handeln seiner politischen Entscheidungsträger bleiben. Aber Multilateralismus bedeutet keinen Verzicht auf die Durchsetzung außenpolitischer Ziele. Im Gegenteil: „In einem interdependenten internationalen System besitzt ein Staat dann Macht, wenn er seine Ziele dadurch erreicht, dass er andere veranlasst, daran mitzuwirken" (Gareis 2006: 92).

Literatur

Baumann, Rainer 2006: Der Wandel des deutschen Multilateralismus. Eine diskursanalytische Untersuchung deutscher Außenpolitik, Nomos-Verlag, Baden-Baden.

Hellmann, Gunther/Ulrich Roos 2007: Das deutsche Streben nach einem ständigen Sitz im UN-Sicherheitsrat. Analyse eines Irrwegs und Skizzen eines Auswegs, Institut für Entwicklung und Frieden, Universität Duisburg-Essen.

Opitz, Peter J. (Koordinator) 2007: Die Vereinten Nationen, Bayerische Landeszentrale für Politische Bildungsarbeit, 5. überarbeitete und aktualisierte Auflage, München.

Putnam, Robert 1988: Diplomacy and Domestic Politics: The Logic of Two-Level Games, in: International Organization 42, S. 427-460.

Schwarz, Hans-Peter 1985: Die gezähmten Deutschen. Von der Machtbesessenheit zur Machtvergessenheit, 2. Aufl., Stuttgart.

3.7 Deutsche Außenpolitik für die Menschenrechte

Als Menschenrechte werden diejenigen Freiheitsansprüche bezeichnet, die der Mensch allein aufgrund seines Menschseins erheben kann und die aus ethischen Gründen rechtlich zu sichern sind. In diesem Sinne wird von „natürlichen", „vorstaatlichen", „angeborenen" und „unveräußerlichten" Rechten gesprochen. Juristisch werden Menschenrechte von Grundrechten und Bürgerrechten unterschieden. Anders als Bürgerrechte sind Grundrechte solche Rechte des Einzelnen, zu deren Wahrung der Staat auf der Basis völkerrechtlicher Normen verpflichtet ist. Im Unterschied zu Bürgerrechten sind Grundrechte nicht auf Staatsangehörige beschränkt, sondern gelten für alle auf einem Staatsterritorium lebenden Menschen (Dicke/Fröhlich 2005: 309). Menschenrechte sind aber nicht nur eine rechtliche, sondern auch eine moralische Größe (ausführlich Brieskorn 1997, Fritsche 2004; Göller 1999; Janz/Risse 2007, Lohmann/Gosepath 2002; Menke/Pollmann 1999, Tönnies 2001). Deutschland ist in seiner Menschenrechtspolitik Verpflichtungen auf globaler (VN) sowie auf europäischer (EU, Europarat, OSZE) Ebene eingegangen und hat sich damit auf den weltweiten Einsatz zum Schutz und zur Förderung der Menschenrechte verpflichtet (Auswärtiges Amt 2008e: 14f.).

Zunächst wird in diesem Kapitel die Verortung der Menschrechte im Koordinatensystem der Bundesrepublik vorgenommen. Dazu zählen grundgesetzliche Anforderungen genauso wie die internationalen Anforderungen in Europa und in der Welt. Dann werden die institutionellen Kontexte und Instrumente deutscher Menschenrechtspolitik erörtert und das Phänomen der Doppelstandards problematisiert. Zu den Instrumenten der Menschenrechtspolitik gehört auch der Extremfall der humanitären Intervention, der ausführlicher behandelt wird. Abschließend wird die deutsche Menschrechtspolitik am Fallbeispiel der Afrikapolitik konkretisiert. Dieses Beispiel ist besonders deswegen interessant, weil Deutschland auf dem afrikanischen Kontinent auf eine koloniale Vergangenheit zurückblickt.

Insgesamt soll in diesem Kapitel aufgezeigt werden, dass Menschenrechtspolitik ein schwer zu erfassender außenpolitischer Gegenstand ist. Er besteht einerseits im neoinstitutionalistischem Sinne aus internationalen Menschenrechts-Regimen (Kapitel 1.3.2). Andererseits wird Menschenrechtspolitik als politikfeldübergreifende Querschnittaufgabe wahrgenommen, die entsprechend eine große Bandbreite an Akteuren involviert. Tatsächlich geraten Menschenrechtsinteressen als weiche Interessen gerade aufgrund dieses Querschnittscharakters nicht selten mit anderen Interessen in Konflikt und sind nur schwer in Einklang miteinander zu bringen. In solchen Konfliktsituationen werden Menschenrechte nicht selten in den Hintergrund gedrängt. Ein Erklärungsangebot dafür hält die realistische Perspektive bereit (Kapitel 1.3.1). Der Referenztheoretiker des klassischen Realismus Hans J. Morgenthau beschreibt das Problem folgendermaßen:

> „[…] there are two basic hindrances to a foreign policy integrally committed to the defense of human rights. On the one hand, consistency in such defense is impossible, since it is not the prime business of a state, interacting as it must with other states, to defend human rights. On the other hand, it is not feasible to pursue human rights without taking into consideration other aspects of relations with other nations, which may be more important than those connected with human rights" (Morgenthau 1993: 248).

Außenminister Fischer nahm im Jahr 2000 ebenfalls dieses Spannungsverhältnis wahr, sah aber – aus einer idealistischen Perspektive (Kapitel 1.3.3) – die Menschenrechtspolitik nicht gleichermaßen in der Defensive:

> „Der Schutz der Menschenrechte ist eine Grundlage menschlicher Ethik. Die universelle menschlichen Grundrechte und Freiheiten sind unveräußerlich. Sie können daher nicht gegen andere Ziele, etwa im Wirtschaftsbereich, aufgerechnet werden. Menschenrechtsschutz hat neben dieser prinzipiellen ethischen auch eine sehr konkrete, praktische Relevanz. Nur der Schutz der Menschenrechte und die Herrschaft des Rechts können echte, nachhaltige Stabilität und Frieden garantieren. „Menschenrechtsverletzungen von heute sind die Kriege von morgen", wie es die UNO-Menschenrechtskommissarin Mary Robinson treffend gesagt hat. Menschenrechtspolitik muss daher das Fundament präventiver Friedenspolitik sein. Mehr noch – Menschenrechte, Demokratie und Rechtsstaatlichkeit sind auch entscheidende Voraussetzungen für eine erfolgreiche, nachhaltige Entwicklung. Menschenrechtspolitik ist somit Prinzipien- und Interessenpolitik. Aus diesem Grund wird Deutschland dem Schutz der Menschenrechte weiterhin höchste Priorität geben" (Auswärtiges Amt 2000: Vorwort).

Diese wortgewaltige Rhetorik stellt den Grundsatz der Menschenrechte mindestens gleichwertig neben andere außenpolitische Grundsätze. In der Praxis aber klafft, wie dieses Kapitel aufzeigen wird, eine sichtbare Lücke zwischen Anspruch und Wirklichkeit.

Zunächst einmal ist festzuhalten, dass die Achtung der Menschenrechte Verfassungsrang besitzt. Ein zentrales Element der deutschen Menschenrechtspolitik ist die Würde des Menschen gemäß Artikel 1.1 und Artikel 1.2 GG:

> „(1) Die Würde des Menschen ist unantastbar. Sie zu achten und zu schützen ist Verpflichtung aller staatlichen Gewalt. (2) Das Deutsche Volk bekennt sich darum zu unverletzlichen und unveräußerlichen Menschenrechten als Grundlage jeder menschlichen Gemeinschaft, des Friedens und der Gerechtigkeit in der Welt."

Daraus ergibt sich ein unmittelbarer Auftrag für eine aktive Menschenrechtspolitik im Inland wie in der Außenpolitik. So formulierte das Auswärtige Amt 2008:

> „Im Mittelpunkt der Menschenrechtspolitik steht die Sorge um den Menschen. Dabei macht Menschenrechtsschutz keinen Unterschied zwischen Deutschen und Nichtdeutschen, zwischen Angehörigen von Mehrheiten und Minderheiten. Menschenrechte sind unteilbar und dürfen nicht gegeneinander ausgespielt werden. Ziel deutscher Menschenrechtspolitik ist die weltweite Durchsetzung und Sicherung der ganzen Bandbreite der bürgerlichen, politischen, wirtschaftlichen, sozialen und kulturellen Menschenrechte. […] Die Bundesregierung tritt für die universelle Geltung der Menschenrechte und damit gegen eine kulturelle Relativierung des Menschenrechtsbegriffs ein. […] Massive Menschenrechtsverletzungen gefährden oder zerstören internationale Stabilität und Sicherheit, sie schaden dem wirtschaftlichen Wohlstand der Staaten und ihrer wirtschaftlichen und sozialen Entwicklung. […] Wo Menschen anders vor Verletzungen ihrer Rechte und Grundfreiheiten nicht geschützt werden können, müssen internationale Kontrolle, internationaler Druck und öffentliche Kritik als Mittel zur Durchsetzung dienen. Herzstück präventiver Diplomatie bleibt aber eine auf Dialog und Kooperation gegründete Menschenrechtspolitik und Konfliktvorbeugung" (Auswärtiges Amt 2008f).

3.7.1 Menschenrechte in den Vereinten Nationen

Ein zentrales Ziel der VN besteht in Förderung der Menschenrechte (ausführlich Baum 1998; Opitz 2002). In der Charta existiert zwar kein eigener Menschenrechtsschutzkatalog, dennoch sind Menschenrechte in der Charta verankert. So ist in Artikel 55 c) festgeschrieben, dass die VN „die allgemeine Achtung und Verwirklichung der Menschenrechte und Grundfreiheiten für alle ohne Unterschied der Rasse, des Geschlechts, der Sprache oder der Religion" fördern. In Artikel

56 ist die Verpflichtung aller Mitgliedstaaten festgeschrieben, gemeinsam und mit der Organisation zusammenzuarbeiten, um die in Artikel 55 dargelegten Ziele zu erreichen. Um die Menschenrechte zu fördern, hatte gemäß Artikel 68 der Charta der Wirtschafts- und Sozialrat der VN (ECOSOC) eine Menschenrechtskommission eingesetzt. Neben der Ausarbeitung von Konventionen befasste sich diese Kommission mit konkreten Menschenrechtsverletzungen.

Am 10. Dezember 1948 wurde die Allgemeine Erklärung der Menschenrechte verabschiedet (ausführlich Morsink 1999). Dort werden neben den traditionellen Freiheits- und politischen Rechten auch wirtschaftliche, kulturelle und soziale Rechte festgelegt. Am 19. Dezember 1966 kamen die internationalen Pakte über bürgerliche und politische Rechte sowie über wirtschaftliche, soziale und kulturelle Rechte hinzu. Direkt nach ihrem Beitritt 1973 ratifizierte die Bundesrepublik beide Pakte. Weiter ausdifferenziert wurde die Kompetenz der VN durch Abkommen, die die Bekämpfung massiver Menschenrechtsverletzungen zum Ziel haben (Genozidabkommen 1948, Sklaverei und Sklavenhandel 1953 und 1956, Zwangsarbeit 1957, Apartheid 1973) oder sich mit dem Schutz vor Diskriminierungen bestimmter Gruppen befassen (z.B. Rassendiskriminierung 1966, Frauen 1953 und 1973, Kinder 1989, Wanderarbeiter 1991, Flüchtlinge 1954, 1967) (Dicke/Fröhlich 2005: 311). Bis in die 1990er Jahre war die Menschenrechtspolitik in den VN primär eine Funktion des Ost-West-Konflikts. Entsprechend waren die Handlungskorridore beschränkt. Nach 1990 sollten die mutmaßlich größeren Möglichkeiten für eine intensivierte Menschenrechtspolitik genutzt werden. Auch Außenminister Kinkel unterstrich die große Bedeutung der Menschenrechte in der deutschen Außenpolitik (Pfeil 2001: 89).

Von eminenter Bedeutung für die Weiterentwicklung des internationalen Menschenrechtschutzes nach dem Ende der Blockkonfrontation war die Weltmenschenrechtskonferenz in Wien im Juni 1993. Dort wurde von 171 Staaten, darunter Deutschland, die „Wiener Erklärung und Aktionsprogramm" verabschiedet. Von zentraler Bedeutung sind dort das Bekenntnis zur Universalität und Unteilbarkeit der Menschenrechte sowie eine Anerkennung des Rechts auf Entwicklung durch die westlichen Industriestaaten (Voß 2000: 30). Ein weiteres Ergebnis war die Einrichtung des Amtes des Hohen Kommissars für Menschenrechte, das am 20. Dezember 1993 bei der 48. Generalversammlung beschlossen wurde (Resolution 48/141). Ein weiterer Meilenstein der internationalen Menschenrechtspolitik war die Einrichtung des Internationalen Strafgerichtshofs (IStGH) in Den Haag. Das

Rom-Statut wurde als Grundlage des IStGH am 17. Juli 1998 angenommen. Es trat nach Hinterlegung der 60. Ratifikationsurkunde am 1. Juli 2002 in Kraft. Der IStGH ist als eigenständige internationale Organisation mit den VN durch ein Kooperationsabkommen verbunden. Er ist ein Instrument zur Ahndung von Völkermord, Verbrechen gegen die Menschlichkeit und Kriegsverbrechen; auch gegenüber Individuen. Deutschland ist größter Beitragszahler und gehörte schon bei den Diskussionen um seine Einrichtung in der Regierung Kohl/ Kinkel zu den maßgeblichen Unterstützern (Auswärtiges Amt 2008g).

Die Einrichtungen, die sich im VN-System mit Menschenrechten auseinandersetzen, sind zahlreich und kaum überschaubar (ausführlich Alston 1992). Sie sind zudem wenig arbeitsteilig verzahnt, sondern es bestehen Überlappungen bei Aufgaben und Zuständigkeiten. Diese Mehrfachstrukturen führen bestenfalls zu Reibungsverlusten und Ressourcenverschwendung. Schlimmstenfalls kommt es aufgrund dieser Fragmentierung zu widersprüchlichen oder kontraproduktiven Aktivitäten. So arbeitet der ECOSOC mit 14 Sonderorganisationen, elf Entwicklungsfonds und -programmen, fünf Regionalkommissionen, verschiedenen fachlichen Kommissionen und Ausschüssen (z.B. dem dritten Ausschuss der Generalversammlung, der sich mit der Menschenrechtslage in der Welt, sowie der Entwicklung rechtlicher Instrumente und Programme zur Förderung der Menschenrechte befasst) zusammen. In Genf sitzt zudem das Büro des Hochkommissars für Menschenrechte. Weitere Programme sind das Entwicklungsprogramm (UNDP), das Welternährungsprogramm (WFP), der Bevölkerungsfonds (UNFPA), das Kinderhilfswerk (UNICEF), das Programm zu HIV/AIDS (UNAIDS), der Entwicklungsfonds für Frauen (UNIFEM) und das Freiwilligenprogramm (UNV). Die mit den VN vertraglich verbundenen, aber rechtlich eigenständigen Sonderorganisationen wie die Ernährungs- und Landwirtschaftsorganisation (FAO), die Internationale Arbeitsorganisation (ILO), die Organisation für Erziehung, Wissenschaft und Kultur (UNESCO), die Weltgesundheitsorganisation (WHO) und die Organisation für Industrielle Entwicklung (UNIDO) bilden internationale Standards und Normen heraus.

Um diesen über Jahrzehnte entstandenen institutionellen Dschungel und die damit verbundene Kritik abzufedern, wurde 1997 eine Entwicklungsgruppe (UNDG) gegründet. In der UNDG arbeiten alle Programme, Fonds und Sonderorganisationen zusammen, die sich mit Entwicklungszusammenarbeit beschäftigen. Ziel dieser institutionellen Reform war es, vorhandene Ressourcen zu bündeln, die Ak-

tivitäten besser zu koordinieren und als geschlossener entwicklungspolitischer Akteur aufzutreten. Erste Erfolge sind feststellbar, aber
der Prozess hat sich als äußerst mühsam erwiesen. Daher wurde der
Generalsekretär auf dem Millennium+5-Gipfel im September 2005
beauftragt, Vorschläge für die weitere notwendige Verbesserung der
Zusammenarbeit auszuarbeiten. Der Generalsekretär hat dafür ein
hochrangiges Beratungsgremium eingerichtet.

Der Menschenrechtsrat: Der 2006 geschaffene Menschenrechtsrat
besitzt ein umfassendes Mandat zur Behandlung menschenrechtlicher Fragen (Auswärtiges Amt 2008e: 265ff.). Die Generalversammlung hatte im März 2006 mittels Resolution 60/251 die Ablösung der
in ihrer Arbeit stark kritisierten Menschenrechtskommission, in der
die Bundesrepublik seit 1979 Mitglied war, beschlossen. Dieser Re-
launch basierte auf einem Reformvorschlag des damaligen General-
sekretärs Annan zur Stärkung des weltweiten Menschenrechtsschut-
zes (In Larger Freedom). Der aus 47 Mitgliedern zusammengesetzte
Rat ist den Ausschüssen gleichgestellt und berichtet der Generalversammlung. Zu den zentralen Veränderungen gehört, dass der Menschenrechtsrat durch das Abhalten von Sondersitzungen in die Lage
versetzt wird, schneller auf schwere Menschenrechtsverletzungen zu
reagieren. Anders als in der Menschenrechtskommission ist der Zugang für Staaten, die selbst Menschenrechte verletzen, erschwert
worden, da Mitgliedskandidaten nun ihr menschenrechtliches Engagement erläutern müssen. Auch besteht die Möglichkeit der Abwahl.
Deutschland ist Mitglied des Menschenrechtsrats und erzielte bei der
Wahl in der westlichen Regionalgruppe mit 154 Stimmen das beste
Wahlergebnis. Deutschland setzt sich insbesondere für folgende Themen ein:

– Bekämpfung von Folter,
– Achtung der Menschenrechte bei der Terrorismus-Bekämpfung,
– Bekämpfung des internationalen Menschenhandels,
– Abschaffung der Todesstrafe,
– Verurteilung aller Formen des Antisemitismus,
– Schutz vor Diskriminierung aufgrund sexueller Orientierung und
– Stärkung von Frauenrechten.

Festzustellen ist, dass der Kampf für die Menschenrechte im VN-
System trotz der drei wichtigen Reformen Menschenrechtsrat, IStGH
und UNDG eine überaus mühsame Angelegenheit bleibt und das
Problem der Fragmentierung nicht beseitigt wurde. Nach wie vor
kommt es häufig zu „Kompromissresolutionen auf der Basis des

kleinsten gemeinsamen Nenners, zwar ein Erfolg für die Diplomatie, häufig aber eine erhebliche Enttäuschung für Menschenrechtsexperten und NGOs" (Heinz 2007b: 700). Deutschland versucht mit seiner VN-Menschenrechtspolitik eigene Akzente zu setzen. Zieht man das Wahlergebnis für den Menschenrechtsrat als Kriterium heran, dann verfügt Deutschland in der internationalen Menschenrechtspolitik über eine hohe Reputation.

3.7.2 Menschenrechte in Europa

Die maßgeblichen Institutionen für den Menschenrechtsschutz in Europa sind die EU, der Europarat und die OSZE. Deutschland koordiniert seine internationale Menschenrechtspolitik in der EU weitgehend in der GASP. Als Grundlage für den Menschenrechtsschutz in Europa dient die Europäische Konvention zum Schutze der Menschenrechte und Grundfreiheiten von 1953 (ausführlich von Arnim 2003; Girardet/Nortmann 2005).

Die EU macht als Vorbedingung für einen Beitritt – Beschluss des Europäischen Rats am 22. Juni 1993 in Kopenhagen – die Einhaltung der Kopenhagener Kriterien zur Pflicht, unter denen sich bei den politischen Kriterien auch die Wahrung der Menschenrechte sowie Achtung und Schutz von Minderheiten befinden. Schon mit der Einführung dieser Kriterien, aber spätestens seit dem Vertrag von Amsterdam 1997 versteht sich die EU auch hinsichtlich des Politikfelds Menschenrechte als Wertegemeinschaft (ausführlich Schilling 2004, Seidel 1996). So hat die GASP Leitlinien bei Kontakten mit Drittländern verfasst. Diese Verklammerung von GSAP und Menschenrechten verdeutlicht den Querschnittscharakter dieses Politikfelds. Auf dem Gipfeltreffen von Nizza wurde am 7. Dezember 2000 mit der Proklamierung der EU-Grundrechtscharta der Grundstein für die Aufnahme europäischer Grundrechte in die Verträge gelegt (Dicke/Fröhlich 2005: 313). Die Institutionalisierungstendenzen wurden nicht nur durch die Schaffung des Amtes einer Persönlichen Beauftragten des Hohen Repräsentanten für Menschenrechte 2005 weiter verfestigt. Mittlerweile verfügt die Europäische Kommission als Exekutivorgan der EU über drei zentrale Einrichtungen zur Gestaltung ihrer Entwicklungs- und Menschenrechtspolitik: EuropeAid (Koordination der Entwicklungspolitik), European Community Humanitarian Office (Europäisches Amt für humanitäre Hilfe mit Katastrophen- und Nothilfe) und die Europäische Investitionsbank (Kreditgeber für Partnerstaaten).

Die in Nizza proklamierten Grundrechte wurden mit der Ratifikation des Vertrags von Lissabon rechtsverbindlich. Der Vertrag enthält einen Katalog von politischen, wirtschaftlichen, sozialen und Bürgerrechten. So können Bürger beim Europäischen Gerichtshof eine Klage einreichen, wenn sie sich durch einen EU-Rechtsakt in ihren Grundrechten verletzt sehen. Auch werden Rechte garantiert werden, die nicht in der Europäischen Menschenrechtskonvention des Europarates verankert sind (z.B. das Recht auf Schutz personenbezogener Daten, Rechte in der Bioethik, das Recht auf gute Verwaltung).

Auch bei internationalen Abkommen der EU wie dem Entwicklungszusammenarbeitsabkommen von Cotonou (seit 2000) mit den AKP-Staaten (Afrika, Karibik, Pazifik) oder dem Barcelona-Prozess (seit 1995) mit den Mittelmeeranrainerstaaten wird der Menschenrechtsdialog stärker als zuvor betont (ausführlich Schieder 2009). Eine genaue Analyse der deutschen Menschenrechtspolitik in der EU wird allerdings dadurch erschwert, dass oft keine Informationen darüber erhältlich sind, wie sich Deutschland bei vertraulichen Beratungen in der EU positioniert (Heinz 2007a: 542).

Europäischer Menschenrechtsschutz außerhalb der EU

Der Europarat – selbst keine Institution der EU – installierte 1999 einen eigenen Menschenrechts-Hochkommissar und verfügt damit über ein eigenes Kontrollinstrumentarium (ausführlich Brummer 2008). Auch in der OSZE werden Menschenrechte gefördert (ausführlich Velickovic). Als regionale Abmachung im Sinne von Kapitel VIII der VN-Charta übernimmt die OSZE Funktionen eines politischen Verhandlungs- und Konsultationsrahmens. Zu ihren Kernaufgaben gehören die Konfliktfrühwarnung, -prävention und -nachsorge. Dafür hat die OSZE ein Instrumentarium zur präventiven Diplomatie geschaffen. Im Bereich der Menschenrechte existiert ein Büro für Demokratische Institutionen und Menschenrechte (ODIHR). Es organisiert Wahlbeobachtungsmissionen, fördert Demokratie und Rechtsstaatlichkeit, führt institutionelle Aufbauhilfe und Beratung durch und wacht über die Einhaltung von Menschenrechtsstandards. Ferner verfügt die OSZE über ein Amt des Hohen Kommissars für Nationale Minderheiten. Deutschland arbeitet in allen Bereichen der OSZE aktiv mit, beteiligt sich dort finanziell – 10%-Beitrag zum laufenden Haushalt sowie freiwillige Beiträge – und personell maßgeblich (Auswärtiges Amt 2008e, 244ff.). Deutsche Mitarbeiter sind in fast allen Einrichtungen und Langzeitmissionen der OSZE tätig und beteiligen sich mit bis zu 10 % – der vorgegebenen Obergrenze – an Wahlbeobachtungsmissionen des ODIHR-Büros. Deutsche Abgeordnete nehmen im Rahmen der Parlamentarischen Versammlung der OSZE an Wahlbeobachtungen teil (Kapitel 2.2.2). In der OSZE misst Deutschland insbesondere der Bekämpfung des Antisemitismus große Bedeutung bei. So fördert die Bundesregierung die Umsetzung der Ergebnisse der Berliner OSZE Antisemitismuskonferenz vom April 2004 (Berliner Erklärung) und unterstützt personell wie finanziell die ODIHR-Toleranzeinheit. Seit Dezember 2004 ist der Bundestagsabgeordnete Prof. Gert Weisskirchen OSZE-Beauftragter für die Bekämpfung des Antisemitismus.

3.7.3 Deutsche Institutionen und Instrumente sowie die Politik der Doppelstandards

Auch auf staatlicher Ebene hat die deutsche Menschenrechtspolitik seit der Wiedervereinigung einen Institutionalisierungsschub und eine Ausdifferenzierung der Instrumente erlebt.

Institutionen der Menschenrechtspolitik

In der Bundesregierung ist in der Geschäftsverteilung grundsätzlich das Auswärtige Amt federführend. Dort liegt die Verantwortung in erster Linie beim Arbeitsstab Menschenrechte im Referat Globale Fragen. Die Auslandsvertretungen sind gehalten, jährlich oder aus gegebenem Anlass über die Lage der Menschenrechte im Gastland zu berichten. Neben den multilateralen Institutionen wird vom Auswärtigen Amt auch bilateral mit vielen Staaten über die dortige Menschenrechtssituation mit dem Ziel der Situationsverbesserung gesprochen (Heinz 2007b: 697).

Trotz dieser klaren Zuschreibung sind die Zuständigkeiten in der deutschen Menschenrechtspolitik äußerst fragmentiert. Neben dem BMZ haben folgende Bundesministerien Berührungspunkte zur deutschen Menschenrechtspolitik: Das Ministerium für Arbeit und Soziales (zuständig für die internationale Arbeitsorganisation ILO), das Ministerium für Familie, Senioren, Frauen und Jugend (Zuständigkeiten für Frauen- und Kinderrechte) sowie das Ministerium für Wirtschaft und Technologie (Richtlinie für multinationale Konzerne und Hermes-Bürgschaften). Zudem besteht im Bundesministerium für Justiz ein Amt für Menschenrechtsfragen, das sich mit Klagen gegen Deutschland beim europäischen Gerichtshof für Menschenrechte und der Diskussion der deutschen Menschenrechtssituation durch Expertenausschüsse befasst. Eine echte Koordinations- und Abstimmungsstelle besteht nicht.

Auch die Legislative befasst sich mit der Menschenrechtspolitik. Im Deutschen Bundestag wurde 1998 der Ausschuss Menschenrechte und humanitäre Hilfe als Vollausschuss, dem 17 Bundestagsabgeordnete angehören, eingerichtet und erfuhr so eine Aufwertung. Von 1972 bis 1998 existierte er nur als Unterausschuss des Auswärtigen Ausschusses (ausführlich Voß 2000). Um die Menschenrechtspolitik angesichts dieses Zuständigkeitsdschungels sichtbarer zu machen, hat die rot-grüne Bundesregierung im November 1998 das Amt des Beauftragten der Bundesregierung für Menschenrechtspolitik und Humanitäre Hilfe eingerichtet und organisatorisch im Auswärtigen Amt verankert. Durch den Beauftragten erhält die Menschenrechtspolitik, obwohl es sich um eine Querschnittsaufgabe handelt, ein Gesicht. Zu seinen Aufgaben gehört es, die Menschenrechtsarbeit aller Akteure (Bundesministerien, Legislative, Bundesländer, NGOs) zu beobachten, im ständigen Gespräch mit ihnen zu sein und dem Außenminister Vorschläge für die operative Menschenrechtspolitik zu unterbreiten. Seit dem 9. März 2006 ist Günter Nooke der Menschenrechtsbeauftragte.

Institutionalisiert wurde zudem die Berichterstattung über die Menschenrechte. Im Dezember 1991 forderte der Bundestag die Bundesregierung auf, zweijährlich zu berichten. Diese Berichte werden in der Form umfangreicher Dokumente veröffentlicht. Der achte und bisher letzte Bericht wurde im Juli 2008 vorgelegt („Bericht über die Menschenrechte in der Auswärtigen Politik und in anderen Politikbereichen"). Deutlich wird durch diese Berichte die inhaltliche Zusammengehörigkeit von Menschenrechten und Entwicklung: „Nach Auffassung der Bundesregierung beinhaltet das Recht auf Entwicklung ein politisches Konzept, das Entwicklung, über ihre rein wirtschaftliche Dimension hinaus, als einen Prozess definiert, in dem alle Menschenrechte geachtet werden müssen, der den Menschen zum zentralen Subjekt des Entwicklungsprozesses macht und die staatliche Verantwortlichkeit für die Behebung sowohl der internen als auch der externen Entwicklungshindernisse betont. Dieser integrative Ansatz lenkt den Blick zum einen auf die zur Verwirklichung des Rechts auf Entwicklung nötige Staatensolidarität und zum anderen auf die

humanitäre und menschenrechtliche Dimension des Entwicklungsprozesses […]" (Auswärtiges Amt 2005: 150).

Der im Juli 2004 vom BMZ erarbeitete Aktionsplan für Menschenrechte zielt darauf ab, die bisherigen Maßnahmen stärker zu bündeln
und die Verankerung menschenrechtlicher Prinzipien in der entwicklungspolitischen Arbeit zu vertiefen. Der Plan ist die erste konzeptionelle Verankerung des Menschenrechtsansatzes in der Entwicklungspolitik. Er umfasst Perspektiven der entwicklungspolitischen
Menschenrechtsarbeit sowie konkrete Maßnahmen. Der Aktionsplan
ist ein Beitrag zur Umsetzung der Millenniumsentwicklungsziele von
2000. Die Förderung der Menschenrechte und die Millenniumsentwicklungsziele stehen damit in einem direkten Zusammenhang. Die
Entwicklungspolitik wurde durch die strategische Neuausrichtung als
Baustein einer globalen Struktur- und Friedenspolitik der Bundesregierung konzipiert, die auf drei Ebenen ansetzt:

–   Reform der internationalen Strukturen durch die Gestaltung glo-
    baler Rahmenbedingungen und internationaler Regelwerke,
–   Verbesserung der Strukturen in den Kooperationsländern durch
    Entwicklungszusammenarbeit vor Ort und
–   Strukturverbesserung im Inland durch Aufklärungs- und Kohä-
    renzarbeit (ausführlich Kevenhörster/van den Boom 2009).

Gemäß der rot-grünen Koalitionsvereinbarung wurde im März 2001
das Deutsche Instituts für Menschenrechte (DIMR) gegründet. Es
stellt einen weiteren Institutionalisierungsschritt der Menschenrechtspolitik dar. Das DIMR leistet durch Studien und Dokumentati-
onen, wissenschaftliche Forschungsprojekte, den Aufbau einer Fach-
bibliothek, öffentliche Seminare, Bildungsprogramme, Fachgespräche
und Angebote der Politikberatung einen Beitrag zum öffentlichen
Meinungsbildungsprozess. Es versteht sich als Forum für den Austausch zwischen staatlichen und nichtstaatlichen Institutionen, pflegt
Kontakte zu Menschenrechtsinstituten und engagiert sich als nationale Koordinierungsstelle in der Bildungsarbeit. Ziele sind die Verbreitung menschenrechtlicher Kenntnisse und Informationen sowie
die Sensibilisierung und Befähigung zum praktischen Engagement
und präventiven Menschenrechtsschutz (Auswärtiges Amt 2005: 26).

Instrumente der Menschenrechtspolitik

Nach dem Ende des Ost-West-Konflikts wurden 1991 die Bewer-
tungsmaßstäbe für die Entwicklungszusammenarbeit auf eine neue

Grundlage gestellt. Unter den fünf politischen Kriterien für die deutsche Entwicklungszusammenarbeit befindet sich die Achtung der Menschenrechte. Diese bis heute geltende Menschenrechtskonditionalität bei der Mittelzuweisung in der Entwicklungszusammenarbeit bedeutet, dass gravierende Menschrechtsverletzungen mit einer Verminderung oder dem kompletten Entzug von Entwicklungshilfe sanktioniert werden können (Heinz 2007b: 693). Dazu wurde eine ausdifferenzierte Palette an Handlungsoptionen zur Sanktionierung von Menschenrechtsverletzungen entwickelt. So besteht jeweils die Möglichkeit zu flexiblen und angemessenen Reaktionen. Bei Bedarf können nen aufwachsende Eskalationsstufen bemüht werden (von Einberufung des ausländischen Botschafters bis zur humanitären Intervention).

Entwicklungspolitik (auch) im Dienste der Menschenrechte:

Für die Entwicklungszusammenarbeit mit anderen Staaten ist das BMZ zuständig (ausführlich Lachmann 1999; Wolf 2004). Das BMZ ist als eigenständige Behörde nicht dem Auswärtigen Amt unterstellt. Für das BMZ sind Menschenrechte eine Grundvoraussetzung für Entwicklung, da Menschen ihre Lebenssituation nicht aus eigener Kraft ändern können, wenn ihnen grundlegende Menschenrechte wie Nahrung, Bildung oder körperliche Unversehrtheit verweigert werden. Wo Menschenrechte verletzt werden, ist eine Entwicklung, bei der die Menschen im Mittelpunkt stehen, nicht möglich (BMZ 2008a). Wer im Umkehrschluss Entwicklung fördern will, muss die Menschenrechte stärken. In diesem Sinne steht das BMZ für die enge Verzahnung von Entwicklungszusammenarbeit und Menschenrechten.

Aber Entwicklungspolitik ist insgesamt als ein multifunktionales Subsystem zu begreifen, das je nach außenpolitischer Interessenlage unterschiedliche Einsatzpotentiale besitzt (Messner 2007: 394). Die Förderung der Menschenrechte ist daher nur ein mögliches Interesse. Entwicklungspolitik ist situations- und kontextbedingt auch für andere Zwecke eingesetzt worden; z.B. als Mittel der Außenwirtschaftsförderung (Kapitel 3.4.1) oder beim Grundsatz der Wiedervereinigung (Kapitel 3.3). So setzte die Bundesrepublik in den 1960er Jahren die Entwicklungspolitik dazu ein, die Anerkennung der DDR in der Hochzeit der Dekolonialisierung, die die so genannte Dritte Welt hervorbrachte (ausführlich Nohlen/Nuscheler 1992), zu unterbinden. In den 1970er Jahre – nach Öl- und Wirtschaftskrise – stand hingegen die Außenwirtschaftsförderung im Mittelpunkt. Entwicklungspolitik war dann besonders effektiv, wenn andere Staaten in die Lage versetzt wurden, in Deutschland Güter zu kaufen. Mit dem Ende des Ost-West-Konflikts verlor die Entwicklungspolitik ihre geostrategische Schubkraft. Andererseits nahm das plötzliche Verschwinden der bipolaren Weltordnung den Eliten des Südens die Chance, sich durch das Lavieren zwischen den gegnerischen Polen Gratifikationen für außenpolitisches Verhalten zu verschaffen. Des Weiteren kam es zu einer konzeptionellen Neuorientierung der Entwicklungspolitik, bei der isolierte und mit hohen Folgekosten verbundene Prestigeprojekte („Projektitis") – z.B. Staudammbau – durch Strukturhilfen abgelöst wurden. So sollten die inneren Potenziale, Motivationen und Institutionen gestärkt und die internationalen Rahmenbedingungen für nachhaltige Entwicklung verbessert werden. So gesehen ist Entwicklungspolitik auch globale Strukturpolitik, die dazu beitragen will, die Schattenseiten der Globalisierung einzuhegen (Messner 2007: 396ff.). Seit 2000 wird diese Strukturhilfekonzeption mit einer Konzentration auf Schwerpunktstaaten unterfüttert. Wenn auch diese Schwerpunktbildung eigentlich durch Haushaltskürzungen für das BMZ ausgelöst wurde, so versprach sich die rot-grüne Bundesregierung durch diese Bündelung auf weniger Staaten und Vorhaben einen höheren Wirkungsgrad (ausführlich Molt 2003). Diese Neufassung von Länderlisten war ein in der OECD vereinbarter Prozess, sich auf einzelne Staaten zu konzentrieren, um ein schärferes Profil entwickeln zu können. Die Industriestaaten wollen damit zudem eine Effizienzsteigerung erzielen: Verwaltungsaufwand reduzieren, Doppel-Engagements vermeiden, Arbeitsteilung verstärken. (Messner 2007: 414f) Nach dem 11. September 2001 rückten Krisenprävention und präventive Sicherheitspolitik endgültig in den Fokus der deutschen Entwicklungspolitik (ausführlich Ferdowsi 2001). Schon vorher hatte das BMZ Entwicklungspolitik als die beste Friedenspolitik bezeichnet (Wieczorek-Zeul 2000).

Trotz aller Programme und Aktionspläne weist das BMZ gravierende organisationsstrukturelle Defizite auf, die durch einen knappen Blick auf die historische Entwicklung erklärbar werden. Gegründet 1961 war das BMZ zunächst ein ministerieller Wasserkopf ohne eigenständigen Kompetenzbereich und administrativen Unterbau. Die Übertragung von Kompetenzen erfolgte nur allmählich durch andere Ministerien (1964 übertrug das Auswärtige Amt die Technische Zusammenarbeit und das BMWi 1972 die Finanzielle Zusammenarbeit). Willy Brandt und Entwicklungsminister Erhard Eppler wollten in den 1970er Jahren die Entwicklungspolitik als eigenständigeren Politikbereich etablieren und ein „Entwicklungskabinett" bilden (Nuscheler 2007: 682). Dazu kam es aber nicht.

Erst mit der rot-grünen Bundesregierung erfuhr das BMZ mit dem Sitz im Bundessicherheitsrat wieder eine bedeutsame Aufwertung. Es bekam zudem die Verantwortung für das damalige Lomé-Abkommen mit den AKP-Staaten sowie die Zuständigkeit für die Technische Zusammenarbeit mit den Staaten Osteuropas und der ehemaligen Sowjetunion (Messner 2007: 398). Außerdem wurde das BMZ beauftragt, die Bundesregierung bei der Weltbank, auf den Weltentwicklungskonferenzen und den VN-Entwicklungsinstitutionen zu vertreten (Molt 2003: 164). Insgesamt hatte das BMZ in der rotgrünen Regierungszeit an politischer Statur gewonnen, ohne die jedoch die Federführung vom Auswärtigen Amt bei strategischen Richtungsentscheidungen übernommen zu haben.

Auch heute noch fehlt dem BMZ ein geeigneter bürokratischer Unterbau. Es muss daher den überwiegenden Teil seiner Arbeit über Einrichtungen abwickeln, die zwar den Vorgaben des BMZ unterworfen sind, aber ein beträchtliches Eigenleben in der Projektpolitik aufweisen können. So wickelt die Kreditanstalt für Wiederaufbau die Zusagen in der Finanziellen Zusammenarbeit ab (ausführlich Harries 1998). Für die Technische Zusammenarbeit ist in erster Linie die bundeseigene, aber privatrechtlich organisierte Gesellschaft für Technische Zusammenarbeit (GTZ) zuständig, die ein Selbstverständnis als Wirtschaftsunternehmen mit entwicklungspolitischem Auftrag besitzt. Unter den Durchführungsorganisationen ist noch der Deutsche Entwicklungsdienst zu nennen. „Das BMZ bildet also nur die Nabe in einem pluralistischen Organisationsnetzwerk" (Nuscheler 2007: 679).

Hinzu gesellen sich Einrichtungen wie politische Stiftungen oder Kirchen, die die Kohärenzproblematik deutscher Entwicklungszusammenarbeit weiter verschärfen. In die gleiche Richtung wirken Public-Private-Partnership-Programme des BMZ, in denen „ein Spagat zwischen Entwicklungszusammenarbeit und Außenwirtschaftsförderung versucht wird, indem entwicklungspolitisch sinnvolle Auslandsarrangements von Unternehmen mit Bundesmitteln gefördert werden" (Lütticken/Stahl 203: 156). Trotz dieser Defizite bleibt es bei vergleichsweise bescheidenen Reformzielen wie der besseren Verknüpfung von Finanzieller und Technischer Zusammenarbeit. Außerdem sollen zukünftig mehr Mitarbeiter vor Ort die Abstimmungen mit den Partnerländern und anderen Gebern effektiver steuern (BMZ 2008b).

Insgesamt wird deutlich, dass es bei der Steigerung der Effektivität in der Entwicklungspolitik nicht um einige technokratische Anpassungsleistungen, sondern auch um die Bewältigung ordnungspolitischer Herausforderungen mit globalpolitischen Dimensionen geht (ausführlich Nuscheler 2008). Die Kompetenzen des BMZ bleiben aber trotz aufwertender Reformen begrenzt. So besitzt dieses relativ kleine Ministerium keine Zuständigkeiten für Handels- und Rohstoffpolitik (Wirtschaftsministerium), internationale Finanzpolitik und Schuldenmanagement (Finanzministerium), internationale Umweltpolitik (Umweltministerium) oder humanitäre Sofort- und Katastrophenhilfe (Auswärtiges Amt).

Ressourcen der Menschenrechtspolitik

Aufgrund dieser Fragmentierung der Zuständigkeiten sind auch die für Entwicklungspolitik zur Verfügung stehenden Mittel deutlich höher als der Etat des BMZ. Alle öffentlichen Ausgaben für Entwicklungszusammenarbeit werden als Official Development Assistance, (ODA) bezeichnet. Die ODA wird als Quote angegeben, die den Anteil der öffentlichen Ausgaben für Entwicklungszusammenarbeit am Bruttonationaleinkommen abbildet. Die ODA-Quote soll Leistungen von Staaten international vergleichbar machen. Was zur ODA zählt, wird vom Entwicklungsausschuss der OECD definiert (ausführlich Nohlen 2002).

Im Juni 2005 hatten sich die Staaten im Europäischen Rat verpflichtet, die ODA-Quote bis 2010 auf 0,56% und bis 2015 auf 0,7% aufzustocken. Dies steht im Einklang mit der Forderung der Resolution 2626 der VN-Generalversammlung vom 24. Oktober 1970, eine ODA-Quote von 0,7% anzustreben. In der Eigenwahrnehmung, aber auch oft in der massenmedialen Wahrnehmung steht Deutschland im Vergleich gut dar. So stieg Deutschland nach den USA bei der Entwicklungshilfe 2008 zum weltweit zweitgrößten Geberstaat (2006: Platz 5) auf. Tatsächlich sind die deutschen Mittel gestiegen. Allerdings hat dies nur zu einer Steigerung der ODA-Quote von 0,36% (2006) auf 0,37% (2007) geführt. Hinzu kommt, dass die Zahlen insofern kritisch zu hinterfragen sind, als auch Schuldenerlasse mit einem Anteil von 0,09% enthalten sind. Insofern könnte man einerseits von einer Mogelpackung sprechen. Andererseits haben nur wenige Staaten (z.B. Norwegen, Schweden) die 0,7% erreicht. In diesem Sinne befindet sich Deutschland mit fast allen Industriestaaten in schlechter Gesellschaft.

Menschenrechtspolitik und Zivilgesellschaft

Das zivilgesellschaftliche Menschenrechtsengagement in Deutschland ist breit und gut organisiert wie kaum in anderen Politikfeldern. Es ist zu einer wichtigen Ressource des Menschenrechtsengagements geworden. Zuvorderst zu nennen ist das Forum Menschenrechte, einem nationalen Zusammenschluss von 50 Menschrechtsorganisationen. Das Forum Menschenrechte wurde 1994 – ein Jahr nach der Wiener Weltmenschenrechtskonferenz – gegründet und hat die NGO-Kräfte in diesem Politikfeld beispielhaft gebündelt. Es will die deutsche Menschenrechtspolitik beeinflussen, indem es u.a. gemeinsame Stellungnahmen erarbeitet und Veranstaltungen organisiert. Ziele sind die kritische Begleitung der deutschen Menschenrechtspolitik, den Menschenrechtsschutz weltweit zu verbessern, das öffentliche Bewusstsein in Menschenrechtsfragen zu schärfen, auf mögliche Menschenrechtsprobleme in Deutschland hinzuweisen, Informationen zu menschenrechtsrelevanten Themen auszutauschen sowie lokale, regionale und nationale NGOs bei den internationalen Aspekten ihrer Arbeit zu unterstützen und die internationale Vernetzung von NGOs fördern (Forum Menschenrechte 2008).

Menschenrechts-NGOs nehmen Einfluss auf die Menschenrechtspolitik durch Lobby-Arbeit, ihre Wächterfunktion sowie durch Politikberatung. Darüber hinaus sind sie selbst Akteure in diesem Politikfeld. Die bekannteste Menschenrechts-NGO ist die 1961 gegründete amnesty international Deutschland. Allein amnesty international Deutschland verfügt über rund 100.000 Mitglieder und Unterstützer sowie 600 lokale Gruppen (amnesty international 2008). In der Entwicklungszusammenarbeit haben sich rund 100 deutsche NGOs in den Verband Entwicklungspolitik deutscher Nichtregierungsorganisationen (VENRO) zusammengeschlossen. VENRO ist insbesondere in der Entwicklungszusammenarbeit, Nothilfe sowie Bildungs-, Öffentlichkeits- und Lobbyarbeit tätig (VENRO 2008).

Die Wirkung von NGOs und deren Dachverbänden auf die deutsche Außenpolitik ist kaum konkret messbar. Bezeichnend ist aber, dass die Bundesregierung in ihren Berichten über ihre Menschenrechtspolitik sich die Expertise von Organisationen wie amnesty international zu nutze macht und deren Berichte häufig zitiert. Das Geschäft der NGOs im Politikfeld Menschenrechte ist aufgrund des – abgesehen von Unterschieden im Detail – parteipolitischen Grundkonsenses äußerst mühsam, weil öffentliche Kritik aufgrund dieses

Konsenses weniger von den Oppositionsparteien, sondern vorwiegend von den NGOs kommt (Molt 2003, 163f.).

Die Politik der Doppelstandards

Auffällig in der deutschen Menschenrechtspolitik ist die unterschiedliche Behandlung von Staaten mit vergleichbar starken Menschenrechtsverletzungen (Heinz 2007b: 538). Tendenziell zeigt sich die Bundesregierung bei kleineren, politisch, sicherheitspolitisch und wirtschaftlich uninteressanten Staaten eher bereit, stärkeren politischen Druck zu entfalten bis hin zu handfesten Sanktionen. Bei größeren, politisch, strategisch oder ökonomisch relevanten Staaten werden typischerweise Menschenrechtsverletzungen zwar angemahnt, aber weder anklagend kritisiert, noch kommt es zu einer substantiellem Entfaltung politischen Drucks. Dazu gehören das Ansprechen von Menschenrechtsverletzungen der USA in Guantánano oder Russlands in Tschetschenien. Auch Besuche des Dalai Lama in Deutschland – die Peking verärgern – sind typische Verhaltensmuster. Man spricht ein Menschenrechtsproblem immerhin öffentlich an, punktet damit vorübergehend bei Medien und NGOs, Konsequenzen bleiben aber letztlich aus. In diesem Sinne wird entsprechend des eingangs dieses Kapitels zitierten Realisten Morgenthau erhebliche Rücksicht auf andere Interessen genommen (insbesondere aus den Bereichen Sicherheit oder Wirtschaft). Solange es unspezifisch bleibt und keine Namen genannt werden müssen, geben sich Bundesregierungen kämpferisch im Einsatz für die Menschenrechte. So erklärte Kanzlerin Merkel am 30. November 2005: „ […] dass wir bei Menschenrechtsverletzungen nicht schweigen, gegenüber niemandem auf der Welt, und seien es noch so hoffnungsvolle Handelspartner und noch so wichtige Staaten für Stabilität und Sicherheit" (Bundesregierung 2008).

Das Problem der Selektivität, d.h. die selektive Anwendung politischer Konditionalität wird unter dem Stichwort „Doppelstandards" seit vielen Jahren zwar diskutiert (Heinz 2007b: 699), aber letztlich dennoch meist achselzuckend hingenommen. Doppelstandards sind kein spezifisch deutsches Phänomen. Sie können vielmehr ein hohes Maß an internationaler Allgemeingültigkeit beanspruchen. Dafür, dass es bei diesen Staaten eine offensichtliche Diskrepanz zwischen Anspruch und der tatsächlichen Menschenrechtspolitik gibt, können durchaus kontrovers diskutierbare Gründe angeführt werden. So ist es nicht klar, ob und inwieweit Außenpolitik überhaupt z.B. eine repressive, menschenrechtsverletzende Diktatur zu einer Verhaltensänderung bewegen kann. Auch ist umstritten, ob weiterführende Sanktionen verhängt werden sollten, wenn bei mächtigen Staaten eine Aufforderung ohne jegliche Resonanz bleibt (Russland/Tschetschenien, China/Tibet). Wenn dann entschieden wird, den politischen Druck zu erhöhen, bleibt unsicher, welche Wirkungen und Reaktionen eine härtere diplomatische Gangart zeitigen kann. So gilt es, Maßnahmen zu verhindern, die zur Beendigung ursprünglicher Dialogbereitschaft führen oder die Hardliner in der betreffenden Regierung stärken. In Sinne einer ergebnisorientierten Menschenrechtspolitik ist daher immer auch eine Folgenabschätzung der Maßnahmen vorzunehmen. Es wird von einer Regierung kaum eingeräumt, dass die Durchsetzung von Menschenrechten in bestimmten Staaten in bestimmten Situationen nicht möglich ist. Dies trifft z.B. auf Staaten zu, deren Kooperationsbereitschaft für eine erfolgversprechende Bekämpfung des transnationalen Terrorismus gebraucht wird, in denen aber strukturelle Menschenrechtsprobleme existieren wie z.B. in Saudi-Arabien oder Pakistan (Heinz 2007a: 539ff.).

Zudem ist die deutsche Außenpolitik aufgrund ihrer Kultur der Zurückhaltung (Kapitel 3.8.2) eher zögerlich, wenn es um den Einsatz handfester Sanktionen geht. Wenn es dennoch zu solchen Bemühungen kommt, strebt Deutschland deren Multilateralisierung an. Die Konzentration liegt auf diplomatischen Mitteln. Ausnahmen wie die deutsche Außenpolitik gegenüber China unmittelbar nach dem Tian'anmen-Massaker, als das chinesische Militär die Besetzung des Platzes des himmlischen Friedens in Peking durch Studierende im Juni 1989 gewalttätig und mit hohen Opferzahlen sowie nachfolgenden Hinrichtungen beendete, bestätigen die Regel insofern, als die diplomatischen und wirtschaftlichen Sanktionen nur kurzzeitig andauerten und spätestens 1992 wieder business as usual vorherrschte. Einzig das EU-Waffenembargo, das ohnehin eher in den Bereich der symbolischen Politik (Kapitel 2.2.3) gehört, dauert bis heute an (Heinz 2007b: 699). Die deutsche Haltung gegenüber China nach der Aufhebung der Sanktionen wurde nur punktuell kritisiert. So beklagte der damalige Vorsitzende des Bundstags-Unterausschusses „Menschenrechte und humanitäre Hilfe" Christian Schwarz-Schilling (CDU) mit Blick auf China: „Wer so auf Dauer diplomatisch in der Welt auftritt, der verliert auch die Achtung und Würde seines eigenen Landes" (Pfeil 2003: 177).

Diese Doppelstandard-Politik ist unabhängig von der parteipolitischen Färbung der Regierung zu konstatieren und galt auch für Bündnis90/Die Grünen, obwohl in dieser Partei das Politikfeld Menschenrechte programmatisch eine herausragende Bedeutung einnimmt (Pfeil 2003: 178f.). So stand im grünen Parteiprogramm 2002: „Die Einhaltung der Menschenrechte muss für alle Politikbereiche handlungsleitend sein und darf nicht wirtschaftlichen Interessen untergeordnet werden. Außen-, Sicherheits- und Entwicklungspolitik, aber auch die bundesdeutsche Außenwirtschaftspolitik und Handelspolitik müssen am Ziel der Wahrung von Menschenrechten und der Sicherung des Friedens ausgerichtet sein" (Pfeil 2003:179). Während Grüne wie SPD in der Oppositionszeit die Menschenrechtspolitik der CDU/CSU/FDP-Regierung aufgrund ihrer defensiven Haltung gegenüber Staaten mit Menschenrechtsverstößen wie Türkei, Iran, Indonesien und China kritisiert hatten, setzte Rot-Grün diese Politik nach 1998 gleichsam nahtlos fort. Insbesondere China „wurde auch von der rot-grünen Regierung in der UN-Menschenrechtskommission mit Samthandschuhen angefasst" (Pfeil 2003: 184). Bei kritischer Würdigung der Menschenrechtspolitik lässt sich als grundsätzlicher Befund eine signifikante Differenz zwischen Anspruch und Wirklichkeit feststellen.

Zusammenfassend ist festzuhalten, dass die Beachtung von Menschenrechten in den deutschen Außenbeziehungen während des Ost-West-Konflikts von nur nachrangiger Bedeutung war. Dies hat sich nach dem Ende der Blockkonfrontation durchaus geändert. Auf staatlicher, europäischer wie auch auf globaler Ebene rückten die Menschenrechte stärker in den Fokus. Zudem wurde die Institutionalisierung vorangetrieben. Allerdings bleibt die konkrete Menschenrechtspolitik oft hinter den Verheißungen dieser verbesserten Rahmenbedingungen zurück.

3.7.4 Humanitäre Intervention als Instrument der Menschenrechtspolitik

Gab es zur Zeit des Ost-West-Konfliktes in erster Linie unilaterale Interventionen (ausführlich Thomas 1985), so ist nach 1990 eine deutliche Tendenz zu multilateralen Interventionen feststellbar. Auf den ersten Blick ist beides völkerrechtlich unzulässig (Woyke 2005: 267f.). So untersagt Artikel 2, Absatz 4 der VN-Charta allen Staaten die (unilaterale) Anwendung von Gewalt gegenüber anderen Staaten: „Alle Mitglieder unterlassen […] jede gegen die territoriale Unversehrtheit oder politische Unanhängigkeit eine Staates gerichtete […]

Androhung oder Anwendung von Gewalt." In Artikel 2, Absatz 7 wird festgelegt, dass auch multilateralen Interventionen Grenzen gesetzt sind: „Aus der Charta kann eine Befugnis der Vereinten Nationen zum Eingreifen in Angelegenheiten, die ihrem Wesen nach zur inneren Zuständigkeit eines Staates gehören, [...] nicht abgeleitet werden; die Anwendung von Zwangsmaßnahmen nach Kapitel VII wird durch diesen Grundsatz nicht berührt".

Abweichend von dieser klassischen Völkerrechtsposition (ausführlich Pape 1997) hat nach dem Ende des Ost-West-Konflikts verstärkt eine Debatte eingesetzt, auf Gewaltmittel gestützte Interventionen aus humanitären Gründen zuzulassen, sofern ein VN-Mandat vorliegt (ausführlich Holzgrefe/Keohane 2003; Edelbauer 2005; Peters 2005; Aghayev 2007; Weiss 2007). Humanitäre Gründe können massenhaft und systematisch auftretender Mord (z.B. an ethnischen Minderheiten), Folter, Vertreibung oder Vergewaltigung sein (ausführlich Finnemore 1996). Tatsächlich kam es auch zu solchen Humanitären Interventionen. Während im Irak-Krieg 1991 der Sicherheitsrat eine humanitäre Intervention nur indirekt mandatiert hatte, kam es in den Folgejahren zu einer deutlich offeneren und direkteren Genehmigungspraxis (z.B. in Somalia, Haiti, Ruanda oder Bosnien). Dabei wurde sehr wohl in die inneren Angelegenheiten von Staaten eingegriffen (ausführlich Gading 1996).

Wie ist dieser vermeintlich im Gegensatz zum Völkerrecht stehender Wandel zu erklären? Jenseits der Frage, inwieweit Völkerrecht wirklich Recht ist, ist grundsätzlich darauf hinzuweisen, dass es bei den Menschenrechten wie auch beim Spezial-Thema der humanitären Intervention immer eine rechtliche und eine moralische Dimension gibt. Den VN liegt das Souveränitätsprinzip als maßgebliches Konstruktionselement zugrunde (ausführlich Münkler/Malowitz 2009). Der daraus resultierende Anspruch auf „Nichteinmischung in die inneren Angelegenheiten eines Staates" wurde bei massiven Menschenrechtsverletzungen bereits früh durch mehrere Menschenrechtskonventionen eingeschränkt (Völkermordkonvention von 1948, Menschenrechtspakte von 1966, Folterkonvention von 1984). Dies hat zur Verbreitung der Auffassung geführt, dass Menschenrechtsverletzungen keine bloße innere Angelegenheit von Staaten mehr darstellen. Vielmehr besteht aufgrund der Universalität und Unteilbarkeit der Menschenrechte geradezu eine Pflicht zur Einmischung in die inneren Angelegenheiten. Mit Rasse, Geschlecht, Sprache und Religion gibt es auch vier benennbare Diskriminierungsverbote (Dicke/Fröhlich 2005: 310). Wenn moralisch und politisch als ultima ratio ein gewaltsames Eingreifen geboten ist, so verbleiben doch völkerrechtliche Hürden. Der Türöffner für die völkerrechtliche Debatte, ist die Neuinterpretation von Artikel 39. Hier wird angeführt, ob nicht die massive Verletzung fundamentaler Menschenrechte als eine „Bedrohung des Weltfriedens" interpretiert werden kann, was eine humanitäre Intervention ermöglichen würde. So besagt Artikel 39, Kapitel VII:

> „Der Sicherheitsrat stellt fest, ob eine Bedrohung oder ein Bruch des Friedens oder eine Angriffshandlung vorliegt; er gibt Empfehlungen ab oder beschließt, welche Maßnahmen auf Grund der Artikel 41 und 42 zu treffen sind, um den Weltfrieden und die internationale Sicherheit zu wahren oder wiederherzustellen."

Die Anwendung von Artikel 39 bei massiven Menschenrechtsverletzungen ist eine umstrittene Ausdehnung. Demzufolge wäre der Weltfriede bedroht, wenn beispielsweise durch die Unterdrückung ethnischer Minderheiten Flüchtlingsströme in benachbarte Staaten drohen, eine ganze Region zu destabilisieren. In diesem Sinne kann ein Staat sein Recht auf Selbstbestimmung und Nichteinmischung in seine inneren Angelegenheiten verwirken, wenn er das Selbstbestimmungsrecht seiner Bürger oder politischer Gemeinschaften in massiver und systematischer Art und Weise verletzt (z.B. das Vorgehen Saddam Husseins mit chemischen Waffen gegen die Kurden im Norden des Irak). Tatsächlich können Situationen entstehen, in denen Bürger oder Gemeinschaften eine ausländische Fremdbestimmung gegenüber eigenstaatlicher Fremdbestimmung vorziehen (Zangl 2004: 136f.).

Ziele und Mittel: Grundsätzlich ist es das Ziel einer humanitären Intervention, Bevölkerungsteilen, die durch besonders brutale Gewalt massiv bedroht werden, zu helfen. Eine humanitäre Intervention will diese massive Anwendung von Gewalt mit Gewaltmitteln unterbinden. Dies kann auf unterschiedliche Art und Weise erfolgen. Zu nennen sind: Flugverbotszone, Embargo, militärisch geschützt Hilfslieferungen, Sicherheitszone, Luftschlag, Besetzung und schließlich Invasion (Zangl 2004: 134f.).

Wie schwierig das Thema militärischer humanitärer Interventionen aufgrund massiver Menschenrechtsverletzungen tatsächlich ist, macht der Fall des Kosovo 1999 deutlich, bei dem deutsche Soldaten erstmals an einem Kampfeinsatz teilnahmen (Kapitel 3.8.2). Der Einsatz wurde mit der Vermeidung einer humanitären Katastrophe legitimiert. Die völkerrechtliche Legalität dieses Einsatzes war erstens aufgrund des fehlenden ausdrücklichen VN-Mandats umstritten. Zweitens wurde das Recht zur humanitären Intervention aufgrund massiver Menschenrechtsverletzungen durch die gewaltsame Unterdrückung und ethnische Säuberungen im Kosovo durch die Belgrader Führung bemüht, die die ganze Region zu destabilisieren drohte. Aber eine solche Bedrohung des Weltfriedens mit der Folge der Aushebelung der Souveränität Jugoslawiens kann nur der Sicherheitsrat feststellen; nicht NATO-Generalsekretär Javier Solana und auch nicht Kanzler Schröder. Mithin wurde – bei aller moralischer Legitimität – auch das, abgesehen von der gewichtigen Ausnahme des Selbstverteidigungsrechts, Gewaltmonopol der VN verletzt (Schaller 2007: 512ff.). Grundsätzlich spricht nichts gegen eine Weiterentwicklung des Völkerrechts in Fällen massiver Menschenrechtsverletzungen. Wenn also humanitäre Interventionen moralisch und politisch vertretbar sind, sowie völkerrechtlich gute Argumente dafür vorgebracht werden können, so bleibt dennoch zu klären, unter welchen Voraussetzungen sie durchzuführen sind. Wann liegt also ein „gerechter Grund" vor? So ist zu prüfen, ob die Mittel, mit denen die humanitäre Intervention durchgeführt werden soll, verhältnismäßig sind und z.B. nicht mehr Opfer fordern, als die eigentlichen Menschenrechtsverletzungen. Dies kann insbesondere dann auftreten, wenn eine humanitäre Intervention erhebliche Eskalationsgefahren – z.B. mit hohen Risiken für die intervenierenden Kräfte – birgt (Zangl 2004: 138f.). Auch Luftschläge, die selten so chirurgisch durchführbar sind, wie Militärs gelegentlich gerne glauben machen wollen, können ungewollt unverhältnismäßig viele Opfer hervorrufen. Dabei kann es, wie in Somalia, zu deutlichen Fehleinschätzungen im Vorfeld kommen. Somalia ist zudem ein Beispiel für die Schwierigkeit von humanitären Interventionen in zerfallenden Staaten, wo sich keine Regierung in der Folge einer humanitären Intervention geschlagen geben kann (ausführlich Liebach 2004).

Überaus problematisch bleibt zudem die Selektivität der Interventionspraxis. Auch wenn Menschenrechtsverletzungen ähnlich gelagert und Voraussetzungen für eine humanitäre Intervention gleichermaßen erfüllt sind, kommt es zu Fällen von Intervention und von Nicht-Intervention. Hier kommen zwei weitere Faktoren ins Spiel: Eigene Betroffenheit und öffentliche Meinung (Kapitel 2.2.3). Staaten, die in der Lage sind, eine humanitäre Intervention durchzuführen, entwickeln dann verstärkt ein Interesse, dies auch zu tun, wenn sie selbst von den Folgen der Menschenrechtsverletzungen negativ betroffen sind. Dies ist beispielsweise dann der Fall, wenn der betreffende Staat den Terrorismus fördert. Ähnlich verhält es sich, wenn ein Staat mit dem Einsatz von Massenvernichtungswaffen droht oder durch sein Handeln Flüchtlingsströme entstehen, die auch das eigene Territorium erreichen können. Die öffentliche Meinung hingegen spielt dann eine signifikante Rolle, wenn es NGOs gelingt, die Öffentlichkeit auf die Menschenrechtsverletzungen aufmerksam zu machen und zu mobilisieren (Zangl 2004: 143ff.).

Letztlich bleibt festzuhalten: Das Beispiel der humanitären Intervention zeigt, dass Völkerrecht nichts ist, was einmal auf dem Reißbrett entsteht und dann bis in alle Ewigkeit in Stein gemeißelt bleibt. Es kann weiterentwickelt und an veränderte Bedingungen angepasst werden. So sind durch den Sicherheitsrat mandatierte humanitäre Interventionen völkerrechtlich akzeptabel geworden. Nicht durch den Sicherheitsrat genehmigte humanitäre Interventionen bleiben hingegen weiterhin völkerrechtswidrig. Eine humanitäre Intervention hat dann Chancen, auch durchgeführt zu werden, wenn ein gerechter Grund vorliegt, hinreichende Erfolgsaussichten bestehen, das Verhältnismäßigkeitsprinzip eingehalten wird und nur geringe Eskalationsgefahren bestehen. Zudem ist es nützlich, wenn wichtige Staaten selbst betroffen sind oder die öffentliche Meinung stark für eine humanitäre Intervention mobilisiert werden kann.

Es bleiben mehrere Fragezeichen. Dazu gehört die Überlegung, ob der Fall Kosovo eine Ausnahme darstellt oder ob hier sich bereits Völkerrecht „in progress" zu beobachten war und auch andere Institutionen als die VN eine Entscheidung zur humanitären Intervention treffen können. Wenn dies allerdings im Sinne einer Selbstmandatierung durch eine internationale Organisation wie der NATO als Präzedenzfall erfolgt, wäre dies eine grundlegende Wende in der Völkerrechtsentwicklung. Auch ist unklar, unter welchen Umständen humanitäre Interventionen gerechtfertigt sind (ausführlich Henzschel 2006). So kann gefragt werden, ob nicht unterlassene Hilfeleistung durch die eigene Regierung nach Naturkatastrophen ebenso eine humanitäre Intervention rechtfertigen, da sie als massive eigenstaatliche Menschenrechtsverletzung zu bewerten ist, wie im Fall der Militärdiktatur Burmas, die im Mai 2008 internationale Hilfe für hunderttausende von Opfern erst unterbunden und dann behindert hat. Solche Fragen werden die Debatte um humanitäre Interventionen in Abwesenheit eines expliziten Kriterienkataloges weiterhin begleiten.

3.7.5 Fallbeispiel: Deutsche Afrikapolitik

Die deutsche Afrikapolitik gegenüber den Staaten südlich der Sahara galt lange Zeit als ein Paradebeispiel für die Vernachlässigung konzeptioneller Entwicklungs- und Menschenrechtspolitik. Afrika gilt als der vergessene Kontinent, in dem Konflikte, Kriminalität, Korruption, Kapitalflucht, Krankheiten, Natur- und Hungerkatastrophen das durch die Massenmedien vermittelte Bild beherrschen (Ferdowsi 2008: 9). Die afrikanischen Staaten gehören weitgehend zu den Globalisierungsverlierern (ausführlich Tetzlaff 2008). Für die deutsche Afrikapolitik wurden nach dem Ende des Ost-West-Konflikts – neben der Entwicklungszusammenarbeit – Fragen der Menschenrechte, Demokratie und good governance immer dominanter.

Vor einer Analyse der deutschen Menschenrechts- und Entwicklungspolitik gegenüber Afrika ist ein knapper Blick auf die rund dreißigjährige Kolonialgeschichte Deutschlands in Afrika ab 1884 unerlässlich (ausführlich Albertini 1987; Ansprenger 1999). Sie macht Afrika als Gegenstand deutscher Außenpolitik zusätzlich interessant. Denn das Deutschland in Afrika einmal Kolonien besaß (Deutsch-Südwestafrika: heute Namibia und Teile von Botswana; Deutsch-Ostafrika: heute Tansania, Ruanda, Burundi sowie Teile von Mosambik; Togoland: heute Togo, Teile von Ghana; Deutsch-Witu: heute Teile von Kenia; Kamerun: neben dem heutigen Kamerun noch Teile von Nigeria, dem Tschad, der Republik Kongo, der Zentralafrikanischen Republik, und des Gabun) und sogar seit 1911 ein zusammenhängendes mittelafrikanisches Kolonialreich anstrebte, hat durchaus Auswirkungen auf seine heutige Afrikapolitik (Van Laak 2005).

Dabei war die Ausdehnung des deutschen Kolonialreiches in Afrika, die 1884 durch die Verleihung von Schutzbriefen an Händler wie den Bremer Kaufmann Adolf Lüderitz (Deutsch-Südwestafrika/ Namibia) oder an Personen wie Carl Peters (Ostafrika) seinen Anfang genommen hatte, zunächst willkürlich und zufällig. Erst mit der Kongo-Konferenz vom 15. November 1884 bis 26. Februar 1885, die auf Einladung von Reichskanzler Bismarck in Berlin unter Teilnahme der USA, des Osmanischen Reiches und aller europäischen Mächte stattfand, wurde die Basis für die Aufteilung Afrikas gelegt. 1904 wurden Aufstände in Deutsch-Südwestafrika und in Deutsch-Ostafrika mit enormer Härte niedergeschlagen. Insbesondere dadurch entstand für die spätere Bundesrepublik eine historische Verantwortung.

Nach dem ersten Ersten Weltkrieg musste Deutschland gemäß des Versailler Vertrages (Artikel 119) auf alle überseeischen Besitzungen verzichten. Die afrikanischen Kolonialgebiete wurden zu Mandatsgebieten des Völkerbundes (ausführlich Schwabe 1997).

Nach der Gründung der Bundesrepublik verlief die deutsche Afrikapolitik in mehreren Phasen (ausführlich Engel 2000). Zwischen 1949 und 1959 kam es in einer ersten Phase zum Aufbau von Kontakten und zur Errichtung von Konsularvertretungen in Afrika. Insbesondere wurden historische Kontakte zu den ehemaligen Kolonien wiederbelebt. Phase 2 kann mit der Überschrift „Instrumentalisierung der Afrikapolitik" versehen werden. Mit der Hallstein-Doktrin (Kapitel 3.2.1) geriet auch die deutsche Afrikapolitik unter die Räder der Auseinandersetzung über Alleinvertretungsanspruch und Anerkennung (ausführlich Engel/Schleicher 1998; Troche 1996). So kam es 1965 zu Aufnahme diplomatischer Beziehungen zwischen Tansania und der DDR. Es folgte zwischen 1973 und 1982 – einhergehend mit der Abkehr von der Hallstein-Doktrin – eine Phase der Entideologisierung. Themen der Entwicklungszusammenarbeit rückten in den Vordergrund. Die einzigen markanten Ausnahmen bildeten das deutsche Engagement beim Selbstbestimmungsrecht Namibias (wo die südafrikanischen Rassengesetze bis 1977 in Kraft waren) und der Anti-Apartheid-Bewegung in Südafrika. Die Apartheid-Politik Südafrikas sorgte in der Bundesrepublik erstmals für eine signifikante Thematisierung des Themas Menschenrechte in Afrika und zu einer der seltenen parteipolitischen Kontroversen über die Afrikapolitik. Bei der Diskussion um Sanktionen gegen Südafrika kam es zu der Konfliktlinie zwischen Teilen von CSU/CDU und der wirtschaftlichen Pro-Südafrika-Lobby vs. Teilen von SPD/FDP, die von deutschen Gewerkschaften wie der IG-Metall unterstützt wurden und dazu beitrugen, dass die EG 1977 einen Kodex für das Verhalten in Südafrika tätiger Unternehmen verabschiedete.

Die Politik gegenüber Namibia war ein seltener Versuch, konzeptionelle Afrikapolitik zu betreiben (Schmidt 2007: 535). So entwickelte der Planungsstab im Auswärtigen Amt bereits in der zweiten Hälfte der 1970er Jahre Konzepte für die Zukunft des noch nicht unabhängigen Namibias und trug zur VN-Resolution 435 bei, die später die Basis für die Unabhängigkeit des Staates 1989 bilden sollte (ausführlich Brenke 1989). Allerdings scheiterte dieses von Außenminister Genscher und dem Ständigen Vertreter bei den VN von Wechmar vorangetriebene Engagement zunächst. Es wurde zur Bearbeitung des Konfliktes mit Südafrika die Namibia-Kontaktgruppe eingesetzt, in der sich die Bundesrepublik als eines der fünf Mitglieder (außerdem USA, Großbritannien, Frankreich, Kanada) aktiv einsetzte. Dieses Engagement kam auch aufgrund der kolonialen Geschichte und der Verantwortung für die deutsche Minderheit von etwa 18.000 Menschen – teilweise mit deutschem Pass – zustande. Ziel der Kontaktgruppe war es, Südafrika zum Einlenken zu bewegen, freie Wahlen unter Aufsicht der VN zu organisieren, um letztlich die staatliche Unabhängigkeit Namibias zu erreichen. Hier wurde deutlich, dass Selbstbestimmung (Kapitel 3.3.1) ein Kernelement der deutschen Menschenrechtspolitik ist. Uneins waren die Mitglieder der Kontaktgruppe beim Thema Sanktionen gegen Südafrika. Speziell die USA und Großbritannien lehnten Sanktionen ab. Noch schwieriger wurde es, als US-Präsident Reagan sich stärker Südafrika zuwandte und zwischen einer Bearbeitung des Namibia-Konflikts und dem Abzug kubanischer Truppen aus Angola ein Junktim herstellte. Dies wurde von Frankreich strikt abgelehnt, und nach dem Amtsantritt von Mitterand verließ Frankreich die Kontaktgruppe. Damit war die Namibia-Initiative faktisch beendet; auch zur Enttäuschung der „Interessengemeinschaft deutschsprachiger Südwestler".

Deutsche Außenpolitik engagierte sich nachfolgend unter der Regierung Kohl, die sich stärker an der US-Politik orientierte, nicht mehr proaktiv in der Namibia-Frage. Dabei hatte die Bundesrepublik lange als Motor der Kontaktgruppe gegolten, der insbesondere auf den Arbeitsebenen der Bürokratien einen Einfluss auf den Gesamtprozess geltend machen konnte (Engel 2000, S. 161ff.). Letztlich aber blieben die deutschen Bemühungen ohne Erfolg. Dabei gab es mit der Verabschiedung der „Afrikanischen Charta der Menschenrechte und Rechte der Völker" 1981 durchaus ermutigende Signale (ausführlich Grohs 2004).

Phase 4 von 1982-1990 stand unter der Überschrift „Marginalisierung Afrikas". Die Beschäftigung mit Menschenrechten in Afrika blieb auf die Apartheid-Problematik in Südafrika konzentriert. Ansonsten orientierte sich die Afrikapolitik der Regierung Kohl/Genscher stärker als die Vorgängerregierung an den Interessen der Alliierten und deren Einflusssphären (z.B. der französischen Dominanz in Westafrika). Auch wurde die finanzielle Unterstützung für die südwestafrikanische Oppositionsbewegung South West Africa People's Organisation (SWAPO), die gegen die südafrikanischen Besatzer kämpfte und seit 1990 in Namibia die Regierungspartei stellt, eingestellt. Die Afrikapolitik der Bundesrepublik stellte sich daher dar als eine „Mischung aus handelsstaatlicher Orientierung, einem

Selbstverständnis des treuen Verbündeten des Westens und karitativen Wohltäter [...] Politisch blieb die deutsche Afrikapolitik weitgehend diffus, wenn nicht sogar konzeptionslos" (Schmidt 2007: 536). Erst 1987 warb die bundesdeutsche Diplomatie – als nicht-ständiges Mitglied im Sicherheitsrat – wieder für die Unabhängigkeit Namibias. Letztlich erklärte sich die südafrikanische Regierung 1988 nach Verhandlungen mit den USA, Angola und Kuba (die Sowjetunion vermittelte im Hintergrund) bereit, die Besetzung Namibias aufzugeben, was den Weg zu freien Wahlen im November 1989 und der Unabhängigkeit im März 1990 ebnete. Eine VN-Übergangsgruppe (UNTAG) wurde eingesetzt, um den Abzug südafrikanischer Truppen zu überwachen und die Durchführung freier Wahlen zu unterstützen (ausführlich UNTAG 2009). Darunter waren auch Deutsche. Allerdings handelte es sich nicht um den ersten Auslandseinsatz der Bundeswehr, sondern eine halbe Hundertschaft des Bundesgrenzschutzes war im Norden des Landes (Ovamboland) tätig. Kurioserweise war auch die sich in Auflösung befindliche DDR mit einer halben Hundertschaft ihrer Grenzpolizei engagiert. Insofern war die Bundesrepublik am Ende wieder – wenn auch nur randständig – an der Regelung des Namibia-Konflikts beteiligt.

Für die nach dem Ende des Ost-West-Konflikts beginnende und bis 1999 andauernde Phase 5 gilt zwar ebenfalls der vorherige Befund der Marginalisierung, zumal mit dem Ende der Systemkonfrontation zusätzlich ein strategischer Bedeutungsverlust Afrikas hinzukam (ausführlich Matzak 2006). Allerdings erfuhr Namibia durch mehrere Staatsbesuche (z.B. Kanzler Kohl 1994, Bundespräsident Herzog 1998, Bundestagspräsident Thierse 2003, Außenminister Fischer 2003) eine gewisse symbolische Aufwertung. Diese Besuche verliefen aber nicht konfliktfrei, da sie von Versuchen der Herero begleitet waren, Wiedergutmachungszahlungen aufgrund des während der deutschen Kolonialzeit erlittenen Leids einzufordern. Diese Forderungen wurden allerdings von der Bundesregierung immer mit der Begründung abgelehnt, dass sie nicht der Rechtsnachfolger des Kaiserreichs sei. Aber Deutschland beteiligte sich dennoch z.B. an Straßenbauprojekten, am Aufbau eines Telekommunikationssystems und unterstützte die Landreform. Gleichzeitig prägend für diese Phase ist „eine stärkere Berücksichtigung von Menschenrechten und Demokratie in den Beziehungen zu afrikanischen Ländern" (Schmidt 2007: 537).

Diese Neuorientierung lag maßgeblich an der neuen politischen Konditionalität der Entwicklungszusammenarbeit, die stärker auf die

Förderung von Menschenrechten, Demokratie und good governance abzielt. Auch in der EU wurden mit deutscher Unterstützung multilaterale Demokratieförderprogramme verabschiedet (European Initiative for Democracy and Human Rights). Dies ist angesichts von failing states-Phänomenen – Staatsversagen, Staatsverfall, Staatszerfall –, bei dem der deutschen und europäischen Diplomatie staatliche Ansprechpartner teilweise oder ganz abhanden gekommen waren, kein leichtes Unterfangen (ausführlich Mair/Petretto 2008). Auch kam es in der EU zu Konflikten über die Menschenrechtspolitik. So stritten die deutsche und die französische Regierung offen darüber, dass Frankreich seine Unterstützung für die Diktatur in Togo trotz eines EU-Beschlusses nicht einstellte. Frankreich hatte bereits in den EWG-Verträgen 1957 seine Sonderbeziehungen zu seinen ehemaligen Kolonien durchgesetzt.

Ein wirklicher Wandel in der deutschen Afrikapolitik ist erst in der sechsten Phase seit 2000 feststellbar. Nachdem auch die rot-grüne Regierung der Afrikapolitik zunächst keine sichtbare Aufmerksamkeit geschenkt hatte, kam es zu einem Versuch der Abkehr von der afrikapolitischen Konzeptionslosigkeit. Dies stand maßgeblich im Zusammenhang mit der Personalentscheidung, die Afrikaexpertin Uschi Eid 1998 zur Parlamentarischen Staatssekretärin im BMZ zu machen. Zusätzlich war Eid von 2001 bis 2005 die G8-Afrika-Beauftragte des Kanzlers. So unterstützte Deutschland auf dem G-8-Gipfel in Genua 2001 die Millennium Development Goals (MDG) der VN von 2000 (ausführlich Nuscheler/Roth 2006) wie auch die New Partnership for Africa's Development, NEPAD-Initiative der damaligen Organisation für Afrikanische Einheit (OAU) – seit Sommer 2002 umgewandelt in die Afrikanische Union (AU) – von 2001 (ausführlich Matthies 2004; Nzisabira 2006). NEPAD bestätigte im Wesentlichen die MDG-Ziele, formulierte aber weiter gehende Entwicklungsziele und bot den Staaten des Nordens einen Entwicklungspakt an (Engel 2005: 12).

Außenminister Fischer betonte in einer Rede in Johannesburg, „dass deutsche Afrikapolitik in erster Linie die Förderung der jungen Demokratien in Afrika zum Ziel habe. Rechtssicherheit und der Schutz der Menschenrechte seien eine Grundvoraussetzung für die Herstellung bzw. den Erhalt von Frieden und Sicherheit sowie wirtschaftlichem Wohlstand" (Engel 2005: 14). Trotz der Abkehr vom Gießkannenprinzip in der Entwicklungspolitik blieb Afrika der Schwerpunktkontinent deutscher Entwicklungszusammenarbeit mit rund 42% der bilateralen Mittel (Mehler 2004: 302). Unterfüttert wurde diese Intensivierung der deutschen Afrikapolitik durch Strategiepapiere aus Politik (Auswärtiges Amt, BMZ) und Wissenschaft (Engel 2000). Auffällig bei den dann doch entwickelten strategischen Überlegungen war ein stärkerer Fokus auf Sicherheitspolitik (z.B. Krisenprävention). Dennoch blieb die deutsche Afrikapolitik insofern weiterhin fragmentiert, als diese Konzepte unabgestimmt waren und teilweise in Konkurrenz zueinander standen (Molt 2003: 165). Überlegungen von Auswärtigem Amt und BMZ, wie man miteinander kooperieren will, waren ebenfalls nicht erkennbar. Das Fehlen einer kohärenten Gesamtkonzepts wurde von der Wissenschaft entsprechend harsch kritisiert („additive Strategie", „programmatischer Bauchladen") (Mehler 2004: 300f.).

Die Afrikapolitik der Großen Koalition war insofern von Kontinuität geprägt, als Krisenprävention weiterhin im Vordergrund stand. Dabei entsteht allerdings der Eindruck, dass Afrika auch zum Experimentierfeld von GASP und ESVP wurde, wie es der Einsatz im Kongo 2006 beispielhaft gezeigt hat (Kapitel 3.1.3). Dies ist einerseits nachvollziehbar, da Afrika eine Region ist, in dem potentiell die wenigsten Interessenkonflikte mit den USA zu erwarten sind (Engel/Mair 2005: 24). Andererseits läuft die deutsche Afrikapolitik dabei Gefahr, dass auf diese Weise Großbritannien und Frankreich die Kosten ihres traditionellen Afrika-Engagements lediglich europäisieren. Dennoch erfuhr Afrika erhöhte Aufmerksamkeit. Während der deutschen G-8-Präsidentschaft war Afrika ein Schwerpunktthema mit dem Ergebnis einer Aufstockung der Entwicklungshilfe-Zusagen. Dies führte sogar zu einem ausdrücklichen Lob des kritischen Afrika-Aktivisten Bob Geldorf für das deutsche Engagement (Schäffer 2008). Zudem wurde eine Geberkonferenz mit einem Globalen Fonds zur Bekämpfung von HIV/Aids, Tuberkulose und Malaria im September 2007 in Berlin organisiert. Die Staatengemeinschaft beschloss, bis 2010 9,7 Milliarden Dollar auszugeben. Ein maßgeblicher Anteil dieser Mittel ist für Afrika vorgesehen (Kerbel 2007).

Zusammenfassend macht das Beispiel der deutschen Afrikapolitik deutlich, dass die Exklusion vermeintlich irrelevanter Staaten und Regionen in der Außenpolitik mittel- und langfristig hohe Gefahrenpotenziale in sich birgt. Afrika war über Jahre für die deutsche Außenpolitik – trotz ihrer Verantwortung aufgrund der kolonialen Vergangenheit – weitgehend ein vergessener Kontinent. Bestimmte Menschenrechtsprobleme (z.B. Rekrutierung und Einsatz von Kindersoldaten oder weibliche Genitalverstümmelungen) sind besonders in Afrika anzutreffen. Menschrechte stehen allerdings – mit den punktuellen Ausnahmen Südafrika und Namibia – erst seit Beginn dieses Jahrhunderts sichtbarer auf der Agenda der deutschen Afrikapolitik. Die Kosten für indifferentes Verhalten der deutschen und europäischen Menschenrechts- wie Entwicklungspolitik können dabei in ungeahnten Bereichen anfallen. So ist es wenig hilfreich, eine staatenreiche Region zu vernachlässigen, wenn man Unterstützung für die Wahl zum ständigen Mitglied im Sicherheitsrat benötigt (Kapitel 3.6.2).

Während in der alten Bundesrepublik wie in den ersten Jahren des vereinten Deutschlands die Entwicklungspolitik dominierte, so rücken seitdem immer stärker Menschenrechte, Demokratie und good governance gepaart mit sicherheitspolitischen Interessen in den Vordergrund der deutschen Afrikapolitik. Der Kampf gegen den transnationalen Terrorismus involviert Akteure wie das Bundesverteidigungsministerium stärker als zuvor. Auch ist das Potential für humanitäre Interventionen aufgrund massiver Menschenrechtsverletzungen sowie Staatsverfall ist in keinem Erdteil so hoch wie in Afrika. Sicherheitspolitische Interessen könnten dabei in Konkurrenz zu Menschenrechtsfragen treten. Zudem ist es denkbar, dass der Grundsatz Menschrechte künftig auch in der Afrikapolitik stärker in ein Spannungsverhältnis zum Grundsatz Handelsstaat (Kapitel 3.4) – wie bereits bei Russland oder China üblich – geraten wird. Dies gilt insbesondere für die Beziehungen zu rohstoffreichen Staaten wie Südafrika oder Nigeria. In diesem Zusammenhang sei auch auf Chinas strategischen Griff nach afrikanischen Rohstoffen hingewiesen. So räumte Außenminister Steinmeier im Februar 2008 ein: „Europa hat zulange zugeschaut, wie China seine Präsenz in Afrika ausbaut. Die EU ist zwar mit 217 Milliarden Euro nach wie vor Afrikas wichtigster Handelpartner. Aber wir haben uns politisch auf dem Kontinent zu wenig gezeigt" (Steinmeier 2008). Es hatte sich bereits zuvor als Fehler erwiesen, dass das Auswärtige Amt in den 1990er Jahren seine Präsenz in Afrika reduziert hatte. Dieser Fehler wurde dann ansatzweise ab 2002 mit der Wiedereröffnung der zuvor geschlossenen Standorte in Niamey/Niger und N'Djaména/Tschad wieder korrigiert (Mehler 2004: 303).

Das vielfach eingeforderte kohärente Gesamtkonzept für die deutsche Afrikapolitik – aufgrund der Heterogenität der afrikanischen Staaten ohnehin kein leichtes Unterfangen –, welches wirtschaftliche und sicherheitspolitische Interessen sowie Menschenrechte integriert, fehlt nach wie vor. Dabei sind die menschrechtlichen Herausforderungen immens. Auch die Bekenntnisse zum Multilateralismus können kein Grund dafür sein, kohärente Konzepte in der Afrikapolitik zu vernachlässigen. Zwar setzte sich die Bundesregierung Merkel/Steinmeier wie schon ihre rot-grüne Vorgängerregierung dafür ein, die Afrikapolitik europaweit besser zu koordinieren. Aber schon Außenminister Fischer hatte 2001 erkannt, dass dies „mit manchen Partnern allerdings nicht immer einfach ist" (zitiert in Mehler 2004: 306). Dazu sind die Prioritäten – insbesondere gegenüber Frankreich und Großbritannien – zu unterschiedlich. Deutlich kritischer fällt die Bilanz der Gesellschaft für bedrohte Völker zur deutschen EU-Ratspräsidentschaft im ersten Halbjahr 2008 mit Blick auf die Afrikapolitik aus: „Die EU-Afrikapolitik ist ein Desaster und bleibt weit hinter den Erwartungen zurück, die Bundeskanzlerin Angela Merkel vor Übernahme der Ratspräsidentschaft geweckt hat. Europa versage nicht nur in der Darfur-Frage. Auch in Somalia, im Tschad und in der Zentralafrikanischen Republik eskaliere die Gewalt. Doch der EU gelinge es nicht, mit einer Stimme zu sprechen und Friedensbemühungen wirksam zu unterstützen" (gesellschaft für bedrohte völker 2008). Die neue Schwarz-gelbe Regierung hat sich zumindest ein „neues ressortübergreifendes Afrika-Konzept" (Koalitionsvertrag 2009: 113) vorgenommen.

3.7.6 Abschlussbemerkungen

Alle Bundesregierungen haben sich in ihrer Darstellungspolitik (Kapitel 2.2.3) immer als engagierte Verfechter der Menschenrechte weltweit präsentiert. Kritiker betrachten die deutsche Außenpolitik hingegen als nicht besonders menschenrechtsaktivistisch und können weder beim Blick auf Staaten, noch auf Themen ein starkes Profil erkennen (Heinz 2007b: 700). Die positive Selbstwahrnehmung der Bundesregierungen täuscht trotz einer vorhandenen menschenrechtlichen Orientierung darüber hinweg, dass zwischen Anspruch und Wirklichkeit der deutschen Menschenrechtspolitik ein signifikanter Unterschied besteht. Diese Differenz ist maßgeblich dem Spannungsverhältnis zwischen dem Grundsatz Menschenrechte und anderen Grundsätzen sowie daraus resultierenden politischen Rücksichtnahmen geschuldet. Solche Spannungsverhältnisse sind aufgrund des Querschnittscharakters der Menschrechtspolitik inhärent angelegt. Situations- und kontextabhängig können außenpolitische Grundsätze aufgrund derartiger Spannungsverhältnisse nicht immer parallel und mit gleicher Intensität verfolgt werden. Aber wenn die Bundesregierung als rationaler Akteur eine Präferenzordnung unter den außenpolitischen Grundsätzen herstellt, wird augenfällig, dass der Grundsatz der Menschenrechte hierbei verhältnismäßig oft der Leidtragende ist und anderen Interessen untergeordnet wird. Auch die Entwicklungspolitik befördert als multifunktionales Subsystem nicht nur die Menschenrechte. In diesem Sinne findet die These von Morgenthau in der Empirie ein hohes Maß an Bestätigung.

Eine aktive deutsche Menschenrechtspolitik findet vor allem in den VN, der EU und der OSZE statt und ist damit multilateralisiert. Sowohl in diesen multilateralen Kontexten wie auch in der bilateralen Menschenrechtspolitik ist ein hohes Maß an Selektivität offenkundig. Vor allem gegenüber wirtschaftlich und sicherheitspolitisch wichtigen Staaten lässt sich Zurückhaltung beobachten (z.B. Russland, China). Das zur Verfügung stehende Spektrum außenpolitischer Instrumente wird nur selten ausgeschöpft. Deutlich im Vordergrund stehen Dialog und symbolische Politik.

Innenpolitisch war und ist der Schutz der Menschenrechte in Politik, Öffentlichkeit, Medien und Wissenschaft ein unumstrittener außenpolitischer Grundsatz. Dieser breite Konsens ist zugleich Teil des Problems. So war Menschenrechtspolitik nie Wahlkampfthema, weil sie zur Polarisierung und Profilschärfung gänzlich ungeeignet ist. Entsprechend fehlt es auch an großen kontroversen Debatten. Abgesehen von punktuellen Vorwürfen der Opposition an die Regierung, die dann aber keine grundsätzlich andere Menschenrechtspolitik betreibt, wenn sie selbst an die Macht gelangt, wird öffentliche Kritik in erster Linie von NGOs geäußert.

Was kann getan werden? Die dem Querschnittscharakter geschuldete enorme Fragmentierung der Zuständigkeiten würde erstens ressortübergreifende Koordination durch ein Ministerium, durch das Kanzleramt oder eine interministerielle Koordinationsstelle erforderlich machen. Diese Koordination existiert aber trotz der Einrichtung eines Menschenrechtsbeauftragten nicht. Im Ergebnis entstehen nicht selten Kohärenzprobleme. Schlimmstenfalls kommt es zu Wettbewerbssituationen zwischen beteiligten Institutionen oder zu gegenläufigen Maßnahmen. Wenn auch der Gegenentwurf nicht in einer vollständig zentralisierten Menschenrechtspolitik liegen kann, so ist doch eine kohärente, besser abgestimmte Menschenrechtspolitik zwingend erforderlich, weil mangelnde Kohärenz zwangsläufig zu Ineffizienz (Verschwendung von Ressourcen), Ineffektivität (Nichterreichen von Zielen) sowie Reputationsverlusten führt (Ashoff 2007: 17). Institutionelle Reformen sind kein Allheilmittel. Sie können konzeptionelle Defizite nicht ausgleichen. Dennoch lässt sich darüber nachdenken, die multi-institutionellen Entscheidungs- und Implementierungsstrukturen teilweise einzuebnen und z.B. das BMZ in das Auswärtige Amt einzugliedern. Auch in der EU – z. B. mit Blick auf die Cotonou-Politik – scheinen mögliche Kooperationsgewinne in der Menschenrechtspolitik noch nicht ausgereizt.

Zweitens ist deutlich geworden, dass auch die Bereitstellung von Ressourcen allein nicht hinreichend ist, um menschenrechtspolitische Ziele zu erreichen. Dennoch existiert ein Zusammenhang zwischen der Bereitstellung finanzieller Mittel in der Entwicklungszusammenarbeit und der Beförderung von Menschenrechten. In diesem Sinne ist der Stufenplan der Bundesregierung die ODA-Quote bis 2015 auf das in den VN vereinbarte Ziel von 0,7% aufzustocken, ein positives Signal. Dabei sind Entwicklungszusammenarbeit und Menschenrechtsförderung kein blanker Altruismus, sondern involvieren ein beträchtliches Eigeninteresse. Kanzlerin Merkel hat es in der Formel zusammengefasst: „Wir wissen, dass uns die Probleme zu Hause erreichen, wenn wir sie nicht woanders lösen. Dafür brauchen wir natürlich Geld" (Merkel 2005).

In einem Ausblick ist zu erwarten, dass der Schutz der Menschenrechte aufgrund des steigenden medialen und zivilgesellschaftlichen Drucks unter den Bedingungen der Globalisierung an Gewicht gewinnen wird. Zudem ist der Problemdruck gewaltig: Armut, Bevölkerungswachstum, soziale Polarisierung, zerfallende Staaten, privatisierte Gewalt, Trinkwasserknappheit, Klimawandel, Marginalisierung von Regionen in der Weltwirtschaft, Instabilitäten an den Finanzmärkten oder transnationaler Terrorismus. Tatsächlich ist die Nichteinhaltung von Menschenrechtsstandards im Umgang mit Terroristen auch für die deutsche Außenpolitik ein Thema (z.B. die Schließung des US-Gefängnisses im kubanischen Guantanamo, die Gefangennahme des in Bremen aufgewachsenen Türken Kurnaz durch die USA oder geheime CIA-Flüge mit gefangenen Terror-Verdächtigen, die auch auf deutschen Flughäfen zwischengelandet waren). Deutschland ist hier an internationale Rahmenbedingungen gebunden. So hat der Sicherheitsrat 2003 (Resolution 1456) gefordert, dass alle Maßnahmen zur Bekämpfung des Terrorismus unter Achtung und Erfüllung der Menschenrechte zu erfolgen haben.

Bei allem menschenrechtlichen Engagement der deutschen Außenpolitik ist eine Abkehr von der Doppelstandard-Politik nicht absehbar. Die Verfolgung des Grundsatzes der Menschenrechte wird auch künftig von anderen außenpolitischen Grundsätzen stark beeinträchtigt werden und damit ein gewisses Maß an Selektivität aufweisen. Eine „Hallstein-Doktrin für Menschenrechte" ist nicht zu erwarten.

Literatur

Ferdowsi, Mir A. (Hrsg.) 2008: Afrika – ein verlorener Kontinent?, Bayerische Landeszentrale für politische Bildungsarbeit, München.

Heinz, Wolfgang S. 2007: Menschenrechtspolitik, in: Schmidt, ,Siegmar, Gunther Hellmann, Reinhard Wolf (Hrsg.): Handbuch zur deutschen Außenpolitik, VS Verlag für Sozialwissenschaften, Wiesbaden, S. 692-702.

Matzak, Peter Thorsten 2006: Kontinuität oder Wandel? Die Deutsche Afrika-Politik seit Beginn der 1990er Jahre, München.

Opitz, Peter J. 2002: Menschenrechte und Internationaler Menschenrechtsschutz im 20. Jahrhundert. Geschichte und Dokumente, München.

Zangl, Bernhard 2004: Humanitäre Intervention, in: Ferdowsi, Mir A. (Hrsg.): Sicherheit und Frieden zu Beginn des 21. Jahrhunderts, Bayerische Landeszentrale für politische Bildungsarbeit, 3. aktualisierte und erweiterte Auflage München. S. 133-150.

3.8 Kultur der Zurückhaltung – Nationale Interessen, Zivilmachtskonzept und die Auslandseinsätze der Bundeswehr

Deutschland hat traditionell eine Präferenz für konsensorientierte auf Diplomatie, Dialog, Kooperation, und soft power aufbauende Politikansätze herausgebildet, sich aber in harten Machtfragen eine deutliche Zurückhaltung auferlegt (Gareis 2006: 92). Der aus diesem außenpolitischen Verhaltensmuster abgeleitete Grundsatz der Kultur der Zurückhaltung wird in diesem Kapitel anhand von zwei empirischen Phänomenen verdeutlicht:

– Zurückhaltung bei der offensiven Formulierung und Vertretung nationaler Interessen
– Militärische Zurückhaltung und Auslandseinsätze der Bundeswehr.

Zuvor werden in diesem Kapitel die Begriffe „Politische Kultur" und „Außenpolitische Kultur" erörtert. Anschließend wird ein rollentheoretischer Ansatz vorgestellt, der den Grundsatz der Kultur der Zurückhaltung konzeptionell unterfüttert: Das Zivilmachtskonzept (ausführlich Maull 2007). Dieses Konzept erweist sich zur Erklärung der Kultur der Zurückhaltung als außerordentlich hilfreich. Abschließend soll das Phänomen der Auslandseinsätze der Bundeswehr beispielhaft anhand von drei Fällen erläutert und vor dem Hintergrund der Kultur der Zurückhaltung eingeordnet werden. Eine Kernfrage dabei ist, ob und inwieweit der Grundsatz der Kultur der Zurückhaltung durch diese Auslandseinsätze modifiziert werden muss.

Politische und außenpolitische Kultur

Die erste umfassende Analyse Politischer Kultur wurde von Gabriel Almond und Sidney Verba 1963 vorgelegt. Sie definierten Politische Kultur als

> „specifically political orientations – attitudes toward the political system and its various parts, and attitudes toward the role of the self in the system. [...] It is a set of orientations toward a special set of social objects and processes. [...] When we speak of the political culture of a society, we refer to the political system as internalized in the cognitions, feelings, and evaluations of its population" (Almond/Verba 1963).

Außenpolitische Kultur ist – in Anlehnung an die genannte Definition – definiert als Meinungen, Einstellungen und Wertorientierungen einer staatlichen verfassten Gesellschaft (1) zur außenpolitischen Identität dieser Gesellschaft, (2) zu den Erwartungen und Anforderungen der Bürger an die Außenpolitik und (3) zum außenpolitischen Handlungsstil (ausführlich Verheyen 1983; Maull 2001). Die außenpolitische Kultur entsteht also aus einer Vielzahl individueller Meinungen, Einstellungen und Wertorientierungen. Diese können für die Außenpolitik eines Staates zentrale oder periphere Aspekte umfassen, sie können über breite und dauerhafte Zustimmung verfügen oder politisch kontrovers sein. Sie müssen kein in sich geschlossenes sowie widerspruchsfreies Ganzes bilden. Im Gegenteil: Inkonsistenzen sind nicht nur möglich, sondern aufgrund der Vielzahl von Komponenten sogar wahrscheinlich. Insgesamt aber weist die außenpolitische Kultur eines Staates ein hohes Maß an Stabilität auf. Sie kann sich zwar verändern, aber dieser Prozess verläuft typischerweise nur langsam und evolutionär. Wenn es zu einem solchen Wandel kommt, handelt sich in der Regel um schleichende Anpassungs- und Lernprozesse einer Gesellschaft in Reaktion auf veränderte innere und äußere Rahmenbedingungen.

Die außenpolitische Kultur ist erstens eng verwoben mit der Identität eines Staates. Sie bestimmt zudem zweitens die Wahrnehmungs- und Deutungsmuster von Außenpolitik. Drittens prägt die außenpolitische Kultur nicht nur außenpolitische Wertorientierungen, sondern stellt viertens auch Entscheidungsoptionen und Handlungsrepertoires bereit. In diesem Sinne dient die außenpolitische Kultur auch der Legitimierung von Außenpolitik und bestimmt ihre Handlungsorientierung (Maull 2001: 648f.).

3.8.1 Der Zivilmachtansatz

Zur Beschreibung der Rolle der Bundesrepublik vor der Wiedervereinigung, wurde vielfach das Konzept der Zivilmacht herangezogen (ausführlich Kirste/Maull 1996; Kirste 1998; Harnisch/Maull 2001). Der Zivilmachtansatz ist ein idealtypisches rollentheoretisches Konzept. Im Gegensatz zu systemischen Ansätzen wird den Ideen, Werten, Identitäten, und deren Rekonstruktion im öffentlichen Diskurs große Bedeutung beigemessen (Harnisch 2000: 21). Der Zivilmachtansatz geht davon aus, dass ein sozial konstruiertes Rollenkonzept das außenpolitische Verhalten Deutschlands prägt (Gaupp 1983). Die Akteurspräferenzen sind relativ stabil, können aber durchaus rekonstruiert werden.

In der Außenpolitikforschung ist Zivilmacht einerseits ein empirisch-analytisches Konzept zur Beschreibung, Erklärung und Prognose von Außenpolitik. Dazu gehört z.B. die Frage, ob und inwieweit das Rollenverhalten Deutschlands tatsächlich den idealtypischen Anforderungen entspricht. Andererseits wird das Zivilmachtkonzept auch als normative Vorgabe betrachtet, die es zu erfüllen gilt. Metatheoretisch ist der Zivilmachtsansatz als sozialkonstruktivistisch einzustufen, weil hier Außenpolitik als Ergebnis sozialer Konstruktion begriffen wird (Kapitel 1.3.4).

Der Begriff der Zivilmacht entstand durch den Gedanken der innergesellschaftlichen Zivilisierung von Norbert Elias. Der Soziologe sah im Prozess der Zivilisierung eine Bändigung menschlicher Affekte durch die Gesellschaft (ausführlich Elias 1997). Physische Gewalt ist demnach durch die Entwicklung gesellschaftlicher Organe, die immer stärkere gesellschaftliche Verflechtung und Rationalisie-

rung, durch Kooperation sowie die zunehmende Affektkontrolle ein-
dämmbar. Dadurch entsteht Verlässlichkeit, eine Kernvoraussetzung
für gesellschaftliche Arbeitsteilung. Für Dieter Senghaas impliziert
der Zivilmachtsansatz eine spezifische Form der Konfliktbearbeitung:

> „Potentiell gewalttätige und vor allem kriegerische Machtrivalitäten in
> eine friedliche Konfliktregelung zu überführen, ist Inhalt des Zivilisa-
> tionsprozesses. In ihm geht es also um die Transformation von Kon-
> flikten. Dabei wird Macht nicht eliminiert, sondern eingegrenzt. Sie
> wird durch Verrechtlichung der Auseinandersetzungen eingehegt [...]
> Die Entwicklung eines staatlichen Gewaltmonopols führte zur Entpri-
> vatisierung der Gewalt; eine weitflächige Vernetzung unter Wettbe-
> werbsbedingungen machte zweckrationales Handeln zum Imperativ.
> Beides mäßigte praktisches Verhalten [...] So entwickelte sich in jahr-
> hundertelangen gesellschaftspolitischen Konflikten der demokratische
> Rechtsstaat. In ihm werden Konflikte institutionell geregelt" (Senghaas
> 1988: 167f.).

Im Zivilmachtskonzept werden solche innerstaatlichen Zivilisierungs-
prozesse auf die internationale Ebene gehoben. Eine idealtypische
Zivilmacht fühlt sich der Stabilisierung der internationalen Umwelt
sowie der Verregelung und Verrechtlichung der internationalen Beziehungen und damit deren Zivilisierung verpflichtet. Sie legt ein
entsprechendes außenpolitisches Handeln bzw. Rollenverhalten an
den Tag. Der Begriff Zivilmacht bezeichnet daher Staaten mit einem
Anspruch, die eigenen Ziele ggfs. auch gegen Widerstand durchzusetzen sowie bestimmte Strategien und Instrumente der Durchsetzung
(ausführlich Maull 2007). Dies geschieht durch die Förderung von
Institutionenbildung (u.a. Internationale Regime, Förderung des Gewaltmonopols der VN, Schaffung von kooperativen Sicherheitssyste-
men mit der Bereitschaft zu Souveränitätstransfers). Durch die zunehmenden Interdependenzen zwischen Staaten und Gesellschaften wird
den Entscheidungsträgern die Option zur Machterweiterung durch
unilaterale Strategien und Instrumente verwehrt (Harnisch 2000: 4).
    Als rollentheoretischer Ansatz besitzt das Konzept einige Vorzüge.
Als Analyseeinheit sind rollentheoretische Ansätze nützlich, wenn
unterschiedliches Akteurshandeln und -strategien in einem Politikfeld bei vergleichbaren internationalen Rahmenbedingungen erklärt
werden sollen. Im Gegensatz zu neorealistischen Ansätzen kann die
Rollentheorie beispielsweise nachweisen und erklären, warum das
wiedervereinigte Deutschland nicht nach Atomwaffen strebt (Kapitel
1.3.1). Ein solches Verhalten kann im Zivilmachtskonzept aufgrund

normativer Überlegungen erklärt werden. Das Zivilmachtskonzept will deutlich machen, dass die Betonung von Macht und materiellen Interessen zu kurz greifen, um außenpolitisches Handeln hinreichend erklären zu können. Das Zivilmachtskonzept fokussiert hingegen auf den Einfluss des Rollenverständnisses auf das außenpolitische Verhalten. Nachteilig für die Analyse außenpolitischen Verhaltens wirkt sich allerdings aus, dass das Zivilmachtskonzept den Entscheidungsprozess, z.B. dabei auftretende Kontroversen und Kompromisse, nicht systematisch erfasst.

Zivilmacht sieht als idealtypisches Modell außenpolitischen Verhaltens bestimmte Leitlinien vor, wie die Präferenz für multilaterales Handeln oder die Bevorzugung international anerkannter Normen vor kurzfristigen Interessen. Eine Zivilmacht hält sich militärisch zurück und bevorzugt zivile Konfliktbearbeitungsstrategien. Der Einsatz militärischer Mittel erfolgt nur in Fällen von Selbstverteidigung sowie kollektiv legitimierter Zwangsmassnahmen. Zivilmächte versuchen – bevorzugt durch multilaterale Verhandlungen – Organisationsformen, Regeln und Verfahrensweisen der internationalen Gesellschaft zu verändern und eine verstärkte Entfaltung und Durchsetzung universaler Werte zu ermöglichen. Sie wollen die gewaltsame Durchsetzung von Regeln verhindern. Der Begriff Zivilmacht ist dreidimensional (Kirste/Maull 2008: 20). Er bezeichnet:

— Einen *Akteur*, der sich in seinem außenpolitischen Verhalten, von dem der Großmächte bewusst abgrenzt und sich zur Durchsetzung spezifischer Ziele besonderer Instrumente bedient.
— Ein *Rollenkonzept* mit dem Ziel der Zivilisierung der internationalen Beziehungen durch eine besondere Form der außenpolitischen Wertorientierung und einen spezifischen außenpolitischen Stil.
— Ein *Mittel* zur Durchsetzung außenpolitischer Strategien, das bevorzugt auf nicht-militärischen Instrumenten beruht.

Als Rollenkonzept verfolgt eine Zivilmacht relativ feste Normen und Werte, die jedoch situativ neu interpretiert werden können. Es gibt vier kausale Einflusswege für die Rekonstruktion einer außenpolitischen Rolle (Harnisch 2000: 21):

— Externe Veränderungen der Rollenerwartungen (z.B. durch Partnerstaaten oder internationale Institutionen),
— interne Veränderungen der Rollenerwartungen (z.B. durch gesellschaftliche Entwicklungen),

– Interaktionseffekte von externer und interner Veränderungen der Rollenerwartungen und
– Veränderungen der materiellen Interessenstruktur der Gesellschaft.

3.8.2 Die Karriere des Begriffs „Nationales Interesse"

Die starke multilaterale Einbettung der deutschen Außenpolitik folgte bis 1990 primär Begründungsmustern anhand von Begriffen wie „internationale oder historische Verpflichtung" oder „faktische Notwendigkeiten aufgrund gestiegener globaler Interdependenz" (Kapitel 1.3.2). In der alten Bundesrepublik hatte man sich in einer bequemen Vormundschaft unter Schutz und Kontrolle der Alliierten eingerichtet (Gareis 2006: 85). Die öffentliche Verwendung des Begriffs „nationales Interesse" war bei außenpolitischen Entscheidungsträgern hingegen ein Tabuwort. Es war gleichsam so, als hätte das Auswärtige Amt in der Diplomatenausbildung angewiesen, diesen Begriff aus dem öffentlich verwendbaren Wortschatz zu verbannen. Deutsche Interessen waren in erster Linie „verflochtene Interessen" (Senghaas 1992: 35), was wiederum einen begrifflichen Brückenschlag zum Multilateralismus darstellt (Kapitel 3.6).

Natürlich hatte auch die alte Bundesrepublik eigene außenpolitische Interessen. Der Begriff „verflochtene Interessen" weist aber darauf hin, dass Deutschland bei der Verfolgung seiner Interessen die Vorstellungen sowie Befindlichkeiten seiner Partner berücksichtigt und die Bestimmung solcher gemeinsamen Interessen bevorzugt in multilateralen Gremien erfolgt. In diesem Sinne bauen verflochtene Interessen auf nationalen Interessen auf, ersetzen sie aber nicht (Gareis 2006: 90). Dennoch haben sich außenpolitische Entscheidungsträger immer zurückgehalten, nationale Interessen öffentlich zu definieren und offensiv zu vertreten. Darin hat sich die Bundesrepublik deutlich von anderen Staaten unterschieden. In den USA, Frankreich oder Großbritannien werden nationale Interessen seit jeher öffentlich formuliert und offensiv als außenpolitische Handlungsmaxime vertreten (ausführlich Krotz 2001).

Nach 1990 kamen zunächst vereinzelt, dann immer häufiger nützlichkeits- und einflussorientierte Begründungen für multilaterale Einbindungen Deutschlands. In diesem Zusammenhang machte plötzlich der Begriff des „nationalen Interesses" – inklusive seiner

Spielarten wie „wohlverstandenes nationales Interesse" oder „aufgeklärtes Eigeninteresse" – in der Außenpolitik urplötzlich Karriere (Baumann 2007: 450f.). Er fand sich im vereinten Deutschland zunächst noch selten und vorsichtig in Reden außenpolitischer Entscheidungsträger wieder, wurde dann aber sukzessive zu einem stärkeren Bezugspunkt. Wie Außenminister Klaus Kinkel und Verteidigungsminister Volker Rühe verwandten alle Kanzler – Kohl noch etwas zaghafter, Schröder und Merkel schon deutlich unbefangener – den Begriff des nationalen Interesses. Die Semantik der deutschen Außenpolitik hatte sich verändert (ausführlich Hellmann 2008).

Nationales Interesse

Nationales Interesse ist die Gesamtheit der Interessen, die ein Nationalstaat in den internationalen Beziehungen mit Hilfe einer kohärenten Außenpolitik realisieren will. Nationale Interessen können fundamentaler Natur sein wie z.B. Sicherheit, Freiheit und Frieden. Sie können aber auch ganz konkrete außenpolitische Ziele betreffen, wie den ständigen Sitz im VN-Sicherheitsrat (Kapitel 3.6.2). „Zur Realisierung ihrer Interessen setzen Staaten die ihnen zur Verfügung stehenden politischen Einflussmöglichkeiten, Ressourcen und Machtmittel ein, wobei sich die Intensität dieses Mitteleinsatzes idealerweise nach der Priorität der angestrebten Ziele richtet. Interessen bilden also die Grundkategorien einer strategischen Ziel-Mittel-Relation [...]. Eine der wesentlichen Funktionen nationaler Interessen besteht darin, als Referenzkategorie oder [...] als Kompass für die außen- und sicherheitspolitischen Entscheidungen eines Landes wirken" (Gareis 2006: 81f.). Wenn etwas als nationales Interesse definiert oder ggfs. dazu hochstilisiert worden ist, so soll suggeriert werden, dass sich kontroverse Debatten und tiefer gehende Begründungen erübrigen. Eine Außenpolitik, die an der Verfolgung nationaler Interessen ausgerichtet ist, ist in diesem Sinne bereits hinreichend legitimiert und will sich gleichsam gegen Kritik immunisieren. Nationales Interesse rückt damit in die Nähe einer objektiven Kategorie. Dies scheint zumindest eine hinter der Begriffsverwendung stehende Absicht zu sein. In diesem Sinne schwingt bei der Verwendung des Begriffs immer auch eine gewisse künstliche Überhöhung mit.

Die verstärkte Verwendung dieses Begriffs in der deutschen Außenpolitik überrascht auch deswegen, weil „nationales Interesse" gerade in der deutschen Außenpolitikanalyse vorwiegend negativ konnotiert war und ist. Er impliziert Abgrenzungen gegenüber den Interessen anderer Staaten. Zudem suggeriert der Begriff Zynismus und Selektivität, wenn bei fehlendem nationalem Interesse – z.B. bei Menschenrechtsverletzungen in Afrika – keine Sanktionen ins Auge gefasst werden. Die breite Ablehnung des Begriffs „nationales Interesse" speist sich zum Teil daraus, dass der Begriff der realistischen Denktradition in den Theorien der Internationalen Beziehungen entstammt (Kapitel 1.3.1). Er fußt dort auf dem Vorrang staatlicher Interessen vor gesellschaftlichen Anforderungen. Nur so ist überhaupt die Konzeptionalisierung eines kohärenten nationalen Interesses als Machtkonzept denkbar. Außenpolitische Entscheidungsträger sind dabei in der Lage, nationale Interessen – quasi objektiv – zu erkennen und auf dieser Grundlage zu handeln. Wird ein Ziel als nationales Interesse artikuliert, dann auch in der Absicht, die Bevölkerung auf einen bestimmten politischen Kurs einzustimmen (Gareis 2006: 81). Ein überragendes Interesse einer Regierung ist der Machterhalt und die Reproduktion des eigenen Staatsapparats. Dementsprechend dient ein so definiertes nationales Interesse in erster Linie der Bewahrung und Ausdehnung staatlicher Herrschaft. Nicht in dieses vom Realismus gezeichnete Bild passt allerdings die Beobachtung, dass moderne pluralistische Demokratien durch die Konkurrenz einer Vielzahl von Interessen gesellschaftlicher wie staatlicher Akteure gekennzeichnet sind. In solchen Gesellschaften ist die Formulierung von einheitlichen, alle Gruppen repräsentierenden nationalen Interessen kaum möglich. Dennoch findet auch in Demokratien die Formulierung und öffentliche Vertretung nationaler Interessen auf internationalem Parkett statt.

Woher kommen denn eigentlich nationale Interessen? Die Argumentationsfigur des Sozialkonstruktivismus ist, dass außenpolitische Entscheidungsträger nationale Interessen in Demokratien nicht losgelöst von gesellschaftlichen Debatten definieren können, sondern diese in der Auseinandersetzung zwischen verschiedenen Akteuren entstehen. So beziehen sozialkonstruktivistische Ansätze bei der Formulierung von Interessen die subjektiven Überzeugungen von staatlichen und gesellschaftlichen Akteuren mit ein (Kapitel 1.3.4). Nationales Interesse wäre aus dieser Perspektive das Produkt eines Aushandlungsprozesses, nicht eine objektive Kategorie. Die außenpolitischen Entscheidungen erfahren dabei eine starke Rückbindung an die innerstaatliche Willensbildung und damit ein hohes Maß an Legitimität. Zwar verschließen sich die Sozialkonstruktivisten nicht objektiven Bestimmungsfaktoren nationaler Interessen (geografische Lage, Bevölkerungsumfang, Rohstoffausstattung). Sie überwinden jedoch ihren deterministischen Charakter und öffnen sich für eine Berücksichtigung von Ideen und Werten. Nationale Interessen werden damit in ihrer Entstehung transparenter, gestaltbarer und auch veränderbar (Gareis 2006: 81f.). In diesem Zusammenhang ist zu fragen, ob und inwieweit z.B. das Streben Deutschlands nach einem ständigen Sitz in Sicherheitsrat als abgeleitetes nationales Interesse tatsächlich eine gesellschaftliche Basis besitzt oder ob es nicht nur ein Projekt außenpolitischer Eliten ist.

Ist die häufige Verwendung des Begriffs „nationales Interesse" durch außenpolitische Entscheidungsträger also nun ein Indiz dafür, dass Deutschland Abschied von seiner Kultur der Zurückhaltung nimmt? Anstatt von nationalen Interessen könnten außenpolitische Entscheidungsträger beispielsweise auch von Zielen sprechen. Ein rhetorischer Kniff, wenn denn der Begriff „nationales Interesse" tatsächlich vermieden werden soll. Offenbar scheint diese rhetorische Zurückhaltung aber nicht mehr gewollt zu sein. Der deutschen Diplomatie ist auf jeden Fall zu unterstellen, dass jede Veränderung des außenpolitischen Vokabulars und die offensive Verwendung eines Begriffs niemals unreflektiert, sondern immer intentional stattfindet. Es ist also zu vermuten, dass mehr dahinter steckt. Auffällig ist, dass der Begriff zwar rhetorisch oft eingesetzt wird, eine schriftliche Erfassung deutscher nationaler Interessen in einem offiziellen Regierungsdokument aber bisher nur einmal ansatzweise vorgenommen wurde: 1994 vom Bundesverteidigungsministerium. Eine Fortschreibung hat seitdem nicht stattgefunden (Gareis 2006: 79).

Ein Erklärungsansatz liegt darin, dass „nationales Interesse" und der Grundsatz des Multilateralismus in einem Zusammenhang stehen. Die Entdeckung des „nationalen Interesses" in der außenpolitischen Rhetorik bedeutet zwar keinen Abkehr vom Grundsatz des Multilateralismus im Handeln und eine Hinwendung zum Uni- und/oder Bilateralismus als außenpolitischer Methode. Aber beide Begriffe stehen doch in einem gewissen Spannungsverhältnis zueinander und deuten auf eine Veränderung dessen, was unter Multilateralismus zu verstehen ist. Der Grundsatz des Multilateralismus wird in der deutschen Außenpolitik nach 1990 instrumentalistischer verfolgt und orientiert sich stärker an der Erreichung konkreter Ziele (Kapitel 3.6).

Insofern spiegelt die auffällig häufige Verwendung des „nationalen Interesses" nach 1990 zwar eine veränderte Sichtweise auf den Grundsatz des Multilateralismus wider, aber sie steht nicht für eine grundsätzliche Abkehr von der Kultur der Zurückhaltung. Im Gegenteil: Häufig wird multilaterales Handeln über nationale Interessen begründet. Hier zeigt sich, dass multilaterale Zusammenarbeit weniger als zuvor ein Selbstzweck ist, der keiner näheren Begründung bedarf. Offenbar ist Multilateralismus stärker als in der alten Bundesrepublik begründungspflichtig geworden.

Letztlich ist der Begriff des nationalen Interesses theoretisch nur schwer fassbar und er ist auch nur begrenzt als Erklärungsvariable für außenpolitisches Handeln nützlich. Er bleibt daher trotz seines regen Gebrauchs überaus sperrig (Gareis 2006: 79f.).

3.8.3 Die Kultur der militärischen Zurückhaltung und Auslandseinsätze der Bundeswehr

Das Zivilmachtkonzept war in erster Linie auf die alte Bundesrepublik und Japan zugeschnitten (ausführlich Frenkler 1997). Die alte Bundesrepublik erfüllte nahezu idealtypisch alle Grundsätze einer Zivilmacht und verhielt sich entsprechend ihres Rollenverständnisses sowie der Erwartungen anderer Staaten. Die Bundesrepublik befand sich seit ihrer Gründung "auf dem Weg zur Zivilmacht – als Ergebnis unabweisbarer außenpolitischer Handlungszwänge, aber auch aufgrund der freiwilligen Neuorientierung der außenpolitischen Entscheidungsträger und insbesondere Konrad Adenauers [...] Anfang der 70er Jahre war das neue außenpolitische Rollenkonzept [...] bereits weitgehend entfaltet und zugleich auch schon in hohem Maße verinnerlicht" (Maull 2007: 75f.). Insbesondere gab es keine Auslandeinsätze der Bundeswehr. Alle durchaus vorhandenen internationalen Erwartungen anderer Staaten, solche Auslandseinsätze durchführen zu lassen, wurden gebetsmühlenhaft mit dem lapidaren Hinweis auf das Grundgesetz abgewehrt. Angeführt wurden Artikel 87a und Artikel 24, Absatz 2.

> Artikel 87a: „Der Bund stellt Streitkräfte zur Verteidigung auf. Außer zur Verteidigung dürfen die Streitkräfte nur eingesetzt werden, soweit dieses Grundgesetz es ausdrücklich zulässt."

> Artikel 24, Absatz 2: „Der Bund kann sich zur Wahrung des Friedens einem System gegenseitiger kollektiver Sicherheit einordnen; er wird

hierbei in die Beschränkungen seiner Hoheitsrechte einwilligen, die eine friedliche und dauerhafte Ordnung in Europa und zwischen den Völkern der Welt herbeiführen und sichern."

Der sicherheitspolitische Konsens lautete, dass Auslandseinsätze der Bundeswehr verfassungsrechtlich nur dann zulässig sind, wenn das Territorium der Bundesrepublik angegriffen wird und sich selbst verteidigen muss, allein oder zusammen mit anderen angegriffenen Staaten. Dies hatte dazu geführt, dass nur technische und humanitäre Hilfsleistungen oder logistische Hilfe für VN-Friedenseinsätze durchgeführt wurden. Bei multilateralen Einsätzen wurde das Fehlen deutscher Soldaten meist finanziell kompensiert (Scheckbuch-Diplomatie).

Auslandseinsätze nach 1990

Direkt nach der Vereinigung sprachen einerseits zunächst alle Anzeichen für strikte Kontinuität und damit für eine Fortsetzung der Zivilmachtrolle Deutschlands sowie der Kultur der militärischen Zurückhaltung. Die Zivilmachtsrhetorik der Regierung Kohl/Genscher war ungebrochen. Die Bundesregierung versuchte das Aufkommen neuen Misstrauens im Ausland zu verhindern: „Einen neuen Nationalismus, eine neue deutsche Großmannssucht musste mit Kohl also nach der Wiedervereinigung niemand befürchten" (Hacke 2003: 432).

Andererseits wurde das vereinte Deutschland aufgrund seiner wirtschaftlichen Leistungsfähigkeit, Bevölkerungszahl sowie seiner geografischen Lage in der Mitte Europas häufig als „Großmacht" oder wie u.a. auch von Kanzler Schröder „große Macht" bezeichnet (Hellmann 2002: 507). Hinzu kam mit den weltweiten Auslandseinsätzen der Bundeswehr einer der markantesten Veränderungen in der deutschen Außenpolitik nach der Wiedervereinigung. Bedeutet dieser Einsatz militärischer Mittel, dass Deutschland die militärische Zurückhaltung, die es jahrzehntelang unter Verweis auf das Grundgesetz gepflegt hatte, vollständig abgelegt hat? Hat gar eine Militarisierung der deutschen Außenpolitik stattgefunden? Inwieweit korrespondiert das Zivilmachtskonzept, welches im Sinne eines Rollenkonzepts ein wichtiger Bestandteil der Kultur der militärischen Zurückhaltung ist, mit den Auslandseinsätzen der Bundeswehr? Auf den ersten Blick wäre dieses außenpolitische Phänomen als glatter Kontinuitätsbruch und Abkehr vom Grundsatz der Kultur der Zurückhaltung zu bewerten. Dies müsste zu dem Befund führen, dass Deutschland die Merkmale einer Zivilmacht nicht mehr erfüllt. Hat Deutschland also Abschied vom Rollenverständnis als Zivilmacht genommen?

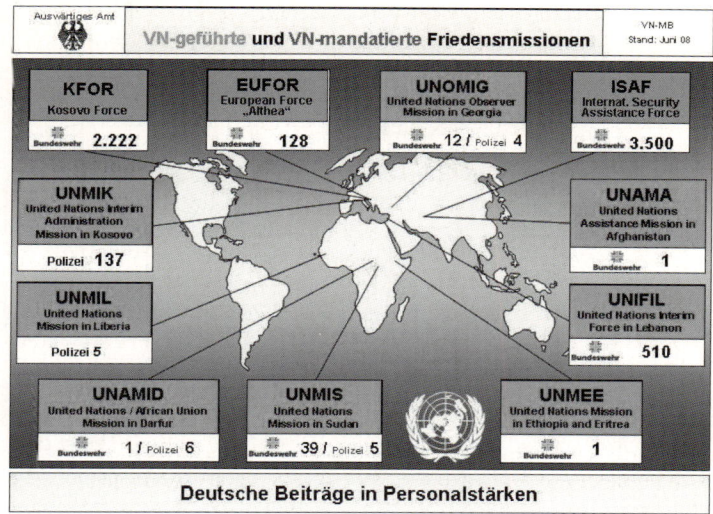

Abbildung 4: Auslandseinsätze der Bundeswehr

Quelle: Auswärtiges Amt 2008a: S. 18.

Auf der Suche nach Antworten zu diesen Fragen werden im Folgen-
den drei Auslandseinsätze der Bundeswehr während der Regierungen
Kohl, Schröder und Merkel näher in den Blick genommen: Somalia,
Kosovo und Afghanistan. Dabei geht es weniger um eine detaillierte
Darstellung und Erklärung des Konfliktes oder um die Frage des
Erfolgs bzw. Misserfolgs einer Mission. Vielmehr wird erstens be-
sonderes Augenmerk auf die Debatten und Entscheidungsprozesse
gelegt. Es soll aufgezeigt werden, ob und inwieweit sich typische
Argumentationsmuster in Regierung bzw. Opposition herausgebildet
haben. Zweitens steht die Frage nach etwaigen Entwicklungslinien
bei diesen Auslandseinsätzen im Zentrum.

Fall 1: Schwarz-Gelb, Somalia und das Bundesverfassungsge-
richt

Nach der Wiedervereinigung wurde die Scheckbuch-Diplomatie, einhergehend mit der Weigerung zu Auslandseinsätzen der Bundeswehr,
zunächst fortgesetzt. Die Regierung Kohl schickte 1991 in den zwei-

ten Golfkrieg keine Soldaten, sondern reagierte auf die Anfrage der Partnerstaaten mit einer finanziellen Unterstützung von rund 17 Milliarden DM (Geis 2005: 4f.). Ein größeres Maß an militärischer Zurückhaltung war kaum denkbar. Timothy Garton Ash bezeichnete Deutschland entsprechend als „civil, civilian, civilised" (zitiert in Hacke 2003: 430).

Aber Helmut Kohl hatte in seiner Regierungserklärung am 4. Oktober 1990 bereits einen Ausblick gegeben, der kommende Veränderungen erahnen ließ: „Dem vereinten Deutschland wächst eine größere Verantwortung in der Völkergemeinschaft zu, nicht zuletzt für die Wahrung des Weltfriedens. Wir werden dieser Verantwortung sowohl im Rahmen der VN, der europäischen Gemeinschaft und der Atlantischen Allianz als auch in unserem Verhältnis zu einzelnen Ländern gerecht werden. Wir wollen dafür bald klare verfassungsrechtliche Voraussetzungen schaffen" (zitiert in Wölfle 2005: 10). Auch wenn die verfassungsrechtlichen Grundlagen unverändert blieben, so rückte dennoch die Scheckbuch-Diplomatie in den Folgejahren zugunsten von Auslandseinsätzen in den Hintergrund. Das deutsche Bekenntnis zur Übernahme von mehr Verantwortung manifestierte sich zunächst ausgesprochen vorsichtig in der Beteiligung deutscher Streitkräfte 1992 am Out-of-Area-Einsatz in Kambodscha (UNTAG) mit 150 Sanitätssoldaten. Alle Einsätze bis 1998 hatten markante Merkmale. Sie fanden sie ausnahmslos multilateral statt und beruhten stets auf einem Mandat der VN. Außerdem waren es keine so genannten Kampfeinsätze. Dennoch nahm die Intensität der Einsätze sukzessive zu (ausführlich Maull 2000).

Die Bundeswehr in Somalia

Somalia war seit 1988 in einen Bürgerkrieg versunken. Milizen gelang es 1991, den sich bis dahin an der Macht haltenden Diktator Siad Barre aus der Hauptstadt Mogadischu zu vertreiben (ausführlich Weber 1997; Sheikh/Weber 2005). Der Staat blieb ohne jegliche staatliche Autorität. Somalia repräsentiert bis heute den Idealtypus des vollkommen zerfallenen Staates, eines „failed state" (Mair/Petretto 2008: 139). Es dominierten traditionelle Clan-Strukturen. Die Auseinandersetzungen zwischen den Clans mit ihren Führern wie Aidid, Barre oder Mahdi nahmen zu und führten zu massiven Flüchtlingsströmen, die dafür sorgten, dass das Land auf eine humanitäre Katastrophe zusteuerte. 1992 kam es zu einem Waffenstillstand zwischen den maßgeblichen Kriegsparteien. Der Sicherheitsrat verabschiedete

Resolution 751 zur Überwachung dieses Waffenstillstandes. Nach einer weiteren Eskalation beauftragte der Sicherheitsrat mit Resolution 794 die USA, eine Peace-Keeping-Operation mit bis zu 28.000 Soldaten durchzuführen, um Hilfsgüterlieferungen sicher zu stellen. Diese UNITAF-Mission war insofern bemerkenswert, als die VN hier das Souveränitätsprinzip durchbrochen hatten und sich in die inneren Angelegenheiten eines Staates – wenn auch „failed state" – eingemischt hatten, um den Menschenrechten Geltung zu verschaffen. Während UNOSOM keinerlei militärische Bedeutung besaß, wurde UNITAF in militärische Auseinandersetzungen mit Milizen hineingezogen.

Die deutsche Bundesregierung beschloss im Dezember 1992, die VN-Mission zu unterstützen, indem sie in den befriedeten Regionen Somalias ein Nachschub- und Transportbataillon stellen wollte. Im Rahmen der Nachfolgemission UNOSOM II lautete der Auftrag, sich an Aufbau, Unterstützung und Sicherstellung der Verteilerorganisation für Hilfs- und Logistikgüter zu beteiligen. Dabei sollte militärische Gewalt nur zur Selbstverteidigung eingesetzt werden und nicht zur Verteidigung des Auftrags (robustes Mandat). Die Entscheidung war innenpolitisch umstritten. Die SPD-Opposition sah eine Verletzung der Rechte der Legislative und eine zu große Gefahr für die deutschen Soldaten. Daher beantragte sie vor dem Bundesverfassungsgericht den Erlass einer einstweiligen Anordnung, um die Umsetzung der Regierungsentscheidung zu verhindern. Das Bundesverfassungsgericht verlangte einen zusätzlichen Bundestagsbeschluss, zu dem es auch am 2. Juli 1993 kam.

UNOSOM II (eine Mission mit Soldaten aus 29 Staaten) wurde tatsächlich in militärische Auseinandersetzungen verwickelt. Dies veranlasste US-Präsident Clinton, eine US-Eliteeinheit zu entsenden. Nach dem Abschuss von zwei Kampfhubschraubern und der medienwirksamen Zur-Schau-Stellung toter US-Soldaten durch somalische Clans war UNOSOM II gescheitert. Der Abzug der US-Eingreiftruppe führte auch zum Abzug anderer Einheiten. Auch das deutsche Kontingent wurde im März 1994 nach nur einem Jahr abgezogen. Die VN resignierten und der Bürgerkrieg wurde re-somalisiert.

Insgesamt waren etwa 4.500 deutsche Soldaten an UNOSOM II – die Entsendung erfolgte in zwei Kontingenten – beteiligt, davon 4.000 direkt in Somalia. Eingesetzt wurden nur freiwillige Zeit- und Berufssoldaten, keine Wehrpflichtigen. Die Rolle der deutschen Soldaten war randständig. Der deutsche Einsatzverband konnte seinen Aufgaben noch nicht einmal vollständig nachkommen, weil u.a. eine zu unterstützende indische Brigade entgegen eigentlicher Planungen im Süden des Landes eingesetzt wurde. So wurde das deutsche Engagement beim zweiten Kontingent verringert, und die verbliebenen Streitkräfte widmeten sich verstärkt dem humanitären Engagement.

Bemerkenswert war der Somalia-Einsatz deswegen, weil er innenpolitisch umstritten war und eine endgültige verfassungsrechtliche Klärung ausstand, was aber nicht zum Abbruch des Einsatzes führte. Anders als im vorherigen Einsatz deutscher Sanitäter in Kambodscha gab es für UNOSOM II keine Zustimmung der Konfliktparteien. Tatsächlich war die Intensität des Einsatzes noch niedrig. Außenpolitische Entscheidungsträger wie auch die deutsche Bevölkerung konnten sich so allmählich an dieses neue außenpolitische Phänomen gewöhnen.

Somalia und die Folgen: Das Bundesverfassungsgerichtsurteil

Die verfassungsrechtlichen Bedenken hinsichtlich der ersten Auslandseinsätze der Bundeswehr wurden am 12. Juli 1994 Gegenstand eines richtungweisenden Urteils für die deutsche Außenpolitik. Neben dem Somalia-Einsatz lagen dem Gericht auch Organklagen wegen zwei weiterer Auslandseinsätze vor (AWACS-Aufklärungsflüge der NATO über Bosnien-Herzegowina; Operation „Sharp Guard" in der Adria). Auch war zu klären, ob die Bundesregierung mit ihrer Zustimmung zum neuen strategischen Konzept der NATO 1991 die Rechte der Legislative bei der Veränderung völkerrechtlicher Verträge gemäß Art. 59, Abs. 22 GG verletzt hatte.

Das Bundesverfassungsgericht wies die Verfassungsklagen zurück und bestätigte die Auslandseinsätze als verfassungskonform (BVerfG 1994). Mit diesem Urteil steckte das Bundesverfassungsgericht den rechtlichen Rahmen für weitere Auslandseinsätze ab, schuf ein neues Verfahren der parlamentarischen Mitwirkung an Entscheidungen der Bundesregierung, ließ aber Raum für unterschiedliche Interpretationen und Diskussionen. In der Urteilsbegründung bezogen sich die Verfassungsrichter auf Artikel 24 GG. Danach kann die Bundesrepublik sich zur Wahrung des Friedens einem System gegenseitiger kollektiver Sicherheit nicht nur anschließen, sondern auch die mit der Mitgliedschaft in einem solchen System typischerweise verbundenen Aufgaben durchführen, die nach den Regeln dieses Systems gegenseitiger kollektiver Sicherheit stattfinden. Zudem begründeten die Karlsruher Richter ihr Urteil mit einem Hinweis auf die Präambel der NATO. Danach bildet die NATO ein Sicherheitssystem, in dem die

Mitglieder ihre Bemühungen für die gemeinsame Verteidigung, den Erhalt des Friedens und der Sicherheit vereinigten. Dies sei mit dem Geist des Grundgesetzes vereinbar. Die rechtliche Grundlage war damit ausreichend. Eine Grundgesetzänderung war durch diese Neuauslegung nicht mehr erforderlich (Gareis 2006: 185ff.).

Seitdem bedarf jeder Auslandseinsatz der Bundeswehr außerdem einer vorherigen Einzelfallprüfung durch den Bundestag. Das Bundesverfassungsgericht stellte fest: „Das Grundgesetz verpflichtet die Bundesregierung, für den Einsatz bewaffneter Streitkräfte die – grundsätzlich vorherige – konstitutive Zustimmung des Deutschen Bundestages einzuholen" (BVerfG 1994). Dieser Parlamentvorbehalt brachte der Bundeswehr den Beinamen „Parlamentsarmee" ein. Diese Ausweitung der Mitwirkungsrechte der Legislative wurde im Urteil gleichzeitig insofern begrenzt, als dem Bundestag keinerlei Initiativrechte für einen Auslandseinsatz zustehen. „Hierzu die entsprechenden Absprachen und Planungen mit den internationalen Partnern und Einrichtungen zu führen verbleibt bei der Bundesregierung. Ermöglicht wird auch ein Einsatz ohne vorangegangenen Bundestagsbeschluss, wenn Gefahr im Verzug ist und folglich schnell sowie unter Geheimhaltung gehandelt werden muss. Der Bundestag kann einen Einsatz dann im nach hinein billigen oder die eingesetzten Kräfte zurückrufen" (Gareis 2006: 186f.).

Bemerkenswert ist, wie Deutschland mit der verfassungsrechtlichen Auflage umging, denn die Art und Weise der Beteiligung der Legislative war vom Bundesverfassungsgericht nicht vorgeschrieben worden. Die Handhabung war dann nachfolgend über viele Jahre so, dass der gesamte Bundestag abstimmen musste, selbst wenn es nur um den Einsatz eines einzelnen Soldaten ging. Dies änderte sich im Dezember 2004, als der Bundestag das „Gesetz über die parlamentarische Beteiligung bei der Entscheidung über den Einsatz bewaffneter Streitkräfte im Ausland" verabschiedete. Es modifizierte die Parlamentsbeteiligung insofern, als es ein vereinfachtes Entscheidungsverfahren bei Einsätzen von „geringer Intensität und Reichweite" (§ 4) zuließ. Demzufolge gilt eine parlamentarische Zustimmung auch dann als erteilt, wenn ein Gremium aus Vertretern aller Bundestagsfraktionen über den Einsatz von der Regierung in Kenntnis gesetzt wird, alle Abgeordneten über den Einsatz schriftlich informiert werden und innerhalb von sieben Tagen keine Bundestagsfraktion oder 5% der Abgeordneten eine Befassung des Bundestages verlangen. Das Gesetz sieht ferner ein sofortiges Rückholrecht von im Ausland eingesetzten Soldaten durch den Bundestag vor (§8). Dieses

Recht wurde bisher noch nie ausgeübt. Dieses Gesetz hat das Verfahren für bestimmte Auslandseinsätze vereinfacht. Wenn auch die Formulierung „geringe Intensität und Reichweite" Interpretationsspielräume eröffnet, so ist doch die Gefahr eines Einstiegs in den Ausstieg der parlamentarischen Beteiligung durch dieses Gesetz nicht gegeben. Zusammenfassend hatte dieses Urteil von 1994 drei gravierende Folgen für die deutsche Außenpolitik:

— Auslandseinsätze der Bundeswehr sind nicht nur zur Landes- und Bündnisverteidigung, sondern prinzipiell ohne geographische Einschränkung oder Begrenzung der Einsatzintensität mit jeglicher Mandatsausgestaltung möglich; also auch Out-of-Area-Einsätze und Kampfeinsätze.
— Auslandseinsätze müssen in ein System gegenseitiger kollektiver Sicherheit eingebettet sein. Auslandseinsätze als nationale Alleingänge sind damit ausgeschlossen. Der außenpolitische Grundsatz des Multilateralismus muss zwingend erfüllt sein.
— Die Legislative erhält durch den Parlamentsvorbehalt neue Mitwirkungsrechte, die die Macht der Exekutive bei der Gestaltung von Außenpolitik begrenzen.

Der Befund lautet: Letztlich wurde das Militärische als außenpolitisches Instrument durch dieses Urteil zwar einerseits enttabuisiert, aber gleichzeitig auch beschränkt.

Fall 2: Rot-Grün und der Kosovo-Konflikt – Ausnahme oder Präzedenzfall?

Unter der rot-grünen Bundesregierung war aufgrund einer im Vergleich zu CDU und FDP stärkeren pazifistischen Grundeinstellung vieler Entscheidungsträger sowie der Klage gegen den Somalia-Einsatz zumindest keine reine Trendfortschreibung bei den Auslandseinsätzen zu erwarten gewesen. Aber kaum war die neue Bundesregierung gewählt, wurde sie mit dem Kosovo-Konflikt konfrontiert.

Im Kosovo waren die Beziehungen zwischen den dort ansässigen Serben und Kosovo-Albanern seit Jahrhunderten konfliktbeladen (ausführlich Chiari 2006; Kreidl 2006). In Titos Vielvölkerstaat Jugoslawien wurde das Kosovo zwar Serbien territorial zugeordnet, erhielt aber den Status einer autonomen Region. Zwar brachen bereits in den 1980er Jahren Unruhen aus, aber die Situation eskalierte erst mit dem Amtsantritt Slobodan Milosevics 1989. Der neue Präsident hob den Autonomiestatus der Provinz Kosovo (wie auch der Vojvodina) auf und veranlasste eine Verdrängung der Albaner aus dem öffentlichen Leben. Die Kosovo-Albaner reagierten zunächst mit gewaltlosem Widerstand unter der Führung des Literaten Ibrahim Rugova. 1991 wurde – dem Beispiel Sloweniens und Kroatiens folgend (Kapitel 3.6.2) – die „Unabhängige Republik Kosovo" ausgerufen. Serbien ignorierte diesen Beschluss. Auch international fand das Kosovo zu dieser Zeit nur wenig Beachtung. Es bildete sich die Ushtria Clirimtare E Kosoves (UCK) als Befreiungsarmee, die sich ab 1996 in bewaffnete Auseinandersetzungen mit der serbischen paramilitärischen Sonderpolizei begab. Die anhaltenden Kämpfe führten zu einer Flüchtlingswelle auch nach Albanien, Montenegro und Mazedonien. Erst jetzt – obwohl die Krise schon jahrelang präsent war – brachte die Gefahr einer weiteren Eskalation auf dem Balkan das Kosovo mit seinen rund 2 Millionen Menschen doch auf die internationale Agenda.

Ab Ende 1997 befasste die drei Jahre zuvor aufgrund des Bosnien-Konflikts gegründete Balkan-Kontaktgruppe – USA, Russland, Frankreich, Großbritannien, Italien und Deutschland – mit dem Kosovo-Konflikt. Am 9. März 1998 forderte sie die jugoslawische Führung auf, innerhalb von zehn Tagen die Sonderpolizeieinheiten zurückzuziehen und mit der kosovo-albanischen Führung über den künftigen Status des Kosovo zu verhandeln. Aber die Gespräche scheiterten. Grundsätzlich beharrte Belgrad auf dem Souveränitätsprinzip und der Nichteinmischung in seine inneren Angelegenheiten. Milosevic kam zugute, dass in der Kontaktgruppe keine einheitliche Position gefunden werden konnte. Insbesondere die Sicherheitsrat-Vetomacht Russland sprach sich gegen eine militärische Einmischung aus (Krempl 2004: 21f.). Schnell wurde klar: „Diplomatie allein konnte Sicherheit und Frieden nicht garantieren, die Erfahrungen aus dem Bosnien-Krieg hatten gezeigt, dass militärische Komponenten in die internationalen Bemühungen integriert werden müssen, will man dem Morden nicht tatenlos zusehen" (Wölfle 2005: 69).

Auch in der NATO, die ganz unter dem Eindruck der Bosnien-Erfahrungen und der dortigen zögerlichen Reaktionsweise stand, wurde über militärische Optionen diskutiert. Massive Menschenrechtsverletzungen im Kosovo sowie die Respektierung der staatlichen Souveränität Jugoslawiens bildeten den Spannungsbogen der Debatte. Die wachsende Flüchtlingszahl (265.000 Menschen) führte im September 1998 zur Diskussion um die Verhinderung einer humanitären Katastrophe (Joetze 2001: 35). Der Sicherheitsrat verabschiedete am 23. September 1998 Resolution 1199, in der ein sofortiger Waffenstillstand gefordert wurde. Belgrad sollte seine Truppen zu-

rückzuziehen, mit dem VN-Kriegsverbrechertribunal zusammenzuarbeiten und humanitären Organisationen Zugang zum Kosovo gewähren.

Allied Force, KFOR und Diplomatie

Im Oktober wurde die Bundesregierung mit der Anfrage konfrontiert,
sich an möglichen Luftschlägen der NATO gegen Serbien zu beteiligen. Die Regierung stimmte zu, obgleich klar sein musste, dass Russland und China keine entsprechende Sicherheitsratsresolution zulas-
sen würden und eine militärische Intervention damit keine eindeutige
völkerrechtliche Basis hätte. Dennoch beschloss der Bundestag in
einer Sondersitzung mit großer Mehrheit am 16. Oktober 1998 eine
Beteiligung an einem immer wahrscheinlicher werdenden NATO-
Einsatz. Zu diesem Beschluss erläutere Schröder, dass ein solcher
Einsatz nicht von einer neuerlichen Resolution abhängig gemacht
werden dürfte. Er betonte aber gleichzeitig, dass – ganz gemäß des
Zivilmachtkonzepts – zivile Konfliktbearbeitungsstrategien nicht
vernachlässigt und weiter diplomatische Kanäle verfolgt werden sollten (Calic 2007: 476).

Die von Außenminister Fischer verwendete Argumentationsfigur
war, dass in diesem Konflikt die Werte deutscher Außenpolitik „Nie
wieder Krieg" und „Nie wieder Auschwitz" gegenüberstehen und die
deutsche Außenpolitik in ein Dilemma stürzen. Trotz pazifistischer
Grundhaltung deutscher Entscheidungsträger war ein Völkermord
daher schon aus moralischen Gründen zu verhindern (Geis 2005: 4).
Entsprechend wurden die Ereignisse im Kosovo in der deutschen
Diskussion gelegentlich mit der Vernichtungspolitik der Nationalsozialisten verglichen (Calic 2007: 477). Fischer machte diesen nicht
nur zwischen Gruppen, sondern auch innerhalb individueller Entscheidungsträger verlaufenden Konflikt deutlich: „Wir sind in einem
echten Wertekonflikt. Auf der einen Seite Gewaltfreiheit als Vision
in einer Welt, in der Konflikte durch Vernunft gelöst werden, durch
Recht und Mehrheitsentscheidungen, durch Verfassungsstaat und
nicht mehr durch nackte Gewalt, der Verzicht auf militärische Gewalt, das Ziel, Strukturen zu schaffen, damit diese nicht notwendig
ist; auf der anderen Seite das verfluchte Dilemma, Menschen zum
Überleben nur noch durch die Entsendung von Militär helfen zu
können" (zitiert in Harnisch 2000: 18). Ludger Volmer, der für den
linken Flügel der Grünen sprach, begründete seine Ablehnung damit,
dass kein Präzedenzfall für eine Militärintervention ohne Sicherheits-

ratsresolution geschaffen werden dürfe (Joetze 2001: 39). Letztlich kam es zu einem breiten Konsens in Regierung und Bundestag für diesen Einsatz auch ohne klares VN-Mandat. Die ausschlaggebenden Argumente waren die Verhinderung von Vertreibung und Völkermord und die Charakterisierung des Einsatzes als humanitäre Intervention (Kapitel 3.7.4).

Die NATO erhöhte den Druck und drohte mit einem militärischen Eingreifen. Der russische Präsident Jelzin hingegen versicherte Belgrad, dass er militärische Zwangsmaßnahmen im Sicherheitsrat mit dem Veto blockieren würde. Aber die humanitäre Lage der Kosovo-Albaner verschlechterte sich weiter. Das Holbrooke-Milosevic-Abkommen scheiterte genauso wie die nachfolgenden Verhandlungen von Rambouillet vom Februar 1999. Bei diesen Verhandlungen spielte die deutsche Diplomatie nur eine untergeordnete Rolle (Wölfle 2005: 72). Die NATO hatte ihr militärisches Eingreifen für den Fall des Scheiterns der Rambouillet-Verhandlungen angekündigt (diplomacy at gunpoint).

Am 23. März 1999 gab NATO-Generalsekretär Solana den Einsatzbefehl für die Luftangriffe. Die NATO-Operation Allied Force begann. Die Bundeswehr beteiligte sich mit 14 Tornado-Kampfflugzeugen und trug zum Schutz der alliierten Luftflotte bei. Der eigentliche Militärbeitrag war also als begrenzt zu bewerten (Wölfle 2005: 74). Das Ziel war die Beendigung der Gewaltanwendung der serbischen Sicherheitskräfte gegen die albanische Zivilbevölkerung (Jurecovic 2001: 61).

Die NATO musste erkennen, dass sich der erhoffte schnelle Sieg nicht einstellte. Milosevic lenkte nicht ein. Belgrad verstärkte sogar die systematische Vertreibung und Ermordung der Kosovo-Albaner. Dies führte zu einer Rückkehr der Diplomatie. Im April 1999 kam es zu einer deutschen Initiative. Außenminister Fischer präsentierte am 14. April 1999 ein Plan, der die Intervention auf eine klarere völkerrechtliche Grundlage zurückführen sollte. Die Konfliktbearbeitung sollte auf der Basis einer Sicherheitsratresolution erfolgen, der auch Russland zustimmen konnte. Fischer nutzte die Chance der doppelten Präsidentschaft in G-8 und EU zu diesem Vorstoß. Im so genannten Fischer-Plan wurden die sofortige und überprüfbare Beendigung der Gewalthandlungen im Kosovo, der Rückzug aller jugoslawischen Einheiten, die Installierung einer internationalen Sicherheitspräsenz mit Mandat, eine Interimsadministration für das Kosovo durch die VN (Friedenseinsatz der „Vierten Generation") sowie die sichere Rückkehr der Vertriebenen gefordert. Ferner waren die Entwaffnung der UCK und eine weitgehende Autonomie des Kosovo vorgesehen (Calic 2007: 477f.). Belgrad stimmte letztlich diesem Plan am 3. Juni 1999 zu. Welchen Anteil die elfwöchige militärische Intervention der NATO und Pläne für den Einsatz von Bodentruppen an der serbischen Entscheidung hatten, ist schwer herauszuarbeiten. Dennoch ist festzustellen, dass Deutschland seine Präferenz für eine zivil-diplomatische Konfliktbearbeitungsstrategien erneut unter Beweis gestellt hatte.

Auf der Grundlage der Resolution 1244 vom 10. Juni 1999 kam es zum Einsatz der NATO-geführten Kosovo Force (KFOR). Die VN etablierten zudem die zivile Interimsverwaltung United Nations Interim Administration Mission (UNMIK). Deutschland beteiligte sich an KFOR mit zunächst 5.000 Soldaten. Die Bundeswehr übernahm dabei die Funktion einer Führungsnation im Süd-Sektor und stand damit auf Augenhöhe mit den in militärischen Auslandseinsätzen erfahreneren USA, Großbritannien und Frankreich. General Reinhardt wurde zum zweiten KFOR-Kommandeur (ihm folgten noch Kammerhoff und Kather). Ergänzt wurde der Einsatz durch finanzielle Zuwendungen an das Kosovo, die nun aber nicht mehr das Merkmal einer reinen Scheckbuch-Diplomatie besaßen.

Die seit Ende 2005 geführten Verhandlungen des VN-Sondergesandten Ahtisaari und der Kosovo-Troika (Russland, USA, EU) hatten nicht zu einer einvernehmlichen Lösung der Statusfrage geführt. Deutschland war als Mitglied der Kontaktgruppe hier stark engagiert. Nachfolgende Verhandlungen des Sicherheitsrates über eine Resolution, die den Status des Kosovo klären sollte, scheiterten im Juni 2007 genauso, wie letzte Rettungsversuche einer neu aufgestellten Troika (mit dem deutschen Botschafter Wolfgang Ischinger als EU-Vertreter). Nachdem die EU mehrfach erklärt hatte, dass der bisherige Status des Kosovo nicht dauerhaft haltbar ist, entschied der EU-Rat einen Tag nach der kosovarischen Unabhängigkeitserklärung, dass die EU-Staaten über eine Anerkennung des Kosovo selbst entscheiden sollten. Deutschland hat daraufhin am 21. Februar 2008 – zwei Tage nach den USA und Frankreich und gleichzeitig mit zahlreichen EU-Staaten – die Republik Kosovo anerkannt und diplomatische Beziehungen aufgenommen. Die deutsche Anerkennungspolitik verlief also anders, als in den Fällen von Kroatien und Slowenien (Kapitel 3.6.2). Serbien, das die Abspaltung des Kosovo für völkerrechtswidrig hält, rief nach der deutschen Anerkennung den Botschafter aus Deutschland in einem Akt symbolischer Politik (Kapitel 2.2.3) zurück. 2009 hatten 60 Staaten, darunter die Mehrzahl der EU-Mitgliedstaaten (aber nicht Russland), das Kosovo völkerrechtlich anerkannt. Derzeit lässt die serbische Regierung die Rechtmäßigkeit der Unabhängigkeitserklärung vor dem Internationalen Gerichtshof prüfen.

Der KFOR-Einsatz dauert bis heute an. 2009 ist Deutschland noch mit rund 2.200 Soldaten in der Region präsent (Weinlein 2009). Der Einsatz kann als Erfolg bezeichnet werden, auch wenn der Frieden nach der Unabhängigkeitserklärung des Kosovo vom 17. Februar 2008 noch nicht gefestigt ist.

Aus Sicht der deutschen Außenpolitik fällt die Bewertung ambivalent aus. Die Entscheidung der rot-grünen Bundesregierung für die deutsche Beteiligung war eine klassische Krisenentscheidung (Kapitel 2.1.1), die innenpolitisch hochgradig umstritten war. Erstmals nach dem Zweiten Weltkrieg hatten deutsche Soldaten wieder aktiv an einem Kampfeinsatz teilgenommen. In der politischen (Krisen-) Kommunikation wurde zwar von einem Kampfeinsatz, nicht aber von Krieg gesprochen. Der deutsche Einsatz war in Allied Force zwar multilateral eingebettet, fand aber ohne VN-Mandat statt. Das fehlende Mandat war der Komplizierung des Konflikts durch die russisch-serbische Sonderbeziehung geschuldet, was letztlich nicht auflösbar war. Damit blieb die völkerrechtliche Legitimation des Einsatzes aufgrund der faktischen Selbstmandatierung der NATO zweifelhaft.

Die deutsche Beteiligung ohne eindeutiges Mandat könnte vordergründig als Abkehr von der Kultur der Zurückhaltung interpretiert werden. Die Zivilmachtsforschung geht hingegen davon aus, dass die deutsche Beteiligung am Kosovokrieg eine Reaktion auf externen Druck war, die in Verbindung mit innenpolitischen Lernprozessen zu einer Veränderung der deutschen Rolle geführt hat. Einerseits entsprach der Kosovo-Einsatz zwar den Rollenerwartungen der anderen NATO-Staaten an Deutschland. Andererseits hat der innenpolitische Konflikt um diesen Auslandseinsatz gezeigt, dass der Einsatz nicht völlig mit der außenpolitischen Kultur der Bundesrepublik und dem eigenen Rollenverständnis korrespondierte. Das fehlende Mandat und der Charakter des Einsatzes als Kampfeinsatz standen dazu im Widerspruch. Dies machte auch im Kern die Kontroverse im außenpolitischen Entscheidungsprozess aus. Viele Entscheidungsträger zeigten sich in der Debatte tief zerrissen und demonstrierten glaubhaft, dass man sich nur schweren Herzens zu diesem Auslandseinsatz als notwendiges Übel und humanitäre (moralische) Pflicht durchringen konnte. Die Hauptargumentationsfigur der Legitimationsstrategie war die Verhinderung einer humanitären Katastrophe. Außerdem konnte Deutschland seine Bündnistreue beweisen. Mit der Begründung als humanitäre Intervention kann dieser Auslandseinsatz letztlich doch mit dem Zivilmachtskonzept versöhnt werden. Aber das Konzept musste erheblich gedehnt werden. Hingegen korrespondierten sowohl der Fischer-Plan und die Betonung diplomatischer Elemente als auch der dann folgende mandatierte KFOR-Einsatz deutlicher mit dem Zivilmachtskonzept. Seitdem ist es nicht zu weiteren Fällen von Selbstmandatierung der NATO gekommen. Das Präzedenzfallargument der damaligen Einsatzgegner kam bislang nicht zum Tragen.

Fall 3: Afghanistan, der Kampf gegen den transnationalen Terrorismus und die Vertrauensfrage

Eine weitere einschneidende Entwicklung war die deutsche Beteiligung vom 11. September 2001 am Kampf gegen den transnationalen Terrorismus (ausführlich Schneckener 2004), die zum Afghanistan-Krieg und Stationierung deutscher Truppen in Afghanistan und am Horn von Afrika führte. Als Reaktion auf die Terroranschläge erklärten die USA umgehend den Krieg gegen den Terror. Einen Tag später verabschiedete der Sicherheitsrat Resolution 1368, in der die Anschläge als Bedrohung des internationalen Friedens bezeichnet wurden. Die Resolution bekräftigt das Recht zur individuellen und kollektiven Selbstverteidigung.

Der NATO-Rat beschloss zudem, dass die Anschläge als Angriff auf die USA nach Artikel 5 zu interpretieren sind und löste damit erstmals in der NATO-Geschichte die Beistandspflicht aus (ein bewaffneter Angriff gegen eine oder mehrere Mitgliedsstaaten wird als ein Angriff gegen sie alle angesehen). Eine auf dieser Grundlage getroffenen Maßnahmen – allerdings ohne Rückgriff auf die NATO, sondern im Zuge einer internationalen ad hoc-Koalition unter Beteiligung von NATO-Staaten – war die multilaterale Operation Enduring Freedom (OEF) unter Beteiligung von 70 Staaten (Wölfle 2005: 88ff.).

Der Angriff auf Afghanistan, in dem die herrschenden Taliban dem Terrornetzwerk Al-Kaida Unterschlupf gewährt hatten, als ein Akt kollektiver Selbstverteidigung zeigt die Hilflosigkeit der Staatengemeinschaft angesichts dieser ungewohnten asymmetrischen Bedrohung. Der eigentliche Gegner war nicht mehr ein Staat. Auch die Abschreckungslogik aus dem Ost-West-Konflikt funktionierte bei selbstmordbereiten transnationalen Terrorgruppierungen nicht. So nahmen die USA Zuflucht zu einer Hilfskonstruktion. Präsident Bush erklärte: „Jede Nation in jeder Region muss nun eine Entscheidung treffen. Entweder sind sie auf unserer Seite oder auf der Seite der Terroristen. Von diesem Tag an wird jeder Staat, der weiterhin Terroristen unterstützt oder ihnen Unterschlupf gewährt, von den USA als feindliches Regime betrachtet" (Bush 2001). OEF ist also keine VN-mandatierte Mission, sondern begann unter Berufung auf das in der Charta verankerte individuelle und kollektive Selbstverteidigungsrecht (Artikel 51). Das wirkte insofern komplizierend, als es daher kein klar umrissenes Mandat gab.

Die Vertrauensfrage und die Verteidigung deutscher Sicherheit am Hindukusch

„Uneingeschränkte Solidarität" verkündete Kanzler Schröder gegenüber den USA nach den Anschlägen vom 11. September 2001. Auf Anfrage der US-Administration beschloss der Bundestag am 16. November 2001 die deutsche OEF-Beteiligung. Schröder hatte diese Entscheidung mit der Vertrauensfrage verknüpft.

Vertrauensfrage

Im politischen System Deutschlands ist die Vertrauensfrage der Versuch des Kanzlers, die politische Kontrolle mit parlamentarischen Mitteln zurückzuerlangen oder zu festigen. In der Geschichte geschah dies zuvor dreimal: Willy Brandt 1972, Helmut Schmidt 1982 und Helmut Kohl 1982. Bei Brandt und Kohl führten negative Abstimmungsresultate zu Neuwahlen. Schmidt wurde bestätigt, dann aber doch sieben Monate später durch ein konstruktives Misstrauensvotum abgewählt. Die Vertrauensfrage ist in Artikel 68, 1 Grundgesetz geregelt: „Findet ein Antrag des Bundeskanzlers, ihm das Vertrauen auszusprechen, nicht die Zustimmung der Mehrheit der Mitglieder des Bundestages, so kann der Bundespräsident auf Vorschlag des Bundeskanzlers binnen einundzwanzig Tagen den Bundestag auflösen. Das Recht zur Auflösung erlischt, sobald der Bundestag mit der Mehrheit seiner Mitglieder einen anderen Bundeskanzler wählt."
Neu an der Vertrauensfrage vom 16. November war, dass erstmals eine Vertrauensabstimmung mit einer Sachfrage verknüpft wurde. Bemerkenswert an diesem bislang einmaligen Vorgang war auch, dass sich diese Sachfrage auf Außenpolitik bezog.

Schröder erhielt eine denkbar knappe Mehrheit (50,76% der Stimmen). Alle Oppositionsfraktionen stimmten geschlossen mit Nein, obwohl Union und FDP den Einsatz eigentlich befürworteten, aber dem Kanzler nicht das Vertrauen aussprechen wollten. Ausschlaggebend war, dass – nach vorheriger informeller Vereinbarung – die Hälfte der ursprünglich acht Einsatzgegnern aus den Reihen der Grünen zur Rettung der Koalition entgegen ihrer Überzeugung von ihrer ablehnenden Position abrückten. Zudem kam es zu ungewöhnlich vielen so genannten „Persönlichen Erklärungen" von Bundestagsabgeordneten (auch in der SPD). Im Ergebnis hatte sich Schröder auf außergewöhnliche Art und Weise in dieser außenpolitischen Frage durchgesetzt. Der Einsatz war beschlossen. Die Regierung blieb im Amt. Das Abstimmungsverhalten zeigt die Tücken der Verknüpfung einer Sachfrage und der Vertrauensfrage auf. Bei getrennten Abstimmungen wäre keine Zustimmung zu OEF zustande gekommen.

Nachdem bereits im November 2001 ein militärischer Erfolg von OEF wahrscheinlich war, fand auf dem Petersberg vom 27. November bis 5. Dezember die Afghanistan-Konferenz mit dem Ziel des politischen und wirtschaftlichen Wiederaufbaus statt. Die größten ethnischen Gruppen Afghanistans einigten sich auf eine Vereinbarung über provisorische Regelungen bis zum Wiederaufbau von Regierungsinstitutionen (Bonner Vereinbarung). Man kam überein, den südafghanischen Paschtunen-Führer Kazai als Chef einer Übergangsregierung zu installieren. Um der neuen Regierung ein einigermaßen abgesichertes Umfeld zu gewährleisten, stimmten die Delegierten einer internationalen Schutztruppe für Kabul auf der Grundlage eines VN-Mandats zu (Wölfle 2005: 93). Hier zeigte die deutsche Außenpolitik, dass sie nicht nur weiterhin an ihrer Präferenz für zivile Konfliktbearbeitungsstrategien festhielt, sondern dass diese (multilateralen) Strategien auch erfolgreich sein können: „Kanzler und Außenminister erschienen als würdige Repräsentanten der Zivilmacht Deutschland, die auch militärisch mitwirkt, die UNO stärkt und den Gemeinschaftsgedanken in der Antiterror-Politik betont" (Hacke 2003: 480).

Als Folge von OEF und den Beschlüssen der Petersberger Konferenz erfolgte der Einsatz der International Security Assistance Force (ISAF) auf der Grundlage von Resolution 1386 des Sicherheitsrates (20. Dezember 2001). Hier existieren daher – anders als bei OEF – auch definierte Missionsziele. ISAF ist daher hinsichtlich der völkerrechtlichen Grundlage, des Auftrags und der militärischen Struktur von Enduring Freedom zu trennen.

Der Bundestag stimmte dem ISAF-Einsatz zu. Diesmal kam es – anders als bei OEF – zu einem kurzen und dramaturgisch unspektakulären Entscheidungsprozess. An dessen Ende stand ein Bundestagsbeschluss mit 538 gegen 35 Stimmen bei 8 Enthaltungen (30 der Gegenstimmen aus der PDS). Kein Grünen-Abgeordneter stimmte gegen den Antrag. In diesem Zusammenhang formulierte Verteidigungsminister Struck am 4. Dezember 2002 einen der einprägsameren Sätze der deutschen Außenpolitik: Die deutsche Sicherheit werde „nicht nur, aber auch am Hindukusch verteidigt" (zitiert in netzeitung 2004). ISAF unterstützt die afghanische Regierung bei der Wahrung der Menschenrechte, der Herstellung der inneren Sicherheit sowie bei der Lieferung humanitärer Hilfsgüter und der Rückkehr von Flüchtlingen. Die Einsatzgebiete sind Kabul und Umgebung sowie Mazar-e Sharif, Kunduz und Feyzabad. Auch ein Einsatzgeschwader in Usbekistan ist Teil des deutschen ISAF-Kontingents. ISAF ist autorisiert, alle erforderlichen Maßnahmen einschließlich der Anwendung militärischer Gewalt zu ergreifen, um das Mandat durchzusetzen. Die deutschen Soldaten verteidigen also nicht nur sich selbst, sondern auch ihren Auftrag (robustes Mandat).

Das ISAF-Mandat ist bis heute vom Bundestag immer wieder im üblichen jährlichen Rhythmus verlängert worden. Dabei kam es zu mehreren Anpassungen wie z.B. der Aufstockung der Truppenstärke oder der Ausweitung des Einsatzgebietes. Seit dem 1. Juli 2008 stellt die Bundeswehr zudem die Quick Reaction Force (QRF). Der Auftrag der QRF ist im ISAF-Operationsplan festgelegt und durch das ISAF-Mandat gedeckt. Die QRF kann – neben z. B. Schutz von Konvois und Evakuierungsoperationen – auch den Einsatz gegen terroristische Gruppen umfassen. Der Einsatz der QRF ist zunächst bis Juni 2010 begrenzt.

Zusammenfassend ist festzustellen, dass Deutschland in der Afghanistan-Frage nach wie vor politisch wie militärisch stark engagiert ist. Nicht nur die Petersberger Afghanistan-Konferenz und das große Truppenkontingent im ISAF-Mandat machen dies deutlich, sondern Deutschland übernimmt auch die jährlichen Verhandlungen der Afghanistan-Resolution in der Generalversammlung (Auswärtiges Amt 2008a: 24). Wichtig für eine Diskussion um das militärische Engagement Deutschlands in Afghanistan ist, dass es nicht den Bundeswehreinsatz in Afghanistan gibt. Mit OEF und ISAF sind zwei Missionen zu unterscheiden. ISAF als die durch die VN mandatierte Friedensmission steht dabei mehr im Einklang mit der außenpolitischen Kultur und dem Grundsatz der militärischen Zurückhaltung als

Enduring Freedom. Nicht zufällig wurde die Mandatsobergrenze für ISAF im Einsatzverlauf aufgestockt, während das OEF-Kontingent sukzessive abgesenkt worden ist. Die Entscheidung für die OEF-Beteiligung war aber Kanzler Schröder so wichtig gewesen, dass er den Fortbestand seiner Regierung von der Zustimmung des Bundestags abhängig gemacht hatte. An dieser Stelle wird erneut die wachsende Relevanz von Außenpolitik in einer nicht nur wirtschaftlich globalisierten Welt deutlich. Der plakative Satz von Verteidigungsminister Struck im Zuge der Afghanistan-Debatte steht hierfür stellvertretend.

3.8.4 Abschlussbemerkungen

Zu den sichtbarsten Veränderungen in der deutschen Außenpolitik nach der Wiedervereinigung gehören die Auslandseinsätze der Bundeswehr. Während sich die alte Bundesrepublik noch eine strikte militärische Zurückhaltung auferlegt hatte, gibt es nun Auslandseinsätze weltweit. Deutschland ist heute der zweitgrößte Truppensteller bei VN-mandatierten Einsätzen. Ende 2009 waren rund 7.900 Soldaten weltweit im Einsatz, darunter 4.400 Soldaten im Rahmen der ISAF-Schutztruppe in Afghanistan. Ein zu beobachtender Trend ist, dass die Auslandseinsätze „sowohl hinsichtlich der Art als auch des Umfangs des deutschen Beitrags schrittweise ausgedehnt" wurden (Baumann 2006: 177). In Afghanistan wird mittlerweile recht offen von „Krieg" und „gefallenden Soldaten" gesprochen. Führt diese Beobachtung dazu, der deutschen Außenpolitik bei diesem Grundsatz einen glatten Kontinuitätsbruch zu attestieren? Hat gar eine Militarisierung der Außenpolitik stattgefunden, die mit der zuvor attestierten Zivilmachtsrolle unvereinbar ist?

Der Befund lautet: Unter bestimmten Bedingungen ist das Rollenverständnis als Zivilmacht mit dem Einsatz von Militär im Ausland kompatibel. Sofern Auslandseinsätze von diplomatischen Initiativen begleitet werden, ein VN-Mandat vorliegt und sie multilateral durchgeführt werden, sind sie nach wie vor Ausdruck einer wertgebundenen Außenpolitik und entsprechen somit sowohl der Kultur der militärischen Zurückhaltung und damit auch dem Konzept der Zivilmacht. Auch der vom Bundesverfassungsgericht eingeforderte Parlamentsvorbehalt stärkt die Zivilmachtsrolle. Die Präferenz für zivile Konfliktbearbeitungsstrategien und diplomatische Lösungen ist nach wie vor vorhanden. Die Einsätze im Kosovo und in Afghanistan waren jeweils durch diplomatische Initiativen begleitet. Gleiches lässt sich auch für den UNIFIL-Einsatz vor der Küste Libanons feststellen. In Somalia als zerfallenen Staat fehlten die Adressaten diplomatischer Initiativen. Auch das deutsche „Nein" zum Irak-Krieg zeigt die nach wie vor vorhandene Abneigung gegenüber rein militärischen Konfliktbearbeitungsstrategien.

Deutschland kommt im Ergebnis trotz aller Anpassungsleistungen dem Idealtypus einer Zivilmacht nach wie vor recht nahe. Die Rollenkonzeption als Zivilmacht bleibt trotz der zahlreichen Auslandseinsätze der Bundeswehr weiterhin intakt. Deutschland hat dieses Rollenkonzept weiterhin internalisiert und strebt weiterhin eine stärkere Zivilisierung und Verrechtlichung der internationalen Beziehungen an. In diesem Sinne geht die Zivilmachtsforschung nach 1990 von einer „modifizierten Kontinuität" aus (Harnisch 2000: 3); nicht von einem Kontinuitätsbruch.

Die Modifikation bezieht sich auf die Dimension „Zivilmacht als Mittel". Hier haben alle Bundesregierungen nach 1990 wie auch das Bundesverfassungsgericht erkannt, dass sich nicht alle außenpolitische Ziele ohne den Einsatz militärischer Mittel erreichen lassen. Die reine Scheckbuch-Diplomatie der alten Bundesrepublik war auch aufgrund der veränderten Rollenerwartungen der Partnerstaaten nicht mehr durchhaltbar. Die Präferenz für diplomatische Strategien blieb zwar grundsätzlich erhalten, aber der Einsatz militärischer Mittel wird beim Krisenmanagement nicht mehr in jedem Fall ausgeschlossen. Der Kosovo-Einsatz bleibt insofern eine Ausnahme, als er zwar parlamentarisch abgesichert, multilateral durchgeführt und von diplomatischen Initiativen begleitet wurde, aber kein klares VN-Mandat vorlag.

Die häufige Verwendung dieses Begriffs „nationales Interesse" durch außenpolitische Entscheidungsträger ist ebenfalls kein Merkmal für eine vollständige Abwendung von der Kultur der Zurückhaltung, sondern steht in einem engen Zusammenhang mit den Akzentverschiebungen beim Grundsatz des Multilateralismus. Multilaterale Kooperation ist nach dem Ost-West-Konflikt stärker begründungspflichtig geworden. Ein Begründungsmuster wird mit dem Verweis auf das nationale Interesse geliefert. Daher gilt auch hier – ungeachtet der sich nicht erschließenden Notwendigkeit für die Verwendung des Begriffs „nationales Interesse" – die These von der modifizierten Kontinuität. Alle Veränderungen sind zwar sichtbar und signifikant, bewegen sich aber innerhalb des Handlungskorridors, den der Grundsatz der Kultur der Zurückhaltung für die deutsche Außenpolitik absteckt.

Literatur

Gareis, Sven Bernhard 2006: Deutschlands Außen- und Sicherheitspolitik, Verlag Barbara Budrich, 2. Auflage, Opladen.

Hellmann, Gunther 2002: Sag beim Abschied leise Servus. Die Zivilmacht Deutschland beginnt, ein neues „Selbst" zu behaupten, in: PVS. Politische Vierteljahresschrift, Ausgabe 3/2002, S. 498-507.

Krotz, Bernhard 2001: Defining National Interest: Interests and Policies in France and Germany, Cornell Univ, unv. Ms.

Maull, Hanns W. 2007: Deutschland als Zivilmacht, in: Schmidt, Siegmar/ Hellmann, Gunther/Wolf, Reinhard (Hrsg.) Handbuch zur deutschen Außenpolitik, VS Verlag für Sozialwissenschaften, Wiesbaden, S. 73-84.

Wölfle, Markus 2005: Die Auslandseinsätze der Bundeswehr und ihre Auswirkungen auf die Rolle der Bundesrepublik Deutschland im internationalen System, Bernard & Graefe Verlag, Bonn.

KAPITEL 4

DIE ZUKUNFT DER DEUTSCHEN AUSSENPOLITIK

Globalisierung bedeutet keineswegs das Ende der Außenpolitik, wie dies der ehemalige US-Vizeaußenminister in der Clinton-Administration Strobe Talbott 1997 verkündet hatte (Talbott 1997: 81). Auch die Frage, ob deutsche Außenpolitik als Außenpolitik angesichts der Prozesse von Europäisierung sowie der Verwobenheit von Innen und Außen überhaupt eine Zukunft hat, wird seit langem diskutiert (Krippendorf 1963). Wenn auch grenzüberschreitende Interaktionen für viele staatliche und nicht-staatliche Akteure zur Alltagserfahrung geworden sind und viele Herausforderungen mittlerweile dermaßen internationalisiert sind, dass sie mit nationaler Politik nicht mehr adäquat bearbeitbar sind (z.B. Klimawandel, Artensterben, Handel, Finanzen, Migration, transnationaler Terrorismus), so bedeuten auch diese Prozesse der zunehmenden Denationalisierung (Zürn 1998: 73) nicht, dass staatliche Außenpolitik nicht zukunftsfähig ist.

Ganz im Gegenteil. Die Staaten und ihre politischen Handlungen bleiben – bei allen gegenläufigen Entwicklungen defizitärer Staatlichkeit (Maull 2002: 142) – nach wie vor die maßgeblichen Akteure in den internationalen Beziehungen. Auch die Untersuchung der Entwicklung der Grundsätze der deutschen Außenpolitik (Kapitel 3) führt zu einer anderen These: Außenpolitik wird in der deutschen Politik und Gesellschaft in Zukunft eine wichtigere Rolle als je zuvor einnehmen. Die Unterscheidung von Innen- und Außenpolitik bleibt sinnvoll.

In einer sich nicht nur ökonomisch weiter globalisierenden Welt hängt die Zukunft eines international so stark verflochtenen Staates wie Deutschland mehr denn je von seiner Außenpolitik, von seinem Handeln in internationalen Institutionen ab. Bei vielen Problemen ist eine multilaterale Konfliktbearbeitung alternativlos geworden (Kapitel 3.6). Damit ist auch das alte Klischee, dass sich mit Außenpolitik keine Bundestagswahlen gewinnen lassen, zu relativieren. Zudem waren mit der Ostpolitik der Regierung Brandt (Kapitel 3.2. und Kapitel 3.3) wie auch mit dem Irak-Konflikt 2002/2003 während der Amtszeit von Gerhard Schröder (Kapitel 3.6.2) außenpolitische Themen zentrale, wenn nicht entscheidende Wahlkampfthemen. Mandate für Auslandseinsätze der Bundeswehr wurden ferner für unübliche Zeitpannen verlängert, um sie aus dem Wahlkampf herauszuhalten. Dies ist im Bundestagswahlkampf 2009 im Fall des Afghanistaneinsatzes – trotz der zunächst erfolgten Verschleierung ziviler Opferzahlen bei einem Luftangriff mitten im Wahlkampf, die nachträglich zum Rücktritt des damaligen Verteidigungsministers Jung führte – nicht voll gelungen. Wenn Außenpolitik irrelevant für Bundestagswahlen wäre, warum dann diese Vorsicht? Auch in der Bevölkerung zeichnet sich die Bildung eines größeren Bewusstseins für die Bedeutung von Außenpolitik ab. Die steigende Zahl international tätiger NGOs und zwischengesellschaftlicher Institutionen ist hierfür ein schlagendes Indiz.

Dennoch haben Phänomene der Europäisierung und Globalisierung die Art und Weise, wie Außenpolitik betrieben wird, verändert. Beide Prozesse bleiben auch nicht ohne Auswirkungen auf die Zukunft der deutschen Außenpolitik. In der Wissenschaft werden Zukunftsüberlegungen oft in der Form von Szenarien entwickelt. Dabei werden typischerweise Tendenzen aufgezeigt oder Trends ermittelt (ausführlich Korte/Weidenfeld 2001). Einige Ansätze in den Theorien der Internationalen Beziehungen beanspruchen zudem auch für Außenpolitik eine Prognosefunktion (Kapitel 1.3). Aussagen über die Zukunft der deutschen Außenpolitik können sich auf denkbare, mögliche, wahrscheinliche oder – normativ gefasst – wünschenswerte Entwicklungen beziehen. Zukunft ist immer offen, da sie nicht als lineare Entwicklung aus Gegenwart und Vergangenheit verstanden wird. Der Wissenschaftstheoretiker Karl Popper hat dazu angemerkt: „Was die Zukunft bringen wird, das weiß ich nicht; und denen, die es zu wissen glauben, glaube ich nicht. Mein Optimismus bezieht sich nur auf das, was man von der Vergangenheit und der Gegenwart lernen kann" (Popper 1984: 156).

Wenn es also keine Gesetzmäßigkeiten gibt, so sind dennoch Ähnlichkeiten zwischen den beiden Theoriefunktionen „Erklärung" und „Prognose" wahrscheinlich, da sie eine gewisse Strukturgleichheit aufweisen und gemachte Erfahrungen wie Lernprozesse typischerweise zukünftiges Handeln anleiten. Dies wird besonders dann offensichtlich, wenn gegenwärtige Trends aufgenommen, extrapoliert und in die Zukunft fortgeschrieben werden, um ihnen dann ein hohes Maß an Wahrscheinlichkeit zu attestieren. Trendfortschreibung ist zwar häufig eine naheliegende, aber nicht immer die sinnvollste und überzeugendste Art der Reflexion über die Zukunft (Hellmann 2006: 222ff.).

Für die deutsche Außenpolitik bedeutete die Wiedervereinigung zweifellos eine Zäsur. Natürlich war daher besonders in den 1990er Jahren spannend, sich darüber Gedanken zu machen, ob und inwieweit das größere, bevölkerungsreichere, vollständig souveräne und möglicherweise mächtigere Deutschland seine Außenpolitik anders als zuvor gestalten würde. „Kontinuität oder Wandel?" war die dominante Forschungsfrage (Maull 2001b; Schmalz 2004). Wird Deutschland eine stärker machtbetonte Außenpolitik betreiben? Findet eine Abkehr vom Multilateralismus statt? Ändert sich die Rolle Deutschlands als

Zivilmacht? Findet gar eine Militärisierung der Außenpolitik statt? Entsteht eine andere Identität, die andere außenpolitische Interessen und Ziele hervorbringt? Wird Deutschland ein Staat mit einer „normalen" Außenpolitik; auch gegenüber Israel? Der Fragenkatalog nach der Wiedervereinigung war lang und viele dieser Fragen aus den Anfangsjahren der Berliner Republik sind in diesem Band ausgiebig diskutiert worden. Die verschiedenen Theorien der Internationalen Beziehungen, die auch Aussagekraft für die Außenpolitik von Staaten beanspruchen, beantworten diese Fragen mit sehr unterschiedlichen, teilweise gegensätzlichen Befunden. Meistens fand keine klare Festlegung auf Kontinuität oder Wandel statt. Die Analyse lag oft irgendwo dazwischen. Die Rede war von Akzentverschiebungen oder modifizierter Kontinuität (Harnisch 2003: 335ff.).

Statt Kontinuität oder Wandel soll daher der Zugang zur Frage nach der Zukunft der deutschen Außenpolitik über die Herausforderungen gesucht werden, mit denen sich der Forschungsgegenstand konfrontiert sieht. Daher wird in diesem Abschlusskapitel nachfolgend eine doppelte Herausforderung für die deutsche Außenpolitik entfaltet. Erstens sollen die inhaltlichen Herausforderungen im Mittelpunkt stehen, denen deutsche Außenpolitik in Zukunft wahrscheinlich gegenüber stehen wird und auf die die deutsche Außenpolitik sich vorbereiten sollte. Hierzu sind – wie von Karl Popper nahe gelegt – zunächst einmal die Gegenwart und die Vergangenheit heranzuziehen. Dies soll nachfolgend anhand von Schlussfolgerungen aus den ausführlich dargestellten Grundsätzen der deutschen Außenpolitik geschehen. Zweitens sollen Herausforderungen für die theorieinformierte und theoriegeleitete Außenpolitikanalyse erörtert werden. Diese gleichzeitige Erörterung inhaltlicher und wissenschaftlicher Herausforderungen soll im Sinne angewandter Politikforschung auch als Plädoyer für die Verbesserung des Diskurses zwischen Wissenschaft und außenpolitischen Entscheidungsträgern verstanden werden.

4.1 Grundsätze und Herausforderungen für die deutsche Außenpolitik

Die Ausgangslage: Beleuchtet man die unmittelbare Vergangenheit und Gegenwart als Ausgangsposition für Zukunftsüberlegungen, so scheint es um die deutsche Außenpolitik nicht sonderlich gut bestellt zu ein. Kritische Buchtitel aus der rot-grünen Regierungszeit sehen eine „Republik ohne Kompass" (Schwarz 2005) oder fragen sich „Deutschland im abseits?" (Maull 2003). Auch in der Großen Koalition sind mehrere außenpolitische Ziele nicht erreicht worden. Darunter fällt das mühsame Ringen um den Vertrag von Lissabon nach der gescheiterten Europäischen Verfassung genauso wie die Bemühungen um einen ständigen Sitz im Sicherheitsrat der VN, die nicht vorankommen. Auch der Zustand der NATO, die Stagnation bei der Doha-Runde oder die weiterhin schwierigen Beziehungen zu Russland ließen sich anführen. An Kritik mangelt es also nicht.

Neben nicht erreichten Zielen gibt es auch grundsätzliche Kritik an der deutschen Außenpolitik. So wurde zu lange nach 1990 gebetsmühlenartig außenpolitische Kontinuität beschworen, obwohl Veränderungen aufgrund eines dramatischen Wandels der Rahmenbedingungen (veränderte Weltordnung, Globalisierung, Europäisierung etc.) unabdingbar waren und auch stattfanden. Das vereinte Deutschland ist in seiner unmittelbaren Existenz – im Sinne des verengtmilitärischen Sicherheitsbegriffs – nicht mehr ernsthaft bedroht. Es hat aber versäumt, seine Rolle im veränderten internationalen Koordinatensystem aktiv und systematisch neu zu verorten. Stattdessen war und ist die deutsche Außenpolitik oft eher reaktiv. Suchbewegungen nach einer neuen Rolle waren nur in Ansätzen vorhanden und blieben unkoordiniert. Die deutsche Außenpolitik leidet daher unter einer „konzeptionelle(n) Austrocknung der normativen und strategischen Grundlagen" (Maull 2005: 80).

Neben diesen konzeptionellen Defiziten treten organisatorische und materielle Versäumnisse. Organisatorisch, weil außenpolitische Entscheidungsprozesse immer fragmentierter geworden sind und die inter-ministerielle Koordination nur unzureichend ist. Wenn dann noch das Kanzleramt mit seiner überschaubaren außenpolitischen Personaldecke das Auswärtige Amt in der Gestaltung der Außenpolitik in bestimmten Politikfeldern – wie z.B. in der Europapolitik während der Regierung Schröder/Fischer – zurückzudrängen sucht, dann sind Reibungsverluste nicht weiter verwunderlich. Materiell sind jahrelange Kürzungen der Haushaltsmittel für die Außenpolitik festzustellen. Diese Auszehrung hat ihre Spuren hinterlassen. Eigentlich hätten die Entwicklungen nach 1990 genau die gegenteilige Tendenz erwarten lassen. Auch die Reform der Bundeswehr, die nach der Herstellung der deutschen Einheit verstärkt zu einem außenpolitischen Mittel geworden ist, kommt aufgrund finanzieller Unterausstattung nur mühsam voran. Es besteht also ein erheblicher Reformbedarf. Dieser Befund ist angesichts der Herausforderungen an die deutsche Außenpolitik zunächst einmal keine gute Ausgangsbasis. Er kann aber auch gleichzeitig als enorme Gestaltungschance verstanden werden.

Eine der großen Herausforderungen an die deutsche Außenpolitik ist aufgrund dieser konzeptionellen, organisatorischen und materiellen Defizite die Entwicklung einer Gesamtstrategie. Die in diesem Band entfalteten Grundsätze und die dort jeweils erwachsenen Herausforderungen für die deutsche Außenpolitik wären ebenfalls in eine solche außenpolitische Gesamtstrategie einzubeziehen. Sie werden nachfolgend noch einmal knapp dargelegt.

Westintegration – Wiederhergestellte Äquidistanzpolitik und strategische Dialoge

Unabhängig von der Begeisterung um die neue US-Administration unter Präsident Obama ist gerade in der konfliktreichen Zeit der Bush-Administration deutlich geworden, dass für Deutschland die USA als Partner und als transatlantischer Teil der Westintegration unverzichtbar sind.

In der Regierungszeit der Großen Koalition ist deutlich geworden, dass die Abwendung von der transatlantischen Partnerschaft während der rot-grünen Bundesregierung auf der Ebene der Spitzenpolitiker (nicht bei den zwischenstaatlich agierenden Bürokratien, der Wirtschaft oder den Gesellschaften) keine grundsätzliche Entscheidung gegen die USA (und die NATO) und für Frankreich (und die EU) war. Die Zerwürfnisse (Kapitel 3.1.4) waren zwar ein weit ausholender Pendelschlag weg von der Äquidistanzpolitik. Aber dieses Pendel ist seitdem wieder auf das normale Bewegungsniveau zurückgekehrt. Die Beziehungen zu den USA und zu Frankreich werden wieder gleichermaßen als wichtig betrachtet. Deutschland muss sich auch gar nicht entscheiden, ob es ein nur europäisches oder nur transatlantisches Deutschland sein will (ausführlich Link 2007, Schwarz 2007). Die Frage ist als Alternativentscheidung nicht dazu angetan, die deutsche Außenpolitik in Zukunft auf ein tragfähiges und belastbares Fundament zu stellen.

Aber die transatlantische Partnerschaft – zu der auch das gemeinsame Engagement in der NATO gehört – ist neu begründungspflichtig geworden. Der Wegfall der einigenden Klammer des Ost-West-Konflikts und das allmähliches Abtreten der unmittelbaren Nachkriegsgeneration, die den USA aus historischen Gründen tief verbunden war, gehören zu den Ursachen. Deutschland hat zudem für die USA an geostrategischer Relevanz verloren. Die USA blicken auf der Suche nach Partnern heute stärker über den Pazifik, denn über den Atlantik.

Auch die engen bilateralen Beziehungen zu Frankreich (Kapitel 3.1.3) sind neu zu begründen. Das jahrzehntelange überaus erfolgreiche deutsch-französische Aussöhnungsprojekt kann – anders als bei den Beziehungen zu Polen oder Tschechien – als abgeschlossen betrachtet werden. Dieses Projekt kann daher auch nicht mehr eine treibende Kraft des europäischen Integrationsprozesses sein (deutsch-französischer Motor). Nicht zufällig erlebt die EU seit Jahren eine zweite Phase der Stagnation (Eurosklerose II). Der Lissabon-Vertrag, der am 1. Dezember 2009 letztlich doch in Kraft getreten ist, bedeutet keine Überwindung der prekären Situation. Neue Initiativen im post-Lissabon-Prozess, wie z.B. die direkte Wahl der Kommission durch das europäische Parlament, sind notwendig. Dies würde dem europäischen Bürger die Möglichkeit sichtbar vor Augen führen, durch seine Stimme bei den Wahlen zum europäischen Parlament Macht verteilen zu können. Auf diese Weise würde die Wahlmotivation steigen und desaströse Wahlbeteiligungen wie am 7.Juni 2009 wohl der Vergangenheit angehören. Eine solche oder ähnliche Initiative zur Überwindung der derzeitigen Stagnationsphase kann nur von Deutschland und Frankreich gemeinsam ausgehen. Allerdings ist der deutsch-französische Motor zwar notwendig, aber allein nicht mehr ausreichend, um die EU wieder voranzubringen. Der Motor muss zusätzliche Zylinder erhalten (z.B. Großbritannien und ggfs. auch Polen), um die EU-Lokomotive ziehen zu können. Die Aufgabe ist überaus schwierig, denn die Konsensmaschine EU scheint (vorerst) an die Grenzen ihrer politischen Organisations- und Gestaltungsfähigkeit gekommen zu sein.

Im Verhältnis zu den USA und zu Frankreich lässt nicht nur der kooperative, auf Multilateralismus bedachte Stil der Obama-Administration, sondern auch die Wiederannäherung Frankreichs an die NATO die begründete Annahme zu, dass die Äquidistanzpolitik Deutschlands erstens ihre Fortsetzung findet. Zweitens ist es durchaus möglich, dass diese Politik künftig einfacher wird, da die jeweils zu überbrückende und einzuhaltende Distanz zu den USA wie zu Frankreich schrumpfen könnte, wenn beide Staaten sich in der Sicherheitspolitik tatsächlich annähern sollten. Zu diesem Prozess kann die Bundesregierung einen wichtigen Beitrag leisten. Dafür müssen strategische Dialoge mit den USA und mit Frankreich geführt werden. Nur auf dieser Grundlage lassen sich auch die Krisen bei den beiden bedeutsamsten Institutionen der Westintegration NATO und EU überwinden. In diesem Zusammenhang ist auch eine gründliche konzeptionelle Klärung des Verhältnisses von NATO und ESVP erforderlich. Diese strategischen Dialoge zur Neubegründung der Beziehungen zu den USA und Frankreich gehören zu den zentralen Herausforderungen an die deutsche Außenpolitik und damit an die neue schwarz-gelbe Bundesregierung.

Annäherung an den Osten, aber mit welchen Mitteln?

Dieser außenpolitische Grundsatz wurde nach der Herstellung der deutschen Einheit mit anderen Zielen und anderen Mitteln einerseits äußerst erfolgreich weiter verfolgt. Viele der osteuropäischen Staaten sind mit nachdrücklicher deutscher Unterstützung heute Mitglieder in der NATO und der EU geworden. Andererseits ist die Bilanz der Bemühungen um eine Aussöhnung mit Polen und Tschechien nach fast 20 Jahren eher ernüchternd (Kapitel 3.2.6). Die Beziehungen zu den beiden unmittelbaren Nachbarn im Osten sind heute zwar gut, sie könnten aber deutlich besser sein und leiden nach wie vor unter historischen Belastungen. Hier zeigt sich, dass aufgrund der Einzigartigkeit vieler Probleme andere gelungene Aussöhnungsprojekte (Frankreich) sich nicht als direkte Blaupause eignen. Dies gilt insbesondere für die Wahl der Mittel. Die Konfliktbearbeitungsstrategien müssen spezifisch sein. Sie lösen sich auch nicht durch die gemeinsame Mitgliedschaft in multilateralen Institutionen wie der EU und der weitgehenden Multilateralisierung der Beziehungen von alleine auf. Der Prozess der multilateralen Integration beider Staaten muss von noch stärkeren bilateralen Anstrengungen seitens der deutschen Außenpolitik begleitet werden, wenn die Aussöhnungsprojekte gelingen sollen.

Eine maßgebliche weitere Herausforderung für die deutsche Außenpolitik besteht darin, einerseits gute Beziehungen zum neuen Russland (entweder pragmatischer Natur oder im Rahmen einer strategischen Partnerschaft EU-Russland) aufzubauen und gleichzeitig andererseits als Anwalt der osteuropäischen Staaten, die vielfach immer noch misstrauisch nach Moskau blicken, aufzutreten. Diese Gratwanderung ist mit den europäischen und transatlantischen Partnern abzustimmen, um Befürchtungen von einem deutsch-russischen Bilateralismus keinen Raum zu geben.

Deutschland ist auch ein Handelsstaat

Als der US-Politikwissenschaftler Richard Rosecrance 1987 sein
Werk „Der neue Handelstaat" (Rosecrance 1987) veröffentlichte, war
die alte Bundesrepublik eines seiner Hauptbeispiele. Aufgrund der
wirtschaftlichen Interdependenzen und der Globalisierung gibt es für
das exportabhängige Deutschland auch keine Alternative zum international verflochtenen Handelstaat (Kapitel 3.4). Die Finanzkrise der
Jahre 2008/2009 hat gezeigt, dass dies nicht nur Vorteile mit sich
bringt.

Dieser Band hat deutlich gemacht, dass Deutschland weder ausschließlich, noch in erster Linie ein Handelsstaat ist. Eine einseitige
Konzentration auf die Exportwirtschaft (Ökonomisierung der Außenpolitik) ist aufgrund der nicht nur ökonomischen Globalisierungsprozesse heute noch weniger möglich, als es dies zuvor in der
alten Bundesrepublik schon nicht der Fall war. Wie eng der Grundsatz Handelsstaat mittlerweile mit anderen Politikfeldern verwoben
ist, zeigt das erst seit einigen Jahren außenpolitisch in den Vordergrund gerückte Thema der Energie- und Rohstoffsicherheit (Kapitel
3.4.4). Hier außenpolitisch primär auf bilaterale Strategien zu setzen, wäre fahrlässig. Was passiert, wenn zum Beispiel die russische
Regierung missliebiges außenpolitisches Verhalten Deutschlands
– z.B. die Anerkennung einer denkbaren einseitigen Unabhängigkeitserklärung Tschetscheniens – mit der Verknappung von Roh-
stofflieferungen zu sanktionieren droht? In derartigen Fällen könnte Deutschland unnötigerweise in ein Dilemma geraten (wie dies
auch bei der Menschenrechtspolitik der Fall ist). Schon deswegen
sind multilaterale Strategien im Umgang mit dem Thema Energie-
und Rohstoffsicherheit von Vorteil.

Neben der Herausforderung Energie- und Rohstoffsicherheit liegt
eine weitere Herausforderung darin, in den Wirtschaftspolitikfeldern
Außenwirtschafts-, Handels-, Finanz- und Währungspolitik in den
jeweiligen multilateralen Gremien eine aktivere Rolle zu spielen als
dies in den letzten Jahren der Fall war. Im multipolaren Handelssys-
tem mit der Herausbildung neuer Pole wie China und Indien sind die
Chancen der Kooperation besser zu nutzen. Dazu zählt auch ein intensiveres deutsches Engagement bei der Suche nach einer EU-Stra-
tegie, die geeignet ist, das Scheitern der für den Handelsstaat Deutschland so wichtigen Doha-Runde zu verhindern.

Sonderverhältnis zu Israel

Die Beziehungen zu Israel sind keine Randnotiz der deutschen Außenpolitik. Bei diesem Grundsatz zeigt sich vielmehr am deutlichsten, wie sehr die Vergangenheit für die Gegenwart und auch für die zukünftige deutsche Außenpolitik ihre prägende Wirkung entfaltet (Kapitel 3.5). Wenn es ein überragendes Interesse der deutschen Außenpolitik gibt, dann ist es das Interesse an guten Beziehungen zu Israel. Hier ist das Aussöhnungsprojekt nach mühevollem Start in der Adenauer-Ära und immer wieder auch heftig aufflammenden Spannungen (wie zur Zeit der Regierung Schmidt) auf einem guten Weg. Die Einrichtung eines Koordinators für die deutsch-israelischen Beziehungen wäre ein weiterer Schritt in diese Richtung. Dennoch sind die Beziehungen aufgrund ihrer Sensibilität auch in Zukunft nicht vor größeren Schwankungen gefeit. Angedeutet wurde diese Sensibilität erneut im Vorfeld des ersten Israelbesuchs von Guido Westerwelle als Außenminister im November 2009, der deswegen ein paar Irritationen in Israel ausgelöst hatte, weil Westerwelle seit Jahren vorgeworfen wurde, sich 2002 als FDP-Chef erst spät von den antisemitischen Äußerungen seines Parteifreundes Möllemann distanziert zu haben.

Eine große Herausforderung für die Zukunft daher besteht darin, die besonderen Beziehungen zu Israel weiterzuentwickeln und ihnen ein noch größeres Maß an Stabilität zu verleihen. Eine Normalität ist nicht erreichbar. Sie kann auch nicht das Ziel einer zukünftigen deutschen Außenpolitik sein.

Dabei finden die Beziehungen nicht in einem Vakuum statt. Der Nahostkonflikt, die Rolle der USA und die EU sind maßgebliche Einflussfaktoren für das deutsch-israelische Verhältnis. Blickt man auf die Bedeutung und Rolle, die der deutsch-französische Freundschaftsvertrag von 1963 für die Entwicklung des Verhältnisses zwischen beiden Staaten gespielt hat, wäre darüber nachzudenken, auch die deutsch-israelischen Beziehungen in einen großen bilateralen Vertrag einzubetten. Ein solcher Vertrag könnte u.a. das bereits sehr dichte, aber schwer überschaubare Netzwerk politischer, wirtschaftlicher, kultureller und zivilgesellschaftlicher Kontakte und Vereinbarungen zwischen beiden Staaten bündeln. Er wäre ein starkes Symbol für den Aussöhnungsprozess.

Das Bekenntnis zur Sicherheit Israels ist ein unabänderlicher Teil der deutschen Staatsräson. Weitgehend gewährleisten könnte die Sicherheit Israels ein erfolgreicher Friedensprozess im Nahen Osten. Der Verlauf des UNIFIL-Einsatzes ist hier ein kleiner ermutigender

Baustein. Als alleiniger Mittler im Nahostkonflikt wäre die deutsche Außenpolitik allerdings überfordert. Sie sollte diese Rolle auch künftig nicht anstreben. Ein starkes deutsches diplomatisches Engagement für das Nahost-Quartett hingegen, für dessen Revitalisierung sich Kanzlerin Merkel in Ergänzung zum UNIFIL-Einsatz eingesetzt hat, ist ein sinnvoller Ansatz.

Multilateralismus – alternativlos, aber eigennutzorientiertter

In der deutschen Außenpolitik ist das Vertrauen in den Grundsatz des Multilateralismus als Methode tief verankert. Es besteht ein breiter Konsens, dass sich die meisten Konflikte nur durch einen multilateralen Kooperationsmodus erfolgreich bearbeiten lassen.

Aber neben dieses Kontinuitätselement sind neue Elemente getreten. So tritt Deutschland heute in multilateralen Institutionen forscher und eigennutzorientierter auf. Als nationale Interessen definierte und offensiv vertretene außenpolitische Ziele werden – für die Partner ungewohnt – öffentlich in den Vordergrund gerückt. Multilateralismus ist weniger denn ja Selbstzweck. Kosten-Nutzen-Analysen haben an Bedeutung gewonnen. Internationale Institutionen sind dann besonders nützlich, wenn sie deutsche Interessen effektiv und effizient befördern. Darunter fallen personalpolitische Interessen wie im IWF (Kapitel 3.4.3) genauso wie finanzielle Interessen (z.B. in der EU, in der Deutschland nicht mehr so bereitwillig wie früher die Rolle des Zahlmeisters übernehmen will) oder Statusinteressen. Letztere sind durch die Bemühungen um einen ständigen Sitz im Sicherheitsrat der VN plakativ sichtbar geworden (Kapitel 3.6.2). Mit diesem außenpolitischen Verhalten stürzt Deutschland den Multilateralismus noch nicht gleich in eine Krise. Die Werteentscheidung für multilaterale Institutionen wird für die deutsche Außenpolitik – entgegen neorealistischer Prognosen – auch in der Zukunft Bestand haben. Letztlich gibt es für die deutsche Außenpolitik zum Grundsatz des Multilateralismus aufgrund der globalen Probleme und Konflikte keine ernsthaften Alternativen. Das gilt sowohl für uni- wie für bilaterale Ansätze.

Die Herausforderung liegt vielmehr darin, diesen Grundsatz an die sich verändernden internationalen Rahmenbedingungen laufend anzupassen, ohne dabei den notwendigen Pfad multilateral eingebetteter Außenpolitik zu verlassen. Eine Abkehr vom Grundsatz des Multilateralismus als Einstellung wäre dann gegeben, wenn Deutschland von einer stärker eigennutzorientierten und forscheren Außenpolitik zu einer bloßen Instrumentalisierung internationaler Institutionen überginge. Eine solche Instrumentalisierung ist aber überhaupt nicht absehbar. Zudem wird es bei diesem Grundsatz besonders spannend zu beobachten sein, ob und inwieweit eine Hinwendung der neuen Obama-Administration zum Multilateralismus auch die Haltung Deutschlands in internationalen Institutionen beeinflussen wird.

Menschenrechte – Konzeptionelle und institutionelle Reformnotwendigkeiten

Alle Bundesregierungen haben sich als engagierte Verfechter der Menschenrechte weltweit gesehen. Tatsächlich aber klafft zwischen Selbstwahrnehmung und Realität eine Lücke. Diese Differenz ist maßgeblich dem Spannungsverhältnis zwischen dem Grundsatz Menschenrechte und anderen außenpolitischen Grundsätzen sowie den daraus resultierenden politischen Rücksichtnahmen geschuldet. Dieses Spannungsverhältnis ist aufgrund des Querschnittscharakters der Menschrechtspolitik inhärent angelegt. Dabei ist es auffällig, dass der Grundsatz der Menschenrechte verhältnismäßig oft der Leidtragende ist und anderen Interessen untergeordnet wird. Entwicklungspolitik befördert als multifunktionales Subsystem eben auch andere außenpolitische Grundsätze als nur die Menschenrechte.

Der Schutz der Menschenrechte wird zukünftig aufgrund des steigenden Problemdrucks an Gewicht gewinnen (z.B. Armut, Bevölkerungswachstum, zerfallende Staaten, asymmetrische Kriege, privatisierte Gewalt, Ressourcenknappheit, Klimawandel). Eine erste Herausforderung ist es, die deutsche Menschrechtspolitik als Querschnittaufgabe effektiver und effizienter zu gestalten. Dazu gehört das Gelingen der Gratwanderung, die enorme Fragmentierung der Zuständigkeiten zu beseitigen ohne die staatliche Menschrechtspolitik vollständig zu zentralisieren. Institutionelle Reformen sind kein Allheilmittel. Sie können konzeptionelle Defizite und mangelnde Ressourcen nicht ausgleichen.Insofern ist es interessant, zu beobachten, wie die Ankündigung einer konzeptionellen Afrikapolitik durch die schwarzgelbe Bundesregierung umgesetzt wird Aber bereits höhere Effektivität und Effizienz würden einen Beitrag dazu leisten, die Differenz zwischen Anspruch und Wirklichkeit zum Teil zu überbrücken. Eine zweite Herausforderung liegt in der Beseitigung der Selektivität und Abkehr von der Doppelstandard-Politik in der deutschen Außenpolitik sowie in der europäischen und globalen Menschenrechtspolitik. Hier ist Skepsis angebracht, ob sich die deutsche Außenpolitik dieser zweiten Herausforderung substantiell annehmen wird.

Kultur der Zurückhaltung – aber anders

Für den deutschen Politikwissenschaftler Hanns W. Maull war die alte Bundesrepublik – neben Japan – die Zivilmacht per excellence (Maull 1990). Sie kam dem idealtypischen Modell einer Zivilmacht sehr nahe. Auch das vereinte Deutschland hat sich nicht von seiner Zivilmachtsrolle gelöst und am Grundsatz der Kultur der Zurückhaltung festgehalten. Dennoch sind zwei empirische Phänomene erklärungsbedürftig, da sie auf den ersten Blick diesem Grundsatz nicht entsprechen: Die weltweiten Auslandseinsätze der Bundeswehr und die öffentliche Formulierung und international öffentliche Vertretung von nationalen Interessen.

Die Semantik der deutschen Außenpolitik hat sich nach der Herstellung der Einheit gewandelt. Dazu gehört auch die Verwendung des Begriffs „nationales Interesse", dessen öffentliche Verwendung in der alten Bundesrepublik gleichsam noch Tabu war. Dieser Wandel im außenpolitischen Vokabular ist ein Indiz dafür, dass Deutschland in seiner Außenpolitik forscher auftritt und sich in diesem Sinne nicht mehr so zurückhält, wie es die Partner weltweit gewohnt waren. Diese Argumentationsfigur des „nationalen Interesses" ist besonders in Deutschland negativ konnotiert, bedeutet per se aber noch keine grundsätzliche Abkehr vom der Kultur der Zurückhaltung. Auch die alte Bundesrepublik vertrat – teilweise auch mit Nachdruck – ihre Interessen und verfolgte ihre Ziele. Es handelt sich also nicht um ein grundsätzlich neues Element in der deutschen Außenpolitik. Neu ist diese öffentliche Verwendung. Häufig ist es dabei multilaterales Handeln, das über nationale Interessen begründet wird. Offenbar ist Multilateralismus stärker als in der alten Bundesrepublik begründungspflichtig geworden. Allerdings bleibt der Begriff des „nationalen Interesse" letztlich überaus sperrig, in seiner Verwendung oft schwer nachvollziehbar und als Erklärungsvariable für das außenpolitische Handeln nur sehr begrenzt nützlich. Als Schlüsselbegriff im außenpolitischen Vokabular ist er daher ungeeignet.

Eine der markantesten Veränderungen in der deutschen Außenpolitik nach der Wiedervereinigung fand aber im Bereich des Einsatzes militärischer Mittel statt. Während sich die alte Bundesrepublik noch militärische Zurückhaltung auferlegt hatte, gibt es nun Auslandseinsätze der Bundeswehr auf der ganzen Welt. Deutschland ist heute der zweitgrößte Truppensteller bei VN-mandatierten Einsätzen. Es wurde erkannt, dass sich nicht alle außenpolitischen Ziele ohne den Einsatz militärischer Mittel erreichen lassen. Das Rollenverständnis als

Zivilmacht ist mit dem Einsatz von Militär im Ausland aber unter bestimmten Bedingungen vereinbar; nämlich dann, wenn 1) das Parlament zugestimmt hat, 2) ein Mandat des Sicherheitsrats vorliegt, 3) der Einsatz multilateral eingebettet stattfindet und er 4) von politisch-diplomatischen Initiativen begleitet wird. Unter diesen Bedingungen sind Auslandseinsätze der Bundeswehr nach wie vor Ausdruck einer wertgebundenen Außenpolitik. Außerdem bleibt die Präferenz für zivile Konfliktbearbeitungsstrategien und diplomatische Lösungen weiterhin vorhanden. Daher kann auch nicht von einer Militärisierung der deutschen Außenpolitik gesprochen werden.

Die Herausforderung für die deutsche Außenpolitik liegt darin, diese Kriterien für Auslandseinsätze einzuhalten und zu verinnerlichen. Konflikte á la Kosovo, in denen kein VN-Mandat erreichbar ist, werden nicht ausbleiben. Wenn es zudem zum Einsatz militärischer Mittel kommen muss, dann liegt eine zentrale Herausforderung also darin, diplomatische Parallelinitiativen auf den Weg zu bringen, damit die Konfliktbearbeitung nicht allein in militärischen Händen bleibt. KFOR, ISAF und UNIFIL sind hierfür gelungene Beispiele. Problematisch bleiben Fälle wie Somalia, in denen die Adressaten ziviler Konfliktbearbeitungsstrategien fehlen.

Zusammenfassend ist festzuhalten, dass Deutschland sich international weder ins Abseits gestellt, noch seinen außenpolitischen Kompass verloren hat. Aber bei der Darstellung der außenpolitischen Grundsätze ist an vielen Stellen immer wieder deutlich geworden: Deutschland hat zwar solche Grundsätze in über 60 Jahren – teilweise begleitet von erheblichen innenpolitischen Kontroversen – entwickelt und verfestigt. Diese Grundsätze geben auch Orientierung für außenpolitisches Handeln. Insofern sind sie von situativen bzw. kurzfristigen Interessen und Zielen zu unterscheiden. Die Grundsätze bilden zusammen genommen aber noch keine kohärente Außenpolitikstrategie.

Die Entwicklung einer solchen Gesamtstrategie für die deutsche Außenpolitik, in die auch alle in diesem Kapitel genannten Herausforderungen konzeptionell einzubetten wären, ist zweifellos eine gewaltige Herausforderung. Bereits eine graphische Darstellung der komplexen, interdependenten Gemengelage brächte den Forschenden an den Rand der Verzweiflung. Sie ist auch aufgrund der vielen Akteure, die Außenpolitik „machen" (Kapitel 2), kein leichtes Unterfangen. Eine Gesamtstrategie kann daher sinnvollerweise nicht einfach im Planungsstab des Auswärtigen Amts in Auftrag gegeben werden, sondern muss schon im Vorfeld durch interministerielle Koordination und die Einbeziehung gesellschaftlicher Gruppen abgestimmt werden. Dennoch ist sie im Sinne der Zukunftsfähigkeit deutscher Außenpolitik dringend erforderlich. Das Ergebnis könnte ein „Weißbuch zur deutschen Außenpolitik" sein (Maull 2005: 87), wie es bereits für einige Politikfelder der EU und die Bundeswehr existiert.

Solange weder eine kohärente Außenpolitikstrategie, noch ein Weißbuch existieren, ist davon auszugehen, dass die bisherigen außenpolitischen Grundsätze auch künftig handlungsleitend für die deutsche Außenpolitik bleiben. Diese Grundsätze bedeuten nicht nur einen Orientierungsrahmen für die Außenpolitik, sondern sie haben auch die außenpolitische Identität Deutschlands maßgeblich geformt. Sie bilden gleichzeitig für die ausländischen Partner einen Rahmen, der Verlässlichkeit und Vertrauen – eine ganz zentrale Kategorie in den internationalen Beziehungen – schafft. Neben materiellen Ressourcen der deutschen Außenpolitik ist „Vertrauen in Deutschland [...] die wichtigste immaterielle Ressource [...], der Filter gewissermaßen, durch den das Ressourcenpotential deutscher Außenpolitik erst nutzbar wird. Dieses Vertrauen in Deutschland als demokratisches und partnerschaftliches Gemeinwesen hat die bundesdeutsche Außenpolitik über Jahrzehnte hinweg kultiviert und somit aufgebaut" (Maull 2005: 83).

Dies ist zunächst einmal keine besonders spektakuläre Prognose, da sie doch eine simple Trendfortschreibung impliziert. Allerdings täuscht dies darüber hinweg, dass diese Grundsätze für sich genommen und in ihrem Zusammenwirken einem ständigen Anpassungsprozess – insbesondere aufgrund veränderter Rahmenbedingungen (z.B. Gestaltung der Ostpolitik ohne Ost-West-Konflikt oder Außenhandelspolitik im Zeitalter der Globalisierung) – unterliegen. Die Handlungskorridore im Rahmen dieser Grundsätze sind doch erheblich. Es kann dabei zu beachtlichen Akzentverschiebungen und Modifikationen kommen wie insbesondere die Auslandseinsätze der Bundeswehr deutlich gemacht haben. Zudem ist zu erwarten, dass durch die wachsende Komplexität des internationalen Systems diese Grundsätze noch stärker als ohnehin schon in Spannungsverhältnisse zueinander geraten werden. Dies macht es umso dringlicher, diese Grundsätze in einen systematischen Zusammenhang zu bringen und in eine Gesamtstrategie zu gießen.

4.2 Herausforderungen für die Außenpolitikanalyse – integrative Ansätze und Evaluation

In den vergangenen Jahren ist das Publikationsaufkommen zur deutschen Außenpolitik enorm angewachsen. Zu Beginn des Bandes wurden die unterschiedlichen Möglichkeiten diskutiert, wie man sich dem Forschungsgegenstand „Deutsche Außenpolitik" nähern kann (Kapitel 1). Es wurde zwischen einer historischen, theorieinformierten und theoriegeleiteten Perspektive differenziert. Die Relevanz von Theorie ist evident. Die von Harnisch dargelegte Entwicklungsgeschichte der theorieorientierten Außenpolitikforschung (Harnisch 2003) macht trotz der dort vorgenommenen Typologisierungen deutlich, dass die deutsche Außenpolitikanalyse sich als ein Feld präsentiert, auf dem hundert Blumen blühen. Diese vielen quantitativen und qualitativen Ansätze weisen keine klar erkennbaren Muster oder Strukturen auf. Übergreifende Zusammenhänge sind schwer erkennbar. Ein gravierendes Defizit besteht darin, dass das Selbstverständnis als eigene Teildisziplin fehlt (Peters 2007: 816). Nicht zufällig wird deutsche Außenpolitik weitgehend immer noch als ein Bereich des Teilgebiets „Internationale Beziehungen" wahrgenommen und gelehrt, während Innenpolitik unter dem Begriff „Politische Systemlehre" eine als eigenständige Teildisziplin der Politikwissenschaft betrachtet wird.

Integrative Außenpolitikansätze

Besonders in der theoriegeleiteten Außenpolitikforschung hat die Ausdifferenzierung nicht nur international (Goetschel 1999; Hermann 1987; Hill 2003; Neack 1995; Neack 2003; Rosenau 1974), sondern auch in Deutschland und dort besonders nach 1990 deutlich zugenommen (Risse-Kappen 1995; Rittberger 2001; Wagner 2002; Harnisch 2003). Vielfach werden immer mehr Einflussfaktoren auf deutsche Außenpolitik immer detaillierter unter die wissenschaftliche Lupe genommen. Diese Vielfalt hat unbestritten ihre Verdienste, aber eine Umkehr der bestehenden Stoßrichtung – also Integration statt Ausdifferenzierung – gehört sicherlich zu den lohnenswerten Herausforderungen der Außenpolitikforschung. Das Ziel integrativer Ansätze sollte es sein, in einem theoretischen Modell möglichst viele Einflüsse auf die deutsche Außenpolitik, ob sie von Außen oder von

Innen kommen, systematisch miteinander in Zusammenhang zu bringen (Peters 2006: 830).

Die alte Diskussion über die Frage Primat der Außenpolitik (Wehler 1973) vs. Primat der Innenpolitik (Kehr 1970) soll hier nicht in allen seinen Facetten nachgezeichnet werden. Klar ist aber: Außenpolitik unterliegt weder dem einen, noch dem anderen Primat. So besteht Außenpolitik aus mehr, als nur aus Reaktionen auf Anforderungen aus der internationalen Umwelt. Auch steht ein Staat nicht unter dem Zwang, seine inneren Verhältnisse so zu ordnen, dass sie den Erfordernissen einer auf äußere Einflüsse orientieren Außenpolitik dienen. Vielmehr ist deutlich geworden, dass Außenpolitik sich auch von innenpolitischen Interessen und Konflikten leiten lassen kann. Allerdings ist außenpolitisches Handeln damit nicht als bloßer Transmissionsriemen dominanter gesellschaftlicher Interessen zu begreifen, wie dies neoliberale Erklärungsansätze nahe legen (Kapitel 1.3.3).

Natürlich haben auch systemische Faktoren – wie z.B. die Struktur des internationalen Systems – Einfluss auf die Außenpolitik eines Staates. Solche Einflüsse wirken aber in den seltensten Fällen ungebrochen, so dass die Außenpolitik eines Staates beispielsweise allein aufgrund seiner internationalen Position in der Regel nicht zu erklären ist. Der Einfluss solcher Faktoren auf die Außenpolitik wirkt immer nur vermittelt über den außenpolitischen Entscheidungsprozess. Innerstaatliche Faktoren wie die Herrschaftsform („Demokratischer Frieden") oder Konflikte zwischen Entscheidungsträgern sind genauso zu beachten, wie Merkmale des außenpolitischen Entscheidungsprozesses oder das Verhältnis zwischen Staat und gesellschaftlichen Gruppen (Peters 2007: 817). Statt also der Frage nach dem Primat nachzugehen oder sich auf die Scharmützel zwischen den verschiedenen Theorien der Internationalen Beziehungen oder gar auf die teilweise feinen Trennlinien innertheoretischer Auseinandersetzungen einzulassen, sollen hier Perspektiven für integrative Ansätze der Außenpolitikanalyse skizziert werden.

Da mittlerweile kaum noch bestritten wird, dass von den beiden Analyseebenen „Staat" und „Internationales System" Einflüsse auf die Außenpolitik eines Staates ausgehen (wie dies nicht zuletzt das deutsche Verhalten im Irak-Konflikt deutlich gemacht hat), müssen sowohl die innerstaatliche wie auch die internationale Dimension von Außenpolitik und das Zusammenspiel zwischen beiden Ebenen in den Blick genommen werden. So wurde der Regimetheorie (Kapitel 1.3.2) nicht zu unrecht vorgeworfen, die Entstehung und Veränder-

barkeit von Interessen, mit denen z.b. außenpolitische Entscheidungsträger und Diplomaten in multilaterale Aushandlungsprozesse
gehen, nicht hinreichend berücksichtigt zu haben. Interessen wurden
als exogen vorgegeben betrachtet. Dieser sozialkonstruktivistischen
Kritik hat sich die Regimetheorie angenommen und sich weiterentwickelt. Heute wird angenommen, das Regime für die Interessen der
verhandelnden Staaten konstitutiv sein können (Zangl/Zürn 1999).
Solche Entwicklungen sind auch aus der integrativen Perspektive
ermutigende Signale.

Ferner weisen in der Spieltheorie die Zwei-Ebenen-Modelle, die
beide Analyseebenen verbinden, trotz aller Komplexität der Model-
lierung multilateraler Verhandlungssituationen in eine viel versprechende Richtung. Es wurde damit bereits – nicht ganz ohne Erfolg
– experimentiert (Evans 1993, Katzerstein 1976; Moravcsik 1993;
Putnam 1988; Zangl 1994; Zangl 1995, Zangl 1999) und stellt einen
nützlichen Input für die Bemühungen um integrative Ansätze in der
Außenpolitikforschung dar.

Bei den theoretischen Konzepten wie Identität, Kultur und soziale
Rolle (z.B. Deutschland als Zivilmacht; Kapitel 3.8.2) wirken sowohl
innere wie äußere Faktoren. Alle drei Konzepte haben verstärkt in der
Außenpolitikanalyse Fuß gefasst. Sie können ein wichtigen Beitrag
leisten, wenn erklärt werden soll, warum sich Deutschland außenpolitisch in einer bestimmten Art und Weise verhält (ausführlich Maull
2001a). Dabei konnte gezeigt werden, dass diese drei Konzepte keine veränderungsresistenten Größen darstellen. Eine Außenpolitikanalyse, die mit einem oder allen dieser drei Konzepte arbeitet, hat
dabei Prozessen der Reproduktion genauso einen Platz einzuräumen
wie Veränderungsprozessen. Speziell die sozialkonstruktivistische
Außenpolitikanalyse (Kapitel 1.3.4) bietet hier eine Chance. Der Sozialkonstruktivismus hat seine unbestritten Stärken bei der Erklärung von Veränderung in den Internationalen Beziehungen und beansprucht diese Erklärungspotentiale auch für für Wandel in der
Außenpolitik von Staaten. Andererseits hatte gerade der sozialkonstruktivistische Ansatz für die deutsche Außenpolitik nach 1990 Kontinuität prognostiziert. Eine hohe Erklärungskraft für Kontinuität in
den internationalen Beziehungen war bisher aber eher dem Neorealismus zugeschrieben worden (Kapitel 1.3.1). Der Neorealismus hatte aber Unilateralismus und Machtpolitik des vereinten Deutschlands
und damit dramatische Veränderungen in der Außenpolitik vorhergesagt (z.B. Aneignung von Massenvernichtungswaffen; Austritt aus
oder Instrumentalisierung von internationalen Organisationen). Aus

diesem Paradox lassen sich zwei Schlussfolgerungen ableiten. Erstens ist es nicht nachvollziehbar, dass mit einer Abkehr vom Multilateralismus (Kapitel 3.6) und von der Kultur der Zurückhaltung (Kapitel 3.8) bei gleichzeitiger Hinwendung zu Uni- bzw. Bilateralismus und Machtpolitik die Veränderungsmöglichkeiten ausgeschöpft sind. Vielmehr sind auch abgestufte Varianten von Wandel denkbar. Die empirischen Hinweise in der deutschen Außenpolitik dafür sind geradezu erdrückend wie nicht zuletzt dieser Band gezeigt hat. Zweitens sind die Ansprüche des Sozialkonstruktivismus, auch Kontinuität in der Außenpolitik erklären zu können, ein Hinweis darauf, dass dieser Ansatz möglicherweise in der Lage ist, beides zu leisten. Hierbei wäre es hilfreich, wenn der Sozialkonstruktivismus die Sphäre der ex-post-Erklärungen verlassen und sich stärker der Prognosefunktion von Theorien (Kapitel 1.3) zuwenden könnte. Bei dem sozialkonstruktivistischen Fokus auf Ko-Konstituierung und Ko-Determination von außenpolitischem Handeln und sozialen Strukturen dürften bei aller Betonung von Identität, Kultur und sozialer Rolle zudem machtpolitische Elemente weder negiert, noch unberücksichtigt beiseite geschoben werden (Baumann 2006 189f.).

Eine wichtige Aufgabe integrativer Ansätze besteht darin, „nicht nur die Beziehung zwischen den verschiedenen Einflüssen und staatlicher Außenpolitik, sondern auch die Beziehung der verschiedenen Einflussfaktoren untereinander auszubuchstabieren – eine Aufgabe, die bisher nur selten systematisch eingelöst wird" (Peters 2007: 831). Dies ist auch überaus schwierig, denn die unterschiedlichen Einflüsse wirken zumeist asymmetrisch wechselseitig. Dies gilt für Einflussfaktoren aus den beiden unterschiedlichen Ebenen. So können die Interessen gesellschaftlicher Gruppen nicht völlig unabhängig von der Einbettung Deutschlands in multilaterale Kontexte bestimmt werden. Auch die Entstehung, Verfestigung und der Wandel innerstaatlicher Normen, Werte und Identitäten lassen sich nicht von internationalen Normen abkoppeln. Die Einflüsse gehen in beide Richtungen. Daher lassen sich die Beziehungsmuster der Einflüsse auf Außenpolitik nicht nur auf einer Analyseebene abzubilden.

Eine weitere Komponente für die Entwicklung eines integrativen Analyseansatzes ist, dass die Rahmenbedingungen identifiziert werden, unter denen bestimmte Faktoren und Wechselwirkungen von Faktoren zum Tragen kommen. Es geht dabei nicht so sehr darum, welcher Einflussfaktor mehr ins Gewicht fällt – z.B. die institutionellen Merkmale multilateraler Entscheidungsprozesse oder die Interessen mächtiger gesellschaftlichen Gruppen –, sondern um die Situationen, in denen ein Einflussfaktor bzw. eine spezifische Wechselwirkung unter mehreren Faktoren wirkungsmächtig werden kann. Dann kann es schon dazu kommen, dass Bürokratien auch in Krisensituationen die Außenpolitik – wie z.b. in den Zwei-plus-Vier-Verhandlungen – durchaus maßgeblich beeinflussen können, auch wenn Routine- und Planungsentscheidungen die eigentlichen Domänen der Bürokratien sind (Kapitel 2.1.1.).

Grundsätzlich sollte nach Wegen gesucht werden, wie sich bestehende Analyseansätze in der Außenpolitikforschung besser miteinander in Beziehung setzen lassen. Ein solcher integrativ-multiperspektivischer Zugang zum Forschungsgegenstand „Deutsche Außenpolitik" ist nicht aussichtslos und einen Versuch wert, zumal in der Außenpolitikanalyse keine polarisierenden Großdebatten und universellen Geltungsansprüche existieren (Peters 2007: 831f).

Außenpolitikevaluation

Wenn die Zukunft der deutschen Außenpolitik davon abhängt, ob und inwieweit es gelingt, die zukünftigen Herausforderungen erfolgreich zu bewältigen, dann drängt sich die Frage auf: Was ist eine erfolgreiche Außenpolitik?

In der wissenschaftlichen Außenpolitikanalyse ist die Evaluation von Außenpolitik nach wie vor ein randständiges Thema (ausführlich Raymond 1987; Rudolf 2007). Dies ist zunächst einmal verwunderlich, denn Evaluation findet heutzutage in vielen innerstaatlichen Politikfeldern und vergleichend zwischen Staaten statt (z.B. bei der Sozial- oder Bildungspolitik der OECD-Staaten). Dies geschieht auch dort, wo weit geringere staatliche Ressourcen eingesetzt werden, als in der Außenpolitik. Außenpolitikevaluation findet bislang primär in zwei außenpolitischen Bereichen statt: in der Entwicklungszusammenarbeit (ausführlich Stockmann 2004; Kapitel 3.7.3) und bei der Wirksamkeit von Wirtschaftssanktionen (ausführlich Kaempfer/Lowenberg 1992, Crawford/Klotz 1999, Rudolf 2006). Eine eingehende und systematische Evaluation der gegenwärtigen und vergangenen Außenpolitik wäre aber äußerst hilfreich, wenn nicht notwendig, um die deutsche Außenpolitik auf der Grundlage solcher Evaluationsergebnisse zukunftsfähig zu machen.

Evaluation der Außenpolitik meint die Analyse und Bewertung der Wirkungen staatlichen Handelns mit wissenschaftlichen Methoden. Dazu gehört die Untersuchung und Bewertung der Effizienz und Effektivität außenpolitischer Strategien im Hinblick auf Zielerreichung. Evaluation ist angewandte Sozialwissenschaft (ausführlich Bussmann 1997, Clark/Dawson 1999). Es geht nicht um das Testen von Hypothesen oder Erklärungswissen, sondern um Wirkungsanalyse mit den Zielen der Effizienz- und Effektivitätssteigerung sowie der Eröffnung von Handlungsalternativen.

Methodische Probleme: Zahlreiche methodische Probleme bei der Evaluation von Außenpolitik mögen so manch einen Außenpolitik-forschenden bislang abgeschreckt haben und damit diese Forschungs-lücke zum Teil erklären. Beispielsweise ist schon die Identifizierung handlungsleitender Ziele eine methodische Herausforderung, denn nicht immer sind außenpolitische Ziele und Mittel öffentlich klar definiert (ausführlich Clark 1995). Vielfach sind sie versteckt und müssen erst mühsam herausgearbeitet werden (Rudolf 2007: 322ff.). Die Untersuchung von Koalitionsverträgen, Regierungserklärungen, außenpolitischen Reden, Archivdokumenten oder das Durchführen von Leitfadeninterviews mit außenpolitischen Akteuren sowie Diskursanalysen sind dabei nützliche Vorgehensweisen. Aber auch eine Hierarchisierung außenpolitischer Ziele, wenn sie dann einmal herausdestilliert worden sind, fällt schwer.

Bei einer Evaluation, die auf Wirkungsanalyse ausgelegt ist, werden auch Strategien zur Operationalisierung außenpolitischer Ziele bewertet (ausführlich Tills 2005). Das bedeutet u.a. die Entwicklung nachvollziehbarer Erfolgsindikatoren bzw. eines explizit dargelegten Kriterienrasters und deren Zuordnung zu den Zielen, die durch außenpolitische Strategien oder auch durch taktisches Verhalten erreicht werden sollen. Das Wirkungsmodell besteht aus einer Kausalhypothese über die Ursachen des zu verändernden Sachverhalts und einer Interventionshypothese über die Möglichkeiten, wie außenpolitisches Handeln eine solche Veränderung erwirken kann. Nur weil Deutschland beispielsweise den ständigen Sitz im Sicherheitsrat der VN als außenpolitisches Ziel (noch) nicht erreicht hat (Kapitel 3.6.2), ist die zu diesem Ziel gehörige Strategie – sofern es eine kohärente Strategie gibt – noch nicht endgültig zu evaluieren, denn möglicherweise handelt es sich um eine langfristig angelegte Strategie. In solchen Fällen bietet sich Evaluation als begleitende Bewertung an: Wie erfolgreich war die Strategie bisher?

Selbst wenn ein außenpolitisches Ziel erreicht wurde, kann eine Evaluation durchaus negativ ausfallen, denn aufgrund mangelnder Effizienz können die Kosten für die Zielerreichung deutlich höher als erwartet ausfallen oder es sind zusätzliche unbeabsichtigte und nicht gewollte Folgen eingetreten, die die Erfolgsbilanz verwässern (ausführlich O'Sullivan 2003). So können Wirtschaftssanktionen gegen einen Staat sich stärker nachteilig für den exportorientierten Handelstaat Deutschland (Kapitel 3.4) auswirken, als ursprünglich kalkuliert oder zu verschlechterten Beziehungen zu einem anderen Staat führen, mit denen nicht gerechnet wurde. Auch können die Bemühungen Deutschlands um einen ständigen Sitz zwar erfolgreich sein, aber die Reform des Sicherheitsrats dazu führen, dass die VN ineffektiver werden, könnte der Schaden für die deutsche Außenpolitik größer sein, als der Nutzen durch den eigenen ständigen Sitz.

Ein weiteres methodisches Problem der Wirkungsanalyse ist, dass zwar die intendierten Wirkungen eintreten können, aber nicht klar ist, ob diese durch die verfolgte Strategie erreicht worden sind. Es könnte auch Zufall gewesen sein oder an anderen – nicht bedachten – Einflussfaktoren liegen. Ob das Ziel daher aufgrund der Strategie und der eingesetzten Ressourcen erreicht wurde, lässt sich kontrafaktisch – d.h. in einer vergleichbaren Situation ohne die entsprechende außenpolitische Strategie – nicht beurteilen. Derartige methodische Probleme bei der Wirkungsanalyse hat z.B. auch die neoinstitutionalistische Regimetheorie erkannt (Kapitel 1.3.2). Internationale Regime sind als intervenierende Variable konzeptionalisiert, die das Verhältnis zwischen Machtverhältnissen als unabhängiger Variable und den Politikergebnissen als abhängiger Variable beeinflussen. Außenpolitisches Handeln und die erzielten Politikergebnisse können also durch die Wirkungsmächtigkeit von Regimen anders ausfallen, als wenn es in diesem Politikfeld kein Regime gegeben hätte. Ob aber nun Deutschland aufgrund der Existenz des nuklearen Nichtverbreitungsregimes (Colschen 1998) keine Kernwaffenwaffenambitionen hegt und nach der Herstellung der deutschen Einheit diesen Verzicht noch einmal explizit vor den VN bekräftigt hat oder ob andere Gründe (ganz oder zum Teil) dafür verantwortlich sind, ist schwer zu beurteilen. Wird zudem ein Ziel wie der ständige deutsche Sitz im Sicherheitsrat verfehlt, bleibt zudem die Frage, ob die Strategie falsch war oder ob es Fehler bei ihrer Umsetzung gab.

Die systematische Evaluation außenpolitischer Strategien steht also vor zahlreichen Herausforderungen. Dies sollte allerdings weniger abschreckend wirken, sondern vielmehr als Ansporn für das Schließen dieser Forschungslücke dienen.

Literatur

Evans, Peter B. 1993: Building an Integrative Approach to International and Domestic Politics. Reflections and Projections, in: Evans, Peter B. /Jacobson, Harold K./Putnam, Robert D. (Hrsg.): Double Edged Diplomacy. International Bargaining and Domestic Politics, Berkeley, CA, S. 397-430.

Harnisch, Sebastian 2003: Theoriegeleitete Außenpolitikforschung in einer Ära des Wandels, in: Hellmann, Gunther/Klaus Dieter Wolf, Klaus Dieter/ Michael Zürn (Hrsg.): Die neuen Internationalen Beziehungen. Forschungsstand und Perspektiven in Deutschland, Baden-Baden, S. 313-360.

Moravcsik, Andrew 1993: Integrating International and Domestic Theories of International Bargaining, in: Evans, Peter B. /Jacobson, Harold K. / Putnam, Robert D. (Hrsg.): Double Edged Diplomacy. International Bargaining and Domestic Politics, Berkeley, CA, S. 3-42.

Peters, Dirk 2007: Ansätze und Methoden der Außenpolitikanalyse, in: Schmidt, Siegmar/Gunther Hellmann/Reinhard Wolf (Hrsg.): Handbuch zur deutschen Außenpolitik, VS Verlag für Sozialwissenschaften, Wiesbaden, S.815-835.

Rudolf, Peter, 2007: Außenpolitikevaluation, in: Zeitschrift für Internationale Beziehungen, 14 (2), S. 319-330.

Literaturverzeichnis

Kapitel 1

Algieri, Franco/Janis A. Emmanouilidis/Roman Maruhn 2003: *Europas* Zukunft – Fünf EU-Szenarien, Centrum für angewandte Politikforschung (*CAP*), München.

Anderson, Jeffrey J. 1997: Hard Interests, Soft Power, and Germany's Changing Role in Europe, in: Peter Katzenstein (Hrsg.): Tamed Power. Germany in Europe, Cornell University Press, Ithaca/London, S. 80-107.

Auth, Günther 2008: Theorien der Internationalen Beziehungen kompakt. Oldenbourg Verlag, München.

Axelrod, Robert 1984: The Evolution of Cooperation, New York.

Ba, Alice/Matthew J. Hoffmann 2003: Making and Remaking the World for IR 101, International Studies Perspectives, 4/2003, S. 15-33.

Baumann, Rainer/Volker Rittberger/Wolfgang Wagner 1998: Macht und Machtpolitik – Neorealistische Außenpolitiktheorie und Prognosen für die deutsche Außenpolitik nach der Vereinigung, in: Tübinger Arbeitspapiere zur internationalen Politik und Friedensforschung, Nr. 34, Tübingen.

Baumann, Rainer 2006: Der Wandel des deutschen Multilateralismus, Nomos, Baden-Baden.

Boekle, Henning/Volker Rittberger/Wolfgang Wagner 1999: Normen und Außenpolitik – Konstuktivistische Außenpolitiktheorie. In: Tübinger Arbeitspapiere zur internationalen Politik und Friedensforschung, Nr. 34, Tübingen.

Boekle, Henning/Rittberger, Volker/Wagner, Wolfgang 2001: Constructivist Foreign Policy Theory, in: Rittberger, Volker: German Foreign Policy since Unification. Theories and Case Studies, Manchester, S. 105-140.

Bredow, Wilfried 2006: Die Außenpolitik der Bundesrepublik Deutschland. Eine Einführung. VS Verlag für Sozialwissenschaften, Wiesbaden.

Brem, Stefan/Kendall Stiles (ed.) 2008: Cooperating without America. Theories and case studies of non-hegemonic regimes, Routledge, Abingdon.

Colschen, Lars C. 1998: Die Internationalisierung der Tritiumkontrolle als Baustein des Nichtverbreitungsregimes für Kernwaffen. Bedingungen, Einflußfaktoren und Folgen. Shaker Verlag, Darmstadt.

Czempiel, Ernst-Otto 1981: Internationale Politik. Ein Konfliktmodell, Paderborn.

Czempiel, Ernst-Otto 1993: Weltpolitik im Umbruch. Das internationale System nach dem Ende des Ost-West-Konflikts, Beck, 2. Auflage, München.

Daase, Christopher 2004: Demokratischer Frieden – Demokratischer Krieg: Drei Gründe für die Unfriedlichkeit von Demokratien, in: Schweitzer, Christine/Björn Aust/Peter Schlotter (Hrsg.): Demokratien im Krieg. Baden-Baden, S. 53-71.

Duffield, John S. 1998: World Power Forsaken. Political Culture, International Institutions, and German Security Policy after Unification, Stanford University Press, Stanford.

Efinger, Manfred/ Rittberger, Volker/ Wolf, Klaus Dieter/ Zürn, Michael 1990: Internationale Regime und internationale Politik, in: Rittberger, Volker: Theorien der Internationalen Beziehungen, Politische Vierteljahreszeitschrift, Sonderheft 21/1990, Opladen, S. 263-285.

Elman, Colin 1996: Horses for Courses. Why not Neo-realist Theories of Foreign Policy?, in: Security Studies 6: 1, S. 7-53.

Eppelmann, Rainer/Bernd Faulenbach/Ulrich Mählert (Hrsg.) 2003: Bilanz und Perspektiven der DDR-Forschung, Schöningh, Paderborn.

Frei, Daniel 1977: Einführung: Wozu Theorien der Internationalen Politik?, in: Frei, Daniel (Hrsg.): Theorien der internationalen Beziehungen. München, S. 11-25.

George, Alexander L. 1969: The „Operational Code": A Neglected Approach to the Study of Political-Leaders and Decision-Making, in: International Studies Quarterly 13: 2, S. 190-222.

Haas, Peter M./Ernst B. Haas 2002: Pragmatic Constructivism and the Study of International Institutions, in: Millennium 31: 4, S. 573-602.

Haftendorn, Helga 1989: Außenpolitische Prioritäten und Handlungsspielraum. Ein Paradigma zur Analyse der Außenpolitik der Bundesrepublik Deutschland, in: Politische Vierteljahresschrift 30 (1), S. 32-49.

Hasenclever, Andreas/ Mayer, Peter/ Rittberger, Volker 1997: Theories of International Regimes, Cambridge.

Hasenclever, Andreas 2006: Liberale Ansätze zum „demokratischen Frieden", in: Schieder, Siegfried/Manuela Spindler (Hrsg.): Theorien der Internationalen Beziehungen. UTB Verlag Barbara Budrich, Opladen, S. 213-241.

Hellmann, Gunther/Baumann, Rainer/Wagner, Wolfgang 2006: Deutsche Außenpolitik. VS Verlag für Sozialwissenschaften, Wiesbaden.

Holsti, Ole R. 1976: Foreign Policy Decision-Makers Viewed Psychologically: „Cognitive process" Approaches, in: Rosenau, James N. (Hrsg.): In Search of Global Patterns, New York, S. 120-144.

Höffe, Otfried (Hrsg.) 1995: Immanuel Kant: Zum ewigen Frieden, Berlin.

Huntington, Samuel 1999, Die einsame Supermacht, in: Blätter für deutsche und internationale Politik 5/99: S. 548-560.

Jaeger, Hans-Martin 1996: Konstruktionsfehler des Konstruktivismus in den Internationalen Beziehungen, in: Zeitschrift für Internationale Beziehungen 3: 2, 341-366.

Kant, Immanuel 1973: Zum ewigen Frieden. Ein philosophischer Entwurf, in: Kant, Immanuel: Kleinere Schriften zur Geschichtsphilosophie, Ethik und Politik, Felix Meiner Verlag, Hamburg, S. 115-169.

Katzenstein, Peter 1997: United Germany in an Integrating Europe, in: Peter Katzenstein (Hrsg.): Tamed Power. Germany in Europe, Cornell University Press, Ithaca/London, S. 1-48.

Keohane, Robert O./Joseph S. Nye 1977: Power and Interdependence. Longman, New York.

Keohane, Robert O. 1984: After Hegemony. Cooperation and Discord in the World Political Economy. Princeton NJ.

Keohane, Robert O. (Hrsg.) 1986: Neorealism and its Critics, New York.

Keohane, Robert O. 1989: Neoliberal Institutionalism: A Perspective on World Politics, in: Keohane, Robert O. (Hrsg.): International Institutions and State Power. Essays in International Relations Theory, Westview, Boulder, S. 1-20.

Kern, Lucian/Thomas Schmidt 2009: Angewandte Spieltheorie, R. Oldenbourg, München-Wien (im Erscheinen).

Kindermann, Gottfried-Karl, 1991: Grundelemente der Weltpolitik, 4. Aufl., München.

Klotz, A. 1995: Norms Reconstituting Interests: Global Racial Equality and U.S. Sanctions against South Africa, in: International Organization, 49 (3), S. 451-478.

Kohler-Koch, Beate (Hrsg.) 1989: Regime in den internationalen Beziehungen, Baden-Baden.

Krasner, Stephen D. (Hrsg.) 1983: International Regimes. Cornell University Press, Ithaca NY.

Krell, Gert 2000: Weltbilder und Weltordnung. Einführung in die Theorie der Internationalen Beziehungen, Nomos Verlag, Baden-Baden.

Krippendorff, Ekkehart 1963: Ist Außenpolitik Außenpolitik?, in: Politische Vierteljahresschrift 4, S. 243-266.

Lahme, Rainer 1990: Deutsche Außenpolitik 1890–1894. Von der Gleichgewichtspolitik Bismarcks zur Allianzstrategie Caprivis. Vandenhoeck und Ruprecht, Göttingen.

Lemke, Michael 2001: Einheit oder Sozialismus? Die Deutschlandpolitik der SED 1949-1961. Köln Weimar Wien.

Masala, Carlo 2005: Kenneth N. Waltz – Einführung in seine Theorie und Auseinandersetzung mit seinen Kritikern, Baden-Baden.

Masala, Carlo 2006: Neorealismus und Internationale Politik im 21. Jahrhundert, in: Zeitschrift für Politikwissenschaft 16 Jg. Heft 1, S. 87-111.

Mearsheimer, John J. 1990: Back to the Future. Instability in Europe after the Cold War, in: International Security 15:1, S. 5-56.

Mearsheimer, John J. 2001: The Tragedy of Great Power Politics, Norton, New York.

Meier-Walser, Reinhard 1994: Neorealismus ist mehr als Waltz. Der Synoptische Realismus des Münchner Ansatzes, in: Zeitschrift für Internationale Beziehungen 1:1, S. 115-126.

Messner, Dirk 2000: Ist Außenpolitik noch Außenpolitik... und was ist eigentlich Innenpolitik?, in: Prokla 118, S. 123-150.

Messner, Dirk/Franz Nuscheler 2003: Das Konzept Global Governance – Stand und Perspektiven, INEF Report Heft 67/2003.

Meyers, Reinhard 2008: Theorien der Internationalen Beziehungen, in: Woyke, Wichard (Hrsg.): Handwörterbuch Internationale Politik, VS Verlag für Sozialwissenschaften, Wiesbaden, S. 473-504.

Moravcsik, Andrew 1992: Liberalism and International Relations Theory (Harvard Working Paper 92-6), Cambridge, MA.

Moravcsik, Andrew 1993: Integrating International and Domestic Theories of International Bargaining, in: Evans, Peter B. /Jacobson, Harold K. / Putnam, Robert D. (Hrsg.): Double Edged Diplomacy. International Bargaining and Domestic Politics, Berkeley, CA, S. 3-42.

Moravcsik, Andrew 1994: Why the European Community Strengthens the State: Domestic Politics and International Cooperation, Center for European Studies Harvard University, Working Paper No. 52, Cambridge, M.A.

Moravcsik, Andrew 1997 Taking Preferences Seriously. A Liberal Theory of International Politics. In: International Organization, 51:4.

Morgenthau, Hans J. 1962: Politics Among Nations, 3. Auflage, New York 1962.

Morrow, James D. 1994: Game Theory for Political Science. Princeton University Press, Princeton.

Müller, Harald 1993: Die Chance der Kooperation. Die Rolle Internationaler Regime in der Weltpolitik, Darmstadt.

Peters, Dirk 2007: Ansätze und Methoden der Außenpolitikanalyse, in: Schmidt, Siegmar/Gunther Hellmann/Reinhard Wolf (Hrsg.): Handbuch zur deutschen Außenpolitik. VS Verlag für Sozialwissenschaften, Wiesbaden, S. 815-835.

Popper, Karl 1994 (1934): Logik der Forschung, 10. Auflage, Mohr, Tübingen.

Putnam, Robert 1988: Diplomacy and Domestic Politics: The Logic of Two-Level Games. In: International Organization 42: 3, S. 427-460.

Risse, Thomas 1999: Identitäten und Kommunikationsprozesse in der Internationalen Politik – Sozialkonstruktivistische Perspektiven zum Wandel von Außenpolitik, in: Medick-Krakau, Monika (Hrsg.): Außenpolitischer Wandel in theoretischer und vergleichender Perspektive – die USA und die Bundesrepublik Deutschland. Festschrift zum 70. Geburtstag von Ernst-Otto Czempiel, Baden-Baden, S. 33-57.

Rittberger, Volker/Wolfgang Wagner 2001: German Foreign Policy since Unification: Theories Meet Reality, in: Rittberger, Volker (Hrsg.): German Foreign Policy since Unification: Theories and Case Studies, Manchester University Press, Manchester, S. 299-325.

Schieder, Siegfried 2006: Neuer Liberalismus, in: Schieder, Siegfried/Manuela Spindler (Hrsg.): Theorien der Internationalen Beziehungen, UTB Verlag Barbara Budrich, Opladen, S. 175-211.

Schieder, Siegfried/Manuela Spindler (Hrsg.) 2006: Theorien der Internationalen Beziehungen. Verlag Barbara Budrich, Opladen.

Schörnig, Niklas 2006: Neorealismus, in: Schieder, Siegfried/Manuela Spindler (Hrsg.): Theorien der Internationalen Beziehungen, UTB Verlag Barbara Budrich, Opladen, S. 65-92.

Scholtyseck, Joachim 2003: Die Außenpolitik der DDR, R. Oldenbourg Verlag, München.

Schroeder, Klaus 1998: Der SED-Staat. Bayerische Landeszentrale für politische Bildungsarbeit, München.

Schwaabe, Christian 2007a: Thomas Hobbes und die neuzeitliche Vertragstheorie, in: Schwaabe, Christian 2007: Politische Theorie 1. Von Platon bis Locke, W. Fink Verlag, Paderborn, S. 129-149.

Schwaabe, Christian 2007b: Immanuel Kant und die Freiheit des vernünftigen Menschen, in: Schwaabe, Christian 2007: Politische Theorie 2. Von Rousseau bis Rawls, W. Fink Verlag, Paderborn, S. 40-67.

Schwelling, Birgit 2007: Die Außenpolitik der Bundesrepublik und die deutsche Vergangenheit, in: Schmidt, ,Siegmar, Gunther Hellmann, Reinhard Wolf (Hrsg.): Handbuch zur deutschen Außenpolitik. VS Verlag für Sozialwissenschaften, Wiesbaden.

Seidelmann, Reimund 2008: Außenpolitik, in: Wichard Woyke (Hrsg.): Handwörterbuch Internationale Politik, 11. Auflage, Verlag Barbara Budrich UTB, Opladen, S. 1-7.

Spindler, Manuela 2006: Interdependenz, in: Schieder, Siegfried/Manuela Spindler (Hrsg.): Theorien der Internationalen Beziehungen. UTB Verlag Barbara Budrich, Opladen, S. 93-120.

Ulbert, Cornelia 2006: Sozialkonstruktivismus, in: Schieder, Siegfried/Manuela Spindler (Hrsg.): Theorien der Internationalen Beziehungen, UTB Verlag Barbara Budrich, Opladen, S. 409-440.

Ullrich, Volker 1999: Die nervöse Großmacht 1871-1918. Aufstieg und Untergang des deutschen Kaiserreichs. Frankfurt am Main.

Walker, Stephen G./Schafer, Mark/Young, Michael D. 1999: Presidential Operational Codes and Foreign Policy Conflicts in the Post-Cold War World, in: Journal of Conflict Resolution 43: 5, S. 610-625.

Waltz, Kenneth N. 1979: Theory of International Politics, New York.

Waltz, Kenneth N. 1990: Realist Thought and Neorealist Theory, Journal of International Affairs, Spring/Summer 1990, Vol. 44, Issue 1, S. 21-37.

Waltz, Kenneth N. 1996: International Politics is not Foreign Policy, in: Security Studies 6: 1, S. 52-55.

Waltz, Kenneth N. 1998: Interview conducted by Fred Halliday and Justin Rosenberg, in: Review of International Studies 24, S. 371-386.

Waschkuhn, Arno 1998: Demokratietheorien. Politiktheoretische und ideengeschichtliche Grundzüge, R. Oldenbourg Verlag, München Wien.

Weber, Hermann 1993: Die DDR 1945-1990. R. Oldenbourg Verlag, München.

Wendt, Alexander 1992: Anarchy is What States Make of It. The Social Construction of Power Politics, in: International Organization 46: 2, S. 391-425.

Wendt, Alexander 1995: Constructing International Politics, in: International Security 20: 1, S. 71-81.

Zangl, Bernhard 1999: Interessen auf zwei Ebenen. Internationale Regime in der Agrarhandels-, Währungs- und Walfangpolitik, Nomos-Verlag, Baden-Baden.

Zangl, Bernhard 2006: Regimetheorie, in: Schieder, Siegfried/Manuela Spindler (Hrsg.): Theorien der Internationalen Beziehungen, UTB Verlag Barbara Budrich, Opladen, S. 121-144.

Zehfuß, Maja 2002: Constructivism in International Relations. The Politics of Reality, Cambridge.

Zimmermann, Lisbeth 2009: Wann beginnt der (demokratische) Frieden?, Zeitschrift für Internationale Beziehungen, 16 Jh., Heft 1, S. 39-73.

Kapitel 2

Abelein, Manfred 1968: Die Kulturpolitik des Deutsches Reiches und der Bundesrepublik Deutschland. Ihre verfassungsrechtliche Entwicklung und ihre verfassungsrechtlichen Probleme, Westdeutscher Verlag, Opladen.

Adam, Werner 2002: Die Medien, in: Bertram, Christoph/Friedrich Däuble (Hrsg.): Wem dient der Auswärtige Dienst? Erfahrungen von Politik, Wirtschaft, Gesellschaft, leske+budrich, Opladen, S. 163-170.

Allison, Graham T. 1971: Essence of Decision: Explaining the Cuban Missile Crisis. Boston.

Allison, Graham T., Morton H. Halperin, 1972: Bureaucratic Politics: A Paradigm and Some Policy Implications. In: World Politics (24).

Allison, Graham T., Zelikow, Philip 1999: Essence of decision: explaining the Cuban Missile Crisis. Longman, New York.

Almond, Gabriel A. 1950: The American People and Foreign Policy, New York.

Altvater, Elmar/Achim Brunnengräber 2002: NGOs im Spannungsfeld von Lobbyarbeit und öffentlichem Protest, in: Aus Politik und Zeitgeschichte, Heft 6-7, S. 6-14.

Auswärtiges Amt 1970: Leitsätze für die Auswärtige Kulturpolitik, Bonn.

Auswärtiges Amt 2008: Berichte der Bundesregierung zur Auswärtigen Kulturpolitik 2007/2008, Berlin.

Bahners, Patrick 2006: Auswärtige Kulturpolitik. Europa ade!, Frankfurter Allgemeine Zeitung, Nr. 88, 13.04.2006, S. 35.

Baring, Arnulf 1971: Im Anfang war Adenauer. Die Entstehung der Kanzlerdemokratie, München.

Bartsch, Sebastian 1998: Politische Stiftungen: Grenzgänger zwischen Gesellschafts- und Staatenwelt, in: Kaiser, Karl/Wolf-Dieter Eberwein (Hrsg.):Deutschland neue Außenpolitik, Band 4, Institutionen und Ressourcen, München, S. 186–198.

Bartsch, Sebastian 2007: Politische Stiftungen, in: Siegmar Schmidt, Gunther Hellmann, Reinhard Wolf (Hrsg.): Handbuch zur deutschen Außenpolitik. VS Verlag für Sozialwissenschaften, Wiesbaden, S. 280-289.

Beck, Andreas 2006: Die zweite Reihe im Zentrum der Macht. Politikberatung durch Fraktionsreferentinnen und wissenschaftliche Mitarbeiter in Abgeordnetenbüros, in: Falk, Svenja, Dieter Rehfeld, Andrea Römmele, Martin Thunert (Hrsg.): Handbuch Politikberatung. VS Verlag für Sozialwissenschaften, Wiesbaden, S. 228-240.

Bertram, Christoph/Friedrich Däuble (Hrsg.) 2002: Wem dient der Auswärtige Dienst? Erfahrungen von Politik, Wirtschaft, Gesellschaft, leske+budrich, Opladen.

Biewer, Ludwig 2009: Die Geschichte des Auswärtigen Amtes, http://www.auswaertiges-amt.de/diplo/de/AAmt/Geschichte/GeschichteAApdf.pdf; download am 18.02.2009.

Bittner, Jochen 2006: Agenten in neuer Mission: Der Auslandsgeheimdienst BND will seriöser werden als bisher. Aber wie? Einblicke in die verschwiegene Behörde im Anti-Terorkampf, Die Zeit, 14.09.

Bode, Christian 2002: Die kulturellen Mittlerorganisationen, in: Bertram, Christoph/Friedrich Däuble (Hrsg.): Wem dient der Auswärtige Dienst?

Erfahrungen von Politik, Wirtschaft, Gesellschaft, leske+budrich, Opladen, S. 149-162.

Borchert, Heiko (Hrsg.) 2005: Verstehen, dass die Welt sich verändert hat: Neue Risiken, neue Anforderungen und die Transformation der Nachrichtendienste, Nomos, Baden-Baden.

Börzel, Tanja 2000: Europäisierung und innerstaatlicher Wandel, Zentralisierung und Entparlamentarisierung?, in: Politische Vierteljahresschrift, 41. Jahrgang, Heft 2, S. 225-250.

Braml, Josef 2006: Wissenschaftliche Politikberatung und Think Tanks, in: Falk, Svenja, Dieter Rehfeld, Andrea Römmele/Martin Thunert (Hrsg.): Handbuch Politikberatung. VS Verlag für Sozialwissenschaften, Wiesbaden, S. 255-267.

Brandt, Enrico/Christian Buck (Hrsg.) 2002: Auswärtiges Amt. Diplomatie als Beruf, Opladen.

Bredow, Wilfried von 2006: Die Außenpolitik der Bundesrepublik Deutschland. Eine Einführung. VS Verlag für Sozialwissenschaften, Wiesbaden.

Brehm, Alexander 2008: Sind Verbände noch zeitgemäß? Ein Vergleich zwischen dem Centralverband Deutscher Industrieller und dem Bundesverband der Deutschen Industrie e.V., Berlin.

Brunnengräber, Achim/Ansgar Klein/ Heike Walk (Hrsg.) 2009: NGOs im Prozess der Globalisierung, VS Verlag für Sozialwissenschaften, Wiesbaden.

Brupbacher, Stefan 2002: Fundamentale Arbeitsnormen der Internationalen Arbeitsorganisation: eine Grundlage der sozialen Dimension der Globalisierung, Stämpfli, Bern.

Bührer, Werner 2007: Wirtschaftsverbände, in: Siegmar Schmidt, Gunther Hellmann, Reinhard Wolf (Hrsg.): Handbuch zur deutschen Außenpolitik. VS Verlag für Sozialwissenschaften, Wiesbaden, S. 290-295.

Busch-Janser, Sandra/Daniel Florian 2007: Die neuen Diplomaten? Public Diplomacy und die Rolle von Kommunikationsagenturen in der Außenpolitik, in: Tenscher, Jens/Henrike Viehrig (Hrsg.): Politische Kommunikation in internationalen Beziehungen, LIT-Verlag, Berlin, S. 215-233.

Busse, Volker 2005: Bundeskanzleramt und Bundesregierung. Heidelberg.

Cecil, Lamar 1976: The German Diplomatic Service 1871-1914, Princeton.

Clement, Rolf 2007: Auslandseinsätze und Transformation der Bundeswehr, in: Jäger, Thomas, Alexander Höse/Kai Oppermann (Hrsg.), Deutsche Außenpolitik. Sicherheit, Wohlfahrt, Institutionen und Normen. Wiesbaden, S. 123-140.

Daun, Anna 2007: Nachrichtendienste in der deutschen Außenpolitik, in: Jäger, Thomas, Alexander Höse/Kai Oppermann (Hrsg.): Deutsche Außenpolitik. Sicherheit, Wohlfahrt, Institutionen und Normen. Wiesbaden, S. 141-172.

Daun, Anna 2009: Die deutschen Nachrichtendienste, in: Thomas Jäger/ Anna Daun (Hrsg.): Geheimdienste in Europa, VS Verlag für Sozialwissenschaften, Wiesbaden, S. 56-77.

Deile, Volkmar 2002: Die Nicht-Regierungsorganisationen, in: Bertram, Christoph/Friedrich Däuble (Hrsg.): Wem dient der Auswärtige Dienst? Erfahrungen von Politik, Wirtschaft, Gesellschaft, leske+budrich, Opladen, S. 103-124.

Demmelhuber, Walter 2003: European Educational Policy related to Academic Mobility. Mensch & Buch Verlag, Berlin

Deutscher Bundestag 1975: Bericht der Enquete-Kommission Auswärtige Kulturpolitik gemäß Beschluss des Deutschen Bundestages vom 23. Februar 1973, Drucksache 7/215 (neu), Bonn.

Deutscher Bundestag 2008a: Internationale Beziehungen des Deutschen Bundestages, Berlin 2008.

Deutscher Bundestag 2008b: Bericht über die internationalen Aktivitäten und Verpflichtungen des Deutschen Bundestages, 16. Wahlperiode, Drucksache 16/7841, 23. 01. 2008.

Dietrich, Sandra 2007: Embedded Journalism. VDM Verlag, Saarbrücken.

Döscher, Hans-Jürgen 1995: Verschworene Gesellschaft. Das Auswärtige Amt unter Adenauer zwischen Neubeginn und Kontinuität, Berlin.

Döscher, Hans-Jürgen 2005: Seilschaften. Die verdrängte Vergangenheit des Auswärtigen Amts, Berlin.

Drösser, Christoph 2002: Lübke und die Neger, in: Die Zeit, 14/2002.

Düwell, Kurt 1976: Deutschland auswärtige Kulturpolitik 1918-1932. Grundlinien und Dokumente, Böhlau Verlag, Köln/Wien.

Eberwein, Wolf-Dieter 1975: Auswärtiges Amt und Strukturwandel der Außenpolitik 1956-1973, Bielefeld, unv. Ms.

Erdmann, Gero 2007: Kirchen und NGOs, in: Siegmar Schmidt, Gunther Hellmann, Reinhard Wolf (Hrsg.): Handbuch zur deutschen Außenpolitik, VS Verlag für Sozialwissenschaften, Wiesbaden, S. 304-312.

Fischer, Thomas 2007: Bundesländer und Bundesrat, in: Siegmar Schmidt, Gunther Hellmann, Reinhard Wolf (Hrsg.): Handbuch zur deutschen Außenpolitik. VS Verlag für Sozialwissenschaften, Wiesbaden, S. 192-202.

Fischer, Joschka 2009: Interview in Menschen bei Maischberger, ARD, 17. Februar 2009.

Glaab, Manuela 1999a: Deutschlandpolitik in der öffentlichen Meinung. Einstellungen zur Regierungspolitik in der Bundesrepublik Deutschland 1949 bis 1990. Leske + Budrich, Opladen.

Glaab, Manuela 1999b: Einstellungen zur deutschen Einheit, in: Weidenfeld, Werner/Karl-Rudolf Korte (Hrsg.): Handbuch zur deutschen Einheit 1949-1989-1999. Bundeszentrale für politische Bildung, Bonn, S. 306-316.

Glaab, Manuela 1999c: Medien, in: Weidenfeld, Werner/Karl-Rudolf Korte (Hrsg.): Handbuch zur deutschen Einheit 1949-1989-1999. Bundeszentrale für politische Bildung, Bonn, S. 559-572.

Grolig, Wilfried, Rainer Eugen Schlageter 2007: Auswärtige Kultur- und Bildungspolitik und Public Diplomacy, in: Jäger, Thomas/Alexander Höse/Kai Oppermann (Hrsg.): Deutsche Außenpolitik. Sicherheit, Wohlfahrt, Institutionen und Normen. Wiesbaden, S. 547-566.

Habermas, Jürgen 2007: Keine Demokratie kann sich das leisten, in: Süddeutsche Zeitung, 16. Mai 2007, S. 4.

Haftendorn, Helga 1977: Management der Sicherheitspolitik. Ein Beitrag zum Entscheidungsprozess der Bundesrepublik Deutschland, in: Klaus-Dieter Schwarz (Hrsg.): Sicherheitspolitik. Analysen zur politischen und militärischen Sicherheit, Bad Honnef Erpel.

Haftendorn, Helga 1978: Strukturprobleme des außenpolitischen Entscheidungsprozesses der Bundesrepublik Deutschland, in: Helga Haftendorn et al. (Hrsg.): Verwaltete Außenpolitik. Sicherheitspolitische und entspannungspolitische Entscheidungsprozesse in Bonn. Köln, S. 279-284.

Haftendorn, Helga et al. (Hrsg.) 1978: Verwaltete Außenpolitik. Sicherheitspolitische und entspannungspolitische Entscheidungsprozesse, Köln.

Haftendorn, Helga 1990: Zur Theorie außenpolitischer Entscheidungsprozesse, in: Rittberger, Volker (Hrsg.): Theorien der Internationalen Beziehungen. Bestandsaufnahme und Forschungsperspektiven, PVS-Sonderheft 21, Opladen, S. 401-423.

Halperin, Morton H. 1974: Bureaucratic Politics and Foreign Policy. Washington.

Harnischfeger, Horst 2007: Auswärtige Kulturpolitik, in: Siegmar Schmidt, Gunther Hellmann, Reinhard Wolf (Hrsg.): Handbuch zur deutschen Außenpolitik, VS Verlag für Sozialwissenschaften, Wiesbaden, S. 713-723.

Hellmann, Gunther, Rainer Baumann, Wolfgang Wagner 2006: Deutsche Außenpolitik. VS Verlag für Sozialwissenschaften, Wiesbaden.

Hrbek, Rudolf 2001: Deutsche Föderalismus als Hemmschuh für die europäische Integration? Die Länder und die deutsche Europapolitik, in: Schneider, Heinrich/Matthias Jopp/Uwe Schmalz (Hrsg.): Eine neue deutsche Europapolitik?, Bonn, S. 267-298.

Hübner, Emil 2000: Parlament und Regierung. Bayerische Landeszentrale für politische Bildungsarbeit, München.

Ismayer, Wolfgang 2007: Bundestag, in: Siegmar Schmidt, Gunther Hellmann, Reinhard Wolf (Hrsg.): Handbuch zur deutschen Außenpolitik. VS Verlag für Sozialwissenschaften, Wiesbaden, S. 175-191.

Jäger, Thomas/ Anna Daun (Hrsg.) 2009: Geheimdienste in Europa, VS Verlag für Sozialwissenschaften, Wiesbaden.

Jann, Werner 1988: Politik als Aufgabe der Bürokratie. Die Ministerialbürokratie im politischen System der Bundesrepublik im Vergleich zu anderen westlichen Demokratien. In: Politische Bildung, Nr. 2, S. 39-56.

Jann, Werner 1993: Regieren im Netzwerk der Regionen – das Beispiel Ostsseeregion, in: Bahret, Carl/Göttrik Wewer (Hrsg.): Regieren im 21. Jahrhundert – zwischen Globalisierung und Regionalisierung, Opladen, S. 187-206.

Janning, Josef 1996: Anforderungen an Denkfabriken". In: Internationale Politik (9), S. 65-66.

Jessen, Jens 2006: Symbolische Politik – Essay. In: Aus Politik und Zeitgeschichte (20), S. 3-6.

Jochum, Michael 2007: Bundespräsident, in: Siegmar Schmidt, Gunther Hellmann, Reinhard Wolf (Hrsg.): Handbuch zur deutschen Außenpolitik. VS Verlag für Sozialwissenschaften, Wiesbaden, S. 169-174.

Korte, Karl-Rudolf 2007: Bundeskanzleramt, in: Siegmar Schmidt, Gunther Hellmann, Reinhard Wolf (Hrsg.): Handbuch zur deutschen Außenpolitik. VS Verlag für Sozialwissenschaften, Wiesbaden, S. 203-210.

Kaiser, Robert 2000: Die Internationalisierung subnationaler Politik: Gliedstaatliche Interessenwahrnehmung unter den Bedingungen von Globalisierung und regionaler Integration, Beitrag zum 21. DVPW-Kongress, Halle.

Knodt, Michéle 1998: Auswärtiges Handeln der deutschen Länder, in: Kaiser, Karl/Wolf-Dieter Eberwein (Hrsg.):Deutschland neue Außenpolitik, Band 4, Institutionen und Ressourcen, München, S. 153-166.

Köhler, Volkmar 2002: Die Entwicklungspolitik, in: Bertram, Christoph/ Friedrich Däuble (Hrsg.): Wem dient der Auswärtige Dienst? Erfahrungen von Politik, Wirtschaft, Gesellschaft, leske+budrich, Opladen, S. 41-50.

Köpper, Ernst-Dieter 1982: Gewerkschaften und Außenpolitik. Die Stellung der westdeutschen Gewerkschaften zur wirtschaftlichen und militärischen Integration der Bundesrepublik, Campus-Verlag, Frankfurt/M.

Korte, Karl-Rudolf /Gerhard Hirscher (Hrsg.) 2000: Darstellungspolitik oder Entscheidungspolitik. Über den Wandel von Politikstilen in westlichen Demokratien. München.

Krause, Joachim, Lothar Wilker 1978: Bürokratie und Außenpolitik, in: Helga Haftendorn et al. (Hrsg.): Verwaltete Außenpolitik. Sicherheits- und Entscheidungspolitische Entscheidungsprozesse in Bonn. Köln.

Krause, Joachim 1998: Die Rolle des Bundestages in der Außenpolitik, in: Eberwein, Wolf-Dieter/Karl Kaiser (Hrsg.): Deutschlands neue Außenpolitik, Band 4: Institutionen und Ressourcen, München, S. 137-152

Krenzler, Horst G. 2002: Die Europäische Union, in: Bertram, Christoph/ Friedrich Däuble (Hrsg.): Wem dient der Auswärtige Dienst? Erfahrungen von Politik, Wirtschaft, Gesellschaft, leske+budrich, Opladen, S. 59-72.

Krippendorf, Ekkehart 1963: Ist Außenpolitik Außenpolitik? Ein Beitrag zur Theorie und der Versuch, eine unhaltbare Unterscheidung aufzuheben. In: Politische Vierteljahreszeitschrift 4:3, S. 243-266.

Leibholz, Gerhard 1974: Das Bundesverfassungsgericht im Schnittpunkt von Politik und Recht. DVBl.

Leif, Thomas 2006: Medien und Politikberatung – kommunizierende und konkurrierende Röhren, in: Falk, Svenja, Dieter Rehfeld, Andrea Römmele/Martin Thunert (Hrsg.): Handbuch Politikberatung. VS Verlag für Sozialwissenschaften, Wiesbaden, S. 322-333.

Liese, Andrea 2006: Staaten am Pranger. Zur Wirkung internationaler Regime auf innerstaatliche Menschenrechtspolitik, VS Verlag für Sozialwissenschaften, Wiesbaden.

Limbach, Jutta 2001: Das Bundesverfassungsgericht. Beck Verlag, München.

Lösche, Peter 2006: Lobbyismus als spezifische Form der Politikberatung, in: Falk, Svenja, Dieter Rehfeld, Andrea Römmele, Martin Thunert (Hrsg.): Handbuch Politikberatung. VS Verlag für Sozialwissenschaften, Wiesbaden.

Maaß, Kurt-Jürgen (Hrsg.) 2005: Kultur und Außenpolitik, Nomos, Baden-Baden.

Mai, Manfred 2006: Verbände und Politikberatung, in: Falk, Svenja, Dieter Rehfeld, Andrea Römmele, Martin Thunert (Hrsg.): Handbuch Politikberatung. VS Verlag für Sozialwissenschaften, Wiesbaden, S. 523-539.

Martensen, Uta 2008: Das Parlament, Nr. 5/6, 28. Januar /4. Februar.

Mayntz, Renate, Fritz W. Scharpf et al. 1972: Programmentwicklung in der Ministerialorganisation. Speyer Konstanz.

Messner, Dirk 2001: Globalisierungsanforderungen. In: Das Parlament, Nr. 18-19, S.3.

Münzing, Ekkehard/Volker Pilz 2004: Auswärtiger Ausschuss, Berlin.

Nass, Klaus Otto 1986: „Nebenaußenpolitik" der Bundesländer, in: Europa-Archiv 1986/Heft 21, S. 619-628.

Niclauß, Karlheinz 2004: Kanzlerdemokratie. Regierungsführung von Konrad Adenauer bis Gerhard Schröder. Ferdinand Schöningh Verlag, Paderborn.

Niedermayer, Oskar: Das Europäische Parlament in der öffentlichen Meinung – bkannt aber wenig relevant, in: integration, 32. Jahrgang, 3/09, S. 231-245.

Oldhaver, Matthias 2000: Öffentliche Meinung in der Sicherheitspolitik, Nomos-Verlag, Baden-Baden.

Ooyen, Robert Chr. van / Möllers, Martin (Hrsg.) 2006: Das Bundesverfassungsgericht im politischen System. VS Verlag, Wiesbaden.

Oppermann, Kai/Alexander Höse 2007: Die innenpolitischen Restriktionen deutscher Außenpolitik, in: Jäger, Thomas, Alexander Höse, Kai Oppermann (Hrsg.), Deutsche Außenpolitik. Sicherheit, Wohlfahrt, Institutionen und Normen. Wiesbaden, S. 40-68.

Optenhögel, Uwe 2002: Die politischen Stiftungen, in: Bertram, Christoph/ Friedrich Däuble (Hrsg.): Wem dient der Auswärtige Dienst? Erfahrungen von Politik, Wirtschaft, Gesellschaft, leske+budrich, Opladen, S. 125-140.

Paulmann, Johannes (Hrsg.) 2005: Auswärtige Repräsentationen – Deutsche Kulturdiplomatie nach 1945, Böhlau Verlag, Köln/Wien.

Ploetz, Hans Friedrich von 1998: Der Auswärtige Dienst vor neuen Herausforderungen, in: Kaiser, Karl/Wolf-Dieter Eberwein (Hrsg.):Deutschland neue Außenpolitik, Band 4, Institutionen und Ressourcen, München, S. 59-74.

Plümper, Thomas 1995: Quasi-rationale Akteure und die Funktion internationaler Institutionen. In: Zeitschrift für Internationale Beziehungen, Nr. 1, S. 49-77.

Pogorelskaja, Swetlana W. 2002: Die parteinahen Stiftungen als Akteure und Instrumente der deutschen Außenpolitik, in: Aus Politik und Zeitgeschichte, Heft 6-7, S. 29-38.

Rattinger, Hans 2007: Öffentliche Meinung, in: Siegmar Schmidt, Gunther Hellmann, Reinhard Wolf (Hrsg.): Handbuch zur deutschen Außenpolitik. VS Verlag für Sozialwissenschaften, Wiesbaden, S. 329-356.

Risse-Kappen, Thomas 1991: Public Opinion, Domestic Structure and Foreign Policy in Liberal Democracies, in: World Politics 43: 4, S. 479-512.

Robinson, Piers 1999: The CNN Effect: Can the News Media Drive Foreign Policy?, in: Review of International Studies, 25. Jahrgang, Heft 2, S. 301-309.

Rosenau, James N. 1969: Linkage politics : essays on the convergence of national and international systems, Free Press, New York.

Rudzio, Wolfgang 2006: Das politische System der Bundesrepublik Deutschland, 7. Auflage, VS Verlag für Sozialwissenschaften, Wiesbaden.

Sarcinelli, Ulrich, Marcus Menzel 2007: Medien, in: Siegmar Schmidt, Gunther Hellmann, Reinhard Wolf (Hrsg.): Handbuch zur deutschen Außenpolitik. VS Verlag für Sozialwissenschaften, Wiesbaden, S. 326-335.

Scharpf, Fritz W. 1972: Komplexität als Schranke politischer Planung. In: Politische Vierteljahresschrift. Sonderheft 4. Opladen, S. 168-192.

Scharpf, Fritz W. 1973: Planung als politischer Prozess, in: Frieder Naschold/ Werner Väth (Hrsg.): Politische Planungssysteme. Opladen.

Scharpf, Fritz W. 1976: Die Politikverflechtungs-Falle: Europäische Integration und deutscher Föderalismus im Vergleich. In: Politische Vierteljahresschrift, 26 (4), S. 323-356.

Scharpf, Fritz W. 1977: Politischer Immobilismus und ökonomische Krise. Aufsätze zu den politischen Restriktionen der Wirtschaftspolitik in der Bundesrepublik. Kronberg.

Scharpf, Fritz W. 2000: Interaktionsformen. Akteurszentrierter Institutionalismus in der Politikforschung. Opladen.

Schneider, Gerald 1997: Die bürokratische Politik der Außenpolitikanalyse. Das Erbe Allisons im Licht der gegenwärtigen Forschungspraxis, in: Zeitschrift für Internationale Beziehungen, Nr. 1.

Schmidt, Christian 2002: Das Parlament, in: Bertram, Christoph/Friedrich Däuble (Hrsg.): Wem dient der Auswärtige Dienst? Erfahrungen von Politik, Wirtschaft, Gesellschaft, leske+budrich, Opladen, S. 18-28.

Schönfelder, Wilhelm 2000: Föderalismus: Stärke oder Handikap deutscher Interessenvertretung in der EU?, in Hrbek, Rudolf (Hrsg.): Europapolitik und Bundesstaatsprinzip, Baden-Baden, S. 75-79.

Schrader, Lutz (Hrsg.) 2000: NGOs – eine neue Weltmacht? Nichtregierungsorganisationen in der internationalen Politik. Brandenburgische Landeszentrale für politische Bildung, Potsdam.

Schroeder, Wolfgang 2007: Gewerkschaften, in: Siegmar Schmidt, Gunther Hellmann, Reinhard Wolf (Hrsg.): Handbuch zur deutschen Außenpolitik. VS Verlag für Sozialwissenschaften, Wiesbaden, S. 296-303.

Schulte, Karl-Sebastian 2000: Auswärtige Kulturpolitik im politischen System der Bundesrepublik Deutschland. Konzeptionsgehalt, Organisationsprinzipien und Strukturneuralgien eines atypischen Politikfeldes am Ende der 13. Legislaturperiode. Verlag für Wissenschaft und Forschung, Berlin.

Seidelmann, Reimund 2008a: Außenpolitik, in: Wichard Woyke (Hrsg.): Handwörterbuch Internationale Politik, 11. Auflage, Verlag Barbara Budrich UTB, Opladen, S. 1-7.

Seidelmann, Reimund 2008b: Außenpolitischer Entscheidungsprozeß, in: Wichard Woyke (Hrsg.): Handwörterbuch Internationale Politik, 11. Auflage, Verlag Barbara Budrich UTB, Opladen, S. 7-12.

Sekretariat der Kultusministerkonferenz – Pädagogischer Austauschdienst (Hrsg.) 2008: Jahresbericht 2007/2008, Bonn.

Snyder, Richard D., H. W. Bruck, Burton Sapin 1954: Decision-Making as an Approach to the Study of International Politics. Princeton.

Snyder, Glenn/Paul Diesig 1977: Conflict among Nations, Bargainig, Decision Making and System Structure in International Crisis. Princeton.

Strutz, Stefan 1997: Der fremde Freund. IG Metall und Friedenbewegung von NATO-Doppelbeschluß bis zum Bosnienkrieg, Verlag neue Wissenschaft, Frankfurt/M.

Teuber, Jörg 2009: Interessenverbände und Internationalisierung, VS Verlag für Sozialwissenschaften, Wiesbaden.

Teltschik, Horst 1991: 329 Tage. Innenansichten der Einigung. Berlin.

Tenscher, Jens/Henrike Viehrig (Hrsg.) 2007: Politische Kommunikation in internationalen Beziehungen, LIT-Verlag, Berlin.

Thiesenhausen, Friederike 2008: „Union nimmt sich Außenminister Steinmeier zur Brust", in: Financial Times Deutschland, 21. Januar.

Thunert, Martin, 2007: Politikberatung, in: Siegmar Schmidt, Gunther Hellmann, Reinhard Wolf (Hrsg.): Handbuch zur deutschen Außenpolitik. VS Verlag für Sozialwissenschaften, Wiesbaden, S. 336-352.

Varwick, Johannes 2007: Bundeswehr, in: Siegmar Schmidt, Gunther Hellmann, Reinhard Wolf (Hrsg.): Handbuch zur deutschen Außenpolitik. VS Verlag für Sozialwissenschaften, Wiesbaden, S. 246-258.

Voß, Silke 2000: Parlamentarische Menschenrechtspolitik. Die Behandlung internationaler Menschenrechtsfragen im Deutschen Bundestag unter besonderer Berücksichtigung des Unterausschusses für Menschenrechte und humanitäre Hilfe (1972-1998), Düsseldorf.

Walter, Gerd/Werner Kindsmüller 2002: Die Bundesländer, in: Bertram, Christoph/Friedrich Däuble (Hrsg.): Wem dient der Auswärtige Dienst? Erfahrungen von Politik, Wirtschaft, Gesellschaft, leske+budrich, Opladen, S. 51-58.

Wartenberg, Gerd 1998: Praktische Erfahrungen bei der Bund-Länder-Koordinierung in Angelegenheiten der Europäischen Union, Berlin.

Weidenfeld, Werner/Josef Janning 2003: Stiftung und Politikberatung, in: Bertelsmann Stiftung (Hrsg.): Handbuch Stiftungen. Bertelsmann, Gütersloh, S. 185-204.

Weidenfeld, Werner (Hrsg.) 2008: Lissabon in der Analyse, Münchner Beiträge zur europäischen Einigung, Band 20, Nomos Verlag, Baden-Baden.

Weidenfeld, Werner 2009: Sorge um Europa, in: Politik und Meinung, Nr. 38, 14./15. Februar.

Weller, Christoph 2007: Bundesministerien, in: Siegmar Schmidt, Gunther Hellmann, Reinhard Wolf (Hrsg.): Handbuch zur deutschen Außenpolitik. VS Verlag für Sozialwissenschaften, Wiesbaden.

Welzel, Carolin 2006: Politikberatung durch Stiftungen, in: Falk, Svenja, Dieter Rehfeld, Andrea Römmele, Martin Thunert (Hrsg.): Handbuch Politikberatung. VS Verlag für Sozialwissenschaften, Wiesbaden, S. 275-286.

Wewer, Göttrik 1987: Die „Stiftungen" der Parteien. Weltweite Aktivitäten, aber geringe Transparenz, in: Haungs, Peter/Eckhard Jesse (Hrsg.): Parteien in der Krise? In- und ausländische Perspektiven, Köln, S. 215-220.

Wieck, Hans-Georg 2007: Geheime Nachrichtendienste, in: Siegmar Schmidt, Gunther Hellmann, Reinhard Wolf (Hrsg.): Handbuch zur deutschen Außenpolitik. VS Verlag für Sozialwissenschaften, Wiesbaden, S. 259-268.

Winter, Thomas 2006: Wissenschaftliche Dienste des Deutschen Bundestages, in: Falk, Svenja, Dieter Rehfeld, Andrea Römmele, Martin Thunert (Hrsg.): Handbuch Politikberatung. VS Verlag für Sozialwissenschaften, Wiesbaden, S. 198-214.

Wolfrum, Rüdiger 2007: Grundgesetz und Außenpolitik, in: Siegmar Schmidt, Gunther Hellmann, Reinhard Wolf (Hrsg.): Handbuch zur deutschen Außenpolitik. VS Verlag für Sozialwissenschaften, Wiesbaden, S. 157-168.

Wolffsohn, Michael/Thomas Brechenmacher 2005: Denkmalsturz? Brandts Kniefall, OLZOG Verlag, München.

Kapitel 3

Abdelmajid Layadi 2008: Die Relevanz der Süd-Süd-Kooperation vor dem Hintergrund der Euro- Mediterranen Partnerschaft. Nomos-Verlag, Baden-Baden.

Achcar, Gilbert/Michel Warschawski 2007: Der 33 Tage-Krieg. Israels Krieg gegen Hisbollah im Libanon und seine Konsequenzen, Edition Nautilus, Hamburg.

Adomeit, Hannes 1998: Imperial Overstretch: Germany in Soviet Policy from Stalin to Gorbatschev, Nomos-Verlag, Baden-Baden.

Afanasjev, Valeri 2005: Die Rolle Deutschlands in der NATO-Osterweiterung, in: Timmermann, Heiner/Helmut Wagner (Hrsg.): Die transatlantischen Beziehungen auf dem Prüfstand: Europa und die USA zwischen Bruch – Irritation – Kooperation, Lit-Verlag, Münster, S. 134-147.

Aghayev, Nasimi 2007: Humanitäre Intervention und Völkerrecht – Der NATO-Einsatz im Kosovo. Verlag Dr. Köster, Berlin.

Albertini, Rudolf von/Albert Wirt 1987: Europäische Kolonialherrschaft 1880-1940, Zürich/Freiburg.

Albrecht, Ulrich 1992: Die Abwicklung der DDR. Die "2+4-Verhandlungen". Ein Insider-Bericht, Opladen.

Algieri, Franco 2008: Die Außen-, Sicherheits- und Verteidigungspolitik der europäischen Union, in: Werner Weidenfeld (Hrsg.): Die Europäische Union. Politisches System und Politikbereiche, Bundeszentrale für politische Bildung, Bonn, S. 455-475.

Allison, Graham/Philip Zelikow 1999: Essence of Decision – Explaining the Cuban Missile Crisis, 2. Auflage, New York.

Almond, Gabriel A./Sidney Verba 1963: The Civic Culture. Political Attitudes and Democracy in Five Nations, Princeton University Press, New Jersey.

Alston, Philip (Hrsg.) 1992: The United Nations and Human Rights. A critical appraisal, Oxford.

Amnesty International 2008: download unter http://www2.amnesty.de/; vom 15.05.2008.

Amtsblatt der Europäischen Gemeinschaften (ABl. EG), 1999: Gemeinsame Strategie der Europäischen Union vom 4. Juni 1999 für Rußland (1999/414/ GASP), 24.06.1999, Nr. L 157, S. 1-9.

Andersen, Uwe 2005a: Internationale Währungspolitik, in: Wichard Woyke (Hrsg.): Handwörterbuch Internationale Politik, 9. Auflage, VS Verlag für Sozialwissenschaften, Wiesbaden, S. 242-253.

Andersen, Uwe 2005b: Weltbank(gruppe), in: Wichard Woyke (Hrsg.): Handwörterbuch Internationale Politik, 9. Auflage, VS Verlag für Sozialwissenschaften, Wiesbaden, S. 557-563.

Andreae, Lisette 2002: Reform in der Warteschleife. Ein deutscher Sitz im UN-Sicherheitsrat?- Oldenbourg Verlag, München.

Andrews, David (Hrsg.) 2005: The Atlantic Alliance Under Stress: U.S.-European Relations After Iraq, Cambridge.

Ansprenger, Franz 1999: Politische Geschichte Afrikas im 20. Jahrhundert, München.

ARD 2008: Machtspiel Atomkrieg vom 10.09.2008.

Arnim, Gabriele von (Hrsg.) 2003: Menschenrechte in Europa vor der Erweiterung der Europäischen Union (Jahrbuch Menschenrechte; 6). Suhrkamp, Frankfurt/M.

Ashoff, Guido 2007: Entwicklungspolitischer Kohärenzanspruch an andere Politiken, Aus Politik und Zeitgeschichte (APuZ), 48/2007, S. 17-22.

Asseburg, Muriel 2009: Naher und Mittlerer Osten: Regionale (UN)Sicherheit seit dem 11. September 2001, in: Ferdowsi, Mir A. (Hrsg.): Internationale Politik als Überlebensstrategie, Bayerische Landeszentrale für politische Bildungsarbeit, München, S. 445-472.

Asseburg, Muriel/Guido Steinbach 2007: Konfliktdynamik im Nahen und Mittleren Osten, in: Aus Politik und Zeitgeschichte B 19, S. 6-12.

Aus Politik und Zeitgeschichte: 17. Juni 1953, B 23/2003.

Auswärtiges Amt 2000: Fünfter Bericht der Bundesregierung über ihre Menschenrechtspolitik in den auswärtigen Beziehungen und in anderen Politikbereichen, Berlin.

Auswärtiges Amt 2005: Siebter Bericht der Bundesregierung über ihre Menschenrechtspolitik in den auswärtigen Beziehungen und in anderen Politikbereichen, Berlin.

Auswärtiges Amt 2008a: Bericht der Bundesregierung zur Zusammenarbeit zwischen der Bundesrepublik Deutschland und den Vereinten Nationen und einzelnen, global agierenden, internationalen Organisationen und Institutionen im Rahmen des VN-Systems in den Jahren 2006 und 2007, Bundestagsdrucksache Nr. 16 / 10036 vom 16. Juli 2008, Berlin.

Auswärtiges Amt 2008b: Beziehungen zwischen Irak und Deutschland; http://www.auswaertiges-amt.de/diplo/de/Laenderinformationen/Irak/Bilateral.html; download vom 30.09.2008.

Auswärtiges Amt 2008c: *Israel* Beziehungen zu Deutschland, http://www. auswaertiges-amt.de/diplo/de/Laenderinformationen/Israel/Bilateral. html; download 09.04.2008.

Auswärtiges Amt 2008d: Bundesminister Steinmeier und VN-Generalsekretär Ban Ki-moon unterzeichnen Gemeinsame Erklärung der VN und der EU zur Zusammenarbeit im Krisenmanagement; download unter http://www.auswaertiges-amt.de/diplo/de/Infoservice/Presse/Meldungen/2007/070607-GemeinsameErkl_C3_A4rungBM_26VN-GS.html vom 13.06.2008

Auswärtiges Amt 2008e: Achter Bericht der Bundesregierung über ihre Menschenrechtspolitik in den auswärtigen Beziehungen und in anderen Politikbereichen, Berlin.

Auswärtiges Amt 2008f: Grundsätze deutscher Menschenrechtspolitik, Homepage Auswärtiges Amt; download unter http://www.auswaertiges-amt.de/diplo/de/Aussenpolitik/Themen/Menschenrechte/GrundsaetzeMRpolitik.html#t3; vom 11.05.2008.

Auswärtiges Amt 2008g: Internationaler Strafgerichtshof (IStGH); download unter http://www.auswaertiges-amt.de/diplo/de/Aussenpolitik/InternatRecht/IStGH/Uebersicht.html; download am 17.05.2008.

Auswärtiges Amt 2009a: Vom Staatenverbund zur Föderation – Gedanken über die Finalität der europäischen Integration, Rede von Joschka Fischer am 12. Mai 2000 an der Humboldt-Universität in Berlin; http://www.europa-reden.de/fischer/rede.htm, download vom 25.04.2009.

Auswärtiges Amt 2009b: Aufgaben des Auswärtigen Amts. Außenpolitik und Außenwirtschaftsförderung; www.auswaertiges-amt.de/diplo/de/Aussenpolitik/Weltwirtschaft/AufgabenAA.html; download vom 21.02.2009.

Auswärtiges Amt 2009c: Reformen in den Vereinten Nationen, download unter www.auswaertiges-amt.de/diplo/de/Aussenpolitik/InternatOrgane/VereinteNationen/ ReformVN/ReformSR-Fragen.html; vom 26.02.2009.

Baag, Robert 2008: Nach dem EU-Russland-Gipfel von Chanty-Mansijsk, in Deutschlandfunk, 27.06.; download unter http://www.dradio.de/dlf/sendungen/kommentar/808938/ am 20.07.2008

Bahr, Egon 1970: Bahr vor der Evangelischen Akademie Tutzing am 15. Juli 1963, abgedruckt in: Dokumente zur Deutschlandpolitik, herausgegeben vom Bundesministerium für innerdeutsche Beziehungen, Serie IV, Band 9, Bonn, S. 572-581.

Bahr, Egon 1996: Zu meiner Zeit, Blessing, München.

Baring, Arnulf 1970: Außenpolitik der Bundesrepublik – Erfahrungen und Maßstäbe, München.

Baring, Arnulf 1982: Machtwechsel. Die Ära Brandt – Scheel, Deutsche Verlagsanstalt, Stuttgart.

Bar-On, Dan 2005: Die Erinnerung an den Holocaust. In: Israel und Deutschland. In: Aus Politik und Zeitgeschichte (15), S. 37-45.

Barysch, Katinka 2004: The EU and Russia. Strategic Partners or Squabbling Neighbours?, London.

Baum, Gerhart/Eibe Riedel/Michael Schäfer 1998: Menschenrechtsschutz in der Praxis der Vereinten Nationen, Baden-Baden.

Baumann, Rainer, Volker Rittberger, Wolfgang Wagner, 1998: Macht und Machtpolitik: Neorealistische Außenpolitiktheorie und Prognose für die deutsche Außenpolitik nach der Vereinigung, Nr. 30, Tübinger Arbeitspapiere zur internationalen Politik und Friedensforschung, Tübingen.

Baumann, Rainer 2006: Der Wandel des deutschen Multilateralismus. Eine diskursanalytische Untersuchung deutscher Außenpolitik, Nomos-Verlag, Baden-Baden.

Baumann, Rainer 2007: Multilateralismus, in: Jäger, Thomas/Alexander Höse/Kai Oppermann (Hrsg.), Deutsche Außenpolitik. Sicherheit, Wohlfahrt, Institutionen und Normen, Wiesbaden, S. 442-461.

Becker, Maren/Stefanie John/Stefan A. Schirm 2007: Globalisierung und Global Governance, W. Fink-Verlag, Paderborn.

Beckmann, Rasmus 2008: Deutschland und Polen in der NATO: gemeinsame Mitgliedschaft – unterschiedliche Interessen, in: Jäger, Thomas/Daria W. Dylla (Hrsg.): Deutschland und Polen: die europäische und internationale Politik, VS Verlag für Sozialwissenschaften, Wiesbaden, S. 161-185.

Ben Natan, Asher/Niels Hansen 2005: Israel und Deutschland, Köln.

Bender, Peter 1986: Neue Ostpolitik, Vom Mauerbau bis zum Moskauer Vertrag, München.

Berggötz, Sven Olaf 1998: Nahostpolitik in der Ära Adenauer. Möglichkeiten und Grenzen 1949-1963, Düsseldorf.

Beschloss, Michael R. 1991: The Crisis Years. Kennedy and Khrushchev 1960-1963, New York.

Besson, Hans-Peter 1970: Die Außenpolitik der Bundesrepublik – Erfahrungen und Maßstäbe, München.

Bhagwati, Jagdish 2004: In Defense of Globalization, Oxford.

Bierling, Stephan 2005: Die Außenpolitik der Bundesrepublik Deutschland. Normen, Akteure, Entscheidungen, Oldenbourg Verlag, München/Wien.

Bierling, Stephan 2008: Die Europäische Union und die USA, in: Werner Weidenfeld (Hrsg.): Die Europäische Union. Politisches System und Politikbereiche, Bundeszentrale für politische Bildung, Bonn, S. 687-706.

Bingen, Dieter 1999: Ostverträge, in: Werner Weidenfeld/Karl-Rudolf Korte (Hrsg.): Handbuch zur deutschen Einheit. 1949-1989-1999. Bonn, S. 596-606.

Blechschmidt, Peter 2006: Nahost-Einsatz der Bundeswehr. FDP: Regierung hat das Parlament getäuscht, in: Süddeutsche Zeitung, 28.10.2006.

Bodensieck, Heinrich 1979: Deutschland-Politik der Bundesrepublik Deutschland, Klett, Stuttgart, Düsseldorf, Leipzig.

Boehnke, Klaus 2003: Israel and Europe, VS Verlag für Sozialwissenschaften, Wiesbaden.

Bolesch, Cornelia/Martin Winter 2009: Der dünnste aller Fäden, in: Süddeutsche Zeitung Nr. 71, 26.03.2009, S. 2.

Booz, Rüdiger M. 1995: Hallsteinzeit. Deutsche Außenpolitik 1955–1972, Bouvier, Bonn.

Borowik, Artjom 1992: Land der blutenden Sonne. Mit der Roten Armee in Afghanistan. Rowohlt,

Botscharow, Gennadi 1991: Die Erschütterung. Afghanistan – Das sowjetische Vietnam. Aufbau Taschenbuch Verlag, Berlin.

Brandes, Detlef 2001: Der Weg zur Vertreibung 1938-1945. Pläne und Entscheidungen zum „Transfer" der Deutschen aus der Tschechoslowakei und aus Polen, Oldenburg, München.

Brandt, Willy 1971: Friedenspolitik in Europa. 3. Auflage, Frankfurt am Main.

Bredow, Wilfried 1992: Der KSZE-Prozeß. Darmstadt.

Bredow, Wilfried von 2006: Die Außenpolitik der Bundesrepublik Deutschland. Eine Einführung, VS Verlag für Sozialwissenschaften, Wiesbaden.

Brenke, Gabriele 1989: die Bundesrepublik Deutschland und der Namibia-Konflikt, München.

Brieskorn, Norbert 1997: Menschenrechte. Eine historisch-philosophische Grundlegung. Kohlhammer, Stuttgart.

Brooks, Peter/Ji Hye Shin 2006: China's influence in Africa: Implications for the U.S., in: Heritage Foundation (ed.): Backgrounder, No. 1916, Washington D.C., 22 February.

Brühl, Tanja 2007: Umweltpolitik, in: Schmidt, ,Siegmar, Gunther Hellmann, Reinhard Wolf (Hrsg.): Handbuch zur deutschen Außenpolitik, VS Verlag für Sozialwissenschaften, Wiesbaden, S. 703-712.

Brummer, Klaus 2008: Der Europarat : Eine Einführung, VS Verlag für Sozialwissenschaften, Wiesbaden.

Brusis, Martin 2008: Kroatien, in: Werner Weidenfeld (Hrsg.): Die Staatenwelt Europas, Bundeszentrale für Politische Bildung, Bonn, S. 110-117.

Brzoska, Michael 2007: Rüstungsexportpolitik, in: Schmidt, Siegmar /Gunther Hellmann / Reinhard Wolf (Hrsg.): Handbuch zur deutschen Außenpolitik, VS Verlag für Sozialwissenschaften, Wiesbaden, S. 650-659.

Buhbe, Matthes/Gabriele Gorzka (Hrsg.) 2007: Russland heute. Rezentralisierung des Staates unter Putin, Wiesbaden.

Buira, Ariel 2003: Challenges to the World Bank and IMF: Developing Countries Perspectives, London.

Bulmer, Simon/Charlie Jeffery/William E. Paterson 1998: Deutschlands europäische Diplomatie: Die Entwicklung des regionalen Milieus, in: Weidenfeld, Werner (Hrsg.): „Deutsche Europapolitik", Münchner Beiträge zur Europäischen Einigung, Band 2, Europa Union Verlag, München, S. 11-102.

Bundesministerium für Wirtschaft und Technologie 2009: Außenwirtschaftsförderung, Berlin.

BMZ 2008a: Hintergrund: Menschenrechte – Grundvoraussetzung für Entwicklung; download http://www.bmz.de/de/themen/menschenrechte/allgemeine_menschenrechte/hintergrund/index.html; vom 23.09.2008.

BMZ 2008 b: Die deutsche Entwicklungspolitik; download unter http://www.bmz.de/de/ziele/deutsche_politik/index.html; vom 23.09.2008.

Bundesregierung 1991: Antrag von CDU/CSU, SPD, FDP und Bündnis 90/Die Grünen vom 14.11.1991 abgedruckt in Bundestag- Drucksache 12/1591.

Bundesregierung 2003: Regierungsmitteilung vom 05.03.2003; download unter www.archiv.bundesregierung.de/bpaexport/artikel/23/470323/multi.htm vom 19.03.2008.

Bundesregierung 2007: Elemente einer Rohstoffstrategie der Bundesregierung, Berlin.

Bundesregierung 2008: download unter http://www.bundesregierung.de/nn_1502/Content/DE/Regierungserklaerung/2005/11/2005-11-30-regierungserklaerung-von-bundeskanzlerin-angela-merkel.html;   vom 17.05.2008.

Bundesverband der deutschen Industrie (BDI) 2007: Rohstoffsicherheit – Anforderungen an Industrie und Politik, Bericht der BDI-Präsidialgruppe "Internationale Rohstofffragen", Berlin.

Bundesverfassungsgericht 1973: Urteil des Bundesverfassungsgerichts vom 31.07.1973 zum Grundlagenvertrag zwischen der BRD und der DDR, Aktenzeichen 2BvF 1/73.

Bundesverfassungsgericht 1994: BVerfGE 90, 286, Urteil vom 12.07.1994 (2 BvE 3/92).

Bundeswehr 2008a: Bundeswehr im Einsatz; download unter http://www.einsatz.bundeswehr.de/C1256F1D0022A5C2/CurrentBaseLink/W27EFF8X890INFODE vom 01.07.2008.

Bundeswehr 2008b: Bundeswehr im Einsatz; download unter www.einsatz.bundeswehr.de/C1256F1D0022A5C2/CurrentBaseLink/W27EFF8X-890INFODE vom 4.7.2008.

Buras, Piotr 2008: Polen und die EU-Verfassung. Mit der Quadratwurzel gegen das deutsche Europa, 17.06.; download unter http://www.spiegel.de/politik/ausland/0,1518,488836,00.html vom 25.07.2008.

Buras, Piotr/Kerry Longhurst 2004: The Berlin Republic, Iraq, and the Use of Force, in: European Security 13:3, S. 215-245.

Bush, George 2001: Krieg gegen den Terror, Rede des US-Präsidenten, abgedruckt in: Botschaft der USA in Deutschland, Berlin, download unter http://usa.usembassy.de/etexts/docs/ga1-092001d.htm vom 7.7.2008.

Busse, Nikolas 2009: Brüsseler Gelassenheit nach dem Prager Regierungssturz, in: Frankfurter Allgemeine Zeitung, 26. März 2009, S.2.

Calic, Marie-Janine 2007: Ex-Jugoslawien, in: Schmidt, ,Siegmar, Gunther Hellmann, Reinhard Wolf (Hrsg.): Handbuch zur deutschen Außenpolitik, VS Verlag für Sozialwissenschaften, Wiesbaden, S. 468-481.

Chiari, Bernhard (Hrsg.) 2006: Kosovo, Ferdinand Schöningh Verlag, Paderborn.

Chomsky, Naom 2003: Offene Wunde Nahost. Israel, die Palästinenser und die US-Politik, Europa-Verlag, Hamburg.

Clement, Rolf 2007: Auslandseinsätze und Transformation der Bundeswehr, in: Jäger, Thomas/Alexander Höse/Kai Oppermann (Hrsg.): Deutsche Außenpolitik. Sicherheit, Wohlfahrt, Institutionen und Normen, Wiesbaden, S. 246-258.

Cohen, Benjamin J. 1989: Balance-of-payments financing: evolution of a regime, in: Krasner (ed.): International Regimes, Cornell University Press, Ithaca and London, S. 315-336.

Colschen, Lars 1998: Die Internationalisierung der Tritiumkontrolle als Baustein des Nichtverbreitungsregimes für Kernwaffen. Bedingungen, Einflußfaktoren und Folgen, Shaker Verlag, Darmstadt.

Colschen, Lars 1999: Deutschlandpolitik der Vier Mächte, in: Werner Weidenfeld/Karl-Rudolf Korte (Hrsg.), Handbuch zur deutschen Einheit. 1949-1989-1999, Bonn, S. 267-281.

Colschen, Lars C/Daniel von Hoyer/Michael Weigl 2002: Profis hinter den Kulissen. Bürokratische Regime im Prozess der deutschen Einheit, Schriftenreiche der Forschungsgruppe Deutschland, Bd. 13, München.

Conze, Werner 1969: Jakob Kaiser, Politiker zwischen Ost und West 1945 – 1949, Stuttgart.

Croitoru, Joseph 2007: Hamas – der islamische Kampf um Palästina, Beck-Verlag, München.

Daase, Christopher 2009: Der erweiterte Sicherheitsbegriff, in: Mir A. Ferdowsi (Hrsg.): Internationale Politik als Überlebensstrategie, Bayerische Landeszentrale für politische Bildungsarbeit, München 2009, S. 137-154.

Dachs, Gisela (Hrsg.) 1999: Deutsche, Israelis und Palästinenser. Ein schwieriges Verhältnis, Heidelberg.

Dauderstädt, Michael 2007: Mittel- und Osteuropa, in: Schmidt, Siegmar/ Gunther Hellmann/Reinhard Wolf (Hrsg.): Handbuch zur deutschen Außenpolitik. VS Verlag für Sozialwissenschaften, Wiesbaden.

Der Spiegel 1985: SDI – Die deutsche Haltung ist offen, Nr. 40/1985, Seite 17-18.

Der Spiegel 1992: Groß und arrogant, Nr. 2/1992, S. 22.

Der Spiegel 2002: „Uno wird entweder friedenserhaltend oder irrelevant", download unter http://www.spiegel.de/politik/ausland/0,1518,214001,00.html vom 16.06.2008.

Deutsche Außenhandelskammern 2009: Außenhandelskammern; download unter http://ahk.de/ahk-deutsche-auslandshandelskammern vom 21.05.2009.

Deutsche Bundesbank 2003: Weltweite Organisationen und Gremien im Bereich von Währung und Wirtschaft, Frankfurt am Main.

Deutscher Bundestag 1955: 101. Sitzung, 22. 9. 1955, Sten. Ber., 2. Wahlperiode.

Deutscher Bundestag 1997: Deutsch-Tschechischen Erklärung über die gegenseitigen Beziehungen und deren zukünftige Entwicklung, 13. Wahlperiode, Drucksache 13/6787, 21. Januar 1997.

Deutsches Historisches Museum 2009: Das Ringen um den Kennedy-Besuch, www.dhm.de/ausstellungen/kennedy/berlinbesuch/Inszenierung/ringenumbesuch zwei.htm; download vom 27.04.2009.

Deutsches Institut für Zeitgeschichte (Hrsg.) 1957: Dokumente zur Deutschlandpolitik der Sowjetunion, Berlin.

Deutsch-israelische Gesellschaft 2008: Zeittafel der deutsch-israelischen Beziehungen; download unter www.deutsch-israelische-gesellschaft.de/dig_information/geschichte_deutsch_israelische_beziehungen.htm vom 08.04.2008.

Deutsch-Tschechischen Zukunftsfonds (Hrsg.) 2008: Tätigkeitsbericht 1998–2007 und Jahresbericht 2007, Prag.

Dicke, Klaus/Manuel Fröhlich 2005: Menschenrechte, in: Woyke, Wichard (Hrsg.): Handwörterbuch Internationale Politik, 9. Auflage, VS Verlag für Sozialwissenschaften, Wiesbaden, S. 309-317.

Die Welt 2009: Wir haben sehr gut zu tun, 26. März 2009.

Die Zeit 1972: Verkehrvertrag in Kraft, Nr. 42, 22.10.1972, S. 24.

Diedrich, Torsten/Winfried Heinemann/Christian F. Ostermann (Hrsg.) 2009: Der Warschauer Pakt, Ch.Links Verlag, Berlin.

Dieterich, Sandra/Hartwig Hummel/Stefan Marschall: Kriegsspielverderber?, in: Zeitschrift für internationale Beziehungen, 16. Jg. (2009), Heft 1, S. 5-38.

Dietz, Wolfgang 2007: Good Governance – Theorie und Praxis der Weltbank und der OECD, Grin-Verlag, München.

Donges, Jürgen B. 2007: Deutschland im Globalisierungsprozess: Zur gesamtwirtschaftlichen Entwicklung seit der Wiedervereinigung, in: Jäger,

Thomas/Alexander Höse/Kai Oppermann (Hrsg.), Deutsche Außenpolitik. Sicherheit, Wohlfahrt, Institutionen und Normen, Wiesbaden, S. 263-282.

Dowe, Dieter (Hrsg.) 1996: Kurt Schumacher und der „Neubau" der deutschen Sozialdemokratie nach 1945. Historisches Forschungszentrum, Bonn/Bad Godesberg.

Dreßler, Rudolf 2005: Gesicherte Existenz Israels – Teil der deutschen Staatsräson. In: Aus Politik und Zeitgeschichte (15), S. 3-8.

Edelbauer, Gisela 2005: Rechtsgrundlagen der humanitären Intervention unter besonderer Berücksichtigung des Kosovo-Konflikts, Neubiberg.

Eder, Angelika/Günter Gorschenek 2002: Israel und Deutschland, Hamburg.

Edinger, Lewis 1967: Kurt Schumacher. Persönlichkeit und politisches Verhalten. Köln/Opladen.

Elias, Norbert 1997: Über den Prozess der Zivilisation, Suhrkamp Verlag, Frankfurt am Main.

Engel, Ulf/Hans-Georg Schleicher 1998: Die beiden deutschen Staaten in Afrika. Zwischen Konkurrenz und Koexistenz 1949-1990, Hamburg.

Engel, Ulf 2000: Die Afrikapolitik der Bundesrepublik Deutschland 1949-1999. Rollen und Identitäten, Hamburg.

Engel, Ulf 2005: Deutschland, Afrika und die Entstehung gemeinsamer Interessen, in: Aus Politik und Zeitgeschichte (APuZ), 4/2005, S. 11-17.

Engel, Ulf/Robert Kappel/Stephan Klingbiel/Stefan Mair/Andreas Mehler/Siegmar Schmidt 2000: Memorandum zur Neubegründung der deutschen Afrikapolitik, Berlin, Oktober 2000, abgedruckt in: Ferdowsi, Mir A. (Hrsg.) 2008: Afrika – ein verlorener Kontinent?, Bayerische Landeszentrale für politische Bildungsarbeit, München, S. 352-376.

Engel, Ulf/Stefan Mair 2005: Deutsche Afrikapolitik, in: Böckenförde, Stephan (Hrsg.): Chancen der deutschen Außenpolitik. Analysen – Perspektiven – Empfehlungen, TUDpress, Dresden, S. 23-29.

Falke, Andreas 2005: Ist der handelspolitische Winterschlaf beendet? Außenhandelspolitische Perspektiven für die neue Bundesregierung, in: Böckenförde; Stephan (Hrsg.): Chancen der deutschen Außenpolitik. Analysen – Perspektiven – Empfehlungen. TUDpress, Dresden. S. 30-37.

Falke, Andreas 2007: Die deutsch-amerikanischen Wirtschaftsbeziehungen, in: Schmidt, Siegmar/Gunther Hellmann/Reinhard Wolf (Hrsg.): Handbuch zur deutschen Außenpolitik, VS Verlag für Sozialwissenschaften, Wiesbaden, S. 367-374.

Falke, Andreas 2007: Einflussverlust: Der Exportweltmeister im Welthandelssystem des 21. Jahrhunderts, in: Jäger, Thomas/Alexander Höse/Kai Oppermann (Hrsg.), Deutsche Außenpolitik. Sicherheit, Wohlfahrt, Institutionen und Normen, Wiesbaden, S. 283-307.

FAZ-net 2006: Bundeswehr im Libanon – Einsatz von historischer Dimension, 13. September 2006; download unter www.faz.net/s/RubB30AB-D11B91F41C0BF2722C308D40318/Doc~EADC97F02E4F04182A45D 68CFB9460BE8~ATpl~Ecommon~Scontent.html; vom 04.07.2008.Ferdowsi, Mir A. (Hrsg.) 2001: Krisenprävention und Friedenskonsolidierung. Eine Zwischenbilanz der „neuen deutschen Entwicklungspolitik", Arbeitspapiere zu Problemen der Internationalen Politik und der Entwicklungsländerforschung, Nr. 30, München.

Ferdowsi, Mir A. (Hrsg.) 2008: Afrika – ein verlorener Kontinent?, Bayerische Landeszentrale für politische Bildungsarbeit, München.

Finlayson, Jock A./Mark W. Zacher 1989: The GATT and the regulation of trade barriers: regime dynamics and functions, in: Krasner (ed.): International Regimes, Cornell University Press, Ithaca and London, S. 273-314.

Finnemore, Martha 1996: Constructing Norms of Humanitarian Intervention, in: Katzenstein, Peter J. (Hrsg.), 1996: The Culture of National Security. Norms and Identity in World Politics, New York Press, Chichester, S. 153-185.

Fischer Joschka 2005: Zivilisationsbruch ohne Beispiel, Rede vor den Vereinten Nationen, abgedruckt in: Süddeutsche Zeitung, 24.01.2005.

Fischer, Joschka 2003a: Interview, in: Stern, Nr. 11/2003.

Fischer, Joschka 2003b: Interview, in: FAZ, 17. 03. 2003, download unter www.auswaertiges-amt.de/diplo/de/Infoservice/Presse/Interviews/archiv/2003.htm vom 20.03.2007.

Fischer, Joschka 2003c: Rede auf der XXXIX. Münchner Konferenz für Sicherheitspolitik vom 08.02.2003, München.

Fitzgerald, Frances 2001: Way Out There in the Blue: Reagan, Star Wars and the End of the Cold War, Simon & Schuster, New York.

Focus 2006: Kaczynski in Berlin. Streitfragen bleiben ungelöst, 30.10.; download unter http://www.focus.de/politik/ausland/kaczynski-in-berlin_aid_118339.html vom 24.07.2008.

Forbrig, Jörg 2008: Belarus, in: Werner Weidenfeld (Hrsg.): Die Staatenwelt Europas, Bundeszentrale für Politische Bildung, Bonn, S. 86-100.

Forum Menschenrechte 2008: Netzwerk deutscher Menschenrechtsorganisationen, download unter http://forum-menschenrechte.de/cms/front_content.php?idcat=57; vom 13.05.2008.

Frankfurter Allgemeine Zeitung 2003: Schröder schließt Ja zur Kriegsresolution aus, 22.Januar 2003.

Frankfurter Rundschau 2005: Sternstunde der Nachkriegsgeschichte, FR-online, download unter http://www.fr-online.de/in_und_ausland/politik/zeitgeschichte/60_jahre_nach_kriegsende/die_kapitulation/674282_Hintergrund-Sternstunde-der-Nachkriegsgeschichte.html, vom 23.02.2009.

Frenkler, Ulf/Harnisch, Sebastian/Kirste, Knut/Maull, Hanns W./Wallraf, Wolfram 1997: Schlußbericht und Ergebnisse. Deutsche, amerikanische und japanische Außenpolitikstrategien 1985-1995: Eine vergleichende Untersuchung zu Zivilisierungsprozessen in der Triade, Universität Trier, Trier.

Friedrich, Roland 2005: Die deutsche Außenpolitik im Kosovo-Konflikt, VS Verlag für Sozialwissenschaften, Wiesbaden.

Fritzsche, K.P. 2004: Menschenrechte, UTB, Paderborn.

Fukuyama, Francis 2006: America at the Crossroads: Democracy, Power, and the Neoconservative Legacy, Yale University Press, New Haven.

Gading, Heike 1996: Der Schutz grundlegender Menschenrechte durch militärische Maßnahmen des Sicherheitsrates – das Ende staatlicher Souveränität?, Berlin.

Gareis, Sven Bernhard 2006: Deutschlands Außen- und Sicherheitspolitik, Verlag Barbara Budrich, 2. Auflage, Opladen.

Gareis, Sven Bernhard/Johannes Varwick 2006: Die Vereinten Nationen, Verlag Barbara Budrich UTB, 4. Auflage, Opladen.

Gärtner, Heinz 2009: Obama – Weltmacht auf neuen Wegen, LIT-Verlag, Münster.

Gaupp, Peter 1983: Staaten als Rollenträger. Die Rollentheorie als Analyse-Instrument von Außenpolitik und internationalen Beziehungen, Bern.

Geis, Anna 2005: Die Zivilmacht Deutschland und die Enttabuisierung des Militärischen, in: HSFK- Standpunkte. Beiträge zum demokratischen Frieden, Heft Nr.2/2005, Frankfurt am Main.

Genscher, Hans-Dietrich 2009: Interview in Menschen bei Maischberger, ARD, 17. Februar 2009.

gesellschaft für bedrohte völker 2008: Kritische Bilanz – Europas Afrikapolitik unter deutscher EU-Präsidentschaft ist ein Desaster, Göttingen/Berlin, 23. März 2007, download unter http://www.gfbv.de/rettetdarfur/pressemit.php?id=900&PHPSESSID=1c2505be6fd898744b2f0c108fc1be06 vom 3.6.2008.

Gibbs, David N. 2006: Die Hintergründe der sowjetischen Invasion in Afghanistan 1979, in: Greiner, Bernd /Christian Th. Müller / Dierk Walter (Hrsg.): Heiße Kriege im Kalten Krieg. Hamburg, 2006 Bender, Peter, 1986: Neue Ostpolitik. Vom Mauerbau bis zum Moskauer Vertrag. München, S. 291-314.

Girardet, Klaus M./Ulrich Nortmann 2005: Menschenrechte und europäische Identität. Die antiken Grundlagen. Franz Steiner Verlag, Stuttgart.

Glaab, Manuela 1999: Deutschlandpolitik der Bundesrepublik Deutschland, in: Werner Weidenfeld/Karl-Rudolf Korte (Hrsg.): Handbuch zur deutschen Einheit. 1949-1989-1999, Bonn, S. 239-252.

Goldblat, Jozef 1994: Arms Control. A Guide to Negotiations and Agreements, London.

Goldmann, Nahum 1980: Mein Leben als deutscher Jude, Verlag Langen Müller, München/Wien.

Göller, Thomas (Hrsg.) 1999: Philosophie der Menschenrechte. Methodologie, Geschichte, kultureller Kontext. Cuvillier Verlag, Göttingen.

Gordon, Philip (ed.) 1997: NATO's Transformation, Lanham.

Gotto, Klaus 1974: Adenauers Deutschland- und Ostpolitik 1954-1963, in: Rudolf Morsey/Konrad Repgen (Hrsg.): Adenauer Studien, Band III, Mainz.

Götz, Roland 2006: Deutschland und Russland – „strategische Partner"? In: Aus Politik und Zeitgeschichte (11), S. 14-23.

Graml, Hermann 1982: Die Sowjetische Notenkampagne von 1952, in Hans-Peter Schwarz (Hrsg.): Die Legende von der verpassten Gelegenheit. Die Stalin-Note vom 10. März 1952, Rhöndorfer Gespräche, Band 5, Belser Verlag, Stuttgart/Zürich.

Grimm, Sven 2003: Die Afrikapolitik der Europäischen Union : Europas außenpolitische Rolle in einer randständigen Region, Hamburger Beiträge zur Afrika-Kunde; 72, Hamburg.

Grohs, Gerhard 2004: Menschenrechtsschutz durch die Afrikanische Charta der Menschenrechte und Rechte der Völker, in: Ferdowsi, Mir A. (Hrsg.): Sicherheit und Frieden zu Beginn des 21. Jahrhunderts, Bayerische Landeszentrale für politische Bildungsarbeit, 3. aktualisierte und erweiterte Auflage, München, S. 277-288.

Gstöhl, Sieglinde 2007: Governance Through Government Networks. The G8 and International Organizations, in: Review of International Organizations, Boston 2/2007, S. 1–37.

Guérot, Ulrike 2007: Frankreich, in: Schmidt, Siegmar/Gunther Hellmann/Reinhard Wolf (Hrsg.): Handbuch zur deutschen Außenpolitik, VS Verlag für Sozialwissenschaften, Wiesbaden, S. 375-390.

Haas, Ernst B. 1964: Beyond the Nation-State. Functionalism and Internatinale Organization, Stanford University Press, Stanford.

Hacke, Christian 1999: Jakob Kaiser (1988-1961), in: Oppelland, Thorsten: Deutsche Politiker 1949-1969. Biographische Skizzen aus Ost und West, Wissenschaftliche Buchgesellschaft, Darmstadt.

Hacke, Christian 2002: Die Außenpolitik der Regierung Schröder/Fischer: Zwischenbilanz und Perspektiven; in: Aus Politik und Zeitgeschichte (APuZ); Band 48/2002, S. 7-23.

Hacke, Christian 2003: Die Außenpolitik der Bundesrepublik Deutschland. Von Konrad Adenauer bis Gerhard Schröder, Ullstein Verlag, Frankfurt/ M.- Berlin.

Hacke, Christian 2004: Die Außenpolitik der Bundesrepublik Deutschland. Von Konrad Adenauer bis Gerhard Schröder. 2. Auflage der aktualisierten Neuausgabe, Ullstein, Berlin.

Häckel, Erwin 2005: Internationale Energiepolitik, in: Wichard Woyke (Hrsg.): Handwörterbuch Internationale Politik, 9. Auflage, VS Verlag für Sozialwissenschaften, Wiesbaden, S. 177-186.

Häckel, Erwin, 2007: Energie- und Rohstoffpolitik, in: Schmidt, ,Siegmar, Gunther Hellmann, Reinhard Wolf (Hrsg.): Handbuch zur deutschen Außenpolitik, VS Verlag für Sozialwissenschaften, Wiesbaden, S. 639-649.

Haftendorn, Helga 2001: Deutsche Außenpolitik zwischen Selbstbeschränkung und Selbstbehauptung, Deutsche Verlags-Anstalt, Stuttgart/München.

Halbach, Uwe 2008: Georgien, in: Werner Weidenfeld (Hrsg.): Die Staatenwelt Europas, Bundeszentrale für Politische Bildung, Bonn, S. 200-205.

Handelsblatt 2008: Hermes-Bürgschaften für Iran halbiert, 10.02.2008.

Hansen, Niels 2002: Aus dem Schatten der Katastrophe. Die deutsch-israelischen Beziehungen in der Ära Konrad Adenauer und David Ben Gurion, Düsseldorf.

Harnisch, Sebastian 2000: Deutsche Außenpolitik nach der Wende: Zivilmacht am Ende?, in: Beitrag für den 21. DVPW-Kongress in Halle, Trier.

Harnisch, Sebastian/Maull, Hanns W. (Hrsg.) 2001: Germany – Still A Civilian Power? The Foreign Policy of the Berlin Republic, Manchester.

Harries, Heinrich 1998: Financing the Future: KfW--The German Bank with a Public Mission, Fritz Knapp Verlag, Frankfurt am Main.

Heinz, Wolfgang S. 2007a: Deutsche Menschenrechtspolitik, in: Jäger, Thomas/Alexander Höse/Kai Oppermann (Hrsg.), Deutsche Außenpolitik. Sicherheit, Wohlfahrt, Institutionen und Normen, Wiesbaden, S. 533-535.

Heinz, Wolfgang S. 2007b: Menschenrechtspolitik, in: Schmidt, ,Siegmar, Gunther Hellmann, Reinhard Wolf (Hrsg.): Handbuch zur deutschen Außenpolitik, VS Verlag für Sozialwissenschaften, Wiesbaden, S. 692-702.

Heiß, Gernot/Heinrich Lutz (Hrsg.) 1984: Friedensbewegungen: Bedingungen und Wirkungen, Oldenbourg Wissenschaftsverlag, München.

Hellmann, Gunther 2002: Sag beim Abschied leise Servus. Die Zivilmacht Deutschland beginnt, ein neues „Selbst" zu behaupten, in: PVS. Politische Vierteljahresschrift, Ausgabe 3/2002, S. 498-507.

Hellmann, Gunther 2004: Ex occidente Lux. Warum der deutsche Anspruch auf einen ständigen Sitz im UN-Sicherheitsrat schlecht begründet ist und wie Deutschland auf anderem Wege „dauerhaft mehr Verantwortung übernehmen" kann, in: Politische Vierteljahresschrift, Vol 45, No 4, S. 479-493.

Hellmann, Gunther unter Mitarbeit von Rainer Baumann und Wolfgang Wagner 2006: Deutsche Außenpolitik. Eine Einführung, VS Verlag für Sozialwissenschaften, Wiesbaden.

Hellmann, Gunther/Ulrich Roos 2007: Das deutsche Streben nach einem ständigen Sitz im UN-Sicherheitsrat. Analyse eines Irrwegs und Skizzen eines Auswegs, Institut für Entwicklung und Frieden, Universität Duisburg-Essen.

Hellmann, Gunther/Christian Weber/Frank Sauer (Hrsg.) 2008: Die Semantik der neuen deutschen Außenpolitik, VS Verlag für Sozialwissenschaften, Wiesbaden.

Henzschel, Thomas 2006: Internationale humanitäre Hilfe – Bestimmungsfaktoren eines Politikfeldes unter besonderer Berücksichtigung der Bundesrepublik Deutschland; Norderstedt.

Herr, Hansjörg 2000: Die Finanzkrise in Russland im Gefolge der Asienkrise. In: Aus Politik und Zeitgeschichte (37/38).

Hertle, Hans-Hermann/Konrad H. Jarausch/Christoph Kleßmann (Hrsg.) 2002: Mauerbau und Mauerfall. Ursachen – Verlauf – Auswirkungen, Berlin.

Herzog, Roman 1996: Proklamation des Bundespräsidenten vom 3. Januar 1996, BGBl. I S. 17.

Hilpert, Hanns Günther, 2008: Strategischer Wirtschaftsdialog der EU mit China, Stiftung Wissenschaft und Politik, SWP-aktuell 43, Berlin.

Hilpert, Konrad 1991: Die Menschenrechte. Geschichte, Theologie, Aktualität, Düsseldorf.

Hocking, Brian/Steven McGuire 2004: Trade Politics, New York.

Holzgrefe, J. L./Robert O. Keohane (Hrsg.) 2003: Humanitarian Intervention. Ethical, Legal, and Political Dilemmas, Cambridge.

Holzinger, Katharina/Christoph Knill/Dirk Peters/Berthold Rittberger/Frank Schimmelfennig/Wolfgang Wagner 2005: Die Europäische Union. Theorien und Analysenkonzepte, Schöningh Verlag, Münster.

Hrbek, Rudolf 2009: Europawahl 2009 – mehr als die Summe nationaler Sekundärwahlen?, in: integration, 32. Jahrgang, 3/09, S. 193-209.

Hubel, Helmut (Hrsg.) 2001: Die trilateralen Beziehungen zwischen Deutschland, Israel und den USA, Erfurt.

Hüfner, Klaus 2007: Die deutsche UNO-Politik, in: Jäger, Thomas/Alexander Höse/Kai Oppermann (Hrsg.), Deutsche Außenpolitik. Sicherheit, Wohlfahrt, Institutionen und Normen, Wiesbaden, S. 485-501.

Hyngar, Michael 2005: Diskussion über die NATO entfacht. 41. Münchner Konferenz für Sicherheitspolitik, in: Das Parlament Nr. 08 / 21.02.2005, S. 8-13.

Jachtenfuchs, Markus/Beate Kohler-Koch (Hrsg.) 2003: Europäische Integration, 2. Auflage, Leske +Budrich, Opladen.

Jacobsen, Hanns-D./Heinrich Machowski 1988: Perspektiven für Sicherheit und Zusammenarbeit in Europa, Bonn/Baden-Baden.

Jaeger, Kinan 1997: Quadratur des Kreises. Die deutsch-israelischen Beziehungen und die Palästinenser (Schriftenreihe des DIAK, Bd. 27), Schwalbach/Ts.

Jäger, Thomas/Daria W. Dylla *(Hrsg.) 2008:* Deutschland und Polen. Die europäische und internationale Politik. VS Verlag für Sozialwissenschaften, Wiesbaden.

Janisch, Wolfgang 2009: Lissabon vor der Schranke, in: Das Parlament, Nr. 8, 16. Februar 2009, S.3.

Janz, Nicole/Thomas Risse (Hrsg.) 2007: Menschenrechte – Globale Dimensionen eines universellen Anspruchs, Nomos-Verlag, Baden-Baden.

Jelinek, Yeshayahu A. 2004: Deutschland und Israel 1945-1965. Ein neurotisches Verhältnis, R. Oldenbourg, München.

Joetze, Günter 2001: Der letzte Krieg in Europa? Das Kosovo und die deutsche Politik. Deutsche Verlags-Anstalt, Stuttgart/München.

Johannsen, Margret 2009: Der Nahost-Konflikt, VS Verlag für Sozialwissenschaften, Wiesbaden.

Johnson, Dominic 2007: Exerzierfeld Kinshasa, in: taz vom 01.08.2007, S. 11.

Jungcurt, Nina 2007: Das Legitimitätsproblem der G8, VDM Verlag Dr. Müller, Saarbrücken.

Junker, Detlef (Hrsg.) 2001: Die USA und Deutschland im Zeitalter des Kalten Krieges 1945-1990, 2 Bände, DVA, Stuttgart.

Jurekovic, Predrag 2001: Die politische Dimension des Krieges im Kosovo und in der BR Jugoslawien, in: Reiter, Erich (Hrsg.): Der Krieg um das Kosovo 1998/99, Hase und Kohler, Mainz, S. 39-80.

Kagan, Robert 2003: Of Paradise and Power. America and Europe in the new world order, New York.

Kaim, Markus 2007: Die deutsche NATO-Politik, in: Jäger, Thomas/Alexander Höse/Kai Oppermann (Hrsg.): Deutsche Außenpolitik. Sicherheit, Wohlfahrt, Institutionen und Normen, Wiesbaden, S. 87-105.

Katzenstein, Peter/Robert O. Keohane 2006: Anti-Americanisms in World Politics, Ithaca.

Kaufmann, Tobias/Manja Orlowski 2002 (Hrsg.): „Ich würde mich auch wehren ...". Antisemitismus und Israel-Kritik, Potsdam.

Kempe, Iris 2007: Die europäische Nachbarschaftspolitik und die Rolle Deutschlands, in: Jäger, Thomas/Alexander Höse/Kai Oppermann (Hrsg.), Deutsche Außenpolitik. Sicherheit, Wohlfahrt, Institutionen und Normen. Wiesbaden, S. 241-260.

Kempe, Iris 2008: Ukraine, in: Werner Weidenfeld (Hrsg.): Die Staatenwelt Europas, Bundeszentrale für Politische Bildung, Bonn, S. 519-537.

Keohane, Robert O. 1990: Multilateralism: An Agenda for Research, in: International Journal, No. 45/4, S. 731-764.

Kerbel, Barbara 2007: 9,7 Milliarden Dollar gegen Aids, Tuberkulose und Malaria, in: Süddeutsche Zeitung vom 28.09.2007.

Kerski, Basil 2007: Polen, in: Schmidt, Siegmar/Gunther Hellmann/Reinhard Wolf (Hrsg.): Handbuch zur deutschen Außenpolitik, VS Verlag für Sozialwissenschaften, Wiesbaden, S. 405-421.

Kevenhörster, Paul/Dirk van den Boom 2009: Entwicklungspolitik, VS Verlag für Sozialwissenschaften, Wiesbaden.

Kilian, Björn/Christian Tobergte/Simon Wunder (Hrsg.) 2005: Nach dem Dritten Golfkrieg. Sicherheitspolitische Analysen zu Verlauf und Folgen des Konflikts, Berliner Wissenschaftsverlag, Berlin.

Kilian, Werner 2001: Die Hallstein-Doktrin. Der diplomatische Krieg zwischen der BRD und der DDR 1955 – 1973, Berlin.

Kirste, Knut 1998: Rollentheorie und Außenpolitikanalyse. Die USA und Deutschland als Zivilmächte, Frankfurt a.M.

Kirste, Knut/Maull, Hanns W. 1996: Zivilmacht und Rollentheorie, in: Zeitschrift für Internationale Beziehungen 3: 2, S. 283-312.

Kirste, Knut/Maull, Hanns W. 2008: DFG-Projekt „Zivilmächte". Fallstudie. Zivilmacht und Rollentheorie, download unter www.deutsche-aussenpolitik.de/resources/conferences/zib.pdf, vom 20.03.2008.

Klein, Eckart 1985: Bundesverfassungsgericht und Ostverträge, Bonn.

Kleßmann, Christoph 1991: Die doppelte Staatsgründung; Deutsche Geschichte 1945 -1955, Schriftenreihe Band 298, Bonn.

Kloke, Martin 1994: Israel und die deutsche Linke. Zur Geschichte eines schwierigen Verhältnisses (Schriftenreihe des DIAK, Bd 20), Schwalbach/Ts.

Kloke, Martin 2005: 40 Jahre deutsch-israelische Beziehungen, Informationen zur politischen Bildung aktuell, Bundeszentrale für politische Bildung, Bonn.

Knapp, Manfred 2007: Vereinte Nationen, in: Schmidt, Siegmar/Gunther Hellmann/Reinhard Wolf (Hrsg.): Handbuch zur deutschen Außenpolitik, VS Verlag für Sozialwissenschaften, Wiesbaden, S. 727-746.

Koalitionsvertrag 2005: Gemeinsam für Deutschland. Mit Mut und Menschlichkeit, Koalitionsvertrag von CDU, CSU und SPD 2005, November 2005, Berlin.

Koalitionsvertrag 2009: Wachstum. Bildung. Zusammenhalt, Der Koalitionsvertrag zwischen CDU, CSU und FDP, November 2009, Berlin.

Kohl, Helmut 1990: Deutsch-israelische Gesellschaft 2008, Zeittafel der deutsch-israelischen Beziehungen; download unter www.deutsch-israelische-gesellschaft.de/dig_information/geschichte_deutsch_israelische_beziehungen.htm vom 8.5.2008.

Köhler, Horst 2005: Ansprache von Bundespräsident Horst Köhler vor der Knesset in Jerusalem, Bundespräsidialamt, Berlin.

Kommission der europäischen Gemeinschaften 2004: Europäische Nachbarschaftspolitik. STRATEGIEPAPIER, KOM(2004) 373, Brüssel 12.5.

Konrad-Adenauer-Stiftung 1987: Konrad Adenauer – Staatsmann des freien
Deutschlands- Sankt Augustin: ACDP [Prod.], Archiv für Christlich-De-
mokratische Politik der Konrad-Adenauer-Stiftung, Sankt Augustin.

Konrad-Adenauer-Stiftung (Hrsg.) 2001: Der deutsch-französische Vertrag
vom 22. Januar 1963. Markstein auf dem Weg zu einem vereinigten Europa, http://www.kas.de/wf/de/33.837/; download am 27.04.2009.

Konzelmann, Gerhard 1974: Die Schlacht um Israel. Der Krieg der Heiligen
Tage, Verlag Kurt Desch, München.

Koopmann, Martin/Hans Stark 2004: Zukunftsfähig? Deutsch-französische
Beziehungen und ESVP, DGP-Analyse Nr. 27, Januar 2004.

Koopmann, Martin 2007: Auf der Suche nach dem verlorenen Gleichgewicht: Aspekte eines Neuanfangs deutsch-französischer Zusammenarbeit
in der Europa-Politik, in: Koopmann, Martin/Stephan Martens (Hrsg.):
Das kommende Europa. Deutsche und französische Betrachtungen zur
Zukunft der europäischen Union, Nomos-Verlag, Baden-Baden, S. 231-
242.

Korte, Karl-Rudolf 1998: Deutschlandpolitik in Kohls Kanzlerschaft. Regierungsstil und Entscheidungen 1982-1989, Stuttgart.

Korte, Karl-Rudolf/Werner Weidenfeld 1999: Deutsche Einheit, in: Werner
Weidenfeld/Karl-Rudolf Korte (Hrsg.): Handbuch zur deutschen Einheit.
1949-1989-1999, Bonn, S. 192-201.

Korte, Karl-Rudolf 2002: Das Wort hat der Herr Bundeskanzler. Eine Analyse der Großen Regierungserklärungen von Adenauer bis Schröder. Westdeutscher Verlag, Wiesbaden.

Koschmal, Walter/Marek Nekula/Joachim Rogall 2001: Deutsche und Tschechen. Geschichte – Kultur – Politik. C.H. Beck, München.

Koufen, Katharina 2000: Beim Währungsfonds geht es um Macht, in: die
tageszeitung vom 1. März 2000, S.8

Krause, Joachim 2004: Die Krise der westlichen Allianz und die Krise des
Multilateralismus, in: S+F – Sicherheit und Frieden, Jg. 22, Heft 4, S.
179-190.

Krech, Hans 1997: Der russische Krieg in Tschetschenien (1994-1996), Verlag Dr. Köster, Berlin.

Krech, Hans 2006: Deutsche Außenpolitik für die strategische Sicherung der
Erdöl- und Erdgasversorgung der Bundesrepublik Deutschland bis 2050,
Köster, Berlin.

Kreidl, Jakob 2006: Der Kosovo-Konflikt: Vorgeschichte, Verlauf und Perspektiven – zur Stabilisierung einer Krisenregion, P. Lang-Verlag, Frankfurt am Main.

Krell, Gert 2004: Die USA, Israel und der Nahost-Konflikt, HSFK-Report 14/2004, Frankfurt am Main.

Krell, Gert 2006: Die USA, Israel und der Nahost-Konflikt, in: Aus Politik und Zeitgeschichte (14).

Krempl, Stefan 2004: Medien, Internet, Krieg: Das Beispiel Kosovo. Ein Beitrag zur kritischen Medienanalyse, Verlag Reinhard Fischer, München.

Krings, Günter 2008: Effektiver Multilateralismus, in: Die Politische Meinung, Sankt Augustin, September, S. 36-42.

Kudermann, Melanie 2006: Der Konflikt in der Demokratischen Republik Kongo – ein ‚neuer' Krieg? Grin-Verlag, München.

Krotz, Bernhard 2001: Defining National Interest: Interests and Policies in France and Germany, Cornell Univ. unv. Ms.

Kühn, Hartmut 1999: Das Jahrzehnt der Solidarnosc. Die politische Geschichte Polens 1980-1990, Berlin.

Kühnhardt, Ludger /Henri Ménudier/Janusz Reiter 2000: Das Weimarer Dreieck. Die französisch-deutsch-polnischen Beziehungen als Motor der Europäischen Integration, Zentrum für Europäische Integrationsforschung, Bonn.

Kupferschmidt, Frank 2006: Strategische Partnerschaft in der Bewährung: die Zusammenarbeit von NATO und EU bei der Operation Althea, Berlin.

Kuppe, Johannes 1999: Deutschlandpolitik der DDR, in: Werner Weidenfeld/ Karl-Rudolf Korte (Hrsg.): Handbuch zur deutschen Einheit. 1949-1989-1999, Bonn, S. 252-266.

Lachmann, Werner/Andrea M. Schneider 1999: Entwicklungshilfe, München.

Laqueur, Walter 1990: Russia and Germany, Transactions Publishers, New Brunswick.

Leblond, Laurent 1999: Frankreich und Deutschland. Chronik einer besonderen Beziehung, Leipzig.

Leithäuser, Johannes 2004: Bewährungsprobe der Beziehungen. Die Ukraine hat das Verhältnis zwischen Schröder und Putin erstmals getrübt, Frankfurt Allgemeine Zeitung, vom 21.12.

Lerch, Wolfgang 2006: Das alte grausame Spiel, in: Frankfurter Allgemeine Zeitung, 14.7.2006, S. 1.

Liebach, Ingo 2004: Die unilaterale humanitäre Intervention im „zerfallenen Staat" („failed state"), Köln.

Lippke, Hajo 2006: „David oder Goliath?" Israel hat nach dem Libanonkrieg ein Abschreckungsproblem, Kieler Analysen zur Sicherheitspolitik, Nr. 21, November.

Lohmann, G./St. Gosepath (Hrsg.) 2002: Philosophie der Menschenrechte, Suhrkamp, 3. Aufl., Frankfurt/M.

Loth, Wilfried 2002: Die Teilung der Welt. Geschichte des Kalten Krieges 1941-1955, Neuauflage, München.

Lütticken, Florian/Bernhard Stahl 2003: Die Außenwirtschaftspolitik der rot-grünen Koalition. Diskreter Wandel im Beipack, in: Maull, Hanns/Sebastian Harnisch/Constantin Grund (Hrsg.): Deutschland im Abseits? Rot-grüne Außenpolitik 1998-2003, Nomos-Verlag, Baden-Baden, S. 149-162.

Maier, Klaus A./Bruno Thoss (Hrsg.) 1994: Westintegration, Sicherheit und Deutsche Frage. Quellen zur Außenpolitik in der Ära Adenauer 1949-1963, Wissenschaftliche Buchgesellschaft, Darmstadt.

Mair, Stefan/Kerstin Petretto 2008: Auflösung des staatlichen Gewaltmonopols und Staatszerfall, in: Ferdowsi, Mir A. (Hrsg.): Afrika – ein verlorener Kontinent?, Bayerische Landeszentrale für politische Bildungsarbeit, 2. aktualisierte Auflage, München, S. 121-144.

Manfrass, Klaus 1984: Paris – Bonn. Eine dauerhafte Bindung schwieriger Partner, Sigmaringen.

Mangott, Gerhard/Dmitij Renin/Martin Senn/Heinz Timmermann 2005: Russlands Rückkehr: Außenpolitik unter Vladidmir Putin, Baden-Baden.

März, Peter 1982: Die Bundesrepublik zwischen Westintegration und Stalin-Noten. Zur deutschlandpolitischen Diskussion 1952 in der Bundesrepublik vor dem Hintergrund der westlichen und der sowjetischen Deutschlandpolitik, Erlanger Historische Studien, Band 7, Verlag Peter Lang, Frankfurt am Main.

März, Peter (Bearb.) 1996: Dokumente zu Deutschland 1944-1994, Bayerische Landeszentrale für Politische Bildungsarbeit, München.

Matern, Michael 1997: Von der Kooperation zur Assoziation. Die Beziehungen der Europäischen Union zu Israel, Tectum Verlag, Dortmund.

Matthies, Volker 2004: Von der OAU zur AU .- Auf dem Weg zu einer „Pax Africana"?, in: Ferdowsi, Mir A. (Hrsg.): Sicherheit und Frieden zu Beginn des 21. Jahrhunderts, Bayerische Landeszentrale für politische Bildungsarbeit, 3. aktualisierte und erweiterte Auflage München, S. 439-457.

Matzak, Peter Thorsten 2006: Kontinuität oder Wandel? Die Deutsche Afrika-Politik seit Beginn der 1990er Jahre, München.

Maull, Hanns W. 1995: Germany and the Yugoslav Crisis, in: Survival, Nr. 4, Winter 1995/1996, S. 99-130.

Maull, Hanns W. 2000: Germany and the Use of Force: Still a „Civilian Power"?, in: Survival 42: 2, S. 56-80.

Maull, Hanns W. 2001: Außenpolitische Kultur, in: Korte, Karl-Rudolf/Werner Weidenfeld (Hrsg.): Deutschland Trendbuch. Fakten und Orientierungen, Bundeszentrale für Politische Bildung, Bonn, S. 645-672.

Maull, Hanns W. 2001: Die deutsche Nahostpolitik: Gescheiterte Ambitionen, in: Harnisch, Sebastian/Hanns W. Maull (Hrsg.): Germany as a Civilian Power? The foreign policy of the Berlin Republic, Manchester University Press, Manchester, S. 121-131.

Maull, Hanns W. 2004: Normalisierung" oder Auszehrung? Deutsche Außenpolitik im Wandel, in: Aus Politik und Zeitgeschichte; Bd.11/2004; S. 17-23.

Maull, Hanns W. 2007: Deutschland als Zivilmacht, in: Schmidt, Siegmar/ Hellmann, Gunther/Wolf, Reinhard (Hrsg.) Handbuch zur deutschen Außenpolitik, VS Verlag für Sozialwissenschaften, Wiesbaden, S. 73-84.

Mayer, A. Frank 1996: Adenauer and Kennedy. A Study in German-American Relations, 1961 – 1963. New York.

Mechtersheimer, Alfred (Hrsg.) 1981: Nachrüsten? Dokumente und Positionen zum NATO – Doppelbeschluß. Rowohlt-Verlag, Reinbek.

Mehler, Andreas 2004: Neue deutsche Afrikapolitik, in: Ferdowsi, Mir A. (Hrsg.): Afrika – ein verlorener Kontinent?, Fink Verlag, München, S. 293-311.

Meier, Christian 2003: Deutsch-Russische Beziehungen auf dem Prüfstand: Der Petersburger Dialog 2001-2003. SWP-Studie, März, Berlin.

Menke, Christoph/Arnd Pollmann 2007: Philosophie der Menschenrechte. Junius-Verlag, Hamburg.

Merkel, Angela 2005: Regierungserklärung von Bundeskanzlerin Angela Merkel, Protokollarische Mitschrift des Deutschen Bundestages, 30.11.2005, Berlin.

Merkel, Angela 2006: Deutsche Außen- und Sicherheitspolitik vor globalen Herausforderungen, Rede auf der 42. Münchner Konferenz für Sicherheitspolitik, München 04.02.2006.

Merkel, Angela 2007: Die Rede von Bundeskanzlerin Angela Merkel vor der 62. Generalversammlung der Vereinten Nationen, download unter http:// www.uni-kassel.de/fb5/frieden/themen/Aussenpolitik/gv07-merkel.html vom am 22.08.2008.

Mertens, Lothar 2006: Deutschland und Israel, Berlin.

Mertins, Silke 2009: US-Gesandter stößt in Israel auf Widerstand, Financial Times Deutschland, 17.04.2009; S. 13.

Messner, Dirk 2007: Entwicklungspolitik als globale Strukturpolitik, in: Jäger, Thomas/Alexander Höse/Kai Oppermann (Hrsg.), Deutsche Außenpolitik. Sicherheit, Wohlfahrt, Institutionen und Normen, Wiesbaden, S. 393-422.

Miller, Steven E. (ed.) 1984: Strategy and Nuclear Deterrence, Princeton University Press, Princeton.

Ministertagung des Nordatlantikrats 1967: Bulletin der Bundesregierung, Nr. 149, 16. Dezember 1967, S. 1256-1258.

Molt, Peter 2003: Rot-grüne Entwicklungspolitik seit 1998, in: Maull, Hanns/ Sebastian Harnisch/Constantin Grund (Hrsg.): Deutschland im Abseits?

Rot-grüne Außenpolitik 1998-2003, Nomos-Verlag, Baden-Baden, S. 163-175.

Morgenthau Hans J. 1993: Politics among Nations. The Struggle for Power and Peace, McGraw Hill, Boston.

Morsink, Johannes 1999: The Universal Declaration of Human Rights. Origins, Drafting, Intent, Philadelphia.

Mosert, Peter 2007: Deutsche Umweltaußenpolitik: Der Gipfelstürmer und seine Grenzen, in: Jäger, Thomas / Alexander Höse / Kai Oppermann (Hrsg.): Deutsche Außenpolitik. Sicherheit, Wohlfahrt, Institutionen und Normen, Wiesbaden, S. 374-392.

Müller, Friedemann 2005: Sicherheit der Energieversorgung braucht eine Sicherheitspolitik, in: Böckenförde, Stephan (Hrsg.): Chancen der deutschen Außenpolitik. Analysen – Perspektiven – Empfehlungen, TUDpress, Dresden, S. 104-112.

Müller, Harald 2005: Rüstungskontrolle und Nichtverbreitung. Ein Drahtseilakt, in: Böckenförde; Stephan (Hrsg.): Chancen der deutschen Außenpolitik. Analysen – Perspektiven – Empfehlungen. TUDpress, Dresden. S. 113-119.

Münkler, Herfried 2003: Der Neue Golfkrieg, Rowohlt Verlag, Reinbek.

Münkler, Herfried/Karsten Malowitz (Hrsg.) 2009: Humanitäre Intervention, VS Verlag für Sozialwissenschaften, Wiesbaden.

Muth, Ingrid 2000: Die DDR-Außenpolitik 1949-1972. Inhalte, Strukturen, Mechanismen, Berlin.

Mützelburg, Bernd 2005: Großmannssucht – oder aufgeklärte Interessenpolitik? Deutschlands Rolle in den Vereinten Nationen, in: Internationale Politik, Vol. 60, No. 10, S. 34-41.

Narlikar, Amrita 2003: International Trade and Developing Countries: Bargaining Coalitions in the GATT & WTO, Routledge.

NATO 1999: The Alliance's Strategic Concept, Approved by the Heads of State and Government participating in the meeting of the North Atlantic Council in Washington D.C. on 23rd and 24th April 1999, Press Release NAC-S(99)65, 24. April 1999.

Neersö, Jan 2004: Die USA im Nahostkonflikt, Universität Leipzig; download unter www.uni-leipzig.de/~dip/dip-files/pdf/Neersoe-SS2004.pdf vom 21.05.2009.

Neßhöver, Christoph 1996: Eine Politik der reaktiven Anpassung. Frankreichs Weg zum Zwei-plus-Vier-Vertrag. In: Elke Bruck/Peter M. Wagner (Hrsg.): Wege zum 2+4-Vertrag. Die äußeren Aspekte der deutschen Einheit. München, S. 106-125.

netzeitung 2004: Peter Struck – Deutschland wird auch am Hindukusch verteidigt, 11.03.2004; download unter www.netzeitung.de/deutschland/276992.html vom 07.07.2008.

Neubauer, Ralf 2000: Koch-Weser wird zwischen allen Fronten zerrieben, in: Die Welt vom 1. März 2000.

Neuberger, Benyamin 2005: Israel und Deutschland: Emotionen, Realpolitik und Moral. In: Aus Politik und Zeitgeschichte (15), S. 14-22.

Neukirch, Claus 2008: Republik Moldau, in: Werner Weidenfeld (Hrsg.): Die Staatenwelt Europas, Bundeszentrale für Politische Bildung, Bonn, S. 385-392.

Neuschwander, Thomas 2005: Internationale Handelspolitik, in: Wichard Woyke (Hrsg.): Handwörterbuch Internationale Politik, 9. Auflage, VS Verlag für Sozialwissenschaften, Wiesbaden, S. 186-194.

Niclauss, Karlheinz 1977: Kontroverse Deutschlandpolitik. Die politische Auseinandersetzung in der Bundesrepublik über den Grundlagenvertrag mit der DDR, Metzler, Frankfurt/Main.

Nida-Rümelin, Julian/Werner Weidenfeld (Hrsg.) 2007: Europäische Identität: Voraussetzungen und Strategien, Münchner Beiträge zur europäischen Einigung, Band 18, Nomos, Baden-Baden.

Niklas, Stefan 2005: Israels Beziehungen zur UNO, Universität Leipzig; download unter http://www.uni-leipzig.de/~dip/dip-files/pdf/Niklas-SS2004.pdf vom 23.05.2009.

Nohlen, Dieter/Nuscheler, Franz (Hrsg.) 1992: Handbuch der Dritten Welt. Grundprobleme – Theorien – Strategien, Band 1, Bonn.

Nohlen, Dieter (Hrsg.) 2002: Lexikon Dritte Welt. Länder, Organisationen, Theorien, Begriffe, Personen, Rowohlt Verlag, Hamburg.

Nuscheler, Frank/Michéle Roth (Hrsg.) 2006: Die Milleniums-Entwicklungsziele: Entwicklungspolitischer Königsweg oder ein Irrweg? EINE Welt Texte der Stiftung Entwicklung und Frieden Nr. 20, Dietz-Verlag, Bonn.

Nuscheler, Franz 2007: Entwicklungspolitik, in: Schmidt, ,Siegmar, Gunther Hellmann, Reinhard Wolf (Hrsg.): Handbuch zur deutschen Außenpolitik, VS Verlag für Sozialwissenschaften, Wiesbaden, S. 672-683.

Nuscheler, Franz 2008: Die umstrittene Wirksamkeit der Entwicklungszusammenarbeit, Institut für Entwicklung und Frieden, INEF-Report 93/2008, Universität Duisburg-Essen, Duisburg.

Nye, Joseph S. 2002: The Paradox of American Power. Why the World as only Superpower can't go it alone, Oxford.

Nzisabira, Désiré 2006: Von der Organisation der Afrikanischen Einheit zur Afrikanischen Union, Hamburg.

Ochmann, Cornelius 2008: Polen, in: Werner Weidenfeld (Hrsg.): Die Staatenwelt Europas, Bundeszentrale für Politische Bildung, Bonn, S. 365-376.

OECD Factbook 2009: Economic, Environmental and Social Statistics, OECD Publishing, Paris.

Opitz, Peter J. 2002: Menschenrechte und Internationaler Menschenrechtsschutz im 20. Jahrhundert. Geschichte und Dokumente, München.

Opitz, Peter J. (Koordinator) 2007: Die Vereinten Nationen, Bayerische Landeszentrale für Politische Bildungsarbeit, 5. überarbeitete und aktualisierte Auflage, München.

Oz, Amos 2005: Israel und Deutschland. Vierzig Jahre nach Aufnahme diplomatischer Beziehungen, Suhrkamp Verlag, Frankfurt am Main.

Pape, Matthias 1997: Humanitäre Intervention. Zur Bedeutung der Menschenrechte in den Vereinten Nationen, Baden-Baden.

Perthes, Volker 2004: Naher und Mittlerer Osten: Unvollständige Regimebildung und die Suche nach regionaler Sicherheit, in: Ferdowsi, Mir A. (Hrsg.): Sicherheit und frieden zu Beginn des 21. Jahrhunderts. Konzeptionen – Akteure – Regionen, 3. aktualisierte und erweiterte Auflage, Bayerische Landeszentrale für politische Bildungsarbeit, München, S. 461-475.

Perthes, Volker 2007: Analytical Perspectives on the War in Lebanon, in: The International Spectator, Vol. 12, No 1, March, S. 115-119.

Peters, Klaus 2005: Widerstandsrecht und humanitäre Intervention, Köln – Berlin – München.

Pfaffenbach, Bernd 2006: G8 – ein einzigartiges Beispiel für die Global Governance, in: Die Bundesregierung: e.conomy. das wirtschaftsmagazin, Nr. 036, 07/11, download unter http://www.bundesregierung.de/Content/ DE/Magazine/emags/economy/2006/036/schwerpunkt-g-8-und-deutschlands-aussenhandel.html vom 20.04.2009.

Pfeil, Florian 2001: Civilian Power and Human Rights. The case of Germany, in: Sebastian Harnisch/Hanns W. Maull (Hrsg.): Germany as a Civilian Power? The foreign policy of the Berlin Republic, Manchester: Manchester University Press.

Picht, Robert (Hrsg.) 1978: Deutschland- Frankreich- Europa. Bilanz einer schwierigen Partnerschaft, München/Zürich.

Pinzler, Petra 2006: Pubertär und peinlich, in: Die Zeit, Nr. 12 vom 16.03.

Pleuger, Gunter 2003: Die Reform des Sicherheitsrates der Vereinten Nationen. In: Sabine von Schorlemer (Hrsg.): Praxishandbuch UNO: Die Vereinten Nationen im Lichte globaler Herausforderungen, Heidelberg, S. 683-694.

Pleuger, Gunter 2007: Hintergrundgespräch, Veranstaltung der Deutschen Gesellschaft für Auswärtige Politik vom 08. Februar 2007, München.

Potthof, Heinrich 1997: Bonn und Ost- Berlin 1969 bis 1982. Dietz Verlag, Bonn.

Prieß, Hans-Joachim/Georg M. Berrisch (Hrsg.) 2003: WTO-Handbuch, Verlag C.H. Beck, München.

Primor, Avi 1997: „... mit Ausnahme Deutschlands". Als Botschafter Israels in Bonn, Ullstein-Verlag, Berlin.

Primor, Avi 2000: Europa, Israel und der Nahe Osten, Suhrkamp, Frankfurt.

Primor, Avi 2005: Kein Verständnis dafür, dass die NPD frei agieren kann; Interview im DeutschlandRadio vom 1.2.2005, Berlin.

Pumberger, Klaus 1989: Solidarität im Streik. Politische Krise, sozialer Protest und Machtfrage in Polen 1980/81, Frankfurt am M./New York.

Putin, Wladimir 2001: Wortprotokoll der Rede Wladimir Putins im Deutschen Bundestag am 25.09.2001, Deutscher Bundestag, Berlin, download http://www.bundestag.de/geschichte/gastredner/putin/putin_wort.html; am 28.09.2008.

Putnam, Robert 1988: Diplomacy and Domestic Politics: The Logic of Two-Level Games, in: International Organization 42, S. 427-460.

Rahr, Alexander 2000: Wladimir Putin: Der "Deutsche" im Kreml, Universitäts-Verlag, München.

Reinecke, Stefan (Hrsg.) 2000: Die neue NATO. Vom Verteidigungsbündnis zur Interventionsmacht?, Rotbuch Verlag, Hamburg.

Reinhart, Tanya 2006: The Road Map to Nowhere. Israel/Palestine since 2003, Verso, London.

Ress, Georg 1999: Selbstbestimmungsrecht, in: Werner Weidenfeld/Karl-Rudolf Korte (Hrsg.): Handbuch zur deutschen Einheit. 1949-1989-1999, Bonn, S. 661-665.

Reuth, Ralf 2003: SPD-Linke und Grüne wollen ein neues Europa – ohne die USA, in: Welt am Sonntag, 20. April 2003.

Richter, Diana 2008: Internationaler Währungsfond und Weltbank: Anspruch und Wirklichkeit, VDM Verlag Dr. Müller, Saarbrücken.

Rode, Reinhard 2006: Kluge Handelsmacht: Gezähmte Liberalisierung als Governanceleistung im Welthandelsregime GATT/WTO, Lit-Verlag, Berlin.

Röding-Lange, Ute 1997: Bezeichnungen für ‚Deutschland' in der Zeit der ‚Wende'. Dargestellt an ausgewählten westdeutschen Printmedien, Königshausen & Neumann, Würzburg.

Rohlfing, Ingo 2009: Bilateralismus und Multilateralismus in den internationalen Beziehungen, in: Zeitschrift für internationale Beziehungen, 16. Jg. (2009), Heft 1, S. 75-101.

Roloff, Ralf 2007: Organisation für Sicherheit und Zusammenarbeit in Europa, in: Schmidt, Siegmar/Gunther Hellmann/Reinhard Wolf (Hrsg.): Handbuch zur deutschen Außenpolitik. VS Verlag für Sozialwissenschaften, Wiesbaden, S. 779-787.

Rosecrance, Richard 1987: Der neue Handelsstaat. Herausforderungen für Politik und Wirtschaft, Frankfurt am Main.

Rowohl, Natalie 2007: Weltbank und Internationaler Währungsfonds: Ihre Mandate und deren Abgrenzung: Stand und Reformvorschläge, Peter-Lang-Verlag, Frankfurt.

Ruggenthaler, Peter (Hrsg.) 2007: Stalins großer Bluff. Die Geschichte der Stalin-Note in Dokumenten der sowjetischen Führung, Schriftenreihe der Vierteljahrshefte für Zeitgeschichte, Band 95, Oldenbourg Wissenschaftsverlag, München.

Sauzay, Brigitte 2003: Deutschland und Frankreich: Die Herausforderungen für die gemeinsame Zukunft, in: Aus Politik und Zeitgeschichte B 03-04, S. 3-5.

Schäffer, Ute 2008: Deutsche Afrika-Politik: Entwicklung voranbringen, Deutsche Welle-Dossier: Afrika – Zwischen Krise und Chance vom 03.01.2008, download unter http://www.dw-world.de/dw/article/0,,3030538,00.html vom 06.06.2009.

Schaller, Christian 2007: Deutsche Völkerrechtspolitik im Bereich der Friedenssicherung, in: Jäger, Thomas/Alexander Höse/Kai Oppermann (Hrsg.), Deutsche Außenpolitik. Sicherheit, Wohlfahrt, Institutionen und Normen, Wiesbaden, S. 502-526.

Scheffler, Jan 2006: Möglichkeiten und Grenzen eines ständigen europäischen Sitzes im Sicherheitsrat der Vereinten Nationen. In: Sicherheit und Frieden, Vol. 24, No. 2, S. 85-91.

Schieder, Siegfried 2009: Strategisches Schenken, eigennützige Hilfe oder Solidarität? Die Cotonou-Politik Frankreichs, Deutschlands und Schwedens im Rahmen der EU-Entwicklungspolitik, Beitrag auf dem 24. Wissenschaftlichen Kongress der DVPW an der Christian-Albrechts-Universität zu Kiel 21.-25. September 2009.

Schild, Joachim/Martin Koopmann: Das Sarkozy-Moment – politische Führung in der EU am Beispiel der französischen Ratspräsidentschaft, in: integration, 32. Jahrgang, 3/09, S. 266-281.

Schilling, Theodor 2004: Internationaler Menschenrechtsschutz. Universelles und europäisches Recht, Tübingen.

Schirm, Stefan 2007: Internationale Politische Ökonomie. Eine Einführung, Baden-Baden.

Schlotter, Peter 2004: OSZE – Von „kollektiver Sicherheit" zum „Dienstleistungsbetrieb", in: Ferdowsi, Mir A. (Hrsg.): Sicherheit und Frieden zu Beginn des 21. Jahrhunderts. Bayerische Landeszentrale für politische Bildungsarbeit, 3. aktualisierte und erweiterte Auflage München.

Schmalz, Uwe 2004: Deutschlands europäisierte Außenpolitik. Kontinuität und Wandel deutscher Konzepte zur EPZ und GASP, Wiesbaden.

Schmalz, Uwe 2005: Europäische Union als internationaler Akteur, in: Wichard Woyke (Hrsg.), Handwörterbuch Internationale Politik, 9. Auflage, VS Verlag für Sozialwissenschaften, Wiesbaden, S. 121-151.

Schmidt, Carola Christina 1995: Zwischen Status quo und Neuordnung. Die Westmächte und die Genfer Konferenzen 1955, Berlin.

Schmidt, Siegmar 2007: Afrika südlich der Sahara, in: Schmidt, ,Siegmar, Gunther Hellmann, Reinhard Wolf (Hrsg.): Handbuch zur deutschen Außenpolitik, VS Verlag für Sozialwissenschaften, Wiesbaden, S. 532-544.

Schmidt-Häuer, Christian 2002: Die Geister, die sie rufen, Die Zeit 25/2002.

Schneckener, Ulrich 2004: Transnationaler Terrorismus, in: Ferdowsi Mir A. (Hrsg.): Sicherheit und Frieden, Bayerische Landeszentrale für politische Bildungsarbeit, S. 341-362.

Scholtyseck, Joachim, 2003: Die Außenpolitik der DDR, R. Oldenbourg Verlag, München.

Scholz, Peter/Reinhart Kraus 1978: Aspekte der bilateralen Zusammenarbeit auf der Grundlage des deutsch-französischen Vertrages, in: Picht, Robert (Hrsg.), Deutschland- Frankreich- Europa. Bilanz einer schwierigen Partnerschaft, München.

Schröder, Gerhard 2001: Deutsche Russlandpolitik – europäische Ostpolitik. Gegen stereotype, für Partnerschaft und Offenheit – eine Positionsbestimmung, in: Die Zeit, Nr. 15.

Schröder, Gerhard 2003: Interview in der ARD, 29. 01. 2003.

Schröder, Gerhard 2004: Interview in der Sendung Beckmann (ARD); abgedruckt in Hamburger Abendblatt, 23. November.

Schroeder, Klaus 1998: Der SED-Staat, Bayerische Landeszentrale für politische Bildungsarbeit, München.

Schultes, Norbert 2007: Deutsche Außenwirtschaftsförderung, in: Jäger, Thomas/Alexander Höse/Kai Oppermann (Hrsg.), Deutsche Außenpolitik. Sicherheit, Wohlfahrt, Institutionen und Normen, Wiesbaden, S. 333-353.

Schumacher, Tobias 2005: Die EU als internationaler Akteur im südlichen Mittelmeerraum. Nomos Verlag, Baden-Baden.

Schuster, Jürgen 2004: Das „alte" und das „neue" Europa: Die Reaktionen der europäischen Länder auf die amerikanische Irak-Politik. Ein Vergleich dreier Erklärungsansätze. Münster.

Schwabe, Klaus (Hrsg.) 1997: Quellen zum Friedensschluß von Versailles. Wissenschaftliche Buchgesellschaft, Darmstadt.

Schwan, Gesine 2008: Zentrum gegen Vertreibungen kein gemeinsames Projekt, Interview in: Märkische Oderzeitung, Frankfurt (Oder), 31.01.

Schwarz, Hans-Peter 1985: Die gezähmten Deutschen. Von der Machtbesessenheit zur Machtvergessenheit, 2. Aufl., Stuttgart.

Schwarz, Hans-Peter 1999: Vom Reich zur Bundesrepublik im Widerstreit der Konzeptionen, Stuttgart.

Schwarz, Hans-Peter 2005: Der deutsche Weg zu Elysée-Vertrag, in: Defrance, Corine/Pfeil. Ulrich (Hrsg.), Der Elysée-Vertrag und die deutschfranzösischen Beziehungen. 1945 – 1963 – 2003, München.

Schwinger, Philipe 2008: Gipfel: Eiszeit zwischen der EU und Russland, 22.05; download unter http://www.europa-digital.de/aktuell/dossier/eurus/gipfel07.shtml vom 23.06.2008.

Seidel, Gerd 1996: Handbuch der Grund- und Menschenrechte auf staatlicher, europäischer und universeller Ebene, Baden-Baden.

Senghaas, Dieter 1988: Friedensforschung und der Prozess der Zivilisation, in: Moltmann, Bernhard (Hrsg.), Perspektiven der Friedensforschung, Baden-Baden 1988, S. 167-174.

Senghaas, Dieter 1992: Verflechtung und Integration, in: Karl Kaiser/Hanns W. Maull (Hrsg.): Die Zukunft der deutschen Außenpolitik, Forschungsinstitut der Deutschen Gesellschaft für Auswärtige Politik, Arbeitspapiere zur Internationalen Politik, Nr. 72, Bonn, S. 35-52.

Sheikh, Abdirizak/Mathias Weber 2005: Kein Frieden für Somalia?, Frankfurt.

Siebs, Benno-Eide 1999: Die Außenpolitik der DDR 1976-1989. Strategien und Grenzen, Paderborn.

Simon, Gerhard 2002: Die neue Ukraine. Gesellschaft – Wirtschaft – Politik (1991 – 2001), Böhlau.

Speyer, Bernhard 2007: Internationale Währungs- und Finanzpolitik: Zwischen Tradition und Veränderung, in: Jäger, Thomas/Alexander Höse/Kai Oppermann (Hrsg.), Deutsche Außenpolitik. Sicherheit, Wohlfahrt, Institutionen und Normen, Wiesbaden; S. 308-332.

Spiegel online 2006: Libanon-Einsatz. Zentralrat der Juden vergleicht Westerwelle mit Möllemann vom 18.9.2006; download unter www.spiegel.de/politik/deutschland/0,1518,437726,00.html vom 03.07.2008.

Staack, Michael 2000: Handelsstaat Deutschland: Deutsche Außenpolitik in einem neuen internationalen System, Schöningh, Paderborn/München/Wien/Zürich.

Staadt, Jochen 1996: Dem Westen zugewandt. Die Deutschland-Politik der SED 1971-1989, Berlin.

Stadelmaier, Frank 2009: Die OECD-Richtlinien für multinationale Unternehmen im Kontext rechtlicher Anforderungen durch die globalisierte Weltwirtschaft, Grin-Verlag, München.

Stanovnik, Peter 2008: Slowenien, in: Werner Weidenfeld (Hrsg.): Die Staatenwelt Europas, Bundeszentrale für Politische Bildung, Bonn, S. 465-476.

Steinbach, Udo 2007: Naher und Mittlerer Osten, in: Schmidt, Siegmar/Gunther Hellmann/Reinhard Wolf (Hrsg.): Handbuch zur deutschen Außenpolitik, VS Verlag für Sozialwissenschaften, Wiesbaden, S. 494-505.

Steiniger, Rolf 1986: Eine Chance zur Wiedervereinigung? Die Stalin-Note vom 10. März 1952, Archiv für Sozialgeschichte, Beiheft 12, 2.Auflage, Verlag Neue Gesellschaft, Bonn.

Steininger, Rolf 2001: Der Mauerbau: Die Westmächte und Adenauer in der Berlinkrise 1958-1963, Olzog-Verlag, München.

Steinmeier, Frank-Walter 2007: Verflechtung und Integration, in: Internationale Politik, Frankfurt, März.

Steinmeier, Frank Walter 2008: Unverständlich und empörend, Interview im Focus, 11. Februar 2008, S. 27.

Stelzenmüller, Constanze 2009: Deutschland und die USA: Vor einer neuen Ära transatlantischer Partnerschaft?, in: Bundesverband deutsche Banken (Hrsg.): interesse, Nr.4/2009, S. 6-8.

Stent, Angela 1983: Wandel durch Handel? Die Politisch-Wirtschaftlichen Beziehungen zwischen de Bundesrepublik und der Sowjetunion, Verlag Wissenschaft und Politik, Köln.

Stent, Angela 2000: Rivalen des Jahrhunderts: Deutschland und Russland im neuen Europa, Ullstein, Berlin.

Stent, Angela 2007: Russland, in: Schmidt, Siegmar/Gunther Hellmann/ Reinhard Wolf (Hrsg.): Handbuch zur deutschen Außenpolitik. VS Verlag für Sozialwissenschaften, Wiesbaden, S. 436-454.

Stoll, Schorkopf 2002: WTO – Welthandelsordnung und Welthandelsrecht, Köln.

Struck, Peter 2004: Herausforderungen und Perspektiven der europäischen Sicherheitspolitik, Rede vom 9. November 2004 in Berlin auf dem „15. Forum Bundeswehr & Gesellschaft" der Welt am Sonntag, download der Rede unter http://www.uni-kassel.de/fb5/frieden/themen/Bundeswehr/ rohstoffe.html vom 18.07.2008.

Stüwe, Klaus 2005: Die Rede des Kanzlers. Regierungserklärungen von Adenauer bis Schröder, VS Verlag für Sozialwissenschaften, Wiesbaden.

Stykow, Petra 2008: Die EU und Russland, in: Werner Weidenfeld (Hrsg.): Die Europäische Union: Politisches System und Politikbereiche, Bundeszentrale für Politische Bildung, Bonn, S. 642-670.

Süddeutsche Zeitung 2008: Kanzlerin in der Ukraine. Merkel befürwortete engere EU-Anbindung, 21.07.

Szabo, Stephen F. 2007: Vereinigte Staaten von Amerika: politische und Sicherheitsbeziehungen, in: Schmidt, Siegmar/Gunther Hellmann/Reinhard Wolf (Hrsg.): Handbuch zur deutschen Außenpolitik, VS Verlag für Sozialwissenschaften, Wiesbaden, S. 353-366.

Teltschik, Horst 1991: 329 Tage. Innenansichten der Einigung, Berlin.

Tetzlaff, Rainer 2008: Afrika in der Globalisierungsfalle, VS Verlag für Sozialwissenschaften, Wiesbaden.

Thiel, Elke 1996: Die Europäische Union, Bayerische Landeszentrale für politische Bildungsarbeit, München.

Thomas, Caroline 1985: New States, Sovereignty and Intervention, Aldershot.

Thränert, Oliver 2007: Rüstungskontrolle und Nichtverbreitungspolitik, in: Jäger, Thomas / Alexander Höse / Kai Oppermann (Hrsg.): Deutsche Außenpolitik. Sicherheit, Wohlfahrt, Institutionen und Normen, Wiesbaden; S. 197-217.

Tilgner, Ulrich 2003: Der inszenierte Krieg. Täuschung und Wahrheit beim Sturz Saddam Husseins, Rowohlt Verlag, Reinbek.

Timm, Angelika 1997: Hammer, Zirkel, Davidstern. Das gestörte Verhältnis der DDR zu Zionismus und Staat Israel, Bonn.

Tönnies, Sibylle 2001: Der westliche Universalismus. Die Denkwelt der Menschenrechte. Westdeutscher Verlag, Wiesbaden.

Troche, Alexander 1996: Ulbricht und die Dritte Welt. Ost-Berlins „Kampf" gegen die Bonner „Alleinvertretungsanmaßung", Erlangen.

Trommler, Frank (Hrsg) 2001: Deutsch-amerikanische Begegnungen: Konflikt und Kooperation im 19. und 20. Jahrhundert, DVA, Stuttgart.

Tudyka, Kurt P. 1978: Gesellschaftliche Interessen und Auswärtige Beziehungen, Materialien zur Außenwirtschaftspolitik der Ära Adenauer, Katholieke Universiteit, Nijmegen, unv. Ms.

Umbach, Frank 2003: Globale Energiesicherheit. Strategische Herausforderungen für die europäische und deutsche Außenpolitik, München.

Umbach, Frank 2007: Deutsche Außenpolitik und Energiesicherheit, in: Jäger, Thomas/Alexander Höse/Kai Oppermann (Hrsg.), Deutsche Außenpolitik. Sicherheit, Wohlfahrt, Institutionen und Normen, Wiesbaden, S. 354-373.

Umbach, Frank 2009: Ressourcen- und Rohstoffkonflikte, in: Mir A. Ferdowsi (Hrsg.): Internationale Politik als Überlebensstrategie, Bayerische Landeszentrale für politische Bildungsarbeit, München, S. 53-88.

UNTAG 2009: United Nations Transition Assistance Group, download unter http://www.un.org/Depts/dpko/dpko/co_mission/untag.htm; vom 04.06.2009.

Van Laak, Dirk 2005: der deutsche Kolonialismus und seine Nachwirkungen, in: Aus Politik und Zeitgeschichte (APuZ), 4/2005, S. 3-11.

Vanden Berghe, Yvan 2002: Der Kalte Krieg 1917-1991, Leipzig.

Varwick, Johannes/Wichard Woyke 2000: Die Zukunft der NATO. Transatlantische Sicherheit im Wandel, Opladen.

Varwick, Johannes (Hrsg.) 2005: Die Beziehungen zwischen NATO und EU. Partnerschaft, Konkurrenz, Rivalität, Opladen.

Varwick, Johannes 2005: Deutsche Außenpolitik und Internationale Organisationen, in: Böckenförde, Stephan (Hrsg.): Chancen der deutschen Außenpolitik. Analyse – Perspektiven – Empfehlungen, TUDpress, Dresden, S. 188-195.

Varwick, Johannes 2007: Bundeswehr, in: Schmidt, Siegmar/Gunther Hellmann/Reinhard Wolf (Hrsg.): Handbuch zur deutschen Außenpolitik, VS Verlag für Sozialwissenschaften, Wiesbaden, S. 123-140.

Varwick, Johannes 2008: Die NATO. Vom Verteidigungsbündnis zur Weltpolizei?, C.H. Beck, München.

Velickovic, Eva-Maria 2009: der institutionelle Wandel der KSZE-OSZE nach dem Ende des Ost-West-Konflikts, Lit-Verlag, Münster.

VENRO 2008: download unter http://www.venro.org; vom 01.06.2008

Verheyen, Theodorus F. 1988: Foreign Policy Culture. Germany and the United States in Historical and Comparative Perspective, Univ. of California, Berkeley, unv. Ms.

Volz, Gerhard 2000: Die Organisationen der Weltwirtschaft, Oldenbourg Verlag, München.

Voß, Silke 2000: Parlamentarische Menschenrechtspolitik. Die Behandlung internationaler Menschenrechtsfragen im Deutschen Bundestag unter besonderer Berücksichtigung des Unterausschusses für Menschenrechte und humanitäre Hilfe (1972 – 1998), Droste Verlag, Düsseldorf.

Vostrikov, Petr 1999: Die Finanzmärkte und das Bankensystem Russlands im Jahre 1999, Bundesinstitut für ostwissenschaftliche und internationale Studien, Aktuelle Analysen, Nr. 3.

Wallat, Josefine 2008: Tschechische Republik, in: Werner Weidenfeld (Hrsg.): Die Staatenwelt Europas, Bundeszentrale für Politische Bildung, Bonn, S. 497-506.

Wasserstein, Bernard 2008: Israel & Palestine – Why They Fight and Can They Stop?, Profile Books, London.

Weber, Hermann 1993: Die DDR 1945-1990, R. Oldenbourg Verlag, München.

Weber, Hermann 2006 : Die DDR 1945-1990, Oldenbourg, München/Wien.

Weber, Mathias 1997: Der UNO-Einsatz in Somalia, M.W. Verlag, Denzlingen.

Weidenfeld, Werner 1976: Konrad Adenauer und Europa. Die geistigen Grundlagen der westeuropäischen Integrationspolitik des ersten Bonner Bundeskanzlers, Bonn.

Weidenfeld, Werner 1997: Kulturbruch mit Amerika?, Bertelsmann Verlag, Gütersloh.

Weidenfeld, Werner/Elke Bruck/Peter M. Wagner 1998: Außenpolitik für die deutsche Einheit. Die Entscheidungsjahre 1989/90, Stuttgart.

Weidenfeld, Werner/Karl-Rudolf Korte (Hrsg.) 1999: Handbuch zur deutschen Einheit. 1949 – 1989 – 1999, Bonn.

Weidenfeld, Werner 2005: Rivalität der Partner. Die Zukunft der transatlantischen Beziehungen – die Chance eines Neubeginns, Gütersloh.

Weidenfeld, Werner (Hrsg.) 2006: Europa-Handbuch, 2 Bände, Bundeszentrale für politische Bildung, Bonn.

Weidenfeld, Werner/Wolfgang Wessels (Hrsg.) 2007: Europa von A bis Z. Taschenbuch der europäischen Integration, Nomos-Verlag, Baden-Baden.

Weidenfeld, Werner (Hrsg.) 2008: Lissabon in der Analyse – Der Reformvertrag der Europäischen Union, Münchner Beiträge zur europäischen Einigung, Band 20, Nomos, Baden-Baden.

Weidenfeld, Werner (Hrsg.) 2008: Die Europäische Union. Politisches System und Politikbereiche, Bundeszentrale für politische Bildung, Bonn.

Weidenfeld, Werner 2009: Im Dschungel der Details, in: Süddeutsche Zeitung, 19. März 2009, S. 2.

Weigl, Michael/Lars C. Colschen 2001: Politik und Geschichte, in: Deutschland TrendBuch. Bundeszentrale für politische Bildung, Bonn, S. 59-94.

Weigl, Michael 2008: Tschechen und Deutsche als Nachbarn. Spuren der Geschichte in grenzregionalen Identitäten, Nomos, Baden-Baden.

Weingardt, Markus A. 2002: Deutsche Israel- und Nahost-Politik. Die Geschichte einer Gratwanderung seit 1949, Campus Verlag, Frankfurt am Main.

Weingardt, Markus A. 2005: Deutsche Israelpolitik: Etappen und Kontinuitäten, Aus Politik und Zeitgeschichte (APuZ) 15/2005, S. 22-31.

Weinlein, Alexander 2009: Das Gespenst ist gebannt, in: Das Parlament; Nr. 21-22 vom 18.05.2009.

Weiss, Thomas G. 2007: Humanitarian Intervention: Ideas in Action, Cambridge.

Weizsäcker, Richard von 1985: Zum 40. Jahrestag der Beendigung des Krieges in Europa und der nationalsozialistischen Gewaltherrschaft. Ansprache des Bundespräsidenten Richard von Weizsäcker am 8. Mai 1985 in der Gedenkstunde im Plenarsaal des Deutschen Bundestages, Bundeszentrale für politische Bildung, download unter http://www.dhm.de/lemo/html/dokumente/NeueHerausforderungen_redeVollstaendigRichardVonWeizsaecker8Mai1985/index.html vom 24.2.2009.

Welt online 2008: Berlin nimmt Kampf um ständigen Sitz wieder auf; 21. März 2008; download unter http://www.welt.de/politik/article1824402/Berlin_nimmt_Kampf_um_staendigen_Sitz_wieder_auf.html vom 09.06.2009.

Weske, Simone 2006: Deutschland und Frankreich. Motor einer Europäischen Sicherheits- und Verteidigungspolitik?, Münchner Beiträge zur europäischen Einigung, Band 13, Nomos-Verlag, Baden-Baden.

Wessels, Wolfgang 2002: Das politische System der EU, in: Werner Weidenfeld (Hrsg.): Europa-Handbuch, Bertelsmann Stiftung, Gütersloh, S. 329-347.

Westad, Odd Arne (Hrsg.) 2000: Reviewing the Cold war. Approaches, Interpretations, theory, London/Portland.

Wieczorek-Zeul, Heidemarie 2000: Entwicklungspolitik ist Friedenspolitik, in: Nuscheler, Franz (Hrsg.): Entwicklung und Frieden im Zeichen der Globalisierung, Bonn, S. 91-109.

Willms, Manfred/Volker Clausen 2004: Internationale Währungspolitik, München.

Winkelmann, Ingo 2006: Deutschlands Position bei der Reform des Sicherheitsrats. In: Johannes Varwick. / Andreas Zimmermann (Hrsg.): Die Reform der Vereinten Nationen. Politik- und rechtswissenschaftliche Perspektiven. Berlin, S. 67-83.

Wolf, Jürgen 2004: Entwicklungshilfe: Ein hilfreiches Gewerbe? Versuch einer Bilanz, Münster.

Wolf, Martin 2004: Why Globalization works. The Case for the Global Market Economy, New Haven.

Wolffsohn, Michael 2005: Die Rolle Europa im Nahost-Konflikt, in: Bergsdorf, Wolfgang/Dietmar Herz/Hans Hoffmeister/Wolf Wagner (Hrsg.): Der neue Nahe Osten?, Rhino Verlag, Weimar.

Wolffsohn, Michael/Thomas Brechenmacher 2007: Israel, in: Schmidt, Siegmar/Gunther Hellmann/Reinhard Wolf (Hrsg.): Handbuch zur deutschen Außenpolitik, VS Verlag für Sozialwissenschaften, Wiesbaden.

Wolffsohn, Michael 2008: David Ben-Gurion, Themenheft 2008 online, Deutscher Koordinierungsrat (DKR), download unter http://www.deutscher-koordinierungsrat.de/04_01_mehr.php?pNUM=1&mID=76; vom 20.5.2009.

Wölfle, Markus 2005: Die Auslandseinsätze der Bundeswehr und ihre Auswirkungen auf die Rolle der Bundesrepublik Deutschland im internationalen System, Bernard & Graefe Verlag, Bonn.

Woyke, Wichard 2005: Intervention, in: Woyke, Wichard (Hrsg.): Handwörterbuch Internationale Politik, 9. Auflage, VS Verlag für Sozialwissenschaften, Wiesbaden, S. 267-272.

Wunder, Simon 2007: Israel – Libanon – Palästina. Der Zweite Libanonkrieg und der Israel-Palästina-Konflikt 2006, Berlin.

Zagorski, Andrei 2005: Russia and Germany: Continuity and Changes, Paris.

Zangl, Bernhard 2004: Humanitäre Intervention, in: Ferdowsi, Mir A. (Hrsg.): Sicherheit und Frieden zu Beginn des 21. Jahrhunderts, Bayerische Landeszentrale für politische Bildungsarbeit, 3. aktualisierte und erweiterte Auflage München. S. 133-150.

ZDF-Sendung 2008: 60 Jahre Israel vom 5. Mai 2008.

Zekri, S./S. Höll 2008: Russland vs. Westen. Moskau treibt Spaltung Georgiens voran, in: Süddeutsche Zeitung, 26.08.2008.

Zelikow, Philip/Rice Condolezza 1997: Sternstunde der Diplomatie. Die deutsche Einheit und das Ende der Spaltung Europas, Berlin.

Zieger, Gottfried 1998: Der Haltung der SED und DDR zur Einheit Deutschlands 1949-1987, Köln.

Zündorf, Benno 1979: Die Ostverträge. Die Verträge von Moskau, Warschau, Das Berlin-Abkommen und die Verträge mit der DDR, München.

Kapitel 4

Baumann, Rainer 2006: Der Wandel des deutschen Multilateralismus. Eine diskursanalytische Untersuchung deutscher Außenpolitik, Nomos-Verlag, Baden-Baden.

Bussmann, Werner/Ulrich Klöti/Peter Knoepfel (Hrsg.) 1997: Einführung in die Politikevaluation, Basel.

Clark, John F. 1995: Evaluating the Efficiency of Foreign Policy: An Essay on the Complexity of Foreign Policy Goals, Southeastern Political Review 23:4, S. 559-579.

Clark, Alan/Ruth Dawson 1999: Evaluation Research: An Introduction to Principles, Methods and Practice, London.

Clement, Rolf 2007: Auslandseinsätze und Transformation der Bundeswehr, in: Jäger, Thomas/Alexander Höse/Kai Oppermann (Hrsg.), Deutsche Außenpolitik. Sicherheit, Wohlfahrt, Institutionen und Normen, VS Verlag, Wiesbaden, S. 123-140.

Colschen, Lars C. 1998: Die Internationalisierung der Tritiumkontrolle als Baustein des Nichtverbreitungsregimes für Kernwaffen. Bedingungen, Einflußfaktoren und Folgen. Shaker Verlag, Darmstadt.

Crawford, Neta C./Audie Klotz 1999: How Sanctions Work: A Framework for Analysis, in: Crawford, Neta C./Audie Klotz: How Sanctions Work: Lessons from South Africa, Basingstoke, S. 25-42.

Evans, Peter B. 1993: Building an Integrative Approach to International and Domestic Politics. Reflections and Projections, in: Evans, Peter B. /Jacobson, Harold K./Putnam, Robert D. (Hrsg.): Double Edged Diplomacy. International Bargaining and Domestic Politics, Berkeley, CA, S. 397-430.

Goetschel, Laurent 1999: Aussenpolitikanalyse in der Schweiz: Paradigma oder Sonderfall? Zum Einfluss von Entscheidungsprozessen auf nationale Rollenkonzepte, in: Zeitschrift für Internationale Beziehungen 6: 2, 349-370.

Harnisch, Sebastian 2003: Theoriegeleitete Außenpolitikforschung in einer Ära des Wandels, in: Hellmann, Gunther/Klaus Dieter Wolf, Klaus Dieter/ Michael Zürn (Hrsg.): Die neuen Internationalen Beziehungen. Forschungsstand und Perspektiven der Internationalen Beziehungen in Deutschland, Nomos-Verlag, Baden-Baden, S. 313-360.

Hellmann, Gunther/Rainer Baumann/Wolfgang Wagner 2006: Deutsche Außenpolitik, VS Verlag für Sozialwissenschaften, Wiesbaden.

Hermann, Charles F./Kegley, Charles W./Rosenau, James N. (Hrsg.) 1987: New Directions in the Study of Foreign Policy, Boston.

Hill, Christopher 2003: The Changing Politics of Foreign Policy, Palgrave, Basingstoke.

Huntington, Samuel P 1998: The Clash of Civilizations and the Remaking of World Order, Simon & Schuster, New York.

Kaempfer, William H./Anton D. Lowenberg 1992: International Economic Sanctions: A Public Choice Perspective, Boulder CO.

Kagan, Robert 2002: Power and Weakness. In: Policy Review, No. 113, June and July.

Katzenstein, Peter J. 1976: International Relations and Domestic Structures: Foreign Economic Policies of Advanced Industrial States, in: International Organization 30: 1, S. 1-45.

Kehr, Eckart 1970: Der Primat der Innenpolitik. Gesammelte Aufsätze zur preußisch-deutschen Sozialgeschichte im 19. und 20. Jahrhundert, 2. Auflage, De Gruyter, Berlin/New York.

Korte, Karl-Rudolf/Werner Weidenfeld (Hrsg.) 2001: Deutschland Trend-Buch, Bundeszentrale für politische Bildung, Bonn.

Krippendorff, Ekkehart 1963: Ist Außenpolitik Außenpolitik? In: Politische Vierteljahresschrift 4.

Link, Werner 2007: Europa ist unentbehrlich: Plädoyer für ein europäisches Deutschland, in: Jäger, Thomas/Alexander Höse/Kai Oppermann (Hrsg.): Deutsche Außenpolitik. Sicherheit, Wohlfahrt, Institutionen und Normen, Wiesbaden, S. 585-595.

Maull, Hanns W. 1990: Germany and Japan: The New Civilian Powers, in: Foreign Affairs 69: 5, S. 91-106.

Maull, Hanns W. 2001a: Außenpolitische Kultur, in: Korte, Karl-Rudolf/ Weidenfeld, Werner (Hrsg.): Deutschland Trendbuch. Fakten und Orientierungen, Bonn, S. 645-672.

Maull, Hanns W. 2001b: Die Außenpolitik der rot-grünen Koalition in Deutschland. Kontinuität und Wandel, in: Jahrbuch internationale Politik 1999-2000, Forschungsinstitut der Deutschen Gesellschaft für Auswärtige Politik, Oldenbourg, München, S. 161-172.

Maull, Hanns W. 2002: Die Wissenschaft, in: Bertram, Christoph/Friedrich Däuble (Hrsg.): Wem dient der Auswärtige Dienst? Erfahrungen von Politik, Wirtschaft, Gesellschaft, leske+budrich, Opladen, S. 141-148.

Maull, Hanns W./Sebastian Harnisch/Constantin Grund (Hrsg.) 2003: Deutschland im Abseits? Rot-grüne Außenpolitik 1998-2003, Nomos-Verlag, Baden-Baden.

Maull, Hanns W., 2005: Für eine Reform der deutschen Außenpolitik: Zustandsbeschreibung und Handlungsempfehlungen, in: Böckenförde, Stephan (Hrsg.): Chancen der deutschen Außenpolitik. Analysen – Perspektiven – Empfehlungen, TUDpress, Dresden, S. 79-88.

Moravcsik, Andrew 1993: Integrating International and Domestic Theories of International Bargaining, in: Evans, Peter B. /Jacobson, Harold K. / Putnam, Robert D. (Hrsg.): Double Edged Diplomacy. International Bargaining and Domestic Politics, Berkeley, CA, S. 3-42.

Neack, Laura/Hey, Jeanne A. K./Haney, Patrick J. (Hrsg.) 1995: Foreign Policy Analysis. Continuity and Change in its Second Generation, Englewood Cliffs, NJ.

Neack, Laura, 2003: The New Foreign Policy. U.S. and Comparative Foreign Policy in the 21th Century, Rowman & Littlefield, Lanham MD.

O'Sullivan, Meghan L. 2003: Shrewd Sanctions: Statescraft and State Sponsors of Terrorism, Washington D.C.

Peters, Dirk 2007: Ansätze und Methoden der Außenpolitikanalyse, in: Schmidt, Siegmar/Gunther Hellmann/Reinhard Wolf (Hrsg.): Handbuch zur deutschen Außenpolitik, VS Verlag für Sozialwissenschaften, Wiesbaden, S. 815-835.

Popper, Karl R. 1984: Auf der Suche nach einer besseren Welt. Vorträge und Aufsätze aus 30 Jahren, Piper-Verlag, München.

Putnam, Robert 1988: Diplomacy and Domestic Politics: The Logic of Two-Level Games. In: International Organization 42: 3, S. 427-460.

Raymond, Gregory A. 1987: Evaluation: A Neglected Task for the Comparative Study of Foreign Policy, in: Hermann, Charles F./Charles W. Kegley/James N. Rosenau (Hrsg.): New Directions in the Study of Foreign Policy. Boston MA, S. 96-110.

Risse-Kappen, Thomas 1995: Cooperation among Democracies. The European Influence on US Foreign Policy, Princeton.

Rittberger, Volker 2001: German Foreign Policy since Unification. Theories and Case Studies, Manchester University Press, Manchester.

Rosecrance, Richard 1987: Der neue Handelsstaat. Herausforderungen für Politik und Wirtschaft, Frankfurt am Main.

Rosenau, James N. (Hrsg.) 1974: Comparing Foreign Policies: Theories, Findings, and Methods, New York.

Rudolf, Peter 2006: Sanktionen in der internationalen Politik. Zum Stand der Forschung, Berlin.

Rudolf, Peter, 2007: Außenpolitikevaluation, in: Zeitschrift für Internationale Beziehungen, 14 (2), S. 319-330.

Schmalz, Uwe 2004: Deutschlands europäisierte Außenpolitik. Kontinuität und Wandel deutscher Konzepte zur EPZ und GASP, VS Verlag, Wiesbaden.

Schwarz, Hans-Peter 2005: Republik ohne Kompaß? Anmerkungen zur deutschen Außenpolitik, Propyläen-Verlag, Berlin.

Schwarz, Hans-Peter 2007: Amerika ist unentbehrlich: Plädoyer für ein atlantisches Deutschland, in: Jäger, Thomas/Alexander Höse/Kai Oppermann (Hrsg.): Deutsche Außenpolitik. Sicherheit, Wohlfahrt, Institutionen und Normen, Wiesbaden, S. 569-584.

Stockmann, Reinhard 2004: Evaluation staatlicher Entwicklungspolitik, in Stockmann, Reinhard (Hrsg.): Evaluationsforschung, Grundlagen und ausgewählte Forschungsfelder, 2. Auflage, Opladen.

Talbott, Strobe 1997: Globalization and Diplomacy: A Practitioner's Perspective, in Foreign Policy, Nr. 108, Fall 1997, S. 69–83.

Tills, Ralf 2005: Politische Strategieanalyse. Konzeptionelle Grundlagen und Anwendung in der Umwelt- und Nachhaltigkeitspolitik, Wiesbaden.

Varwick, Johannes 2007: Bundeswehr, in: Siegmar Schmidt/Gunther Hellmann/Reinhard Wolf (Hrsg.): Handbuch zur deutschen Außenpolitik, VS Verlag für Sozialwissenschaften, Wiesbaden, S. 246-258.

Wagner, Wolfgang 2002: Die Konstruktion einer europäischen Außenpolitik. Deutsche, französische und britische Ansätze im Vergleich, Frankfurt a.M.

Wehler, Hans-Ulrich 1973: Deutsche Historiker. Vandenhoeck & Ruprecht, Göttingen/Zürich 1973.

Zangl, Bernhard 1994: Politik auf zwei Ebenen: Hypothesen zur Bildung internationaler Regime, in: Zeitschrift für Internationale Beziehungen 1: 1, S. 279-314.

Zangl, Bernhard 1995: Der Ansatz der Zwei-Ebenen-Spiele. Eine Brücke zwischen dem Neoinstitutionalismus und seinen KritikerInnen?, in: Zeitschrift für Internationale Beziehungen 2: 2, S. 393-416.

Zangl, Bernhard 1999: Interessen auf zwei Ebenen. Internationale Regime in der Agrarhandels-, Währungs- und Walfangpolitik, Baden-Baden.

Zangl, Bernhard/Michael Zürn 1999: Interessen in der internationalen Politik. Der akteurszentrierte Institutionalismus, in: Zeitschrift für Politikwissenschaft 99:3, S. 923-950.

Zürn, Michael 1998: Regieren jenseits des Nationalstaats, Frankfurt/M.

Personenregister

Sachregister